U0565485

国家一流专业建设经费资助，

江苏省重点建设学科中国语言文学学科经费资助。

译坛泰斗杨宪益及其
家族名人研究

王泽强 著

上海三联书店

目　录

引　言

　　译坛泰斗杨宪益的家族,因祖居泗州梁集村(今属江苏盱眙县),世称"泗州杨氏"。2005 年 5 月,泰山出版社出版了一部书《中华名门才俊:杨氏名门》,其中有一节《长江后浪推前浪》,对这个家族作了专门介绍,开头就称赞道:

　　　　长江后浪推前浪,发迹于黄土高坡的杨氏,在无数个岁月轮回之后,竟然由江淮地区的族人后来居上,抢尽了风光浪头。从杨鸿弼到杨士燮、杨士晟、杨士骧、杨士琦、杨士铨、杨士骢再到杨毓珣、杨毓莹、杨毓瓒,在清末民国的历史舞台上,上演了多少五光十色的历史剧目①!

文章一方面高度肯定这个家族的地位和影响,另一方面由于多种原因,只写了杨士燮、杨士骧、杨士琦三个人的事迹,且侧重于叙述轶事逸闻,还有以讹传讹的现象。实际上,自乾隆以降,"泗州杨氏"名人辈出,在中国近现代史上写下了浓墨重彩的篇章。

名将总督,五子登科

　　乾隆中期,青年杨果亭扛着一根扁担,离开世居地梁集村,外出谋生。后来从军,因能征善战,功勋卓著,成为当时名将,累官至江南松江中营参将,正三品,封武义都尉,揭开了这个家族百年兴盛历史的序幕。

　　杨果亭之子杨殿邦,即杨宪益的高祖,嘉庆十九年进士,选翰林院庶吉士,曾任贵州按察使、山西布政使、内阁学士兼礼部侍郎、漕运总督等职,诗人、画

---

①　赵慧峰、于作敏:《中华名门才俊:杨氏名门》,泰山出版社,2005 年 5 月,第 263 页。

家,著有《菜香小圃馆课诗》《心太平居文集》等。杨殿邦侄儿杨映奎,武进士,历任广东南雄营守备、南雄营副将(从二品)等职,诰授武功将军,晋封振威将军。

杨殿邦之子杨鸿弼,工诗善文,擅长书法,著有《枕善居诗集》,在袁世凯叔祖父袁甲三幕府中当差,深受器重,以军功获得江苏候补知府的资格,生八子:士燮、士普、士晟、士骧、士琦、士钧、士铨、士骢。其中士燮、士晟、士骧为进士,士琦、士铨为举人,时人称"五子登科"。为纪念此项盛事,泗州杨氏曾订制"五子登科"陶瓷缸,今杨氏后人有存。

杨士骧中进士后,入选翰林院庶吉士,后来荣升山东巡抚、直隶总督兼北洋大臣、陆军部尚书,去世后谥"文敬"。杨士琦,清末民初曾任邮传部侍郎、署理尚书、政事堂左丞(第一副总理)、轮船招商局董事长等要职,为袁世凯最亲密的助手之一,著有《杨尚书遗诗》。杨士晟任外务部驻苏州洋务交涉员兼苏州关监督。杨士铨,曾任潮海关监督,擅诗,著有《师竹友兰诗草》。杨士铨之子杨毓瓒,京师大学堂毕业,诗画俱佳,曾任京兆及江苏烟酒事务局局长、国务院印铸局局长、直隶军务督办兼秘书长。杨士钧,曾任潮海关监督、小吕宋总领事、天津电报局总办、北京电报局局长、沈阳电报局局长等职,著有《新译列国政治通考》,220卷。杨士骢,民国时期任国会议员,与袁世凯结为儿女亲家。杨士骢的儿子杨毓珣,袁世凯女儿袁静雪的丈夫,日本陆军士官学校毕业,后又留学法国,曾任北洋政府陆军上将、军政部参谋长等职。

杨士燮,即杨宪益的祖父,在淮安城出生长大,甲午进士,曾公派赴日本考察学务,历任驻横浜总领事、山西平阳知府、浙江嘉兴知府、浙江巡警道。他曾任外交官,有国际眼光;勤政爱民,官声颇好;擅长诗歌、书法,曾题《西湖来鹤亭联》"放鹤故应笑坡老;观花何必问逋仙",今存。辛亥革命爆发后,弃官归隐,袁世凯请他出任参政院参政,给予丰厚俸禄,他坚持不就,在北京与友人缔结寒山诗社,以诗酒自娱。《寒山社诗钟集》中收录了不少他的作品。

杨氏八骏,芝兰玉树

晚清重臣、四川总督吴棠,为报答杨殿邦的知遇之恩,把女儿吴述仙嫁给杨士燮为妻,又把侄女嫁给杨士琦为妻。杨士燮一妻一妾,共生八子:毓璋、毓珹、毓珂、毓璩、毓琇、毓莹、毓瑗、毓璪。他自己是进士出身,饱读诗书,学问很好,颇有见识,认为一个人的品德修养比知识才能更重要,因此特别重视对儿子的德行教育,曾告诚儿子们说:"唯德为能悠久,一切智慧魅力不足恃也。①"他要儿子们潜心读书,教育他们说:"读书达理方知惭愧,读书多方多知惭愧,鲜读书未必知惭愧,不读书断不知惭愧。②"因此,他的八个儿子或留学国外,或在国内学外语专业,或在国内新办的高等学堂读书,没有一个是不学无术的纨绔子弟,个个学有所成。其中,三人担任外交官,四人在银行、铁路等部门担任要职,一个是香港摄影家,人称"杨氏八骏":

老大杨毓璋(1872—1919),即杨宪益的父亲,在淮安城出生长大,泗州籍,十五岁中秀才,后到日本早稻田大学学习实业、经济、应用科学等。历任赴日本钦差大臣随员、东三省盐务总局会办、天津电话局总办、天津中国银行行长。年轻时风流潇洒,是个好玩的公子哥儿,唱京剧、玩飞镖、斗蟋蟀、抽雪茄、喝洋酒。在日本留学时与日本艺伎热恋,写下很多情诗。娶三房妻妾:大夫人李氏,盱眙籍名将直隶提督李长乐侄孙女,生二女:大女儿离婚后与家仆私奔,家人以重金赎回,终身未嫁;小女儿,十六岁时死于结核病。二夫人叫徐燕若,南皮县一个穷秀才女儿,文盲,比杨毓璋小十七岁,深得喜爱,七年夫妻,鹣鲽情深。杨毓璋教会她读书识字,从此她坚持读书看报。她生一子二女:杨宪益、杨敏如、杨静如。小妾生一女,后带着女儿改嫁给戏班成员,与杨家脱离关系,女孩后来成为小有名气的京剧演员。

老二杨毓珹,家族排行第三,字晴川,毕业京师译学馆,钦奖举人,以七品小京官分大理院。民国时期,任交通部参事、塞北关监督,辞职入中国、交通两银行,后来继孙多森为中日实业公司专董。他擅长诗歌、书法,与画家王雪涛、张晋福合作的扇面出现在当今的拍卖市场上,撰有《招商局与中国实业》。他写过许多受到时人称赞的诗歌,如《共和建国十又八年岁杪咏此以应和钦仁丈之命》:"肉味忘三月,心声寄七弦。人琴同绝俗,书剑共为缘。红袖添香夜,黄庭悟道年。相携归隐去,指点翠微颠。"再如《游北平西山旧作》:"暮色苍然合,扶筇上翠微。炊烟穿树出,倦鸟傍人飞。蹴石响生涧,倚松香袭衣。山僧偶相值,一笑两忘机。"他曾为北京名伶谭英秀写了一副广为传诵的挽联:"此是何时,岂容有升平雅颂;君归大好,更当作供奉神仙。③"他交流广泛,与当时名流接触频繁:"1918 年 5 月 24 日,曹汝霖、陆宗舆、李士伟、仓知铁吉、冈部三郎、杨毓珹六君借余花园演剧宴客,请予戌刻小酌观戏三出,子正散。④"他喜读小说,或目之为书痴,曾说:"小说之佳者,能使人泣为

---

① 陈灏一:《新语林》,上海书店出版社,1997 年 1 月,第 17 页。
② 陈灏一:《新语林》,上海书店出版社,1997 年 1 月,第 20 页。
③ 胡君复:《古今联语汇选》第二册,西苑出版社,2002 年。
④ 北京市档案馆编:《那桐日记》,新华出版社,2006 年 3 月,第 872—873 页。

之破涕,忧为之解颐,行坐为之忘寝食。"①

老三杨毓珂,嗣为士普后,江苏法政学堂毕业,盐务署佥事、河南试用同知、津浦铁路货捐局局长、中国航空公司驻天津事务所职员。

老四杨毓璪,字星川,就读于京师译学馆,甲级法文毕业,钦奖举人。平生寡交游,曾说:"交不贵多,得一人可胜千百人,予生平知己,杨季子一人而已。"②以七品小京官指分外务部任佥事,调驻法国大使馆秘书。民国后历任铁路银行要差、审计院核算官、华北大学总务主任、黎明中学董事长。

老五杨毓琇(1888—1955)家族排行第七,字朗川,京师高等工业学校毕业,纳粟为同知,任驻华盛顿大使馆官员。回国后,以功劳保荐知府。民国后,任汉粤川铁路宜夔程处处长及督办秘书长、河北省银行行长。北京中国银行行长、西安中国银行副行长。妻子为著名学者沈曾植的独生女。杨士琦称赞杨毓琇的诗歌:"杨朗川于其兄星川肖像题七律诗二章,其叔杏城视之曰:'此诗俊逸清新,几无一字无来历。'"③

老六杨毓莹,字润川,出继为杨士琦子。毕业于京师高等工业学校,以知府衔两度担任驻纽约领事馆总领事,后调任北婆罗洲总领事。他精通中外音乐,能演奏许多中外名曲,听者为之倾倒:"杨润川精音律,中西诸乐靡一不能之,极手挥之妙,听之者佥曰希世之雅声。④"

老七杨毓瑗,王孺人生,在天津中国银行任职。

老八杨毓璪,王孺人生。陈灏一记载云:"公晚年诞一雄,名曰毓璪,字曰荣川。旧交朱观察荣璪入贺,问命名为何,公掀须笑曰:'将尊名拆开为二矣'。朱知公雅好诙谐,一笑报之。⑤"杨毓璪只比杨宪益大一点,幼年就失去父亲,母亲对他娇生惯养,杨宪益在自传中称他是个十足的小霸王,大家尽量躲着他。王孺人与杨宪益的两位母亲关系不好,单独居住在家中一个院子里,三十年代初去世。尽管杨士燮死得早,没能尽到养育之责,但最小的儿子杨毓璪并没有走上邪路,曾任《庸报》摄影记者,后来到香港发展,成为一名摄影家兼电影制作人⑥。

① 陈灏一:《新语林》,上海书店出版社,1997年1月,第28页。
② 陈灏一:《新语林》,上海书店出版社,1997年1月,第24页。
③ 陈灏一:《新语林》,上海书店出版社,1997年1月,第79页。
④ 陈灏一:《新语林》,上海书店出版社,1997年1月,第116—117页。
⑤ 陈灏一:《睇向斋谈往》,上海书店出版社,1998年3月,第97页。
⑥ 杨宪益著,薛鸿时译:《杨宪益自传》,人民日报出版社,2012年10月,第9页。

发奋苦读，三兄妹皆成名家

杨家堂屋条案上有一幅杨毓璋的半身像，两边有一副民国大总统徐世昌书写的对联："自非北海孔文举，谁识东莱太史慈。"联上还有"霁川世兄"字样①。徐世昌与杨毓璋的叔祖杨士骧是同年，与杨士骧、杨士琦是私交很深的拜把子兄弟。此联出自苏轼的诗《留别登州举人》。

1919 年冬天，时任天津中国银行行长的杨毓璋，因夜里起床照料生病的大儿子杨宪益，着凉引起伤寒病复发去世，年仅 48 岁。杨宪益年方 5 岁。临终前，杨毓璋对夫人们说："一定要把孩子培养成人。"有亲友建议年仅 22 岁的徐燕若殉节，遭徐拒绝。"我要为儿女们活下去"，这是她历经磨难，把三个孩子全部供养到大学毕业并成家立业的坚强信念。

杨宪益兄妹三人，虽然自幼失去父爱，在两位母亲的精心爱护、正确引导下，都能发奋苦读，个个成绩优异。杨宪益留学英国五年，与英籍夫人戴乃迭一起毕生致力于中国文学作品的翻译工作，成为蜚声海内外的译界泰斗。杨敏如，燕京大学本科、硕士，北京师范大学著名教授，其丈夫为中国电子学奠基人、两院院士罗沛霖；杨苡，西南联大毕业，著名翻译家、作家，译作有《呼啸山庄》，其丈夫赵瑞蕻是南京大学著名教授、翻译家、诗人，译作有《红与黑》。

学术界研究热点，一座值得开掘的学术富矿

目前，学界对"泗州杨氏"的研究主要集中在杨宪益、戴乃迭夫妇留下的丰厚文化遗产上，这是学术界研究的热点。至 2021 年，研究杨宪益、戴乃迭的博士、硕士学位论文有 1166 篇，期刊发表的研究文章有 2718 篇，著作有二十多部，各地报纸及国外发表的文章无法统计。这些研究成果还在不断涌现，而对于杨氏家族整体研究及其他人物研究则严重不足。

二十多年前，我曾在离泗州杨氏祖居地梁集不远处的一所高中执教多年，教过很多泗州杨氏家族的弟子，但并不了解杨氏家族的辉煌历史。2006 年 12 月初，我到外地讲课，顺道看望在泗洪县志办工作过的同学张克军，他赠送我一本新编《泗洪县志》。回来读此县志，才得知杨殿邦、杨士骧、杨士琦等人的根脉就在梁集，非

---

① 杨苡：《魂兮归来》，北方文艺出版社，2015 年 2 月，第 28 页。

常吃惊。我敏锐地感觉到这是一个非常有价值的有待开掘的文化富矿,从此开始关注杨氏家族,收集阅读相关文献。

其时,泽京弟在扬州大学攻读硕士学位,向我征询毕业论文选题,我当即建议他以泗州杨氏为研究对象。经与导师协商,他把学位论文定为《杨士骧在山东》,2009 年顺利完成学位论文并获得优秀等第,同时在重要的专业期刊上发表一批论文。硕士毕业后,他赴南京大学攻读博士学位,我建议他继续做泗州杨氏课题,但南大导师不同意,只好暂停。其时,我正忙于研究盱眙汪氏,无暇顾及泗州杨氏,但心中总是放不下对泗州杨氏的那份眷恋情怀。

近十多年来,我致力于盱眙汪氏研究,《子虚记》稿本整理、《清末才女汪藕裳及其家族名人研究》《清末民国收藏家汪士元研究》《盱眙汪氏名人诗文集注》等著作相继完成出版之后,2019 年,我开始转向泗州杨氏家族研究,先与泽京弟合作,收集整理出《杨士骧奏议全集》(一百万字),再集中精力收集泗州杨氏名人文献资料,于 2022 年暑期完成了《译坛泰斗杨宪益及其家族名人研究》初稿,终于了却一桩心愿。

本书以泗州杨氏家族中的杨宪益、杨殿邦、杨士骧、杨士琦、杨士燮、杨士晟和杨毓珣等七位重要人物为研究对象,论述他们的生平事迹和历史贡献,首次为杨宪益、杨殿邦、杨士琦等三位著名历史人物推出较为详细的年谱,为进一步推动这些名人研究提供较为翔实的历史文献和研究线索,期望有更多的学者能关注、研究杨氏家族留下的文化遗产。

泗州杨氏家族留下的文化资源是一座值得开掘的富矿,蕴藏着大量没有被发现的珍宝。泗州杨氏名人文化是一个大品牌,但目前还没有得到地方文化旅游部门应有的重视,没有发挥应有的文化功能,北京、天津、淮安、盱眙等地无一处杨氏名人纪念场馆,非常可惜。

第一章

译坛泰斗杨宪益

杨宪益（1915—2009），祖籍安徽泗州（今属江苏盱眙），生于天津，原名杨维武，英国牛津大学毕业，通晓英语、法语、拉丁语和希腊语。历任中央大学副教授、光华大学教授、贵阳师院英语系主任兼教授、中印学会研究员、国立编译馆翻译及代理馆长、中英文化协会秘书长、南京市政协副秘书长、中国外文局翻译、《中国文学》杂志主编等职。与英籍夫人戴乃迭合作翻译了《史记》《资治通鉴》《红楼梦》《儒林外史》等大量中国名著，荣获"翻译文化终身成就奖"。著有《银翘集》《译余偶拾》《杨宪益自传》。

第一节　读万卷书，行万里路

杨宪益五岁丧父，然而，曾任浙江省巡警道（相当于公安厅厅长）的祖父、天津中国银行行长的父亲为他留下十分丰厚的家产和丰富的藏书，加上两位母亲引导得法，自幼受到良好的教育，一方面饱读诗书，国学功底深厚，还在教会中学接受了完整的英式教育，中学毕业时已经通晓英语，后来又到牛津留学五年，广泛阅读英、法、希腊等国的文学名著；另一方面，年少的他就足迹遍布日本、美国、英、法、德、意、瑞典、丹麦、埃及等国家，眼界极为开阔，结交广泛，同时创作了一批诗歌、戏剧、小说等不同类型的文学作品，为日后翻译、写作、研究奠定了雄厚的基础。

深厚的国学功底

杨宪益到了上小学的年龄，由于当时天津社会混乱，绑架富家子弟的事情经常发生，嫡母不让他到外面上学，而是请人来家单独教他。由于杨宪益太顽皮，最初请来的几任教师降不住杨宪益，大都个把月就辞职离去。"几个教四书五经的老学究都被我打跑了，后来有一个老师投合我意思，教我《西游记》，给我念《三国演义》，我把他也给打跑了。①"

九岁时，三叔杨毓璦请来既威严又和蔼的已经六十多岁的前清秀才魏汝舟，终于把杨宪益制服了。魏汝舟，河北大城县人，家中妻儿老小均死于八国联军侵略中国的战火中，很有学问，擅长写古体诗，既不打，也不骂，杨宪益在他的指教下，整整用心读了四年多国学书籍，打下扎实的语言文字功底。魏汝舟采用传统的死记硬背加串讲大意的教学方法，先教启蒙读物《三字经》《百家姓》《千字文》《幼学琼林》《龙文鞭影》，再引导杨宪益阅读《大学》《中庸》《论语》《孟子》《诗经》《尚书》《礼》《易》《春秋》等传统的科举读本"四书五经"，还让他学习了《庄子》《古文观止》《千家诗》《唐诗三百首》等国学经典，同时进行诗歌写作训练，从背诵明末清初著名戏曲家李渔的《笠翁对韵》入手，如此书开头一段：

> 天对地，雨对风。大陆对长空。山花对海树，赤日对苍穹。雷隐隐，雾蒙蒙。日下对天中。风高秋月白，雨霁晚霞红。牛女二星河左右，参商两曜斗西东。十月塞边，飒飒寒霜惊戍旅；三冬江上，漫漫朔雪冷渔翁。

杨宪益到耄耋之年还能娴熟地背诵出来。魏汝舟以此让杨宪益学习写作近体诗、词，熟悉对仗、用韵、组织词语的基本知识。经过一段时间训练，杨宪益进步很快，一次习作竟然吟诵出"乳燕剪残红杏雨，流莺啼破绿杨烟"的佳句②，老魏惊喜万分，连声夸赞他是个神童，杨宪益也沾沾自喜，全家人得知都欣喜异常。家族中最擅长诗歌的三叔杨毓璦听说后，不相信出自小小的杨宪益之手，亲自出题考试，结果确实如此。

魏汝舟把富家公子杨宪益引导到读书写诗的道路上，从而使他避免了富家子弟极易沾染的种种恶习，培养了杨宪益读书爱诗的浓厚兴趣，这一爱好成为他终身的日常必修课，是成就他伟业的基础。因此，杨宪益一直对他感恩戴德，到了晚年还在怀念这位命运坎坷毕生碌碌无为的处于社会最下层的老师。

当然，对数十年前事情的回忆有时难免产生误差，如"我把《左传》全部背下来，当时也不过用了三、四天"③，这是任何人都不可能做到的事，因为《左传》长达三十

① 雷音：《杨宪益传》，自印本，第一章第5节《学生打老师》。
② 杨宪益：《我的启蒙老师》，载《去日苦多》，北方文艺出版社，2015年2月，第42页。
③ 杨宪益：《我的启蒙老师》，载《去日苦多》，北方文艺出版社，2015年2月，第42页。

五卷,有二十多万字。"杨宪益居然在一天把全部《左传》都背完了"①,更是夸张失实。杨宪益爱上了读书,不满足看古典文学,经常带着仆人到书店购买图书,从来不看价格,看中就买,家中也不吝钱财,随他买多少书,康有为的《康南海先生集》、梁启超的《饮冰室集》等新书也被购到家中。在他的带动下,两个妹妹也爱好读书、买书,家中订有《大公报》,读书看报成为全家的爱好。他特别爱读武侠小说、公案小说、笔记小说,如《彭公案》《施公案》《三侠五义》《阅微草堂笔记》《子不语》《聊斋志异》《搜神记》等等,开阔了视野,阅读能力大大提高。上中学前,他的阅读量和文字功底已经远远超过同时代读过五六年正规小学的同龄人。

精通英语,广泛阅读西方名著

13岁时,杨宪益得到嫡母的同意,进入英国教会主办的天津新学书院读书。此前,家中已经请了一位中山大学外语专业毕业的年轻女教师徐剑生任家教,专门辅导杨宪益英语、数学。因此,进校时,杨宪益的英语、语文及数学已经远超一般同学,每次考试总是在班级前三名,在全年级也是名列前茅。

天津新学书院的大部分课本采用英国原版教材,由英国传教士用英语讲授。英语课本由浅入深,选编了英国文学名著的选段,如 W. Scott 的叙事诗 Lchinvar,古罗马的叙事诗 Horatio at the Bridge,莎士比亚的 Julius Caesar 的节选,以及 Ruskin,Charles Lamb,T. B Macaulay 等名家的散文选等等。每天上午,还念几段英文《圣经》,用英语大声唱赞美诗。七年训练下来,不仅能阅读,还能说,能听,杨宪益已经熟练地掌握了英语,高中毕业后出国留学,听课及与英美人交流在语言上毫无障碍,如同母语一样。

在新学书院时期,杨宪益开始购买、阅读英文原版图书,经常光顾福建人林秀鹤在天津开设的秀鹤书店,购买或预订国外原版图书。他喜读英文诗歌,如朗费罗、丁尼生、济慈、拜伦、雪莱、波德莱尔、兰波、马拉美、莎士比亚等人作品,还喜欢古希腊作家萨福。读过意大利思想家马志尼的《人的责任》后,竟狂热地迷上了,把马志尼当成偶像。到英国后,买了马志尼的英文版全集,夜以继日阅读。有一阵子,他兴趣转到古罗马、古希腊文学,竟让家中聘请了一位懂希腊文的商人到家中教学希腊文,后来到牛津留学,又请人补习拉丁文、希腊文,读了各种各样的书,包括哲学、历史、人类学,以五个月的功夫拿下这两门外语,入学考试顺利通过,牛津

---

① 雷音:《杨宪益传》,自印本,第一章第6节《魏汝舟先生》。

大学的主考官得知其在如此短的时间内达到如此水平,皆不相信①。在牛津大学,杨宪益学习法国中古文学、英国文学,在精通英语的基础上,对法语及法国文学也系统地学习过。就是说,除汉语、英语外,他还掌握了拉丁文、希腊文、法文。

杨宪益曾尝试用中国古体诗形式翻译西方诗歌,如《译莎士比亚剧中歌词》:"尔父深埋五寻水,骸骨依然神已死。森森白骨成珊瑚,沉沉双目化明珠。化为异物身无恙,幽奇瑰丽难名状。鲛人日击丧钟鸣,我今闻之丁当声。"《译希腊女诗人莎孚残句》:"有如林擒丹实滋,垂垂独在最高枝。举之不得长叹咨,有如野蕊深山次,牧人践过无留意,紫英残碎枝交坠。"此外,他还翻译弥尔顿的《欢乐颂》《沉思颂》的一些段落。从今存的杨宪益少年时期的这两篇译作,可以看出其深厚的国学功底,初步显示出来的翻译才华。

杨宪益的父亲留下一部商务印书馆出版的《说部丛书》,收录了林琴南与曾留学海外的魏翰、陈家麟等人合作翻译的一百八十多种欧美作品中的大部分。杨宪益上中学前非常喜欢阅读林译作品,如英国作家斯威夫特的《海外轩渠录》、狄更斯《大卫·科波菲尔德》、哈葛德《天女离魂记》、司哥特《撒克逊劫后英雄略》、笛福《鲁滨逊漂流记》,美国欧文的《拊掌录》《大食故宫余载》,俄国托尔斯泰《恨缕情丝》,西班牙塞万提斯《魔侠传》、法国森彼得《离恨天》、法国小仲马《巴黎茶花女遗事》、大仲马《三个火枪手》。还有伍光建译的法国大仲马的《侠隐记》,赵元任译的《阿丽丝慢游奇境记》,极大地开阔了杨宪益的视野。他还阅读过商务印书馆出版的《国学基本丛书》《万有文库》和《丛书集成》中的许多著作②。阅读这些图书,他获益良多。

诗歌、小说与剧本,创作上的多样尝试

杨宪益不仅爱读书,还勤于写作。他在《新青年》杂志上读到胡适提倡白话文的文章《文学改良刍议》,写了一篇《驳〈文学改良刍议〉》,批驳胡适的白话文主张,认为文言文比白话文优越得多,洋洋洒洒数百字,有理有据,头头是道。语文老师读后十分欣赏,打了满分。同窗好友廉士聪爱写古体诗,杨宪益与他唱和,写了一百多首,如长诗《雪》:

> 寒流来西北,积气化凝铅。天风忽吹堕,飞下白云端。化身千万亿,一落
> 一回旋。回旋复回旋,瞬息乘风逝。浩浩漫荒原,寒色虚无际。大地洁无尘,

---

① 杨宪益著,薛鸿时译:《杨宪益自传》,人民日报出版社,2012年10月,第45页。
② 杨宪益:《只出好书的商务印书馆》,《中华读书报》1996年12月4日。

无复人间世。前落后相连,纷纷力未殚。惟欲掩尘浊,不知从事难。畏难深不解,岂觉有辛酸。有若诗人思,纷纷霜华靡。欲绝造化奇,冥索发心髓。妙语本天成,应共天地死。又若弦上曲,乐律华以繁琐。缤纷乱华芯,无得极其源。繁音忽纷坠,落地灭无痕。又若战士刚,百战了无畏。去恶务尽除,素裹何用尉?碎骨未足忧,岂惧汤鼎沸。又若士先觉,为众作先驱。欲以善与美,治世化愚骜。蒙垢且不惜,岂复惜微躯?积雪满空庭,皎皎质何洁。安得雪为人,安人似雪?安得雪长存?终古光不灭。愿得身化雪,为世俺阴霾。奇思不可践,凤愿自空怀。起视人间世,极目满尘埃。

杨宪益当时还写了一首长诗《死》:

茫茫宇宙间,质能千万家。造化为大冶,百物同锻炼。虫臂或鼠肝,大块自载遣。生死为昼夜,铸毁不知倦。生时同交欢,死后不相见。如梦幻泡影,往来如驿传。儿生人庆幸,老死人吊唁。实则生与死,无忧无欢忻。死亦不足惜,生亦不足恋。

小儿畏暗处,差似人畏死。闻死生疑惧,世人每如此。培根诚达人,妙语警馀子。死既未可忧,何须相诟訾?未必死可忧,未必生足喜。安知人死后,不较生为美?生时历忧患,一死万事已。千载此长眠,不受人驱使。往事如昨梦,堕欢若逝水。死后若有知,应觉生时鄙。

萧萧白杨下,野冢杂荒榛。凄凉一抔土,中有陈死人。悲同撼木叶,瑟瑟闻寒呻。浮云东西北,出没往来频。初变幻苍狗,忽在天一垠。人生常变幻,奄奄化微尘。凡人皆有死,谁得保其身?莫为杞人忧,行乐须及辰。应知时不再,百岁转毂轮。常置一壶酒,可以守吾真。

闻持鲁拜集,偶诵莪默诗。此中有真意,忘言心自知。不念身后事,反为世所思。长吟忘岁暮,不作徂年悲。草木逝不留,感衰有定时。蟋蟀入床下,黄叶辞故枝。变化转时节,何用兴叹咨?且取久藏酿,注我金屈卮。饮酒自可乐,长生非可期。他年荒冢上,愿得覆墙靡。

廉士聪读后,十分佩服,把这两首诗抄寄给天津报纸《学衡》副刊编辑、著名学者吴宓,吴宓读后称赞不已,留下了很深的印象。廉士聪一直将这两首诗保存着,解放后送给杨宪益,这两首长诗得以流传下来。从这两首长诗不难看出,杨宪益才思敏捷,想象丰富,思想深刻,构思精巧,能写出如此丰富内容的长诗,表明他当时已经具有相当的诗歌天赋和不寻常的写作才能。

十五岁时,三叔杨毓璋、七叔杨毓琇哄诱杨宪益的两位母亲将一大笔钱投入贩私盐的生意中,没想到盐船遇到风浪沉没,损失二十多万大洋。大家庭因此解散,大宅院被迫卖了还债。杨宪益随两位母亲及姐妹们迁到出租屋生活,精神上受到强烈震撼。他受美国作家埃德加·赖斯·巴勒斯(Edgar Rice Burroughs,1875—1950)小说《人猿泰山》的启发,创作了中篇小说《鹰哺记》,有十多回,标题都仿章回小说,采用一组对偶句。杨敏如读后,十分佩服,曾抄录此小说,后散失。小说以七叔为原型,写家族内部复仇故事,大体内容是:石灰爵士生下儿子不久后就去世了,留下一个遗孤。孩子的叔叔很坏,他把孩子扔到野外,一只老鹰飞来叼走了孩子,并把他哺育成人。这个孩子在大自然中成长为一个力大无比的人。他在报仇途中行侠仗义,除暴安良。最后,他远离故乡,浪迹天涯。七十多年后,雷音采访杨宪益,杨宪益还记得最后一回的标题为"几度寻仇出生入死,一击不中远走高飞。"①

1937年9月25日,八路军取得平型关大捷,这是中国军队打的第一个大胜仗,震惊中外。两年后的春天,在伦敦留学的杨宪益用英文创作了一部关于中国军队平型关大捷的独幕剧②,受到好评。杨宪益还应同学李亚福的约请,花十天时间创作了一个中国历史题材的三幕剧本《紫漠黄昏》,描写越王勾践与西施的故事。杨宪益送给李亚福,分文不取,而李亚福坚持要签订转让合同,于是杨宪益答应收一英镑,版权归李亚福所有。此剧本请伦敦的名家看后又作了修改,李亚福准备公演,正式聘请了导演、演员及相关人员,投入很多钱财。排练好,准备公演前,战争突然爆发被迫取消。此剧本具体内容已经不得而知,但从已经获准在伦敦剧场公演看来,水平应当不差。

杨宪益曾与留英的中国学者向达、吕叔湘、钱锺书杨绛夫妇、王礼锡陆晶清夫妇等联合创办了《抗日时报》。杨宪益负责写消息、翻译、印刷(油印),向达负责润色、编成稿,吕淑湘小字漂亮,负责刻蜡纸,另有李赣鹏等人发行。每期印八百多份,主要赠送给伦敦从事餐饮、洗衣等行业的中国人,向他们宣传抗日战争的形势和成就。杨宪益曾在牛津自费独力办起了一个油印刊物《再生》(Resurgence),谴责日本帝国主义对中国的侵略,并对战争形势加以分析。办报、办杂志,磨练提高了杨宪益的写作能力。

四十年代初,杨宪益在贵阳师范学院任教,曾与中文系主任尹石公、参政卢冀野等诗文唱和,为《贵阳日报》副刊《小雅》撰写诗歌、散文,翻译西方诗歌等。杨宪益用汉代骚体写了一首《远游》,尹石公看后十分欣赏③。杨宪益还常用笔名在报上发表打油诗和杂文,谴责某些当权者仿效西方独裁者希特勒、墨索里尼之流,攻

---

① 雷音:《杨宪益传》,2004年自印本,第一章,总第9节。
② 杨宪益著,薛鸿时译:《杨宪益自传》,人民日报出版社,2010年2月,第79页。
③ 杨宪益著,薛鸿时译:《杨宪益自传》,人民日报出版社,2012年10月,第131页。

击矛头实际上是针对蒋介石的。

　　解放后,杨宪益曾规划创作五部历史小说:《赤眉军》、《黄巾起义》、《篝火狐鸣》(陈胜、吴广起义)、《长生人》(孙恩起义)、《冲天大将军》(黄巢)。1957年,他的中篇小说《赤眉军》由中国少年儿童出版社出版,受到好评。《黄巾起义》已经完稿,审查时被提出许多意见,又没有时间改写,就作废了。计划中的其他作品就没再写下去。

　　综前所述,青少年时期的杨宪益思维活跃,在创作上作出许多尝试,取得不俗的成就。后来,虽然没有在创作上继续努力下去,但可以看出他在文学上已崭露头角,显示出相当的文学功底。

行万里路,交天下友

　　1934年夏,杨宪益与同学李亚福、张美如,在英国老师郎曼夫妇的陪同下,先坐火车到南京住了两天,由南京的亲友盛情款待,再赴上海,住进有空调的上海国际饭店。第一次在炎热的夏天享受凉爽的空调,杨宪益倍感新鲜。他们在上海港乘坐加拿大的邮轮启程,取道日本神户、横滨、大阪,前往美国夏威夷,又途经西雅图、芝加哥、纽约温哥华等城市、名胜区,历时两个半月,行程三万余里,在中秋节这一天到达英国伦敦。

　　杨宪益一行人,每到一地都上岸游览观光。在夏威夷,他们参观精美的水族馆,欣赏热带风光,饱尝热带水果。在西雅图,参观赌场、歌厅,在芝加哥花了一个星期时间参观正在那里举行的世界博览会,东欧国家和伊斯兰国家的展厅及具有特殊风味的希腊美食、西班牙食品给杨宪益留下终生难忘的印象。在露天剧场,杨宪益一行还欣赏了著名的意大利指挥家托斯卡尼尼指挥演奏贝多芬的一部交响曲,这是他第一次现场聆听西方交响乐团的演奏,受到强烈的感染。参观雄伟壮观的尼亚加拉大瀑布时,触动杨宪益的不是美景,而是四处兜售纪念品看上去就很不幸的印第安人。在纽约,高耸的摩天大楼,威风凛凛,光华灿烂,具有现代大都市的气派,与陈旧、尘埃飞扬的天津、北京迥然不同。还跟随张美如的叔叔去拜访畅销书作家沃尔考特,此人家中的黑人奴隶的可怜处境让杨宪益感到震惊。杨宪益在街上还遇到一个拳击比赛经纪人,此人正寻找一个代替黑人选手出场、规定必须失败的替身,于是以二百美元(当时是一笔可观的收入)游说杨宪益出场,遭到拒绝。在纽约尽情地游览十天后,杨宪益一行换乘另一艘游轮横渡大西洋前往英国南安普敦、伦敦。在穿越大洋时,杨宪益用英文创作了许多散文随笔,结集为《陆与海》,

后来从英国寄给天津大妹杨毓如，抗战时被焚毁。到英国后，杨宪益发奋补习拉丁文、希腊文，依然爱逛书店，购买书籍。

1935 年 4 月，杨宪益报考牛津大学墨顿学院，笔试成绩合格。口试时，考官听说他只学过几个月的古希腊、拉丁文，就建议他再学一年，打实基础。于是在接下来的一年中，杨宪益到各地漫游，两次到法国观光，玩了半个多月，又到瑞士玩了一个月，到洛桑大学待了十多天。他还乘坐一艘邮轮到地中海观光了一个多月，旅游地点包括：直布罗陀、阿尔及乐、里斯本、西西里、马耳他、希腊、爱琴海、伊斯坦布尔、埃及。在巴黎，他聆听汉学家马伯乐、格拉奈等人讲座，参观巴黎公社墙。在德国，他参观海德堡大学，到柏林、魏玛瞻仰文学巨匠歌德和席勒的故居，还曾观看到希特勒在万众欢呼声中声嘶力竭演讲的场景。在瑞士，他到位于日内瓦湖畔的锡雍古堡寻访英国诗人拜伦的踪迹。在埃及，他参观尼罗河、金字塔、狮身人面像。在希腊，他参观了巴德神庙、比德埃夫斯港。在里斯本，他光临赌场，并小试牛刀。漫游几个月后，他回到伦敦，并不一心读书，而是投入到各种社会活动中去。

杨宪益善于交际，广交朋友，曾在牛津办油印报纸《抗日时报》、杂志《再生》。从 1937 年夏末到 1938 年初春，他把大部分时间和精力花在抗日宣传上，对从事学术工作已经完全失去了兴趣[①]。他担任一个支援中国、了解中国的学生团体"中国学会"的主席，在此期间结识了他的终身伴侣英国姑娘戴乃迭，戴乃迭任"中国学会"秘书；参加了一个由人类学者哈里森组织的"群众性观察活动"的社会调查团，走访英国中北部底层贫困家庭；经常去流落在伦敦的中国作家王礼锡（1901—1939）家中做客，在此结识了许多来英的中国学者、作家，如熊式一、蒋彝等。在牛津大学，他与向达、吕叔湘、杨人楩、钱锺书夫妇等成为好友，这些人后来都成为非常有名的学者。此外，还结交了许多欧洲国家的朋友。

牛津大学一年有三个学期，每个学期仅上课八周，放假时间占一半。杨宪益假期从不在校园待着，而是到外地度假[②]。1936 年夏天，他曾应在地中海观光时认识的一位律师的邀请，到瑞典斯德哥尔摩玩了一个月，听歌剧，参观博物馆，拜见汉学家安德森，结识学者杨周翰。1937 年春天，他到新认识的英国朋友伯纳德·梅洛的老家布莱克普尔住了两个星期，参观他家的酒坊；又到另一位同学费雷德·韦勃斯特的老家巴恩斯特住了一阵子，一起光顾当地的酒馆，玩飞镖游戏。杨人楩回国前赴比利时、荷兰、德国等地参观游览，杨宪益与他结伴而行，参观了布鲁塞尔及几

---

① 薛鸿时译，杨宪益著《杨宪益自传》，人民日报出版社，2010 年 2 月，第 79—80 页。
② 薛鸿时译，杨宪益著《杨宪益自传》，人民日报出版社，2010 年 2 月，第 68 页。

处隐秘的洞穴,观赏了荷兰风车和古雅多彩的乡村,亲眼目睹了德国人对希特勒狂热崇拜的场景,感受德国可怕的纳粹氛围。1938年到1939年间,他曾三次到英格兰西北海岸的美丽的国家公园英格兰湖区作徒步旅行,每次游览十多天。他还打算到苏联去旅行,因战争爆发而取消了计划。

总之,杨宪益非常聪明,能轻松地应付大学的各科考试,在英国留学的五年多时间,有一半以上的时间用于在欧洲各国旅行、观光、考察上,做到了古人所说的"读万卷书,行万里路"。这几年的经历使他具有了国际视野,培育了他豁达、大度、开放、豪爽、大方的性格,这是他后来战胜种种磨难,取得辉煌事业的内在因素。

第二节　屡遭磨难,坚强不屈

解放后,杨宪益在南京曾短暂从政,因一场选举风波退出政坛,赴复旦任教已经谈妥,却阴差阳错地走进了国家外文出版社(外文局),当了三十多年的专业翻译。他屡遭磨难,都能坦然对待,勇敢地承受、忍耐,化解了一次次人生危机,度过一次次难关,笑到最后,事业上取得巨大的成功,且活到95岁,去世后声誉日隆,流芳后世。

选举风波,激流勇退

解放前夕,杨宪益在地下党员邵祥麟的帮助下,加入了南京市民联,暗中为共产党做了许多事情。他曾从英国驻华大使馆武官伊文思处设法搞到国民党江北军事布防图,还获得国民党撤退前留下的地下电台布置情况,通过特殊渠道传递给共产党[1],为南京解放立下大功。

南京解放后,南京民联、民促和民革南京分会三个组织合并,组成了统一的民革南京市委员会。杨宪益以国民党革命委员会南京市委常委的身份,担任南京市人民政治协商会议常委及副秘书长职务,同时兼任市人大代表。不久,他出任民革秘书长,代表民革南京市委会为《新华日报》草拟了所有支持中国共产党的宣言与讲话,并撰写系列文章,解释中共在国民经济、教育、文化及其他方面的政策。南京市长柯庆施系安徽歙县人,杨宪益原籍安徽泗州,认了同乡,自然更亲近一层。柯

---

[1]　雷音:《杨宪益传》,自印本,第四章,第55节《三人秘密小组》。

庆施很赏识杨宪益的才华,他的前途似乎一片光明。

1950年11月19日,南京市第二届协商委员会第一次会议选举常务委员11名,即:柯庆施、江渭清、陈鹤琴、何基沣、蔡惟庚、高骏、沙轶因(女)、吴贻芳(女)、鲁波、杨宪益、史永[1]。这份名单中的人,不是政府高官,就是当时社会贤达。政协副秘书长,是杨宪益一生中唯一担任过的官职。他没完没了地参加各种会议,频繁地出席宴会,作报告,发表文章,会见各地各方面的来宾。董必武路过南京,南京市长柯庆施宴请时,杨宪益作陪。杨宪益还陪同陈毅等高级干部吃过饭。有时晚上,他也不能回家睡觉,和老婆、孩子在一起的时间越来越少,引起不少怨言。

1951年初,南京市民革改选,柯庆施等人事前经过研究,决定安排原国民党立法委员李世军通过选举出任一把手。选举前,一些原民联的年轻人找杨宪益商议,杨宪益说一个国民党老政客进领导班子当一把手,不妥;民革前几名最好由老民联的人担任,如邵恒秋应任一把手,自己当几把手无所谓。选举结果是邵恒秋得票最多,当选主任委员,官方对此十分不满。不料,在重庆时期结交的好朋友、原国民党参政、著名学者卢冀野,为李世军打抱不平,带头跳出来揭发杨宪益的"阴谋",引起轩然大波。杨宪益受到统战部长刘述周的严厉训斥:"挑拨离间,破坏团结,是何居心?"[2]杨宪益诚恳地作了检讨,对政治心灰意冷,下决心离开南京。文革中,此事又作为他的罪证之一被揭发出来。

但卢冀野并没有捞到好处,被人揭发,说他在重庆曾和易君左一起写反词《沁园春》,遭到更为严厉的批评。卢冀野请求到南京大学任教,被否决,于是觉得一切都完了,遂一病不起。4月17日,卢冀野在忧忿中去世,年仅47岁。杨宪益不计前嫌,前往悼唁,赠以厚赙。杨宪益晚年应卢冀野子女请求,为卢冀野文集写序言,热情称赞卢冀野的才华和为人,回顾两人交往中的美好细节,从不向人谈起选举事件。

当时,苏州成立一个改造旧知识分子的华东人民革命大学,杨宪益主动请求赴苏州学习三个月。在学习中,杨宪益坦诚地交代了自己与外国使馆人员的交往经历。他不知道,这些材料都被整理为档案,交给了有关部门,成为日后整治他的依据。学习结束后,他赴上海拜见留英时的朋友、时任上海高等教育局局长曹未风,复旦大学同意接受杨宪益、戴乃迭夫妇,于是杨宪益决定彻底告别政坛。

---

[1] 《江苏省志·政协志》,2003年11月,江苏人民出版社,第71页。
[2] 雷音:《杨宪益传》,自印本,第四章,第67节《选举风波》。

从"漏网右派"到"反革命分子"

解放后,曾兴起许多运动,如反胡风运动、肃反运动及反右派运动。在各种会议上,许多知识分子畅所欲言,甚至公开地提批评意见,而杨宪益则很少发言,不是不敢讲,而是对社会主义革命充满热情,坚定地相信中国共产党的领导。他的许多朋友、同事受到迫害,如郑造、刘尊棋、冯亦代、李荒芜、萧乾、向达等等,被开除公职、流放、劳教,有人自杀身亡。杨宪益虽侥幸逃脱,但同时"感觉到我的地位发生了微妙的变化,我不再享有中国专家的待遇,只把我当一名普通翻译,而且有些共产党的会议就不让参加了。我申请加入中国共产党,但我的要求被客气地置之不理。①"

反右运动结束后,有人视杨宪益为"漏网右派",把他作为"内控使用",并不时整治。杨宪益拥护西哈努克王子、反对红色高棉残酷激进路线的言论在外文局引起广泛争议,持续讨论了两个星期。杨宪益成了活靶子,局领导决定召开批判大会,竟开了三次,持续两天,全体人员都参加了,许多人都激动得像发疯似的,一个接着一个上台揭发批判杨宪益的资产阶级反动观点。有人揭发,看见杨宪益用牛奶喂刺猬。一家女仆被动员来发言,声泪俱下地诉说旧社会遭受的苦难,而杨宪益家的女仆拒绝出席批判会②。

一天,上面来人找杨宪益谈话,询问他对曹操的看法,杨宪益表示欣赏曹操的天赋、多才多艺、爱诗酒和女人。他的话被打断:"因为他老奸巨猾、诡计多端,你的性格与他有类似之处。"接着问:"你很喜欢一句中国成语叫'狡兔三窟',有这回事儿吧?"杨宪益承认他说过类似的话,那是解放前生活艰难,兼几份工。又打断他的话:"不过,这话还有别的含义吧,不是吗?"要他交代是不是同时在为三个方面工作,即国民党、共产党、外国帝国主义,脚踏三只船。杨宪益异常愤怒,无人理会。有人送来一沓纸,要他写交代材料。他怒不可遏地写下四个字:"路遥知马力,日久见人心。"把纸退了回去。从此,他成了"政治可疑分子",痛苦不堪③。

1960 年 7 月,中国作协第三次理事会召开,杨宪益是常务委员,受到邀请,在召开前夕,突然被收回入场券,说他不必参加,没有解释理由。每年夏天去北戴河度假的待遇也被取消。杨宪益一度极为沮丧,但很快会调整好。10 月,局长

---

① 杨宪益著,薛鸿时译:《杨宪益自传》,人民日报出版社,2012 年 10 月,第 223 页。
② 杨宪益著,薛鸿时译:《杨宪益自传》,人民日报出版社,2012 年 10 月,第 228 页。
③ 杨宪益著,薛鸿时译:《杨宪益自传》,人民日报出版社,2012 年 10 月,第 233—234 页。

罗俊发起书刊"检查运动",每一本书都重新审查,不合格的就销毁。找来一大批年轻人负责审查工作,五十年代的文学书大部分都毁掉了,扔得满院都是。发现有问题的书刊114部,其中有四人被关押坐牢,有不少人被撤职、劳改、下放劳动。山东大学冯沅君、陆侃如编写的《中国古典文学简史》,模仿苏联《联共党史》,每一章末尾都整段整篇地抄录领袖语录,杨宪益认为不符合外国读者阅读习惯,征得编辑同意,把这些附录全部删除,结果书籍篇幅还不到原来长度的一半。在送审时被发现,有关人员震惊得目瞪口呆,罗俊在群众大会上怒吼道:"杨宪益这个家伙,怎么敢做出这样的事来? 真是大胆妄为! 翻译的工作不就是翻译吗? 他怎么插手编辑工作?"对于杨宪益,上报的处理意见是逮捕,外文委没有批①。编辑陈次园被定为反革命分子,立即开除公职,发配农村劳动改造,此书英译本统统销毁。文革后,陈次园(1917—1990)平反,调回外文局就办了退休手续。此书于八十年代重新出版。

　　对此,罗俊晚年深表忏悔:"1959—1961年历次政治运动和书刊检查中,我又犯了更多错误,使党内外许多同志受到严重伤害。至今我对自己工作中的失误仍念念难忘,引为终生遗憾。当时虽然有些客观原因,主要还是自己有左的思想根源,宁左毋右。……多年来,多次政治运动,使许多同志颠沛委屈,身心受到的伤害是无可弥补的,也违背了党的知识分子政策。同时,我对青年干部的培养、提高、提拔工作,很不关心。1979年我恢复工作后,对文革中一些青年同志的确无歧视报复之心,但许多同志仍感到不安,纷纷要求调走,我没有能挽留,流失了不少优秀人才。1964—1965年'四清运动',我带队去衡水旧城,打击、伤害了一批农村基层干部。以上种种,我深感遗憾,愧悔不及。我衷心希望后人从中吸取教训。②"

　　六十年代中期以前,杨宪益虽然生活在惶恐中,但还没有大碍。等到1966年,史无前例的文化大革命爆发,外文局立即成为重灾区,局长罗俊成为头号"走资派";杨宪益成为第一号"罪人"、第一个"牛鬼蛇神",受到猛烈的批判、打骂,被反复地折磨,精神几乎崩溃。杨宪益数年前写的支持赫鲁晓夫批判斯大林的四首诗,被《北京周报》编辑杨立行以大字报的形式公开出来,"赫鲁晓夫的孝子贤孙""修正主义分子"等罪名加到杨宪益身上。一时间,群情激愤,声讨杨宪益的大字报纷纷出笼,贴满了外文院的每一座大楼的墙壁。杨宪益只记得四首诗中的一句"猎猎东风夜撼关,会看春色破层寒。"站在三张叠加的桌子上,杨宪益接受红卫兵们的愤怒

---

① 雷音:《杨宪益传》,自印本,第五章,总第82节《差一点被逮捕》。
② 罗俊:《回顾四十年中的十五年》,载《中国外文局五十年回忆录》,新星出版社,1999年3月,第71页。

声讨①。

有一张大字报名为《是爱国主义,还是卖国主义》,洋洋洒洒两千多字,说杨宪益四十年代初从英国回到重庆,是因为希特勒轰炸伦敦,贪生怕死才逃回来的,不去前线抗战,而是躲在陪都重庆喝酒、写旧体诗,与爱国毫无关系。还有大字报揭发杨宪益曾用牛肉喂狗,鸡汤喂猫,家中养几只小刺猬。一天,杨立行在批斗大会上又抛出一枚重磅炸弹,用英语揭发杨宪益的现行反革命言行,意思是老头子不死天下没有太平。结果,杨宪益受到更凶残的折磨,有人用细铁丝把一张大牌子挂在他的脖子上,细铁丝勒进脖子里。同事熊振儒见状,偷偷在后面帮他整理衣服袖子,将那根细铁丝套在衣领外面,为他减轻痛苦②。有人用水往他头上泼,牌子上"打倒反革命分子杨宪益"几个字上的红黑墨水流到他的衬衫上;有人用力摁住他的头③,他被游街示众。三天一小斗,二天一大斗。他被勒令打扫厕所,又被派到后院大食堂去干活,到垃圾堆里拣煤核,运送煤渣等等粗活。

一天上午,一个年轻造反者,领着社里的"走资派""反动学术权威"等七人,列队站成一排。队伍中有两位社领导,有著名作家、翻译家叶君健、杨宪益和老诗人吕剑,还有一位老归侨和所谓坏分子。那个造反派先是扯开嗓门训话一顿,在充满阶级仇火药味训斥后,即抡起巴掌开打。他先是以巴掌正面猛击一掌,又以掌背反抽一掌,每位均搧两个巴掌,出手特狠,当时老杨嘴角就流出鲜血④。

儿子、女儿宣布跟杨宪益划清界线。戴乃迭迷崇拜领袖,没有认识到这场运动的危害,还认为杨宪益从小就是个公子哥儿,现在应该接受教育,参加一点体力劳动。"戴乃迭和孩子们照旧样过着她们以往的生活,很快乐,甚至有时热情高涨。……她们不和我说话。"而杨宪益精神已经接近崩溃,一天他写了一张条子:"赶快找徐冰,如果我明天不交代,他们就要杀死我",请戴乃迭送到杨敏如家,请罗沛霖找徐冰帮忙⑤。徐冰没找到,罗沛霖也受到牵连。东城区八宝坑街道革命委员会的一帮人来到外文局,要求引渡杨宪益,因为群众揭发杨宪益在八宝坑居住时期曾有养狗等资产阶级生活方式,遭外文局拒绝。

杨宪益一度精神惶恐,思绪混乱,产生幻听和妄想等精神分裂症的症状,总听

---

① 杨宪益著,薛鸿时译:《杨宪益自传》,人民日报出版社,2012年10月,第248—249页。
② 贾先锋:《走近译界大师杨宪益》,张世林主编《想念杨宪益》,新世界出版社,2016年1月,第134页。
③ 雷音:《杨宪益传》,自印本,第五章,总第89节《一石激起千层浪》。
④ 程钦华:《穿越时空的追忆——写于杨宪益先生百年华诞》,载张世林主编《想念杨宪益》,新世界出版社,2016年1月,第106—107页。
⑤ 雷音:《杨宪益传》,自印本,第五章,总第90节《一生中唯一的一次精神危机》。

到毛主席在说"杨宪益不是坏人"。曾深夜独自与幻想中的迫害他的敌人展开辩论，惊醒熟睡的妻儿，他们认为杨宪益已经疯得胡言乱语了。但半年后，他自我拯救，调整心态，精神病痊愈。[1]

在北京师范大学任教的大妹杨敏如、在南京师范学院任教的小妹杨苡也受到冲击，受到批判。七十岁的老母亲顶着沉重的资本家的帽子，被罚在北京扫大街。

夫妻双双被捕，四年牢狱之灾

1968年4月27日11时左右，喝点酒正准备睡觉的杨宪益被保卫科的人叫到外文局办公室，一位解放军战士向他宣布："遵照北京市军事管制委员会的命令，你被捕了"[2]，并送往北京半步桥看守所。两个小时后，戴乃迭也被逮捕，投进同一所监狱。

杨宪益被剃光了头，一天两顿饭：每次两个窝窝头、一碗菜汤。十二人间牢房中关了二十一个人，大部分是刑事犯罪分子，斗殴事件常常发生。中央美术学院毕业生张郎郎（共和国国徽设计者张仃之子），因为组织地下文学沙龙"太阳纵队"，以"现行反革命"罪名入狱，也关在此牢房。刚开始，杨宪益被视为反革命、外国间谍，受到同舍犯人蔑视、欺凌。有犯人打他，骂他，诅咒他；令他代洗衣服；有犯人抢夺他的窝窝头，他总是忍让，从不计较。直到外文局造反派头头邢军关进来，杨宪益的处境才大大改观。邢军，军人出身，年轻力壮，挺身而出，保护杨宪益，并介绍杨宪益的学问，杨宪益逐步受到狱友们的尊重，担任学习组长，为他们读《人民日报》上文章，为他们朗读红宝书，带领他们学习《纪念白求恩》《为人民服务》《愚公移山》《论人民民主专政》，教他们苏格兰民歌《罗蒙湖》《友谊天长地久》《用你的秋波向我敬酒》等外国歌曲，还教外语、唐诗。有一个犯人想立功减罪，揭发杨宪益，说杨教大家《长恨歌》，是怂恿大家仇恨社会主义，立即受到邢军的痛斥、威胁，从此再也没人敢欺负杨宪益了。杨宪益心中的痛苦没人知道，他不知道妻子也被捕了，两个女儿不知流落在何方。有人问杨宪益是否离婚，杨宪益果断地说："不离婚。"他表面上总是不愤怒，不忧郁，安安静静地坐牢，年复一年地默默地忍受着一切。对在监狱中的负面遭遇，杨宪益出去后从不对人说起，在自传中也从不提及。

戴乃迭被关在单人间，可以阅读《人民日报》和红宝书。后来又送来英文《资本

---

① 杨宪益著，薛鸿时译：《杨宪益自传》，人民日报出版社，2012年10月，第255页。

② 杨宪益著，薛鸿时译：《杨宪益自传》，人民日报出版社，2012年10月，第260页。

论》。戴乃迭倍感孤独、寂寞，思念亲友，非常痛苦，要求与别人合住，遭拒绝。她用牙刷清洗墙壁，以打发时间。有人叫她"揭发"杨宪益的罪行，她说："他是世界上最好的人，没有罪行，我非常爱他，怎么能揭发他？"每天送牢饭时，戴乃迭都会对来人说声："谢谢!"同在此监狱的女画家郁风留意听，每顿饭都是如此，便断定这是一位外国女人。十年后，郁风见到戴乃迭，谈起半步桥监狱的往事，果真那个人就是她[①]。

一天，戴乃迭在院里放风，走到一个被封闭的男囚室窗前，听到有人用口哨轻轻地吹着，吹的是莫扎特的小夜曲。当她再绕回来的时候，只见她面带微笑，微微地向窗口点点头。张郎郎从缝隙里看到她的反应，断定她听见、明白了。再转过来，张郎郎吹起德沃夏克《自新大陆》第二乐章开始的"思故乡"。70年代末，张郎郎跟着几位长辈去杨、戴家做客，一眼认出后便问戴乃迭："您还记得在五角楼放风的时候，有人在窗里给您吹口哨吗？是古典音乐。"她说："记得是《自新大陆》。"张郎郎大笑说："就是我吹的呀！"[②]

杨宪益曾作《一九六八年四月下旬某夜遭逮捕，口占一律》："低头手铐出重围，屏息登车路向西。开国应兴文字狱，坑儒方显帝王威。官称犯罪当从罪，君问归期未有期。同席囚徒早酣睡，屈身挤卧醉如泥。"

1971年10月1日，国庆节，监狱里组织犯人收听庆祝活动，没有林彪的声音；《人民日报》上从此没有林彪的名字，杨宪益敏锐感觉到那个人完了，于是把语录本上的林彪题词撕掉了。一周后，所有犯人手上语录本子都被收缴，只有杨宪益的那一本不用缴，同室囚犯大惑不解。又过一周，新囚进来，带来林彪身亡温都尔汗的消息，狱友对杨宪益佩服得五体投地。

戴乃迭失联后，她的姐姐希达尔和选区议员在英国发起签名请愿运动。这封请愿书上有两万多人签名，被送往中国在伦敦的办事处。英国多家媒体以《英国女士突然沉默》等为题，对戴乃迭作了连续报道，成为广为人知的国际新闻，引起中国关注。

1972年3月13日，中英两国发表联合公报，双方建立大使级外交关系。3月22日，跑了21个省、市，调查了大量人物，没发现杨宪益有特务行为，公安机关宣布"问题搞清"，"拘留"期结束，释放杨宪益，并告诫道："抓你是对的，放你也是对的!"同时把四年前从杨家搜查来的《多余的话》（瞿秋白）、《爱的艺术》（古罗马诗人奥维德的古希腊文和英文双语版）交还给他。《中国文学》支部书记的车子把他接

---

① 郁风：《谢谢你! 戴乃迭》，杨宪益主编《我有两个祖国——戴乃迭和她的世界》，广西师范大学出版社，2003年9月，第83页。
② 王勉：《戴乃迭百年诞辰：在心中圣洁之地欢喜安放》，《北京青年报》2020年1月7日。

回家。杨宪益补发了四年的工资,但坐牢的伙食费每月4元钱从中扣除。次日,邹霆来访,见其目光呆滞,神情灰暗。到单位后,同事熊振儒喊声杨宪益,杨立即蹦地站起来道"是",这是在牢里养成的习惯。一周后,戴乃迭被释放,由两位同事迎接、陪同,回到家中。根据领导安排,杨宪益买了鲜花、巧克力、香烟和白兰地在家迎接她。戴乃迭的四年工资没有补发。夫妇回到《中国文学》杂志社,原职原薪,继续从事中译英的工作。

3月31日,杨宪益给杨苡、赵瑞蕻去信,告知从他和戴乃迭已经释放,回到家中:

阿虹、静如,你们好!

报告你们一个好消息,我和乃迭经过四年的详细审查,问题已经完全弄清楚,属于人民内部矛盾。经过总理批准,现在已经回到外文局工作。我是上星期回来的,乃迭是这个星期二回来的。回来后一直很忙,家里很乱,所以到今天才写信告诉你们。

$\cdots\cdots\cdots\cdots\cdots$

外文局的运动,这几年搞得相当激烈复杂,有些坏人,包括旧领导人,是"五一六分子",他们在整队期间,故意制造事件,搞谋杀,死了一些人。你们的老朋友方应旸也死了,你们可能知道。我因被公安局抓起来,反而受到政府保护,幸免于祸,这又是不幸中的大幸。现在局里问题已经基本弄清,工作也慢慢上轨道了。

$\cdots\cdots\cdots\cdots\cdots$

这几年从正反两方面受到不少教育,增加了解不少社会经验,对自己的问题也认识得比以前清楚一些。乃迭进步也不少,回来后情绪很好。今后应该加紧改造自己的资产阶级世界观,好好学习毛主席著作,作好工作,来报答党的恩情。

你们一定也有很大进步,有空时写信来谈一谈,好不好?南京方面碰到熟人时,请告诉一下我们的情况,让大家放心,问他们好。

改天再详细谈。祝好,问孩子们好。

宪益

三月三十一日①

扫了四年马路的七十六岁老母亲徐燕若,见面后反复说:"我不是没想过自杀,

---

① 杨苡《魂兮归来》,北方文艺出版社,2015年2月,第59—60页。

我就是咽不下这口气,我不相信我的儿女是反革命!"[1]

然而,杨宪益夫妇对四年牢狱之灾,总是轻描淡写,从不怨恨任何人。提到吃了四年窝窝头,他还笑着说挺好吃的,越嚼越香,吃出奶油的味道。后来,这四年牢中的伙食费全都算在他的头上,每天四元,从补发的工资中扣除,他毫无怨言。他在自传中回忆说:"在随后的几年里,我的许多同事都挨了打,不少人被活活打死,或被迫自杀。而当时我在监狱里,所以躲过了这场劫难。[2]"文革中,外文局被审查被专政的有二百多人,其中"自杀身亡"23 人(《中国外文局五十年大事记》),包括《中国建设》总编室主任方应旸、副总编陈麟瑞。杨宪益能挺过来,完全是因为他个人精神强大,修养超人。

失子之痛

杨烨是杨宪益、戴乃迭夫妇唯一的男孩,从小聪明过人,从小学到高中成绩优异,担任班长,报考北京大学物理系、清华大学数学系,分数达线,因政治审查没通过,没有录取。后来,经过努力,他才被刚建校不久的北京工业大学录取,非常失望、沮丧。

文革爆发后,读大三的杨烨,迅速加入了红卫兵,率领红卫兵战士到家中破四旧,四处寻找,发现他妈妈的古典音乐唱片,认为属于封资修的东西,将其掰碎,还把一个祖传的古董花瓶摔碎。从不骂人的杨宪益怒吼道:"混蛋",拨打了外文局办公室电话报警,外文局派人前来教育杨烨说:"你对父亲造反可以,但戴乃迭是外国人,毁坏她的任何东西都是外事问题。"杨烨有点畏惧,才离开。杨烨自费购买了一台油印机,自费印刷宣传文革的材料;在大学广播站担任播音工作,十分卖力地宣传无产阶级文化大革命;和一帮红卫兵受国务院秘书长周荣鑫委托,到南京调查两派(好派、屁派)群众组织情况。此举后来成为挑动武斗的罪行,背上"5.16"分子等罪名[3]。

1967 年 12 月,因为"文革"被推迟的大学生毕业分配工作开始,学校有意把杨烨留在北京照顾戴乃迭,戴乃迭严正地表了态:"我儿子是中国人,不能因照顾我留在北京。"杨烨被分配到偏远的湖北省鄂城县锻压机床厂当技工。杨烨毫不犹豫地接受分配,并表示说愿意以实际行动证明自己的赤胆忠心。鄂城县位于长江边,小且闭塞。杨烨的外国人面孔一出现,当地人很吃惊,以为他是外国人。杨烨写信,

① 杨苡:《魂兮归来》,北方文艺出版社,2015 年 2 月,第 66 页。
② 薛鸿时译,杨宪益著《杨宪益自传》,人民日报出版社,2010 年 2 月,第 256 页。
③ 雷音:《杨宪益传》,自印本,第七章,总第 106 节《杨烨的遭遇和"发疯"》。

请妹妹杨炽寄些书来。寄来的书籍要经革委会检查,竟然查出一本摩尔斯密码小册子。杨烨中学时是长跑健将,北京市长跑第九名,曾参与"国防体育运动",学习发报、练习跳伞等活动,这是当时用过的东西。当地人没见过世面,断定这本摩尔斯密码是杨烨当间谍嫌疑的铁证,杨烨受到隔离审查。父母被捕后,杨烨在鄂城锻压机床厂被当成特务的儿子,受到批斗,遭到耻笑、谩骂。1970年3月,杨烨成为鄂城县首批"五一六"分子,受到更严厉的审查、批判。

杨宪益被释放后,想方设法把杨烨调到北京一家工厂。因政审不过关,杨烨没能从事自己喜爱的计算机工作;想调到同学工厂,又没成功。杨烨感到不公,变得偏执,到处找领导诉说,无人理解,于是拒绝上班,与父亲发生激烈的冲突。杨宪益认为他思想有问题,并不知道他精神出了问题。等到越来越严重时,才带他去医院看医生,经诊断果真得了精神分裂症,这是多年不断受到伤害累积的结果。服药治疗,效果不明显,只好把他关在家中。1974年夏天,美国著名记者韩丁(William Hinton, 1919—2004)到访,其女儿卡玛小时与杨烨就相识,得知杨烨的状况,启发说,杨烨可以改变国籍,离开中国。于是杨烨开始说英语,并声称自己是英国人,应该回到英国。他连续三次强闯英国大使馆,提出回国要求。英国大使馆报警,杨烨被拘留。回家后,他更加自闭,拒绝说话,整日把自己关在房间里,不吃中国饭菜,夜深人静时在家中寻找一点西式食品充充饥。他拒绝承认杨宪益是自己的父亲,拒绝同家里的中国人说话,开口就说英语。外文局领导得知,建议让杨烨到英国姨妈家中去,改善一下生活环境,或许能治好他的病。经过一年多的努力,1975年11月,杨烨领到护照。12月初,戴乃迭陪同他先到香港,乘飞机赴伦敦。到英国后,杨烨拒绝承认是中国国籍,不肯出示身份证件,也不愿意进学校读书。他认父母的好友苏立文(Michael Sullivan为教父,改名为David Sullivan。尽管英国的亲友待杨烨十分友好,想尽一切办法照料他,帮助他,他依然无法摆脱精神分裂症的折磨。1979年元月6日,连恋爱也没谈过的杨烨,在英国姨妈家楼上纵火自杀身亡,年仅38岁。

消息传到国内,杨宪益、戴乃迭一家人泣不成声,仍然忍着剧痛去上班,在办公室坐了一上午,什么事也没做。戴乃迭受到沉重打击,内心伤害到难以复原的地步,从此借酒浇愁,杯不离手,饮酒到了不分时间、场合的地步。从来不打人的杨宪益,忍不住搧了她一耳光。"我打了戴乃迭一个耳光。这是我第一次,也是唯一的一次打了戴乃迭,因为她不停地喝酒[1]。"亲友都知道,杨烨之死成为家中话题的禁

---

[1]　范玮丽:《金丝小巷忘年交》,北方文艺出版社,2015年2月,第184页。

区,杨宪益内心足够强大,默默地忍受着,而戴乃迭无法承受失去独生子的悲痛,此事严重摧残了她的健康。最后十年,她失能失智,亲友们看到一个阳光、乐观、向上总是微笑的她变成这副模样,莫不痛心疾首。

戴乃迭晚年曾说过:"母亲的预言,有的变成了悲惨现实,但我从不后悔嫁给了一个中国人,也不后悔在中国度过一生。"后来,戴乃迭患老年痴呆症,失忆,有时会仰天长问:"我的儿子呢? 我的孙子呢?[1]"

BBC 广播事件

1989 年 6 月 3 日,北京发生动乱。次日凌晨,戒严部队进驻天安门广场,平息了一场风波。一大早,文革中曾带头揭发杨宪益"罪行"的杨立行(当时在中国社会科学院工作),跑到杨宪益家大肆渲染看到的街头场景。当天上午,杨宪益接受 BBC 电话采访,发表讲话,事后离家到朋友及长春女儿杨炽家中躲避了一段时间。

不久,外文局领导通知他,可以回家,保证他安全。杨宪益到外文局,主动请求组织给予处分。文化部副部长英若诚代表组织登门找他谈话。两人避实就虚,大谈马恩列斯、勃列日涅夫、戈尔巴乔夫等领导人,而不提 BBC 广播一事。英若诚去了三次,最后说"三顾茅庐",不再来了。杨说"不敢高攀诸葛亮",应是"七擒孟获",还可来四次。组织上对他宽宏大量,没有追究他的任何责任。"你知道谁保了他吗? 李瑞环。"[2]好友冯其庸托人送给杨宪益两瓶杜康酒[3],并赋诗"世事浮云苍狗幻,浩然孟叟天地间。杜康我有公休怕,万叠愁峰只等闲"[4],以表慰问。

1990 年 2 月,杨宪益被开除出党。"作为一名共产党员,我违反了党的纪律,最后,经过正常的组织程序,我退出了中国共产党。这是发生在 1990 年 2 月的事。此后,我仍保留着全国政协委员的职位,仍是国民党革命委员会的一名领导成员。我在中国作家协会以及其他机构中的地位也没有变。我的同事们和朋友们还像以前一样对待我,我在社会上的待遇一点都没有变。"[5]

实际上,此事对他产生了很大影响。如香港中文大学发给他翻译奖 4 万多元,

① 范玮丽:《金丝小巷忘年交》,北方文艺出版社,2015 年 2 月,第 217 页。
② 赵蘅:《宪益舅舅的最后十年》,生活读书新知三联书店,2011 年 5 月,第 52 页。
③ 冯其庸《悼念杨宪益先生》,《剪烛集》,山西人民出版社,2002 年,第 262 页。
④ 冯其庸《瓜饭楼诗词草》,《冯其庸全集》卷 16,青岛出版社,2014 年 1 月,第 108 页。
⑤ 薛鸿时译,杨宪益著《杨宪益自传》,人民日报出版社,2010 年 2 月,第 307 页。

上面不批准,无法赴港领取;涨工资,没有他的份;两次申报特殊贡献专家津贴(每月可加一百多元,在当时是一笔可观的数目,同时是一种崇高的荣誉),都没批①;没能成为具有统战性和荣誉性的中央文史馆馆员。原来门庭若市的杨氏门第,从此门前冷落鞍马稀。除了寥寥无几的几个老友偶然登门,杨宪益最后近二十年的岁月在寂寞中度过,先后得了四种癌症,但他想得开,饭照吃,觉照睡,抽烟、喝酒、吟诗,从不忧郁、焦虑,积极乐观度过每一天,笑迎一切。

第三节 翻译文化终身成就奖

2006 年,中国翻译协会设立表彰翻译家个人的最高荣誉奖项——"翻译文化终身成就奖",授予在翻译与对外文化传播和文化交流方面作出杰出贡献,成就卓著、影响广泛、德高望重的翻译家。2009 年 9 月 17 日,中国翻译协会授予杨宪益"翻译文化终身成就奖"。郭晓勇副会长在仪式称赞道:

> 杨宪益先生学贯中西,在中国语言文化和西方语言文化上造诣深厚,为中外文化交流,尤其是中国文化走向世界作出了卓越贡献。
>
> 杨宪益先生毕其一生精力,将大量的中国文学作品翻译、介绍到了西方,也将许多优秀的西方文学作品介绍给了中国读者。他翻译的中国文学作品,译文准确、生动、典雅,从先秦文学,一直到中国现当代文学,跨度之大、数量之多、质量之高、影响之深,中国翻译界无人能企及。
>
> 特别是杨宪益先生和夫人戴乃迭联袂翻译的英译本《红楼梦》,成为最受中外学者和读者认可和推崇的经典译作,为中国文学和文化赢得了更加广泛的国际影响②。

这是继北大副校长季羡林之后,第二个享有此殊荣的中国人。目前,杨宪益研究成为学术热点,论文大量涌现,有数千篇;个人传记有五部③,研究相关著作数十部。杨宪益精通英语,掌握拉丁文、希腊文、法文,一生主要从事翻译工作,取得了巨大的成就,是当代名副其实的译坛泰斗。

---

① 雷音:《杨宪益传》,自印本,第八章,总第 123 节《小鞋种种和戴乃迭的病》。

② 《杨宪益获翻译文化终身成就奖一生追求信达雅》,中国网,2009 年 9 月 17 日。

③ 邹霆《永远的求索——杨宪益传》、《杨宪益自传》、雷音《杨宪益传》、李伶伶和王一心《五味人生——杨宪益传》、范玮丽《金丝小巷忘年交》。

国立编译馆专业翻译、代理馆长

从上高中起,杨宪益已经尝试翻译工作,在英国留学期间译出《离骚》,回国后至解放前主要在国立编译馆从事中译英工作,翻译《资治治鉴》《老残游记》。

杨宪益的翻译生涯最早可追溯到高中时代。1931 年,年仅 17 岁的杨宪益作《译莎士比亚剧中歌词》:"尔父深埋五寻水,骸骨依然神已死。森森白骨成珊瑚,沉沉双目化明珠。化为异物身无恙,幽奇瑰丽难名状。鲛人日击丧钟鸣,我今闻之丁当声。"《译希腊女诗人莎孚残句》:"有如林擒丹实滋,垂垂独在最高枝。举之不得长叹咨,有如野蕊深山次,牧人践过无留意,紫英残碎枝交坠。"还曾用旧体诗形式翻译弥尔顿的《欢乐颂》《沉思颂》。这些译作已经初步显示出杨宪益的翻译才华。

1938 年,在英国牛津大学留学的杨宪益与英国女友戴乃迭合作翻译屈原的《离骚》、唐代李贺的一些诗篇,刊登在牛津大学学生杂志《契尔威尔》《伊希斯》上。他们译《离骚》,采用的是风行于 17 至 18 世纪的英国古典"英雄偶句诗体",又称"英雄双韵体",每行由十个轻重相间的音节组成,每两行押韵,隔行换韵,句式均衡、整齐、准确、简洁。

1940 年秋天,杨宪益回国,先后在中央大学、贵阳师范学院、光华大学教英语,在中印学会任研究员。1943 年冬天,杨宪益应卢冀野、梁实秋的聘请,到重庆北碚国立编译馆任编纂,戴乃迭在该馆任特约编审。杨宪益负责《资治通鉴》的中译英工作,三年时间完成了从战国到西汉部分,约三十五卷。此译稿因为战乱没能及时出版,后来送给了澳大利亚堪培拉大学的一位教授[①]。杨宪益还用两个月时间翻译了一位年轻学者写的《中国戏剧简史》。杨宪益发表叶芝四首诗译作:《爱尔兰的空军员》《雪岭上的苦行人》《梭罗门与巫女》《象征》,载《时与潮文艺》,1944 年第 1期。与戴乃迭合作翻译晚清刘鄂的长篇小说《老残游记》,1947 年由南京独立出版社出版,次年由英国伦敦 Allen and Unwin 出版社出版。其中《老残游记:第二章》(中英文对照),发表于《国际文化》1948 年第 3 期。

1949 年初,馆长赵士卿突然到上海去了,杨宪益被推选为国立编译馆代理馆长。4 月 23 日,南京解放,杨宪益担任编译馆接管工作组组长,任民革秘书长,后任南京政协副秘书长。年底,国立编译馆被撤销,并入国家新闻出版署。

---

① 雷音:《杨宪益传》,自印本,第三章,总第 49 节《翻译〈资治通鉴〉》。

《中国文学》杂志社专业翻译、主编

　　1951 年初,为扩大对外宣传,让外国人了解中国悠久的历史、灿烂的文化,对外文化联络局局长洪深提出创办一本面向世界专门介绍中国文学艺术的杂志,得到文化部副部长周扬的支持。《中国文学》杂志英文版创刊,由对外文化联络局编译处处长叶君健负责,杨宪益、戴乃迭夫妇担任兼职翻译。

　　《中国文学》以插页形式刊登美术作品,以吸引不同读者的眼光,是具有文学、美术双重性质的刊物。1951 年 10 月 1 日,《中国文学》创刊号问世,系"抗美援朝"专辑,文章主要有:周扬《坚决贯彻毛泽东文艺思想》、袁静长篇小说《新儿女英雄传》、李季长诗《王贵与李香香》及魏巍散文《谁是最可爱的人》等,印数达 1.93 万本,受到外国读者的热烈欢迎。当时办刊以销售为主,赠送为辅,因此非常重视质量。由杨宪益、戴乃迭翻译的长篇叙事诗《王贵与李香香》,是当时著名诗人李季于 1946 年创作的反映了陕北"三边"地区农民闹革命壮烈景象的作品,一面世就广为流传,影响很大。

　　次年,《中国文学》1952 年第 2 期,刊登了杨宪益、戴乃迭翻译的冯雪峰《鲁迅生平及其思想发展梗概》、郭沫若《伟大的爱国诗人屈原》、鲁迅《阿 Q 正传》。这是杨宪益首次翻译鲁迅的作品。此年初夏,原本准备赴复旦任教的杨宪益、戴乃迭,接到借调到北京的通知,出任国际会议翻译工作。10 月 2 日至 10 月 13 日,亚洲及太平洋区域和平会议在北京召开。宋庆龄的《为中国奋斗》由杨宪益、戴乃迭译成英文,由外文出版社出版,宋赠送了签名本。会议结束后,杨宪益、戴乃迭接受了外文出版社副社长兼《人民中国》总编辑刘尊棋的邀请,到《中国文学》杂志社工作,在这家单位工作到八十年代末。

　　杨宪益在英国留学多年,足迹遍及欧美大地,具有世界眼光,特别了解西方文化和欧美读者的审美趣味。自 1979 年起,杨宪益担任《中国文学》杂志的副主编(主编由茅盾兼任),次年任主编;1983 年文化部长王蒙任主编,杨宪益任顾问,实际仍由杨宪益负责,一直到 1986 年。在近八年时间,杨宪益掌管这份在国内外有重大影响的杂志,对刊物的内容和形式都进行了改革,取得显著成效。他提出要减少政治宣传色彩,政治文章、政府文件不再译介,要求体现鲜明的时代感和民族特色,除译介中国古代、现当代的中短篇小说、长篇小说节选、诗歌、剧本外,新增了民间寓言、民间故事、游记、回忆录,以及中国作家、艺术家的访谈、侧记、印象和中国文学、国内及国外文艺的最新动态。对《中国文学》封面设计,杨宪益主张要简洁大方,有鲜明的民族特色,主动向黄胄、朱屺瞻、董寿平、唐云、陆俨少等约稿,选用名家的中国画作为封面。一次,看了王瑞霖为张贤亮《绿化树》英文本的封面设计,不满意,启发美编王瑞霖说:"作者虽然描述了苦难,但最终还是为了表现对希望和光明的追求。能否跳开作品的具体情节,概括地表现作品的深刻内涵?建议在设计稿中对一幅表现荒原风光画面进行修改。"受此启发,王瑞霖去掉了画面中一切次要的东西,只突出描绘荒原上的一棵大树,大树枝繁叶茂,挂满冰花,在荒原中傲然挺立。新设计得到一致赞同。不久,宁夏作协主席张贤亮到访《中国文学》编辑部,见到其著作《绿化树》英文本装帧,十分高兴,欣然题词:"我很喜欢的封面设计。张贤亮。①"

杨宪益认为,翻译是架起对外推介文化的桥梁,从而使伟大的文学作品成为全人类文明的共同财产,促使不同文化间的交流与对话。他十分重视读者的来信来访,及时吸收读者的合理化建议,不断创新,从形式和内容上对刊物作与时俱进的改革。在杨宪益任期内,《中国文学》杂志进入黄金时期,在100多个国家和地区发行英、法两个版本的总量达6万份以上。据统计,1986年,英文版《中国文学》仅在美国的订户就有1731户,在芬兰有1195户,法文版光在巴黎的订户就有1026户,真是创造了奇迹。

杨宪益不仅办杂志,还出版图书,最成功最显著的业绩是倡议出版"熊猫丛书",用英、法两种文字出版中国当代、现代和古代的优秀作品,同时出版了少量的德、日等文版"熊猫丛书",发行到150多个国家和地区,有190多种。出版的合集有:《〈诗经〉全译本》《汉魏六朝诗文选》《唐代传奇选》《明清诗文选》《三部古典小说选》《历代小说选》《龙的传说》《三十年代短篇小说选》《五十年代小说选》《女作家作品选》《中国当代女诗人诗选》《中国当代寓言选》《老北京的故事》《新凤霞回忆录》等等。出专集的古今作家主要有:陶渊明、王维、蒲松龄、刘鹗、鲁迅、李劼人、茅盾、巴金、老舍、冰心、叶圣陶、沈从文、丁玲、郁达夫、吴组缃、李广田、闻一多、戴望舒、艾青、孙犁、萧红、萧乾、施蛰存、艾芜、马烽、叶君健、刘绍棠、茹志娟、陆文夫、王蒙、玛拉沁夫、蒋子龙、谌容、宗璞、张贤亮、张承志、梁晓声、邓友梅、古华、汪曾祺、高晓声、王安忆、冯骥才、贾平凹、张洁、韩少功、霍达、方方、池莉、凌力、铁凝、刘恒、舒婷、犁青、益希丹增、扎西达娃、刘震云、周大新、阿成、林希、刘醒龙、史铁生、马丽华、程乃姗、聂鑫森、陈建功、航鹰等。其中,法文版《艾青诗100首》获1998年鲁迅文学奖②。

---

① 王瑞霖:《杨宪益是我人生道路上的伯乐》,载张世林主编《想念杨宪益》,新世界出版社,2016年1月,第123页。

② 徐慎贵:《〈中国文学〉对外传播的历史贡献》,《对外大传播》2007年第8期。

"熊猫丛书"多系精品,价廉物美,装帧简朴大方,受到外国读者的欢迎和好评。许多书是一版再版,供不应求。如《女作家作品选》连续重印八次,发行达5万多册。"熊猫丛书"是中国历史上第一个打入西方销售网系列出版物,一大批作家被介绍到国外,引起关注。刘震云小说《官场》被都柏林国际小说评奖委员会列为入围评作品。"向世界评介中国文学,无人能超过杨宪益和戴乃迭,他们的译作传播到全世界,他们的名字也传遍各国①。"

自五十年代初,杨宪益迁居京城,杨家就成为在京欧美专家、学者经常光顾的场所。六十年代闭关锁国,少量的来自外国的记者、学者常把杨家作为落脚点,杨家被戏称为"杨家黑酒店"。当时在中国,跟外国人接触是冒险的行为,杨宪益夫妇依然慷慨大方地和这些外国人交往、做朋友,为他们提供了热忱的帮助。他们中有很多人后来都致力于中国文学、政治、文化、艺术等领域的研究,成为有名的汉学家。对他们来说,"戴乃迭家是一块沙漠中的绿洲。当时的中国是一个压抑学理的社会,可是在杨家的谈笑既长知识,又多欢乐,还可以真正切入政治。杨氏夫妇的学识、友好和热情都使我们获益良多。②"一批欧美专家、记者、外交人员对杨、戴热情友好的款待没齿不忘,写下许多回忆文章。

七十年代末,随着杨宪益当上了《中国文学》主编,中国作协理事、中国文联理事、民革中央委员、全国政协委员等等桂冠纷纷加身,杨宪益成为炙手可热的人物,杨家客厅——"杨氏沙龙",名扬京城文化艺术界,出现了长达十年的"谈笑有鸿儒,往来无白丁"、"座中客常满,樽中酒不空"的盛况,杜鹏程、曲波、周而复、姚雪银、王蒙、谌容、张洁、张抗抗、戴晴、刘宾雁、古华、王培公、田壮壮、刘晓波、王世襄、常任侠、罗念生、夏淳、英若诚、谢晋、吴祖光、冒舒湮、黄永玉、钟灵、方成、丁聪,……等等著名的作家、画家、导演、学者,以及来自英国的汉学家詹尼尔、澳大利亚作家白杰明、英籍女作家韩素音等等外国人士,无不是造访杨府的常客、贵宾。有时来宾太多,发展到来访者必须预约登记,否则恕不接待的程度。"生不愿封万户侯,但愿一识杨泗州",成为一句在当时文化、文学、艺术界的流行语③。文艺界的名家们都想在《中国文学》这个通向世界的窗口显露一下,都想通过杨、戴之手,让全世界的人看到自己的才华,以便名扬天下。杨宪益随代表团或被邀请到日本、美国、澳大

---

① 赵学龄:《翻译界尽人皆知的一对夫妇——记杨宪益和戴乃迭》,载《中国外文局五十年回忆录》,新星出版社,1999年3月,第507页。
② 载杨宪益主编《我有两个祖国——戴乃迭和她的世界》,李晶译,广西师范大学出版社,2003年9月,第147—149页。
③ 邹霆:《永远的求索——杨宪益传》,华东师范大学出版社,2001年11月,第360—362页。

利亚、意大利、印度、英国、法国、西班牙、荷兰、卢森堡等国访问，公费游历天下，成为家喻户晓的名人。

在长达半个世纪时间内，《中国文学》是外国人了解中国文学艺术的唯一窗口、途径，发行近600期，介绍作家、艺术家2000多人次，译介作品3000多篇（部），在中外文化交流史上写下了浓墨重彩的一笔。

译遍古今，辉煌业绩

1943年冬天，杨宪益成为国立编译馆的专业翻译，至八十年代末，翻译生涯历经四十余年，译遍古今，取得了辉煌的业绩。应当明确的是，杨宪益与戴乃迭长期合作，即使署名独立完成的译作，也曾互相校阅，所有成果均应视为二人合作的结晶，不能抹煞戴乃迭的巨大贡献。杨、戴译作可分为两类：

第一类是外译中，这类作品主要有：

由希腊文译成中文：荷马史诗《奥德修记》。《阿里斯多芬喜剧二种》（与罗念生等合译）、阿里斯多芬《鸟》

由拉丁文译成中文：古罗马维吉尔的《牧歌》、普劳图斯《凶宅》《一坛金子》、泰伦提乌斯《福尔弥昂》。

由法语译成中文：《罗兰之歌》、小仲马《茶花女》、凡尔纳《地心游记》（与闻时清合译）。

由英文译成中文：萧伯纳的《卖花女》《匹克梅梁》《凯撒和克莉奥配特拉》。《圣女贞德》（与申慧辉合译）。古印度剧作家迦黎达沙的《沙恭达罗》，由卢冀野整理成传奇《孔雀女重合金环记》。《近代英国诗钞》（25位英国诗人49首诗）。

第二类是中译英，这类作品主要有：

中国历史：《资治通鉴》（战国至西汉）、《史记选》、《战国策选》。

中国古代小说：《早期神话故事选》、《汉魏六朝小说选》、《不怕鬼的故事：六朝至清朝志怪小说选》、《杜十娘怒沉百宝箱——宋明平话选》、《柳毅传：唐代传奇选》、《晚唐传奇选》、《唐代传奇》、《宋元朝故事选》、《三部古典小说节选》、《〈镜花缘〉〈三国演义〉〈西游记〉）、《聊斋故事选》、《明代话本选》、《逸书七则》、《中国古代寓言选》、《阅微草堂笔记选》、《寓言十六则》、《老残游记》、《儒林外史》、《红楼梦》、《古代小说卷》。

中国戏曲、话剧、电影：《关汉卿杂剧选》、《牡丹亭》、《搜书院》（粤剧）、《秦香莲》（平剧）、《十五贯》（昆曲）、《长生殿》、《白蛇传》（京剧）、《林则徐》（电影剧本）、《评雪辨踪》(平剧)、《刘三姐》(八幕话剧)、《赤壁战鼓》(七幕话剧)、《芦荡火种》(样板戏)、《屈原》(五幕话剧)、《打杀渔家》(京剧)、《柳荫记》(川剧)、《白毛女》、《红灯记》。

中国古代诗歌、散文：《诗经选》、《离骚》、《汉魏六朝诗文选》、《楚辞选》、《乐府》、《唐诗》、《宋词》、《陶渊明诗选》、《李白诗选》、《杜甫诗选》、《王维诗选》、《陆游诗选》、《苏轼诗选》、《辛弃疾诗选》、《明清诗文选》、《唐宋诗文选》、《温庭筠词选》、《文心雕龙选》、《诗品》(司空图)、《龚自珍诗选》。《古代散文卷》《古代诗歌卷》。

中国现当代作家作品：《原动力》(草明)、《风云初记》(孙犁)、《鲁迅生平及其思想发展梗概》《雪峰寓言》(冯雪峰)、《暴风骤雨》(周立波)、《上甘岭》(陆柱国)、《伟大的爱国诗人屈原》《反帝斗争的连锁反应》(郭沫若)、《古巴，我给你捎句话》(萧三)、《加纳比海一枝花》(袁水拍)、《致古巴诗》《为"诗歌号"飞机送行》(郭小川)、《致刚果人民诗》(闻捷)、《早啊，非洲，新的非洲》《致阿尔及利亚》(李野光)、《海市》(杨朔)、《青春之歌》(杨沫)、《李家庄的变迁》(赵树理)、《朱自清散文》、《下一次开船港》(严文井)、《百合花》(茹志鹃)、《荷花淀》(孙犁)、《太阳照在桑干河上》(丁玲)、《王贵与李香香》(李季)、《鲁迅短篇小说选》、《鲁迅选集》(1、2、3、4)、《阿Q正传》《呐喊》《彷徨》《故事新编》《野草》(鲁迅)、《红旗谱》(梁斌)，《渡荒》(白危)、《三千里江山》(杨朔)、《三里湾》(赵树理)、《大林和小林》(张天翼)、《鲁宝葫芦的秘密》(张天翼)、《革命烈士诗选》(恽代英、邓中夏、李少石、黄诚、陈然等)、《西沙群岛诗四首》(柯岩)、《诗选》(陈毅)、《长江三日》(刘白羽)、《登峨眉山》(徐迟)、《诗十二首》(田间)、《诗六首》(鲁特夫拉木太立夫)、《诗九首》(臧克家)、《诗六首》(殷夫)、《河北一个村庄》(何其芳)、《春天里的秋天》(巴金)、《龙的传人》(侯德健)、《边城》《湘西散记》(沈从文)、《铁木前传》(孙犁)、《悲哀的玩具》(李广田)、《三十年代短篇小说选》(1、2，与人合译)、《当代女作家七人集》(与人合译)、《沉重的翅膀》(张洁)、《芙蓉镇》(古华)、《西藏抒情诗》、《王蒙小说选》、《现代散文卷》《现代诗歌卷》《现代小说卷》。

其他：《中国戏剧简史》、《为中国奋斗》(宋庆龄)、《周扬文艺论文集》、《中国古典文学简史》(冯沅君、陆侃如)、《中印人民友谊史话》(金克木)、《杜甫传》(冯至)、《中国小说史略》(鲁迅)、《单口相声故事选》(张寿臣等)、《古趣集》(丁聪)、《鼻烟壶及其它》(邓友梅)、《冯骥才画集》、《矮登桥及其它》(古华)、《北京的传说》(金受申)、《新凤霞回忆录》、《新民歌43首》、《阿诗玛》。

杨宪益、戴乃迭夫妇创造了译坛上比翼双飞、联袂共赢的佳话。"通常是我先把中文原著译成英文初稿，然后由乃迭修改定稿。乃迭有时也亲自译些中国当代小说,然后交给我加工和校改,以便更符合中文的原意。有时则手捧中文原著,口授英语译文,乃迭直接打印出英文稿,最后两人一起审定。①"大量的高质量的译作就是二人精诚合作的结果,谈论杨宪益的翻译成就,通常就是指两人共同取得的成就。

清末严复说过"译事三难,信达雅",杨宪益曾说,翻译是一门科学,不如说是它一种艺术,或者说是一种技巧,所谓"雅"是很难说的,"信"、"达",在翻译中则是缺一不可。人民文学出版社编审范福忠为编辑中英对照丛书,发现杨宪益翻译的英国著名剧作家萧伯纳的《凯撒和克里奥佩特拉》译文特色口语化,萧伯纳语言的犀利和俏皮体现得很到位,于是拜访杨宪益,商谈出版事宜,杨宪益为此专门写了《关键是"信""达"》一文②,作为前言,体现了杨宪益的翻译观。

在翻译中,杨宪益坚持忠于原作的内容,不增加,不减少,但又译出原意来,实际上难度较大,需要反复斟酌。如他译梁斌的《红旗谱》,在书名上就费了不少工夫。他左思右想,如果照字面译为"红旗的家谱",外国人可能看不懂,后来译为Keep the Red Flag Flying,"让红旗飘扬下去",传达出了神韵。他译清初洪昇戏曲《长生殿》时,对书名就反复推敲过,没有译为"长生的宫殿",而是译为 Eternal Youth,"永葆青春",精确地表达了作品的原意③。他一直主张要把中国文化的精神真实地传达给外国读者。1980 年 3 月,杨宪益担任中国作家代表团团长,应邀访问澳大利亚,接受当地报纸《时代日报》等多家媒体的采访,在堪培拉、悉尼、墨尔本等地大学就中国当代文学问题、中国文学的英译问题等发表学术讲演。他说:"译者应尽量忠实于原文的形象。……要以忠实的翻译信于中国文化的核心,中国文化的精神。这不仅仅是翻译中国文化遗产的问题,还涉及忠实中国文化的价值、灵魂,传达中国人的人生,他们的乐与悲,爱与恨,怜与怨,喜与怒。④"这就是他在长达四十余年的翻译生活中坚持的原则和追求。

2008 年 1 月 10 日,外文局副局长郭晓勇带领几位刚进社不久的年轻翻译工作者,一起为杨先生提前过 94 岁生日。郭晓勇请教杨先生,翻译的最高境界是什么?先生面对围坐身旁的年轻人说,"到目前为止,尚无人超过严复先生提出的'信、达、雅'论。其中,'信'是第一位,没有'信'就谈不上翻译。'达',不仅要忠实于原文原

① 杨淑心:《翻译家杨宪益:国学功底深厚为人谦和忠厚》,《文汇报》2015 年 1 月 5 日。
② 范福忠:《回忆与杨宪益先生的一点交往》,《中华读书报》2009 年 12 月 14 日。
③ 杨宪益:《略谈我从事翻译工作的经历和体会》,载《去日苦多》,北方文艺出版社,2015 年 2 月,第 60—61 页。
④ 杨宪益:《阳光欢乐友谊——记中国作家代表团访问澳大利亚》,《编译参考》1980 年第 6 期。

意,更要传神、要有所升华。最难的是第三境界"雅",没有多少人可以达到"。郭晓勇望着这些年轻的翻译工作者说:"今天来了这么多年轻人,他们都是从事翻译工作的,是您的崇拜者,您给他们讲讲您和戴先生成功的经验吧。"杨先生语重心长地说:"要做一名好翻译,外语是一个方面,中文基础和功底很重要,需要对文化的理解、对两种文化的诠释。"这时,一个年轻人问先生,怎样学习才能少走弯路,才能进步快些? 杨先生含笑作答:"没有捷径可循,要耐得住寂寞,无非多看书,多实践,以后你们会超过我的。"杨老有篇随笔《未完成的心愿》,其中有一段给郭晓勇感触很深"'一个珊瑚岛原来都是由千千万万的小虫的遗骸所组成,经过许多小虫的集体劳动,每一个小虫留下一点痕迹,逐渐也可以造成一座岛屿'。他用举重若轻的笔调,将六十年锱铢积累而成大家的磨砺与坚韧,散淡地道出。"①

杨宪益、戴乃迭翻译的中国古代及现当代文学名著不仅在普通读者中传播,"不少被澳大利亚、英国、美国等国的大学选作教材,起到了一定的世界影响。②"如他们翻译的《鲁迅小说选》在美国受到欢迎,被作为大学教材和研究鲁迅的重要文本,除中国外文社数十次重印外,国外许多出版社也在不断地重印。仅美国诺顿出版社在 1975、1977 和 2003 年就三次重印,美国剑桥出版社 1972、1995 年两次重印此书,美国太平洋大学也多次重印此书③,可见市场需求旺盛,畅销不衰。有位美国学者发表文章,称"杨译本对于英语世界学习中国文学的学生具有里程碑意义④。"

杨宪益、戴乃迭的翻译杰作：英译本《红楼梦》

在二十世纪八十年代之前,《红楼梦》在欧美只有节译本,译名为 The Dream of the Red Chamber,或 Red Chamber Dreams。西方第一个全译本由英国汉学家霍克思(David Hawks)及其女婿闵福德(John Minford)完成,英国企鹅出版集团出版,五卷本,1973—1986 年间出齐。中国全译本由杨宪益、戴乃迭完成,外文出版社出版,三卷本,1978—1980 年出齐。从翻译开始时间及完成时间来看,杨、戴本(简称杨译本)都早于霍、闵本(简称霍译本)。

---

① 杨莹:《不收弟子的杨宪益桃李满园》,《中华儿女》,2010 年第 10 期。
② 谷鸣:《杨宪益夫妇的译事》,《书屋》,2010 年第 4 期。
③ 陈向红:《中国文学在英语世界的译介、传播与接受研究——以杨宪益英译作品为例》,上海交通大学出版社,2019 年 9 月,第 89 页。
④ 陈向红:《中国文学在英语世界的译介、传播与接受研究——以杨宪益英译作品为例》,上海交通大学出版社,2019 年 9 月,第 100 页。

1963 年，为纪念曹雪芹逝世 200 周年，《中国文学》刊载何其芳、吴世昌、茅盾等人关于《红楼梦》的论文，学术界掀起研究《红楼梦》的热潮。《三国演义》早就由美国人罗慕士（Moss Roberts）译出，外文出版社决定翻译其余三大名著：由沙博理翻译《水浒传》、詹纳尔翻译《西游记》、杨宪益和戴乃迭翻译《红楼梦》。

接受安排后，杨宪益、戴乃迭着手翻译《红楼梦》，因为事务太多，各种政治活动又占据了相当多的时间，只能利用业余时间去做。至 1965 年下半年，文革风暴来临之前，杨、戴已经被剥夺了翻译的权力，中断了翻译。1968 年 4 月至 1972 年 3 月，两人因特务间谍嫌疑做了四年牢。英国汉学家大卫·霍克斯于 1970 年着手翻译《红楼梦》，1972 年春天，他翻译的《红楼梦》第一卷即将出版的消息传到中国，中国文化界的领导人感到压力很大，而负责翻译《红楼梦》的杨宪益、戴乃迭还在牢房里。

1972 年 3 月底，杨、戴相继被释放，继续做中断了七年的《红楼梦》翻译工作。1973 年，霍克斯翻译的《红楼梦》第一卷正式出版，英文名 The Story of the Stone《石头记》，杨宪益、戴乃迭读到后很惊讶，原来他们也拟用此译名，于是决定改为 A Dream of Red Mansions，《红楼梦》。杨、戴二人心胸开阔，不把霍克斯视为事业上的竞争对手，而是当成志同道合的朋友，书信交往渐多，互相交流心得，互相鼓励，切磋技艺。霍克斯译完《红楼梦》前八十回后，杨宪益、戴乃迭表示热烈祝贺，戴乃迭为霍克思英译《红楼梦》撰写了一篇热情洋溢的书评，在《伦敦大学亚非学院学报》1980 年第 3 期上发表。文章称霍克斯能妥善处理《红楼梦》中提及的外国人很难理解的大量典故、文史人物、引用的古诗词、双关语等等，"在这个方面展示出身为译者的高超技艺，他摒弃了脚注，不动声色地将各种引文或典故阐释得明白晓畅，原文的文学风味得以成功地传达到了英文之中。……，霍克思的杰出成就在于将这部中文巨著翻译成了精彩的英文，呈献给西方读者"，高度肯定了霍克斯的成就和贡献，同时自谦说："相形之下，我们的译本 A dream of Red Mansions 恐怕只是聊胜于无罢了。"《杨宪益自传》后来由霍克思的女婿、接续译完《红楼梦》后四十回的汉学家闵福德（John Minford）作序，称"若无他俩极其丰富的翻译成果，我都不知道我们该如何入手。"两家人以《红楼梦》为纽带，互相来往，成为学术史上的佳话。

霍克斯、闵福德的 The Story of the Stone，与杨宪益、戴乃迭的 A Dream of Red Mansions 为当今世界上两部同样享有盛誉的受到读者喜爱的《红楼梦》英译本[①]，各有千秋。"杨译本偏向于直译，具有文化内涵的词语，在霍译本里被淡化或

---

① 此外，邦斯尔神父还在二十世纪五十年代末完成的《红楼梦》英文全译稿，没有公开出版。

者转化，在杨译本里都照直译出，所以整体上杨译本的词汇量比霍译本要大很多。而霍译本文字流畅，有明显的阅读快感，但他喜欢使用长句，不太适合当代读者的阅读习惯。①"美国研究中国古典文学的学者威廉·倪豪士教授在其专著《中国古典文学手册》（印第安纳大学 1986 年出版）中认为两个译本同样优秀，杨译《红楼梦》"完整而准确"，赞霍译《红楼梦》"精致"。芭芭拉·倪豪士教授在其专著《比较视野中的亚洲文学名著》（1994 年版）中，称杨译《红楼梦》"完整、可靠"，赞霍译《红楼梦》"细致、富于文学性"。

1991 年 3 月，有学者在北京京丰宾馆遇到杨宪益，向他请《红楼梦》翻译方面事情。杨宪益说："我们几乎是同时翻译的，但彼此不知道。霍克斯译《红楼梦》译得像英国小说，我则较忠实于原作。在《红楼梦》的不同版本中，若句子不同，霍克斯就选一句他以为比较好的，所以他不是照着一个版本译的。我依据《脂砚斋重评石头记》前八十回翻译的，后四十回则用通行的程乙本。《红楼梦》人物名字翻起来不容易，主要人物用音译，次要人物用意译。②"

正如杨宪益所说，他追求的是在语义上忠实于原文，强调精确无误地传达原作的意思，不增加，不减少，最大限度地真实地传递文本的文化信息。霍克斯译本之所以像英国小说，一是他的文学造诣高，译文自然流畅生动，二是他为了迎合西方读者的心理习惯，将《红楼梦》中涉及的大量佛教、道教信仰的鬼神作了归化处理，如"阿弥陀佛"，通常译为 Holy name、Bless you 等基督教文化中表示惊讶、感谢的祈祷语，而杨译本则译为 Amida buddha、Gracious Buddha、Merciful Buddha 等，保留了佛教文化成分。原著中某些名字不可能意译，而霍克斯按照从前节译本的传统做法，将大量的丫环名字进行意译，由于理解偏差，不少译名译错了。再如，"红色"在中国人眼里有喜庆、幸福、吉祥等意思，而在西方表示血腥、暴力、危险，而绿色和金黄色具有类似的象征意义。霍克斯将"警幻仙曲演红楼梦"译为 Disenchantment performs the Dream of Golden Days，"刘姥姥醉卧怡红院"译为 And Grannie Liu samples the sleeping accommodation at Green Delights，两句中的"红"不用 red 直译，而改为 Golden（金色的）、Green（绿色的），著名的"怡红公子"译为 Green Boy（绿公子）。虽然符合了西方人的文化心理，但与中国文化相去甚去。再如第 24 回一句俗语"巧妇难为无米之炊"，霍译本为 Even the cleverest housewife can't make bread without flour，杨译本为 Even the cleverest housewife

---

① 黄福海：《杨宪益翻译的〈红楼梦〉》，《文汇报》，2017 年 6 月 22 日。
② 如水：《记杨宪益先生》，张世林主编《想念杨宪益》，新世界出版社，2016 年 1 月，第 178—179 页。

can't cook a meal without rice,霍克斯用面粉代替了米,不是做饭,而是制作面包,迁就西方文化。杨译本忠于原文,译出中国文化的原味。"立足于典故,充分理解,尽可能再现原语文化①",更准确地传递中国文化的精髓和真谛。杨宪益也并不是一味直译,如有时巧妙地借用英语中"偶句体"翻译中国对联,有时采用英语中抑扬格五音步格律体翻译《葬花吟》等诗,有时套用英语固定句式,变异部分词语,这既保留了汉语特色,又与英语习惯相符合,体现出灵活的一面。

杨、戴译本诞生于中国本土,其优势有三:一、过得硬的版本,二、由官方出面安排众多红学家鼎力支持、把关,三、译者对于中国传统文化深切的了解、把握,对于英语的驾轻就熟。1975 年 2 月,中国社会科学院派出曾在牛津大学任教十多年的博古通今的著名红学家吴世昌协助杨、戴翻译《红楼梦》。责任编辑汪祖棠后来撰文称:"在《红楼梦》英译本编译工作初期,我们曾就版本的选择、译文核稿、注释质疑、插图绘制、装帧设计等走访了何其芳、吴世昌、周汝昌、俞平伯、邓绍基、李希凡、阿英、启功等红学界的诸多专家、学者,他们的意见对保证编译工作各个环节的高质量起到了很重要的作用。……我们聘请著名翻译家杨宪益夫妇担任英文翻译,请中国社会科学院文学研究所研究员吴世昌担任译文核稿(前八十回),请北京师范大学教授启功参与注释质疑工作,请李希凡为《红楼梦》英译本写前言,请戴敦邦绘制插图。②"可见,这部译本还凝聚了众多著名学者的心血。

关于杨宪益实际使用的底本,李晶博士经过多年研究,得出结论:"杨宪益、戴乃迭翻译的《红楼梦》,既不单纯是依据戚序本,也不是单独根据庚辰本,而是经过译者对两种底本文字的判断与选择,结合了两种底本的长处,翻译出的一个独特《红楼梦》文本。这个文本既不同于俞校本,也不同于 1982 年开始出版的人民文学版校注本,可以说,这是另一个以脂本为基础,经多种版本对校修订的版本,我们不妨称之为'杨戴本'。③"曾负责核校译稿的吴世昌认为几个英译本中,此译本是最完备最正确的译本。有感于古典名著翻译的艰辛和贡献之大,吴先生特意题诗相赠:"漂泊中年迹已陈,天涯海角若为春。樽前闲煞雕龙笔,梦里空存寄象身。"

杨宪益本身就是从小饱读四书五经、唐诗宋词等国学经典的专家,对中国民间习俗、信仰极为熟悉,同时有众多的学者作为学者顾问,为其译作把关。霍克斯虽然在中国留学多年,但中文水平及对中国文学、文化的理解在深度、广度上都与杨

---

① 彭爱民:《论典故文化的再现——〈红楼梦〉典故英译评析》,《红楼梦学刊》2013 年第 3 期。
② 吴祖棠:《〈红楼梦〉英译本出版始末》,载《中国外文局五十年回忆录》,新星出版社,1999 年 3 月,第 440 页。
③ 李晶:《杨宪益戴乃迭英译〈红楼梦〉底本研究》,文化艺术出版社,2020 年 6 月,第 242 页。

宪益有相当的差距。霍克斯把 1964 年人民文学出版社出版的简体直排本《红楼梦》作为底本,有缺陷,因为这个"历经删改的程乙本,不独与戚序、庚辰等脂本内容相差甚远,与程甲本的差距也不可忽视。①"因此,从保真度来说,杨译本要胜过霍译本,杨译本更贴近原文。因此,杨译本在中国本土拥有权威的地位,西方汉学界、红学界对杨译本也十分重视、首肯。

美国研究中国古典小说的专家玛格丽特·贝利教授在其专著《中国古典小说:英语书目笺注》(加兰出版公司 1988 年出版)中说:"根据各地的读者反馈,杨译本和霍译本都具有很高的价值……学生的评价认为,有时他们更喜欢杨译本,因为它是更加感人的、同情的、贴切的",杨译本"在某些方面略胜一筹,如对诗歌的翻译、私密对话的呈现,以及一些描写悲哀、感人的章节。"

杨译《红楼梦》英译本自 1978 年初版以来,在国内已经数次再版重印,除三卷本外,又推出四卷本,六卷中英对照本及节选本。在中国大陆、港、澳、台及新加坡等地,杨、戴的《红楼梦》英译本读者众多,被当成汉译英经典阅读教材,得到无数英语爱好者的热捧。"译文好,在香港很受欢迎。过去不愿意卖我们书的香港书店,也愿意发行这本书。新加坡的书店也要求订货。有的读者购买《红楼梦》作为礼品馈赠亲友。②"2001 年,荷兰阿姆斯特丹 Fredonia Books 出版杨、戴三卷本全译《红楼梦》,2010 年美国的丝绸塔出版社推出杨译《红楼梦》全译本,但仅标注戴乃迭一人。1986 年,杨译本《红楼梦》缩写本在香港商务印书馆、新加坡亚太图书公司、英国昂温出版社等海外机构同时出版,1992、1994、1996 年,美国国剑桥出版社连续三次出版杨译《红楼梦》缩写本③,主要用作学校教材。

1999 年,杨译《红楼梦》本入选《大中华文库》,成为国礼之一。《大中华文库》是赠送给遍布世界各地的孔子学院的礼物。2006 年,胡锦涛总书记向耶鲁大学赠送一套《大中华文库》,2009 年,温家宝总理向西班牙塞万提斯学院赠送一套《大中华文库》,2012 年,国务委员刘延东向英国大英博物馆和狄更斯博物馆赠送《大中华文库》④。随着国礼,杨译《红楼梦》走向世界重要的文化舞台,为世人所瞩目。

杨宪益、戴乃迭合作翻译的《红楼梦》无疑是翻译学史上的一座丰碑,自诞生以

---

① 李晶:《杨宪益戴乃迭英译〈红楼梦〉底本研究》,文化艺术出版社,2020 年 6 月,第 240 页。
② 廖旭和:《把中国文学精品推向世界》,载《中国外文局五十年回忆录》,新星出版社,1999 年 3 月,第 436页。
③ 陈向红:《中国文学在英语世界的译介、传播与接受研究——以杨宪益英译作品为例》,上海交通大学出版社,2019 年 9 月,第 152 页。
④ 陈向红:《中国文学在英语世界的译介、传播与接受研究——以杨宪益英译作品为例》,上海交通大学出版社,2019 年 9 月,第 146—147 页。

来就成为学界研究的热点,到目前为止研究专著就有二十多部,研究论文有上千篇,这个纪录还在不断地刷新。

第四节　巨星陨落,备极哀荣

2009年11月23日,早上六点四十五分,杨宪益在北京西坝河煤炭总医院去世。

杨宪益逝世后,胡锦涛、江泽民、吴邦国、温家宝、贾庆林、李长春、习近平、李克强、王刚、刘云山、刘延东、李源潮、朱镕基、李岚清、周铁农、戴秉国、厉无畏、何鲁丽、唐家璇等党和国家领导人分别以不同方式表示慰问和哀悼①。

次日,凤凰卫视率先播出杨宪益逝世的新闻。随后,除国内各大媒体外,路透社、美联社、法新社、美国《纽约时报》、英国《独立报》等纷纷发表文章,纪念这位译坛泰斗。

11月25日,《晶报》发表杨宪益遗作《此情可待成追忆——记戴乃迭生前二三事》。

11月28日,《北京青年报》作家专栏发表一组亲友悼念文章《余音袅袅,追思无限》。

11月29日上午10时30分,杨宪益追悼会在八宝山革命公墓举行。胞妹杨敏如、女儿杨炽、外甥女赵蘅等泪别亲人。杨老生前所在单位外文出版社的同事、好友,多位从国外专程赶来的外国学者等五百余人到现场送他最后一程。每个人都拿到一张丁聪作的速写像,下有一副文情并茂的挽联:“银锭桥空,著译长存,此日少微星陨落。金丝巷冷,音容宛在,何时华表鹤归来。”

外文出版发行事业局敬献的挽联写道:“银锭桥空,金丝巷冷”。外文出版局副局长,中国翻译协会副会长郭晓勇的悼文写道:“杨老平静地走了,中国翻译界却掀起了一阵‘狂澜’。从此,中国译苑痛失参天大树,少了镇苑之宝;从此,世间让一段佳话永恒。”郭晓勇接受采访时说:“对于翻译界来说,我们需要继承的是杨老超前的翻译观,即翻译行为不再是一种单纯的语言转换活动,而是一种以文化移植为目的的跨文化活动,我想,这正是后人传承杨宪益精神之于文化精髓的发微之处②。”

---

① 《著名翻译家杨宪益遗体告别仪式在京举行》,新华网,2009年11月29日。
② 杨莹:《不收弟子的杨宪益桃李满园》,《中华儿女》2010年第10期。

告别式现场摆放着江泽民、吴邦国、温家宝、贾庆林、李长春、习近平、李克强、王刚、刘云山、刘延东、李源潮、李岚清、周铁农、戴秉国、厉无畏、何鲁丽、唐家璇、李肇星、王晨等党和国家领导人送的花圈①。还有中共中央组织部、中共中央宣传部、中国作家协会等单位送的花圈②。

最后三年中，几乎每个星期都去看望杨宪益的范玮丽，手中拿着一只雀，敬献的挽联是："一身正气，两袖清风。满腹经纶，虚怀若谷。③"

北京外国语大学教授、现年九十三岁的伊莎白·柯鲁克女士亲自赶来送杨宪益最后一程，深情地回忆说："上世纪五十年代，我和丈夫就已经认识了杨宪益夫妇，我们经常互相拜访，吃饭聊天。他们夫妇喜好饮酒，对喜欢的诗歌，杨先生可以畅谈数小时而不知疲倦。一直以来，他在我印象中都是活泼、幽默、单纯的人。像杨先生这样对中西方文学、历史有精深造诣的人不多了④。"

葬礼上回荡的不是哀乐，而是杨宪益生前喜欢的爱尔兰民歌《丹尼男孩》、苏格兰歌曲。

2009 年 11 月 29 日晚，吉林卫视"回家"栏目，为寄托他们的哀思，特地重播了四年前拍摄的专题片《杨宪益戴乃迭：唯爱永恒》。

11 月 30 日，《人民日报》发表两位记者文章：《杨宪益的辞世，再次引发人们对中国"走出去"的思考：翻译这座桥还牢吗？》

冯其庸作《悼念杨宪益先生》：

噩耗飞来地欲崩，几回相约酒杯盈。何期天不从人愿，使我伤心泪似倾。

论梦从公四十年，寻楼问石酒中仙。一朝归去烟云杳，定在荒崖醉月眠。⑤

12 月 1 日，《中国新闻出版报》发表郭晓勇的文章《平静若水淡如烟——缅怀翻译界泰斗杨宪益先生》，称"2009 年 9 月 17 日上午，我又一次来到小金丝胡同 6 号。这天，中国翻译协会决定授予杨宪益中国翻译界最高荣誉奖项'翻译文化终身成就奖'。杨先生是自 2006 年该奖项设立以来，继季羡林之后获此殊荣的第二人。是日，正值国际翻译日前夕，我与同事——中国外文局副局长、中国翻译协会副会长黄友义一同为他颁发奖牌和荣誉证书。在简短的颁奖仪式上，我说了这样一段话：中国译协把这一奖项授予杨先生，是对他卓越成就、严谨治学态度和敬业精神

---

① 《中国社会各界送别翻译大家杨宪益》，中国新闻网，2011 年 11 月 29 日。
② 范玮丽：《金丝小巷忘年交》，北方文艺出版社，2015 年 2 月，第 238 页插图。
③ 范玮丽：《金丝小巷忘年交》，北方文艺出版社，2015 年 2 月，第 238—239 页。
④ 《中国社会各界送别翻译大家杨宪益》，中国新闻网，2011 年 11 月 29 日。
⑤ 载《红楼梦学刊》2010 年第 1 期。

的高度评价和充分认可,杨先生获得'翻译文化终身成就奖'当之无愧。当时,已重病在身的杨先生一直坐在那个红色沙发里,依然温和微笑着面对各大媒体记者,依然轻轻地说自己没有做太多:'在中国外文局工作时有幸做了些翻译,但成就很少,甚至可以说没有什么成就。'他还诚恳地表示,对现在正在做着翻译工作的人们,自己'还有很多要向他们学习'"。

12月15日,诗人牟广丰作《悼杨宪益先生》:"阅尽沧桑老寿童,未容谋面已先行。抽烟喝酒家常事,译著吟诗未了情。通晓古今堪巨匠,中西合璧享佳名。全球赏阅石头记,宝黛悲情举世惊。"(《牟广丰诗二集》)

2010年11月20日,英国子午社与伦敦大学亚非学院、皇家亚洲文会联合举办杨宪益周年祭纪念活动。

2012年3月30日早晨,杨宪益的骨灰在北京小金丝胡同6号院中花坛内入土为安。杨炽种了一棵香槐树陪伴他①。

2012年4月12日,来自各地的亲朋好友,包括牛津大学墨顿学院前院长、汉学家兼考古学家杰茜卡·罗森爵士,迈克·苏立文博士,墨顿学院副院长凯博教授、子午社主席彭文兰女士,戴乃迭姐姐希尔达,以及杨荧、范玮丽、赵蘅等等,在墨顿学院小教堂的小花园种下两棵樱桃树,并立碑,用中英文作标志。中文云:"缅怀杰出翻译家杨宪益(1915—2009)和戴乃迭(1919—1999),亲朋好友植树于此。2012年4月。"

2013年,学者采诗在《读书》上发表了《杨宪益的未竟之路》,认为在《译余偶拾》里,杨的中西文化研究不仅时时和鲁迅、胡适、郭沫若、董作宾、顾颉刚、冯承钧有过认真的商榷,还对国际汉学家有广泛的接触研究,一直站在中西方比较文化研究的前沿。还说"关于中西交通史的诸多重大论题,杨宪益的确是他那个时代视野最开阔的学者,他应该是抗战后期,陈寅恪患眼疾而几乎无法从事学术研究后,我国国际汉学研究领域的第一人"。

2015年1月10日本报讯(记者刘彬),2015北京图书订货会期间,北方文艺出版社出版的"纪念杨宪益先生诞辰百年丛书"引人关注。该书包括《去日苦多》《魂兮归来》《逝者如斯——杨宪益画传》《宪益舅舅百岁祭》《金丝小巷忘年交》和《五味人生——杨宪益传》,六部书分别从不同角度记录并展现了杨宪益先生沧桑坎坷的一生。丛书既有亲友近距离的接触,也有严肃学人对杨宪益一生的深入研究。书中公布了大量从未出版过的珍贵手迹和照片,弥补了其他传记和记录性文字的不

---

① 赵蘅:《宪益舅舅百岁祭》,北方文艺出版社,2015年2月,第3页。

足,具有极高的收藏价值和史料价值①。

99岁的杨敏如作《金缕曲·悼亡兄宪益》:

  命尽萧然去,晓霜飞,星沉白虎,红尘升雾。血荐轩辕肩大任,磨难悲冤挺住。古文化,传留寰宇,合作知心同命侣,结良朋,诗酒深情注。临大是,金刚目。

  阿兄走好天堂路,拜慈颜,贤妻爱子,久离新聚。四战癌魔无所谓,待与知交相诩。醉仙酿,频频杯举。手足衰年空有泪,后来人,会把心碑铸。传炬火,俊才续。

2015年2月9日,杨宪益百年诞辰纪念座谈会在中国现代文学馆举行。中国作协主席铁凝出席会议并致辞。中国作协副主席李敬泽主持纪念座谈会。来自各地的近百位专家学者及杨宪益亲属与会②。

铁凝指出,杨宪益是一位卓有成就的翻译家,他将中国文学宝库中的精品译介到国外,为促进各国人民了解中国、增进友谊和团结,作出了巨大贡献;同时他也翻译了大量外国古典名著,开阔了中国读者的眼界,传播了世界优秀文化。他为翻译事业奉献了毕生精力,值得后人景仰、学习。

著名翻译家、诗人屠岸认为杨宪益是"一位伟大的文化使者"。在他看来,杨宪益的事业有三个高峰,即翻译屈原的作品、曹雪芹的《红楼梦》和鲁迅的作品。著名作家、翻译家叶廷芳用"瑰丽而伟大的人格"来赞美杨宪益,并认为杨宪益兼具"才气、志气、大气、和气、骨气","他人性的每个侧面都经得起推敲"。

2016年3月21日,联合国发行《世界诗歌日》系列邮票,汉语诗歌选取中国唐代著名诗人李白的作品《静夜思》。《静夜思》邮票上,用楷体中文写出全诗,并在邮票发行资料上附有杨宪益和戴乃迭夫妇翻译的英文诗。

Thoughts in the Silent Nigh

Beside my bed a pool of light—

Is it hoarfrost on the ground?

I lift my eyes and see the moon

I bend my head and think of home

2019年2月,适逢杨宪益逝世十周年,上海人民出版社首次集结完整中译作品,出版《杨宪益中译作品集》(全五卷),收录了《奥德修纪》《鸟》《凶宅》《牧歌》《地

---

① 《"纪念杨宪益先生诞辰百年丛书"出版》,《光明日报》2015年1月10日。
② 李晓晨:《文学界纪念杨宪益百年诞辰》,《文艺报》2015年2月11日。

心游记》《罗兰之歌》《凯撒和克莉奥佩特拉》《卖花女》《近代英国诗钞》等九种作品，上至西方文明发源的古希腊时代的史诗、戏剧，下至近现代欧洲工业文明崛起之后的新式文学体裁——科幻小说及现代诗歌，可谓时跨古今、无所不包[①]。

6月21日，世纪文景在北京77剧场举办了别开生面的杨宪益中译作品诵读会。舞台剧演员张巍诵读的《凯撒和克莉奥佩特拉》中经典的独角戏选段，让观众在身临其境中感受译者在文字上的干净利落；青年诗人戴潍娜诵读的诗歌片段，则将译者的典雅与诗性之美展现得淋漓尽致。在朗诵会上，杨宪益的生前好友、作家李辉，以及杨宪益的亲属、画家赵蘅为读者讲述了一代翻译大家是如何"炼"成的。其中，"天赋"是两人谈论最多的词语。

第五节　广博创新的《译余偶拾》

四十年代初，杨宪益留学归来，曾在中央大学、中印学会、国立编译馆、中英文化协会等单位工作，解放初调到外文出版社担任专职翻译，利用业余时间开展学术研究，写下了一百多篇闪烁着智慧光芒的学术短论，先后出版《零墨新笺》《零墨续笺》著作。他学贯中西，眼界开阔，学识广博，注重材料的真实性，论证简明扼要，行文力求浅近平易，毫无考证文章常见的繁琐、滞涩的弊端，称得上雅俗共赏。晚年，他把学术类文章汇集为《译余偶拾》，重新交付出版，受到学界的好评，得到读者的欢迎，几家出版社争相再版。经过半个多世纪的岁月洗礼，他的许多观点仍然得到学术界的认可，对学术研究作出了宝贵的贡献。

杨宪益的学术活动

1943年春天，杨宪益应留学英国时认识的朋友朱延丰的聘请，到重庆担任中国中印学会研究员，享受高级教授待遇，戴乃迭到中央图书馆任研究员。杨宪益把一本介绍印度音乐的书译成中文。是年，印度首任驻华人梅农到访，并赠送杨宪益一批古代印度和中亚历史的书籍。这些珍贵文献资料为杨宪益从事中外关系史研究、中亚史地研究提供了便利条件。

1944年至1945年，杨宪益在重庆国立编译馆一边翻译《资治通鉴》，一边潜心

---

① 《杨宪益中译作品集首度集结出版》，新华网2019月3月11日。

学术研究。他与卢冀野、杨荫浏、杨仲子、向达等著名学者经常在一起切磋,交流学术思想。国立编译馆中古籍图书室藏书丰富,还有中央图书馆查阅非常方便。他埋头钻研古籍,搜集资料,写下大量读书笔记,撰写了许多篇关于中国古代史、文学史、古代神话传说、古代中外关系史、少数民族早期历史等方面的短论,相继在中华书局主办的《新中华》杂志上发表。他还应邀为钱锺书主编的《书林季刊》撰写英文论文。他认为中国古典诗歌都源于民间音乐,想把音乐与诗歌结合起来研究,系统地写出一部《中国诗歌史》,先从一条条笔记做起。当时已经着手,从《诗经》到汉魏乐府、唐诗宋词元曲,做了几百条笔记;还曾用两个月时间翻译了一位年轻学者写的《中国戏剧简史》,为学术研究做了较为充分的准备工作。

1946 年秋天,随国立编译馆迁到南京后,他又兼任中英文化协会的秘书长,为中英文化协会组织各种报告会,主讲《唐代中国与拜占庭帝国的关系》。又应杨人楩邀请,为《和平日报》编辑《中国古史增刊》,在《礼乐》《文讯》《时与潮副刊》等报纸杂志上发表学术论文。1947 年,杨宪益把已经公开发表的二十多篇学术随笔交中华书局出版,由卢冀野定名为《零墨新笺》,系"新中华丛书"的学术研究汇刊之一。

1948 年,杨宪益在南京国立编译馆负责"亚洲史地编委会"工作,同时兼任中央大学历史系拜占庭史教授,讲授《东罗马史》,成了首都知识界小有名气的历史学家。他的文章引起了中央研究院的关注,发函索要他发表过的三篇文章,准备收进研究院正在编辑的一本学术著作。1950 年,杨宪益自费印刷了第二部学术著作《零墨续笺》,共计一百本,分赠朋友。不久,他调到北京外文出版社工作,在《中国文学》(英文、法文)担任专职翻译,也曾写下一部分学术文章。

1955 年,杨宪益赴郊区参观五四营时,与《旅行家》杂志主编彭子冈相识,于是应约为《旅行家》撰写了《关于竹的故事》《菊花》等花卉方面文章三十多篇。后来,《关于竹的故事》《菊花》被许多教材作为范文选用,滋养了无数学子的心田。

1982 年,三联书店出版了杨宪益的学术旧著《译余偶拾》,是《零墨新笺》与《零墨续笺》的合集(少一篇),收录 86 篇文章。2006 年,山东书画出版社再版此书。2013 年,东方出版社出版《师道师说·杨宪益卷》,收录《零墨新笺》与《零墨续笺》的合集,又收录了解放后写的一些学术文章、序言、回忆录等,共计 139 篇。2019 年,北京出版社出版《译余偶拾》,增收了解放后写的学术文章,共收录 97 篇文章。2015 年,《译余偶拾》被国家新闻出版广电总局列入"首届向全国推荐的中华优秀传统文化普及图书"名单,入选的图书仅有 86 部。

学界的总体评价与社会反响

近四十年来,杨宪益的《译余偶拾》在海内外传播很广,得到学术界的首肯,当代许多名家在著述中给予很高的评价,表明此书在当代学术史上确实有一席地位。

北京大学教授、中国比较文学学会会长乐黛云主编的《中国比较文学史料(1919—1949)》,由北京大学出版社出版,其中收录了杨宪益的《板桥三娘子》《中国的扫灰娘故事》《〈高僧传〉里的国王新衣的故事》,并称赞此三篇研究中西文化相互影响的文章,对一些故事的主题、人物、情节作出了有趣的渊源考证。

复旦大学教授徐志啸从比较文学的研究史出发,认为"杨宪益的比较文学研究,集中于中西文化关系方面,特别侧重于中国同中东文化关系及中西交通史,其主要成果收于《零墨新笺》《零墨续笺》两书,新中国成立后又合为《译余偶拾》一书。杨宪益的研究,材料充足,考证严密,论断大胆,富于创新,赢得了比较文学界的赞誉。[1]"

北京师大教授刘象愚曾说:"(杨宪益的)文章发表之后,立即引起学术界瞩目,对中国比较文学的进一步开展具有示范作用。[2]"

有学者谈到当代主题学研究成果时说道:"到了20世纪70年代末80年代初,受西方主题学和类型学理论的影响,海峡两岸的主题学研究有了复兴勃发之势。季羡林的《罗摩衍那初探》(1979)、钱锺书的《管锥编》(1979)、台湾陈鹏翔的《主题学研究论文集》(1983)、杨宪益的《译余偶拾》(1983)等人的著作就成为这一时期主题学研究的扛鼎之作。[3]"

还有学者从渊源学的角度评价说:"在中国研究者的相关著述中,诸如钱锺书的《管锥编》、杨宪益的《译余偶拾》、陈铨的《中德文学书》、陈寅恪的《金明馆丛稿》等,都包含了许多较为典型的渊源学研究实例。[4]"

复旦大学教授卢康华、上海师大教授孙景尧指出:"上面讲了渊源的五种形式。在我国学者的著述中,钱锺书的《管锥编》里有不少条则是渊源学的研究,杨宪益的《零墨新笺》(1949)和《译余偶拾》(1983)也有几组这方面的考证。我们选了杨宪益

---

① 徐志啸:《20世纪中国比较文学简史》复旦大学出版社,2016年8月,第253页。
② 刘象愚:《从比较文学到比较文化》,复旦大学出版社,2011年6月,第87页。
③ 李凤亮,钱超英,江玉琴:《中国比较文学30年与国际比较文学新格局》,暨南大学出版社,2017年3月,第105页。
④ 王新建,刘淑娟主编:《比较文学教程》,电子科技大学出版社,2016年6月,第83页。

先生的两则较短的渊源考证附录于此,供大家参考。①"杨宪益的两篇论文被选作范文录入这部学术教材著作中。其实,杨宪益的《译余偶拾》产生时间远在同类著作之前,从这方面来说,杨宪益的研究具有超前性。

华东师大教授王铁仙从中外文学互相影响的角度指出:"复兴期的比较文学研究中,影响研究的论文占了相当的比重。这种影响既包括外国文学对中国古代、近现代文学的影响,也包括中国文学对外国文学的影响。外国文学对中国文学的影响方面,比较重要的著作有季羡林的《中印文化关系史论文集》)(1982 年)、杨宪益的《译余偶拾》、王富仁的《鲁迅前期小说与俄罗斯文学》、戈宝权的《鲁迅在世界文学史上的地位》、韩长经的《鲁迅与俄罗斯古典文学》等。②"

有学者从中西交通史的角度,认为"关于中西交通史的诸多重大论题,杨宪益皆凭借其精通中西典籍的优势,贡献出了精彩的考证、精细而深入的求证。杨宪益的确是他那个时代视野最开阔的学者;他应该是抗战后期,陈寅恪患眼疾而几乎无法从事学术研究后,我国国际汉学研究领域的第一人。③"

南开大学历史系教授王敦书,对杨宪益关于中国古代与东罗马的关系研究作出评价时指出,"根据中外各种史籍,运用历史学、语言学和地理学的知识,进行全面、系统、深入的研究和考证,分析中外学者的诸家看法,提出了自己独到的见解,对中国的拜占庭研究作出了重要贡献,功不可没。其学问的渊博,视野的广阔,分析的透辟,联想力的丰富,令人钦佩。④"

前《历史研究》主编、中国社会科学院研究员、山东大学终身教授庞朴读过《译余偶拾》后,惊叹道:"没想到杨先生这么有学问!"一些与杨宪益素不相识的读者在读完《译余偶拾》,忍不住撰写书评,写下自己真实的心得体会,可以看出这本书在社会上产生的影响。

旅美学者钱定平特别喜爱这本书,曾发表书评,称"杨宪益先生的《译余偶拾》举重若轻,是一部极见功力的著作。八十年代初北京三联书店一出版,我就买了。而且,觉得其中有些事例极好,适合于用电脑处理,就写进了早年著作《计算机和社会科学》一书。后来出国教书,还随身带着,不幸丢失他乡,悔恨何如!这几年写点文章,一提笔就思念这本《偶拾》。前不久在书店偶见新版,喜出望外,简直有失散多年的老友重逢的喜悦。这才悟到,偶拾之乐,其乐无垠。……《偶拾》中这样饱含

---

① 卢康华,孙景尧:《比较文学导论》,黑龙江人民出版社,1984 年 10 月,第 154 页。
② 王铁仙、王文英主编:《二十世纪中国社会科学文学学卷》,上海人民出版社,2005 年 9 月,第 215 页。
③ 采诗:《杨宪益的未竟之路》,《读书》2013 年第 1 期。
④ 王敦书:《从〈译余偶拾〉看中国和拜占廷帝国的关系》,《史学理论研究》2004 年第 2 期。

启发、意蕴隽永的篇章很多,真是一座富矿!①"

高信认为《译余偶拾》"每篇一两千字。篇幅虽短,涉及问题却极广博,且文笔老辣,言之成理,是解放后为数不多的笔记文学中的翘楚之一。②"

傅晓慧认为"杨先生的文章对于增广读者的见闻和学识大有裨益,且书中的掌故意趣也很具价值。当然,要真正娴熟于考证,除了天分和学力外,还需要非同一般的沉稳和耐心。读《译余偶拾》,发现杨宪益的文章有寅恪先生神韵,都喜用异族史料、宗教典籍。杨先生精通英语自不待言,他还对梵语、拉丁语、古希腊语都有所涉猎,这也为他的考证提供了较好的条件。③"

刘英团认为"《译余偶拾》就是杨宪益'译'路治学过程中书写的一部具有深刻学术内涵和历史趣味的随笔集。……正如著名学者、文化批评家叶匡政所言,在我们的心里,杨宪益先生是一位高山仰止的学者,迄今无人能及。《译余偶拾》辑选了97篇学术随笔,内容涉及历史、语言、文学、民俗、宗教、民族、政治、训诂等诸多学科,这些文章不但充分展示了杨宪益深厚的旧学与西学功底,且对我们当下推动'一带一路建设也大有启迪。④"

广博的内容,新颖的观点

杨宪益的一百多篇学术随笔涉及的学科领域极其广泛,为方便分析,笔者将其归为十一个方面进行述评,相信许多学科的读者都可以从中得到启发。

一、史料中的新发现

杨宪益有一双敏锐的眼睛,在阅读古代文献时能准确发现别人不注意的一些事关历史上重要物产、技艺、文化交流的记载。这些新发现有助于当代人了解历史上许多有价值的长期以来被忽视的重要事情。

蕃薯,包括红薯、白薯,又称山芋,是当今一种非常重要的高产粮食作物,原产南美洲。杨宪益在明末清初学者周亮工的著作《闽小记·蕃薯》中发现了一条重要史料:"万历中闽人得之外国,瘠土砂砾之地,皆可以种。……夷人虽蔓生不蓄省,然齐不与中国人。中国人截取其蔓尺许,挟小盖中以来,于是入闽十余年矣。"并指

---

① 钱定平:《读〈译余偶拾〉偶拾》,2006年9月22日《文汇读书周报》。
② 高信:《北窗书语》,陕西人民出版社,1992年2月,第82页。
③ 傅晓慧:《翻译大家的考证——〈译余偶拾〉有感》,2012年8月20日《宁波日报》
④ 刘英团:《心生而言立,言立而文明——读〈译余偶拾〉》,2019年12月3日,《四川政协报》。

出，"夷人"指菲律宾的西班牙人，蕃薯传入中国的时间当在万历四十五年，即公元1617年前后（《蕃薯传入中国的记载》），此结论已经被广泛接受。杨宪益在玄奘《大唐西域记》第二十卷中发现了古印度人将桃李杏称为来自中国的水果，并考定这几种水果当在迦腻色迦王时代，即公元前28年至公元2年（《桃杏梨是中国传入印度的》），这个结论较为可信。

杨宪益在清代胡敬敏《国朝院画录》发现了"含羞草"传进中国的线索："西洋有草，名僧息底斡，译汉音知时也。"指出"僧息底斡，当然是意大利文 sensetivo 的音译。所谓知时草，也就是我们知道的含羞草，看来含羞草被带进中国是在十八世纪中叶，因为乾隆御题诗是在公元1753年。"（《含羞草是何时传入中国的》）。这个结论完全成立。杨宪益根据胡敬敏的这部书中收录的《乾隆御咏额摩鸟诗》，指出"额摩鸟"就是食火鸡，是万历二十五年（1597年）荷兰人在印度尼西亚发现了这种鸟，康熙十年马达加斯加人买到这种鸟送给欧洲人。在《中国记载里的火鸡》一文中，杨宪益指出，中国典籍中火鸡有时还指驼鸟、珍珠鸡。

金鱼是中国的特产，约在十三世纪传入欧洲等地。在《宋代的养金鱼》一文中，杨宪益根据宋代岳珂《程史》、彭乘《续墨客挥犀》中的两则史料，指出"宋代初南屏兴教寺的臻师，可能是养金鱼的第一人"。又根据《宣和画谱》指出"以鱼为玩赏物，始于五代。……苏子美、苏东坡的诗大概是养金鱼的最早记载。"在《关于火柴的起源》一文中，杨宪益指出，1805年法国人襄瑟尔发明了用木条蘸硫磺做火柴，后来不断完善，流行于世界各地。实际上，元末明初，陶宗仪《南村辍耕录》卷五就有记载："杭人削松片为小木，其薄如纸，镕硫磺涂木片顶分许，名曰发烛，又曰焠儿，盖以发火及代灯烛用也。这就是当时的火柴。……，从火柴的制造方面来看，用条涂硫磺，用来引火，中西完全一样，不可能是偶合，显然是从中国传到欧洲的。"

范奴罗刹（Fenollosa）在上世纪初出版著作，认为干漆造像的艺术是日本圣武天皇时（724—748年）的发明，而伯希和认为在此前二百年中国已有此技术。杨宪益在《古代的夹纻术》中，根据史料指出，"夹纻术始于日本的话是不值得一辩的，夹纻术应起源于秦汉，也许就是战国的絘莢。"以上论断，都建立在可靠的史料基础上，因此结论可信。

此外，杨宪益的《明代记载中的西班牙斗牛风俗》，根据明代张燮的《东西洋考》介绍了吕宋西班牙的斗牛习俗；在《十八世纪关于英国的记载》中，根据谢清高的《海录》、官方编撰的《皇清四裔考》梳理了当时乾隆时期中国人了解的英国情况，其中对伦敦的描述较为详细，"国虽小而强兵十余万，海外诸国多惧之。"提到伦敦已经广泛使用自来水。可见，早在鸦片战争之前，中国人谢清高已经去过伦敦，对英国实地进行过考察,了解了许多情况。

二、中外文学的互相影响

自先秦时代,中国与南亚、中亚乃至欧洲国家就有了交往,不仅贸易上有来往,文化上必然互相影响。有些外国文学作品随着商人、使臣流传进中国,改头换面,成了中国作品。杨宪益在古籍中率先发现许多篇这样作品,略加辨析,指出中外作品内在联系,令人称奇。

《高僧传》,又称《梁高僧传》,南朝梁僧慧皎撰写的佛教著作,写于554年之前。民国初年,丹麦作家安徒生童话《皇帝的新装》等作品被翻译成中文,传进中国。杨宪益在《高僧传》中发现了鸠摩罗什讲的一个故事:绩师以虚拟的"细缕"做的衣服来戏弄狂人,把虚拟衣服当成宝贝,并"蒙上赏",鸠摩罗什总结说:"汝之空法,亦犹此也。"他写作《〈高僧传〉里的国王新衣故事》,并断定此类故事当在公元四世纪已经存在,原来是印度的,经龟兹高僧鸠摩罗什带到中国。这则印度故事传进欧洲,后被安徒生改编。此推断合理,结论较可信。

《灰姑娘》,原在欧洲民间广为流传,后来由德国的格林兄弟在19世纪加以采集整理而成,20世纪初传进中国。杨宪益在唐代段成式创作的笔记小说集《酉阳杂俎·支诺皋》里发现了《灰姑娘》的踪影,写下《中国的扫灰娘故事》。经过比较,他认为《灰姑娘》故事至迟在九世纪或八世纪已经传进中国,由南海传到广西南宁一带,被段成式听到,记录改编下来。不仅故事情节类似,连名字都很接近,"灰姑娘德语为Aschengbr de,就是英语的Ashes,盎格鲁萨克逊文的Aescen,梵文的Asan,最有趣的就是在中文本里,这位姑娘依然名为叶限,显然是Aescen,或Asan的译音。"分析十分有道理,令人信服。

唐代孙颀神异小说《幻异志》里有一篇《板桥三娘子》,叙说汴州板桥有一个女老板三娘子,有奇术,能在家中床前用小木牛、小农具,在深夜完成种荞麦、收麦、磨面、制作荞麦烧饼的全过程,并用这种特制烧饼将住店客人变成驴,并赶进后院牲畜棚,强占其财产。后被一位客人窥见秘密,客人偷换烧饼,将三娘子变成驴。杨宪益指出,古希腊《奥德修纪》史诗第十卷里面女巫竭吉(Kirke)能使人变成猪,也是有一群客人,其中只有一人未曾被害。竭吉也是用麦饼款待客人,他们吃完变成了猪。他还说,此故事又见于罗马阿普列尤斯《变形记》(又名《金驴记》),"人变驴故事"在欧洲还有很多,"当时有大食商人由板桥经过,为行路人述说故事,所以此故事就在板桥流传下来。"此推断较为合理可信。

唐代段成式《酉阳杂俎》有一则关于古龟兹国王阿主儿用剑降服北山毒龙的故

事。杨宪益认为古龟兹是西域大国,初属突厥,后属匈奴,为要冲之地。北山即突厥的金山,北山产炭炼铁,附会出毒龙喷火的传说。他分析说,这一则故事是西方尼别龙(Nibelung)故事的来源。尼别龙故事本于匈奴王阿提拉(Attila)的故事,这个王的名字在日耳曼传说里作 Etzil,同古龟兹国王名阿主儿正相同,故事情节也类似。此论断有一定的道理。

不过,杨宪益有些文章假设太大胆,缺少严密的论证。如他认为《太平广记》中的《唐代新罗长人故事》,就是"希腊史诗《奥德修纪》里的长人故事,与原书所言并无若干差异",实际上情节有很大差异,仅从情节相似度来看,并不能说前者源于后者。他的《薛平贵的故事来源》认为,薛平贵的故事与"德国《格林童话》中《熊皮》非常相像,两个故事必出一源"。他分析说,熊皮 The bear hide 的译音在古代北欧语里与薛平贵三个字的读音完全相同,这个故事由欧洲经西域古道传到回鹘,由回鹘带到中国,到元代薛仁贵改为薛平贵。实际上,这两个故事情节根本不同,仅从名字相近,就下如此断言,显得十分牵强。此外,他在《蛇年谈蛇》中认为《白蛇传》故事源于古希腊作家菲洛斯特拉屠斯笔下的一则蛇妖拉米亚变女人的故事;在《改头换面的外国故事》提出元代陶宗仪《南村辍耕录》中《误堕龙窟》,"这当然就是《天方夜谭》辛巴达水手的故事";《水经注》中张仪用金牛灭蜀的故事,与希腊特洛伊木马故事相似,提出"也许在秦汉时代,木马计的故事早已传到中国了"以上推断根据皆嫌不足,结论难以令人确信。

三、关于音乐、歌舞、戏剧的推论

《菩萨蛮》,本唐教坊曲,后用为词牌。据唐苏鹗《杜阳杂编》载:"大中初,女蛮国贡双龙犀、明霞锦,其国人危髻金冠,缨络被体,故谓之'菩萨蛮'。当时倡优,遂歌'菩萨蛮曲',文士亦往往效其词。"现在最早的《菩萨蛮》是李白的作品。关于女蛮国的地理位置,学术界有争议,有学者说在中亚,而杨宪益作《李白与〈菩萨蛮〉》,认为女蛮国在缅甸,"现在红河下游诸地的大族还是姓普,《滇系》也说在明代当地土司都姓普。骠苴或骠诏(Piusaw)与《菩萨蛮》的菩萨音同,《菩萨蛮》显然就是骠苴蛮的另一译法。……,总之《菩萨蛮》是译音,是古缅甸的音乐。"

唐诗中有许多作品描绘柘枝舞,以前不少学者认为《柘枝舞》是从西域传进中原的。杨宪益作《〈柘枝舞〉的起源》,认为柘树原为南诏的特产,"既然是柘树是南诏的特产,《柘枝舞》似乎就是从云南大理南诏方面传来的舞曲。"杨宪益还从《柘枝舞》的服饰——红紫窄袖罗衫、金银镂花锦带、小鼓、金铃、卷檐帽,进行仔细考证,断言其为南诏舞曲。

杨宪益在明末顾景星的《蕲州志》里发现了一段关于当地社戏的记载,这部社戏就是唐代著名《西凉伎》的遗存,认为《西凉伎》"大概天宝末被乐人带到湖北来的,被保存了一千多年。"川剧《拉郎配》讲过去有皇帝要选一些宫女,弄得有待嫁的女儿的人家都非常紧张,只好临时拉夫,免得女儿被皇帝的使臣抓走。杨宪益在明代田艺蘅的《留青日札》卷二中发现了一段记载:"隆庆二年正月初八、九日,民间讹言朝廷点选秀女。一富家偶雇一锡工在家造锻器,至夜半,有女不得其配,又不敢出门择人,乃呼锡工曰:'急起,急起,可成亲也'。锡工睡梦中茫然无知,及起而摹搓两眼,则堂前灯烛辉煌,主翁之女已艳妆待聘矣",断言《拉郎配》就是根据这一个民间传说改编的。杨宪益的以上精彩论断已经得到学界的普遍赞同。

康昆仑与段善本,都是唐代著名的琵琶名家。杨宪益根据《乐府杂录》里一段关于唐贞元中康昆仑与段善本斗艺的记载及其他文献,推断"康昆仑的原籍大概是康居,他可能是大食和康居合种的混血儿,幼年在西域学习音乐,国籍相当含混,同安禄山的来源差不多,后来大概是由海道来中国的,从此就被称为康昆仑。"又根据《次柳氏旧闻》《酉阳杂俎》的记载,寻找段善本的事迹,指出禅定寺的和尚姓段,是闻名天宝时的琵琶国手。这位禅定寺的段和尚,当然也就是庄严寺段善本。……受了明皇的宠遇,弹了睿宗的御用琵琶。后来隐姓埋名三十年,以白发乐师改装成红颜少女,以大夏乐声压倒了西域的昆仑儿。苏祗婆是北周至隋代著名的音乐家、琵琶演奏家,把西域所用的"五旦""七调"等七种调式的理论带到中原。当时的音乐家郑译曾从苏祗婆学习龟兹琵琶及龟兹乐调理论,创立了八十四调的理论。杨宪益作《关于苏祗婆身世的一个假设》,推断"苏祗婆就是北齐的曹妙达,他的父亲名僧伽达沙,是西域曹国的大德。……,苏祗婆幼年被厥俘虏,后来以突厥皇后的随从乐人的资格来到北周。"苏祗婆中国音乐史上一位重要人物。杨宪益关于其生世的一些推断有一定的道理。

不过,杨宪益有些推断似乎太大胆。如《秦王破阵乐》是唐朝宫廷乐舞,据唐刘餗《隋唐嘉话》《旧唐书·音乐志》等史料记载,秦王指李世民,为庆祝胜利,军人利用军中旧曲填唱新词,创作"秦王破阵之曲",后编入乐府。贞观初,魏征等增撰歌词7首,吕才协律度曲,定为《秦工破阵乐》。贞观七年,李世民亲制《破阵舞图》,对舞蹈进行加工,遂成大型乐章。杨宪益作《秦王〈破阵乐〉的来源》,认为《秦王破阵乐》既然是旧曲填新词,很可能是从突厥传入中国的。古希腊有《霹雳戏》,是古代罗马《突罗戏》的前身。《突罗戏》与《破阵乐》的形式十分相似,都是摹拟战阵的武舞,很可能从突厥方面传过来的。中国人古代称罗马为大秦,所以《秦王破阵乐》中的"秦王也许原来是指大秦王"。还有,他的《大头和尚的来源》认为广为流传的我国民间舞蹈《大头和尚》来源于十八罗汉的民间传说,学界一般认为它出自民间故事《月明和尚度柳翠》。《鹘打兔变二郎神》是宋代的官本杂剧,杨宪益作《鹘打兔》,认为这个杂剧与唐代参军戏里"苍鹘打参军"有关系。由苍鹘打参军,变成鹘打兔,参军变成兔子。杨宪益经过考证,说苍鹘就是苓姑,或和尚;道士名称"先生",在唐末或宋初,可能因发音与"参军"相混。大食语"先生"发音为"寻寻",其义为兔子,且含有淫秽的意思。摩尼教中道士被称"寻寻"或"先生"。后来,摩尼教受摧残。这样,苍鹘打参军,便成了和尚打道士,变成释道竞争的象征,考证有些牵强附会。

四、关于中国古代文学的精彩考辨

《汉书·艺文志》载"《庄子》五十二篇",今本为晋代郭象所编定,存 33 篇,分内篇、外篇、杂篇。学界普遍认为,内篇(七篇)为庄子所著,其余均为庄子后学所增益。但《庄子·杂篇·寓言》载:"寓言十九,重言十七,卮言日出,和以天倪。寓言十九,藉外论之。……重言十七,所以已言也,是为耆艾。"过去学者认为"寓言十九,重言十七",意思是寓言占十分之九,重言占十分七,杨宪益却断言并非如此,庄子的原著就是 36 篇。他说把现存《庄子·内篇》当成一篇东西读,即可见其中寓言自成段落,而且自第一篇'鲲与鹏'的寓言起,至末一篇'倏与忽'的寓言止,一共是三十六篇,与我们假设的原本篇数相符。"他从中详细列举出三十六个寓言故事,认为"假借相同古人姓名的寓言共有十七篇,此外的寓言十九篇,与寓言十九重言十七的话完全相符。"这是二千多年来《庄子》研究史上从未有过的重要观点,值得重视。

《穆天子传》,学界一直认为是西晋时期发现的汲冢竹书的一种,撰者不详,一说成书于战国。杨宪益对此有独家的看法。他在《〈穆天子传〉的作成时代及其作者》一文中指出:"这书里关于西域的知识,不是秦汉以前的人所能有的。"因此,此书"不会是秦汉以前的作品"。他在文章中详细列出几点理由:《晋书·武帝序》与《穆天子传·序》所记年代不符,发掘情况不太清楚;不能断定为魏襄王墓,因为《西京杂记》载魏襄王墓在汉代已经被发掘过,其中并无大量竹简出土;竹简上所书小篆是李斯灭六国以后创造的;用来编束竹简的丝麻不可能在地下保存五百年之久;竹简早有定制,汉武崇尚《六经》始有长二尺四寸的官书,就《穆天子传》的简长来看,它应该是武帝以后的官书,不会早于汉武帝;把武帝封禅前后之事与《穆天子传》的记载相对照,可能都是武帝当时的经历,只是换了人名和地名而已,穆天子就是汉武帝。在文章最后,杨宪益得出结论,"汲郡发现的古冢不会是魏襄王的墓,可能是小说作者虞初的墓,《穆天子传》也就是虞初的作品。"虞初是汉武帝时为方士侍郎,所作《虞初周说》共计 943 篇,原书失传,据东汉人应劭所说:"其说以周书为本"。杨宪益的推论有许多合情合理的地方,发前人之所未发,富有启发性。

杨宪益在《〈逸周书·周祝篇·太史晋篇〉和〈荀子·成相篇〉》一文中,经过详细分析,得出结论:"从这几篇看来,不但后世的七言诗在公元前五六世纪早已萌芽,就是现在民间的莲花落、数来宝、渔鼓一类的东西在周代已经存在了。……一、七言诗是直接由四言诗蜕变而成的,并不是先有四言诗,然后有五言诗,然后有七言诗。实际上七言诗在公元前五六世纪便已开始了。当初七言诗还很流行,汉高祖的《大风歌》、汉武帝的《秋风辞》、《柏梁诗》都可为证。五言诗是汉末才开始流行的。二、七言诗与近代的弹词、地方剧、莲花落等通俗文学同出一源,都是由三字和四字句组成的,而且弹词、莲花落等通俗文学,在形式比七言诗是更为进步的。"这些观点无疑是十分正确的。

杨宪益的《〈水浒传〉古本的演变》、《〈水浒传〉故事的来源》,对古典名著《水浒传》进行了考辨,认为施耐庵似乎确有其人,生于元末,根据杭州的地方传说和《大宋宣和遗事》创作了《水浒传》前七十回及征方腊部分,征方腊部分似乎是未经修饰的草稿;罗贯中是施耐庵弟子,续成《水浒传》,加上田虎王庆两段,文笔比较拙劣;嘉靖年间郭勋或他的门客将罗本删改,成为百回本;差不多同时或较晚,有另一个郭本出现,共一百二十回,后有李卓吾评点;清初金圣叹删定为七十一回本。这些观点基本成立。

唐初著名书法家欧阳询容貌似猕猴,当时同僚大臣长孙无忌曾作诗嘲谑他。唐代传奇小说《白猿传》一直被认为就是当时人胡编的一个故事:欧阳询母亲被白猿掳去,其父广州刺史欧阳讫把她救回来,她已经怀孕,后来生下欧阳询。杨宪益认为,此传奇与欧阳父子没有关系。他在南宋周去非的《岭外代答》中找到了一则《桂林猴妖》的故事:欧阳都护之妻被猴子掳去,欧阳都护设计杀猴救出了妻子。杨宪益认为欧阳都护的时代不会早于七世纪末,其故事起源在这个时候,因此《白猿传》是初唐作品是不可能的。此推论较为合理。

五、关于名称的考辨

西方用来称中国的"支那"(cina),早在古印度的《摩诃婆罗多》、《摩奴法典》、《罗摩耶那》等古籍中就出现了。法国学者伯希和等人认为,"支那"是"秦"的译音,影响很大,而他的老师烈维认为"支那"实指雪山以北的地域。杨宪益的《释"支那"》认为古代中国西部高原的种族通称为羌,为古印度记载的西藏高原及雪山以北的地域,因此"支那"为羌的音译。古代希腊、罗马等国典籍中的 Seres 、Sinae,西方学者也认为是指中国。杨宪益考证说 Seres 指古代的蜀国,Sinae 指古代的滇国。罗马地理学家梅拉(Pomponius Mela)提到 Serica 人,杨宪益考证后认为此词是疏勒的音转。这些说法有一定道理,但有牵强之处,如称"秦与羌本是一字,故汉代或称羌族秦人。又羌字古音通荆,高原的种族通称为羌,后来分为秦、荆、滇三国",这是没有根据的猜测。

古代中亚及罗马等地曾用"桃花石"(Taugas)称中国,始见于七世初拜占庭历史学家 Theophylacte Simocatta 的《历史》,还见于七世纪的突厥碑文,伯希和认为系"托跋"的译音,劳费认为是"唐家"的译音,法国学者沙畹认为"桃花石"指达头可汗。杨宪益《释桃花石》对此进行考辨,大致赞同沙畹的观点,同时进一步指出,"邻近桃花石的 moukri 似指木杆汗地,木杆为室密偓。……木杆可汗以西的地方是突骑施,桃花石既邻近木杆可汗,当即为突骑施的另一个译音。"此观点可备一说。

杨宪益在《"蒙古"名称的原义及其来源》一文中认为,"蒙古"的来源有四种说法:意思是"痴钝",因为早期是一个文化落后的种族;因为头发少,且有秃头的习惯,可能指"圆秃";可能是"头首"或"第一"的意思;"蒙古"就是其始祖是木骨闾的音译。杨宪益的《宇文氏名称的起源》认"宇"字的古音,据高本汉氏当 Gjiu,"宇文 Gjiuwen 正得为满洲语 Niowanggijan 的对音,其意为青色。……若白羊为慕容氏,则其邻近的楼烦王当代宇文氏,楼烦亦得为 Niowan 的对音。楼烦原在阴山与上谷一带,此亦与宇文氏的居地相符。"他还曾写过《洱水即大凌河说》《〈辽志〉洱水非当代洱水》。这些考证均有一定的道理。

关于中国青瓷在西洋的名称 celadon,西方学者认为可能是 Saladin(撒拉丁,穆斯林首领)的音转,因为中国青瓷传到欧洲要经过伊斯兰教国家;另一个猜测是法国作家杜尔夫的戏剧《树多精》中一个人物的名称,因为此人在剧中着青色衣裳,故日后转用为青瓷的名称。杨宪益的《中国青瓷的西洋名称》认为,celadon 可能为拉丁文 Celatum 的转讹,此字源出拉丁动词藏匿 Celare,有"秘密物件""稀有珍宝物件"诸义。青瓷有秘色的意思,Celatum 一字正得为"秘色器"的意译。"纸"的波斯文为 Kagad,阿拉伯文为 kaghid,近代德国学者夏德认为这是中文"谷纸"的译音,而美国学者劳费认为波斯文 Kagad 来源于突厥语 Kagat 或 Kagas,意思是树皮。杨宪益的《关于纸的两个外国名称》认为纸的突厥语或蒙古语为"渴侯",即 Kagat 或 Kagas 的音译。以上论断均为合理的推断,可为一家之言。

南京别名"金陵",首见晋代张勃的《吴录》:"秣陵,楚武王所置,名为金陵。"晋朝南京朝天宫一带有"冶城"。杨宪益的《论南京别名"金陵"或"冶城"的来源》,认为"金陵"与"冶城"二名暗示冶铸金铜的意义,并加以考证,认为吴王刘濞铸钱的铜山在今南京附近,"金陵""冶城"二名与此相关,有一定的道理。南京矿产资源丰富,伏牛山有古铜矿遗址,今有九华山铜矿公司、宝钢梅山钢铁公司。杨宪益的《说"县官""官家"为"可汗"的异译》,认为汉代天子常被称为"县官",隋唐时皇帝被称为"大家",宋朝又称皇帝为"官家",都是"可汗"或"汗"或"大汗"的异译,的确是富有新意的佳论。

六、关于宗教的论述

汉明帝梦佛求经的传说,流传很广,许多人一直信以为真。此传说始见于东汉末年牟子作《理惑论》,称汉明帝梦中见一个神人,身有日光,在殿前飞行。醒来后,问群臣,傅毅告诉他是天竺得道者,号曰佛。于是,明帝遣使者张骞、羽林郎中秦景、博士弟子王遵等十二人,于大月支写佛经《四十二章》藏在兰台石室第十四间。并在洛阳城西雍门外建造佛寺,寺壁上面画上千乘万骑,绕塔三匝,又在南官清凉台及开阳城门上作佛像。后来,明帝建的寺院又被称为白马寺,而洛阳白马寺始见于西晋《竺法护诸记》等书。《高僧传》又言竺法兰与摩腾并至洛阳,竺法兰与摩腾又被称为明帝使者迎来的主僧。对此,杨宪益《汉明帝梦佛求经的神话》指出,这些传说全部为佛教徒为所杜撰,不可信,主要理由是:一、明帝永平十六年前,汉与西域交通中断十载,不可能派遣使者求佛。二、张骞是汉武帝时期人,秦景是哀帝时期人,不可能为明帝服务。傅毅在汉章帝建初年间才任郎中,明帝时还没当官。王遵是光武帝时期人,建武六年为乐浪太守,不能在明帝时期作博士弟子。三、摩腾、竺法兰均为三国时期人,不可能是明帝使者迎来的高僧。至于为什么会有这样的神话,杨宪益认为,楚王英好佛教,得到汉明帝的支持,佛教自此在中国开始流行,佛教因此造出这样的神话。杨宪益的文章论据充分,考辨严谨,结论可信。

《史记·秦始皇本纪》记秦始皇三十三年,有所谓"禁不得祠明星出西方。"日本学者藤田丰八初认为"不得"为佛陀(Buddha)的对音,称秦代已经有佛教。此观点一出,学界争议不休。杨宪益作《"不得祠"辩误》,认为"不得"为动词,古音为Pudek,与佛陀古音不同,不能为 Buddha 的音译;"明星"即太白金星,明星后面可能漏了"彗星"二字,过去认为"彗星"出现主兵大起,因此秦始皇立即采取措施,"发诸尝逋亡人、赘婿、贾人略取陆梁地,为桂林、象郡。"《史记·秦始皇本纪》中有多处记载云"彗星出西方",漏字在史书中是常见现象。此观点可备一说。

有关"萨宝"名称的来源,近百年来中外学者一直争论不休。伯希和赞同戴孚礼的观点,称萨宝为叙利亚语 Saba,意思为长者;劳费则说以萨宝为古波斯语 Xsathra-pavan 的对音,意为主帅或首领,藤田丰八认为是梵文 Sarthavaho 的对音,意思是商主。杨宪益作《萨宝新考》批驳了以上诸家的观点,主张"萨宝"即 Sarva 或康居 Zrwde 对音,是婆罗门教梵天神的名字。关于唐建中二年(781 年)在长安大秦寺落成的"大秦景教流行中国碑"上的两个主教 Khumdan 与 Sarag,伯希和在 1926 年就进行过研究,认为前一个为外人呼唐代西京的名称,后一个指唐代东京洛阳。杨宪益作《景教原碑上的两个地名》,认为景教从于阗、疏勒传入中国,Khumdan 是指于阗,Sarag 指疏勒,也是婆啰哦的对音。这些考辨比较详细,证据充分,可为一家之言。

此外,杨宪益的《龟兹与乾陀的雀离伽蓝》认为大月氏原名昭武,雀离为昭武的异译,龟兹与乾陀的雀离伽蓝就是大月氏建造的佛寺。他的《晋代的成都大秦寺》,根据《蜀中名胜记》的记载"有大秦胡于其地建寺,门楼十间,皆饰以真珠翠碧,贯之如帘,寺即大秦寺也"推断,由古罗马人建的这座基督教寺庙在公元 280 年至 347 年之间,可作为基督教在唐代以前流行于中国的证据。他根据李调元的《南越笔记》中关于金花夫人的记载,作《金花小娘》,认为明末《蕲州志》中记载的社戏中金花小娘是南越的神祇,由广东移植到湖北来的。这些观点是可信的。

当然,杨宪益有些论断,如"素食与施饭为初期的特色。……《汉书》载王莽奏请平帝'爱精休神,阔略思虑',这也像是初期佛教的思想"(《桓谭〈新论〉里的佛教思想》),显然是错误的。佛教徒原本荤素都可以吃,如今日本等国佛教徒还是这样,中国佛教徒吃素始于南北朝时梁武帝的推行。梁武帝曾介入僧团的修行生活,专门颁布了《断酒肉文》,从此中国佛教徒不能再吃酒肉。

七、关于罗马帝国及其他国家与中国关系史的开创性研究

古罗马(前 509—1453)有近两千年的历史。公元前 2 世纪末,张骞出使西域,丝绸之路由此正式贯通,罗马正位于丝绸之路的终点,《魏略》把它命名为"大秦",《后汉书·西域传》对此有记载。公元 97 年,班超派遣甘英出使大秦,之后大秦有 5 次来华历史记载,其中 4 次到达了洛阳,一次到达了鄂州。公元 284 年,大秦商团到达中国。公元 395 年分为东、西罗马后,同时期的中国各朝代与东罗马帝国一直有着联系。解放前,杨宪益曾在中央大学兼职,讲授拜占庭史,即东罗马历史,对罗马帝国与中国各朝代的交往有着深入的研究,为后来撰写此方面的论文做了较为充分的准备。

杨宪益的《大秦道里考》认为,大秦或犁轩或后日的拂菻同指东罗马的拜占庭城,即君士坦丁堡,并梳理了《后汉书》《魏略》等典籍中安息到大秦里程的记载,考

察了记载中的一些城市、河流山川。他的《大秦异名考》认为中国史籍中的大秦初指希腊,后指以君士坦丁堡为中心的东罗马,历代异名颇多,如犁轩、犁鞬、拂菻、拂临、拂懔、拂林,其中犁轩、犁鞬指希腊,而拂菻、拂临、拂懔、拂林等为 Byzantium(拜占庭)的对音。此外,中国著名的景泰蓝,又名"珐琅""珐蓝""拂蓝""嵌珐琅"等,过去认为 Frank 的译音,杨宪益说此等艺术发源于罗马,亦可能是 Byzantium 的异译。

夏德、白鸟库吉等学者认为《魏略·西戎传》中关于大秦国描写过于理想化,可能是虚构的。杨宪益《大秦国的制度与风俗》对他们的观点进行了批驳,认为中国史书的记载与罗马当时的记载情形大致相符,并无过分夸张的地方。如《后汉书》说大秦"列置邮亭,皆垩墍之",此与古罗马亭舍多水泥的事实相符。"城邑周围百余里",用的是希腊里,拜占庭周是一百一十希腊里。"城中有五宫",拜占庭确有五个宫殿。"地方数千里,有四百余城"的记载与罗马在亚洲疆域相符。《魏略》记载:"其国无常主,……,其国置三十大将,每议事,一将不至则不议。"这与东罗马早期的史实相符。《唐书》言大秦"有贵臣十二人共治国政",杨宪益对此作了详细说明。《唐书》中对大秦的富丽描写,杨宪益在文章引述了一段,对其中关于石灰、水管的发明,君士坦丁堡的金分门与金人及国王座位旁边的鸟,也认为确有其事。他的《东罗马的鸦片贸易》,根据明代西洋人艾儒略撰写的《职方外纪》中记载的"土人制一良药,名的里亚加,能治百病",指出"的里亚加"就是希腊文 Theriaca(以鸦片为主的一种药)的对音。《旧唐书》载东罗马"乾封二年,遣使献底也伽","底也伽"(也作底野迦)就是 Theriaca 的译音。可见唐代时古罗马的鸦片贸易由中亚传进中国。

自西汉武帝至清初,中国史籍中有不少关于罗马国的记载,杨宪益对此进行了梳理。他的《汉武帝与拂菻》认为,汉武帝的皇太子叫"弗陵",即后来的昭帝,名字与"拂菻"音完全相同;其母赵婕妤住钩弋宫,又名钩弋子,钩弋一名也是颇似外国字音译。《汉书·武帝纪》又说太始三年"春正月,行幸甘泉宫,飨外国客",此外国家中可能有拂菻方面的犁轩眩人,年岁相合,"弗陵与拂菻或不无关系,……钩弋宫可能是粟弋国或肃特国的异译"。

杨宪益的《唐代东罗马遣使中国考》,根据《旧唐书》记载指出,自贞观十七年起一个世纪内,东罗马四次遣使到中国,贡献玻璃绿金精、底也伽、师子羚羊等物,缔结友好关系,并考察了四次遣使时东罗马的当权者情况、内政外交情况及遣使中国的原因,其中主要原因是因为受到大食的进攻,损失惨重,突厥已成为中国的附庸,波斯为大食所灭,于是"请中国与之联盟以抗大食。……,中国曾否与东罗马以实际援助,则史缺有间,无从考证。……东罗马的'希腊火'(火药),很可能是东罗马使臣从中国带去的。"

　　杨宪益的《宋代东罗马遣使中国考》，根据《宋史》所载拂菻国即东罗马的史料，指出元丰四年、元祐六年、元祐十年，东罗马三次派使者到访，献鞍马刀剑珍珠等物，到访的原因是东罗马受到了突厥的进攻，丢失了许多城池，处境危急，乞求出兵相助，另外还考证了提及的国王、使臣的身份。他的《〈岭外代答〉里关于东罗马的记载》指出，宋代周去非的《岭外代答·序》中有一段关于东罗马的记载，被赵汝适抄入《诸蕃志》，成书比《岭外代答》晚五十年，夏德、白鸟库吉误以为此段文字出自《诸蕃志》，"以《诸蕃志》时代为根据，因此结论完全错误，博学如二君，竟未看过《岭外代答》，真可骇异。"杨宪益指出，夏德与白鸟都以大秦为叙利亚，夏德以麻啰弗为 Melek 的译音，白鸟认为是 Muktodi 的译音，这些观点都是错误的。大秦就是东罗马，其王号麻啰弗为东罗马皇帝 Maneul 的对音。《岭外代答》还称"大食国王号素丹遣人进贡，如国内有警，即令大食措兵甲前来抚定。"对此，杨宪益认为东罗马确曾与大食联盟过。对于文中的天竺，"当作天方，亦即阿剌伯的旧名。"

　　杨宪益的《明代拂菻通使考》，根据《明史·拂菻传》记载，洪武四年，命元末滞留中国的拂菻商人捏古伦作为特使带着诏书回国，又命令普剌等带着彩币招谕其国。杨宪益认为捏古伦只是一个东罗马的商人，名字极普通，不可能是夏德的所说的 Nicholas of Bantra，也不会是有学者的提出的 1333 年的北京主教。杨宪益还指出，普剌很可能是元代丞相孛罗的同宗。他的《明代记录中的罗马史诗传说》根据明代张燮《东西洋考》里有一篇关于西班牙人如何侵占吕宋的记载，即把一张大牛皮剪成细条，围起一块大片地方，然后在那儿建城堡。杨宪益指出，用牛皮条围地建城堡的故事始见于罗马诗人维吉尔的史诗《埃尼阿纪》(Aeneid)，西班牙人或许用此计骗吕宋人，或许在当地传播了这个故事。在《清初见于中国记载的东罗马》一文中，杨宪益对于洪钧的《元文译文证补》中关于"控噶尔"的考证提出质疑，认为清初记载里的"控噶尔"或"洪额尔"不是匈牙利，不是普鲁士，而是东罗马帝国。

　　杨宪益的《东罗马遣使突厥考》指出，"沙畹的《西突厥史料》引弥南《希腊史》残卷所关 Diziboul 可汗事甚详，惟沙畹误以为此可汗为西突厥可汗室点密，故其考证亦全部错误。"他认为当时与东罗马有联系的不是西突厥，而是北突厥，此可汗为木杆可汗。木杆可汗名俟斤，为 Diziboul 的对音。Tourxanth 为其儿子，Tardou 为Tourxanth 从兄。Ektel 意为金山，即阿尔泰山 Altai，沙畹以为是龟兹北的白山。他的《突厥遣使东罗马考》指出，沙畹认为公元 598 年自号为东西突厥可汗的只有达头可汗是错误的，因为达头次年才自立为步迦可汗，此前大可汗似为沙钵略，《隋书》与《北史》记载沙钵略的事情较为详细，派使者到罗马的也是此人。

杨宪益的《西元六世纪间突厥与波斯的交涉》指出，六世纪中叶，突厥兴起，波斯王为其祖父雪耻，以突厥可汗的女儿为妻，与突厥结盟，共同对付厌哒，于公元568年前数年内消灭了厌哒。陀拔《纪年》称灭厌哒的突厥王是 sinziboul，而《隋书》也有木杆可汗西破挹怛的记载，因此 sinziboul 当为木杆可汗。后来波斯王进军吐火罗、迦布罗等地，突厥可汗夺取赫时、拔汗那、康国、安国、史国、小史国等地，波斯王命其子攻突厥，突厥被迫放弃所夺土地。公元588年，突厥可汗 schaba 领兵十万攻打波斯，战败而亡。根据《通鉴》记载，schaba 当为处罗侯，又称莫何可汗。在《西元七世纪初西突厥与东罗马的交涉》一文中，杨宪益根据东罗马史学 Theohbanes 的著作《纪年》指出，公元624至628年间，东罗马与来自东方的突厥民族名为可萨者结盟会攻波斯，攻下里海诸关。其首领为 Ziebel，二军相会于 Titlis 城下，东罗马帝以女儿相许，Ziebel 以兵四万付其子而还。亚美尼亚史也有记载，称此王 Djebou。杨宪益又依据《新唐书》记载，断定 Ziebel 或 Djebou 为叶护可汗，东方突厥名为可萨者，实指叶护率领下的西方铁勒部族，而此前与东罗马发生交涉的突厥皆为东突厥。

以上关于中国与罗马相关事件、人物的考辨，论据充分，论证严密，结论大部分是可信的，纠正了不少学者著作中的错误，为学术史作出了贡献。

杨宪益的《希腊王尤屠帝摩东征考》指出，中亚大夏希腊王朝的首创者为尤屠帝摩，即位时间约在公元前230年，死于前187年或此后数年内，在公元前190年左右曾东征，进占大宛国，东方疆土远达疏勒、薄犁，目的为求取天山方面的金。在《古代于阗为希腊殖民地说》一文中，杨宪益提出古代于阗可能为希腊殖民地，于阗古城或即为东征时的尤屠帝摩所建，其根据为：于阗建国时代与尤屠帝摩东征时代相近，于阗人大部分属于阿利安血统，古代于阗的建筑雕刻与大夏的希腊艺术相似。实际上，于阗是塔里木盆地南缘一个古老的塞人城邦，公元前232年为尉迟氏所建立的国家，与中原关系密切，虽受到希腊文化影响，但并没有记载说其是希腊殖民地，因此杨宪益的此说法证据不足。

杨宪益的《汉初孝的观念传播西方说》指出，汉代以孝治天下，帝王称号均带个"孝"字，这种观念"不但当时传至匈奴，且远播于匈奴以西的地域。"他考证后认为，当时西亚的希腊王朝诸王号中的 Eupator 或 Philopator，希腊文的意思与中文"孝"正相同。匈奴王称号中的"若鞮"有可能是中文"孝"的转讹，也可能是希腊文 Eupator 的对音。罗马帝国的创始者奥大维最初 Augustus（奥古斯都）称号，有孝敬顺从的意义，杨宪益说此也可能为中文"孝"或匈奴的"若鞮"的音讹。这些提法可备一说。他在《汉初封建制传播西方说》一文中指出,中亚大夏希腊王朝尤屠帝摩东征后始封其子为王,这是古代西方从来没有的事,后来安息诸王也实行土地分封制,都是从中国学来的。这种说法可以成立。

《太平广记》八二"袁嘉条"提到"蠮螉国在大秦西数千里,自古未尝通"。岑仲勉认为"蠮螉"是 Emir 的对音,Emir 是东非或北非酋长头衔。杨宪益的《唐代西班牙与中国的通使》认为蠮螉是西班牙,这个结论有可能是对的。对于《元史》卷一四九《郭侃传》所说"戊午,旭烈兀命郭侃西渡海,收富浪",过去西方汉学家认为此事发生在 1258 年不可信,因为欧洲现有与蒙古关系的史料没有对此事的记载,杨宪益在《关于〈元史〉郭侃收富浪的记载》一文中,根据《王恽中堂事记》(见《秋涧先生大全文集》)中所载"(中统二年五月七日)是日,发郎国遣人来献卉服诸物,其使自本土达上都已逾三年",指出"中统二年是 1261 年,发郎国显与富浪同为 Frank 的异译。……其使自本土出发达上都已逾三年,则其起程年岁当为 1258 年,此正为旭烈兀命郭侃西渡海收富浪的年岁。……发郎国男子碧眼黄发的记载亦可证明发郎或富浪确指当时的欧洲人。"这个结论可信度很高。

八、关于古印度历史的考辨

1943 年春天,杨宪益在重庆担任中国中印学会研究员,与首任驻华大梅农有交往,对印度古代历史与文化有较为深入的了解,尤其对贵霜王朝诸王有研究,写了几篇论文。

杨宪益在《迦腻色迦王的年代问题》一文中,根据《汉书》《三国志》及迦腻色迦货币,推断迦腻色迦在货币上的年代相当于公元前 28 年至前 2 年,胡韦色迦即伊存的年代当为公元前 2 年至 30 年,韦苏祗婆的年代当为公元 44 年至 68 年,丘就却与阎膏珍的年代应公元 60 年至 123 年间。他的《阿剌铭刻上的迦腻色迦纪元》,认为阿剌铭刻为迦腻色迦在位第十一年时留下来的,铭刻上称迦腻色迦为伐吉色迦之子,伐吉色迦当即为公元前 28 年以前的贵霜翕侯。他的《迦腻色迦遣使罗马的记载》指出,奥古斯都即位后,一位印度王(porus 或 pandion)在公元前 25 年派遣使者到罗马,四年后在 Samos 见到奥古都斯,敬献上猛虎、大鸟、蚺蛇、巨龟,此位印度王实际上就是迦腻色迦。公元 99 年,又有一位印度王遣使罗马,此王当为丘就却。以上推断均言之成理,可备一说。

《魏略·西戎传》中记载了盘越、车离两个国家,沙畹等学者对此没有注解。杨宪益的《盘越与车离》指出盘越,在《后汉书》中讹作盘起,车离讹作东离,盘越当即Pandya 的对音,为南印度的大国。车离,当即 chola 的对音,又名沛隶,可能为

Pattinam 的对音,也是南印度的国家,其王所居住的沙奇城当即为 kanchi 的对音。此种论断有一定的道理。

九、关于西域古国历史的考辨

在秦末汉初的河西走廊、祁连山一带,曾经生活着一个被称为"月氏"的游牧民族,后来相继被匈奴、乌孙等族打败,西迁伊犁河一带,再迁妫水流域,赶走塞种人,占领大夏土地,公元一世纪南下恒河流域建立贵霜王朝。

杨宪益对月氏有较深入的研究,写过若干篇论文,探讨的问题很广。在《月氏两次西移的时间》一文中,他考证出月氏被匈奴打败西迁伊犁河的时间为公元前174 年到前 160 年之间,月氏被匈乌孙打败第二次西迁的时间为公元前 139 年或前140 年。他的《大月氏王都考》认为大月氏在妫水北的王庭即飒秣建,公元前一世纪中叶迁至监氏城,又迁至薄罗城,约当一世纪下半叶时建都于富楼沙城,为小月氏。他的《大月氏五翕侯疆域考》根据《汉书·西域传》,考察了五翕侯疆域的位置。他的《大月氏王寄多罗与罽宾王馨孽》认为《北史·西域传》中所说的月氏王寄多罗就是丘就却,《唐书·西域传》中所说七世纪初罽宾王为曷撷支,王始祖为馨孽,即小月氏王阎膏珍。

公元前二世纪初叶,乌孙人与月氏人均在今甘肃境内敦煌祁连间游牧,北邻匈奴人。乌孙王难兜靡被月氏人攻杀,其子猎骄靡刚刚诞生,由匈奴冒顿单于收养成人,后来得以复兴故国。杨宪益的《关于乌孙的种族问题》认为古代乌孙所用语言为日耳曼语,史书上称其"青眼赤须",可断定为日耳曼种。他的《说乌孙与库莫奚为同一民族》《说西史所见的库蛮即库莫奚》认为,中古时代盘据黑海高加索里海以北大平原的库蛮人的前身为库莫奚,而库莫奚的前身为乌孙,汉初西去的乌孙部族有塞种大月氏种,故可能有赤须青眼者,而留居乌孙或库莫奚当为蒙古与突厥的混合种族。这些推断有一定的道理。

西汉时期至唐代,罽宾位于卡菲里斯坦至喀布尔河中下游之间的河谷平原及克什米尔西部。杨宪益的《汉代罽宾国考》考证了汉代罽宾国的地域,认为《汉书》上罽宾国循鲜城为乾陀罗旧都古名的对音,汉代罽宾就是乾陀罗;《汉书》里所谓"塞王南君罽宾",系指另一个地域,其地在乾陀罗以北,即今 Chiltral。他的《〈汉书〉上的罽宾王阴末赴》认为,《汉书》上的罽宾王乌头劳与阴末赴,可由钱币上找到:乌头劳,即 Orthagna;阴末赴,即 Gondophar,又作 Undopar 或 Gudnaphar。这些说法可备一说。

大宛国,位于帕米尔西麓,锡尔河上、中游,今乌兹别克斯坦费尔干纳盆地。杨宪益的《大宛王都考》认为,《史记》中所说的大宛王都城贰师城就是 Osh,为大宛东方的重镇,其西有沙漠,不便通行。他的《大宛为塞种所建考》从货币、风俗、语言等方面考证,认为以贰师为王都的大宛国似为塞种国。塞种,即斯基泰人,东伊朗语族之游牧民族。古波斯和古印度人称之为 Saka,《史记》《汉书》中称之为"塞"或"塞种"、尖帽塞人或萨迦人。杨宪益的《塞种的故地》认为,塞种故地在雪山以北,公元前四、五世纪或更早的时代东越葱岭,蔓延至河西一带,西移至敦煌,一支西去为大宛,一支西去为大夏,其余留在中国与当地民族融合。他的《塞种纪元起算的年岁》根据古代货币,认为塞种用两种纪元,一种自公元前 202 年塞种西迁时起算,另一种自公元前 138 年塞种南迁时起算。以上考辨均能持之有据,言之成理,结论可信度高。

杨宪益的《塞种别名"驹支"》《九州戎考》《九州戎的西徙》等文章指出,《左传》称"戎子名驹支",驹支、九州、瓜州、姑臧等皆为一名的异译,其原字为 Kusan 贵霜,塞种称为九州戎或瓜洲戎。此观点稍显牵强。《左传·哀公四年》载:"士蔑乃致九州之戎",注"九州戎在晋阴地陆浑。"九州戎,当指春秋时河洛地区的一个少数民族部落,与塞种人关系不大。

康国,西汉时曾称康居国,位于锡尔河至阿姆河之间。杨宪益《隋代的康国都城》认为唐代康国都城飒秣建以北五十里为中曹都城迦底真城,隋时康国都城阿禄迪在迦底真北四十里左右,就是西曹瑟底痕城东北的越干底城。阿禄迪与越干底当为同一名 Alexandria 的异译。康王原来居住在祁连山北昭武城,后被匈奴打败,西迁越过葱岭到达两河流域,子孙繁衍渐多,分裂为九个小国,《隋书》称为康、米、何、安、乌那曷、穆国、史、钹汗、漕,《唐书》称为康、安、曹、石、米、何、火寻、戊地、史,两书记载的名称有异,总称昭武九姓。杨宪益的《昭武九姓国考》把诸国位置详细考证,认为两书实际大致相符,《隋书》中的乌那曷即《唐书》火寻,钹汗即《唐书》戊地,只有漕国与曹国不同。这些考证可备一说。

粟特,西域古国之一。杨宪益的《粟特国考》认为,粟特就是西方历史上有重大影响的哥特(Goth)人,此族在二、三世纪自康居东北西迁至奄蔡、阿兰居地,开始成为大国。公元 250 年入侵罗马帝国的北疆,附庸小国有四百余城,臣服黑海以北斯拉夫部族。公元四世纪时被匈奴灭亡,公元 454 年又打败匈奴又复国,多次遣使至北魏国。此说法有一定道理。

悦般国,南北朝时西域国名,在今哈萨克斯坦巴尔喀什湖以东伊犁河下游一带。杨宪益的《悦般国的覆灭》考证出悦般国被蠕蠕消灭的时间为 470 年或前此数年,以后中国史籍中不再有此国的名称。悦般国为蠕蠕西方的强敌,时代相符,当即东罗马史家所说的 Sabir。据《西域记》记载,在玄奘去西域前数百年,有一个国王名叫醯罗炬罗,都奢羯罗城,有勇有谋,迫害佛教,斥逐僧徒,焚毁 1600 多所寺院。杨宪益的《〈西域记〉的大族王醯罗炬罗》指出,醯罗炬罗就是吐谷浑的第 11 任国王慕利延,曾攻入于阗,杀害其王,死者数万人。这些考证虽有一定的道理,但有些提法还有待商榷。

十、关于边疆国家、民族、军队及地方政府的考辨

义渠国,春秋时期义渠戎在今甘肃、陕西和宁夏一带建立的国家,公元前 272 年被秦国消灭,杨宪益的《义渠国考》根据先秦史料,梳理义渠国与秦国的交往历史,"或和,或战,自秦穆公霸西戎昭王灭义渠,约经三百多年"。又断言西方史书中的 Arimaspi 指姬姓诸国,Issedones 就是指义渠,论证不够充分,结论有待商榷。

地豆于是北魏时期出现的一个民族,《魏书》载"地豆于国在失韦西"。白鸟库吉考定《旧唐书》中霫国就是地豆于,得到杨宪益的认同。杨宪益的《魏书地豆于即鞑靼考》又进一步考定地豆于即唐代以后的鞑靼,即鞑靼的前身。蠕蠕,即柔然,公元四世纪后期至六世纪中叶在蒙古草原上继匈奴、鲜卑等之后崛起的部落制汗国。杨宪益的《蠕蠕为女真前身说》认为,在中古波斯记载里,女真一名都作 Churche,Abdalla Beidavi 所写的《中国历史》中记载"在契丹附近又有一个农业种族,契丹人名之 Niuche,而蒙古及其他种族则名之 Churche",于是得出结论女真与柔然音相同,又皆为东胡苗裔,蠕蠕为女真的前身。在《蠕蠕始祖木骨闾的原籍问题》一文中,杨宪益认为蒙古国可能源于蠕蠕始祖木骨闾,木骨闾与蒙古同为 Mungur 一语的异译。这些假设与推断虽然有一定的道理,证据还嫌不充足。

糺军,为辽金以边地部落组成的军队。《元史类编》纪纪太祖九年条载:"糺音冥,辽东君也,凡二十五部族"。杨宪益《糺军二十五部考》认为,糺军二十五部族为突厥种,剌失备《史集》第一篇中列举的金山以东突厥二十五部就是《续宏简录》所载糺军二十五部族。塔塔尔,又称鞑靼,被蒙古征服后成为其一个部落。杨宪益的《塔塔尔六姓考异》指出的日本学者箭内亘《鞑靼考》中的一个错误,即剌失德的《蒙古史集》称塔塔尔分为六族,箭内亘用成吉思汗《实录》对照阅读,认为塔塔尔有七族,错在把迭烈当成一族,而迭烈为塔塔尔的别名,而不是塔塔尔的一部。王静安、陈清泉等翻译者没有看出这个问题。可见,杨宪益有着超乎常人的眼光,扎实的史学功底。

真番,元封三年(公元前 108),汉武帝消灭卫氏朝鲜后在其地所置四郡之一,下领 15 县。所在地有南、北二说。主南说者或认为其辖境有朝鲜半岛黄海道大

部、京畿道一部分,主北说认为在今朝鲜西北部,与辽东接近。杨宪益的《论当初真番的位置》《再论真番的位置》力主北说,认为汉初的真番亦即后日的鲜卑,真番与鲜卑为同名的异译,真番在佟家江流域及鸭绿江中流左右。此结论可备一说。

十一、其他

在中世纪的西方,广泛流传着东方有一个信仰基督教的救世主名叫约翰长老的故事,相信他将会打败异教徒,拯救整个世界。学界对于"约翰长老"的原型存在着诸多争议。有人认为是格鲁吉亚将军约翰·鄂柏良,有人说是耶律大石,有人说是克烈部王汗,还有人说是成吉思汗。杨宪益的《约翰长老的原名及其都城》认为,法文中约翰长老的原名 penthexoire,后来讹作 Pretezan,Prester John;对于 penthexoire 名称,西方学者都未能解释,实际上是"北廷州"的对音。约翰长老,就是乃蛮王古出鲁克,即辽王耶律大石,其都城在北廷。杨宪益的大胆推论可成一家之言。

汉桓帝延熹元年(公元 158 年),西域都护府龟兹左将军刘平国带着 6 人筑关修路后,在今新疆拜城县东北 150 公里山岩石壁上刻下了一段文字,记叙在此凿岩筑亭、修建关隘的事迹,清末被发现,称"汉刘平国龟兹刻石",经千年风雨吹打,斑驳难认,学者考释成果很多,但问题依然很多。杨宪益的《汉刘平国龟兹刻石》考察了石刻上的地名"乌累关",认为"乌累关"可能是《后汉书》的"伊吾卢",也可就是《唐书》上的伊逻卢城。这是一种有可能的推论。杨宪益的《班氏的先世》断定班固先祖班壹就是汉初河南的白羊王,亦即后来的慕容氏,原来为楚人,后为秦人适戍北边,汉初为匈奴所并,渐趋胡化。这种推论论据不足,因为班氏只是北方边境地区一个有实力的大家族,并没有称王。

杨宪益的《论"夏"字的上古音》根据《诗经·四月》"四月维夏,六月徂暑。先祖匪人,胡宁忍予",认为"夏"与"暑""予"叶,因此否定高本汉给"夏"字上古音拟定的 Ga 音,认为"夏"字的上古音应与 sio 音相近,并得出结论说,"夏"似当原从"婴",与周、稷、姒、邰、土、易、狄等字为一字的分化。杨宪益给"夏"字拟定的上古音是错的,后面的推论皆误。学界普遍认为"夏"字上古拟音为 gra ː ʔ。

"仲康日食"(又作"中康日食"),发生于约公元前 20—前 22 世纪夏朝仲康年间的一次日食。对于具体发生时间,学界有十多种推论,没有取得一致意见。考古学家董作宾曾根据《左传·昭公十七年》《尚书·胤征》与《史记·夏本纪》等书中的记载,作《中康日食》,断定此次日食为仲康元年甲申九月壬戌朔之日食,即公元前 2137 年 10 月 22 日之日全食。杨宪益的《〈中康日食〉考辨》经过考证,否定了董作宾的结论,推定此次日食发生在夏四月。杨宪益的《读〈北史·西域传〉》认为自己有三大发现:一、吐谷浑、党项附国,据《北史》不应在《西域传》内,当另一卷,所以与原来的《隋书·西域传》只有高昌到波斯二十国的记载正符。二、《隋书西域》的西域二十国都见于《北史·西域传》,其中有十三个国的记载完全相同,这十三国的记载都是从裴矩的《西域图记》抄下来的。三、两书重复的部分是从裴矩的《西域图记》抄下来的,《北史》里多增的部分则可能是《魏书·西域传》的原文。这些推定有相当的道理。

综前所述,杨宪益的学术随笔涉及众多的学科,其中不少文章写得很精彩,有许多惊人的发现和有价值的推断,当然也有一些说法有待商榷,有些说法欠妥。对于自己的不足,杨宪益在序言早有交待:"重读这些青年时的笔记,觉得内容上问题不少。有许多过去的假设,如考证李白先世源出西南边疆,显然是错误的,以前已有詹锳等同志考证李白的先世来自碎叶了。此外还有不少疏忽之处,如考证蕃薯在明万历年间始传入中国,应该说明这里的蕃薯是指马铃薯,不是白薯①。还有不少牵强附会、望文生义、不够严肃之处,……内容上的错误是大量的,希望读这本集子的朋友予以指教改正。"他的自我批评精神,谦虚、坦诚的胸怀令人肃然起敬。

杨宪益在四十年代就从事中外文化交流研究、边疆史地研究,取得的成就在当时学术界处于领先地位,经过半个多世纪岁月的考验,他的许多成果依然有着闪光的亮点,在许多学科领域被当代学者引用,受到称赞。作为一个以翻译为主业的学者,取得这样的成绩实属不简单。

第六节　饮誉海内外的《银翘集》

杨宪益的《银翘集》先后在中国香港和大陆出版,很快销售一空,与黄苗子、邵燕祥的合集《三家诗》一版再版,受到读者的热捧。杨宪益的许多佳作、名句不胫而走,广为传颂。"国内报刊关于杨诗的评论屡见不鲜,香港、台湾以及英国、美国、加拿大、澳大利亚等地的海外华人报刊,更是把杨宪益的诗与中国改革开放的历史进程联系在一起,称之为'诗史'。读者在击节赞叹之余,不得不由衷地敬佩作者是一位真正的知识分子:他特立独行的品格、丰富的才学、铮铮铁骨以及深深的爱国

---

① 杨宪益先生此处说法有误:蕃薯并不是指马铃薯,而是指山芋,包括红薯、白薯。

情怀。①"

杨宪益诗歌的创作历程

杨宪益先生上中学前,家中为他请了一个精通诗词创作的秀才魏汝舟专门教他学习《四书》《五经》,指导他背诵《幼学琼林》《龙文鞭影》《笠翁对韵》《千家诗》《唐诗三百首》《楚辞》等诗歌专业书籍,专门学习过古体诗词写作,他的国学功底远超过同龄人。中学时,他与同学唱和,创作过上百首古体诗,中学毕业后到英国留学,回国后曾在贵阳师范学院工作,与朋友唱和诗词,写作、发表过一些古体诗词,但绝大部分都遗失了。目前,解放前创作的古体诗只留下五篇,其中有两篇还是用古体诗形式翻译的外国作家作品。

解放后,杨宪益先生到外文出版社工作,以翻译为职业,因工作繁忙及政治运动频繁,特别是文革期间,有人贴出大字报,指责他 1961 年曾写作四首诗歌为反对斯大林的赫鲁晓夫辩护,他因此受到猛烈批斗,又蒙冤被捕入狱四年,此后没有心思甚至不敢再创作古体诗。1983 年,杨宪益先生辞去《中国文学》主编职务,由王蒙接任,改任顾问,而王蒙又同时任文化部部长,因此杨宪益继续工作,直到 1986 年才离休。

从 1950 年到 1975 年,杨宪益先生只留下 4 首诗。1976 年文革结束,知识分子的春天到来了,至 1986 年,杨宪益留下的诗词就有 84 首。离休后,杨宪益有充足的时间去思考、写作,诗词创作进入高峰期,1987 年至 1999 年的十二年时间,共留下二百多篇作品。进入新世纪后,杨宪益先生处于暮年期,年老体衰,且生重病,作品渐少,自 2000 年至 2007 年仅留下 29 篇作品。杨宪益还能填词,目前留下四首词,因为数量少,不单独论述。

早在八十年代,杨宪益先生的诗歌就在诗坛热传。九十年代后期,随着互联网的开通,他的作品通过网络传播很广,在海内外引起广泛的关注和好评。由于杨宪益先生写作诗歌多为即兴创作,并不看重自己的作品,从来没有把自己的作品当回事,随作随丢,有时送人,从不保存,目前留存下来的作品主要是由家人及罗孚、吕剑、邹霆、纪红等友人收集保存下来的,特别是原《人民政协报》记者纪红先生,自 1990 年认识杨宪益先生后就开始收集整理其诗歌,目前出版的几个版本都是他编订的。

1995 年 1 月,由纪红收集整理的杨宪益的第一部诗词集《银翘集》,由香港天

---

① 纪红:《新版〈银翘集〉说明》,《银翘集》,福建教育出版社,2007 年 8 月,第 129—130 页。

地图书有限公司出版(繁体字版)。关于书名,杨宪益在《关于我的打油诗〈银翘集〉序》中说:"当年与黄苗子兄弟和诗,有一联云'久无金屋藏娇念,幸有银翘解毒丸'。银翘是草药,功效是清热败火,我的打油诗既然多是火气发作时写的,用银翘来败败火似乎还合适。[①]"有少量港版《银翘集》流入大陆,立即引起广泛的关注。次年,广东教育出版社出版了黄苗子、杨宪益、邵燕祥三人的诗歌选集《三家诗》,每人选一百首,完全不能满足广大读者阅读杨宪益先生诗歌的渴望。

2007 年 8 月,福建教育出版社推出纪红编辑的新版《银翘集》,收录杨宪益诗词 221 首,比香港版增添了不少内容,同时由于多种因素,香港版中的七篇诗歌没有收录。2009 年,杨宪益先生去世后,纪红继续收集杨先生的作品,又得四十余首,编入 2017 年 7 月花城出版社出版的《三家诗》中。实际上,杨宪益先生的诗词还有不少散落在朋友手中及各种文献中。笔者收集了一部分,全部录入《杨宪益年谱》中,总数达三百余篇。

各界对杨宪益诗歌的评价

杨宪益的诗歌受到许多方面人士的关注和评价,其中以著名诗人、媒体名流、著名学者、著名诗词评论家的评议最有学术价值。此外,网络上大量匿名网民的评议,也有重要的参考价值,代表了民间学者的真实观点。

1. 著名诗人的评论。与杨宪益先生关系最密切的诗人是黄苗子、邵燕祥,他们彼此互相唱和,互相影响,催生了不少新作品。著名学者、书法家黄苗子曾作《说杨诗——为〈银翘集〉写》,发表在 1994 年 12 期《读书》杂志上,后来又作为《银翘集》的序言。黄苗子认为杨宪益的诗能够纪实,还用今典,不经作者道破,无从明白,其好处是"雾里看花,月中捉月,觑着无由得近伊",真是其味无穷。他还说:"读过杨宪益诗的人,大都有一种共同感觉:一是朴素清新的俏皮,二是沉痛伤心的笑谑。辞浅会俗,皆悦笑也。……,散淡的外表,内蕴着神圣的忧危。"

著名诗人邵燕祥作《说杨诗》认为杨宪益诗中可以寻找到诗人的影子,首先频繁遇到的是自嘲的语态,总是包含着自我肯定,寓自尊于自嘲之中,完成了人格的尊严,又以潇洒的自嘲取得了讽世的资格。自嘲之外,杨宪益的讽世、骂世之作皆为警世,这样的风骨之作鲜见于今日报刊,以俗语入诗,以

---

① 杨宪益:《关于我的打油诗〈银翘集〉序》,《银翘集》,福建教育出版社,2007 年 8 月,第 5 页。

俗为雅，以俗胜雅，如聂绀弩一样，为旧体格律诗注入思想、感情、语言的新血①。

著名诗人吕剑得到诗集，立即捧读，竟忘了午餐，下午继续，又忘了日落。读后，心潮澎湃，回赠诗一首《答杨宪益》："风流散淡乃吾师，青莲再世酒与诗。银翘未必能败火，心忧天下有谁知！"②

著名诗人王辛笛作《杨宪益〈银翘集〉读后》："不是磕头还瞌睡，三生有幸读杨诗。打油潇洒难兼具，端在寻常半醉时。③"

这些有感而发的唱和诗对杨宪益的诗歌艺术和内容都给予很高的评价。

2. 媒体名流的评论。《新民晚报》的《读书乐》专版主编曹正文，作《先天下之忧而忧——记杨宪益》④，称与杨宪益先生电话交谈，"谈起他写的'打油诗'，老先生谈笑自若，几天后他的签名本《银翘集》便到了我手中。这一个晚上，读杨先生的书，读得思绪奔泻，读得热血沸腾，读得悠闲自得，读得肃然起敬。"

译林出版社社长李景瑞与杨宪益交往很深，曾作《杨宪益辛勤翻译诗作伴》⑤、《诗里人生——翻译家杨宪益诗画像》⑥、《杨宪益翻译写诗俱潇洒》，⑦认为杨老笔下的诗作表现了笑对人生顺逆，但又充满了自信的乐观情绪；假借嬉笑打趣，展示了自己对人生纷纭现象的感悟；舞文弄墨，难掩一个"情"字，尽管貌似"另类"，但却含深情。

《人民日报》的《大地版》专版主编徐怀谦作《"打油高手"杨宪益⑧》认为杨宪益是一位忧国忧民的大儒，有强烈爱心和正义感，他的自嘲诗有时是自谦，更多的时候则是含有自负的成分；从杨宪益的讽世诗可以看出他对时事的洞察、对人性的解剖、对国民性的反思，是不让任何深刻的思想家的；他的咏史诗不过是为了借古讽今，咏物诗是以物拟人。

《中国文学》主编钟振奋作《淡泊谦和杨宪益》，认为杨宪益的诗"既有针砭时弊、金刚怒目式的愤世之作，也有酣畅淋漓、直抒胸臆的快意文字，更有不少诙谐幽

---

① 邵燕祥：《说杨诗》，《银翘集》，福建教育出版社，2007 年 8 月，第 111 页。
② 吕剑：《燕石集》，湖南教育出版社，2007 年 4 月，第 234 页。
③ 王辛笛著，缪克构编：《辛笛集》第 3 卷《听水吟》，上海人民出版社，2012 年 10 月，第 116 页。
④ 载《博览群书》1996 年 11 期。
⑤ 载《文化交流》2003 年第 5 期。
⑥ 载《出版广角》2003 年 11 期。
⑦ 载 2008 年 12 月 5 日《文汇报》。
⑧ 载《海燕》，2006 年第 7 期。

默的打油诗,从中可见他旷达、洒脱的处世风格。①"

《文汇报》资深编辑黄裳在其著作《掌上烟云》中称杨宪益"写得一手好旧体诗,有《银翘集》行世。其功力殊不下于聂翁。真不知他漫游行吟之际,从何处练得这一手吟诗技巧。②"

此外,管成子《最喜打油〈银翘集〉》③,认为"杨宪益的旧体诗,与聂绀弩走的是一样的路子,都以幽默诙谐、大俗大雅、'化腐朽为神奇'的方式来直抒胸臆。不过,聂诗以沉郁悲愤、冷峻风趣为主,而杨诗则以辛辣滑稽、轻松自嘲见长。"何家干《杨宪益旧体诗与愤世的无奈》,④称杨宪益"暮年竟然以打油诗享誉京华,实在是件有趣的事情。这和聂绀弩晚年也以聂体怪诗为世所重,有异曲同工之妙。当然,杨是打油,聂则格律谨严,体例不同,但在内容和遣词上却都能跳出旧诗藩篱,新潮得烫手。杨诗尤愤世嫉俗,针刺时弊,直指丑恶,往往能一针见血,若是放在那个非常年代都是可以断送老头皮的。"逢春阶《杨宪益的"暮年上娱":写打油诗和喝酒》⑤,称尤其喜欢聂绀弩、启功、杨宪益三位,其共同点是都写打油诗。聂绀弩以杂文入诗,形类打油,意追庄骚,是"以热血和微笑留给我们的一株奇花"。杨宪益先生的打油诗也如以上两位先生一样,旷达、幽默,杨先生的打油诗,从题材上跟那聂、启两先生不同的是,他将"酒"入诗的多。一种从容,一种潇洒,一种清澈如秋水的淡然绝无酒后失态之狂言,不自恋,不自夸,而更多的是自嘲、检点、反省。

3. 著名学者的观点。北京大学教授、著名翻译家、印度文化研究专家金克木,认为当代善写打油诗的名家是聂绀弩、启功、李荒芜、杨宪益,《银翘集》中处处是"今典",没有注,也无法注;专门为赋诗《喜读〈银翘集〉》:"金银喜得银翘伴,中毒欣逢解毒丸。就是好来就是好,跳加官再跳加官。桐花芝豆前尘远,牛鬼蛇神后继难。夹尾低头犹嚼舌,土洋结合酒神篇。⑥"

著名哲学史家、武汉大学教授萧萐父指出:"……,《片石集》《纸壁斋诗》、……《银翘集》《散宜生诗》等等,构成了中国诗歌史上闪光的一页。"⑦他还作《读杨宪益著〈银翘集〉有感》:"杨公各世译《红楼》,骂鬼呵神岂打油? 棍痞官绅齐切齿,《银

---

① 载 2019 年 11 月 4 日《文汇读书周报》。
② 黄裳:《掌上烟云》,江苏凤凰文艺出版社,2018 年 8 月,第 250 页。
③ 载 2006 年 7 月 7 日《工人日报》。
④ 载 2009 年 12 月 4 日《东方早报》。
⑤ 载 2009 年 11 月 25 日《大众日报》。
⑥ 《银翘集》,福建教育出版社,2007 年 8 月,第 105 页。
⑦ 萧萐父:《萧萐父文选 思史纵横》,武汉大学出版社,2007 年 9 月,第 50 页。

翘》一卷振春秋。①"

著名学者、南京大学教授赵瑞蕻曾说："宪益的诗集《银翘集》，你一定看到了，真好，印得特别漂亮。这本书问世，有些人看了一定会感到头疼刺耳。如今讲真话，敢讲真话，也很不容易，这意见巴老一再说过的②。"

香港中文大学文学院教授、香港翻译学会会长金圣华，在专著中以《未必可忧，安知非美——怀念"散淡的人"杨宪益先生》为题，评述杨宪益的为人和诗歌创作。指出从杨宪益的诗歌中，不但可以窥见杨老的奇才绝学，更可以感受到他那貌似洒脱不羁、实则刚正耿直的性格。……他却是非分明、嫉恶如仇，凡事有所为、有所不为，该说的时候，他一定会站出来说话，绝不退让③。

4. 诗歌研究专家的评论。中国社会科学院文学所研究员、诗词评论家王学泰，1991 年登门拜访杨宪益，一席话谈下来，大为惊诧，回去后作诗云："广袖宽衣意淡然，解颐妙语味如禅。枉居京都五十载，不识诗仙与酒仙。"④在其专著中为杨宪益写了两篇文章：《不识诗仙与酒仙——读杨宪益先生的〈银翘集〉》《学成半瓶醋，诗打一缸油——读杨宪益先生的〈银翘集〉》，指出，聂绀弩的诗歌偏重镂刻凝重，启功偏幽默诙谐，杨宪益则表现出随意与轻快，无论什么样的题材，都能举重若轻，应付裕如，轻松诙谐。杨先生所谓打油诗已经远离古代的游戏之作了，而是杂文诗了。杂文诗像杂文一样，也是以揭露时弊、评论时风、剖析自己、传播知识为主、用笔随意，也多带有幽默色彩⑤。

浙江师范大学文学院教授、诗评家王尚文在其专著中有专论杨宪益诗歌的章节。他认为杨宪益眼界野阔，作品题材广泛；杨宪益学识渊博，经历丰富，特别是思想深刻，对人对事对世界都有异常的洞察力，既有金刚怒目的作品，也有温柔婉约的诗篇；以白话入诗、以口语入诗，杨宪益是后唐宋体诗人群中走得最远、用得最好的诗人之一⑥。

《西北大学学报》主编、西北大学文学院教授、诗评家刘炜评，发表《"火气"与"挚情"——评杨宪益先生诗》，指出杨先生讽刺之作较多，针对并非一人一事，语气更为激愤；也有冲和平淡的挚情之作，从中可以感受到杨先生的可爱、雅人深致、幽

① 赵扬，宋爱利编：《散珠碎玉　大师巨匠逸言趣行录》，中国城市出版社，2002 年 9 月，第 302 页。
② 范用编著：《存牍辑览》，生活．读书．新知三联书店，2015 年 9 月，第 188 页。
③ 金圣华：《披着蝶衣的蜜蜂》，海天出版社，2018 年 7 月，第 158—165 页。
④ 王学泰：《清词丽句细评量》，东方出版社，2015 年 7 月，第 77 页。
⑤ 王学泰：《清词丽句细评量》，东方出版社，2015 年 7 月，第 83 页、84 页。
⑥ 王尚文：《后唐宋体诗话》，中国社会出版社，2011 年 8 月，第 268—276 页。

默情性、悲喜交集心情、名士式诗家趣味等等；杨先生痴玩、俊赏，能将物、事、景情趣化，其涉酒诗篇则庄谐并出，情趣盎然；最让人感动的挚情是融在自谴、自嘲中的真诚良知——知恩、知尊、知荣、知憾、知愧、知耻。……说真话，见性情、纳时语、守格律，情出肺腑、笔不造作、气韵饱满、个性鲜明的《银翘集》，的确可以促使当代很多人自察自省①。

无锡高等师范学校教师、诗评家吴海发在《二十世纪中国诗词史稿》中，以《杨宪益：外文局里的土诗人》为题评析杨宪益的诗歌创作，指出杨宪益的许多作品描写社会中的种种腐败现象，并为扫荡种种社会腐败而呐喊；把诗歌的题材拓宽了，有的涉险，闯了禁区。②

日本中国文学研究专家、神奈川大学教授木山英雄，在其研究中国当代古体诗歌的专著中，以《狂放的丈夫气——杨宪益》为题，介绍了杨宪益的生平与创作情况，点评了部分诗歌，指出杨宪益仿佛喜欢在几无意义的"打油"中，表现出一种满怀郁闷和忧愤的放浪形骸的姿态③。

呼延博文的《思到无邪合打油》，系《宁夏大学》2013 年硕士论文，综合论述邵燕祥、杨宪益、黄苗子三家的"打油诗"，分为四章：一、简介邵燕祥、杨宪益、黄苗子三人的生平事迹、思想及个性。二、五类题材：写景记游、咏物言志、即事感怀、怀古咏史、赠答唱和。三、三类主题：对生命状态的关注、对自我的审视、对现实的批判。四、五大特色：以杂文入诗、化俗为雅、寓庄于谐、化用名句、妙用今典。

5. 网民的评价。网络上有大量评价，现举二例。网民"伤心龙舞"指出，《银翘集》里面"林林总总的随手偶得，全部都与身边事物息息相关，那才是真正将现代生活代入诗词，且入诗入化，自然随处得很④。"

网民"鹿鸣斋"认为杨宪益诗"虽半打油之作，且多采时俗俚语入诗，然绝无今日老干体之风气，语浅而不俗，清新可读，全无匠气。何哉？语出自然而已矣。诗人有一纯真之心，率性而为，非为浮名俗利也。手写我心，不事雕琢，语出天然也。又颇有老而益顽之心，好做俏皮趣语，纯是好玩。此所谓返璞而归真者乎？以时典入诗，乃需莫大之勇气，非以游戏之态度不敢为也⑤。"

时下文艺评论中伪评盛行，如人情评、关系评、面子评、金钱评、互捧评等等，掩

① 刘炜评：《"火气"与"挚情"——评杨宪益先生诗》，载《陕西诗林撷秀—学术编》，三秦出版社，2016 年 6 月，第 158—172 页。
② 吴海发：《二十世纪中国诗词史稿》，中国文史出版社，2004 年 9 月，第 423—433 页。
③ 木山英雄著，赵京华译：《狂放的丈夫气——杨宪益》，三联书店，2016 年 1 月，第 1—17 页。
④ 伤心龙舞：《他无金屋藏娇念，我有银翘集诗心》，2009－04－18，book.douban.com
⑤ 鹿鸣斋：《士林今盛打油风，当以杨郎为正宗—读杨宪益〈银翘集〉》，2010－12－08，www.360doc.com

盖了文艺作品真实面目和真正价值。杨先生从不在乎、从不关心别人如何评价他的诗歌,社会各界对杨宪益诗歌的评价都是出于真实的内心想法,可信度很高,可以当作诗歌研究史材料看待。

杨宪益诗歌的类型及主旨详析

杨宪益阅历丰富,一生跨越多个历史时期,游历天下,博古通今,视野开阔,思想深刻,学养丰厚,诗歌创作题材极为广泛,有将诗歌创作日常生活化的特色,几乎无事不可入诗,因此其诗歌内容丰富,类型众多,诗歌主旨从军政大事到亲情、友情,无所不包。诸如咏物、哲理、题词、纪事、乔迁、咏怀、自勉、自嘲、讽喻、写景、游记、羁旅、宴饮、参会(晚会、画展、节目)、怀古、咏史、贺喜、安慰、戏谑、赠献、唱和、答谢、节庆、送别、思念、悼亡、悼念等等皆有,还有许多内容丰富的无题诗,几乎囊括了当时社会生活的方方面面,有以诗存史的价值。

一、咏物诗。如《冬虫三咏》写冬眠的乌龟、冬虫夏草、冬天蚊子,分别比拟生活中因怕犯错误不敢讲话而被当成废物对待的人;善于投机应变伪装取巧的人;因没有言论自由的环境,爱说话、动辄遭人排斥打击的人。《知了》比喻生活中靠自吹自擂飞黄腾达并贪污腐败的官员。《螳螂》比喻不顾身微力弱,但满身正气,舍身抗争的豪杰。

二、哲理诗。十八时写的《愁思》,把忧愁比喻成冰雪,人因此郁闷不乐,消除愁思的方法就是寻找到春风似的欢意,能融化冰雪,以形象化的比喻说理,很贴切。《死》是以老庄哲学看待生和死的问题,生和死都不可避免,要达观,要及时行乐。

三、题词诗。包括为画、为书、为景点、为文章题写的诗歌。《题戴敦邦作〈梦影图〉册》,完全否定曹雪芹贾宝玉之口所说的"女儿是水做的骨肉,男人是泥做的骨肉,我见了女儿,我便清爽,见了男子,便觉浊臭逼人",认为"女儿未必清,男子未必鄙",金陵十二钗都是虚构的人物。《1990年元宵节许以祺兄邀宴,以已故赵丹兄遗墨见示命题,情意难辞,怆然感赋》,睹墨思人,称赞赵丹的志向、人品。《题丁聪为我漫画肖像》,以自嘲的口吻对自己的学术、诗歌、敢言、好酒等方面作了评价,所谓"半瓶醋、一缸油、言无忌、贪杯无俦"实则寓贬于褒,充满自信。《为黄苗子收藏的韩羽〈傅青主听书图〉题词》,祝愿黄苗子晚年身体健康、平安幸福。《题廖冰兄〈自嘲画〉》,抒发对极左路线回潮的担忧。《为廖冰兄〈资本主义复辟了漫画〉作》,写极左派对改革开放后纷纷涌现的新事物难以接受的心态。《〈板桥三娘子〉附记》,谦写自己学术研究比较零星,不系统深入。《〈薛平贵故事的来源〉附记》,批评学术界有人滥用"对音"方法。《题丁聪漫画〈黄苗子小像〉二首》，一赞丁聪绘画技艺高超，二赞黄苗子是傅青主似的高人。《为〈解忧集〉作》，批评当时社会上各种歪风邪气。《咏〈皇帝的新衣〉》，批评买衣服、换新衣服成瘾的人。《赠湖北黄陂木兰山》，赞美花木兰的英勇事迹。《为许以祺〈天葬集〉赋诗》，称赞西藏人的丧葬方式，批评汉族人传统的厚葬习俗，认为人死了建坟墓保存遗体是没有意义的。

四、纪事诗。指记述并评价经历过、目睹过的重要事件。《出席苏联大使馆庆祝中苏友好晚会》，记载 1950 年参加过中苏间的一次外交活动，借李世民《秦王破阵乐》表达要超过苏联的愿望。《一九五七年四月》，记载的是原以"反官僚主义、反宗派主义和反主观主义"为内容的整风运动，后来导致反击右派斗争严重扩大化。《鹧鸪天·下乡劳动》，记载的是响应号召到农村参加农业生产劳动的事情。《一九六八年四月下旬某夜遭逮捕，口占一律》，记载被当成敌嫌，夫妻双双被投入监狱四年事件。《黄白公鸡打架因之想起黄钢与白桦〈苦恋〉之争偶成》，记载的是 1981 年文艺界围绕白桦电影剧本《苦恋》一场声势浩大的论争。《辞谢作协邀请参加舞会》《用前韵续成一首》《赠祖光兄再用前韵》等三首，记载 1983 年到 1987 年历时三年半的整党整风运动，表达远离是非独善其身的愿望。《神社》，记载时任中宣部副部长周而复擅自参观靖国神社，严重违反政治纪律，受到严惩一事。《全国第五次文代会》，写文艺界高层关于"异化"问题的一场激烈的斗争之后，最高负责人周扬一病不起。《无题》（惊闻教授发牢骚），指当时一批知识分子提议大力压缩楼堂馆所等建设费用，大力增加教育经费。《无题》（惊闻大地起风雷），记载胡耀邦去世引发的社会震动。《无题》（惊闻大赦临天下），记述当时一批知识分子联名要求释放政治犯，杨宪益拒绝签名一事，同时反映脑体倒挂，知识分子待遇严重偏低，官商勾结发横财等社会问题。《无题》（不爱江山爱美人），记载 1990 年某著名画家因婚外恋及其他原因出走法国在国内外引起轰动事件。《无题》（痞儿走运称王朔，浪子回头笑范曾）记述王朔小说风靡一时及范曾到法国三年后穷困潦倒请求回国一事。《青海》，记载 1993 年 8 月 27 日青海共和县一个水库溃坝，淹没许多村庄、农田，造成重大伤亡事件。《中国作协授老翻译家彩虹翻译荣誉奖》，记载自己获得的一次荣誉。《西雅图会议》，记述亚太经合组织成立以来的第一次领导人非正式会议。《抗日战争胜利五十周年感赋》，记评当年抗战时期未能上战场报国，今天国家已经十分强大。《西昌导弹失事》，记载是 1996 年 2 月 15 日西昌卫星发射失败造成严重伤亡事件。《悼陈毓祥烈士》，记载 1996 年 9 月 26 日，香港家国人士陈毓祥在登临钓鱼岛途中不幸献身事件。《香港回归感赋》两首，记载 1997 年中国收回香港主权的重大历史事件，并评述了历史经验教训。《无题》（白宫总统爱娇娥），写时任美国总统克林顿因和白宫实习生莫妮卡·莱温斯基发生性行为受到弹劾事件。《无题》（称霸花旗震四方），记述1999年3月24日至6月10日北约轰炸南联盟事件。

五、乔迁诗。《迁居》作于1994年，因妻子病情加重，杨宪益申请迁到有空调的宾馆中以便让妻子舒适一点，但一直没有批准，到香港讲学也不获批，因此作此诗，鸣不平："迁居赴港两蹉跎，缺乏人情可奈何？家有仙妻常卧病，身无神术起沉疴。"后来获批，从城郊环境很差的百万庄迁到友谊宾馆，但该宾馆的条件并不让人满意，杨宪益作《迁居友谊宾馆》四首，批评说："西式草坪常不剪，东瀛地毯垢堪藏。交通填塞行人苦，洗涤麻烦无事忙。莫怪此间商品贵，公家只卖舶来糖"。此外，住宾馆中，寂寞无聊，"无端野鸟入金笼，终日栖栖斗室中。"女儿买来一只美国品种白猫，助戴乃迭解寂寞，可这只白猫"只尝美国鲜虾粒，不顾燕京土蛋糕"，喂养的代价太高。由此，杨宪益引发感想："工农虽说今专政，哪及豪门宠物高？"提升了诗的境界。1999年11月19日，戴乃迭因病辞世，杨宪益搬出友谊宾馆，作《迁居美丽园》二首，表示想再动笔写点东西，在一次宴会上见到许多不认识的新贵，于是大发感慨："阿猫阿狗尽成龙。"不久，杨宪益再次搬家，迁到小金丝胡同女儿家，这是他人生的最后一站，作《迁居什海四首》，抒发"独身宛转随娇女，丧偶飘零似断蓬"的孤单寂寞，"青山青史并可抛，结庐人境暂逍遥"的洒脱情怀，还记述想喝清汤、女婿公司遭窃、女儿种花木、黄苗子赠爬山虎等事情。从这些乔迁诗，可以感受到杨宪益曾经有过的种种感情历程。

六、咏怀、自勉诗。抒发个人抱负、志向和追求。《狂言》，写自己不怕再被投进监狱，要斗争到底的决心。《无题》（早起翻书看不清），表明自己历经磨炼，具有"火眼金睛"，能识别人世间的一切"妖魔鬼怪。"《政协民革连连邀请表态，虽皆未去，而文牍纷至，颇以为烦，口号一首明志》，谦你自己一事无成，愿意为祖国统一上战场。《患热伤风未愈感赋》"久占茅坑拉屎少，常谈废话吐痰多"，表达早点退休让贤的愿望。《昏夜》写被开除党籍的原因及复杂心情。《无题》（母老妻衰畏远行），抒发"有酒有烟吾愿足，无官无党一身轻"的心态。《无题》（蹉跎岁月近黄昏），反省许多友人及自己"恃欲轻言"，图一时口快但根本改变不了社会现实，反而招来祸害惨痛的经历。《自勉》是一篇宣言书，坚决不后悔过去所做的一切，永远做个堂堂正正的人。《敏如得句云"虎落平阳酒一壶"命续成一律》表达"三径就荒甘寂寞"的愿望，感悟出"一生难得是糊涂"的哲理。《无题》（释道基督不一门），表达坚定的"莫谈天下人负我，不可我负天下人"的人生观。《无题》（犹胜肮脏百万庄），用精卫、刑天等神话典故表达不为曾经的抗争后悔。《有赠》，表达的是对新世纪国泰民安的美好祝愿。《自撰挽词》，表达对一生经历无怨无悔的态度。《无题》（故人星散绝云霄），表达对建功立业与出世隐居都不再在乎的超脱态度。《无题》（黄叶声繁促反思），表示忘记过去，不必计较。《无题》（阵前免胄悲先轸），以先轸、鲁阳公典故喻名利场上争斗的惨烈，自己只做个旁观者，不卷入其中。《无题》（屈膝弯腰装矮个，语言要少磕头多），要求自己适应社会环境，低调做人。从这些诗篇，可以看出杨宪益先生不同时期的思想变化。

　　七、自嘲诗。自我嘲笑，自我解嘲，有时自我反省，有时表达谦逊，有时是自我张扬，明贬暗褒，自我肯定，有时是表达愤慨不满之情。《自嘲》："清谈夷甫终无用，击鼓祢衡未必佳。差似窗前水仙草，只能长叶不开花。"系反对无用的空谈，反对祢衡自取灭亡式的抗争。《自嘲》（左倾幼稚寻常病）两首，自我反思，表达隐退后不问时事乐享清闲的决心。《自嘲》（南游四日太匆匆），写于香港大学授予杨宪益荣誉博士学位之后，这是一项崇高的荣誉，而杨宪益看得很轻，自称"相鼠有皮真闹剧，沐猴而冠好威风"，完全是明贬实褒。当时北京正与悉尼竞争2000年夏季奥运会的主办权，以美国为首的西方许多国家对中国并不友好，因此在诗的末尾预言说："回国正逢迎奥运，惟忧欢喜一场空"。结果正是如此，表明杨宪益的眼光十分敏锐。《下午青年出版社同志来说，已请邹霆同志给我写一本二十万字的传记，感赋》，以挖苦的词语，如沽名钓誉、一事无成、真狗屎、野狐禅、老而不死、醉后思淫等等痛贬自己，实际是对自我价值的肯定，是充满自信的自负。《自嘲》（优仕难成亦可羞），嘲讽自己"全凭外语出风头"，"狗屁文章当喂狗，牛津学位乱吹牛"，实际上是在宣泄没有得到应有待遇、报酬的苦闷情绪。《住公寓有感》，称自己"一生飘泊等盲流，到处行吟乱打油。无产难求四合院，余财只够二锅头"，借此发出当时脑体倒佳、知识分子待遇普遍偏低、亟待改善提高的呼声。

　　八、讽喻诗。揭露批判现实生活中的假、丑、恶现象，体现出对社会、对政治、对百姓的强烈正义感和责任感。《败家子》，直斥哪些祸国殃民的败类。《又一首》，用"希望工程成泡影""官蝗吃尽民膏血"等诗句，痛斥贪官污吏对社会的危害。《偶感》（街头又见卖花郎），写一些贫民家庭的回城知青失业，在路边靠卖花求生，而有权势人家的子弟正用公款或贪污来的钱在国外留学。《百万庄路景两首》，写环境脏乱差"垃圾纵横公厕臭，的士狷猕路人疏"，写菜贩、书贩等小生意人的尴尬生存状态："菜摊整顿先开路，书贩巡查怕扫黄"。《无题》（回到京城又半年），批判有人利用关系倒卖外汇券、吃回扣发横财。《银行》揭露经济整顿过程"擒贼不擒王"，放过有背景的巨贪及一些高官子女利用公款到国外镀金的现象。《有感》（忽见书摊炒《废都》），批评贾平凹故弄玄虚，在书中以大量空格代替性描写，借此炒作，提高知名度。《卖书号》，批评出版社贩卖书号，出版大量秘闻、艳史类垃圾书籍。《有偿新闻》，批评报刊除了头版留下以歌功颂德，其他版面一律标价卖出，刊登假大空新闻及假广告。《作家》批评一些著名作家在炒作黄色小说。《无题》(才破天门又碰碑)，批评戏曲改革全面复古现象。《种树》，批评干部年年带头植树，却不顾效率低下的现象。《报载贵州发现龙化石》批评假新闻现象。《中秋节月饼》，批评滥发、滥送月饼现象。《读报有感》(一次性交纳百元)，批评某重要报刊在头版出现标题欠妥不够严谨的事情。《无题》(妄谈国事莫轻饶)，批评有人因谈论国事被处理，教育产业化严重，许多重点大学忙于办公司发大财，社会上出现贩卖假文凭等现象。

九、写景、记游、羁旅。 杨宪益十八岁时写的《雪》，以生动的笔墨描写雪的形成、飞舞的过程，描写了雪满大地的景观，用无畏战士比喻雪，能除尽人间的邪恶；用先知比喻雪，"能以善与美，治世化愚弩"，最后抒发"愿得身化雪，为世掩阴霾"的愿望。此诗借景抒情，托物言志，大气磅礴，有较高的艺术水准。《郴州纪事诗》十四首，写于1982年10月初，获准离休后到郴州游览九天，重点记述几件事：参观游览苏仙岭、三绝碑、苏仙泥塑像、桥口柑橘场、古华城、北湖公园中长征路和铁索桥、莽山林场，欣赏嘉禾陪嫁歌，畅饮当地米酒，特别写到当地儿童围观洋人(戴乃迭)一事，临别还获赠送数十斤蜜桔。叙事、写景、抒情相结合，最后亦讽喻道："归载橘柑三百颗，主人惊道过蝗虫。"调侃此行对当地官民的侵扰。同年10月22日至30日，杨宪益赴西安参加外国文学理事会会议，作《西安纪事诗》十二首，前七首写参会的地点、人物、村妇在路旁边讨要钱财及高谈阔论的场景，后五首为咏史诗，其中三首写武则天，并把江青与她进行对比，斥责了江青的罪行。还有一首咏诸葛亮未能完成统一大业，抱憾而逝。最后一首以张天翼小说《华威先生》的华威自比，到处开会，讲一些不切实际的空话，这样的会开得没有任何现实意义。

1986年上半年，谢晋在湖南永顺县王村拍摄电影《芙蓉镇》，杨宪益应邀前往观光，写作《湘西》《游张家界》《天子山》《路经桑植》《途经吉首饮酒大醉四首》《回京路上》等诗及《游张家界 调寄蝶恋花》词，热情称赞当地美好的风土人情，描写赞美张家界的美丽风光。

1987年，杨宪益作《千家驹兄邀游深圳》，并没有写景叙事，而是批评公款吃喝、书生无用空谈的风气。《蜀游杂咏》七首，作于1987年，分别写游成都宝光寺、成都金牛宾馆，忆及古代金牛故事，游杜甫草堂、游武侯祠、灌口离堆、乐山大佛、游峨眉遇雨止万年寺，多议论说理，如赞美杜甫"诗名永世传"，称都江堰"虽无三峡工程大，少用劳工少费钱。"

1990年8月，杨宪益随政协视察组到青海视察，作《视察青海七首》，写日月山、青海湖、土族人家、土族姑娘劝酒、草原牧民、宴席等内容，此外还有《参观龙羊峡》，多为记事写景之作，讴歌为主，同时也有讽喻，如写公款吃喝的《席中偶感》："驼掌殊珍供老饕，无鳞鱼伴嫩羊羔。主人盛意情难却，忽忆江南有饿殍。"如同白居易《轻肥》的笔法。

1992 年底到 1993 年初，杨宪益应邀到澳大利亚讲学，作《旅澳》两首、《旅澳途中获悉北京召开绀弩同志诞辰九十周年座谈会，口号一律》，前者感叹异乡"天高才士多""草长莺啼花似锦"，后者表示对聂绀弩的缅怀之情："遗诗三卷在，犹作不平鸣"，对他多灾多难的一生遭遇深表同情。

1993 年 7 月至 8 月间，杨宪益、戴乃迭赴辽宁兴城避暑，杨宪益作《兴城杂咏十一首》，主要是怀古诗，写首阳山伯夷、叔齐传说，认为此传说是编造的，不可信；写隋唐、明清、现代历代相关战争，咏及袁崇焕、祖大寿、张作霖等历史人物，借古讽今，评价历史人物。

1994 年应邀到香港讲学，杨宪益作《港游杂咏》八首，写美食、友情、团拜聚餐、曙光楼、重晤黄永玉、逸夫书院雅群楼、讲学等内容，有叙事，有写景，有议论，最后自嘲说"打尽春风春又到，腰缠万贯好还乡"，感激有关方面的盛情款待和优厚报酬。

十、宴饮诗。包括参加家宴、聚餐、公宴、日常饮酒等活动时所作诗篇，内容丰富，涉及面广泛。杨宪益先生曾公开宣称"民以食为天，我唯酒无量"。他身体强壮，自成年到九十岁没有生过大病，喝了七十多年酒，没有得过因酒导致的任何疾病，真有常人无法相比的得天独厚的身体条件，而且酒风非常好，待客热情，因此中外朋友皆以酒仙赞誉他。他的诗歌《王以铸〈饮酒诗〉题后》公开宣称"何当过敝庐，喝它三两斗"，何等豪迈！而《待客不至》"何当更尽千杯酒，便是春回大地时"，则借酒消愁，盼望冷酷的现实生活早点结束，美好的日子早点到来。《无题》"故人星散尽，不醉更何如"，写人生短暂，当及时行乐。《祝酒辞》"常言舍命陪君子，莫道轻生不丈夫。值此良宵须尽醉，世间难得是糊涂。"《谢酒辞》"休言舍命陪君子，莫道轻生亦丈夫。值此良宵虽尽兴，从来大事不糊涂。"可称得上是前无古人的极具趣味的祝酒、拒酒之作，可传之后世。《赴宴东城豆花饭庄》先赞美老板娘人美、酒好、菜佳、音乐动听，末章讽喻现实："千金一掷豪门宴，川北江南正断粮。"《途经吉首饮酒大醉》四首，写在湖南吉首受到热情款待、开怀畅饮醉倒的经历。《赴宴》"送出外宾齐下跪，再伸素手要红包。"极状奴颜媚骨的丑态。《无题》"何须一醉解千愁，东方不亮西方亮"，劝人劝己不要以酒解愁，相信有用武之地。《二流堂旧人邀宴》分别写唐瑜、丁聪、邵燕祥、范用、吴祖光、姜德明等四十年代重庆"二流堂"中六位重要的艺术家、学者的命运和性格，以诗存史。《米寿宴会》写暮年被重病缠身但乐观看待的心态。

十一、**参会诗**。包括参加会议、节日晚会、参观画展、参与电视节目等社会活动所作诗篇。《译协开会有感》称自己虽然翻译了大量作品,但只是个译匠,且收入微薄,没有车子、房子、票子。《冯冀才兄邀参加天津石家大院元宵节晚会》记述了参加天津元宵节尝汤团、提灯笼、观歌舞、赏音乐的欢乐。《戏答友人参加夕阳红节目》,表达"可惜新诗偏扫兴,非黄即黑满心胸"的感受。《画展》讽刺一些画家为博眼球,热衷于画女子裸露画。《观黄苗子郁风画展》称赞黄苗子的书法、郁风的绘画。

十二、**怀古、咏史诗**。记游类诗中有不少怀古诗、咏史诗,前面已经提及到游览风景名胜时对秦始皇、杜甫、武则天、诸葛亮、袁崇焕、祖大寿、张作霖功过是非的评议,有时借古讽今,如把武则天与江青对比,袁崇焕与彭德怀相比,增强了诗歌内涵的深度。此外,还有单独的咏史诗,如《咏曹孟德》"孟德至今勾白脸,只缘妄杀许多人",借曹操痛斥历代好滥杀的统治者。

十三、**贺喜、安慰、戏谑诗**。《闻丁聪兄有乔迁之喜,书此致贺》,恭贺丁聪乔迁之喜,《祝贺女作家谌容入党,戏作一律》"从此夫荣妻更贵,将来一定作高官",只是开个玩笑。《三味书屋重新开业以此贺之》,祝贺北京李氏民营书店重新开张。冯亦代、黄宗英两人1993年底结为伉俪,此时冯亦代已是80岁高龄,而黄宗英也已经68岁,杨宪益作《贺亦代宗英再婚之喜》四首、《戏致宗江兄》二首,"阿丹此刻休悬念,安娜今朝可释怀。他日天堂重见面,四人正好打桥牌",用逗趣的话开他们的玩笑,实际上是祝贺他们幸福美满。《敏如患胆结石住院,以此慰之》,以戏谑的口吻劝妹妹病好后"从此胸中无块垒,无须会上发牢骚。他时重赴民盟会,应有嘉言颂圣朝。"《黄永玉在香港办画展书此致贺》,预祝好友黄永玉在香港画展取得圆满成功。《丁聪卧病医院,以此慰之》,以"半肾切除何足惧,家中还有半边天",用戏谑语安慰刚刚动过大手术的丁聪,又以"莫谈国事惊官府,休揭阴私上法庭"告诫他谨言慎行。《黄宗江夫人阮若珊去世》,安慰黄宗江。《唐其竟兄来电说生病,以此慰之》,作于2004年,当时杨宪益先生已得癌症,得知一向不抽烟不喝酒的著名作曲家唐其竟突然得重病,且病危,作诗安慰他,劝他"古言曲误周郎顾,多作痴聋体自安",要想开一些。

十四、**赠献、唱和、答谢诗**。《再和荒芜》是对荒芜和诗、赠诗的回应,表达早日"解甲归田去"的愿望。《戏答谢严文井兄送蛤蚧酒》,以男女之事嘲讽某些高谈新诗高潮迭起的学者。《黄苗子因痛风住院,作打油诗寄赠,回赠四首》,以戏谑形式劝慰生病的黄苗子。《戏赠同游王世襄兄》,戏笑收藏家王世襄到处寻觅,什么古董都往家搬。《范用索诗》三首,抨击社会上各种如魑魅、鬼蜮的小人、坏人,称他们"含沙射影总徒劳"。《和苗子》,称"当今鼠辈仍猖獗,何必爷们苦折腾",劝说黄苗子不要和小人一般见识。《和苗子兄》,规劝黄苗子"解忧当痛饮,排闷且书空。"夏衍偶然得到一瓶白兰地,请黄苗子赠启功,启功不饮酒,又请黄苗子转赠杨宪益,启功、黄苗子分别作诗相赠,杨宪益作《和苗子兄》《和启老韵一首》记述此事,表达谢意。《谢香港大学寄来授予文学博士典礼时所穿衣帽》,记载个人获得的荣誉及对功名淡泊的态度。《西江月 寄燕祥兄》是答谢赠送一份有杨宪益诗歌的剪报。《七十九岁生日答谢亲友》,表达忘记不愉快的过去,再活到二十年的愿望。《谢友人赠金箔酒》表达"从今酒罢须缄口,免教言多得罪人"的想法。《戏答吴祖光王世襄两兄赐联》表达"盛世不宜多讲话"的感想。《答友人劝戒烟》,表达"何必禁烟兼戒酒,人生难得是糊涂"的观点。《友人过问近况并约外游以此谢之》写与病妻终日以烟酒为伴的晚年生活的寂寞。《赠吕剑》回忆与诗人吕剑在一起饮酒赋诗的往事。《和苗子兄》,议及元宵节放焰火、两会召开议国事、国企业改革、三角债、台海形势紧张等事。《祖光兄赠酒有感》感慨媒体中夹杂外语的不良现象。《赠李辉》回忆自己恃欲轻言、救亡反蒋、批斗坐牢的经历,表达生不逢时的忧心。《苗子来信,信封将"宪益"写成"善益"》,由一个错字引发大限将临、当年在英国留学花费太大、断言宋朝杨朴作诗一事不可信,忆及自己曾入狱,发出还当醉饮等等感慨。

十五、送别、思念诗。《无题》写在宾馆等待亲友会面,"来宾多俊杰,楼馆等亲人。"《送黄苗子去香港》,批评某书画家拙劣虚假的政治表演,祝愿黄苗子到香港办书画展览取得成功。《怀苗子、郁风》,思念移居澳大利亚的黄苗子、郁风夫妇,批评国内的各种歪风邪气,对建设三峡工程持不同意见。当时有许多社会名流,如黄万里、千家驹等都公开反对建设这项水利工程。《赠宾雁兄赴美讲学次舒湮韵》,"求经何必去西方",劝说友人没必要赴美讲学;"绿蚁浅尝娄尾酒",为友人饯行;"盛世何忧网更张",劝人宽心,不必担心太多;诗末祝友人旅途愉快、顺畅。《得曼绿自台北来函》,写劫后的友人来信,思念远在台北的友人。《苗子郁风即将南行怆然感赋》用微生直、赠绨范叔典故,表达对即将分别的曾经用钱财帮助过自己的黄苗子、郁风的感激、不舍之情。

十六、节庆诗。《国庆》(早期奥运接良缘)写北京与悉尼争夺 2000 后奥运会主办权失利,批评社会上一切都向钱看齐等不良风气。《岁末杂咏两首》写爆竹轰鸣、贺年卡片满天飞、时兴吃魔糖等节日景象。《一九九四年春节五首》分别写看京剧《李慧娘》觉得狗年晦气、观看说教无聊的迎春晚会、北京开始禁放烟花爆竹、害怕跌倒不敢出门拜年、电话请五姑来家饮酒等事情。《国庆》(罗刹柔然战未休)写西亚国家、前苏联国家之间爆发战争,因钓鱼岛中日之间发生争端、美国推行霸权主义等等国际大事。《七夕》深切怀念去世一年多的妻子,对自己的种种无能深表自责。

十七、悼亡、悼念诗。1999 年 11 月 19 日,戴乃迭因病在北京阜外医院辞世。不久,杨宪益作《悼乃迭》深切缅怀戴乃迭,回忆两人早年凄苦的生活,特别提及一起被捕入狱四年的惨痛经历,对不能与妻子同赴黄泉深表自责,字字血,声声泪,极为哀伤。《悼念周总理》自注云:"去年清明节前写过一首,当时未敢发表,诗不甚佳,草率命笔,聊表愤慨之意,不计工拙也。"作于 1976 年清明节,怀念周总理,同时以"自有威灵耀千古,岂容鬼蜮散阴霾",愤怒声讨"四人帮"的罪行。《金缕曲和赵朴初先生〈周总理逝世周年感赋〉》是一首词,主题与前诗相同,"悼英杰,斥妖魅",义正词严,铿锵有力,是杨宪益作品充满豪气的一篇力作。《惊闻廉士聪兄不幸失足骤逝》哀悼中学时的诗友廉士聪。《张友鸾兄》悼念解放前在南京就结下交情的报界朋友张友鸾。

由以上的分析,不难看出,杨宪益的诗歌内容极为丰富,涵盖了解放后数十年,特别是八十年代到新世纪初二十多年中国社会方方面面的事情。除以上列举的类型外,杨宪益还有诸如《昨天下班时盼大雨未至感赋一首》《体检》《读报》《天气预报前电视广告有感》《感语言之洋化》《看电视〈三国演义〉》《时装表演》《见小儿踩气球为戏,名曰欢乐球》等记载日常生活的诗歌,大多数是纪实且有感而发的作品。还有一些《无题》诗,由于难知创作背景,已经很难揣测到作者的原意。如《无题》:"修道猢狲总是妖,翻云覆雨犯天条。凄凉老树无生意,折戟沉沙恨未消","猢狲"喻指什么,要表达什么意思,末尾的"折戟沉沙之恨"指什么,都已经无法得知。

杨宪益诗歌的特色及地位

当代许多学者都对杨宪益诗歌的特色作出种种评议,有些结论是准确可信的。不过,由于时间太近,我们还不能站在历史的高度来观察、评析杨宪益的作品;还有种种原因,有些作品还不能评论,因此,目前评价都有历史局限性。

杨宪益在序言中谦称自己"并不是一个诗人,也从未认真写过什么像样的诗。在过去半个多世纪间,确实有时也写过一些,但都是写着玩的,尤其是在最近二十年间,写的自己叫作打油诗,恐怕连打油诗也不够格。……我比较早的时候就感到自己不是个写诗的料,因此也从来没有认真写过诗。同朋友一高兴,凑上几句,写了就丢掉了，从来没有把它当作一回事。①"实际上，老一辈学者有谦虚的美德，杨宪益不仅是个诗人，而且是有很大影响的当代诗人。他称自己的诗是"打油诗"，实际上他留下的三百多首诗，除了个别篇章属于不合平仄的"打油诗"，如《王以铸〈饮酒诗〉题后》"我不会写诗，我只能吃酒。谢君意殷勤，持笔嫌字丑。我家有大曲，待君日已久。何当过敝庐，喝它三两斗"，绝大多数都是格律严谨的绝句、律诗，还有几篇合律的词。因此，杨宪益的诗歌并不是"打油诗"。

杨宪益还称自己的作品是"在火气发作时候写出来的"，表明其诗歌是在受到现实生活事件的"冲击下"情不自禁时自然流露出来的，也就是现实生活的直接产物，而不是为创作而创作，不是闭门造车。自八十年中期他离开《中国文学》主编岗位，又被开除党籍，政治上被孤立，从一个炙手可热的被一大批作家、艺术家、学者、翻译家围绕的大主编，成为鬼不登门的孤独者，他的内心受到强烈的震撼，人情冷暖，世态炎凉，无不备尝。他阅历丰富，年过九旬，对中外政治、文化、民俗皆能通晓，因此能看透一切，看开一切，做到"青山青史并可抛"。杨宪益诗歌的最大特色应该是强烈的现实主义精神，从国际争端、军国大事、国计民生，到参会、参观、过节、过生日、饮酒、送别、旅游观光、怀古、咏史、悼念、悼亡等等应有尽有，没有政治宣传类的作品，没有无病呻吟的诗篇，每一篇都有痛点、泪点、笑点。内容丰富、题材广泛是杨宪益诗歌的又一特色。

杨宪益诗歌创作上的一个可贵之处在于敢闯禁区，敢于言他人所不敢言。经历过反右、文革等严酷的政治运动之后，知识分子对敏感话题都噤若寒蝉，对权贵阶层不敢置评，对重大事件都要么沉默，要么轻描淡写。杨宪益是个特立独行的人，"向来恃欲，轻言犯上"（《谢友人赠金箔酒》）、"老夫不怕重回狱，诸子何忧再变天"（《狂言》）"恃欲言无忌，贪杯孰与俦?"（《题丁聪为我漫画肖像》），因此杨宪益的作品呈现难得的秉笔实录的批判现实主义精神，日本汉学家木山英雄称其作品有"狂放的丈夫气"，南京大学赵瑞教授称"有些人看了一定会感到头疼刺耳。"武汉大学教授萧萐父称"棍痞官绅齐切齿，《银翘》一卷振春秋。"从反右派运动到新时期清除精神污染运动，解放后的历次重大事件，在杨宪益的作品中都有反映。对改革开放后涌现出来的各种社会弊端、官场腐败现象、社会各阶层的生活状况都有切实的记录、评价。《戏答吴祖光王世襄两兄赐联》写道："盛世不宜多讲话，只愁糊口少铜钱。"并附注："一切都好，只是个人感觉越来越穷而已。"当时脑体倒挂，知识分子待遇极低，"拿手术刀的不如拿剃头刀的，搞原子弹的不如卖茶叶蛋的"，知识界

---

① 杨宪益:《关于我的打油诗〈银翘集〉序》,《银翘集》,福建教育出版社,2007 年 8 月第 1、第 5 页。

普遍感到不公。后来经过多年工资改革,渐渐扭转这一局面。因此,有人称杨宪益的诗歌是"史诗",以诗歌的形式反映了改革开放后二十多年中国社会的历史面貌。

杨宪益的许多讽喻诗得到读者们的热捧,赞其直白、辛辣、大胆、尖锐。实际上,杨宪益不乏赞美诗,如《游张家界　调寄蝶恋花》:"偿尽平生山水债,尘世难寻,好个张家界。半截金鞭云雾外,四门水绕青罗带。道上游人多莫怪,溪畔林边,处处鸳鸯寨。龙女花开常不败,蓬莱仙境春常在。"放声歌唱张家界如诗如画的美景。《参观龙羊峡》:"千秋胜业龙羊峡,斩断黄河水变清。从此人人都有电,万家灯火庆功成。"此诗属于歌功颂德的作品。许多写友情、亲情的作品都是赞美类的,充满人性美的光辉。

杨宪益的诗歌很少用典故,语言总体上亦俗亦雅,偏于通俗,呈现出率真、俏皮、活泼的艺术风格。只是有些篇章使用"今典",涉及到许多现当代的人和事,不了解背景,难以理解其含义。目前,杨宪益的诗歌还没有一个注释本,读者不能深入地理解其一些诗歌的真正内涵。毫无疑问,聂绀弩于 1986 年去世后,在此后的二十年间,杨宪益成为古体诗创作成就最为突出的人物之一,杨诗在当代诗歌史上占据着重要的一席地位。

第八节　杨宪益年谱

祖父:杨士燮(1855—1913),安徽泗州梁集(今属江苏盱眙县)人,出生于淮安城,甲午进士,历任工部主事、工部员外郎、横浜总领事、江西道监察御史、山西乡试副主考、兵科给事中、山西平阳知府、浙江嘉兴知府、浙江巡警道等职。杨士燮生八子:毓璋、毓珹、毓珂、毓璩、毓琇、毓莹、毓瑗、毓璪。

父亲:杨毓璋(1872—1919),字霁川,在淮安出生长大,十五岁中秀才,纳粟为同知,日本早稻田大学毕业。历任潮海关委员、赴日本钦差大臣随员、东三省盐务总局会办、天津电话局总办、天津中国银行行长。娶三房妻妾:

妻子李氏,为盱眙籍名将、直隶提督李长乐的侄孙女,生二女。

夫人徐燕若,南皮县人,生一子二女:杨宪益、杨敏如、杨静如。

小妾生一女。

杨宪益(1915—2009),生于天津,在英国牛津大学留学时与英国人戴乃迭(Gladys B. Tayler)(1919—1999)相识,在重庆结婚,生一子二女:杨烨、杨荧、杨炽。

1915年,1岁

1月12日①(农历甲寅年十一月二十七日寅月寅时,与屈原时辰相同),杨宪益出生于天津日租界花园街8号一个富商、官僚的豪宅里,乳名"小虎子",原名杨维武。出生前,母亲梦见了一只白老虎跃入怀中。算命先生说此儿不会有同胞兄弟,且会危及父亲的健康,然而在经历磨难和危险之后,将会成就辉煌的事业②。

杨宪益系其父的二夫人所生,出生后即被大夫人领到楼上房中抚养,并请了乳母喂奶。因系独子,自幼养尊处优,有专门的仆人侍候着。起床时由两个仆人帮助穿衣、洗漱;外出有仆人陪同、保护,提供拎包、购物付钱等服务工作。

杨宪益称嫡母为"娘",生母为"姆妈"——这是盱眙等地对母亲的称谓。

杨宪益五岁丧父,因为杨家没有修订家谱,对家族的历史并不清楚,在自传有不少误记,当代人给他写的传记涉及到家族事情多以讹传讹:

杨宪益在自传称"尽管我祖父当了江苏北部淮安府的知府,并把家搬迁到那里,但我们仍以泗州为祖籍③",误记。道光二十六年(1846),其高祖杨殿邦到淮安任漕运总督,杨家自北京迁入淮安城,置下大片房地产。当时,其祖父杨士燮还没有出生,后来也没有在淮安任过知府。

杨宪益说"祖父和三位叔祖都通过殿试当上了翰林"④,误记。进士中的优等生才能进入翰林院进一步深造,杨宪益的祖父只是个进士,并不是翰林;叔祖中只有四叔祖杨士骧是翰林。泗州杨氏一共出了两个翰林,另一个是杨殿邦。杨宪益八位叔祖,出了三个进士、两个举人,时人称"五子登科"。

杨宪益在自传中称祖父的"八个儿子都是留学生,他们分别在英、法、美、日等国学习。"误记。实际上只有他父亲杨毓璋在日本留过学。另有三位叔叔曾在国外担任过外交官:杨毓琜,毕业于京师译学馆法文专业,充出使法国大臣随员。杨毓琇,京师高等工业学校毕业,随美国专使唐绍仪赴华盛顿。杨毓莹,毕业于京师高等工业学校,以知府授纽约领事官、北婆罗洲总领事。

9月6日,参政院代行立法院开会,杨宪益的五爷爷、左丞杨士琦,代表袁世凯到参政院发表对变更国体的意见,称改变国体不能"急遽轻举",且要看"国民之公意"。

12月,袁世凯当上了中华帝国皇帝,改年号为"洪宪"。蔡锷在云南起义,组织

---

① 《杨宪益自传》记为1月10日,邹霆《永远的求索——杨宪益传》记为1月12日,当以后者为准,因为1月12日对应的是农历十一月二十七日,从前人们习惯以农历记出生年月日。
② 杨宪益著,薛鸿时译:《杨宪益自传》,人民日报出版社,2012年10月,第1页。
③ 杨宪益著,薛鸿时译:《杨宪益自传》,人民日报出版社,2012年10月,第5页。
④ 杨宪益著,薛鸿时译:《杨宪益自传》,人民日报出版社,2012年10月,第15页。

护国军,讨伐袁世凯。

1916年,2岁

是年,杨宪益的八爷爷杨士骢任国会议员,驻北京灵清宫八号。

4月14日,杨士琦被免去政事堂左丞职务,同月任参政院参政,不久赴上海专任轮船招商局董事长。

6月6日,袁世凯病逝,黎元洪继任大总统,总理段祺瑞操纵北京政府实权。

7月15日,杨宪益的三爷爷杨士晟任外务部驻苏州交涉员兼苏州关监督。

9月12日,杨宪益小妹杨敏如出生。

1917年,3岁

1月,杨宪益的堂叔父杨毓珣考入陆军大学正则班学习,住北京东城西堂子胡同十二号寓所。

3月30日,轮船招商局在上海北市商会召开年会,董事会会长杨士琦出席大会,主持大会,发表讲话,并再次当选会长。

7月,张勋复辟失败。段祺瑞下令对德宣战,宣布不再恢复《临时约法》和国会。孙中山在广州发动护法运动。

1918年,4岁

7月29日,杨毓璋获四等嘉禾勋章。

10月24日,杨毓珣被北京政府陆军部授予陆军少将。

10月29日,杨士琦在上海静安寺路家中病逝。

11月20日,杨士琦出殡仪式在上海隆重举行。12月20日,在淮安城南与原配夫人吴氏合葬。

11月,第一次世界大战结束,德国投降,一战以同盟国的失败而告终。

是年,英国传教士戴乐仁(J. B. Tayler)(后来成为杨宪益岳父),调往北京,筹设燕京大学经济学科。他1901年毕业于利物浦大学,1906年被教会派遣到中国传教,任天津新学大书院教习,1911年前后任副监督,一度代理监督。

1919年,5岁

1月19日,戴乃迭(Gladys B. Tayler,后来成为杨宪益妻子)在北京协和医院出生。戴乃迭排行第四,有两个哥哥——伯纳德、哈罗德,一个姐姐希尔达

(Hilda)，一个弟弟约翰。戴乃迭家中在北戴河有一幢两层楼别墅，每到夏天就到那儿居住避暑。

3月8日，大生银行在天津北马路开业，第一届董事会由九人组成，包括杨毓璋、梁士诒、王郅隆、胡笔江、陶兰泉、苏慕东、潘耀庭等。

5月4日，"五四运动"爆发。

8月14日，杨宪益同胞小妹杨静如（后改名杨苡）出生。

9月13日，杨士晟调任浙江瓯海关监督。

10月17日，杨毓莹担任外交部欧战档案编纂处编纂员。

12月，杨毓珣从陆军大学正则班毕业，任湖南督军公署高级参谋、湖南警备军统领。

是年，杨毓珣与袁世凯的三女儿袁淑祯结婚。

燕京大学在北京正式成立，戴乐仁任经济系主任兼教授。

是年，时任天津中国银行行长的杨毓璋因伤寒病去世，留下巨额存款、股份和房地产。杨宪益成了中国银行的股东，曾出席股东会议，领取红利。

1920年，6岁

5月，中国民航第一条航线北京—天津航线首航成功，杨毓珂任民航驻天津职员。

10月4日，北京第一个共产主义小组成立，李大钊为负责人。

杨宪益的叔叔们都想过继杨宪益，以便继承中国银行的钱财和职位，更不想让女孩子上学。妈妈对孩子们说："你们一定要为我争气！"她不仅让儿子接受教育，也把女儿们送进最好的学校。[①]

此时，杨家由三叔杨毓珹、七叔杨毓琇主事。杨毓琇在天津中国银行担任襄理。

是年，罗汉朝任北京电话局局长，其子罗沛霖在北京师范大学附属小学读一年级。

1921年，7岁

7月23日，中国共产党第一次全国代表大会在上海举行。

9月10日，杨毓瓒署淮北运副，仍留简任原资。

---

① 赵蘅：《宪益舅舅的最后十年》，生活读书新知三联书店，2011年5月，54—55页。

晚年，杨宪益回忆道，"娘是老式太太，对我挺好，说淮安话——南方口音的普通话。家里吃的都是淮扬菜，家里习惯是淮扬习惯。淮阳也不远，没去过。"①按：淮阳，应为淮扬，指淮安、扬州。

是年秋，杨毓珣赴奉天（沈阳）任东三省陆军整理处上校教官，后任辎重兵科科长.

1922 年,8 岁

7 月 12 日,杨士晟晋给二等嘉禾勋章。

是年,国会恢复,杨士聰仍任众议院议员。

1923 年,9 岁

为防止歹徒绑架,娘不让杨宪益进学校读书,三叔杨毓瑊请魏汝舟来家专门教杨宪益。魏是清末秀才,河北大城县人,六十多岁。八国联军进攻京津时,家破人亡,只有他一人逃了出来。

魏汝舟教杨宪益背诵《论语》、《千家诗》、《唐诗三百首》、《楚辞》等经典著作。还学习《幼学琼林》、《龙文鞭影》、《古文观止》等著作。

5 月 6 日凌晨,发生"临城劫车案"。津浦铁路上,一辆载满中外旅客的列车,在山东临城和沙沟车站之间,被当地土匪孙美瑶队伍袭击。包括杨毓珣在内的 69 名中外旅客被掳。经 37 天谈判,释放人质,土匪队伍被收编。

是年,杨敏如进入天津中西女校读书。

1924 年,10 岁

10 月 23 日,冯玉祥率部返回北京,囚禁总统曹锟,宣布成立"国民军",废除帝号,清室迁出紫禁城,驱逐溥仪出宫。

11 月 29 日,杨毓瓒任京兆烟酒事务局局长。

冬天,罗汉朝(罗沛霖父亲)卸任回到天津,罗沛霖转入天津河东区行宫庙小学读书。

是年,杨毓珣任张作霖镇威上将军公署副官处处长。

1925 年,11 岁

2 月 16 日,杨士晟再任苏州关监督兼洋务交涉员。

---

① 赵蘅:《宪益舅舅的最后十年》,生活读书新知三联书店,2011 年 5 月,第 180 页。

夏天,罗沛霖考入南开中学。

5月15日,上海日本纱厂资本家枪杀工人顾正红,打伤工人十余人。30日,英国巡捕向示威群众开枪,死伤数十人,造成"五卅惨案",引发各地示威、罢工、罢课和罢市运动。

杨宪益开始阅读武侠小说、公案小说、笔记小说,如《彭公案》《施公案》《三侠五义》《阅微草堂笔记》《子不语》等。

8月19日,杨毓瓒调任江苏烟酒事务局局长。

1926年,12岁

4月15日,张作霖奉直联军从天津进入北京,不久,张作霖、吴佩孚成为北京的新主人。

7月22日,杨毓珣任北洋政府军事部参谋次长。

10月9日,杨毓珣被北京政府陆军部授予陆军中将军衔。

是年,杨宪益开始阅读梁启超、康有为等人的书籍。

是年,杨苡进入天津中西女校读书。

戴乃迭被送回英国,在柴郡读了一年的女子小学,然后在七栋区瓦汗斯托堂的一家教会女校当了十年的寄宿生。

1927年,13岁

是年,二姐生肺结核,娘准许杨宪益与妈同住。不久,二姐病逝,杨宪益很伤心。

杨宪益进入英国教会主办的天津新学书院预科班读书。

4月1日,杨士晟辞去苏州关监督。

4月12日,蒋介石发动政变,宣告国共两党第一次合作失败。

6月21日,杨毓珣任北京军政府军事部陆军署次长。

8月1日,周恩来、贺龙、朱德等领导南昌起义。

9月9日,毛泽东领导秋收起义。

11月18日,杨毓珣为父母杨士聪夫妇大办六十寿辰生日宴会,名冠京华的那家花园高官满座,京剧大师云集,轰动北京城。

家中为杨宪益请来女教师徐剑生教英语、数学。徐中山大学外文系毕业,丈夫姓池,日本留学回来后在天津当外科医生。

1928 年,14 岁

是年,杨宪益正式进入英国教会主办的天津新学书院读书。此学校的大部分课本采用英国教材,由英国传教士用英语讲授。杨宪益成绩优异,每次考试总是在前三名。

杨宪益的父亲留下一部商务印书馆出版的《说部丛书》,收录了林琴南与曾留学海外的魏翰、陈家麟等人合作翻译的一百八十多种欧美作品中的大部分。

是年,杨敏如进入天津中西女中读初中。

6 月 3 日,张作霖乘火车撤离北京,在皇姑屯被日本人炸死。

6 月 8 日,国民革命军占领北京,北京改称北平。

1929 年,15 岁

4 月 8 日,国民党三届一中全会闭幕,蒋系独掌实权。

是年,魏汝舟年老多病,回大城老家,由其侄儿照料。临走时,将自己的几卷旧体诗稿本赠送给杨宪益作纪念,归家约两年后去世。

是年,黄佐临(1906—1994),从英国留学归来,任天津新学书院名誉校长。

是年,李氏、徐燕若听从杨毓璥、杨毓琇安排,将一大笔钱投入贩私盐的生意中,不料盐船遇风浪沉没,损失惨重。大家庭因此解散,房子卖了,杨宪益随娘、妈、姐妹们迁入出租屋生活。杨毓璋留下的家产一直维持家人生活到 1949 年解放时。

1930 年,16 岁

12 月 30 日,红军在中央苏区击破蒋介石第一次"围剿"。

是年,杨宪益创作中篇小说《鹰哺记》,有十多回,杨敏如曾抄录此小说。小说以七叔为原型,写家族内部复仇故事。晚年,杨宪益还记得最后一回的一句是"几度寻仇出生入死,一击不中远走高飞。"[①]

1931 年,17 岁

夏天,杨宪益一家到北京香山避暑,住在山上别墅中。杨敏如 15 岁,才读完初中;罗沛霖 18 岁,刚刚考入上海交大。两人第一次见面。罗沛霖的父亲罗朝汉曾担任天津电话局局长杨毓璋的副手,两家关系极好。

9 月 18 日,日本关东军制造"柳条湖事件","九一八"事变爆发。

---

① 雷音:《杨宪益传》,2004 年自印本,第一章,总第 9 节。

杨宪益在自家订阅的《大公报》上看到这个消息,与班上同学自己出钱请一位退休军官当教练,每天早晨上课前在校园内进行军事训练。杨宪益在班级带头罢课,师生一起参加抵制日货运动,不用牙膏,用牙粉,为活跃在北方的游击队捐款。

杨宪益的母亲每天大声读报纸,把马占山、蔡廷楷等抗日将领和义勇军抗战胜利的消息,讲给仆妇、丫头们听。孩子们上学时,她会说:"好好念书啊!日本人都欺负到头上来了哇!"

杨宪益开始购买、阅读英文原版图书,经常光顾福建人林秀鹤开设的秀鹤书店。

杨宪益喜读英文诗歌,如朗费罗、丁尼生、拜伦、雪莱、波德莱尔、兰波、马拉美、莎士比亚等人作品,还喜欢古希腊作家萨福。

1932 年,18 岁

1 月 28 日午夜,日本海军海军陆战队分三路突袭上海闸北,第十九路军在总指挥蒋光鼐、军长蔡廷锴指挥下奋起抵抗,给日军以迎头痛击。至 5 月 5 日,互有伤亡的双方在国联协调下签订了《上海停战协定》。史称"一·二八事变",又称"淞沪抗战"。

"淞沪抗战"时期,杨宪益与同学们天天企盼好消息,母亲在家中与几位妇女缝制了一批衣服,赠送给前线战士。

同学廉士聪爱写古体诗,与杨宪益唱和,杨宪益写了一百多首。受雪莱《云海雀颂》启发,此年初春,杨宪益写了首长诗《雪》:

> 寒流来西北,积气化凝铅。天风忽吹堕,飞下白云端。化身千万亿,一落一回旋。回旋复回旋,瞬息乘风逝。浩浩漫荒原,寒色虚无际。大地洁无尘,无复人间世。前落后相连,纷纷力未殚。惟欲掩尘浊,不知从事难。畏难深不解,岂觉有辛酸。有若诗人思,纷纷霜华靡。欲绝造化奇,冥索发心髓。妙语本天成,应共天地死。又若弦上曲,乐律华以繁琐。缤纷乱华芯,无得极其源。繁音忽纷坠,落地灭无痕。又若战士刚,百战了无畏。去恶务尽除,素裹何用尉?碎骨未足忧,岂惧汤鼎沸。又若士先觉,为众作先驱。欲以善与美,治世化愚驽。蒙垢且不惜,岂复惜微躯?积雪满空庭,皎皎质何洁。安得雪为人,安人似雪?安得雪长存?终古光不灭。愿得身化雪,为世俺阴霾。奇思不可践,凤愿自空怀。起视人间世,极目满尘埃。

还写了一首长诗《死》:

> 茫茫宇宙间,质能千万家。造化为大冶,百物同锻炼。虫臂或鼠肝,大块

自载遣。生死为昼夜,铸毁不知倦。生时同交欢,死后不相见。如梦幻泡影,往来如驿传。儿生人庆幸,老死人吊唁。实则生与死,无忧无欢忭。死亦不足惜,生亦不足恋。

小儿畏暗处,差似人畏死。闻死生疑惧,世人每如此。培根诚达人,妙语警余子。死既未可忧,何须相诟訾? 未必死可忧,未必生足喜。安知人死后,不较生为美? 生时历忧患,一死万事已。千载此长眠,不受人驱使。往事如昨梦,堕欢若逝水。死后若有知,应觉生时鄙。

萧萧白杨下,野冢杂荒榛。凄凉一抔土,中有陈死人。悲同撼木叶,瑟瑟闻寒呻。浮云东西北,出没往来频。初变幻苍狗,忽在天一垠。人生常变幻,奄奄化微尘。凡人皆有死,谁得保其身? 莫为杞人忧,行乐须及辰。应知时不再,百岁转毂轮。常置一壶酒,可以守吾真。

闻持鲁拜集,偶诵莪默诗。此中有真意,忘言心自知。不念身后事,反为世所思。长吟忘岁暮,不作徂年悲。草木逝不留,感衰有定时。蟋蟀入床下,黄叶辞故枝。变化转时节,何用兴叹咨? 且取久藏酿,注我金屈卮。饮酒自可乐,长生非可期。他年荒冢上,愿得覆墙蘼。

廉士聪读后,十分佩服,把这两首诗寄给天津报纸《学衡》副刊编辑吴宓,吴宓读后称赞不已,留下了很深的印象。廉士聪一直将这两首诗保存着,解放后送还杨宪益。

3月9日,"伪满洲国"在长春举行成立大典,溥仪为执政,郑孝胥任总理。

5月,杨毓璈《招商局与中国实业》在上海《青鹤》杂志上发表。

杨宪益家搬迁至天津法国租界兆丰里2号。

是年,戏剧家黄佐临在天津任新学书院名誉校长。杨宪益对他非常敬仰,后因在国耻日带头闹罢课,与他产生一次面对面的冲突。黄写了一个叙述越王勾践与西施故事的英语剧本,演出时杨宪益担任一个士兵的角色,只有一句台词:"Put down your sword, sir. There is no need for bloodshed."(放下你的剑,大王,流血是不必要的)后来,黄佐临到剑桥留学,杨宪益曾去找他,谈起此事,引起一阵大笑[①]。

杨宪益作《愁思》:"愁思若冰雪,胸中生块垒。欢意若春风,一笑冰雪解。"

杨宪益尝试翻译《莎士比亚》的作品,用旧体诗形式翻译弥尔顿的《欢乐颂》《沉思颂》

---

① 杨宪益著,薛鸿时译:《杨宪益自传》,人民日报出版社,2012年10月,第24页。

一场反日、抗日、抵制日货的浪潮席卷天津,同窗廉士聪家中经营百货商店,主动将所存日货当街焚烧。在津门横行无忌的日本浪人,以"打、砸、抢"的手段搞得廉士聪家破产。杨宪益请求母亲出资三千元相助,使这位同学免于辍学。两人结下终身友谊。

是年,杨士晟去世,享年75岁。

1933 年,19 岁

5 月,巴金的代表作《家》于 1933 年 5 月由上海开明书店出版,立即风靡全国。

9 月 25 日,蒋介石对苏区发动第五次"围剿"。

是年,杨宪益读了拜伦的《哀希腊》,对古希腊很向往,想了解西方文明的源头古罗马和古希腊,于是决心学习希腊文、拉丁文。家中为杨宪益找了一位商人教杨宪益学希腊文,学了两个月,学会了字母和一些简单会话[①]。

是年,一个意大利歌剧团到天津演出,表演了《弄臣》《艺术家的生涯》《蝴蝶夫人》等,杨宪益全都观看了,渐渐喜欢上了意大利歌剧。

杨宪益迷上法国诗人波德莱尔、瓦列里、兰波、戈蒂耶、马拉美等人作品。

是年,读高三的杨敏如,收到罗沛霖邮寄来的亲手制作的纪念册,上面恳切写着:"幸福的环境往往使人自纵,我常以此自戒。现在我以十二万分的好意,来劝告我十分敬爱的朋友,千万不要让幸福毁损了你纯厚的天性[②]。"

是年,江西安福人王礼锡到达欧洲,写了许多散文和诗,参加过苏联第一次作家代表大会,被高尔基称誉为东方的"雪莱"。王礼锡曾担任国民党江西省农民部长,和毛泽东一起在武汉创办农民讲习所。"四·一二"反革命政变后,他脱离国民党。

1934 年,20 岁

1 月 19 日,溥仪当上康德皇帝,并宣布将"满洲国"改称为"大满洲帝国"。

10 月 10 日,中国工农红军开始长征。

是年,杨敏如考入燕京大学中文系,师从顾随等名师。

杨宪益中学毕业,考取燕京大学外语系,由于外语水平突出,校方同意直接插入大二读书,而杨家决定让杨宪益赴英国留学。当时,中学物理老师郎曼及教英语

---

① 陈洁:《兴之所至读闲书:杨宪益回忆少年时代读书生活》,《中华读书报》,2006 年 7 月 12 日。
② 《情绕桑梓地 兼葭余墨香》,《天津日报》2017 年 12 月 23 日。

的夫人要回国休假,愿意带杨宪益到英国去,请一位私人老师教他希腊文、拉丁文,以便以后进入英国大学读书。

夏末.杨宪益与同学李亚福、张美如,在徐燕若、徐剑生及其丈夫、仆人潘福及英国老师郎曼夫妇的陪同下,先坐火车到南京住了两天,由南京的亲友盛情款待,再赴上海,住进有空调的上海国际饭店。在上海交大读书的堂兄弟及好友罗沛霖闻讯迎接、送行。杨宪益给罗沛霖留下一首古风,认为沛霖和他是同道,愤世嫉俗,有远大抱负。在诗中他隐晦地把沛霖比作李靖,自比身赴海外的虬髯公,表示他虽留洋读书,未忘为祖国雪耻的大任①。

杨宪益一行在上海港乘坐加拿大邮轮启程,经过日本横滨、大阪,到达美国夏威夷,又途经西雅图、黄石公园、芝加哥、尼亚加拉大瀑布、纽约等城市、名胜区,观光游览。杨宪益途中用英文创作多篇随笔,结集为《陆与海》,寄给天津大妹杨毓如,抗战时被焚毁。途中,郎曼为防止杨宪益、李亚福受到美国匪徒和娼妓的危害,坚决阻止他们去夜总会、酒吧等场所观看歌舞表演,与杨宪益曾发生过激烈的争吵。

历时两个半月,中秋节一行人到达伦敦。朗曼为杨宪益、李亚福找到旅馆,又为杨宪益找到希腊文、拉丁文老师,然后分手。杨宪益对他心怀怨恨,再也没有来往②。晚年,杨宪益谈起此事,表示愧悔③。

到达伦敦后,杨宪益住在罗素广场附近的王家饭店里,每天乘地铁去私教家中学希腊文、拉丁文,每天晚上回来要花两三个小时才能完成老师布置的作业。苦学五个多月,竟然基本掌握了这两种语言。

1935年,21岁

1月15日,中共中央政治局在遵义召开扩大会议,确立了毛泽东的领导地位。

杨宪益曾读过改革家、革命家朱赛贝·马志尼的《人的责任》,立志以他为楷模,到伦敦后,买来他英译本全集,如饥似渴地阅读。还买了海涅全集、凡尔纳全集。

春天,罗汉朝去世。罗曾创办天津电报学堂,系早期通讯事业奠基人之一,后任北京电话局长,擅长文物鉴赏,书画收藏颇为知名,亦擅绘竹兰。

4月,杨宪益报考牛津大学墨顿学院。口试时,考官听说他只学几个月的古希腊、拉丁文,断定他出于侥幸,说英国的学生在进大学前要学七八年拉丁文、希腊文

---

① 杨敏如:《怀念哥哥杨宪益》,《文汇读书周报》,2014年12月12日。
② 杨宪益著,薛鸿时译:《杨宪益自传》,人民日报出版社,2012年10月,第29页。
③ 杨宪益著,薛鸿时译:《杨宪益自传》,人民日报出版社,2012年10月,第30页。

才行,再推迟一年吧。另一个理由是名额有限,已经录取了一位来自香港的学生。

利用这一年时间,杨宪益一面广泛地阅读政治、历史、文学、哲学等各类书籍,一面到各地漫游。他到法国、葡萄牙、西西里、马耳他、希腊、土耳其等国观光游览。还远赴埃及,尽情观赏开罗、尼罗河、金字塔、狮身人面像。一位埃及向导在索要了半克朗银币后,对杨宪益说,他看到了大西洋的景象,那里有一位美丽的金发少女正在为杨宪益憔悴,他们俩尚未见面,但不久以后就会见面[①]。

在巴黎,他聆听了汉学家马伯乐、格拉奈等人讲座,参观了巴黎公社墙,被公社社员的精神深深地打动。在德国,他参观被视为欧洲科学文化中心的海德堡大学,到柏林和魏玛,瞻仰文学巨匠歌德和席勒的故居,还曾观看到纳粹领袖在人们的欢呼声中声嘶力竭演讲的场景。在瑞士,他到位于日内瓦湖畔的锡雍古堡寻访英国诗人拜伦的踪迹,拜伦《锡雍的囚徒》在此写成。

漫游几个月后,杨宪益回到伦敦。他买了一张女王音乐厅的季票,经常去那里欣赏伦敦高水平音乐会。他晚间经常去流落在伦敦汉姆斯德区上公园街五十号的作家王礼锡(1901—1939)家做客,享受和他做伴的乐趣,称他是一位优秀的思想进步的知识分子。在此,他结识了许多来英的中国学者、作家,如熊式一、蒋彝等。蒋彝曾在此出版介绍中国画的书《中国人的眼睛》,并赠送给杨宪益。

是年,杨家搬至天津英国租界昭明里 2 号。

7 月,罗沛霖从交通大学毕业,提出解除初二时由父母包办的与前大总统冯国璋孙女的婚约,没有成功。经同学介绍,到广西李宗仁、白崇禧的国民革命军第四集团军无线电工厂工作,任少校技士,月薪小洋 135 元。杨宪益从英国寄给罗沛霖一个相册,并在上面题了一首长达数百字的古诗,想象在海外建立一个复兴中华的强国,末尾采用章太炎发明的黄帝纪年法标明年月日。

10 月,张学良任西北"剿匪"司令长官部副司令长官,代理总司令,率部进攻陕甘红军根据地,但战事不利。由杨毓珣出面与杨虎城联络斡旋,使得张、杨在较短时期内取得共处陕西之共识。杨毓珣后受聘任两北"剿匪"副司令长官部驻南京办事处处长,全权负责张学良与国民政府暨蒋介石的联络事宜。

1936 年,22 岁

1 月 23 日,杨毓珣被国民政府军事委员会铨叙厅颁令叙任陆军中将。

杨宪益善于交际、交友,参加了一个由人类学者哈里森组织的"群众性观察活

---

① 杨宪益著,薛鸿时译:《杨宪益自传》,人民日报出版社,2012 年 10 月,第 52 页。

动"的社会调查团,花了几个星期走访英国中北部底层贫困家庭,了解到真实的社会现实。

夏天,应在地中海观光时认识的一位律师邀请,杨宪益去瑞典游览,在斯德哥尔摩住了一个月,听歌剧,参观博物馆,拜见汉学家安德森,结识学者杨周翰。尽览北欧风土人情。

秋天,杨宪益获准正式进入牛津大学墨顿学院攻读希腊、拉丁文学。他的导师是罗伯特·列文斯,第二位导师是诗人德蒙·布莱顿,第三位是爱得蒙德·布伦顿,皆宽容、温和。

杨宪益结识学者向达、吕叔湘、杨人楩、钱锺书夫妇等。任牛津大学中国学会秘书。牛津一年有三个学期,每个学期八周时间,放假时间占一半以上。杨宪益假期从不在校园待着,而是到外地观光游览。

正在天津中西女校读书的杨苡,在读了《家》之后,引起强烈共鸣,遂鼓起勇气给巴金写信倾诉自己的烦恼和苦闷。巴金很快就给杨苡回信,劝她要忍耐,"未来总是美丽的",并介绍杨苡与正在天津南开中学教英文的哥哥李尧林通信。收到巴金第一封信后,她写了作文《新的我》,开头三句话是这样写的:"我觉悟了,我到如今才觉悟,但是,我并不以为晚。"此后杨苡与巴金通信不断,维持了一生。

春末,罗沛霖预感可能发生第二次蒋桂战争,不愿卷入,遂返回上海,进入中国无线电公司,任见习工程师。想到因抗婚不嫁抑郁而死的四姐,罗沛霖坚定了信念,正式聘请律师,终于解除了父母包办的婚约。

暑期,杨毓璇在北京过寿,罗沛霖与杨敏如再次见面。罗沛霖送给杨敏如一本纳兰词。杨敏如反复诵读,所作的词被老师认为有纳兰风格。

12 月 12 日,张学良与杨虎城经过事先部署,趁蒋介石到西安视察,发动兵谏,扣留蒋介石。史称"西安事变"。

1937 年,23 岁

春天,杨宪益到英国同学的家乡布莱克普尔、巴恩莱斯等地观光游览。

4 月,第二次全国美术展览会在南京开幕。燕京大学合唱团赴宁演唱亨德尔的《弥赛尔》,杨敏如是成员之一,提前写信告知罗沛霖,两人在南京见面。

7 月 7 日,"七七事变"爆发,全面抗日战争开始。29 日,北平、天津沦陷。杨家银行存款被迫兑换成伪币。杨宪益七叔杨毓璇不愿与日本人合作,辞去中国银行北京分行行长职务,回天津赋闲。

夏天,杨宪益到拉蒙纳的小渔村住了一个月,苦读古代典籍。又和杨人楩教授一起赴比利时、荷兰、德国等处参观游览。

9月25日,平型关大捷,八路军出师以来打的第一个大胜仗,震惊中外。

是年,杨苡中学毕业,被保送南开大学中文系。杨宪益遥购五十朵白玫瑰表示祝贺。那一年杨苡十九岁,她那张被鲜花簇拥的美丽相片,长年悬挂在南京住宅的客厅里,令所有见过的人赞叹不绝①。

当时,南开校园被日军轰炸成为废墟。南开、北大、清华三校在昆明联合组成了西南联合大学。杨宪益给母亲去信,请求她同意杨苡离开天津,到内地上大学。于是,杨苡与堂弟杨纮武及中国银行的职员。从天津乘轮船经香港、越南,最后抵达昆明。沈从文对她说:"你还是进外语系的好,你已经学了10年的英文,到中文系,那些线装书会把你捆住。将来,你也可以做翻译嘛!"。

秋天,Gladys Margaret Tayler,中文名戴乃迭,从中学以优等生毕业,获得国家奖学金,考入牛津大学,学法国文学,曾与杨宪益一起上课。杨宪益改学英国文学后,她决定放弃法国文学,改学中国文学。当时牛津大学刚开始设置中国文学荣誉学位,戴乃迭是攻读该学位第一人,写一笔正楷小字,能仿《唐人说荟》用文言写小故事,文字简秀,人见人奇。

12月14日,王克敏出任伪中华民国临时政府行政委员会委员长,动员杨毓珣当北平市长,遭拒绝。

杨宪益与留英中国学者向达、吕叔湘、钱锺书杨绛夫妇、王礼锡陆晶清夫妇等,为了向旅英华侨宣传祖国抗日情况,联合创办了《抗日时报》,为不定期报纸。杨宪益负责写消息、翻译、印刷(油印),向达负责润色、编成稿,吕淑湘小字漂亮,负责刻蜡纸,另有李赣鹏等人发行。每期印八百多份,主要赠送给伦敦从事餐饮、洗衣等行业的中国人,向他们宣传抗日战争的形势和成就。冬天,在巴黎创办《救亡报》,结识在此的中国共产党人。

12月,罗沛霖辞职,离开上海,前往西安。

1938年,24岁

春天,罗沛霖在西安受到八路军驻陕办事处林伯渠的接见,奔赴延安。在延安,见到中央军委三局局长王铮,决定留在中央军委三局工作。4月下旬,成立通信器材厂,任工程师,主管技术和生产,生产发报机,供前方抗日使用。

---

① 赵蘅:《宪益舅舅百岁祭》,北方文艺出版社,2015年2月,第16页。

3月至4月,台儿庄大捷,抗日战争以来取得的最大胜利,也是徐州会战中国革命军取得的一次重大胜利。

戴乃迭对杨宪益的第一印象是:"我几乎给他吓了一大跳,眼睛细长,脸色苍白,但彬彬有礼。他对祖国的热爱打动了我。在他的房间的墙上挂着他自己绘制的中国历朝历代的疆域图。[①]"受国内抗日救亡运动的影响,杨宪益曾在牛津自费独力办起了一个油印刊物《再生》(Resurgence),谴责日本帝国主义对中国的侵略,并对战争形势加以分析。《再生》每期印数只有三四十份。他把《再生》邮寄给英国各个友好机构,甚至给日军驻天津卫戍司令部也寄了一份,以激怒他们。还发起成立了一个支援中国、了解中国的学生团体"中国学会"。杨宪益担任"中国学会"主席,戴乃迭担任秘书,邀请许多汉学家和对中国感兴趣的学者召开会议,讨论中日战争。许多人认为日本强大,中国不可胜,杨宪益说"得道多助,失道寡助",中国将会得到世界大多数爱好正义的国家的帮助,最终将战胜日本。他用英文创作了一部关于中国军队平型关大捷的独幕剧[②]。当时,牛津大学还有个"日本学会",是日本留学生办的,当然是宣传军国主义。杨宪益把许多参加"日本学会"的会员动员了过来,引发对方的不满,"中国学会"会员由初期一百多人,增加到上千人。

暑假,杨宪益去瑞士洛桑、比利时布鲁塞尔、德国柏林等地游览。假期结束后,进入法国文学系,学完法国中古文学部分,因法语基础差,转入英国文学系。

杨宪益与戴乃迭合作翻译《离骚》、唐代李贺的一些诗篇,刊登在为牛津大学学生杂志《契尔威尔》上。

1939年,25岁

春天,杨宪益应同学李亚福的约请,花十天时间创作了一个中国历史题材三幕剧本《紫漠黄昏》,描写越王勾践与西施的故事,以一英镑的价格卖给了李亚福。李亚福请了导演、演员,投入很多钱财,排练好之后,准备公演,因战争突然爆发而被迫取消。

同班伯尼梅勒追求戴乃迭,而戴乃迭爱的是杨宪益。戴乃迭向家人宣布爱上杨宪益,身边大多数人都反对她和杨宪益恋爱结婚,尤其是双方母亲的担忧。戴乃迭的母亲说,如果你们结婚,也会离婚的,婚姻最多维持四年[③]。戴乃迭父亲思想

---

① 戴乃迭:《我觉得我有两个祖国》,《文汇读书周报》2002年6月7日,李晶译。
② 薛鸿时译,杨宪益著《杨宪益自传》,人民日报出版社,2010年2月,第79页。
③ 薛鸿时译,杨宪益著《杨宪益自传》,人民日报出版社,2010年2月,第88页。

开明,公开表示支持,认为只要他们两个人精神统一,家庭生活会和谐美满的。消息传回国内,徐燕若非常震惊,痛哭流涕,不肯吃饭。五年后见到知书识礼、美如仙女的洋儿媳才放下心来。

是年,杨敏如考上燕京大学研究生,兼做助教。

是年寒假,杨敏如接到杨苡的来信:"你还要在灰色的北京待多久?"

杨敏如七叔杨毓琇,作为中国银行副总经理束云章的助手,当时在香港,准备赴甘肃省天水组建雍兴公司和中国银行分行,从女儿处得知杨敏如想到重庆的消息,于是给杨敏如去信,让她离开燕大,经上海到香港找他,可以帮她转赴内地。

10月,罗沛霖根据组织安排,离开延安,到达重庆,受到董必武接见,后在徐冰领导下,与孙友余、周建南等一起做统一战线工作。

是年,汪伪军事筹备委员会成立,汪任主席,委员有周佛海、杨毓珣等,设招待所于上海哥伦比亚路(现番禺路),以杨毓珣经理其事。

1940年,26岁

春天,杨宪益、戴乃迭和香港《大公报》驻英国记者萧乾等十二人赴位于英格兰西北海岸的美丽的国家公园英格兰湖区作徒步旅行,在湖区共玩了11天。

2月,杨敏如带着母亲,与七叔一家、姑姑一家离开天津,赴香港,转仰光、昆明,到达重庆,成为南开中学的一名老师。见到罗沛霖,罗沛霖为杨敏如词稿题名《远梦词》《红蕤词》《月弯环词》。

3月30日,汪精卫将北平、南京傀儡政权合于一体,在南京成立伪国民政府,自任"代理主席"兼"行政院院长"。杨毓珣出任汪伪"中央政治会议"议员。

杨宪益接到家信,称家中存在银行的钱都被换成汪伪政权的储备券,不能再寄钱给他了。杨宪益在银行的存款已经所剩无几,陷入经济困难,把多年来购买的图书大部分卖了以救急。

杨宪益和戴乃迭在伦敦订婚。一个晚上,戴乃迭肚子疼,请杨宪益上街买药。三个小时都不见人回来,回来之后,他手中没药,一问才知道,他把此事忘怀,傻笑道:"我看到了电影海报《007》,就进去看了。"

是年,杨宪益母亲徐燕若和大女儿杨敏如合租住小龙坎"丁家花园"——清华大学校长罗家伦家楼下的两间正房,两家合用佣工和厨房。后来,杨宪益和戴乃迭也曾在此暂住。

5月27日,日本出动160架飞机轰炸重庆,复旦大学教务长兼法学院院长孙寒冰等许多人被炸身亡。

暑期，杨宪益在牛津大学毕业，获得四等荣誉学位、文学硕士学位[①]，收到西南联大吴宓、沈从文联名写的信，邀请他去西南联大教希腊文与拉丁文。同时，美国哈佛大学巴列特来信请他去哈佛大学任中文助教。他决定带着戴乃迭回国。晚年，戴乃迭在《我觉得我有两个祖国》中说："我来中国，是出于对宪益的爱，我自己儿时在北京的美好回忆，以及我对中国古代文化的仰慕之情。"

夏末，他们身上总共只有从戴乃迭母亲处借来的五十英镑（经济管制，限量携带），从南安普敦出发，到加拿大，乘坐加拿大邮轮横穿太平洋，中秋节到达上海。老仆潘福在码头迎接，说家里嫡母在企盼着、等他回家，向他交账。家里还有上万的银圆，整箱的贵重皮衣和图章、字画等文物、两书柜的中外图书、贵重家具等，希望他们回家歇一歇脚，然后再上内地去[②]。杨宪益拒绝了，在上海住一宿后，次日转赴香港。当时日本侵略军已切断滇缅路，前往昆明的路线已经不通，因此在香港等乘飞机，住在九龙一家英国人开的小旅馆三周多。

当时，杨宪益已经身无分文，给家中发电报要钱也久无回音，欠下旅馆一笔钱。戴乃迭想起父亲在信中提到一位中国朋友叫陈翰笙，说有困难请他帮忙。陈翰笙，江苏无锡人，1924年获柏林大学博士学位，回国后任北京大学教授，当时在香港主编《远东通讯》，并帮助宋庆龄等创办工业合作国际委员会，任执行秘书。他帮助杨宪益付清欠款，并购买到达重庆的飞机票[③]。

到达重庆后，徐燕若认为昆明没有防空系统，日军常去轰炸，更危险，坚决反对儿子去西南联大任教。杨宪益只好去信解释，改到重庆柏溪的中央大学分校外文系任教。校方以没有教学经验为由，只聘杨宪益为副教授；以没有英国文学学位为由，只聘戴乃迭任该校任讲师。杨、戴不满意，但为了家庭忍了下来。

是年，杨敏如任教于重庆南开中学。

夏天，巴金到昆明看望萧珊。杨苡第一次见到了神交已久的"巴先生"。

8月，杨苡与联大外语系的学长赵瑞蕻在《中央日报》上刊登结婚启事："赵瑞蕻、杨静如，兹订于中华民国二十九年八月十三日在昆明大观楼结婚。特此敬告诸亲友。"

罗沛霖协助章乃器办工川实业公司电机厂，建立秘密工作基地，组建青年科学技术人员协进会。

---

① 薛鸿时译，杨宪益著《杨宪益自传》，人民日报出版社，2010年2月，第87页。

② 杨敏如：《怀念哥哥杨宪益》，《文汇读书周报》，2014年12月12日。

③ 薛鸿时译，杨宪益著《杨宪益自传》，人民日报出版社，2010年2月，第109页。

1941年,27岁

1月,皖南事变,国民党发动第二次反共高潮。

2月13日,杨敏如和母亲接到天津来的电报,得知罗沛霖母亲病逝。当时请帖已经发出,于是决定瞒着罗沛霖,婚后三天再将此消息告诉他。结婚启事提前在《大公报》上刊登,国内亲友皆知。

2月16日,杨宪益、戴乃迭,杨敏如、罗沛霖同时在重庆举行结婚典礼,由南开大学校长张伯苓、中央大学校长罗家伦当证婚人,豫丰纱厂经理潘仰山(杨宪益表兄)当介绍人,摆了十二桌酒席,梅贻宝、杭立武等友人参加。杨宪益的母亲、妹妹和戴乃迭的父母都参加了婚礼。罗家伦赞杨戴"双飞",放弃哈佛聘请同来重庆,何等豪情壮志;以"十年"赞罗、杨,爱情专一,终成眷属。英国记者、牛津毕业生贝特兰,《西安事变》作者,在婚礼上引吭高歌《在松花江上》。五十多年后,杨宪益还记得那高亢的歌声①。当时,戴乃迭父亲在甘肃一个县城做慈善工作,母亲塞利娜在成都一所大学任教。

罗沛霖被重庆国民党列入黑名单,转入地下党领导的新机电公司,不久又回原公司,在机器厂主持设计与制造。罗沛霖曾带杨宪益去《新华日报》办事处见在重庆的中共代表徐冰,受到热烈欢迎。徐冰给杨宪益两封介绍信,把他介绍给两位历史学家,并鼓励他为了中国的解放,要和中国革命的力量一起工作。②

6月5日晚,日军轰炸重庆,一个防空隧道发生踩踏、窒息事故,致使市民死亡992人,重伤151,轻伤者不计其数。

杨宪益、戴乃迭非常活跃,经常跟系里的同学一起办墙报,讽刺孔祥熙。中央大学内部因此有人传谣,戴乃迭是英国共产党,用美人计迷惑了杨宪益,杨宪益与共产党有勾结。系主任张沅长是罗家伦内弟,找杨宪益谈话,提醒他言行要谨慎。杨、戴最要好的同事是许孟雄,清华大学英语系毕业,福州人,首次把毛泽东的《论持久战》等多篇著作译成英文,翻译许多有关抗战的文章,发表在国外刊物上。

是年,杨宪益翻译鲁迅的《阿Q正传》《野草》部分、陶渊明的部分作品及艾青、田间等人的诗歌。

上半学年结束时,中央大学解聘了戴乃迭,杨宪益愤而辞职。暑假将要结束时,邻居张教授推荐二人一同去贵阳师范学院任教。到达该校的第一天,杨宪益从英国带回的英文打字机、毛毯、西服等物即被人偷走。杨宪益任该院外文系主任、

---

① 雷音:《杨宪益传》,自印本,第三章,总第38节《婚礼》。

② 杨宪益著,薛鸿时译:《杨宪益自传》,人民日报出版社,2012年10月,第116页。

教授,与中文系主任尹石公、参政卢冀野相识,为《贵阳日报》副刊《小雅》撰写诗歌、散文,翻译西方诗歌等,生活很愉快。杨宪益用汉代骚体写了一首《远游》,尹石公看后十分欣赏①。杨宪益常用笔名在报上发表打油诗和杂文,谴责某些当权者仿效西方独裁者希特勒、墨索里尼之流,攻击矛头实际上是针对蒋介石的。杨宪益、戴乃迭认识了毕业于英国剑桥大学的苏立文(Michael Sullivan),他是友谊救护队成员,保持了终身的友谊。

是年,罗沛霖向徐燕若借四万银元投资做生意,全部泡了汤,徐燕若很生气。实际上,罗把这笔钱送给了重庆地下党作活动经费。

12月7日,日本偷袭珍珠港,"珍珠港事件"爆发。美国对日宣战。

12月9日,中华民国政府正式对日本帝国宣战。

冬天,赵瑞蕻到重庆南开中学教书。

12月25日,圣诞节,日本击沉英国威尔士王子号战舰,占领香港。六周后,新加坡投降,在此工作的戴乃迭哥哥伯纳德被日本人俘虏,进了监狱。

戴乃迭怀孕了,因贵阳条件有限,在成都工作的母亲建议她到成都分娩。

1942年,28岁

1月1日——中国、美国、英国、苏联等26国代表在华盛顿签订了《联合国家宣言》,并第一次使用"联合国"一词。世界反法西斯同盟正式形成。

元月,戴乃迭赴成都,所带的课由杨宪益代上。

是年,杨苡随赵瑞蕻进入中央大学。赵是外语系助教,她是来外语系借读。

暑假,杨宪益离开贵阳师院,赴成都齐鲁大学任教。因校长换人,没能到齐鲁大学任教,转而到位置偏远的光华大学英语系任教。搭乘货车赴成都途中,货车撞死一名壮丁,杨宪益被当成人质扣留五多个小时,直到汽车司机从内江取款归来赔偿后才获得自由。

5月,罗沛霖到中国兴业公司电讯厂,即原中国无线电业公司,任工程师。

8月2日,长子杨烨在成都出生。

冬天,因光华大学学术氛围差,待遇低,成都物价高,杨宪益辞职去重庆。

1943年,29岁

是年,杨宪益发表 Stephen Spender 译作《当代英国诗抄(二):我不断的

---

① 杨宪益著,薛鸿时译:《杨宪益自传》,人民日报出版社,2012年10月,第131页。

想……》,《世界文学》,1943 年 1 期。

是年,杨宪益发表奥登(Auden W. H)诗四首译作:(一)看异邦的人、(二)和声歌辞、(三)空袭、(四)中国的兵,《时与潮文艺》,1943 第 3 期。

春天,杨宪益经留英认识的朋友朱延丰聘请到重庆担任中国中印学会研究员,享受高级教授的待遇。戴乃迭到中央图书馆任研究员。杨宪益把一本介绍印度音乐的书译成中文。

是年,印度首任驻华大使梅农到访,并赠送杨宪益一批古代印度和中亚历史的书籍。杨宪益与复旦外文系主任、教授梁宗岱结为好友。

吴祖光、丁聪、吕恩、张正宇、张光宇、盛家伦、戴浩、高汾、高集等文化、戏剧、电影、美术、新闻界人士人到重庆后没有住所,归国华侨唐瑜为他们修建六七栋房子。周恩来、郭沫若、徐冰等常去探望,又指派夏衍经常去关照他们。黄苗子、郁风有房住,也常去和这些"流浪者"吃住在一起。有一次,郭沫若去看望他们,开玩笑说:"我看你们这里就叫作'二流堂'吧",并挥手题写匾额。杨宪益有住所,曾去过"二流堂",与其中许多人关系都很好,但不是"二流堂"的正式成员。

5 月,罗沛霖转入资源委员会中央无线电厂重庆分厂任工程师。

冬天,由于鄙夷朱延丰的为人和学识,杨宪益决定离开中印学会,接受卢冀野、梁实秋的聘请,到重庆北碚国立编译馆任编纂,戴乃迭在该馆任特约编审。杨宪益负责《资治通鉴》的中译英工作,三年时间完成了从战国到西汉部分,约三十五卷。此译稿没能出版,后来送给了澳大利亚堪培拉大学的一位教授[1]。杨宪益还用两个月时间翻译了一位年轻学者写的《中国戏剧简史》。

在北碚时,因与学者杨仲子、音乐家杨荫浏同住一座楼,其寓所被时人戏称"三杨楼"。"隔壁是老舍先生的一所小楼,所以我成了老舍先生的邻居。从 1943 年到 1946 年间,曾多次去过他家,见过老舍先生和絜青嫂。"[2]

结识老舍推荐到编译馆编唱词搞民间文艺的残疾军人萧亦五。萧亦五人生经历对杨宪益触动很大,成了他的"中国社会学"的老师。

1944 年,30 岁

年初,戴仁乐到北碚看望戴乃迭、杨宪益。他当时大部分时间在兰州从事工业合作社的工作。他走后,"给乃迭送来了一封信,信上说,他离别时想说'上帝保佑

---

① 雷音:《杨宪益传》,自印本,第三章,总第 49 节《翻译〈资治通鉴〉》。
② 赵蘅:《宪益舅舅的最后二十年》,生活读书新知三联书店,2011 年 5 月,第 338 页。

你们'的,但却忍住了没说出口,因为怕我们并不像他一样信仰基督。他觉得,如果对我们说'上帝',未免唐突,有把他的宗教信仰强加于我们之嫌。他就是这样一个朴实、谦恭、善良的老绅士,从不把自己的观点强加于人。①"

杨宪益发表叶芝四首诗译作:《爱尔兰的空军员》《雪岭上的苦行人》《梭罗门与巫女》《象征》,《时与潮文艺》,1944 年第 1 期。

在编译馆创作许多篇关于中国古代史、中国古代文学史、古代神话传说、古代中外关系史、中国少数民族早期历史等方面的短文文章,后来结集为《零墨新笺》。还应邀为钱锺书主编的《书林季刊》撰写英文论文。

在戴乃迭的帮助下,杨宪益翻译《老残游记》。

5 月,杨苡的同学萧珊,也曾是巴金的笔友,在贵阳花溪与巴金结婚。

应余上沅约请,杨宪益在国立戏剧专科学校任兼职教授一年。

赵超构访问延安后,7 月 30 日起在重庆《新民报》先后 81 天连载长篇通讯《延安一月》,计有 10 余万字,写毛泽东,写共产党,写一个真实的延安,让新闻封锁下的国统区人民大开眼界。杨宪益读后深受感动,向往延安,给《新华日报》写信,咨询能否送他们夫妻去延安。回信称旅途艰难,还是留在重庆为革命做工作②。

是年,英国摄影家塞西尔·皮登爵士到达重庆北碚,为杨宪益及其亲友拍照,存有与卢冀野的合影。

罗沛霖作为注册名义股东发起人之一,成立党领导下的企业——中国工业原料公司。

是年,赵瑞蕻翻译法国作家司汤达《红与黑》,由重庆作家书屋出版。

1945 年,31 岁

江定仙、杨荫浏、杨宪益发表《胜利进行曲》(中小学音乐教材),《教学资料》,1945 年第 3 期。

杨宪益发表《李白与菩萨蛮》,《新中华》,1945 年第 10 期。《关于苏祇婆身世的一个假设》,《礼乐》,1945 年。《逸周书周祝篇太子晋篇和荀子成相篇》,《新中华》,1945 年第 12 期复 3。

4 月 4 日,杨毓珣被伪南京国民政府任命为军事委员会委员(委员长为陈公博),同时兼任伪华北绥靖军总司令。伪南京军事委员会颁令任命其为陆军

---

① 杨宪益著,薛鸿时译:《杨宪益自传》,人民日报出版社,2012 年 10 月,第 163 页。
② 杨宪益著,薛鸿时译:《杨宪益自传》,人民日报出版社,2012 年 10 月,第 156 页。

上将。

4月12日,杨毓珣被伪中央"最高国务会议"任命为伪山东省省长兼驻济南绥靖主任。

8月15日,日本宣布无条件投降,抗日战争结束。杨家存在银行的钱被视为伪币,国民党不承认,成了一堆废纸。天津的房地产也卖光,杨毓璋留下的钱财至此所剩无几。

杨宪益与朋友们天天开怀畅饮,庆祝胜利。一天,复旦教授梁宗岱晚上来访,因油灯昏暗,杨宪益误把床下的一小坛煤油当成药酒招待梁宗岱,事后发现很害怕,而梁宗岱竟没有中毒。

8月28日,毛泽东率领中国共产党代表团从延安飞抵重庆,震撼全国。当天,蒋介石在林园官邸为他举行了欢迎宴会。席间,毛泽东称蒋介石为"委员长",蒋介石则称毛泽东为"润之"。会后,蒋介石还邀请毛泽东在林园下榻。一对打了十几年的老对手再次聚首,表面气氛相当融洽。国共双方会谈从第二天上午开始。

8月30,罗沛霖作为青年科技人员协进会的骨干,与李文采、张哲民乘周恩来的汽车赴曾家岩接受毛主席的召见。

10月10日,经过43天谈判,国共双方达成《政府与中共代表会谈纪要》,即《双十协定》。

10月28日,三民主义同志联合会在重庆成立,由谭平山等发起,与中共地下党关系密切。杨宪益曾要求加入中国共产党,没有得到批准。

11月14日,重庆《新民晚报》副刊"西方夜谭"主编吴祖光,从黄苗子处看到手抄的毛泽东的《沁园春·雪》时,击节称赞,把此词在副刊发表,并配发了热情洋溢的按语:"毛润之先生能诗词,似鲜为人知。客有抄得其《沁园春·雪》一词者,风调独绝,文情并茂,而气魄之大乃不可及。"此作品立即引起轰动,各报争相转载,流传甚广,和者甚多,以柳亚子、易君左、卢冀野的作品最有名。卢冀野和词云:"沁园春,城中传诵毛润之雪词,亚子、君左均有和作,予次韵,仍咏雪。白雪何辜,黑水才收,碧血还飘。念无端拥积,予怀耿耿,何时安息,天下滔滔。地割鸿沟,名题雁塔,越是培塿自显高。朔风里,只花飞六出,那算妖娆? 如今梦想都娇。看万紫千红柳舞腰。惜残梅数点,经霜憔悴,孤松贞挺,顾影萧骚。日落荒江,栎传远戍,大漠盘旋隼与雕。冬将尽,待苏回九九,春到明朝。"

作品刊出后,卢冀野很得意,约杨宪益、易君左聚餐喝酒,以示庆贺。杨宪益对二人词的低下格调很反感,但没有说什么。解放后,卢冀野的这首作品被人翻出来,算了旧账。

12月29日凌晨,杨毓珣、朱经古等人在济南被抓捕,关押于南京老虎桥监狱。

是年,杨宪益继续在国立编译馆工作。与老舍(舒庆春)、梁宗岱、萧亦五,邵恒秋等人交往密切。应戏剧教育家余上沅之请,在北碚国立戏剧专科学校任兼职教授。戴乃迭在复旦大学任教,杨宪益经常去代课。杨苡毕业后在国立编译馆工作。

是年,长女杨荧出生。

是年,戴乃迭的大哥伯纳德——一位优秀的化学工程师,在日本投降前夕被日本人强迫驱赶着在婆罗洲进行250公里的旅行,2400多人,仅有6人生还。伯纳德没能活着回来,戴仁乐闻讯受到沉重打击,默默地离开中国,回到英国五年后去世。

杨宪益母亲回到天津,帮助大夫人处理家事,卖掉部分家产,遣散大部分奴仆。

1946年,32岁

杨宪益发表《民间保存的唐西凉伎》,《新中华》,1946年第1期。

《读魏吉牧歌第四章》,《文讯》,1946年第9期。

《康昆仑与段善本》,《新中华》,1946年第2期。

《板桥三娘子》,《新中华》,1946年第3期。

《秦王破阵乐的来源》,《新中华》,1946年第4期。

《柘枝舞的来源》,《新中华》,1946年第6期。

《中国的扫灰娘故事》(Cinderella),《新中华》,1946年第9期。

《唐代乐人关于共振现象的知识》,《新中华》,1946年第10期。

《水浒传故事的演变》,《新中华》,1946年第10期。

《古代的夹纻术》,《新中华》,1946年第11期。

《康昆仑与摩尼教》,《新中华》,1946年第12期。

《水浒传古本的演变》,《新中华》,1946年第14期。

《论词的起源》,《新中华》,1946年第19期。

《鹘打兔》,《新中华》,1946年第21期。

《金花小娘》,《新中华》,1946年第23期。

《宋代的养金鱼》,《新中华》,1946年第24期。

春天,得到向达来信,知研究中西交通史的学者冯承钧(冯牧父亲)去世后,因贫穷无棺材安葬,杨宪益把手头的二百元钱寄给冯家,还在给向达的信中说道:"既然国民党反动政府把知识分子视同草芥,那么我们一定要和共产党站在一起,来推翻这个可恨的政权。"①。冯牧(1919—1995),后官至中国作协副主席,杨宪益从未向他提起过此事。

2月,罗沛霖根据党组织指示,联络原青年科技人员协进会成员,与李文采、张哲民同被推荐为总务干事。

5月5日,重庆临时国民政府还都南京。

6月26日,国民党军进攻中原解放区,国共内战开始。

8月,杨宪益、戴乃迭从重庆乘坐一艘小木帆船沿江东下,作为国立编译馆工作人员,于中秋节到达南京,在该馆担任翻译委员。主委梁实秋去了北平,杨宪益开始担任编译馆主委。船舱狭小,没有盥洗设备,杨荧浑身长满痤疮。到了南京,才听说后面的那艘装运书籍和其他物品的小船起火并沉没,杨宪益的七、八箱书籍被毁。

9月,应杨人楩、黄少谷的要求,杨宪益负责《和平日报》副刊史学版"人文"的编辑(至次年年底),写作发表了许多史学文章。吕叔湘任该报副刊文学版编辑。

时任国民党教育部副部长杭立武,请杨宪益兼任中英文化协会的秘书长,因怀疑其与共产党有勾联,派了一助手监视他。杨宪益提出住在协会大楼里,杭立武没有同意。杨宪益每个月为中国教授和会讲英语的中国官员以及外国友人(主要是外国使馆人员和来华访问学者)组织一次报告会或鸡尾酒会。杨宪益在南京买了一所有游廊的平房,一直住到1952年底。

11月,杨苡一家随国立中央大学由重庆迁回南京,并在南京国立编译馆翻译委员会担任翻译。赵瑞蕻在中央大学任教。

是年,杨敏如在南开大学中文系任教,后到天津师范学院中文系任教。

在地下党员孙祥麟的帮助下,杨宪益、萧亦五,邵恒秋等人加入了南京民联。杨宪益从英国使馆武官伊文思处搞到国民党江北军事布防图,还获得国民党撤退前地下电台的布置情况,都通过特殊渠道传给共产党。邵恒秋的一箱文件和书籍,由杨宪益通过朋友存放在美国大使馆②。

1947年,33岁

1月至5月,鲁南战役、莱芜战役、孟良崮战役相继在山东举行,歼灭大量国民党军队。

---

①　李伶伶、王一心:《杨宪益传》,北方文艺出版社,2015年2月,第90页。
②　雷音:《杨宪益传》,自印本,第四章,第55节《三人秘密小组》。

为中英文化协会组织各种报告会,主讲《唐代中国与拜占庭帝国的关系》。应杨人楩邀请,为《和平日报》编辑《中国古史增刊》。

杨宪益发表《须卜即鲜卑说》,《中国杂志》,1947 年第 1 期。《大头和尚的来源》,《新中华》,1947 年第 1 期。《高僧传里的〈国王新衣〉故事》,《新中华》,1947 年第 2 期。

春天,中央大学二年级女学生陈廉方,经人介绍到杨宪益家成为杨烨的书法课老师。每周两次,约三个月时间,后来因得胃病,"辞去了这份家教工作,我没有向他们当面辞行,也没有接受他们的酬金。……,我的丈夫冯端任教于南京大学物理系,他的专业是凝聚态物理,但他在文、史、哲乃至艺术方面涉猎甚广。解放初期,他从南京旧书店里购得一本 Gerard Manly Hopkins(1844—1898 年)的诗集,扉页上有原书主人的签名,当时他并未在意,书购回后经仔细辨认发现是 Gladys B. Tayler 的名字,Tayler 是杨宪益夫人戴乃迭娘家的姓氏,所以可以证明是戴乃迭婚前在英国所购,但不知缘何流入南京旧书店。此书现仍在冯端的书架上。[1]"

3 月,罗沛霖、杨敏如一家由重庆到上海,5 月到天津无线电厂。

5 月 20 日,杭州、上海、苏州、南京的学生在南京举行"反饥饿""反内战"大游行。杨宪益、杨苡、赵瑞蕻支持这一正义斗争,签名并捐款,慰问受伤学生[2]。

9 月至 11 月,辽沈战役。战役结束后,中国人民解放军兵力数量首次超越国民党军。

是年,南京独立出版社出版杨宪益、戴乃迭的英译本《老残游记》。中华书局出版杨宪益的学术随笔《零墨新笺》。

是年,杨毓珣被保释出狱,在一次庆祝宴会上酒后兴奋过度,突发脑溢血去世。

1948 年,34 岁

1 月 1 日,中国国民党革命委员会由李济深、宋庆龄、何香凝、谭平山等人创建,与中共地下党关系密切。杨宪益加入民革,通过与外国使馆人员与国民党上层人物的交往,为共产党搜集情报。

杨宪益发表《老残游记》第二章(中英文对照),《国际文化》,1948 年第 3 期。

杨宪益在国立编译馆负责"亚洲史地编委会"工作,同时兼任中央大学历史系拜占庭史教授,讲授一学期《东罗马史》,又在南京建国法商学院任英文教授一年。

---

① 陈廉方:《冯端院士夫人与翻译家杨宪益一家的不解缘》,《现代快报》2010 年 10 月 20 日。

② 董宁文主编:《多彩的旅程:纪念赵瑞蕻专辑》,自印本,2001 年 8 月,第 152 页。

杨宪益兼任中英文化协会主任秘书,又主编《和平日报》文史副刊。当时,留英同学杭立武主持该报政务。当时,教授月薪只相当八美元或两袋面粉,要干六七个兼职才能勉强养活一家人。有人劝杨宪益到香港大学或印度某大学任教,杨坚信中国最终会获得解放,没有离开中国。英国大馆武官伊文思,有一辆敞蓬车,曾带着杨、戴等人到扬州、镇江、宜兴、苏州等地旅行,后来成为特务嫌疑的证据。

杨宪益发表《小丑蒙登的作工》,《时与潮》副刊,1948 第 9 卷第 6 期。

4 月 6 日,北平各大院校学生同时举行六罢(罢教、罢职、罢研、罢诊、罢工和罢课)运动。5 月初,北平、上海各高校爆发了反对美国推行的"资本美国、工业日本、源料中国"的殖民政策运动。杨宪益、戴乃迭帮助学生,把口号和声明译成英语。

9 月,党组织资助罗沛霖 500 美元,安排他去美国加州理工学院学习。杨敏如带着孩子回到天津,在南开大学任教,后又到天津师范学院任教。

11 月至次年 1 月,淮海战役。国民党精锐部队被消灭。

12 月至次年 1 月,平津战役。人民解放军进驻北平城,北平宣告完全解放。

是年,中华书局出版杨宪益的汉译本《英国近代诗抄》(25 位诗人 49 首诗)。

是年,杨宪益、戴乃迭的英译本《老残游记》在英国 Allen & Unwin Publishing House of London 出版。

为方便民联活动,杨宪益和友人在南京上海路美国大使馆附近开设一家古董铺,两层楼,称为"绛舍"。他们经常在此阅读进步书刊,讨论时事、传递情报。

杨宪益提出加入中国共产党,中共地下党员邵祥麟答应做介绍人,因为多种原因没有及时办手续①,就耽搁下来。

霍克思(David Hawks)从今年到 1951 年在北京大学攻读研究生,开始仔细阅读《红楼梦》,并尝试翻译了少量片段。

1949 年,35 岁

1 月 1 日,蒋介石在新年文告中提出保存"国体""法统"和"军队"的和谈条件,遭拒绝。21 日,将介石宣布引退,由李宗仁代行总统职权。

1 月 15 日,人民解放军历经 29 个小时,全歼天津守军 13 万人,活捉国民党军天津守备司令陈长捷等人,天津解放。

杨宪益在国立编辑馆内负责"亚洲史地编委会"工作。年初,馆长赵士卿突然

---

① 雷音《杨宪益传》,自印本,第 113 节《入党》。

到上海去了,杨宪益任国立编译馆临时代理馆长,请升任国民党教育部部长杭立武帮助解决经济困难,杭立武大笔一挥,开了一张支票,足够馆里三个月开支。然后,杭立武动员杨氏夫妇乘专机去台湾,遭杨拒绝。杭立武次日就离开南京,去西南督运文物运往台湾。

4月20日至21日,英国海军远东舰队"紫石英"号护卫舰,闯入人民解放军前线预定渡江江段,不听从警告,遭人民解放军炮击,双方发生冲突,互有伤亡,史称"紫石英"号事件。英国报纸说中国先开火,杨宪益认为英国媒体可信,受到"立场错误"的批评。四十年后,真相公布,杨宪益的判断是正确的①。

4月23日,南京解放,杨宪益担任编译馆接管工作组组长,任民革秘书长,代表民革南京市分会为《新华日报》草拟了所有支持中国共产党的宣言与讲话,并撰写系列文章,解释中共在国民经济、教育、文化及其他方面的政策。

是年,加拿大大使馆代办契斯特·朗宁发现馆中有一批加拿大学者明义士收藏的商朝甲骨文四千多片,告诉杨宪益,杨宪益立即电告南京博物馆馆长曾昭燏,由曾派人取走,今存南京博物院。统战部领导知道此事后,严厉批评杨宪益处理不当,不懂政治。

7月,杨宪益写了一篇宣传宗教政策方面的文章,提及西方一些传教士如利玛窦、汤若望等人在传播新知识方面做了一些好事,遭批评,文章被退回,受到打击,从此不再为《新华日报》写文章。

春天,罗沛霖获加州理工学院电机工程系研究生柯尔奖学金,并授予柯尔学者称号。

10月1日,中华人民共和国宣告成立。

11月,次女杨炽出生。

秋天,钱学森到加州理工学院任职,结识罗沛霖。

12月,南京国立编译馆宣告解散,部分人员并入国家出版总署。杨宪益以国民党革命委员会南京市委常委身份参加南京市政协工作,担任南京市人民政治协商会议常委及副秘书长职务,同时兼任市人大代表。

这个时期,南京市文联文学部总干事、诗人、剧作家郑造,分管影视戏剧的评论家邹霆等人,与杨宪益志趣相投,来往密切,空闲常到杨宪益家打桥牌、喝洋河大曲、尝盐水鸭②。

---

① 雷音:《杨宪益传》,自印本,第四章,总第64节《紫石英号事件》。
② 邹霆:《永远的求索——杨宪益传》,华东师范大学出版社,2001年11月,第251页。

1950 年,36 岁

春天,中苏缔结《中苏友好同盟互助条约》。杨宪益出席苏联大使馆庆祝中苏友好晚会,作诗:"突厥唐家本一支,两邦友好复奚疑? 红旗影里听腰鼓,想见秦王破阵时。"

8 月,罗沛霖放弃第二次授予的柯尔奖学金,乘船回国,途中完成博士论文,寄给在美友人,请其代办申请学位。9 月抵京,任正在组建的电信工业管理局技术处处长。1952 年,罗沛霖被授予电工、物理、数学专业的特别荣誉衔哲学博士学位。

10 月上旬应朝鲜党和政府的请求,中共中央作出抗美援朝、保家卫国的战略决策。

11 月 19 日,南京市第二届协商委员会第一次会议选举常务委员 11 名,即:柯庆施、江渭清、陈鹤琴、何基沣、蔡惟庚、高骏、沙轶因(女)、吴贻芳(女)、鲁波、杨宪益、史永①。

此年,杨宪益自印《零墨续笺》100 本,赠送朋友。董必武路过南京,南京市长柯庆施宴请时,杨宪益作陪。杨宪益还陪同陈毅等高级干部吃过饭。

是年,杨宪益的娘去世,没能见到朝思暮想的"儿子"杨宪益。

1951 年,37 岁

杨宪益把苏联历史学家格列科夫院士论基夫罗斯的一部著作及论文的英译本译成中文,没能出版,译稿散失。

是年,杨宪益、戴乃迭送把首饰、金子、宝石等值钱东西都卖了,捐钱支持抗美援朝战争。有人说,当时杨宪益捐款价值 4 万元,捐献了一架飞机②。杨宪益的自传及访谈中没有谈及此事,也不见官方文献记载。

春天,钱锺书任领袖著作翻译委员会首席翻译,向达建议让杨宪益、戴乃迭参加,杨宪益因喜欢古典文学翻译,对政治、哲学著作兴趣不大,另外一个原因是刚买了一处房子,不愿意离开南京,就没有同意。多年后,此事被揭发出来,杨宪益因此受到批判。

南京民革改选,组织上安排原国民党立法委员李世军出任一把手,杨宪益不服气,选举前联络一些年轻人商议对付办法,遭到严厉批评,于是对政治产生厌倦,决心离开南京。

---

① 《江苏省志·政协志》,2003 年 11 月,江苏人民出版社,第 71 页。
② 雷音《杨宪益传》,自印本,第四章,第 69 节:杨敏如的访谈中也曾如是说,见张世林《人格的魅力——写在〈想念杨宪益〉出版之际》,《光明日报》2016 年 1 月 12 日。

杨宪益作《鸦片战争与美国》①。

4月17日,卢冀野在南京去世,杨宪益前往吊唁。曾与他合作翻译古代印度剧作家迦黎达沙的《沙恭达罗》,译成中国式传奇,由卢冀野取名为《孔雀女重合金环记》。

当时,苏州成立一个改造旧知识分子的华东人民革命大学,杨宪益主动请求赴苏州学习三个月。学习结束后,他赴上海拜见留英时的朋友、时任上海高等教育局局长曹末风,决定赴复旦大学任教。

夏天,罗沛霖参加中国赴民主德国第一届贸易代表团,与民德谈判元件厂的筹建。

10月1日,面向世界介绍中国文学、艺术的《中国文学》英文版创刊,由时任对外文化联络局编译处处长叶君健负责。创刊号刊出杨宪益、戴乃迭翻译的李季长篇叙事诗《王贵与李香香》。

是年,戴仁乐去世,享年73岁。他是中国政治学会客籍会员,著有《中国的农场和工厂——产业革命诸方面》《河北陶瓷工业与现代化问题》等著作。

杨苡的《永远不会落的太阳》,由上海海燕书店出版。

1952年,38岁

是年,杨宪益、戴乃迭翻译冯雪峰《鲁迅生平及其思想发展梗概》、郭沫若《伟大的爱国诗人屈原》、鲁迅《阿Q正传》,《中国文学》1952年第2期。

2月,罗沛霖回国,7月成立元件厂筹备组,任组长,再赴民德谈判。次年8月完成元件厂的初步设计后回国。

初夏,杨宪益、戴乃迭准备赴复旦任教,接到借调到北京的通知,和萧乾、朱光潜、钱锺书、许国璋、卞之琳、李赋宁、杨周翰等人一道担任国际会议翻译工作。到京后,杨宪益遇到刘尊棋,刘曾任南京市军管会新闻处副处长,相见甚欢。

10月2日至10月13日,亚洲及太平洋区域和平会议在北京召开。宋庆龄的《为中国奋斗》由杨宪益、戴乃迭译成英文,由外文出版社出版,宋赠送了签名本。

大会结束时,正好国际宣传局改为外文出版社,刘尊棋出任该社副社长兼《人民中国》总编辑。刘尊棋劝说请杨、戴到北京来,负责选译一套先秦到清末的中国文学丛书,约有150种,于是,杨宪益夫妇改变了赴复旦大学任教的计划,同意调至

---

① 载《美国侵华史料》,中国人民保卫世界和平反对美国侵略委员会北京分会辑,北京人民出版社,1951年4月。

北京外文出版社,任外文图书编辑部专家。全家由南京迁往北京,中途抽空到天津老家看望亲友。"娘已死了,东西都卖光了,只有大姐在,她还认得我,她的神经已经有病了。我没拿什么家具,只有一件白色柜子,后来也没了[①]。"

杨宪益初到北京,住在南河沿一座洋房里,两大间。与法国专家戴尼丝及其丈夫李风白、一对日本夫妇为邻。

《文汇报》驻京办事处记者谢蔚明采访杨宪益,杨宪益问能喝酒吗,谢答能。于是杨宪益打开陈列着各种中外名酒的酒柜,让谢自选。"我挑选了一种,然后,各倒一杯对饮谈话。以酒代茶,这在我十年的记者生涯中还是头一回。我们谈话内容现在已全部淡忘,倒是他赠送给的两本学术著作《零墨新笺》和《零墨续笺》历经世事沧桑得以保存,实在难能可贵。[②]"

是年,杨宪益在《科学通报》上发表《关于古代花剌子模的十二年考古研究》。

是年,罗沛霖回国,担任电信工业管理局技术处处长。

1953 年,39 岁

是年,杨宪益、戴乃迭出版译作《原动力》(草明)、《风云初记》(孙犁)、《屈原》(郭沫若五幕话剧)、《雪峰寓言》(冯雪峰)、《暴风骤雨》(周立波)、《青春之歌》(杨沫)、《李家庄的变迁》,外文出版社。

杨宪益、戴乃迭发表译作丁玲小说《太阳照在桑乾河上》,《中国文学》1953 年第 1 期;贺敬之、丁毅的歌剧剧本《白毛女》、屈原《离骚》,《中国文学》1953 年第 1 期。

《中国文学》成立编委会,由中国作协主席茅盾担任主编,叶君健为副主编,正式以季刊形式出版,成为作家协会的对外刊物。作协指定专人与叶君健商讨并确定每期的内容,先后有沙汀、严文井、袁水拍、张天翼、吴组缃、陈白尘、郭小川等同志参加。除叶、杨、戴外,还有沙博里、洪楚贤担任翻译工作。

杨宪益和文艺界、科技界二十位知名人士应邀赴中南海,与毛主席见面。周恩来把杨宪益介绍给毛主席,说他是一位翻译家,已经把《离骚》翻译成英文。毛主席握了握他的手,笑道:"你觉得《离骚》能够翻译吗,嗯?"杨宪益生说:"谅必所有的文学作品都是可以翻译的吧。"后来在不同的场合又见过两三次。有一次,毛主席邀请作家和其他人士吃饭,杨宪益与《保卫延安》作者杜鹏程一起走过去向毛主席敬

---

① 赵蘅:《宪益舅舅的最后十年》,生活·读书·新知三联书店,2011 年 5 月,第 186 页。
② 谢蔚明:《披肝沥胆写信史——忆杨宪益》,载《那些人那些事》,上海远东出版社,2013 年 7 月,第 54 页。

酒,因毛主席当时不能喝酒,周恩来代替喝了一杯。①

杨宪益以特邀委员身份参加全国政协会议,参加中国作协、全国文联会议。

6月,在杨敏如的帮助下,顾随先生来到天津师范学院中文系工作。

9月,杨宪益在南京的好友、南京影评工作者联谊会总干事、南京《人民电影》周刊主编邹霆,被定性为"反党集团"头子,敌我矛盾作人民内部矛盾处理,实行机关管制,下放农场劳动。年底,一个风雪交加的夜晚,被管制分子邹霆因病回北京家中疗养,到杨宪益家中拜访。杨宪益不惧受牵连,款待他"红方"(威士忌)、巧克力和英格兰曲奇饼,并推心置腹地宽慰他,使他感激涕零,终生难忘。

杨敏如调入北京师范大学中文系任教。

赵瑞蕻被公派至德意志民主共和国莱比锡卡尔·马克思大学任访问教授,讲授"中国现代文学史""鲁迅研究"等课程,至 1957 年。

一位阿根廷读者来信说:"《离骚》像中国优秀的古画一样引人入胜"。一位美国读者说:"我和我丈夫把《离骚》朗诵了好几个晚上。我们觉得这些文学作品更能使我们接近中国人民的文化。"《离骚》英译本 1953 年出版后,1955 年再版,1979 年第三次重印,是一部销路好的古典作品②。

1954 年,40 岁

是年,杨宪益、戴乃迭出版译作《柳毅传:唐代传奇选》、《太阳照在桑干河上》(丁玲)、《王贵与李香香》(李季)、《白毛女》(贺敬之等)、《周扬文艺论文集》《鲁迅短篇小说选》等作品,外文出版社。其中,《鲁迅短篇小说选》成为国际书店中最畅销的文学书籍。此后,杨译鲁迅小说得到英语世界读者、专家的一致好评和大力推崇,成为"标准译本",是研究鲁迅的必备参考书③。

杨宪益与罗念生等合译古希腊早期喜剧代表作家阿里斯多芬著《阿里斯多芬喜剧二种》,人民文学出版社。

杨宪益发表阿里斯托芬《鸟》译作,《人民文学》,1954 年第 4 期。

是年,由同事李荒芜介绍,杨宪益结识冯雪峰,同他一起编选、翻译鲁迅的作品。夏天,在北戴河,经冯雪峰介绍,杨宪益认识了胡耀邦。

---

① 杨宪益著,薛鸿时译:《杨宪益自传》,人民日报出版社,2010 年 2 月,第 213 页。
② 廖旭和:《把中国文学精品推向世界》,载《中国外文局五十年回忆录》,新星出版社,1999 年 3 月,第 435—436 页。
③ 陈向红:《中国文学在英语世界的译介、传播与接受研究——以杨宪益英译作品为例》,上海交通大学出版社,2019 年 9 月,第 187 页。

到北京后,杨宪益结织在京的英国共产党员阿南·魏林顿、南·格林、泰德·布雷克、史珍尼、托尼·德瑞尔,奥地利记者哈里·斯科洛夫斯基,东德哈里·德克,经常在东城咖啡馆喝酒、唱歌。

戴乃迭想加入中国籍,体贴入微的周总理曾对她说:"我们一向把你当成中国人,就不必申请加入中国籍了,这样生活会宽裕些。"作为外籍专家,戴乃迭的工资比杨宪益高几倍,享受到友谊商店购买紧俏商品的特权。

对于翻译什么作品,杨宪益说:"该翻译什么不由我们做主,而负责选定的往往是对中国文学所知不多的几位年轻的中国编辑,中选的作品又必须适应当时的政治气候和一时的口味。即使是古典诗歌的选择也要视其'意识形态'和政治内容而定。"

为纪念阿里斯托芬诞辰 2400 周年,人民文学出版社邀请当时国内懂希腊文的周作人、罗念生、杨宪益,分别翻译《财神》、《阿卡奈人》、《鸟》,结集出版《阿里斯托芬喜剧集》。周作人的《财神》由杨宪益校阅,周作人在日记中作了记载:"六月二日,得杨显益送来信及校阅《财神》稿全份。……六月六日,看《财神》校阅本,杨君还是识者,大体尚妥。……,七月十五日,得杨宪益信,送回重阅《财神》共书稿三册。"而周作人对罗念生评阅意见是"庸俗粗陋"、"庸俗殊为可笑",可见对杨宪益的评价"还是识者,大体尚妥"算是很难得的肯定了[1]。

7 月,罗沛霖任华北无线电器材联合厂总工程师兼第一副厂长,当选北京市第一届人大代表。

是年,大陆银行还本。徐燕若当年所用的图章是宪益的原名"杨维武"的名字,领回本钱,需要杨宪益找外文局要个证明,杨宪益不肯办,他要自己偿付给母亲这几千元。徐燕若听杨敏如汇报后说:"许他革命,还不许我也革命吗?"就放弃不要这笔钱了[2]。

1955 年,41 岁

是年,杨宪益、戴乃迭出版译作《长生殿》(清·洪昇),外文出版社。

杨宪益、戴乃迭翻译《宋元朝故事选》,《中国文学》1955 年第 1 期,

在李荒芜的建议下,杨宪益、戴乃迭合译云南彝族民间叙事长诗《阿诗玛》,并请青年画家黄永玉制作插图,很精美,《中国文学》1955 年第 1 期。从此,杨、黄结下友谊。

---

① 汪成法:《从杨宪益说到翻译家研究》,《文汇报》,2008 年 12 月 26 日。

② 杨敏如:《怀念哥哥杨宪益》,《文汇读书周报》,2014 年 12 月 12 日。

杨宪益发表阿诺德·凯特尔《过去文学的进步价值》译作（论文），《译文》，1955年第 10 期。《民主诗人惠特曼》，《人民文学》，1955 年第 10 期。《纪念世界文化遗产的伟大代表》，《世界知识》，1955 年第 7 期。《伟大的戏剧家萧伯纳》，《语文学习》，1956 年第 9 期。

3 月，罗沛霖参加《1956—1967 科学技术远景规划纲要》制定工作，任电子学组副组长，加入中国共产党。

6 月，全国展开揭露、批判、清查"胡风反革命集团"运动，南京统战部的人来京调查杨宪益解放前与外国大使馆人员的来往情况，与特务、古董商李超凡的交往经历，杨宪益成为"内控人物"。

7 月 1 日，中共中央发出《关于开展斗争肃清暗藏的反革命分子的指示》，"肃反"运动开始。8 月 25 日，又发出《关于彻底肃清暗藏的反革命分子的指示》。杨宪益成为可疑分子，作协开会时已经接到入场券的杨宪益被迫交回入场券，心情极为沮丧。去北戴河度假，也被要求中止，因此很难过。

10 月，刘尊棋被停职审查。22 年前的一张旧报纸《北平晨报》摆在他的面前，报上有他"自己"宣布退党反共的启事。他被降为普通翻译使用。

8 月 1 日，邹霆因与"胡风集团"四大骨干之一的路翎的特殊关系被划为"胡风分子"，被关进北京草岚子胡同政治犯监狱两年半。1957 年又成为右派分子，至1960 年，没有工资收入，杨宪益经常接济他。不管在什么样情况下，邹霆每次到北京杨宪益家中，都会受到友好热情的款待，两人的友谊维系了半个多世纪。

杨宪益赴郊区参观五四营时，与《旅行家》杂志主编彭子冈相识，于是应约为《旅行家》撰写《竹子》《菊花》等花卉方面文章三十多篇。

杨宪益发表《纪念世界文化遗产的伟大代表》，《世界知识》1955 年第 7 期。

外文出版社改为外文出版局，《中国文学》并入外文局。杨宪益一家由东城区的南河沿迁到西城区的百万庄外文局专家楼。《中国文学》译者有杨宪益、戴乃迭、沙博里、叶君健、洪楚贤、唐笙、章苏、喻璠琴、孙国臻、宋缓荃等人。

杨宪益、戴乃迭赴庐山游览。

杨苡翻译的英国女作家艾米莉勃朗特的《呼啸山庄》，由平明出版社出版，1980、1990、1992 年等多次再版。

1956 年，42 岁

是年，杨宪益、戴乃迭出版译作《渡荒》（白危著）、《鲁迅选集》（1）、《打杀渔家》（京剧）、《柳荫记》（川剧），外文出版社。

杨宪益发表译作杨朔《三千里江山》节选,《中国文学》1956年第3期。

杨宪益发表《扇子》,《新观察》,1956年第12期。所译萧伯纳《匹克梅梁》《凯撒和克莉奥配特拉》,收入人民文学出版社《萧伯纳戏剧集3卷》。

1月,刘尊棋被定罪:"叛变出狱、军统特务,同时还为美帝国主义服务"。两年后被开除党籍,撤销行政职务,遣送到北大荒劳改。文革中被捕入狱。1975年出狱,1978年平反。刘尊棋是杨宪益的伯乐,心中的英雄,他那"把千万种屈辱吞到肚里,最终挺起腰杆做人"的一生,杨宪益视为楷模[1]。

2月14日,苏共二十次代表大会召开。2月24日,大会闭幕。这天深夜,赫鲁晓夫突然向大会的代表们作《关于个人崇拜及其后果》的报告,全面否定斯大林。中国开展"九评"苏共,指责赫鲁晓夫为首的苏共为"修正主义叛徒集团"。

3月14日,杨宪益在《光明日报》专刊《文字改革》发表《对〈汉语拼音方案草案〉的意见》,拥护这个方案,希望早日公布实行。同时提出质疑:一、补充的五个新字母是否必要?为什么一定要一个音素只用一个字母呢?二、为什么不就把"代用式"作为"正式"呢?三、如果说,用zh,ch,sh,ng代替一个音素不好记,我认为恐怕不然[2]。

7月,罗沛霖调二机部第十局任副总工程师兼科研处处长。

7月26日,杨宪益在《人民日报》发表《萧伯纳——资产阶级的解剖家》。

杨宪益、戴乃迭任《中国文学》翻译、专家。《中国文学》主编最初为茅盾,同事中有叶君健、萧乾、李荒芜等人。

是年,看文艺演出时,杨宪益与刘少奇握手交谈。

杨宪益发表《竹的故事》,《旅行家》,1956年,总3期。《花生》,《旅行家》,1956年,总17期。《竹的故事》四十年后被《大学语文》选用。

杨苡带着赵蘅、赵苃赴民主德国与赵瑞蕻团聚。

1957年,43岁

是年,杨宪益、戴乃迭出版译作《鲁迅选集》(2)、《儒林外史》(吴敬梓)、《牧歌》(古罗马维吉尔著)、《中国古代寓言选》、《杜十娘怒沉百宝箱——宋明平话选》、《三里湾》(赵树理)《十五贯》(昆曲)、《白蛇传》(京剧),外文出版社。

杨宪益、戴乃迭翻译《早期神话故事选》,《中国文学》1957年第4期。

---

[1] 雷音:《杨宪益传》,自印本,第四章,总第73节《受难者刘尊棋》。
[2] 载《汉语拼音方案草案讨论集 第1辑》,文字改革出版社,1957年1月。

此年《中国文学》的译者有杨宪益、戴乃迭、沙博里、叶君健、洪楚贤、唐笙、章苏、喻璠琴、孙国臻、宋缓荃。编辑计划是介绍中国人民在解放事业中所作的英勇斗争,中国人民为建设社会主义社会和争取世界和平所作的辛勤努力,介绍我国在毛泽东的文艺方正指导下的文艺创作经验和文艺理论,介绍我国整理文学遗产的成果,使国外读者重新认识中国的文化传统。

3月9日,杨宪益在《人民日报》发表《漫谈加纳》。

3月13日,杨宪益在《人民日报》发表《国王的新衣》。

3月16日,杨宪益在《人民日报》发表《关于埃及的两段故事》。

杨宪益作诗《一九五七年四月》:"入春三月尚冬寒,晓雾迷茫雪里看。应是东风吹未透,鸟鸣花放总艰难。"自注:"当时正值号召整风,鼓励大家鸣放,予作为民主党派代表,亦是积极分子,不料有引蛇出洞之意,导致反右运动。第三句原作是'应是人间阴气重',有朋友认为不妥,改为今句。"

4月2日,杨宪益在《人民日报》发表《关于"白猿传"的故事》。

杨宪益发表《古代罗马帝国的天才诗人奥维德》,《文汇报》,1957年第20期。

自4月至8月初,中央统战部连续召开多次会议,鼓励各民主党派和无党派人士多提意见,帮助整风。杨宪益多次参会,基本不发言,不表态。

罗沛霖任国家科委计算技术专业组和无线电技术与制造专业组副组长,5月随同刘寅访问苏联,10日随聂荣臻率领的科学技术代表团访问苏联。

6月8日,中共中央发出组织力量反击右派分子进攻的党内指示,同日《人民日报》发表《这是为什么?》的社论。全国规模的疾风暴雨式的反右派斗争猛烈地开展起来,直到次年夏才基本结束。杨宪益应邀前去聆听毛主席关于我国社会的各种矛盾以及意识形态问题的讲话。外文出版社经过"鸣放""反右""整改""思考总结、下放锻炼"等历时14个月的反右运动。

7月30日,人民日报发表《冯亦代阴谋篡夺外文出版社》,宣布将《中国文学》编辑部副主任、民盟支部主任委员冯亦代划为右派。冯亦代晚年出版《悔余日记》,承认自己曾为了立功到章伯钧家当卧底的事。

当年重庆"二流堂"成员吴祖光、丁聪、黄苗子、戴浩、高汾等人被打成"右派",经常与吴祖光来往也被打成"右派"的影剧界年轻人杜高、田庄、陈敏凡等人,就被定为"'二流堂'小家族"。文革中,"二流堂"被打成"反革命的裴多菲俱乐部",许多成员遭到迫害摧残。

杨宪益规划写五部历史小说:《赤眉军》《黄巾》《篝火狐鸣》(陈胜、吴广起义)《长生人》(孙恩起义)《冲天大将军》(黄巢)。是年,中篇小说《赤眉军》由中国少年儿童出版社出版。创作的《黄巾起义》没有通过审查,作废,从此不再写作历史小说。

是年,杨苡以大女儿赵蘅为小主人公的小说《北京——莫斯科》在《人民文学》上发表,预示着能够进行儿童文学的创作。

11 月 13 日,《人民日报》发表社论,提出了"大跃进"的口号。

1958 年,44 岁

是年,外文出版社出版杨宪益、戴乃迭合译的英译本《汉魏六朝小说选》、《关汉卿杂剧选》、《搜书院》(粤剧)、《秦香莲》(平剧)等。

是年,杨宪益、戴乃迭出版译作《阿诗玛》、《汉魏六朝小说选》、《不怕鬼的故事》(六朝至清朝志怪小说选)、《中国古典文学简史》(冯沅君、陆侃如)、《中印人民友谊史话》(金克木)、《大林和小林》(张天翼)、The Forsaken Wife(Pinchu Opera),外文出版社。

杨宪益、戴乃迭翻译《新民歌》43 首,《中国文学》1958 年第 6 期。

是年,《中国文学》改为双月刊,茅盾的编辑方针是:主要对象是东南亚读者。杨宪益着手翻译司马迁《史记》。编辑部下设编辑组(中文)、英文组。编辑组由中国作家协会派出的何路兼管,英文组由唐笙担任组长。

何路(1922—1993),女,河南睢县人,1938 年赴延安,延安鲁艺毕业生,周扬曾教过她。曾任中学教师,1945 年在哈尔滨文工团任团长,解放后任《人民文学》评论组长、中国作协创委会研究室干部,1957 年因思想右倾被迫离开作协。此后一直在《中国文学》工作,历任编辑部主任、副主编、社长,与杨、戴共事时间最长。

唐笙(1922—2016),女,上海市人,英国剑桥大学硕士学位。曾任联合国总部同声传译员。1951 年回国,曾多次为周总理、陈毅副总理担任翻译。历任国际新闻局编辑,《中国文学》杂志社英文组组长、编委、副总编辑、联合国总部口译处中文组组长、国务院参事,译作有《春风沉醉的晚上》《潘先生在难中》《李双双小传》等。2012 年 12 月 6 日,被中国翻译协会授予"翻译文化终身成就奖"荣誉称号。

1 月 19 日,杨宪益发表《鹧鸪天・下乡劳动》:"脱却青衫著短衣,下乡劳动及农时,平原低湿须排涝,沃野荒芜好积肥。争改造,莫狐疑,古人学稼有樊迟。三年锻炼强筋骨,陌上花开缓缓归[①]。"

5 月 5 日—23 日中共八大二次会议举行。会议正式通过"鼓足干劲、力争上游、多快好省地建设社会主义"总路线。会后,"大跃进"运动在全国展开。

---

① 《光明日报》文艺部编:《〈东风〉旧体诗词选》,光明日报出版社,1985 年 9 月。

8月,北戴河会议召开。会后,全国很快掀起大炼钢铁和人民公社化运动的高潮,以高指标、瞎指挥、浮夸风和"共产风"为主要标志的"左"倾错误严重泛滥开来。

9月1日,《人民日报》发表《徐水人民公社颂》,宣布徐水将要发射的"高产卫星":小麦亩产12万斤;白菜1棵500斤;皮棉亩产5000斤。

杨宪益在政治学习时,对此表示怀疑,对新生的人民公社也有微词,均被人作为"资产阶级分子"反对三面红旗的言论记录在案,文革中上了批判杨宪益的大字报。

杨宪益、戴乃迭一天工作十几个小时,怀着超常的工作热情,超负荷地工作,用十天时间译完鲁迅的《中国小说史略》。翻译这些作品没有任何报酬,也不享有版权。

秋天一个上午,上面来了两个干部,要求杨宪益利用夫人是英国人的特殊条件,了解外国驻华使领馆官员、在华工作的外国专家和侨民的思想动向,及时向组织汇报。经有关部门安排,杨宪益把家搬到东城区北新桥八宝坑胡同的一个二进四合院。院落宽敞,花木葱茏,果实飘香。为了保证杨宪益开展社交、宴请、招待各方客人,有关方面还提供了充足的鸡、鸭、鱼、肉、黄油、奶酪、巧克力等食品,还有咖啡、名烟、名酒等。三年后,杨宪益情报业绩不佳,于是又搬回原来住所①。

杨宪益在农忙季节随其他人一起下乡帮助收割庄稼。还到十三陵水库工地参加义务劳动了十天,挖土,推独轮车,干劲冲天,晚上累得连粥碗都端不起来。

罗沛霖担任中国第一台超远程雷达的研制领导小组副组长。

1959 年,45 岁

是年,《中国文学》改为月刊。外长陈毅批示,要把《中国文学》办成高级刊物,把中国最高的文学艺术介绍到国外去。陈毅说"艺术是高明的政治,是最强的意识形态",希望《中国文学》能够不强加于人,起到潜移默化的作用。

杨宪益、戴乃迭出版译作《鲁迅选集》(3)、《中国小说史略》(鲁迅)、《地心游记》(法国凡尔纳著)、《宝葫芦的秘密》(张天翼),外文出版社。

杨宪益、戴乃迭翻译《春》(李大钊)、《西藏抒情诗》,《中国文学》1959 年第 5 期;《夜》(Fou Chou),《中国文学》1959 年第 5 期;田间诗歌《少女颂》,《中国文学》1959 年第 6 期;Brides Galore(川剧),《中国文学》1959 年第 7 期;The CLoud Maiden(Yang Mei—ching),《中国文学》1959 年第 8 期;《论文学和艺术》(鲁迅),

---

① 杨宪益著,薛鸿时译:《杨宪益自传》,人民日报出版社,2012 年 10 月,第 232 页。

《中国文学》1959 年第 9 期;《青春的闪光》(刘白羽,散文)、Our Party and Our Reader(Han Pei-ping),《中国文学》1959 年第 11 期,赵树理《新食堂里忆故人》,《中国文学》1959 年第 12 期。

杨宪益发表《儒勒·凡尔纳的科学幻想小说》,《世界文学》,1959 年第 5 期。《荷马史诗——〈伊里亚特〉和〈奥德赛〉》,《世界文学》,1959 年第 12 期。

是年,杨宪益与闻时清合译的儒勒·凡尔纳的《地心游记》,由中国青年出版社出版。杨宪益与同事们一起参加建设人民大会堂的工作。

是年,杨苡的《自己的事自己做》,由少年儿童出版社出版。杨苡创作《成问题的故事》和《电影院里》,后来遭遇无端的批判。

1960 年,46 岁

是年,应中宣部副部长周扬的要求,杨宪益被中国科学院哲学社会科学部外国文学研究所借用一年,翻译荷马史诗《奥德修记》、法国古典史诗《罗兰之歌》等。此前,杨宪益曾在《世界文学》上发表长文《荷马史诗——〈伊利亚特〉和〈奥德赛〉》

杨宪益、戴乃迭出版译作《阿 Q 正传》,外文出版社。

杨宪益、戴乃迭翻译《牡丹亭》(汤显祖),《中国文学》1960 年第 1 期;《晚唐传奇选》(裴铏),《中国文学》1960 年第 3 期;《诗二首》(殷夫),《中国文学》1960 年第 5 期;《反帝斗争的连锁反应》(郭沫若),《古巴,我给你捎句话》(萧三)、《加纳比海一枝花》(袁水拍)、《为"诗歌号"飞机送行》(郭小川);《长征轶事》,《中国文学》1960 年第 7 期;《中国文学》1960 年第 8 期;《致刚果人民诗》(闻捷),《中国文学》1960 年第 10 期;《早啊,非洲,新的非洲》《致阿尔及利亚》(李野光),《中国文学》1960 年第 11 期;《海市》(杨朔)、《革命烈士诗选》(恽代英、邓中夏、李少石、黄诚、陈然等),《诗二首》(Li Yeh-kuang),《中国文学》1960 年第 12 期。

戴乃迭翻译《上甘岭》(陆柱国),《中国文学》1960 年第 9 期

《牡丹亭》英译本刊出后,立即引起英美汉学家的关注,美国以此为底本编排了戏剧,唱词、诗词、对白的翻译基本上照搬。

《中国文学》刊登了一组反美斗争的文章,引起外国读者强烈的反映。从读者来信中得知,尤其是《太阳照在桑乾河上》《李家庄的变迁》《屈原》《离骚》《阿 Q 正传》和鲁迅的作品,很受各国读者的喜爱。他们说,这些作品对于他们"具有极大的吸引力和感染力量",使他们"深受感动","同中国人民更加接近了",并增加了他们"对于中国悠久的历史文化的热爱与研究的兴趣"。许多国家的报纸和文学刊物发表评论赞扬上述作品或加以转载。不少国家的出版社和读者要求译成本国语言出版,有的

在电台上广播,有的来信报告《屈原》在当地上演和受到观众欢迎的盛况①。

国家处于困难时期,杨宪益有二等特供,对此特权并不喜欢;戴乃迭要求减薪,饭桌上出现窝窝头,一周只见到一次红烧肉②。

7月,中国作协第三次理事会召开,杨宪益是常务委员受到邀请。在召开前夕,被要回入场券,说他不必参加,没有解释理由。杨宪益极为沮丧。专家待遇被取消,变成一般翻译,党的会议不能参加。杨宪益被称为漏网派,受到公开的批判。他成了"政治可疑分子",痛苦不堪③。是年,赵蘅报考中央美术学院附中,住在杨宪益家。

吴旸、陈丹晨、甘树森、朱靖华调入《中国文学》杂志社。外文局调进二百多复员军人,多数为文盲、小学、初中生,社长罗俊竟异想天开地打算把这些人培训成翻译人才,杨宪益负责培训其中三位,这些人后来成为文革中造反派主力军。

是年,戴乃迭提出回国探亲,外文局以种种理由不批。

10月,社长罗俊发起书刊"检查运动",发现有问题的书刊114部,全部销毁,其中有四人被关押坐牢,有不少人被撤职、劳改、下放劳动。山东大学冯沅君、陆侃如编写的《中国古典文学简史》模仿苏联《联共党史》,每一章末尾都整段整篇地抄录领袖语录,杨宪益认为不符合外国读者阅读习惯,征得编辑同意,把这些附录全部删除。编辑陈次园被定为反革命分子,立即发配农村劳动改造,此书英译本统统销毁。对于杨宪益,上报的处理意见是逮捕,外文委没有批④。

杨宪益在今年《电影艺术》第五期发表《科学幻想片中卓越的成就——评捷克斯洛伐克故事片〈毁灭的发明〉》。

1961年,47岁

春天,杨宪益写了四首诗,为反对斯大林的赫鲁晓夫辩护,并反对支持阿尔巴尼亚恩维尔霍查。此前,外文局的一些外国专家因支持赫鲁晓夫,被迫离开中国。杨宪益有意在办公室让年轻同事阅读这四首诗,大部分人没有说什么,支部女书记何路偶然看到后非常吃惊,令人抄录一份存档,数年后成为杨宪益的罪证。

杨宪益完成《史记》翻译工作,开始翻译《红楼梦》。

杨宪益、戴乃迭出版译作《鲁迅选集》(4)、《故事新编》(鲁迅)、《红旗谱》(梁斌),外文出版社。

---

① 郑晔:《国家译介:〈中国文学〉(1951—1964)的生产》。
② 赵蘅:《宪益舅舅百岁祭》,北方文艺出版社,2015年2月,第14页。
③ 杨宪益著,薛鸿时译:《杨宪益自传》,人民日报出版社,2012年10月,第233—234页。
④ 雷音:《杨宪益传》,自印本,第五章,总第82节《差一点被逮捕》。

杨宪益、戴乃迭出版译作《英汉对照:老残游记》,香港复兴出版社。

杨宪益、戴乃迭翻译《西沙群岛诗四首》(柯岩),《中国文学》1961 年第 1 期;Life Beckons-In memory of Felix Mournie,杨朔,《中国文学》1961 年第 2 期;Books Written in Blood-on reading No Answer from Cell 7,刘白羽,《中国文学》1961 年第 2 期;《诗二首》(pao Yu-tang,《中国文学》1961 年第 3 期;《林则徐》(叶元电影剧本),《中国文学》1961 年第 4 期;《诗选》(陈毅),《中国文学》1961 年第 8 期;The Faithless lover ,(川剧)、《评雪辨踪》(平剧)、《长江三日》(刘白羽),《中国文学》1961 年第 10 期;《登峨眉山》(徐迟),《中国文学》1961 年第 11 期;Strange Encounter in the Northern Capital ,《中国文学》1961 年第 12 期。

杨宪益发表《观看昆曲〈李慧娘〉观后感》、《拉郎配故事的来源》,《剧本》1961 年第 10 期。《古希腊抒情诗选》,《世界文学》,1961 年第 1 期。

夏天,在给周总理写信后,戴乃迭带着杨炽回英国探亲。这是自 1940 年以来首次回国,给母亲过八十大寿,在英国住了近三个月。她为新中国作一名民间大使,在英国期间,为当地团体做过好多场令人印象深刻的讲话,还利用富余时间,为大家讲述她在中国为人妻、为人母的经历,以及中国解放后在儿童福利、保健和教育方面的发展。不过,她还希望给同事们一个回家后仍是无产阶级的印象。因此,她决定到一家工厂工作。当地的就业介绍所为她找到一份工作,在米尔山的博塞与霍克斯乐器厂做皮革加工。她在那家工厂没发现什么革命的热情,有点失望。跟她一起工作的一位年轻女士是共产党员。然而,那位女士最关心的却是自己即将到来的巴黎假期。①"

是年,罗沛霖转任三机部第十总局第二工业局局长,又转任副总工程师。和杨宪益一起看望任政协全国委员会秘书长徐冰。

《鲁迅选集》英译本在西方产生较大影响。美国一位读者来信说:"鲁迅通过文学,抨击了封建社会,《鲁迅选集》特别有价值。"新加坡《阵线报》在评论鲁迅作品时指出:"鲁迅所走过的革命的胜利的道路,正是今天我们文艺工作者、知识分子要走的正确道路。"美国作家摩阿说:"鲁迅的作品是我读过的书中最动人最有力的作品之一,作者以精细的描写,揭示了旧社会的生活内幕,生动地表现了种种社会情况,唤起人们认识到有改变的可能,但又没有提出虚假的希望,这些故事是革命文学的典范,写得漂亮,人生道上的同情和精明的描绘并没有给人以失败的感觉,而是巧

---

① 希尔达:《我的妹妹戴乃迭》,杨宪益主编《我有两个祖国——戴乃迭和她的世界》,广西师范大学出版社,2003 年 9 月,第 144—145 页。

妙地给人以力量。"[①]

是年,杨烨成绩优异,热情好学,酷爱体育,擅长长跑,曾获北京市长跑第九名,曾任班长,报考北京大学物理系、清华大学数学系,分数达线,因政治审查没通过,没有录取。后来被刚建校不久的北京工业大学电机系录取,很沮丧。上大学后,他又被选为班长,并成功入团。

1962 年,48 岁

是年,杨宪益、戴乃迭出版译作《刘三姐》(八幕话剧)、《赤壁战鼓》(七幕话剧),外文出版社。

是年,杨宪益、戴乃迭翻译《诗三首》(Chen Hui),《中国文学》1962 年第 2 期;《杜甫传》(冯至),《中国文学》1962 年第 4 期;《诗六首》(鲁特夫拉木太立夫),《中国文学》1962 年第 6 期;刘勰《文心雕龙》节选(包括《神思》《风骨》《情采》《夸饰》等篇),《中国文学》1962 年第 8 期;《守财奴》(以 Chen Ting-yu),《中国文学》1962 年第 9 期;《诗十二首》(田间),《中国文学》1962 年第 10 期。

《中国文学》改组,王朝闻、叶君健、何其芳、何路、余冠英、茅盾、唐弢、华君武、钱锺书等美术评论家、作家、画家、文学史专家进入编委会。

多年来,杨宪益以各种方式帮助处于困境中的邹霆一家。

是年,罗沛霖担任中国电子学会常务理事兼副秘书长,聘为北京工业学院重点进修导师。

1963 年,49 岁

是年,杨宪益、戴乃迭翻译 By My Window(刘白羽散文),《中国文学》1963 年第 3 期;White Herons and Sunlight Cliff(Ho Wei),《中国文学》1963 年第 5 期;《诗品》(司空图),《中国文学》1963 年第 7 期;《诗十六首》(Lu Yu),《中国文学》1963 年第 8 期;《诗九首》(臧克家),《中国文学》1963 年第 9 期;《白光》《长明灯》(鲁迅),《中国文学》1963 年第 11 期。

是年,英国汉学家詹纳尔任外文出版社翻译,翻译溥仪的自传《我的前半生》,并开始将《西游记》翻译成英文。他与妻子狄丽亚,一起成为杨宪益家的常客。一些外国来的记者、学者常到杨家,人来人往,杨家被戏称为"杨家黑酒店"。

---

① 廖旭和:《把中国文学精品推向世界》,载《中国外文局五十年回忆录》,新星出版社,1999 年 3 月,第 436—437 页。

是年,第四机械工业部成立,罗沛霖任科技司副司长。年底,应古巴政府邀请,赴古巴协助规划古巴电子工业建设。三个月后回国。

为纪念曹雪芹逝世200周年,学术界掀起研究《红楼梦》热潮,外文出版社决定将翻译《红楼梦》的任务交给杨宪益、戴乃迭。

是年,杨宪益、戴乃迭把唐代司空图的《二十四诗品》译成英文,请钱锺书指正,钱只提了一点小意见。

杨敏如作为民盟成员参加中央统战部双周座谈会,徐冰把杨敏如介绍给李维汉、平杰三说:"这是杨敏如,她的哥哥杨宪益是我们的老朋友,翻译了很多的书。"①

9月,《中国文学》编辑部改为《中国文学》杂志社,外文出版社升格改组为外文出版发行事业局。

1964年,50岁

是年,杨宪益、戴乃迭发表译作《白色的海》(N. Sayntsogt)、《战国策选》《中国文学》1964年第1期;《诗六首》(殷夫),《中国文学》1964年第4期;《狙公》《卖柑者言》(刘基),《中国文学》1964年第4期;《河北一个村庄》(何其芳),《中国文学》1964年第6期;《诗八首》(鲁迅)、《红楼梦》选译(18、19、20、32、33、33、34、74、75、77回),《中国文学》1964年第7期;《红楼梦》摘译,《中国文学》1964年第8期;《芦荡火种》(样板戏),《中国文学》1964年第9期;Young Folk in a Remote Region(吴玉萧),《中国文学》1964年第11期.

杨宪益得悉,早已经交稿的《史记》英译本不准出版。后来,此书稿被一位编辑私下送到香港出版。

杨宪益发表《奥德修纪》,《世界文学》,1964年第5期。

杨苡的《今天我作值日生》,由少年儿童出版社出版。

罗沛霖当选第三届全国人大代表,6月率团赴英国、瑞士参观考察。

美国人戴安娜·拉瑞第一次到达北京,拜访戴乃迭,受到热情款待。三十多年后,又到访,还是受到热情的接待。两人一起多次到北大看望在此任教数十年的美国教授鲍勃·温德,戴乃迭每次都耐心地安慰这位年近百岁、喜怒无常的老人②。

---

① 冉淮舟《罗沛霖传》,中国青年出版社,2016年2月,第165页。
② 戴安娜·拉瑞《怀念戴乃迭》,杨宪益主编《我有两个祖国——戴乃迭和她的世界》,杨苡译,广西师范大学出版社,2003年9月,第162—166页。

1965 年,51 岁

是年,杨宪益、戴乃迭发表译作 Pillar of the South(Tsao Johung),《中国文学》1965 年第 2 期。《诗十一首》(Lu Yu)、《红灯记》,《中国文学》1965 年第 5 期;《诗三首》(Liu Chen),《中国文学》1965 年第 6 期;Childhood Dreams(Sun Yutien),《中国文学》1965 年第 6 期;East Flows the Mighty Yangtze(Sha Pai),《中国文学》1965 年第 8 期;《诗四首》(Liang Shang-chuan),《中国文学》1965 年第 10 期;Friendship Power station(Chi Chi-kuang)、A New Worker(Wang Fang-wu),《中国文学》1965 年第 12 期。

11 月 10 日,上海《文汇报》发表姚文元的《评新编历史剧〈海瑞罢官〉》,点燃了文革的导火索。

杨宪益被迫停止翻译《红楼梦》,已有译作也不再印刷出版。

杨苡被派到农村参加"四清运动"。

罗沛霖参加北京电子管厂四清工作队,任党委委员、副队长,次年 5 月回机关参加文化大革命。

是年,邹霆被湖南湘剧团解聘,回到北京,再次失业。经朋友帮忙,他到中学教英语,周末常去杨家请教英语问题,以自己的种种遭遇安慰杨宪益。

1966 年,52 岁

是年,杨宪益、戴乃迭翻译《明朝散文四篇》,《中国文学》1966 年第 2 期;《诗四首》(Chang Yung-mei),《中国文学》1966 年第 3 期;《诗二首》(Lu Chi)、The Girl Driving Yaks(Fou Chou)、The Hammer Forged With Blood(Chi Chi-kuang),《中国文学》1966 年第 6 期。

是年,杨宪益、戴乃迭出版翻译《赤壁战鼓》,外文出版社。

2 月初,江青在林彪的支持下,在上海召开部队文艺工作座谈会。这次座谈会的《纪要》,认定文艺界被一条"反党反社会主义的黑线专了我们的政",号召要"坚决进行一场文化战线上的社会主义大革命"。

4 月,杨宪益、戴乃迭等外文局专家赴湖南韶山参观毛泽东故居。

4 月,戴乃迭根据领导要求,把《林彪同志委托江青同志召开的部队文艺工作座谈会纪要》翻译成英文,在译文最后加上批语:"这篇纪要是违反马克思主义的,中国人可以掘自己的祖坟,可是在中国的对外刊物上掘外国人的祖坟(按:指纪要把西方文艺都打成'资产阶级文艺黑线'),这样的做法在对外宣传中是非常愚蠢的①。《中国文学》杂志社领导见到后,大惊失色,决定删除这个批语,并约定不对外公开此事。

4月16日,《北京日报》发表《关于〈三家村〉和〈燕山夜话〉的批判》。杨宪益读后,想起自己在该报曾发表一篇《说龙》的文章,引用"叶公好龙"典故,讽刺某些口头革命派。杨宪益在政治学习时主动自我批判,认为自己这一篇文章也有问题,属于"毒草",请求大家批判。

5月16日,中共中央发出关于开展"文化大革命"的通知。

6月,文化大革命爆发,外文局局长罗俊成为头号"走资派",宪益成为外文局第一号"罪人"、第一个"牛鬼蛇神"、"修正主义分子"、"反革命分子",受到愤怒的声讨,大字报贴满了外文院的每一座大楼的墙壁②,一度精神惶恐,思绪混乱,产生幻听和妄想等精神分裂症的症状,持续半年多时间,终于被他自救。他被游街示众,三天一小斗,二天一大斗。他被勒令打扫厕所,派到后院大食堂去干活,到垃圾堆里拣煤核,运送煤渣等粗活。

四机部两个院子里贴满了揭发批判罗沛霖的大字报。北京师范大学中文系贴出的第一号《勒令》,限令杨敏如立即交代反动出身、反革命罪行,大字报贴到了校门口,《百丑图》上杨敏如的漫画像戴着硕士帽,帽子上拴着钱。晚上,罗沛霖对杨敏如说,无论怎样,决不能自杀,不可和红卫兵对立③。后来,杨敏如一家被拆散,罗昕夫妻去了四川青川县,罗晏去了甘肃武功。杨敏如去了山西临汾,罗沛霖去了河南叶县。七十岁的老母亲顶着沉重的资本家的帽子,被罚在北京扫大街。

自8月到11月,上千万全国各地的红卫兵赴北京,受到最高领袖在天安门广场接见。

8月24日,杨宪益的朋友、作家老舍因不堪忍受红卫兵的暴力批斗,在北京太平湖投湖自尽。杨宪益得知后,要求亲友不准在戴乃迭面前提此事。

是年,杨苡在南京师范学院受到批斗、折磨,被咒骂"顽固不化""不齿于人类的狗屎堆""外语系的老大难""老反革命""狼子野心,何其毒也",译作《呼啸山庄》被诬宣扬阶级调和论,写过的儿童文学作品被称大毒草,诬蔑新中国儿童。靠边站六年后,宣布解放,下放中学。

9月12日,戴乃迭等外国专家到天津解放军驻地听取战士们总结学习领袖著作的经验。

---

① 雷音:《杨宪益传》,自印本,第五章,总第89节《一石激起千层浪》。
② 杨宪益著,薛鸿时译:《杨宪益自传》,人民日报出版社,2012年10月,第248—249页。
③ 冉淮舟:《罗沛霖传》,中国青年出版社,2016年2月,第160—161页。

11月16日,杨宪益、戴乃迭等专家们赴郊区丰台黄土岗村与农民们同吃、同住、同劳动、同学习。杨、戴住在姓宋的农民家里,彼此建立了深厚的感情。劳动结束后很长一段时间,戴乃迭经常带着礼物,独自一人骑着自行车到黄土岗村看望老宋一家,直至被抓进监狱。

杨、戴参加集会,捐款支持越南、巴勒斯坦人民反抗侵略斗争。

1967 年,53 岁

1月,外文局领导层换班,许多老领导受到冲击,造反派"群众"夺了大权。

杨烨自费购买了一台油印机,自费印刷宣传文革的材料。杨烨和一帮红卫兵受国务院秘书长周荣鑫委托,到南京调查两派(好派、屁派)群众组织情况。杨烨在大学播站每天卖力地宣传文化大革命。

9月初,戴乃迭等人赴延安、大寨参观。

福建诗人蔡其矫因三篇散文,受"三家村"株连,成为"黑帮",在福州被关进"牛棚",在一堆发霉的旧报刊上发现杨宪益、戴乃迭翻译的司空图《诗品》,萌生了用现代诗翻译《诗品》的想法,在不自由的日子秘密写下初稿[1]。

9月30晚上,戴乃迭应邀出席国庆招待宴会。

10月1日国庆节,戴乃迭出席观礼活动,在观礼台上看到游行队伍中有杨烨和杨荧。次日赴效区帮助农民割芹菜,受到农民们的尊敬。

杨宪益牙病发作,疼痛难忍,不敢到正规医院治疗,由邹霆帮助在十公里外的米市大街找到一位留学日本归来的叶姓牙医镶假牙,然后假装买一盆花回到单位宿舍。

外文局的工作组换成军代表,《中国文学》杂志社的同事写了一张欢迎军代表的大字报,并纷纷在上面签名,杨宪益也要签名,被当场止住,杨宪益失声痛哭。

12月,杨烨被分配到偏远的湖北省鄂城县锻压机床厂当技工。鄂城县位于长江边,小且闭塞。杨烨的外国人面孔一出现,当地人很吃惊,以为他是外国人。杨烨又因一人横渡长江在当地被广泛知晓,一些年少的爱好者视他为游泳健将,与他结为朋友,一起游泳,还曾组织几次集体"水上长征"活动——长途放木排,远距离漂流。他乐于助人,曾帮助师傅拉煤。就是当地女青年没人愿意和他谈恋爱,因为他太像外国人。

---

① 蔡其矫:《司空图〈诗品〉今译》,河北人民出版社,1979 年 11 月,第 1 页。

1968 年,54 岁

春节,戴乃迭到郊区为农民拍了许多照片。

3 月 12 日,新华社报道,兰州公安局"破获"一起"英国间谍案"。《人民日报》于同日发表评论员文章《坚决打击敌特间谍分子,巩固我国无产阶级专政》。江青发表讲话,必须警惕外国间谍,于是一批在华外国专家被捕入狱,接受审查。

杨宪益应邀观看文艺节目,与戴乃迭、孩子同去,前面正好是周恩来,周发现后想与杨宪益打招呼,杨扭头装作没看见。事后,挺后悔[①]。

3 月 24 日,戴乃迭骑自行车赴郊区帮农民干活,除草、割韭菜,几家争着请她到家中吃午饭。

戴乃迭寄给伦敦朋友一封信,里面有领袖一首内部发表的诗、几句未公开的最高指示。此信件被截获,于是有关方面决定逮捕杨、戴二人[②]。

4 月初,四个香山外文局外语培训班的女学员以造反派的名义强行住进杨宪益家客厅。

4 月 27 日晚上十一时左右,喝点酒正准备睡觉的杨宪益被人叫到外文局办公室,解放军宣布奉北京市军管会命令,将其逮捕,并送往北京半步桥看守所。两个小时后,戴乃迭也被逮捕,投进监狱。

次日,时任外文局英文组组长熊振儒(1938—)是个有心人,把杨宪益办公桌上的《红楼梦》译稿用报纸包好、收好,躲过一劫。

周末,邹霆带着杨宪益想要的一本河南"二七公社"编辑的《鲁迅语录》到杨家拜访,大院门卫对他嚷道:"杨宪益出远门了。你快回吧,快走!"邹霆很吃惊,意识到出事情了。过了几天,他让儿子与杨宪益小女儿杨炽联系,才知道真相。

杨宪益曾作《一九六八年四月下旬某夜遭逮捕,口占一律》:"低头手铐出重围,屏息登车路向西。开国应兴文字狱,坑儒方显帝王威。官称犯罪当从罪,君问归期未有期。同席囚徒早酣睡,屈身挤卧醉如泥。"

5 月,罗沛霖、杨敏如被隔离审查、折磨。

赵瑞蕻在南京大学"批黑诗唱红诗"大会上遭批斗。

是年,杨烨写信,请妹妹杨炽寄些书来。寄来的书籍要经革委会检查,竟然查出一本摩尔斯密码小册子。杨烨中学时是长跑健将,曾参与"国防体育运动",学习发报、练习跳伞等活动,这是当时用过的东西。当地人没见过世面,断定这本摩尔

---

① 雷音:《杨宪益传》,自印本,第七章,总第 93 节《清洁工和运煤工》。
② 雷音:《杨宪益传》,自印本,第六章,总第 94 节《被捕》。

斯密码是杨烨当间谍嫌疑的铁证。父母被捕后,杨烨在鄂城锻压机床厂被当成特务的儿子,受到批斗,遭到耻笑、谩骂。杨烨每月工资 43.5 元,自己留 20 元,其余寄给没有生活来源的两个妹妹。杨烨常去游泳,从江南游到江北,再游回来,以此舒缓心中的忧郁。

自 4 月收到戴乃迭信件后,希达尔再也收不到妹妹的信件,戴乃迭娘家一家人感到事出有因。9 月,才得知妹妹被捕的消息。老母亲给中国领袖写了一封信,没有回音。

8 月,"二流堂"遭到重新审查。黄苗子、郁风、夏衍、吴祖光、唐瑜、盛家伦、阳翰笙、叶浅予、丁聪、冯亦代、潘汉年、华君武等著名艺术家均受到迫害。冯亦代被打成"美蒋特务""反革命修正主义分子"等,下放到湖北沙洋劳动,从事沉重苦役,双脚变形,得脑血栓,落下左上肢和下肢行动困难的伤残。

12 月 22 日,《人民日报》发表毛泽东的指示:"知识青年到农村去,接受贫下中农的再教育,很有必要。"全国掀起知识青年上山下乡的高潮。

1969 年,55 岁

1 月 10 日,在"清理阶级队伍"批斗中,《中国建设》杂志社总编室主任方应旸(1925—1969)自杀身亡。3 月 12 日,《中国建设》副总编辑、柳亚子女儿柳无非丈夫陈麟瑞(1905—1969)自杀身亡。他们都是杨宪益的朋友。文革中被揪斗、关押的外文局专家、干部有二百多人,其中 23 人自杀(《中国外文局五十年大事记》)。

审讯杨宪益,给他纸笔,令他交代与哪些人来往。中国人,杨宪益写了 250 位;外国人,写了 150 位。"他们终于问到我和英国驻华使馆人员,尤其是与前驻华武官伊文思的关系。此时我才知道,原来他们怀疑我是在伊文思手下工作的一名间谍。"杨宪益详细说明了他与伊文思的交游始末,"后来他们再也不来打扰我了。"

4 月,杨炽被下放到吉林农村插队落户,杨荧下放到沧州黄骅农场当农民。

4 月,罗沛霖、杨敏如被解除审查,杨敏如去了山西临汾北师大分校。

9 月,罗沛霖到河南叶县干校劳动,临行前,接到杨敏如从临汾发来的电报:"要斗私批修①。"罗沛霖在叶县农村栽秧、割麦子,当电工,在厨房做饭,任劳任怨,表现良好。

---

① 冉淮舟:《罗沛霖传》,中国青年出版社,2016 年 2 月,第 174 页。

10 月,赵瑞蕻被发配到南大分校溧阳农场果园劳动,并放牛数月。

邹霆以"二类专政对象"的身份下放平谷县山区安家落户。

年底,杨炽从吉林农村回北京,在同学家住了一晚上,次日到姑姑杨敏如家对过的楼上遥望了一会,决定离开北京,转赴沧州黄骅农场杨荧姐姐处过春节。

1970 年,56 岁

3 月,杨烨成为鄂城县首批"五一六"分子,受审查,被批判,开始自闭,疑神疑鬼。

3 月 5 日,曾和杨宪益同监房的遇罗克在北京工人体育场的十万人大会上,被宣判死刑并被执行枪决。

3 月 16 日,赛林娜给选区议员伍德纳特写信,请求通过政府外交渠道解救女儿戴乃迭。

6 月 16 日,赛琳娜不见戴乃迭将近十年,含恨去世。

杨宪益在狱房窗台上发现一小摊鸟粪,其中有一粒种子,取出放在碗中用水浸泡,竟长出一株花草。

是年,杨宪益、戴乃迭译作《当代中国小说选》,W·F Jenner 选编,在牛津大学出版社出版。

是年,英国汉学家大卫·霍克斯与企鹅出版集团签订合同,开始翻译《红楼梦》。

赵瑞蕻因溧阳分校撤销回到南京,负责看管校长匡亚明。

1971 年,57 岁

4 月 23 日,希达尔给周恩来总理写信①。

尊敬的周总理:

我们是研究中国文化的英国学人,希望看到中英两国之间的关系日渐改善。戴乃迭的中文英译作品使我们受益良多。她的译作对鲁迅等中国现代作家的作品在我国的普及有着很大的贡献。

鉴于戴乃迭的家人和朋友已有三年时间未得到她的任何消息,我们对她的安危与现状十分关切。因此,我们恳请中华人民共和国政府,允许她与家人通信。同时,希望中国政府尽快允许她恢复工作。我们相信,目前这种情形只

---

① 杨宪益主编:《我有两个祖国——戴乃迭和她的世界》,广西师范大学出版社,2003 年 9 月,第 30 页。

会妨碍中英两国友好关系的发展。

希尔达

这封信写在印有"牛津大学"字样的信纸上,有二十三位学者签名,包括比尔·詹纳,落款是"牛津珀西路东方学院"。

4月,希达尔和选区议员在英国发起签名请愿运动①:

为戴乃迭女士致周恩来总理联名信

英国公民戴乃迭在中国音讯全无,已达3年。我们——以下签名者——请求贵国政府允许她与其英国亲属通信。戴乃迭的家人已经通过英国外事处,以及她姐姐和哥哥的议员代表——约翰·高斯特先生和马克·伍德纳先生,多次要求了解她的消息。近来的官方消息说她"安然在世",固然令人欣慰,但我们仍然焦急盼望着她能早日得到许可,与家人重新取得联系。

姓名　地址　职业

希尔达

这封请愿书上两万多人签名,被送往中国在伦敦的办事处。英国多家媒体以《英国女士突然沉默》等为题,对戴乃迭作了连续报道,成为广为人知的国际新闻,引起中国关注。

杨敏如离开山西临汾北师大分校,回到北京。

杨炽因生肝炎从吉林农村回到北京,坐在杨敏如家门口的台阶上,被杨敏如发现,将她送进医院治疗,悉心照顾。病还没痊愈,她又回了吉林。

9月13日夜,林彪带着老婆、儿子外逃,因飞机在外蒙古上空爆炸身亡。

是年,英国表示希望将两国关系升为大使级,双方紧密接触,展开谈判。

年底,外文局造反派头目邢军从秦城监狱转到半步桥监狱,正好关进杨宪益所在牢房。有人欺侮杨宪益:"老反革命,给我洗衣服!"邢军挺身而出,劝阻老杨,并怒吼道:"你敢动我一下,老子马上打死你!"杨宪益颤抖着,小声说:"别惹他,别惹他!"②

春节,罗沛霖获准从河南回到北京家中过春节,夫妻分别已经三年半③。

1972年,58岁

春天,英国汉学家大卫·霍克斯翻译的《红楼梦》第一卷即将出版,消息传来,

---

① 杨宪益主编:《我有两个祖国——戴乃迭和她的世界》,广西师范大学出版社,2003年9月,第31页。

② 雷音:《杨宪益传》,自印本,第96节《在监狱这个社会大学校中》。

③ 冉淮舟:《罗沛霖传》,中国青年出版社,2016年2月,第175页。

中国翻译界感到压力很大。

2月21日—28日美国总统尼克松访问中国。28日,中美双方在上海发表《联合公报》,标志两国关系正常化进程的开始。

3月13日,中英两国发表联合公报,双方建立大使级外交关系。

3月22日,公安机关宣布"问题搞清","拘留"期结束,释放杨宪益。《中国文学》支部书记的车子把他接回家。杨宪益补发了四年的工资,但坐牢的伙食费每月4元钱从中扣除。

3月23日,邹霆来访,门卫说:"快进去吧,你的老朋友已经回家了",连会客单也免填了。杨宪益目光呆滞,神情灰暗,满脸晦气、霉气。两人从五点一直谈到夜里十一点多。

杨宪益到单位后,同事熊振儒喊了几声杨宪益,杨立即蹦地站起来道:"是",这是在牢里养成的习惯。

3月28日,戴乃迭被释放,由两位同事迎接、陪同,回到家中。根据领导安排,杨宪益买了鲜花、巧克力、香烟和白兰地在家迎接她。戴乃迭的四年工资没有补发。

夫妇回到《中国文学》杂志社,原职原薪,继续从事中译英的工作。"出来,江青叫翻出《红楼梦》一百二十回。[1]"英译本前八十回采用"有正本"为底本,后四十回依据"程甲本"。

3月31日,杨宪益给杨苡、赵瑞蕻去信,告知从他和戴乃迭已经释放,回到家中:

> 阿虹、静如,你们好!
>
> 报告你们一个好消息,我和乃迭经过四年的详细审查,问题已经完全弄清楚,属于人民内部矛盾。经过总理批准,现在已经回到外文局工作。我是上星期回来的,乃迭是这个星期二回来的。回来后一直很忙,家里很乱,所以到今天才写信告诉你们。
>
> 我还记得差不多四年前阿虹给我来了一封信,告诉我们情况,知道你们都没有什么问题,很高兴,但当时我的自己面貌不清,被群众抓出来,还未被解放,因此当时不知怎样说好,因此当时没有回你们信。后来不久,一天夜里,我和乃迭就被带走拘留起来了。在那几年里,我们情况倒还好,整天就是学习和交代问题,家里的孩子和姆妈,以及敏如和沛霖受到一些连累,吃了一些苦,这也是很自然的。总之,大家经受了考验,结果都还好。上星期三,我一回来就

---

① 赵蘅:《宪益舅舅的最后二十年》,生活读书新知三联书店,2011年5月,第282页。

去看了姆妈、敏如和舅舅，然后就忙于收拾屋子，我们还住在原来宿舍，局里还派工人重新粉刷了房间，还通知了孩子们，叫他们回来看看。杨荧已于前天回来了，这些天我们三人，乃迭、杨荧和我一直在忙着整理东西，添买东西等等，忙得不亦乐乎。

外文局的运动，这几年搞得相当激烈复杂，有些坏人，包括旧领导人，是"五一六分子"，他们在整队期间，故意制造事件，搞谋杀，死了一些人。你们的老朋友方应旸也死了，你们可能知道。我因被公安局抓起来，反而受到政府保护，幸免于祸，这又是不幸中的大幸。现在局里问题已经基本弄清，工作也慢慢上轨道了。

坏事可以变成好事。解放前一段历史，主要是与一些英美帝国主义分子的关系不够清楚，解放后党对我始终不甚放心，过去我在精神上也有些包袱，不愉快，有时情绪很坏。经过四年审查，我的历史已经完全弄清楚。公安局对我的历史用一分为二的态度作了分析，也肯定了我的某些进步表现，包括解放前和解放后。公安局负责人员告诉我，这次对我的历史审查，政府花费了很大力气，我感到十分感激。现在，我的历史包袱也放下了，精神很好。回来后，组织告诉我，工资工作照旧，大概还要补发过去几年工资。局里的老同事对我们都非常热情友好，非常高兴。

从姆妈、敏发如那里听到一些过去几年大家情况，知道你们也都很好，详细情况当然还不清楚，希望你们有空时来信谈谈和孩子们的情况。

这几年从正反两方面受到不少教育，增加了解不少社会经验，对自己的问题也认识得比以前清楚一些。乃迭进步也不少，回来后情绪很好。今后应该加紧改造自己的资产阶级世界观，好好学习毛主席著作，作好工作，来报答党的恩情。

你们一定也有很大进步，有空时写信来谈一谈，好不好？南京方面碰到熟人时，请告诉一下我们的情况，让大家放心，问他们好。

改天再详细谈。祝好，问孩子们好。

宪益
三月三十一日①

扫了几年马路的七十六岁老母亲徐燕若，见面后反复说："我不是没想过自杀，我就是咽不下这口气，我不相信我的儿女是反革命！"②

---

① 杨苡：《魂兮归来》，北方文艺出版社，2015年2月，第59—60页。
② 杨苡：《魂兮归来》，北方文艺出版社，2015年2月，第66页。

赵蘅从东北干校获准到京探亲，住到杨宪益家，见其憔悴苍老，头发花白、直竖，明显是营养不良。赵蘅用一张纸为其画了一张素描，穿着半旧的白色短袖老头衫，光着膀子，昂着头，杨宪益看了，风趣地说画得像谢富治[1]。

不久，杨炽、杨荧、杨烨相继由湖北鄂城、河北沧州、吉林农村调回北京。几人先到姑姑杨敏如家，不肯回"叛徒"杨宪益家，经姑姑一再解释，说弄错了，平反了，才将信将疑回到家中。杨荧在北京汽车厂工作。杨炽进入北京大学历史系读书。杨烨调到北京计算机三厂，因政审没通过，不能从事自己喜爱的计算机工作，被分配在钣金车间，工作不对口，又乏味，想调到一个同学的工厂里，又没成功，很失望，觉得不公，思想开始出现偏差。杨宪益与杨烨之间发生激烈的冲突。多年来的伤害积聚开始爆发，杨烨到同学方有征家去回汇报思想，找学校团委书记和党总支书记汇报思想，大家觉得杨宪益不正常了。后来，他拒绝上班，在家听外国唱片。杨宪益只认为他思想有问题，属于"极左"、偏执，不认为精神出了毛病。

4月，杨苡被宣布解放，到北京看望亲友，住了四十天。晚年，杨苡还说永远不会忘记那场羞辱——罚跪，挨一记耳光，各种辱骂、诅咒。2019年5月29日，杨苡荣获"南京文学艺术奖·终身成就奖"。

4月，罗沛霖从河南叶县干校返回电子工业部，继续任四机部科技局副局长。

是年，杨宪益、戴乃迭出版译作《鲁迅小说选》，外文出版社。

是年，戴乃迭的姐姐希达尔和嫂子从英国到北京看望戴乃迭，又赴南京看望杨苡一家。

1973年，59岁

1月27日，故宫博物院收到杨宪益捐赠的一百余件文物，向杨宪益致函，表示感谢。经鉴定，只有五件为赝品，其余均为有价值的文物，包括明清书画、新石器时期的彩陶、战国时期青铜器及元明清时期有名的瓷器。

杨宪益、戴乃迭译作《无声的中国：鲁迅作品选》，由牛津大学出版社出版。

是年，英国汉学家大卫·霍克斯翻译的《红楼梦》第一卷由企鹅丛书出版，英文名为《石头记》。杨宪益、戴乃迭原来也拟用此名，至此，决定用《红楼梦》。

王明杰和戴乃迭被分在同一个办公室工作。戴乃迭是王明杰文学翻译的启蒙老师。"她言语不多，埋头工作，从不对译稿大动干戈，遍地见红，而是尽可能采用原译词汇，巧妙地调动词语，略添数字，使译文变得连贯流畅、地道耐读。"王明杰向

---

① 赵蘅：《宪益舅舅的最后二十年》，生活读书新知三联书店，2011年5月，第22页。

在另一个办公室的杨宪益请教,杨宪益对他说:"要多读原著,不必字字查字典,读多了自然能融会贯通。翻译没别的捷径,先读 100 本英文原著吧!"当时想看到那么多的英文原著并不容易,杨宪益告诉王明杰,可以随时到他家来借书,王明杰因此读到许多优秀的原版外国小说①。杨宪益还邀请王明杰经常到家中与国内外来访的名流见面交谈,以此开阔他的视野,提高他的水平。后来,王明杰担任外文局副局长、《中国文学》副总编,对杨、戴二人的提携之功终生铭刻难忘。

是年,英国艺术史家,汉学家,牛津大学荣休院士苏立文(MichaelSullivan,1916—2013)和夫人吴环到访,他们与杨宪益、戴乃迭四十年代在重庆相识。杨宪益赠送他一幅齐白石画。

罗沛霖参与召开全国计算机技术专业会议,主持中国第一个大型计算机系列和第一个小型计算机系列研制工作。

1974 年,60 岁

是年,王曼恬率领国务院文化组,从全国几十个省、市收集到的 700 张作品中选出 200 张,在北京举办了一个"黑画展",发动了批"黑画"事件。陈大羽花鸟画《迎春》被认为是极端仇视社会主义的春天,黄永玉的《猫头鹰》一眼睁一眼闭则是敌视社会主义。杨宪益被迫去参观"黑画展",事后关心黄永玉,时常来往,成了好友。

4 月初,接到上海青年曹山的来信,信中指出杨翻译的《呐喊自序》中有两处小疏忽,并请教一些问题,立即复信,诚恳解释:"我的翻译《鲁迅选集》四卷本,当时是在很短时间内赶出来的,错误不少。……,关于翻译诗词之类,原文如比较含混,有多种含义,我认为应尽可能保持其风格,但同时又要使读者能够看懂。翻译原则首先还是信、达,要忠实于原文,让读者能懂,但文学翻译又要尽可能反映出原作的多种含意和精神,如何能做到,这点就看译者能力了。在文学翻译上,每人表达方法都会不尽相同,这是无法加以硬性规定的。译中国诗词,要保存原作的节奏感和尾韵等,严格说起来,是不可能的,因两种语言不同,读者对音乐的感受也不同。在诗的翻译上,我看很难说怎样作最好,原则也就是要忠实于原作,同时尽可能把原作的精神表达过去,用不用韵还是次要的。关于您提出的《智取威虎山》的译文中Baby's Ma 一词的问题,那篇不是我译的,是一位美国同志沙博理译的。有人喜欢直译一些中国说法,觉得那样更能有中国味道。有人喜欢这样,有些人不习惯,见

---

① 杨莹:《不收弟子的杨宪益桃李满园》,《中华儿女》2010 年第 10 期。

仁见智,这就很难说了。……现在我爱人在修改译文,预备分三册出版"。最后他鼓励我,"您的英文表达能力是很不错的",还不忘叮嘱"以后写信不必附信封和邮票"。次年,又收到曹山的一封请教信,也随即复信,并写了一封推荐信,认为他可以从事翻译工作①。

夏天,美国著名记者韩丁(William Hinton,1919—2004)到访。

杨烨病情加重,拒绝说汉语,不吃中国式饭菜,不和家中人交流,只说英语,声称自己是英国人,应该回到英国。他连续三次强闯英国大使馆,提出回国要求。英国大使馆报警,杨烨被拘留。外文局领导得知杨烨病情日益加重,建议让杨烨到英国去,换一下环境,或许能治好他的病。

是年,《红楼梦》全部译好。

是年,杨宪益、戴乃迭出版译作鲁迅《野草》,外文出版社。

罗沛霖主持中国第一个半导体电视机的联合研制工作。

1975 年,61 岁

罗沛霖当选为全国第四届人大代表。

1 月 13 日—17 日,四届全国人大一次会议举行,会议重申四个现代化的目标。

2 月,中国社会科学院派出红学家吴世昌协助杨、戴翻译《红楼梦》,更换了版本——前八十回采用北大图书馆珍藏的"脂京本",后四十回依据"程甲本",因此只好放弃已经完成的一稿和校对了一半的二稿②。

12 月初,杨烨拿到护照,决心离开中国,临走时把自己的书籍全部烧光,只带了团员证和一张小型的毛主席像。戴乃迭陪同杨烨先到香港,乘飞机赴伦敦。到英国后,杨烨私自溜了,从机场跑到姨妈家,让戴乃迭一场虚惊。到英国后,杨烨把毛主席像放在桌子上,表示一定要努力地去适应和喜欢英国的生活,曾帮朋友、邻居修剪树篱、劈木头、洗汽车等。但实际上,他的病情还在持续恶化,他不再愿意和姨妈一家人在一起吃饭,不想和人打交道,不想谈起自己的过去,拒绝承认是中国国籍,在街上见到中国人就吓得发抖,不肯出示身份证件,也不愿意进学校读书。他不再承认杨宪益是他的父亲,认父母的好友苏立文(Michael Sullivan 为教父,改

---

① 曹山:《我所认识的杨宪益先生》,《文汇读书周报》,2017 年 10 月 9 日。

② 关于杨译《红楼梦》,学界争议很大:《出版说明》指出底本为"有正本""程乙本"后四十回。《人民日报》1979 年 5 月 8 日的报道称底本为"脂京本"(庚辰本)、和"程甲本"后四十回。负责核稿的吴世昌也这么认为。李晶经过详细对比研究,认为杨译本既不单纯是依据戚序本,也不是单独根据庚辰本,而是经过译者对两种底本文字的判断与选择,结合了两种底本的长处,翻译出的一个独特《红楼梦》文本,不妨称之为"杨戴本"。

名为 David Sullivan。

是年,杨宪益、戴乃迭《史记选》英译本,由香港商务印书馆出版。

1976 年,62 岁

1 月 8 日,周恩来总理逝世。

4 月 5 日,清明节,天安门广场群众悼念周总恩,演变为一场反对"四人帮"的群众运动,遭到镇压,史称"四五运动。"

7 月 9 日,朱德元帅逝世。28 日,唐山发生强烈地震,波及北京、天津等 14 个省市,伤亡惨重。杨荧与丈夫正好到唐山探亲,被困火车站,穿过尸体随处可见的废墟,步行返回北京。北京街上搭满了防震棚,杨宪益一家住在一辆大卡车里。北京城如同一座巨大的难民营。

9 月 9 日,毛泽东逝世。

10 月 6 日,"四人帮""垮台,"文化大革命"结束。

杨宪益随同外文局组织的流行队伍从百万庄步行到天安门广场,来回三十里路。

杨宪益看望从新疆回到北京的艾青,在白塔寺边一间小屋子里聊天。李希凡在《人民日报》发表一篇文章,说像艾青、姚文元之流什么样子都得要批斗下去。戴乃迭看后,有点不服气,写信责问《人民日报》文艺版,表示抗议①。

杨宪益赋诗《狂言》:

兴来纵酒发狂言,历尽风霜锷未残。大跃进中易翘尾,桃花源里可耕田。

老夫不怕重回狱,诸子何忧再变天。好乘东风策群力,匪帮余孽要全歼。

是年,《红楼梦》翻译工作结束。"我们聘请著名翻译家杨宪益夫妇担任英文翻译,请中国社会科学院文学研究所研究员吴世昌担任译文核稿(前八十回),请北京师范大学教授启功参与注释质疑工作,请李希凡为《红楼梦》英译本写前言,请戴敦邦绘制插图。②"

陈荒芜作《赠戴乃迭同志》:

轻装去国八千里,皓首传经四十年。海内风尘标劲节,人间肝胆照新笺。

铁窗可有红楼梦,朱批深批白骨篇。若向高阳寻侠隐,酒泉合在小斋连。

---

① 文明国编:《杨宪益对话集——从〈离骚〉开始翻译整个中国》修订版,人民日报出版社,2011 年 1 月,第 202 页。

② 吴祖棠:《〈红楼梦〉英译本出版始末》,载《中国外文局五十年回忆录》,新星出版社,1999 年 3 月,第 440 页。

罗沛霖代表四机部主持研制 331 卫星通信地面站工程的协调工作。

是年,杨宪益、戴乃迭出版译作鲁迅《朝花夕拾》《中国小说史略》《史记选》,外文出版社。

牛津大学出版社提供翻译编辑工作,因杨烨拒绝出示证件,拒绝承认自己的中文名字而付诸东流。

1977 年,63 岁

1 月,杨宪益作《悼念周总理》:"英雄碑下花如雪,国际歌声动地哀。自有威灵耀千古,岂容鬼蜮散阴霾。真金应是常经火,宝玉从来不染埃。节近清明怀总理,喜看群众起风雷。"自注:"去年清明节前写过一首,当时未敢发表,诗不甚佳,草率命笔,聊表愤慨之意,不计工拙也。"

年初,赵朴初作《金缕曲·周总理逝世周年感赋》,吴寿松抄了一份送给杨宪益看,杨看后不久便依原韵和了一阕①。吴寿松把它刊登在外文局走廊"纪念周总理逝世周年特刊"墙报上,《银翘集》漏收:

金缕曲

和赵朴初先生《周总理逝世周年感赋》

公可安眠矣!几十年丰功伟绩,千秋永记。犹记去年情激愤,群众造反有理。早戳穿阴谋诡计。广场碑前花似雪,抗淫威大沮黑帮意,悼英杰,斥妖魅。

人民爱戴谁能比,一年来,亿万哀思,缅怀未已。鬼蜮害人终自毙,转瞬春回大地。凯歌声遥闻天际。痛打穷追落水狗,须警惕胜利来不易,旌旗奋,风雷起!

9 月 17 日,中共中央批转《贯彻中央关于全部摘掉右派分子帽子决定的实施方案》,到 11 月,全国摘掉右派分子帽子的工作全部完成。

9 月 18 日,中共中央发出《关于召开全国科学大会的通知》,要求抓紧落实党的知识分子政策,迅速恢复被撤掉的科研机构,恢复科研人员的技术职称,建立考核制度,实行技术岗位责任制。

由吴寿松出面,约请上海画家戴敦邦为《红楼梦》英译本绘插图和护封彩墨画。历经三载,戴敦邦完成了 36 幅彩色插图,人物形象栩栩如生,展示了明清时期人物的衣着、服饰、住所、出行、饮食等等方面的风貌。戴敦邦一举成名,成为闻名四方

---

① 吴寿松:《一个堂堂正正的人——悼念著名翻译家杨宪益先生》,载张世林主编《想念杨宪益》,新世界出版社,2016 年 1 月,第 88 页。

的"红楼画家"。

是年,戴乃迭收到霍克翻译的《石头记》第二卷。

应杨宪益、戴乃迭邀请,英国白霞(Patricia Wilson)来到中国,在《中国文学》杂志社工作。

1978年,64岁

是年,国家安全部安排专人向杨宪益、戴乃迭夫妇道歉,称他们的四年牢狱之灾是无辜的,一切归罪于"四人帮",为他们恢复名誉。

是年,杨宪益、戴乃迭出版译作《红楼梦》(第1卷),外文出版社。由李希凡执笔的《出版说明》打上了时代烙印,指出《红楼梦》是"一部关于政治斗争的作品,一部政治历史小说",对"万恶的现实政治制度予以猛烈抨击"。文章批评"新红学"的考据研究,称胡适等红学家出于反动的政治动机研究《红楼梦》,宣扬反动的实验主义和唯心主义,反对马克思主义在中国传播。

是年,杨炽从北京大学历史系毕业,分配到中国社会科学院世界史所工作。

是年,国务院决定编辑出版《中国大百科全书》,并成立中国大百科全书出版社。杨宪益担任古希腊、拉丁文学分部主编,与其他学者一起花了两年时间出版了《外国文学》分卷,共两册。

李士钊(1915—1991)到访,讲述解放初受电影《武训传》批判的牵连、而遭到的极不公正对待。山东聊城人,编著《武训先生的传记》《武训画传》《蒲松龄作品在国外》等。

罗沛霖当选为全国第五届政协委员,国家科委电子科学学科专业组副组长,4月赴美国考察,7月赴意大利参加国际电工协会会议。

夏末,戴乃迭赴英国看望杨烨,在英国住了一个月,发现杨烨沉默寡言,很少与人交流,不愿接近女性。他曾买票陪同母亲观看意大利作曲家威尔第的著名歌剧《弄臣》。临别时,原来有事不能来送行的杨烨,突然出现在安检门外,将两个黄灿灿的橙子送到已过安检门的戴乃迭手中,戴乃迭感动得热泪盈眶。

冬天,杨宪益为戴敦邦作《梦影图册》题诗:"有水不掺泥,如何离形体?女子未必清,男子未必鄙。公子自多情,闻此恐不喜。金陵十二钗,梦幻而已矣。"

作《昨天下班时盼大雨不未至感赋一首》:"大雨如何总不下,乱云飞渡费疑猜。从来风派难摸准,莫怪今天气象台。"

《无题》:"早起翻书看不清,眼球充血又何惊?此身久被洪炉炼,火眼金睛是老孙。"

秋天,《中国文学》杂志新招一名美术编辑,有许多美术专业毕业生,还有著名画家子女应聘。杨宪益唯才是举,破格录用自学成才的在颐和园管理处任美工的王瑞霖。在杨宪益的栽培下,王瑞霖不仅成为业绩突出的美术编辑,还成为国内外知名的画家。

杨宪益到上海参加外国文学会议,会后约见多年未见的赵丹,两人痛饮畅谈。

11月25日至12月5日,全国外国文学规划工作会议在广州召开。杨宪益再次见到梁宗岱,梁听说吴宓去世的消息引起自己身世之悲的共鸣,竟然呜呜地哭泣起来。"他告诉我,他已完成了莎士比亚十四行诗的翻译,还从德文翻译了《浮士德》。他对中医药很感兴趣,送给我一瓶特意配制的药水,说是具有很好的壮阳功效。一年以后,我听说他死了。不知道他是不是被自己配制的药水害死的。他和我一样都是性情中人。可惜的是,如今像他那样的学者和诗人已是凤毛麟角了。①"

12月16日,中美公布关于建立外交关系的联合公报。

12月18日—22日,中国共产党第十一届中央委员会第三次全体会议在北京举行,全会作出了实行改革开放的新决策,把全党的工作重点转移到社会主义现代化建设上来,启动了农村改革的新进程,影响深远。

1979年,65岁

元月6日,在英国姨妈家养病的杨烨纵火自杀身亡,年仅38岁。

消息传到国内,杨宪益、戴乃迭一家人泣不成声。忍着剧痛去上班,在办公室坐了一上午,什么事也没做。戴乃迭受到沉重打击,内心伤害难以复原,从此借酒浇愁,杯不离手,饮酒到了不分时间、场合的地步。从来不打人的杨宪益,忍不住搧了她一耳光。"老人举起手,轻轻一扫,说就这样,我打了戴乃迭一个耳光。这是我第一次,也是唯一的一次打了戴乃迭。因为她不停地喝酒②。"

戴乃迭晚年曾说过:"母亲的预言有的变成了悲惨现实。但我从不后悔嫁给了一个中国人,也不后悔在中国度过一生。"后来,戴乃迭患老年痴呆症,失忆,有时会仰天长问:"我的儿子呢?我的孙子呢?③"

春天,经钱锺书向杨宪益推荐,胡志挥到《中国文学》英文版当编译,与杨宪益为同事,两人既有师生关系,也像父子关系④。

2月,萧乾平反,与妻子文洁若登门看望杨、戴。

---

① 薛鸿时译,杨宪益著《杨宪益自传》,人民日报出版社,2010年2月,第150页。
② 范玮丽:《金丝小巷忘年交》,北方文艺出版社,2015年2月,第184页。
③ 范玮丽:《金丝小巷忘年交》,北方文艺出版社,2015年2月,第217页。
④ 王浄:《翻译家胡志挥忆杨宪益:去他们家,带瓶酒就可以聊天了》,《澎湃新闻》2019年4月27日。

2月17日—3月16日，中国边防部队实施对越自卫反击战。

3月，文革前局长罗俊调回外文局任局长，许多人纷纷要求调走，罗俊没能恳切挽留，流失了不少优秀人才①。

5月8日，《人民日报》刊载新华社的一条消息，报道《红楼梦》英译本已译成，由外文出版局分三册陆续出版，并介绍了译者杨宪益同志和他夫人英国专家戴乃迭对于这一工作认真严肃的态度。

5月，中国艺术研究院红楼梦研究所建立，《红楼梦学刊》创刊座谈召开，周扬、茅盾、俞平伯、顾颉刚、杨宪益、冯其庸、吴祖缃等应邀参加。

是年，杨苡赴西雅图华盛顿大学留学，暂住热心的严倚云教授家（严复孙女）。罗家伦女儿罗久芳，帮她介绍到自家对门的一位心理学教授家免费住了六年，两人相处情同母女，杨苡离开西雅图后去了哈佛、柏克莱加州大学教授中文，与罗久芳保持着联系，不时来往。

是年，茅盾任《中国文学》杂志社主编，杨宪益任副主编。

杨宪益、戴乃迭出版译作《红楼梦》（第2卷）、《史记选》、《奥德修纪》（荷马）、《关汉卿剧作选》、《不怕鬼的故事》（中国社会科学院文学报所编，程十发配图），外文出版社。

杨宪益发表《淡淡的血痕中——重读鲁迅早期小说》，《中国文学》1979年第9期。同期刊出英译鲁迅小说《在酒楼上》和《孤独者》。

杨宪益发表《皇帝新衣故事与鸠摩罗什传记》，《新华文摘》，1979年第11期。《川剧〈拉郎配〉的故事来源》，《读书杂志》，1979年第4期。

8月，《人民画报》专题报道杨宪益、戴乃迭，杨、戴二人，不断受到采访，到了厌倦的地步。杨宪益声明，自己不是红学家，拒绝被冠以这样的头衔。

是年，杨宪益、杨苡一起到上海看望巴金。

杨宪益作《王以铸〈饮酒诗〉题后》："我不会写诗，我只能吃酒。谢君殷勤意，持笔嫌字丑。我家有大曲，待君日已久。何当过敝庐，喝它三两斗。"

作《政协民革连连邀请表态，虽皆未去，而文牍纷至，颇以为烦，口号一首明志》："作诗入党两无成，只合文坛作散兵。卅载辛勤真译匠，半生漂泊假洋人。崇台媚蒋心深耻，说项依刘力岂能？何日金门歼困房，体衰犹愿请长缨。"自注："忽称翻译家，实不敢当。翻译匠则还可以当得，假洋人者，真中国人也。"

［附］荒芜和诗："彩云早散梦难返，只怪书生遇见兵。百万庄里穷措大，洋文局

① 罗俊：《回顾四十年中的十五年》，载《中国外文局五十年回忆录》，新星出版社，1999年3月，第71页。

里土诗人。雕虫画虎言难尽,跨海东征愧未能。弱冠终军头已白,望洋何苦请长缨?"

荒芜赠诗:"彩笔传经遍天下,九原曹鲁亦欣然。才华班惠能修史,词赋扬雄更草玄。说梦喜闻鸠作语,留宾幸有酒如泉。何当雪霁长安夜,独棹山阴访戴船。"

杨宪益作《再和荒芜》:"编译何须待老成,神州处处有新兵。应知后浪催前浪,且看今人胜古人。早望退休心未遂,空谈精简事难能。何当解甲归田去,江水清清可濯缨。"

是年,戴乃迭回英国探亲,杨宪益随同前往。英国的中国研究协会在里兹大学举行年会,两人一同参加。

从七十年末到八十年代末的十年间,杨宪益客厅成为国内外文艺界名家经常光顾的场所,"杨氏沙龙"在北京十分有名,出现了"座上客常满,樽中酒不空"的盛况。杨宪益的事业迎来了一生中的全盛时期[1]。许多文艺家们的作品经过杨宪益、戴乃迭翻译,介绍给海外读者,从而走出国门,走向世界。

是年,吴寿松《红楼梦》英译本的美术设计,荣获第二届全国书籍装帧艺术展整体插图银质奖。

罗沛霖当选为中国计量与测试学会副理事长。

1980 年,66 岁

春天,《译林》杂志负责人李景瑞通过冯亦代介绍拜访杨宪益。

戴乃迭发表《新出女作家谌容及其小说〈人到中年〉》,《中国文学》2008 年第 1 期。

戴乃迭在《伦敦大学亚非学院学报》1980 年第 3 期上发表为英国汉学家霍克思(David Hawks)英译《红楼梦》撰写的书评[2]。

《石头记》(The story of the stone)是本世纪的一项伟大译事。再没有哪一部作品像这部小说一样向我们展示了这样丰饶的中国文明。

曹雪芹于十八世纪撰写的杰作《红楼梦》是一部深受尊崇的中国古典小说,不过直到近来才有人翻译英文版的全译本。上个世纪以来,英文世界中曾经出现过各种各样的摘译和节译,译名通常为 The dream of the red chamber(《红楼梦》),但相比原著而言,这些片段只能算作一道黯淡的影子,因为原著

---

① 邹霆:《永远的求索——杨宪益传》,华东师范大学出版社,第 358 页。
② 李晶:《海外中国学文献中的杨宪益、戴乃迭佚文两则》,《中华读书报》2015 年 1 月 21 日。

中极大丰富的内容和细致入微的人物刻画大多不可避免地缺失了。

　　大概在宪益和我应北京外文出版社的要求翻译这部小说的同时，中国的学者欣闻霍克思的一则消息：他辞去牛津大学的中文教授教席，来专心翻译《红楼梦》前八十回（后四十回交付给了一位合作者）。中国人对《红楼梦》推崇至极，霍克思的这一决定几乎为他笼上了一道光环。1973 年，《石头记》第一卷出版，当时在香港和内地引起的轰动甚至超过了在西方的影响。

　　我听到的中国学术界人士的第一个评论是："精彩。很值得一读。不过以霍克思教授这种身份的学者来说，我原本希望他的翻译是非常可靠的。可他没有根据任何一种确定的底本来翻译。"这话在我听来是有些吹毛求疵了。《红楼梦》前八十回的版本有许多种，中国学者迄今还在忙于编订校注工作，希望能推出一个定本。霍克思解释说，他的翻译主要根据曹雪芹的一百二十回本（前八十回由曹雪芹撰写，后四十回由高鹗完成），有时从其他的早期文本中选取一些内容，偶尔也自行校订，为的是能够同时向读者、作者和文本三个方面负责。我认为他的工作已经完成得非常出色，并且他的做法是合情合理的。

　　这部小说内在的文本问题错综复杂，"红学家"（研究《红楼梦》的学者）在文本解读方面常常互有分歧。我丈夫和我在翻译过程中得到了许多红学家和同事的建议，可我们的译本 A dream of red mansions（《红楼梦》）仍然有人指出了这样那样的误译之处。霍克思的译本也是这种情形。不过，学术界公认他的翻译是学术性的精彩译作。因此，去年夏天，北京创办一份以《红楼梦》为主题的新期刊时，他是首位收到稿约的汉学家。

　　对当代西方读者而言，所有的中国古典小说都会存在一些问题：陌生的社会、历史、宗教背景；现实主义叙事与超自然因素的并置并存；姓名、字、号等等的混乱和莫名其妙……霍克思译本的前言与附录提供了大量的至关重要的背景信息，帮助读者扫除了许多阅读障碍，令人赞赏。

　　为了尽量厘清人名造成的混乱，他采取办法之一是遵从此前节译本的传统，将丫环的名字进行意译，譬如 Aroma（袭人）、Nightingale（紫鹃）等。语言文化方面的纯粹主义者已经指出，他有一些译名并不准确，而且原著中的某些名字甚至是不可能意译的。因此，我提出我们也采取他这种译法时，中国的同事投票否决了我的提议。但是在我看来，西方读者需要此类帮助，并且这种译法还可以提醒我们，奴婢的名字不过是主子随心所欲指定的。

　　《红楼梦》有别于其他任何一部中国小说之处，也是它摆在译者与外国读者面前的一个特殊问题，正在于它独特的文学性。小说中提及大量典故、文史人物，多处引用古诗词，还有双关语等等，这些都是绝大多数西方人难以理解的。更有甚者，年轻的主人公和表姐妹们都深深潜心于文学，花费大量时间比赛作诗，顺带从诗词作品中显示出各自的性格特点。曾有人言，诗是唯一一种无法跨越民族障碍的艺术形式。霍克思在这个方面展示出身为译者的高超技艺，他摒弃了脚注，不动声色地将各种引文或典故阐释得明白晓畅，原文的文学风味得以成功地传达到了英文之中。大概翻译到第六十回时，他告诉我，他觉得自己的脑袋在萎缩，为了对抗这个问题，他开始学习威尔士语。这件事略微可以反映出一点以一人之力来翻译《红楼梦》的艰辛。但是在他为了完成这部贴切的译本而付出的种种努力之中，这还不算最极端的例子。确实，他这项译事纯粹是出于热爱而为之。

毛泽东建议中国的年轻人阅读《红楼梦》，由此来了解中国的封建制度；而外国读者从这部小说中可以了解到的内容比多卷史册还要多。读进去需要一定的毅力，但深入阅读所需的努力会得到丰厚的回报；因为这部丰富复杂的小说讲述了一个望族的日常生活与日薄西山，以及各类攀附者的兴衰变迁；从中不仅可以看到中国文明的方方面面，还可以了解到清代官僚体系的腐朽、乡绅的衰败和农民的贫困，所有这一切最终导致了清王朝的崩溃。

另一个层面上，诚然，这是一个千回百转的青春爱情故事，充满悲剧色彩，可也不乏幽默的烛照；而且不论从什么标准来看，曹雪芹对几位主人公的刻画都是大师手笔，充满心理学意义上的洞察力，体贴入微。这一点上，他抛弃了此前诸多小说家的写作方法，不再像他们那样以沿传已久的故事或历史为基础，而是以自己的人生体验打底，展示出笔下人物的成长与互动。这部令人赞叹的小说创造出了一个自成一体的世界。故事实在引人入胜，许多中国人年年岁岁一读再读，随口征引，书中的主要人物都成了家喻户晓的名字。霍克思的杰出成就在于将这部中文巨著翻译成了精彩的英文，呈献给西方读者。相形之下，我们的译本 A dream of red mansions 恐怕只是聊胜于无罢了。

吴世昌发表文章抨击《红楼梦》英译本《出版说明》，认为《出版说明》强调《红楼梦》是中国封建时代阶级矛盾和阶级斗争的产品，甚至说宁荣两府不过是一个屠宰场，这种宣传阶级斗争，借以输出革命的做法是极其错误的，这种宣传不能让英语读者信服①。

---

① 吴世昌：《宁荣两府是屠宰场吗？》，《红楼梦研究》1980 年第 2 期。

3月27日,《中国文学》主编茅盾病逝,杨宪益继任该刊主编,申请入党。他同时拥有很多头衔:民革中央委员、文联常委、作协执委、北京市政协委员等等,《中国文学》杂志进入黄金时期,在100多个国家和地区发行英法两个版的总量达6万份以上。

杨宪益发表《荷马》,《辞书研究》,1980年第4期。《〈红楼梦〉里提到的金星玻璃》(译余偶拾),《文汇》,1980年第51期。《鲁拜集和唐代的绝句》(译余偶拾),《文汇》,1980年第52期。

戴乃迭发表《一个西方人对〈红楼梦〉的看法》,《中国文学》增刊1980年第1期;《〈权与法〉——一个切中时弊的话剧》,《中国文学》1980年第6期。邢益勋创作的话剧《权与法》1979年10月在北京公演。

3月,应澳中理事会、澳大利亚文化委员会文学部、阿德莱德大学邀请,杨宪益担任中国作家代表团团长,应邀赴澳大利亚作友好访问一个月,成员有妻子戴乃迭、作家俞林、学者王佐良等人。

是年,杨宪益、戴乃迭出版译作《红楼梦》(第3卷)、《唐宋传奇》(白行简等),外文出版社。

中国社会科学院外文所研究生裘小龙带着翻译的诗歌登门拜访,杨宪益当着英国专家白霞的面说,这些译作不必走流程,可以直接在《中国文学》上发表。后来又陆续发表几篇。"读研究生的日子,难免手头拮据,《中国文学》的稿酬不无小补,也更鼓舞了我用英文写作的自信心。许多以后,我在圣路易华盛顿大学的博士生导师何谷理教授曾说起,他最早就是在《中国文学》上读到我的名字,在我获福特基金会联系学校的工作中,因此第一个回信表示欢迎。①"

6月16日至20日,在美国威斯康星大学举行第一届国际《红楼梦》研讨会,杨宪益、戴乃迭的英译本受到与会者的称赞,认为此译本更接近于原著②。

7月,漫画大家华君武创作一组漫画《曹雪芹提抗议》,第一幅漫画漫画中,曹雪芹对着一个老学究抗议道:"你研究我有几根白头发干什么?"。此画赠送给杨宪益、戴乃迭,华君武题字云:"乃迭同志嘱画《曹雪芹提抗议》,此画原是反对搞繁琐考证,故曹雪芹说'你研究我有几根白头发干什么'。不意发表后,有些红学家神经过敏,今红学家杨副会长寓有此画,足见会长风度非凡。"

8月,罗久芳(当年在重庆时还是幼儿,不知道大人之间的矛盾)和丈夫桂生首

---

① 裘小龙:《外滩公园:裘小龙虚构批评随笔集》,四川文艺出版社,2019年3月,第123—124页。
② 冯其庸《悼念杨宪益先生》,《剪烛集》,山西人民出版社,2002年,第262页。

次到大陆探亲,替杨苡带了一些信件和东西。在杨宪益家,罗久芳把杨苡的情况对杨宪益夫妇说了以后,杨宪益回话不多,问起张沅长情况,罗说他现在人在美国。①

8月,杨宪益和大百科编委会成员在旅游胜地莫干山相聚,讨论定稿事项。

杨宪益请杨淑心等人到家吃晚饭,几杯酒下肚,杨宪益得意地说:"我年轻时,是很帅气的,要不,乃迭怎么会跟我来中国?"话音刚落,戴乃迭便幽默地用中文一个字一个字地说道:"我爱的,是中国文化!"②

美国著名的翻译家、汉学家葛浩文(Howard Goldblatt)首次到访北京,拜会杨宪益、戴乃迭夫妇,他翻译的《萧红短篇小说选集》被列入"熊猫丛书"于1982年出版。后来,在多次访谈中,他表现出对杨、戴的感激之情,称自己是通过阅读杨、戴翻译的鲁迅小说、《红楼梦》《儒林外史》等译作了解中国的。

是年,杨苡从南京师大外语系辞职。罗沛霖当选为中国科学院学部委员(1994年改称院士)、电子工业部成立科学技术委员会第一副主任。

是年,邹霆获得政治上的全面平反,杨宪益十分高兴说:"太好了,证明我三十多年没有看错朋友③。

1981年,67岁

是年,杨宪益、戴乃迭翻译《三部古典小说节选》(《镜花缘》《三国演义》《西游记》)、《聊斋故事选》,中国文学出版社。

戴乃迭翻译的《明代话本选》,"熊猫丛书",中国文学出版社。

杨宪益、戴乃迭出版译作鲁迅《呐喊》《彷徨》、巴金《春天里的秋天》,外文出版社。

戴乃迭出版译作沈从文《边城》《新凤霞回忆录》,外文出版社。

杨宪益、戴乃迭出版译作《罗兰之歌》,上海译文出版社。

杨宪益、戴乃迭发表译作《埋香冢飞燕泣残红(黛玉葬花)》,《英语世界》1981年第1期。

杨宪益、戴乃迭发表译作《我走过的道路》序(茅盾),《中国文学》1981年第7期。

杨宪益发表《回顾我过去学习英语的经历》,《英语世界》,1981年第1期。《我的读书经历》,《文史知识》,1981年第2期。

---

① 罗久芳、赵蘅、高艳华:《杨宪益家族往事之"三方通话"》,2014年1月15日《中华读书报》。

② 王勉:《戴乃迭百年诞辰:在心中圣洁之地欢喜安放》《北京青年报》2020年1月7日。

③ 邹霆:《永远的求索——杨宪益传》,华东师范大学出版社,2001年11月,第279页。

戴乃迭与编辑杨淑心一起到新凤霞家采访，为《新凤霞回忆录》英文版作前言，发表在《中国文学》1981年第4期。

春天，杨宪益作《祝贺女作家谌容入党，戏作一律》："漫劳彩笔写悲欢，假假真真散淡篇。人到中年才入党，事非经过不知难。才情自应传千载，盛世何须减十年。从此夫荣妻更贵，将来一定做高官。"自注："谌容曾为戴乃迭撰文，写四十年悲欢。她多年申请入党，始获批准，我亦申请入党多年，当时尚未获批准，谌容丈夫范荣康是《人民日报》社名记者。"

胡志挥作《出神入化，妙笔生花——读杨宪益同志的一篇改稿有感》[1]，称"拜读了杨老的改稿，我不禁浮想联翩，大有顿开茅塞之感。原译'紧扣'原文，在英语语法及遣词造句等方面似亦无瑕可指，按一般要求，是可以'通得过'的。而杨老却以如椽之笔，大加斧正，使原稿面目一新。真是妙笔生花，令人不禁拍案叫绝！"

裘小龙研究生毕业，杨宪益积极帮忙，想让他到《中国文学》杂志社工作。因多种原因，没能成功。裘小龙对杨的知遇之恩终生难忘。到北京出差，必携烟酒登门拜访，同时请教诗歌写作与翻译问题。

夏天，杨宪益、戴乃迭应龟冈学院院长大卫吉特邀请，到该校访问，发表学术讲演《古代日本与中国共同的文化遗产》，听众很多，反响非常好。两人到京都、奈良的各处寺庙、博物馆、商店参观，玩得非常愉快。

随同中国人民对外友好协会代表团，访问欧洲，先后到访荷兰、卢森堡、英国、爱尔兰等地。团长是前驻波兰大使王炳南，国防大臣卡林顿勋爵与王炳南谈论波兰问题时，杨宪益当翻译。在爱尔兰，和总统、总统夫人共进茶点。在晚会上，杨宪益深情演唱了最喜爱的爱尔兰民歌《丹尼男孩》，赢得雷鸣般的掌声，听众纷纷站起来，一起跟着杨宪益唱，不少女士感动热泪盈眶[2]。

是年，白霞与乌韦正式结婚，由当时的文化部副部长英若诚主婚，杨宪益、戴乃迭夫妇证婚，在北京首都剧场举办了盛大的婚礼。两人生了一个儿子，两年后离婚。白霞带着儿子回英格兰。

杨炽赴美国芝加哥大学中近东语言文明系攻读博士学位，为世界古代史亚述学专业，专攻苏美尔语言。因为是自费，她住地下室，一天学习十二个小时，还要当清洁工、打字员挣学费、生活费、房租费，倍尝辛苦。因成绩优异，她获得一笔可观的奖学金。

---

[1] 载《翻译通讯》1981年第5期。
[2] 杨苡、赵蘅：《杨宪益画传》，北方文艺出版社，2015年2月，第142—143页。

杨宪益作《黄白公鸡打架因之想起黄钢与白桦〈苦恋〉之争偶成》:"今岁是鸡年,争鸣岂偶然。黄冠气刚健,白羽色华鲜。文字难倾国,书生怕变天。熙阳风景好,何事苦纠缠。"

《赴宴东城豆花饭庄》:"好个风流老板娘,幺师茶道更无双。豆花藏在芙蓉里,腐竹盛来琥珀光。夔府清音先佐宴,泸州特曲再倾觞。千金一掷豪门宴,川北江南正断粮。"自注:"座中丁聪言:豆花在哪里?藏在蓉蓉里了。"

杨宪益倡议出版"熊猫丛书",用英、法两种文字出版中国当代、现代和古代的优秀作品,也出版了少量的德、日等文版"熊猫"丛书。丛书受到外国读者欢迎和好评,许多书重印或再版。"熊猫丛书"是外文局第一个打入西方销售网的出版物,随着这套书的不断出版,我国一大批新老作家被介绍到国外,引起国外的关注。由于丛书日益显得重要,1986 年正式成立了中国文学出版社,"熊猫丛书"发行到 150 多个国家和地区,有 190 多种①。

罗沛霖作为第一届中美科学技术合作委员会委员,随同方毅赴美国参加中美科学技术合作委员会会议。

9 月,赵瑞蕻重返民主德国,应莱比锡大学校长拉特曼先生之邀参加东亚学院建院三十周年,和纪念前院长已故汉学家夏吉士先生 90 诞辰国际学术会议。

1982 年,68 岁

是年,杨宪益出版译作《茶花女》(五幕传奇剧,小仲马),中国外对翻译出版公司。

杨宪益、戴乃迭出版译作《卖花女》(萧伯纳),中国外对翻译出版公司。

杨宪益、戴乃迭翻译《罗隐和他的〈谗书〉》序(邓魁英)、《谗书》七则(罗隐),《中国文学》1982 年第 2 期;《阅微草堂笔记选》(纪昀),《中国文学》1982 年第 4 期。

戴乃迭出版译作《北京的传说》(金受申),中国文学出版社。《前言》为戴所作。

杨宪益、戴乃迭与人合作翻译《铁木前传》(孙犁)、《悲哀的玩具》(李广田)、《湘西散记》(沈从文)、《三十年代短篇小说选》(1、2,与人合译)、《当代女作家七人集》(与人合译),"熊猫丛书",中国文学出版社。

戴乃迭翻译《悲哀的玩具》(李广田)、《湘西散记》(沈从文)、《三十年代短篇小说选》(1、2,与人合译)、《当代女作家七人集》(与人合译),"熊猫丛书",中国文学出版社。

---

① 徐慎贵:《〈中国文学〉对外传播的历史贡献》,《对外大传播》2007 年第 8 期。

春季,杨宪益、戴乃迭应印度政府邀请,作为印度文化委员会的贵宾在印度各地访问一个月,并在新德里尼赫鲁大学参加国际翻译会议,就古代中印文化关系、翻译问题作了专题学术报告,在马德拉斯"艺术家之屋"发表学术讲演。在班加罗尔,杨宪益和年轻向导一起抢救出一名落水儿童。

是年,三联书店出版了杨氏的学术旧著《译余偶拾》,是作者五十年代《零墨新笺》与《零墨续笺》的合集。

杨宪益衣着随意,发型也不讲究,总是请同事李宪法为他推推头,从不外出到理发馆理发,即便出国访问也是同样的,这可不是为了省钱,主要是为了节省时间、少跑路。每次理完发,他都会称赞一声:"顶好的。"①

5月,香港知名报人和社会活动家、香港《大公报》副总编辑、香港《新晚报》总编辑罗孚,在北京以间谍罪被捕,不久假释,可在北京自由活动。罗孚在北京生活十年,住在北京双榆树南里,化名史林安,与京城文化界名流交往密切,曾多次登门拜访杨宪益、戴乃迭,后来在《北京十年》一书中专门写了一章,介绍与杨、戴的交往经历。《罗孚友朋书札》中收录了杨宪益的书信。他曾作《杨宪益诗打一缸油》《如何一醉便成仙》,促成了杨宪益诗集《银翘集》在香港的出版。

5月,戴乃迭随外国专家组赴山东泰山、曲阜等地旅游。

5月18日至30日,由中国美术家协会主办的《蒋彝遗作展》在北京中国美术馆展出。蒋彝先生是美籍华人,哥伦比亚大学终身教授、美国艺术科学院院士。杨宪益作《写在"蒋彝遗作展"前夕》②,回顾了在英国留学期间与他的交往经历。

8月5日,曹复在《文学报》发表《传播祖国文化遗产的人——访著名翻译家杨宪益、戴乃迭夫妇》。

10初,戴乃迭为翻译古华小说,和杨宪益一起访问湖南郴州、嘉禾等地。杨宪益作《郴州纪事诗十四首》:

> 如鱼入海喜离休,来作湘南数日游。未有腰缠十万贯,如何骑鹤下郴州?
> 自注:"1982年10月初,获准离休,去郴州浏览九日。古语云'腰缠十万贯,骑鹤下扬州'。此次南游,自费有限,而家所用不赀,此亦社会主义之优越性也。"

> 三更薄醉入郴州,朝起苏仙观里游。岭上芙蓉颜色好,得风流处且风流。
> 自注:"抵郴州次日游苏机岭,主人索书,辞以字陋,不得已,书此应之。所谓'得风流处且风流'者,辞不得已,只好冒充风雅耳。"

---

① 孙玉厚:《怀念杨宪益》,载张世林主编《想念杨宪益》,新世界出版社,2016年1月,第126—127页。
② 政协九江市文史资料研究委员会:《九江文史资料选辑 第8辑 《海外赤子蒋彝》专辑》,第215页。

秋山石径觅仙家,一路芙蓉满树花。若使少游生此日,居郴应不念京华。自注:"去苏仙观道上,古有三绝碑,当秦少游贬居郴州所作词,有苏东坡跋,米元章所书,故称三绝。"

三绝原碑不可寻,洞前双鹿貌犹新。如何红卫兵来日,只斫文章独舍君?自注:"三绝碑原在白鹿洞前,闻原碑已为红卫兵所毁,今存碑文盖新刻,洞前有泥塑又白鹿,状殊可厌。"

裸露依然处子身,是男是女实难分。神仙自有阴阳体,不著袈裟见本真。自注:"相传苏仙名苏耽,原为幼童,于此得道升天,观中有苏仙塑像,未著衣饰,有似西国维纳斯女神像。"

颈折身残亦可哀,苏耽只是地仙才。无钱难买升天路,以故中途跌下来。自注:"苏仙观中庭中有泥塑像,委置瓦砾间,颈折身残,状殊可怜。"

桥口阴阴柑橘林,枝头果实引鸣禽。临流不见芙蓉女,往日佳人何处寻?自注:"又次日游桥口,有柑橘场,往日作家古华曾在此当工人。"

孩童蜂拥更相呼,竞看洋人过广衢。如入宝山空手返,塘村今早和逢墟。自注:"游塘村墟,当地逢一、三、五有墟集,未逢墟日,只见空场,废然而返。古华小说《芙蓉镇》曾以此地为背景。"

嘉禾过去古华城,书记殷勤远客迎。七品县官非小丑,喜看白面好书生。自注:"嘉禾县城为古华幼年居地,当地齐书记闻有远客出迎,自谦云'愧为七品芝麻官',因舞台上皆作小丑状,故书此慰之。"

郴州佳酿乳花香,盛满琉璃胜玉浆。为有主人能醉客,不知今夕在他乡。自注:"郴州无好白酒,而当地米酒颇香冽,古华携五斤来,用大玻璃杯畅饮之。"

北湖风物最宜人,铁索桥头笑语频。老学少年君莫笑,罗浮山下四时春。自注:"游北湖公园,有长征路、铁索桥,当地儿童争攀登之,亦间有老过桥,而矫捷殊不及小儿。"

喜听嘉禾陪嫁歌,东江水暖浴双鹅。楚娃最是多情种,哥爱青山我爱哥。自注:"文化局刘局长约当歌舞团员唱嘉禾民歌,其中《陪嫁哥》见于《芙蓉镇》小说中,诗中所谓'双鹅'、'哥爱青山'等引自古华所作歌词。

莽山路上少人行,坐听清泉激石声。林场主人情意厚,晚来开讲蟒蛇经。自注:"游莽山林场,留二日,莽山原名蟒山,传言当地有巨蟒,口大如门,人可立行而入。晚间当地蓝副场长为讲蟒蛇故事。"

郴州到处打秋风,整日消磨饮宴中。归载橘柑三百颗,主人惊道过蝗虫。

自注："游郴州九日,四日离京,十五日返京,主人招待极殷勤,临行又载去柑橘四五十斤,所谓'三百颗'者,盖大约数也。"

车薪发表《杨宪益从英伦归来》、邹霆发表《著名翻译家杨宪益的少年时代》《杨宪益年谱》(至 1985 年,只有数千字),《文教资料》1987 年第 5 期。

10 月 22 日至 30 日,杨宪益赴西安参加外国文学理事会会议,作诗《西安纪事诗十三首》,自序"此次会议漫谈外国黄色及黑色幽默文学,故诗中也染上了一点黄色和黑色,读者凉之。陶渊明诗云'君当恕醉人'":

抵肘清谈过渭南,凭窗西指即长安。 化胡总比牛棚乐,老子今朝又出关。
远离闹市复何求,世外桃源丈八沟。 愧作钓鱼台上客,长安不见使人愁。
暂住秦城作楚囚,假山假水景清幽。 何当回转尘寰去,掉尾泥中得自由。
潇湘别馆欠风流,对坐谈天尽老头。 不恨未逢林妹妹,可卿凤姐得同游?
纸上谈兵年复年,未能实践只空言。 而今书肆多奸盗,高论原来不值钱。
道旁村妇展衣巾,五彩缤纷待远宾。 识得洋人多外汇,故宜拜倒石榴裙。
山头隐约露双峰,玉体横陈晓雾中。 千古风流称武后,而今还在逗天公。
狐媚偏能惑帝王,则天犹胜四人帮。 丰碑无字留千古,谁记江青老板娘?
汉皇盛业早成墟,此日偏安让魏吴。 孟获未擒丞相死,何时奋马踏匈奴?
会议开完乘兴归,飞来飞去类华威。 虚名难了文章债,梦醒惊呼我是谁。

是年,中国对外翻译出版公司出版了杨宪益、戴乃迭合译的中译本《卖花女》(英国萧伯纳著)。

杨宪益大部分时间用于编辑、行政工作,主持各种会议,很少有时间做自己的翻译工作。曾十分感慨地说道:"中国有一个有趣的现象,那就是:对于中国知识分子的评价,并不以他们在学术上、艺术上的成就而定,却以他们的政治、社会地位而定。一个人如果在政治上受迫害,他就成了一无是处的弃儿;而一旦平反,受到尊敬,那么各式各样的荣誉头衔称号都会落到他头上,他就成了一个至善至美的人。我的沉浮荣辱证明了这一点[1]。"

吴祖光《题丁聪作杨宪益漫画肖像》:"年少足风流,老来未易休。酒狂思水浒,馔美译红楼。"黄苗子同题诗:"何用杨雄赋解嘲,宪章酒业尚无条。狂言偶发非无益,像个瘟三转更糟。"

杨宪益作《题丁聪为我漫画肖像》:"少小欠风流,而今糟老头。学成半瓶醋,诗打一缸油。恃欲言无忌,贪杯孰与俦。蹉跎惭白发,辛苦作黄牛。"

---

① 薛鸿时译,杨宪益著《杨宪益自传》,人民日报出版社,2010 年 2 月,第 295 页。

《赠宾雁兄赴美讲学次舒湮韵》:"求经何必去西方,惜别亲朋聚一堂。绿蚁浅尝蝥尾酒,青袍戏试道人装。余年尚喜身无恙,盛世何忧网更张?岁值龙飞行路吉,天南海北任翱翔。"

《闻丁聪兄有乔迁之喜,书此致贺》:"东瀛载誉乍归来,又得乔迁亦快哉。王粲登楼能作赋,屈平去国自寻灾。七军溺水悲关羽,满地和泥效老莱。幸喜天寒堂易冻,书房可改滑冰台。"

《待客不至》:"咫尺天涯系梦思,雪深路滑客来迟。何当更尽千杯酒,便是春回大地时。"

谌容在《新华文摘》1982 年第 12 期上发表《悲欢与共四十秋——杨宪益和戴乃迭》。

罗沛霖卸任电子工业部科技局副局长,任中国电子学会理事、学术委员会主任委员。

1983 年,69 岁

是年,杨宪益、戴乃迭翻译《龚自珍诗选》、《沈从文和他的〈中国古代服饰研究〉》(黄裳),《中国文学》1983 年第 5 期;《龙的传人》(歌词,侯德健),《中国文学》1983 年第 9 期。

杨宪益发表《试论欧洲十四行诗及波斯诗人莪默凯延的鲁拜体与我国唐代诗歌的可能联系》,《文艺研究》,1983 年第 4 期。《植根于群众之中》,《读书》杂志,1983 年第 2 期。

杨宪益把《零墨新笺》和《零墨续笺》合起来定名为《译余偶拾》,由生活·读书·新知三联书店出版。

杨宪益、戴乃迭出版译作《近代英国诗抄》(艾略特等),人民文学出版社。《单口相声故事选》(张寿臣等),"熊猫丛书",中国文学出版社。《中国古典文学简史》(冯沅君),外文出版社。

戴乃迭翻译《诗经选》《芙蓉镇》,"熊猫丛书",中国文学出版社。

应英国英中协会、英国学术委员会邀请,杨宪益、戴乃迭再次访问英国,先后在牛津大学、里兹大学、约克大学发表学术演讲。

三联书店出版杨宪益学术随笔集《译余偶拾》。

3 月,杨宪益、罗沛霖当选第六届全国政协委员,分属文艺界、科技界。

4 月,《译林》与《外国语》举办建国后首次全国英语翻译评奖,参赛人数达四千多人。在苏州召开专家评委终审会时,杨宪益起先答应来,后临时有任务要参团赴美国访问,就让戴乃迭南下与会。

4月6日,中国外交部就此照会美国驻华使馆,就网球运动员胡娜"政治避难事件"提出抗议,认为美国政府此举破坏了中美正常交流的气氛。受此影响,到美国访问才四五天的杨宪益等人中止行程回国。

国际关系学院英语专业研究生范玮丽尝试着翻译了几首舒婷的诗,并把译稿寄给戴乃迭求教,让她没想到的是,一个星期左右她收到了戴乃迭的回信,回信对范玮丽所翻译的作品做了详细点评,令她非常感动[1]。

是年,台湾作曲家侯德健不顾台湾当局的禁令到大陆访问,与杨宪益成为忘年交,曾长时期住在杨家。当时,杨家成为文化人的聚会中心,常去杨宪益家的有外国驻北京的记者、大使、外国专家,还有黄苗子、郁风、丁聪、吴祖光、王世襄、邵燕祥等文艺界朋友。

《无题》:"大雅今重振,芳园日更新。来宾多俊杰,楼馆等亲人。"

7月9日,杨宪益致函范用[2]:

范用兄:昨天翻翻书架,偶然找到解放初五0年到五二间从苏联杂志翻译下来的一些短文章,都是考古方面的普及性的东西,还有两篇我当时写的短文章,是关于赤眉和黄金起义的。这些都是三十多前写的东西,有的照抄苏联教条主义,这时当时文风使然,也有些幼稚。当时还写过一些别的东西。如译过一本《基辅俄罗斯》,还写过一本小说《黄巾子弟》等,那些稿子我后来都丢掉了。这些残存下来的稿子,因为当时有两位好意的朋友给我抄得很工整,又装订了,因此舍不得丢掉,留下来了,请你抽空看看好不好。关于汉代还是奴隶社会的观点,我过去同苏联历史学家一样,现在也还没有变。此外,有些提法也许需要修改一下了。这些东西恐怕不值得再发表,但还是希望有一位行家看一看,现在就麻烦你了。有空来玩。

祝好。

弟宪益

七月九日

8月29日至31日,由中国社会科学院和美中学术交流委员会联合举办的中美双边比较文学讨论会在北京举行,中方代表团10人,团长是王佐良,成员有杨宪益、杨周翰、张隆溪、许国璋、周珏良、袁可嘉、赵毅衡、钱中文、周发祥,美方代表团

---

① 杨莹:《不收弟子的杨宪益桃李满园》,《中华儿女》2010年第10期。
② 范用编著:《存牍辑览》:生活·读书·新知三联书店,2015年9月,第180页。

10 人,团长是厄尔·迈纳,成员有刘若愚、白之、欧阳戟、范格尔、史密斯、保罗·伐塞尔、林顺夫、余宝琳、勒华尔斯基①。

10 月,开展清除精神污染运动。

年底,杨宪益辞去《中国文学》杂志主编,由王蒙接任,改任《中国文学》杂志顾问,王蒙又任文化部长,因此杨宪益继续工作,直到 1986 年。

1984 年,70 岁

是年,杨宪益、戴乃迭翻译《寓言十六则》(黄永玉),《中国文学》1984 年第 1 期。

杨宪益、戴乃迭出版译作《太阳照在桑干河上》(丁玲),外文出版社。

戴乃迭出版译作《唐宋诗文选》、《沉重的翅膀》(张洁),"熊猫丛书",中国文学出版社。

杨宪益发表叶剑英《攻关》译作,《大学英语》,1984 年第 1 期。

杨宪益被意大利但丁学会选为荣誉会员;应牛津大学墨顿学院邀请,作为访问学者在该院生活一个学期,见到了当年的情敌伯尼,伯尼娶了一个瑞士姑娘,生育了几个子女。

杨宪益作《患热伤风未愈感赋》:"有钱难买鬼推磨,事事操心可奈何。久占茅坑拉屎少,常谈废话吐痰多。伤风感冒迎张洁,忍死须史待李陀。微恙敢欺杨宪益,奇文长忆亚伦坡。"自注:"张洁昨晚来。李陀是张洁的哥儿们,给我们写了一篇序,我们给退稿了,还在等他大兴问罪之师。Edgar Allan Poe,最后两句是小时患猩红热时所写。"

年初,胡乔木在中央党校作了《关于人道主义和异化问题》的长篇报告,后发表于中央党校主办的《理论》月刊第 2 期上。

3 月,赵瑞蕻出席印度尼赫鲁大学语言学院在新德里召开的"首届国际翻译文学讨论会",并赴香港中文大学任客座教授。

杨宪益在《读书》第 4 期发表《未完成的心愿》。

杨宪益作《戏答谢严文井见送蛤蚧酒》:"早知蛤蚧壮元阳,妻老敦伦事久忘。偶见红颜犹崛起,自惭白发尚能狂。久经考验金刚体,何用催情玉女方。圣世而今斥异化,莫谈污染守纲常。"

《败家子》:"拍马吹牛易,由奢近俭难。可怜败家子,断送好河山。林安兄

---

① 徐海昕:《多声部大型对白——中美双边比较文学讨论会散记》,《外国文学》1983 年第 10 期。

一笑。"

《辞谢作协邀请参加舞会》:"整肃声中早闭门,进城赴会费精神。衰年怕逐风流侣,盛世甘为散淡人。高尔夫球嫌路远,狄斯科舞可家蹲。何须跋涉长安道,百万庄头便是春。"

《用前韵续成一首》:"整肃声中早闭门,管它牛鬼与蛇神。差随朝服吹竽客,不信花衣弄笛人。见怪何须呼咄咄,健身犹赖舞蹲蹲。凋零碧树君休惜,过得冬来便是春。"

《赠祖光兄再用前韵》"整肃声中早闭门,羡君《右辩》好精神。而今狗肉充羊肉,一半男人是女人。岁暮无聊常醉酒,风寒不耐久蹲坑。明年再闯江湖去,打罢三春打四春。"

杨宪益为黄苗子收藏的韩羽《傅青主听书图》题词:"黄兄风度尚翩翩,故作衰容比傅山。年纪古稀犹黑发,精神旺健胜青年。欣逢盛世休装老,预祝明朝更有钱。不用听书排寂寞,舍间常备酒如泉。佛头着粪,罪过,罪过。小弟宪益。钤印:杨宪益。"同时题画的还有黄苗子、聂绀弩、舒芜、陈迩冬、黄永玉、吴祖光、柏高、吴甲丰、荒芜、冯其庸、邵燕祥等当代名家。

《题寥冰兄〈自嘲画〉》:"一朝解放反生愁,久惯牢房怕自由。顾虑重重难提笔,大家求放我求收。"

《为寥冰兄〈资本主义复辟了漫画〉作》:"僵卧经年今复苏,脑筋依旧老糊涂。看新气象心难受,反怪人家尽污染。"

附寥冰兄原诗:"昏睡八年整,一朝忽苏醒。睁眼急惊呼,胆破真丧命。"

《无题》:"修道狒狲总是妖,翻云覆雨犯天条。凄凉老树无生意,折戟沉沙恨未消。"

吴祖光曾赠杨宪益联:"毕竟百年都是梦,何如一醉便成仙。"杨宪益赠诗:"一向烟民常短命,从来酒鬼怕成仙。"

秋天,在外文局局长范金宜的启发下,杨宪益向党组织递交了长达八千字的入党申请书。

谌容作《悲欢与共四十秋——杨宪益和戴乃迭》,载本社编《"真爱"的追求者续集》,天津人民出版社,1984年9月。

冬天,韩素音女士访华,在国家领导人接见后,下午到杨宪益家拜访,作家张洁、谌容等作陪,记者谢蔚明在座。

是年,罗沛霖作为中国科协代表,前往美国亚特兰大参加中国古代科技成就展开幕式,应邀在费吉尼亚大学作计算机高速算术单元的报告。兼任北京大学教授。

1985年,71岁

是年,杨宪益、戴乃迭出版译作《西方影响与民族风格》(唐弢),《中国文学》1985年第1期;《温庭筠词选》,《中国文学》1985年第4期。

杨宪益的《零墨新笺》由台湾明文书局出版。

戴乃迭出版译作《矮凳桥及其它》(古华),"熊猫丛书",中国文学出版社。

赵瑞蕻再赴香港中文大学任客座教授,同年从南京大学退休。

4月,杨宪益加入中国共产党,因为早在解放以前就立下这个心愿①。

杨宪益应邀参加钱锺书主持的国际比较文学会议。

黄苗子《题杨散人道服像》:"夫子何为者?洋儒作道装。逍遥拔兰邸,散淡卧龙冈。诗雅难公布,杯深易坐忘。佉卢文字好,黛玉奖金章。"自注:"散人以洋文译《红楼梦》,故末句戏之。"

7月,罗沛霖当选国际电气电子工程师学会北京分部主席,获授建会百年勋章。

是年,黄苗子因痛风住院,作打油诗寄杨宪益,杨宪益回赠四首:

一笑相倾腿便歪,犹思欢宴访蓬莱。可怜贪嘴黄和尚,从此天天吃素斋。

失足无端转痛风,蓬山路远病难从。且当鹦鹉参禅去,军院偏宜空对空。

恶贯而今终满盈,饱餐止饮变妖精。从今改喝茅台酒,做个猫儿不吃腥。

好色贪杯尚不妨,狂言美食实堪伤,小怜玉体横陈夜,已报乔公见祖光。

自注:"玉体指黄苗子尊兄病体而言,因此并非黄色文学,望郁风兄不加怪罪。"

杨宪益作《戏赠同游王世襄兄》:"新篁银杏一蓝收,乘兴天天菜市游。我笑先生非醉酒,无端剃个大光头。"

杨宪益作《有感》:"有限光阴听汇报,无聊酒宴劝干杯。忝居政协闲差事,考察而今第一回。"

杨宪益作《无题》:"倒数今成第一名,无权难得傲公卿。离群难比南飞雁,诸葛原来不孔明。"

作《范用索诗》三首:

家家户户送瘟神,节届重阳喜气增。除旧布新魑魅尽,兴邦自有后来人。

纸船明烛照天烧,何物瘟君敢遁逃?鬼蜮害人终自毙,含沙射影总徒劳。

---

① 薛鸿时译,杨宪益著《杨宪益自传》,人民日报出版社,2010年2月,第296页。

穿墉谁谓鼠无牙,抹黑他人却自夸。此日家家悬鬼脸,到头变个破南瓜。

作《译协开会有感》:"一从胡羯乱中华,学语鲜卑亦足夸。多译只能称译匠,横通未必是通家。莫嫌留学西方贵,总怪投身本国差。梦获奖金诺贝尔,奔驰取代自行车。罗孚兄一笑。"

7月18日,杨宪益作《无题》:"有限光阴少,无聊琐事多。故人星散尽,不醉更何?罗孚兄一笑。"

11月10日,文化部副部长周而复率代表团访问日本,由日方安排参观了靖国神社,并且向日本老人了解当时的情况,事后有人举报他看黄色录像,到药店购买春药。

是年,中国戏剧出版社出版了杨宪益、戴乃迭合译的中译本《古罗马喜剧三种》(古罗马普劳图斯等著)。

杨宪益担任首届全国优秀文学翻译"彩虹奖"评委。

谌容以杨宪益和夫人为原型[1],发表《散淡的人》小说,载《收获》1985年第3期。

1986年,72岁

是年,杨宪益、戴乃迭翻译《唐代传奇》(沈既济)"能猫丛书",中国文学出版社。

戴乃迭翻译《明清诗文选》《汉魏六朝诗文选》《鼻烟壶及其它》(邓友梅),"熊猫丛书",中国文学出版社。

杨宪益、戴乃迭出版译作《红楼梦》(节本),商务印书馆。

杨宪益、戴乃迭出版译作《古趣集》(丁聪),新世界出版社。

赵瑞蕻出席香港大学文学院75周年中西文化交流研讨会,在《香港文学》首发八行新诗十八首。

3月4日,《人民日报》在头版显著位置刊发了主标题为《中纪委决定开除周而复党籍》的报道,并且配发了"本报评论员"题为《严守外事纪律维护国格》的评论文章。周而复因参观靖国神社被开除党籍并撤销党内职务、罢免作协副主席的职位。杨宪益闻讯作《神社》:

东吴霸业已成灰,遥望蓬瀛不可回。神社偶窥谣诼起,天廷震怒诏书来。

空擎玉杵难攀桂,未见金瓶可插梅。海外秘辛谁管得,扫眉才子泪空垂。

一笑相倾国便亡,屈尊神社事荒唐。小怜玉体横陈夜,尤赖仙山秘戏方。

---

① 钟振奋:《淡泊谦和杨宪益》,《文汇读书周报》2019年11月4日。

金屋藏娇空有愿,银翘解毒苦初尝。而今莫道当年勇,好好守心学党章。

7月,杨宪益为李野光编译的希腊诗人埃利蒂斯、赛菲里斯诗选合集作序。

10月,杨炽获得芝加哥大学博士学位,和丈夫杨达悟(加拿大人)一起赴长春东北师范大学世界古典文明史研究所,任副所长、副教授,办英语《古典文明杂志》和《学术通讯》,并对东北师大亚述学学科建设作了许多开拓性工作。

是年,杨敏如受邀在电大等学校讲授唐诗宋词。

杨宪益两次赴香港,都住在香港大学。第一次是参加东西方关系问题学术讨论会,并就希腊、罗马时代中国与西方的交往发表学术讲演。第二次是当选香港翻译家协会荣誉会员。

谢晋在湖南永顺县王村拍摄根据古华小说《芙蓉镇》改编的同名电影,杨宪益应邀前往观光,游览猛洞河、张家界、天子山等景区,作诗:

《湘西》:"再现芙蓉镇,初游酉水河。王村留倩影,猛洞听猴歌。上海烹调美,湘西朋友多。何当邀晓庆,豆腐米重磨。"

《游张家界二首》:"填海神功惜未成,金鞭半节倚天横。秦皇如有驱山术,何必驱民去筑城?""龙女花开年复年,驱山填海亦徒然。独夫难夺黎民志,溪上空悬霸王鞭。"

《游张家界　调寄蝶恋花》"偿尽平生山水债,尘世难寻,好个张家界。半截金鞭云雾外,四门水绕青罗带。道上游人多莫怪,溪畔林边,处处鸳鸯寨。龙女花开常不败,蓬莱仙境春常在。"

《路经桑植》:"洪家关口一事温,贺总威名天下闻。县长亲邀情足感,再来桑植必登门。"自注:"去张家界路经桑植,县长出城相邀,辞谢而去。此地有洪家关,为贺龙故里。"

《天子山》:"天子山难上,崎岖路不平。峰从脚底起,云傍路边生。恍见神兵聚,如闻屈子吟。斜阳照岩影,犹是旧将军。"自注:天子山有名胜'神兵聚会'、"屈子行吟图"、"将军岩"。

《途经吉首饮酒大醉四首》:

湘泉美酿喜重尝,小碗盛来口齿香。吉首主人能醉客,不知今夕在他乡。
途中风雨正颠狂,又报前车遇塌方。还是暂留古丈好,虽然沉醉又何伤?
酒糟浸透臭皮囊,烂醉成泥也不妨。中外神兵齐护法,必成正果到西方。
大醉今年第一回,两瓶饮尽玉山颓。从今当众休夸口,只好偷偷喝几杯。

《回京路上》:"归心似箭去匆匆,午后辞山去大庸。车上便餐风味好,鸡丝汤面辣椒红。"

秋天,杨宪益、戴乃迭到上海金山宾馆参加"中国当代文学国际讨论会",来自苏联、美国、英国、澳大利亚及朝鲜等国的学者、作家参加了会议。

据统计,是年,英文版《中国文学》在美国的订户为1731户,在芬兰为1195,法文版光在巴黎的订户就有1026户。

12月4日,《红楼梦学刊》召开编委扩大会议,杨宪益、吴组缃、张毕来、廖仲安和陈毓罴等在会上发言。杨宪益主张将《红楼梦学刊》改为丛书,一年出四辑、二辑均可,可将目前的发行包袱甩掉,同时有利于图书馆收藏。他还呼吁成立一个《红楼梦》研究资料中心,成立一个专门的《红楼梦》图书馆,供各国的研究者用,把全世界的研究者都吸引到中国来。他强调这个中心不能让人家抢走了①。

1987年,73岁

1月28日,中共中央发出《关于当前反对资产阶级自由化若干问题的通知》,开展批判资产阶级自由化运动,王若望、刘宾雁、方励之等人被开除党籍。

戴乃迭发表古华《芙蓉镇》译作,《英语世界》,1987年第1期。

杨宪益为李士钊的《蒲松龄著作在外国》作序,《聊城大学学报》,1987年第2期。《游深圳西丽湖》,《诗刊》,1987年第8期。《要出版红学丛书》,《红楼梦学刊》,1987年第2期。《回忆萧亦五同志》,《文教资料》,1987年第6期。

戴乃迭译作《神鞭:冯冀才小说选》(与人合译),所收《高女人和她的矮丈夫》《感谢生活》为戴乃迭所译,《前言》为戴所作;译作《爱是不能忘记的》(张洁),"熊猫丛书",中国文学出版社。

是年,罗沛霖偕夫人杨敏如访问美国,作关于中国电子与计算机科学技术进展报告。

杨宪益作《和苗子》:"蓬莱路远免攀登,莫作诸方行脚僧。入暑昏昏炎未尽,书空咄咄病犹能。当今鼠辈仍猖獗,何必爷们苦折腾。且待召开十三大,静观无爱亦无憎。"

杨宪益到四川旅游,作《蜀游杂咏》七首:

《游新都宝光寺》:"名厨斋宴极鲜新,色色空空假即真。狮子国迎舍利至,从今三宝有传人。"

《宿成都金牛宾馆,因忆及古代金牛故事》:"希腊破城缘木马,张仪开道用金牛。贪收财礼能亡国,莫怨他人逞智谋。"

---

① 杨宪益:《要出版红学丛书》,《红楼梦丛刊》1987年第2辑。

《游杜甫草堂》："历代词人过万千,而今都觉不新鲜。位卑未敢忘忧国,工部诗名永世传。"

《游武侯祠,见一联云"不审势则宽严皆误"感赋》："宽严相济术方全,治国从来审势难。岂有书生能造反,倾城何必怨红颜?"

《灌口离堆》："灌口离堆天下先,为民造福两千年。虽无三峡工程大,少用劳工少费钱。"

《乐山大佛》："世间难得是糊涂,抉目禅师事有无? 倘使如来能镇水,早看大渡变平湖。"

《游峨眉遇雨,止万年寺》："雨中何必苦登攀,一路泉声送客还。晓雾迷蒙金顶远,上山容易下山难。"

是年,杨苡将与巴金持续半个多世纪交往中残存的书信整理出版,定名为《雪泥集:巴金致杨苡书简劫余全编》。此后,杨苡又创作《青春者忆》,2013 年 11 月由复旦大学出版社出版,以其独特的视角和深情的文字写下与巴金交往的故事。

是年,译林出版社社长李景端找到杨宪益,请他来翻译《尤利西斯》,杨宪益拒绝了。杨宪益说:"这本书的确值得翻译,你有决心引进来是对的。我在英国时就看过,但没有看懂,我没有看懂的书,怎么敢把它翻译出来? 也不是我谦虚,就是英国人也有不少没看懂。作为出版社,不能因为难懂而不翻,但从我来讲,我因为不懂,所以不敢翻,否则就是骗人了。"杨宪益建议,去找一些对英国意识流文学有研究的人,最后,李景端找到了萧乾[1]。

2 月 6 日,中国文学出版社成立,不仅办杂志,还要出版书籍。

杨宪益致信李荒芜,谈论屈原之有无[2]:

荒芜兄:

收到你送来的《纸壁斋续集》(1987 年 1 月由湖南人民出版社出版,责任编辑是朱正先生),当时正想午觉。结果看下去,把午睡也忘了。内容很有趣。但听说朱正同志被免了职,不知确否? 希望你这本书不要遭到《查泰莱夫人的情人》的命运。

又收到端阳诗会的请帖,我不想参加。

关于以端阳为诗人节,我也是反对派。

首先,我从来不承认屈原是真有其人,我认为,那是刘安编造的。

---

[1] 王晶晶:《杨宪益身后,谁来翻译中国:银锭桥空 金丝巷冷》,《中国青年报》,2009 年 12 月 1 日。

[2] 李克玉:《记忆也是货真价实的精神遗产》,载张世林主编《想念杨宪益》,新世界出版社,2016 年 1 月,第 147—148 页。

"帝高阳之苗裔兮,朕皇考曰伯庸"。汉家和楚一样,都以高阳为始祖,祝融为祖先中的英雄。伯庸即祝融;皇考即先祖,不是爸爸——闻一多早就说过了。

屈原不会自称为"朕",那是秦始皇时才开始用的,即"咱们",英文的 we,皇室专用。刘安是王爷,可以称朕。

"唯庚寅吾以降"。"降"是放逐之意,不是诞生。这也是闻一多考证的。《淮南子》云:"帝以庚寅日诛鲧(音 gun,部落首领,治水九年不成,被杀)。"大概刘安因为他爸爸被贬到阜阳是庚寅日的事。刘安是利用神话,以大禹自居。

"名余曰正则兮"。正则,即安。当然也可解为"平"。故编了屈原名平,楚之同姓也的话。"灵修",是指厉王长,讳"长"为修。

"吾将从彭咸之所居"。彭咸是水神,是王逸胡编的。是巫彭和巫咸两个。在山上,大概就是八公山(正是皖人荒芜的故乡)。哀江,是地名,而且也不是在湖南。

说起来话长,就此打住。

祝好!

宪益,星期二。

3月11日,深圳雅园宾馆开业三周年庆典。千家驹邀请全国政协副主席费孝通、周培源、赵朴初;政协常委钱伟长、程思远、郑洞国、贾亦斌、马大猷、刘开渠;全国人大常委曹禺;政协委员吴祖光、沈醉、黄苗子、张权、杨宪益、郁风;中华社会大学校长于陆琳以及新凤霞、戴乃迭等出席。3月12日,深圳市长李灏设宴款待来宾。3月13日,出席雅园胜会一行人游览西丽湖,至石岩湖午餐。杨宪益作《千家驹兄邀游深圳》:"西丽湖图一梦中,南游深圳太匆匆。五粮液够五天喝,百丈楼高百姓穷。避席畏闻神女疾,出门幸免圣婴风。剧怜满座无双士,治国空谈特异功。林安兄一笑。"自注:"神女疾,指艾滋病。南太平洋有阴阳怪气之风名为 EL Ninno 现象,西语即圣婴也,今年灾异屡见,与之有关。"

12月30日,中国文化书院拟以驻京使团、商社人员,驻京外国记者和其他外国友好人士为对象,开设中国文化系列讲座,共八讲,收费80美元。

1988年,74岁

1月19日,原《人民日报》记者、《旅行家》杂志主编彭子冈(1914—1988)去世。杨宪益参加她的纪念仪式,与诗人邵燕祥结识。

年初,杨宪益与叶君健联名推荐胡志挥为中国作家协会会员。

2月29日,面向外国人士的"中国文化系列讲座"在北京饭店举行开幕式,由杨宪益担任第一期讲座。来自美国、英国、意大利、墨西哥和丹麦等五个国家的13名外国友人参加仪式,由庞朴、梁从诫主持。杨宪益讲座的题目是《中国早期与东罗马的交往》。

3月,《体育博览》杂志第3期发表长江的采访文章《白发青春——访著名翻译家杨宪益》,杨宪益称从小到老,有自己的锻炼方法:年轻时爱长跑,练举重,能举起120斤;到国外后,远足、划船、旅游;到北京定居后打太级拳,跳迪斯科;晚年一天三次亲自上街买菜,练坐功,修身养性

杨宪益作《和苗子兄》:"阴阳天气怪,入夏怕伤风。圣道分文武,金箍变紧松。解忧当痛饮,排闷且书空。八宝山难上,还宜返劲松。"

裘小龙赴美访学,带着到温州采访时写的诗及英译、两瓶皇朝葡萄酒拜访杨宪益,杨宪益读了这些有主旋律意味的诗歌,笑着说:"至少你的诗还算不拖泥带水。[①]"

杨宪益当选为第七届全国政协委员(1988—1993),属于文化艺术界别。

11月8日至12日,中国文学艺术界联合会第五次代表大会召开,杨宪益作《全国第五次文代会》:"周郎霸业已成灰,沈老萧翁去不回。好汉最长窝里斗,老夫怕吃眼前亏。十年风雨摧乔木,一统江山剩党魁。告别文联少开会,闲来无事且干杯。"

11月15日,邵燕祥读了杨宪益的诗,作《戏咏五次文代会》:"尽是作家艺术家,出恭入定静无哗。不愁百万成虚掷,安得金人似傻瓜。已验几回诗作谶,可知何日笔生花? 掌声拍报平安夜,大会开得很好嘛!"自序:"宪益先生赏酒并以五次文代会上诗见示。今秋作江南游,未得躬逢其盛,打油凑趣。"

李荒芜到访,戴乃迭以豆腐丝招待,三人喝酒,"说什么都轻轻地,也并不说什么热闹的话,只是一会举一杯说为尊棋,一会再举一下杯说为雪峰,最后只有父亲说了半句:为……孩子们。之后他们沉默,许久许久。特别是戴姨,长时间地低着头。[②]"

尊棋,指刘尊棋;雪峰,指冯雪峰。陈荒芜的儿子1967年失踪,当时是医学院大三学生,23岁。李荒芜妻子晚年,有时还把大门洞开,企盼儿子能归来。

是年年底,李辉负责的《人民日报》"大地"副刊,请居住北京的金克木、杨绛、黄

① 裘小龙:《外滩公园:裘小龙虚构批评随笔集》,四川文艺出版社,2019年3月,第125页。
② 李克玉:《记忆也是货真价实的精神遗产》,载张世林主编《想念杨宪益》,新世界出版社,2016年1月,第147—148页。

苗子、杨宪益、冯亦代、董乐山、宗璞等人在新的一年里联袂开设一个随笔专栏,名曰"七味书谭"。除杨绛和董乐山外,五位到场,李辉为他们五位拍摄了一张合影,杨先生笑眯眯地坐在中间。

1989 年,75 岁

春天,杨宪益随中国出版代表团到西班牙访问。《红楼梦》西班牙文译本在西班牙出版。应西班牙格拉达大学邀请,前去开展学术交流活动。

1 月 20 日,杨宪益在《人民日报》发表《英国诗人神游元上都》。

2 月 9 日,杨宪益在《人民日报》发表《蛇年谈蛇》。

2 月 13 日,诗人北岛发起,冰心、吴祖光、李泽厚、严文井等三十三人联名发出《致人大常委会及中共中央的公开信》,呼吁释放政治犯。曾请杨宪益在上面签名,遭杨拒绝。

杨宪益作《偶感》:"街头又见卖花郎,失业知青亦可伤。漂亮歌星能走穴,官家子弟好留洋。既无资本休从贾,难辟财源岂是商。今日长安居不易,只堪留下跑单帮。"

3 月,画家郁风面对历经磨难仍微笑面对生活的戴乃迭,为她画了一幅水彩画头像,并在暗色背景上用金色写了两行字:"金头发变银发了,可金子的心是不会变的。"此画,后来一直挂在客厅墙壁上

3 月,戴乃迭给吉廷斯的信中写道:"宪益今早唉声叹气地离开了家,去参加翻译协会的会议,下个星期全国政协又要开年会了。我觉得这次政协会议,肯定会有更多人对三峡工程提出反对意见①。"

北大教授乐黛云主编的《中国比较文学史料(1919—1949)》,由北京大学出版社出版,其中收录了杨宪益的《板桥三娘子》《中国的扫灰娘故事》《〈高僧传〉里的国王新衣的故事》,并称赞此三篇研究中西文化相互影响的文章,对一些故事的主题、人物、情节作出了有趣的渊源考证。

罗沛霖当选为第七届政协委员。5 月倡议并主持了人工神经网络座谈会,促成国内成立人工神经网络筹备委员会。

杨宪益发表《还是要提倡科学与民主》,《世界文学》1989 年第 3 期。

是年,夏衍得到一瓶洋酒,请黄苗子带给启功,启功又嘱转赠给杨宪益。黄苗子附诗一首,杨宪益作《和苗子兄》:

欺世盗名获佳酿,自惭受禄竟无功。而今文士多海量,小子焉敢称英雄?

---

① 范玮丽:《金丝小巷忘年交》,北方文艺出版社,2015 年 2 月,第 177 页。

苗子元白诗早到,才思敏捷愧两公。南游一周心力倦,已成西池娇语龙。香港酒多酒友少,对饮幸有潘际坰。归来故人俱无恙,小丁不复忧防洪。京丰宾馆春色好,玉渊潭畔樱花红。深感知己殷勤意,为我转致端先翁。

附黄苗子原诗:

夏衍前辈嘱以佳酒赠启功,启老又嘱转赠宪益,以道远莫致,先为俚句以奉。夏公偶得洋佳酿,嘱我携之赠启功。启老情深不肯启,再拜转嘱呈扬雄。佳人红粉酒人酒,物得其所天平公。何须换却五花马,且喜伴得西池龙。白兰地远来欧陆,黄公垆亦出郊坰。迮来的士不易雇,涸鲋且俟西江洪。杨老令婆拥衾卧,天波府邸孤灯红。深杯浅盏且独乐,散淡从人记醉翁。

附启功次韵:

仪狄造酒有故事,醉乡我愧王无功。黄垆竟成贸酒户,高歌远迈西江雄。左持东阳百朋锡,右代转赠宏农公。宏农好服解毒药,三杯可扰龙天龙。小子无量但有乱,缺金少屋栖荒垌。四梁加固已防震,又愁雨暴岷山洪。横涂竖抹日不足,专虽不够心微红。相声戏剧与水利,笑煞公主痴聋翁。

自注:"观侯宝林表演于国谊宾馆。"

杨宪益又作《和启老韵一首》:

平安归北里,寂寞又秋风。乍觉诗情减,初惊裤带松。毛长知马瘦,人去叹楼空。且饮白兰地,抛却可的松。

杨宪益作《画展》:"袒裼而今天入画廊,轻男重女亦寻常。祇存清白纯真貌,何用时新浓淡妆?示妙自当呈玉股,惊人闻道动金枪。剧怜绘画横陈态,不写陈王大体双。"

黄苗子作草书"不辞千日醉,长共百年心",赠送给杨宪益。

3月初,杨宪益作《无题》:

惊闻教授发牢骚,抽掉投资策略高。每见洋人当屈膝,一丢外汇便求饶。人权只要明天有,国格何妨此日抛。莫道读书无用处,西方天子重英豪。

3月6日,杨宪益在《人民日报》发表《鲁迅的自题小像诗》。

4月4日,杨宪益在《人民日报》发表《改头换面的外国民间故事》。

4月15日,胡耀邦去世。杨宪益五十年代与胡就有交往,22日作《无题》:

惊闻大地起风雷,痛悼胡公逝不回。谁道书生无意气,须知大学有人才。千夫所指都该死,万马齐喑剧可哀。五四精神今再见,会看群力扫阴霾。

5月,杨宪益作《无题》:

惊闻大赦临天下,何用菲名附末端。教授如今成饿殍,豪商多半靠高官。

窗前修竹欣新绿,门外青松慰岁寒。饮酒莫谈家国事,懒随佳士说人权。

5月20日　因发生动乱,国务院宣布自次日10时起在北京市部分地区实行戒严。

6月1日晚,侯德健、刘晓波登门拜访。

6月3日,北京发生动乱。次日凌晨,戒严部队进驻天安门广场,平息了一场风波。一大早,文革中曾带头揭发杨宪益"罪行"的杨立行(当时在中国社会科学院工作),跑到杨宪益家大肆喧染看到的街头场所景象。当天上午,杨宪益接受BBC电话采访,发表讲话,事后离家到邹霆儿子家及长春女儿杨炽家中生活了一段时间。

不久,外文局领导通知杨宪益可以回家,保证他安全。杨宪益到外文局主动请求组织给予处分。文化部副部长英若诚代表组织登门找他谈话。两人避实就虚,大谈马恩列斯、勃列日涅夫、戈尔巴乔夫等领导人,而不提BBC广播一事。英若诚去了三次,最后说"三顾茅庐",不再来了。杨说"不敢高攀诸葛亮",应是"七擒孟获",还可来四次。组织上对他宽宏大量,没有追究他的任何责任。"你知道谁保了他吗? 李瑞环。"[①]

5月9日,冯其庸托人送给杨宪益两瓶杜康酒[②],并赋诗"世事浮云苍狗幻,浩然孟叟天地间。杜康我有公休怕,万叠愁峰只等闲"[③],以表慰问。

6月,应澳大利亚大学之邀,黄苗子、郁风旅居澳大利亚布里斯班。

黄苗子书写龚自珍诗赠杨宪益:"奇士不可杀,杀之成天神。奇文不可读,读之伤天民。"

杨宪益作《昏夜》:昏夜摩挲剩此头,再凭斗胆触不周。穷摸屁股撩狂虎,大闹天宫共萋猴。血液吐新仍纳故,骅骝易放却难收。刘郎已幸除仙籍,遥酹黄汤献打油。自注:"昔柳宗元有《贺参元失火书》,失火可贺,失籍亦可贺也,一笑。'刘郎此去通仙籍',李义山句"。

杨宪益的学术论文《唐代东罗马遣使中国考》《秦王破阵乐的来源》《民间保存的唐西凉伎》《板桥三娘子》《关于苏祗婆身世的一个假设》《康昆仑与段善本》《康昆仑与摩尼教》等被收入《丝绸之路文献叙录》,牟实库主编,兰州大学出版社,1989年9月。

年底,杨宪益应牛津大学邀请到英国住了三个月。

是年,戴乃迭出现记忆障碍和走路不稳等症状,跌了一跤,到医院挂急诊,医生说得了老年痴呆症。用药后病情加重,转院诊治,医生说是脑供血不足。

---

① 赵蘅:《宪益舅舅的最后十年》,生活读书新知三联书店,2011年5月,第52页。
② 冯其庸《悼念杨宪益先生》,《剪烛集》,山西人民出版社,2002年,第262页。
③ 冯其庸《瓜饭楼诗词草》,《冯其庸全集》卷16,青岛出版社,2014年1月,第108页。

1990年,76岁

杨宪益出版译作《冯骥才画集》,天津杨柳青画社。

春节,赵瑞蕻提前自拟讣告,写出《我的遗嘱》①:

讣告

南京大学中文系教授、诗人、翻译家、外国文学专家、中西比较文学家赵瑞蕻(原学名赵瑞洪)先生于 199　年　月　日　时　分因病与世长辞,享年八十岁。遵照赵先生前遗愿,不开追悼会,不举行遗体告别仪式,不收花圈和挽联;遗体火化后骨灰撒在温州仙岩梅雨潭中。

特此讣告,以志哀思。

南京大学中文系
199　年　月　日

我的遗嘱:致家人、亲友、师生们②

我即离去,熄灭了一盏灯。悄悄地向各位道声珍重!从 1915 年直至这一刹那,我到达旅程终点,多么欢欣!

我热爱工作,愿当教师,从自然和生活中寻求真诚!对我的后代只有一点希望——做个光明磊落的人!

永别了,灿烂的阳光和星光;永别了,家乡,秀丽的风景!无须追悼,任火焰拥抱我。请把骨灰撒在梅雨潭,瓯海滨!

但愿我的诗和散文里,萌动着一颗纯朴的心!窗前石榴树又快开花了,橙红色的梦魂会年年歌吟!

1990 年春节作

后记③

有生必有死,寿命有短有长,一个人从出生到成长、衰老,必走向死亡。这合乎自然情理,谁也无法超越、逃避。

今年春节期间,金陵大雪,连朝不融。入夜,户外冰天雪地,异常寂静。枕上不寐,深思良久,忽在心上浮出一篇《我的遗嘱》来,仿佛灵感之神自天而降,不能自持。翌晨将其写下,并加增删,得诗十六行,以抒我怀。此诚心血来潮之作也。

这些年来,不知多少次到火葬场参加病故的亲友同事们的追悼和所谓"遗

---

① 董宁文主编:《多彩的旅程:纪念赵瑞蕻专辑》,自印本,2001 年 8 月,第 37 页。

② 董宁文主编:《多彩的旅程:纪念赵瑞蕻专辑》,自印本,2001 年 8 月,第 157 页。

③ 董宁文主编:《多彩的旅程:纪念赵瑞蕻专辑》,自印本,2001 年 8 月,第 37—38 页。

体告别"仪式。纸糊花圈,大小挽联,长短悼词,已成惯例。哀乐声中,我曾多次想到我死后要破除成规,不必有这一套安排。死后立即烧毁,不开追悼会,不举行所谓"遗体告别"仪式,不收任何花圈、唁电,不要设立"治丧委员会"。只希望我系里出个极简单的讣告,说明我何时去世就行了。这样既可以节省开支,尤其可避免浪费大家宝贵的光阴。我唯一的希望和恳求是请系领导把我这首诗《我的遗嘱》,并配上我的木刻头像,印发给生前友好同志们,作为纪念,这就很好了。非常感谢!

1990 年 2 月 20 日。

杨宪益作《无题》:"酒精锻炼身无恙,杨家还是旧模样。何须一醉解千愁,东方不亮西方亮。"

2 月 10 日,农历正月 15 日,元宵节,杨宪益作《1990 年元宵节许以祺兄邀宴,以已故赵丹兄遗墨见示命题,情意难辞,怆然感赋》:"睹画想风流,才高志未酬。遗言见肝胆,即此亦千秋。"

2 月,杨宪益被开除党籍。[①]

2 月,应意大利友人邀请,开始用英文撰写自传,从出生写到 77 岁为止。1991年 2 月写好后,由意大利朋友翻译成意大利文,以《从富家少爷到党员同志》为名在意大利率先出版,并在剑桥举行了首发式。妹妹杨苡据手稿翻译其中童年、少年、求学时期部分章节,先后发表于《东方文化》《文汇读书周报》等报刊。此著作英文版后来在香港出版。英文版由霍克思的女婿、接续译完《红楼梦》后四十回的汉学家闵福德(John Minford)作序。

3 月,杨宪益作《无题》诗:"母老妻衰畏远行,劫灰飞尽古今平。莫言天意怜幽草,幸喜人间重晚晴。有酒有烟吾愿足,无官无党一身轻。是非论定他年事,臣脑如何早似冰。"

对其中的"有酒有烟吾愿足,无官无党一身轻",钱锺书读后,特地去信说,很欣赏这首诗,但"觉得'吾愿足'和'一身轻'对得不够工稳,建议改为'万事足'和'一身轻'"。杨宪益看了只是一笑,放在一边,忘记回信。

杨宪益作《自嘲》诗:"清谈夷甫终无用,击鼓祢衡未必佳。差似窗前水仙草,只能长叶不开花。"

6 月,戴乃迭病情加重,住院治疗,逐渐丧失记忆、读书、写作等能力。

7 月,中共中央、国务院决定给作出突出贡献的专家、学者、专业技术人员发放

---

① 赵蘅:《宪益舅舅的最后十年》,生活读书新知三联书店,2011 年 5 月,第 68 页。

政府特殊津贴,启动实施政府特殊津贴制度。

杨宪益作《无题》:"药有三分毒,医无百次灵。酒醅千盏尽,吸烟两包停。"

8月,杨宪益随政协组织的视察组到青海视察,作《视察青海七首》:

《过日月山》:

峰回路转过湟源,唐使和亲去未还。此岭从来分日月,上山容易下山难。

《过青海湖》:

谁知塞外有江南,冶荡清波接远湾。青海只应比西子,天生丽质胜无盐。

《访问土族人家》:

远征西域灭伽蓝,一代雄王慕利延。暴力终难除信仰,遗民今尚奉班禅。

《土族姑娘劝酒》:

闻歌不觉玉山颓,土族姑娘敬酒来。面对娇娃心自醉,何劳得唱始干杯?

《访问草原牧民》:

草原漫漫野茫茫,初入毡庐唤老乡。羌汉从来非异族,祖先都是古炎黄。

《席中偶感》:

驼掌殊珍供老饕,无鳞鱼伴嫩羊羔。主人盛意情难却,忽忆江南有饿殍。

《青海归来》:

悬旗结彩待佳宾,青海归来气象新。莫怪人人迎亚运,西游演罢是封神。

此外,还有《参观龙羊峡》:

千秋胜业龙羊峡,斩断黄河水变清。从此人人都有电,万家灯火庆功成。

秋天,纪红到杨宪益家拜访,正值午后,一个外国老人在杨家客厅的沙发上打盹,杨先生小声说道:"他是英中友协主席,韩叙请他住北京饭店,他不去,要挤在我家,说朋友聚在一起更好。[1]"

10月,罗沛霖出席北京国际信号处理学术会议,任大会主席。

杨宪益作《送黄苗子去香港》:"连珠屁放震山河,财旺气粗可奈何。旧鬼不如新鬼恶,雅人今比俗人多。飞沙走石黄风怪,撒豆成兵白骨魔。自应乘桴浮海去,且将书法换烧鹅。"自注:"范某连日见报,雄风大振。"

杨宪益作《无题》:"生已为北京活鬼,死不做东业病夫。怕竞选西欧总统,喜相逢高竿仙翁。"

11月5日,范曾在新加坡办画展,途经香港时出走法国巴黎,杨宪益作《无题》诗:

① 如水:《记杨宪益先生》,张世林主编《想念杨宪益》,新世界出版社,2016年1月,第178—179页。

不爱江山爱美人,范卿此去倍伤神。谁知西海瑶池宴,未及东瀛蓄主恩。从逆臣非金圣叹,陈情妾比玉堂春。三堂会审官司了,幸喜当朝有后门。

杨宪益作《怀苗子、郁风》:

世事而今尽倒颠,羡君海外获桃源。迎来亚运强充胖,一见华侨便要钱。人血馒头难续命,狗皮膏药岂延年?会看三峡功成日,一片汪洋浪接天。

《惊闻廉士聪兄不幸失足骤逝》:

数载同窗手足亲,惊闻老泪已沾巾。世间失足寻常事,从此津门无故人。

是年,张友鸾(1904—1990),在南京去世,杨宪益作《张友鸾兄》:

故人已随黄鹤去,神奁今见布衣归。秦淮六月难消暑,忍向尘寰论是非。

自注:"《神奁记》,友鸾兄旧作;牛布衣,友鸾曾用名。"

12月,中国首届人工神经网络大会在北京召开,罗沛霖任大会主席。

年底,杨宪益陪同戴乃迭回英国探亲,在英国驻了三个月。

1991年,77岁

是年,杨宪益翻译、出版《古罗马戏剧选》(普劳图斯),人民文学出版社。

3月,如水(纪红)在北京京丰宾馆遇到杨宪益,向他请教《红楼梦》翻译方面事情。杨宪益说:"我们几乎是同时翻译的,但彼此不知道。霍克斯译《红楼梦》译得像英国小说,我则较忠实于原作。在《红楼梦》的不同版本中,若句子不同,霍克斯就选一句他认为比较好的,所以他不是照着一个版本译的。我依据《脂砚斋重评石头记》前八十回翻译的,后四十回则用通行的程乙本。《红楼梦》人物名字翻起来不容易,主要人物用音译,次要人物用意译。……,我对新诗始终不懂,中学时代就很守旧,写诗也是半中半外。中国古诗讲究炼句,不可更改一字。新诗自由了,不讲平仄,不讲究音乐性,形式上似不完整。戴望舒、闻一多的新诗很有诗味,但还不如外国自由诗顺口。莎士比亚的诗节奏感很分明,中国新诗与音乐的关系不明显,所以新诗的格律、形式不知怎么掌握,而旧体诗似有个尺度。翻译时,既要忠实于原作,又要达意,结果多半是一种妥协,双方都要妥协。所以有人说,诗是无法翻译的。还有,好的诗,不同的人可以翻成不同的样子,因此应该允许不同的译本存在,尤其是诗。[①]"

新西兰路易·艾黎先生翻译了不少中国诗歌。杨宪益评价说:"艾黎办事很快,翻译也很自由。他的译诗,都像他自己写的,李白的诗,杜甫的诗,在艾黎的笔

---

① 如水:《记杨宪益先生》,张世林主编《想念杨宪益》,新世界出版社,2016年1月,第178—179页。

下都变成了艾黎的诗了。他自己也写点自由诗,只是翻译的诗不知是谁的。诗如其人,译亦如其人,这也是一种风格吧。[1]"

黄苗子作《赠杨宪益》诗:"引领摩挲幸此头,也曾冒险触不周。伯夷避纣真闲散,鲁迅成书伪自由。东口买烟西口酒,前门防盗后门偷。何如百万庄居士,百万缠腰到澳洲。[2]"

杨宪益作《自嘲诗》:

> 左倾幼稚寻常病,乐得清闲且赋诗。致仕悬车开会少,入冬贪睡起床迟。
>
> 青山踏遍人将老,黄叶声繁酒不辞。久惯张弛文武道,花开花落两由之。

是年,杨炽从东北师范大学调到中国社科院《中国社会科学》杂志社做翻译。退休后,从事儿童文学创作,著有童话故事集《年和别的妖怪》《黄鼠狼毛毛与失去的河》《黄鼠狼毛毛的中国节》《十二生肖与太岁星的豆子》《神医吴刚和兔儿爷》《杨树的故事》等。

中国社会科学院文学所研究员周发祥、王学泰登门拜访,王学泰回去后作诗云:"广袖宽衣意淡然,解颐妙语味如禅。枉居京都五十载,不识诗仙与酒仙。[3]"

戴乃迭身体越来越糟糕,先是眼睛坏了,不能看书看报,再是骨质疏松,再是老年忧郁症,最后发展成痴呆症。

是年,罗沛霖参加在旧金山举办的国际电子制造工艺学术讨论会。

1992 年,78 岁

1月18日—2月21日,邓小平视察武昌、深圳、珠海、上海等地并发表谈话。这次谈话是把改革开放和现代化建设推进到新阶段的又一个解放思想、实事求是的宣言书。

杨宪益作《得曼绿自台北来函》:"广衢久已绝香尘,寂寞京华劫后身。朱邸传笺春婉婉,临风疑见缟衣人。"

3月,杨宪益作《冯冀才兄邀参加天津石家大院元宵节晚会》:"石家大院闹元宵,提起灯笼百病消。莫念鹿回头老伴,何须狗不理汤泡。绕梁一曲声情壮,换手联弹技艺高。但愿月圆人益寿,明年此日得重邀。"

自注:"当地习俗,每人须提灯笼,言能除百病。戴乃迭在海南鹿回头疗养。会堂只供应汤团,没有天津著名的狗不理包子。"

---

① 如水:《记杨宪益先生》,张世林主编《想念杨宪益》,新世界出版社,2016年1月,第180页。
② 《三家诗》,黄苗子、杨宪益、邵燕祥著,如水编,广东教育出版社,1999年1月,第32页。
③ 王学泰:《清词丽句细评量》,东方出版社,2015年7月,第77页。

4月,罗沛霖参与倡议成立中国工程院,并执笔撰写《关于早日建立中国工程与技术科学院的建议》。

9月,应澳大利亚堪培拉人文科学研究所邀请,杨宪益、戴乃迭与前文化部长王蒙赴澳大利亚讲学,为期三个月。在布里斯班的一个研讨会上,王蒙用流利的英语发表演讲。戴乃迭对王蒙说:"你讲得太快了,我听不懂。"王蒙放慢了速度,外国友人立即报以欣赏的微笑。杨宪益作《旅澳两首》:

庙远神灵少,天高才士多。有朋欢此夕,不醉更何如?

中秋才过又逢春,布里斯班气象新。草长莺啼花似锦,不知身是异乡人。

又作《旅澳途中获悉北京召开绀弩同志诞辰九十周年座谈会,口号一律》:

岁暮思绀弩,天涯吊黑眚。不求安乐死,自号散宜生。何惧黄金印,焉忧白骨精。遗诗三卷在,犹作不平鸣。

戴乃迭写作《我的狱中生活》①,原拟发表演讲,后取消。

是年,杨宪益的母亲徐燕若去世,享年 96 岁。启功先生为她题了挽联:"春晖永照,获教长存。杨老伯母徐太夫人千古,世愚侄启功敬挽。"

临终前,徐燕若对前来抚慰的重庆老党员和朋友张哲民说:"我有三个孩子,但可惜都是资产阶级知识分子,而不是无产阶级知识分子。好容易有一个儿子曾入党,但四五年后就被开除了。"老张安慰说:"现在已不是文革时期,不再提无产阶级或资产阶级了。"她说:"既有知识分子,就必有无产阶级和资产阶级。你能说毛主席不是无产阶级知识分子吗?"周围的大夫护士都夸说,老太太的觉悟高,逻辑性强,到底是在哪个机关工作? 竟把她当成了老干部。她说:"我本出生贫穷,但嫁到杨家,就成了资产阶级。"在一旁边的杨敏如听了断肠,后来,杨敏如 90 岁时入党,就是为了满足母亲的一个夙愿②。

1993 年,79 岁

1月8日,杨宪益作《送罗孚兄回港》:

羁寓京华又十年,风流谁识史林安? 酒逢知己千杯少,文出惊人万口传。返港真同龙入海,还乡恰似虎归山。书生临别无他祝,但愿明朝大有钱。

春天,杨宪益作《三味书屋重新开业以此贺之》:

从来无痤三,此中有真味。书以屋而行,屋以书而贵。

---

① 戴乃迭:《我的狱中生活》,载杨宪益主编《我有两个祖国——戴乃迭和她的世界》,广西师范大学出版社,2003 年 9 月,第 25—28 页。

② 罗渍霖杨敏如《兼葭集》,第 237—238 页,北京七星华电科技集团限公司出品,2014 年,非卖品。

3月5日,杨宪益、戴乃迭接受香港《明报月刊》编辑罗孚、潘耀明、黄俊东、方礼年,记者林翠芬的采访。随后,《杨宪益的传奇——罗孚、杨宪益对谈》在月刊发表。提到当时"脑体倒挂",工资多少年没有提高,没有改革,知识分子的工资普遍很低,"一个大学教授比一个小贩的待遇和地位还要差[①]。"春夏之交,人民币汇率大起大落,杨宪益作诗:

回到京城又半年,大街小巷炒银元。身无长物皮包骨,情有别钟酒与烟。

没有靠山难下海,行将就火快升天。玉楼正缺承包匠,早去能拿回扣钱。

杨宪益作《下午青年出版社同志来,说已请邹霆同志给我写一本二十万字的传记,感赋》:"沽名钓誉忽经年,一事无成鬓转斑。身毒谈经真狗屎,牛津铸像野狐禅。老而不死斯为贼,醉后思淫岂是仙? 岁末惊闻将入党,看来终要绝尘缘。"自注:1从英国回来,大家说我的头发从白转黑不少。2、去春在印度曾讲过"古代中国的婆罗门教",内容是祖先隋炀帝一家,根据姓名考证,应都是婆罗门教徒,颇被印度人欣赏。3在牛津有一位雕塑家给我作一头像,颇神似。4、有些朋友说我是酒仙,其实不过是贪酒好色无耻之徒耳。

3月6日,杨宪益获得香港大学名誉博士学位,同时被授予此学位的还有阿基诺夫人(菲律宾前总统)、德瑞莎修女(诺贝尔和平奖获得者),称赞杨宪益"对开拓学问知识和人类福祉有重大贡献,在文学和历史学上有杰出的成就。"回京时,恰与国际奥委会视察团同机。一出场,便是彩旗猎猎,锣鼓喧天。杨宪益作《自嘲》:

南游四日太匆匆,港大嘉仪似梦中。相鼠有皮真闹剧,沐猴而冠好威风。

西天圣母心肠善,菲岛夫人意态雄。回国正逢迎奥运,惟忧欢喜一场空。

《谢香港大学寄来授予文学博士典礼时所穿衣帽》:

多谢斑斓博士服,无如心已似寒衣。而今模特方时髦,潇洒何妨走一回。

黄苗子说,与其给他一个博士学位,不如给他半打威士忌酒,作《〈嘉音〉一首寄宪益,贺其获港大名誉博士学位》:"嘉音初报未休居,万里关山得手书。公是瘦羊添博士,我惭赢狗策侏儒。虎皮差足惊群兽,鱼目焉能掩大珠? 尽有四年堪闹学,头衔不怕被开除。"自注:"1未休居,作者斋名。2甄宇世称'瘦羊博士',见《后汉书》本传。杨、羊同音,宪益癯瘠,允称'瘦杨'。"

华君武为杨宪益画肖像,称他能文善饮,有许多朋友,有人是真正喜欢他,有人是利用他向外国扬名[②]。

① 《杨宪益的传奇——罗孚、杨宪益对谈》,又载文明国编《杨宪益对话集——从〈离骚〉开始翻译整个中国》修订版,2011年1月,第31页。
② 卢丽丽主编:《丁聪画廊中外名人肖像集》,黄河水利出版社,1996年10月,第25页。

7月至8月间,杨宪益、戴乃迭赴辽宁兴城避暑,作《兴城杂咏十一首》:

> 孤竹城亡无处寻,首山依旧树森森。夷齐义不食周粟,饿死犹存复国心。

自注云:"兴城,古孤竹国地,首山在兴城县东北,应即是首阳山。"

> 殷墟孤竹势难全,岂是存心要让贤？国破家亡无路走,只能逃到首阳山。

自注云:"夷齐兄弟让位,乃儒家无稽之谈,不足信也。"

> 话说夷齐太可怜,采薇当饭命难延。早知野菜今朝贵,出口犹能赚大钱。

自注云:"据说东洋人争买野蕨菜,一斤能卖数百元。"

> 莫教黄莺枝上啼,啼时梦不到辽西。柳城寂寂无消息,何日生擒高句丽？

自注云:"隋唐时此地为柳城,征东前哨重镇。"

> 柳城漠漠战云高,大将东征胆气豪。几代兴亡余白骨,一江鸭绿界中朝。

自注云:"中朝以鸭绿江为界,唐代征东的结果。"

> 一片金沙渤海滨,大辽于此建兴城。可怜萧后天门阵,不敌杨家子弟兵。

自注云:"辽人初建兴城,但京戏所谓之金沙滩双龙会以及天门阵之类未必在此。"

> 宁远经营大将才,满门抄斩亦堪哀。功高偏爱君王忌,不见今朝彭德怀。

自注云:"袁崇焕经营宁远有功,今兴城古城即袁氏修建。"

> 祖氏石坊今尚存,袁家斩草早除根。崇祯总是昏庸主,不信忠臣信叛臣。

自注云:"祖大寿为袁崇焕副将,后为叛臣。"

> 如何明季觉华岛,到了今天化菊仙？海盗居然成美女,旅游只管赚洋钱。

自注云:"兴城南有觉华岛,主人讹为菊花岛,有菊花女石像。"

> 大帅温泉有故居,入关未及展雄图。英雄割据今已矣,抗日攘俄亦丈夫。

自注云:"张作霖在兴城有温泉别墅,今已荒废。"

> 秦皇岛外古朝鲜,今日初游大有缘。幸有凌川便宜酒,一瓶只卖两元钱。

自注云:"古朝鲜在大凌河附近,后南迁到平壤。"

7月,杨宪益作《银行》:

> 惊闻今日整银行,兔死狐奔亦可伤。自古有权方有势,从来擒贼不擒王。贪财终作丧家犬,获利甘当替罪羊。恨不生为太子党,早携巨款去留洋。

8月,杨宪益作《无题》:

> 蹉跎岁月近黄昏,特欲轻言无一能。呐喊早成强弩末,离群犹念故人恩。残躯难见山河改,大厦将倾狐兔奔。起应晚年余涕泪,天涯尚有未招魂。

自注:"过去所熟识的如南京陈同生、杨永直,北京徐冰、冯雪峰等皆一时俊彦,多不得好死。起应,周扬原名,晚年谈及往事,每涕泪纵横,悲不自胜。"

9月,闻青海有水库决堤,杨宪益作《青海》:

　　青海千村付浊流,官家只管盖高楼。江山今日归屠狗,冠盖当朝笑沐猴。
举世尽从愁里老,此生活在醉中休。儿童不识民心苦,却道天凉好个秋。

10月,杨宪益作《国庆》:

　　早期奥运接良缘,谁料悉尼得状元。彩帜无光空寂寞,中秋有月不团圆。
国家如此何称庆,社会而今只要钱。且渡重洋谒蓄主,再听训话说人权。

《有感》:

　　居然死水起微澜,赔尽长城体未安。自古贪污皆大款,而今调控非宏观。
早知肉腐虫先在,谁道唇亡齿便寒?总是自家妻女事,雷声虽猛早收关。

《有感》:

　　忽见书摊炒《废都》,贾生才调古今无。人心不足蛇吞象,财欲难填鬼画
符。猛发新闻壮声势,自删辞句弄玄虚。何如文字全除净,改绘春宫秘戏图。

《体检》:

　　今朝体检受熬煎,生死由之命在天。尿少且查前列腺,口馋怕得脂肪肝。
心强何必先停酒,肺健无须早戒烟?莫怪胸中多块垒,只因世界不平安。

自注:"检查结果一切正常,惟胆囊有少量结石,不足畏也。"

《祝酒辞》:

　　常言舍命陪君子,莫道轻生不丈夫。值此良宵须尽醉,世间难得是糊涂。

《谢酒辞》:

　　休言舍命陪君子,莫道轻生亦丈夫。值此良宵虽尽兴,从来大事不糊涂。

《戏答友人参加夕阳红节目》:

　　而今提倡夕阳红,衣锦还乡咏大风。可惜新诗偏扫兴,非黄即黑满心胸。

《昔定庵梦中得句云'东海潮月怒明',戏续成一绝》:

　　西山日落云愁敛,东海潮生月怒明。极目中原王气尽,天涯犹有未销兵。

《又一首》:

　　美亚苏欧一片糟,炎黄苗裔更无聊。早知机遇迟难得,巨料贪污胆更高。
希望工程成泡影,祖先基业换金条。官蝗吃尽民膏血,反道人民素质孬。

《咏曹孟德》:

　　中原逐鹿几浮沉,欲伐东吴未遂心。孟德至今勾白脸,只缘妄杀许多人。

《赴宴》:

　　满堂粉黛窄旗袍,侍酒殷勤步步娇。送出外宾齐下跪,再伸素手要红包。

11月,杨宪益作《自勉》诗:

每见是非当表态，偶遭得失莫关心。百年恩怨须臾尽，做个堂堂正正人。

11月，范曾在法国陷入困境，画作没有人要，经多方努力，有关方面同意他有条件回国，杨宪益作《无题》诗：

痞儿走运称王朔，浪子回头笑范曾。我自闭门家中坐，老来留个好名声。

杨宪益作《卖书号》：

出版繁荣印刷忙，秘闻艳史色琳琅。公家自有防风洞，垃圾今成聚宝箱。
干部无聊卖书号，官僚只管盖图章。苍天已死黄天立，何必多余说扫黄？

《有偿新闻》：

报刊原本是宣传，只要宣传便要钱。凑趣文章皆上品，发财企业尽高贤。
旧人难比新人贵，真货何如假货廉。首版保留歌盛世，主编得此保平安。

《作家》：

作家闹得一团糟，你炒废都我炒骚。不怕强人三板斧，只愁暗算一金镖。
秦琼财尽辞骢马，杨志穷疯市宝刀。幸喜文章标百万，当今企业重英豪。

自注："《废都》《骚土》，皆以当代《金瓶梅》自我标榜。"

《百万庄路景两首》：

箩筐瓜果塞通衢，到处高楼出废墟。垃圾纵横公厕臭，的士猖獗路人疏。
教师早作丧家狗，邮局兼销热带鱼。还是闭门成一统，且听电话看闲书。

马尾沟西百万庄，几家歇业几家忙。菜摊整顿先开路，书贩巡查怕扫黄。
起哄伸头看猴戏，美容烫发作蛇装。花农生意偏清淡，枯坐街边待夕阳。

11月30日至12月3日，在西雅图举行亚太经合组织成员领导人非正式会议，是自亚太经合组织成立以来的第一次。从第一届年会开始，APEC升格为领导人非正式会议，并成为一种制度，从而开创了一个对话和交流协商的新舞台。杨宪益作《西雅图会议》：

从来兴治要经商，说点民权也不妨。何必友邦成敌国，而今异梦可同床。
太平洋岸群英聚，西雅图滨远客忙。戏法人人都会变，八仙过海比高强。

80高龄的冯亦代与68岁黄宗英结为伉俪，杨宪益作《贺亦代宗英再婚之喜四首》：

应是人间重晚晴，二哥小妹忒多情。而今偿尽相思债，一对文坛老寿星。
天若有情天不老，月如无恨月常圆。红颜白发春犹驻，锦瑟端须续断弦。
阿丹此刻休悬念，安娜今朝可释怀。他日天堂重见面，四人正好打桥牌。
风流谁比二流堂？天结良缘冯与黄。历尽沧桑人未老，愿花常好月重光。

12月，杨宪益作《西江月寄燕祥兄》：

多谢寄来剪报,菲词得附瑶篇。晚晴自应结良缘,韵脚何妨一变。想是恰逢月缺,常圆改作当圆。瑟亡正好改弹绵,免得鸳衾不暖。

作《二流堂旧人邀宴》六首分写六位友人:

八仙重会聚幽州,忙里偷闲只管偷。去日苦多来日少,得风流处且风流。二流堂主老风流,重振喽罗聚北州。只是长安居不易,酒酣回府怕登楼。(唐瑜)

丁侯作画不糊涂,笔底才情敌万夫。今日语言无禁忌,酒酣回府怕登楼。(丁聪)

诗才难比小蜂房,随笔闲聊更擅长。今日打油先让我,明朝读你好文章。(邵燕祥)

闻道仲淹被水淹,又停暖气忍冬寒。身忧自应先天下,酒罢还扣侃大山。(范用)

风雪残年怯夜归,法庭传票满天飞。酒楼此去无多路,潇洒何妨走一回。(吴祖光)

注:吴祖光因为仗义执言,发表《高档次的事业需要高素质的职工》文章,1992年至1995年卷入与中国国际贸易中心的官司当中。

太公稳坐钓鱼台,日拥书城不发财。难得出门吃烤鸭,只缘客自远方来。(姜德明)

作《戏致宗江兄》:

宗江决定变钟馗,才自阴间捉鬼回。今日大哥嫁小妹,明年生个小 Baby。

不生孩子也无妨,写本书儿更内行。夫唱妇随得较量,两下比武论高强。

是年冬天,杨宪益作《七十九岁生日答谢亲友》:

逝者如斯亦等闲,虚抛七九不相干。黄河终要归东海,前路还余二十弯。

自注:"俗言地上黄河九十九道弯,故云。"

作《岁末杂咏两首》:

炮仗连宵响似雷,贺年卡片满天飞。而今辞岁翻新样,福倒当然要倒霉。

魔糖此日最时兴,唾沫流朱口吻青。应是妖君将下界,故教小鬼闹京城。

是年,杨苡翻译的《天真与经验之歌》(英国威廉·布莱克著,诗集),由译林出版社出版。

是年,罗沛霖任云南大学教授兼校务委员会副主任。

1994年,80岁

杨宪益作《自嘲》:"优仕难成亦可羞,全凭外语出风头。书中岂有黄金屋,死后应无白玉楼。狗屁文章当喂狗,牛津学位乱吹牛。此身不是官材料,宾馆侨居且罢休。"

杨宪益作《一九九四年春节五首》:

剪头去尾失空斩,索命冤魂李慧娘。如此迎春真晦气,狗年到底不寻常。

迎春晚会最无聊,播去播来说教条。粉黛满堂穷作态,龇牙咧嘴弄风骚。

今年春节绝喧哗,爆杖声停禁放花。旧鬼消亡新鬼大,老夫团拜不参加。

何必出门去拜年,天黑路滑不安全。途中失足寻常事,世事而今尽倒颠。

瓶花半谢水仙枯,电话频繁唤小姑。春节晚来天欲雪,客临能饮一杯无?

2月,杨宪益作《冬虫三咏》:

冬龟不动不鸣呼,免触霉头体自舒。惟恐被人当废物,一朝扫进化灰炉。

冬作昆虫夏长草,随机应变有高招。老夫若会观风向,四十年前早跳槽。

经冬蚊子尚嗡嗡,不识时宜笑小虫。非是讨嫌多讲话,只缘一动便招风。

《谢友人赠金箔酒》:

寒士修成不坏身,管他金箔自浮沉。从今酒罢须缄口,免教言多得罪人。

自注:"常言服食黄金有毒,然据称此酒秘方传自东瀛,服食不害,想亦当今天财迷心窍、自炫豪富者所为。友人见赠此酿,或因予向来恃欲轻言犯上,故取金人三缄其口之义。"

2月6日,杨宪益作《迁居》诗:

迁居赴港两蹉跎,缺乏人情可奈何? 家有仙妻常卧病,身无神术起沉疴。

衰年懒伴追星族,迟暮空挥止日戈。未若闭门谢酬酢,雅人今比俗人多。

自注:"《家有仙妻》,香港电视剧名,内子西方之人,故称仙妻。近日青年人争捧歌星,被称为'追星族',亦近日雅名之一例也。"

应香港翻译学会会长金圣华邀请,杨宪益、戴乃迭分别以"新亚书院龚氏访问学人""明裕访问学人"的身份赴中文大学新亚书院访学,在香港盘桓了一个月,受到热情款待。

3月,杨宪益作《港游杂咏八首》:

江山富丽语言殊,不见书摊炒《废都》。还是南方多美食,潮州烧鸽石斑鱼。

故旧重逢会友楼,主人情盛更无俦。一生难得是知己,八十老翁何所求。

(会友楼)

春茗晚会聚英豪,笙笛琵琶兴致高。抽奖犹忧难中彩,先安远客送红包。

(新春团拜聚餐)

宾楼室雅何须大，小住三天亦是缘。莫怪匆匆离去早，只因此地禁抽烟。

（曙光楼）

老年万事可随心，画笔依然白发新。北方中原王气尽，不妨长作岭南人。

（重晤黄永玉）

一湾浅水雾迷蒙，楼外青山似梦中。昨夜东风春乍暖，校园处处杜鹃红。

（逸夫书院雅群楼）

旬月踟躇信达雅，译文雅俗更难言。不如饱飨东坡肉，免与陈公去论禅。

自注："'一名之立旬月踟躇'、'译事三难信达雅'，皆严几道语，此间英国汉学家卜立德兄试译东坡书札一通，书札中提及陈述古好论禅而东坡好食猪肉，故用此典。"

名为讲学实荒唐，愧然南来杨六郎。打尽春风春又到，腰缠万贯好还乡。

自注："新亚书院除盛情招待外，又另送研究津贴，惭愧之至。"

4月18日，话剧导演、中国文化书院秘书处主任雷音到访，对杨宪益、戴乃迭进行"口述历史访谈"。当时戴乃迭因生病丧失了记忆，访问的主谈者是杨宪益，戴乃迭自始至终在一旁聆听，偶尔也插一二句话。雷音看到了杨宪益给他自己写的"挽联"："少时了了，大未必佳；中年昏昏，老而无耻。"还有注释："此是近来自书挽联，乃近百年过渡时期中国知识分子大抵如是，此也时运使然，不足为怪也。故陶潜云：'天运苟如此，且进杯中物'"至2002年1月，雷音连续采访杨宪益数十次，记录并录音，积累了丰厚的第一手资料。部分内容收入文明国编《杨宪益对话集——从〈离骚〉开始翻译整个中国》修订版[1]。

6月，因戴乃迭健康逐渐恶化，杨宪益把家搬到西郊友谊宾馆中的外国专家公寓"雅园"，与在此居住的杨炽夫妇相邻，以便照顾。作《迁居友谊宾馆四首》：

假山假水假洋房，越学摩登越外行。西式草坪常不剪，东瀛地毯垢堪藏。交通填塞行人苦，洗涤麻烦无事忙。莫怪此间商品贵，公家只卖舶来糖。

无端野鸟入金笼，终日栖栖斗室中。只好闭门装隐士，何须下海要英雄？千年古国贫愚弱，京城亦可化胡戎[2]。

辞去肮脏百万庄，暂居宾馆觅清凉。投林倦鸟随枝歇，漏网游鱼见穴藏。岂敢择邻师孟母，只能拼命作三郎。亲朋疏远音书隔，犹胜逃亡去异乡。

欲慰慈怀解寂寥，女儿携赠白狸猫。只尝美国鲜虾粒，不顾燕京土蛋糕。

① 《杨宪益对话集——从〈离骚〉开始翻译整个中国》，人民日报出版社，2012年10月，第178—265页。
② 末句原为："一代新邦假大空"。

瓶倒箱翻常撒野,梦回饭饱更装娇。工农虽说今专政,哪及豪门宠物高?

6月,中国工程院成立,罗沛霖当选为首批院士,并选入主席团。

杨宪益发表《关于我的打油诗—〈银翘集—杨宪益诗词选〉序》,《群言》,1994年第4期。《自嘲》(外三首),《同舟共进》,1994年第2期。

9月6日,湖南人民出版社编辑秦颖到访,商谈出版《红楼梦》中英对照事宜。谈到了大跃进,杨宪益说当时上面要求翻译也要上一个台阶,在一旁静静听谈话的戴乃迭女士忽然插话进来:"我们每天都得翻一番(翻)。"双关用语颇为形象,逗得我们笑了起来①。

10月5日,杨宪益给秦颖写信,随信还附上了给外文社提出问题的原稿复印件②:

> 秦颖同志:节前您来我家商量重新出版《红楼梦》及《儒林外史》中英文出版事,我原来很愿意,但外文局又来说他们还在出版此二书的译本,他家再出版不太合适,并对过去所为表示歉意。我看既然他们不愿意,我也不好意思一书两投了。实在抱歉,他们虽没有道理,究竟是我的原单位,不好意思同他们再讨论。合同一事只好作罢,谨将您的合同寄还,非常抱歉,请原谅。祝好。
>
> 杨宪益
>
> 10月5日

10月,杨宪益为中国社会科学院美国研究所研究员董乐山的文集作序。董乐山(1924—1999),宁波人,译作《第三帝国的兴亡》(合译)、《西方人文主义的传统》《红星照耀中国》(《西行漫记》)等均有广泛影响。

11月7—10日,第二次全国文学翻译研讨会在杭州召开,叶水夫会长出席会议并讲话。杨宪益有事不能参加,向大会致贺信:

> 今天中国人除了重视本国文化以外,还需要了解一些外国文化,很抱歉不能参加此次大会。敬祝大会成功,为推进我们事业作出更大贡献。
>
> 杨宪益
>
> 1994、10、11

11月10日,杨宪益作《戏答吴祖光王世襄两兄赐联》:

> 漫劳知己赐佳联,过奖身如上九天。一向烟民常短命,从来酒鬼怕成仙。无才岂是真名士,缺德难希古圣贤。盛世不宜多讲话,只愁糊口少铜钱。

---

① 秦颖:《杨宪益先生笑谈翻译〈红楼梦〉始末》,百道网·秦颖专栏。
② 秦颖:《杨宪益先生笑谈翻译〈红楼梦〉始末》,百道网·秦颖专栏。

自注云:"祖光赠联云'何如一醉便成仙',其实成了仙,整天在天上飘来飘去,没有酒喝,有甚好处? 世襄兄赠闻云'从古圣贤皆寂寞',一切都好,只是个人感觉越来越穷而已。"

12月,杨宪益作《赠湖北黄陂木兰山》:

　　　木兰词好常吟诵,未得登临久梦游。寄语灵均当释恨,西陵有女耀高丘。

杨宪益作《饮水难忘掘井人——悼念刘尊棋兄》[①]。

作家张雪扬发表采访记《为沟通理解架桥——访杨宪益先生和夫人戴乃迭》,载《印象与领悟:当代中国文化名人访谈记》,学林出版社,1994年12月。

《北京日报》石梅采访《为沟通理解架桥——访杨宪益先生和夫人戴乃迭》,后收入《文化大家人生路》,同心出版社,2003年7月。

是年,杨宪益的诗歌集《银翘集》由香港天地图书公司出版,黄永玉为作画《贺〈银翘集〉出版》,款识云:"主席呼来不上车,醉称生鄙歪作诗。宪益兄有诗成集,贺之。湘西老刁民黄永玉,甲戌初冬。钤印:黄永玉。"

1995年,81岁

杨宪益发表《"打油诗"一束》,《书摘》,1995年第11期。《关于我的打油诗》,《东方文化》,1995年第1期。

1月,香港天地图书有限公司出版杨宪益诗集《银翘集》(繁体字版)。关于书名,杨宪益说:"当年与黄苗子兄弟和诗,有一联云'久无金屋藏娇念,幸有银翘解毒丸'。银翘是草药,功效是清热败火,我的打油诗既然多是火气发作时写的,用银翘来败败火似乎还合适。"1月29日,杨宪益作《岁末杂咏六首》:

《答友人劝戒烟》:

　　　当今武大能开店,自古刘邦不读书。何必禁烟兼戒酒,人生难得是糊涂。

《过八十岁生日》:

　　　八秩年华亦偶然,依然吃酒更抽烟。黄河终要归东海,前路还余十九弯。

《见小儿踩气球为戏,名曰欢乐球》:

　　　彩云易散琉璃脆,枝上花是百日红。未若踩球图痛快,一场欢喜一场空。

《时装表演》:

　　　时装表演正高潮,楚国而今爱细腰。莫怪婀娜多作态,只因身着窄旗袍。

《迎春晚会》:

---

① 载吴冷西:《不朽的忠——刘尊棋纪念文集》,中国大百科全书出版社,1994年8月。

迎春晚会又时兴，一盏扎啤值百金。门外可怜流浪汉，腹中无食正悲呻。

《看电视〈三国演义〉》：

孟获七擒难佐汉，祁山六出反兴曹。关张空有兼人勇，不及乾隆武艺高。

2月11日，杨宪益作《题丁聪漫画〈黄苗子小像〉二首》：

潜龙勿用久沉沦，兴至挥毫动鬼神。自古圣贤皆寂寞，奈何长作岭南人？

妙笔传神岂偶然，从来大智若痴顽。前生合是傅青主，土穴朱衣不做官。

《观黄苗子郁风画展》：

自古前潮让后潮，才人代出领风骚。子昂书法仲姬画，不及当今黄郁高。

2月，杨宪益作《友人过问近况并约外游以此谢之》：

整天烟满三居室，好似云埋一半山。寒士每邀威士忌，老人常得美人怜。即将西赴瑶池宴，何必东辞函谷关？虽道长安居不易，房租幸喜不花钱。

自注："每天与乃迭枯坐吸烟二至三包。家中黄苗子、郁风书画上有"带雨云埋一半山"。威士忌每瓶数百元，幸有外国友人供给。所谓"威士""美人"都可作双语解，不必深究。又最近曾受某美国人奖金，即中美文化交流奖。指行将就火，曾有名句云"早悔东辞函谷关"。宾馆房租昂贵，由公家报销。

3月9日，杨宪益作《苗子郁风即将南行怆然感赋》：

咫尺天涯俗事缠，北游重晤又南旋。乞邻孰谓微生直，赠绨谁知范叔寒？去日苦多来日少，别时容易见时难。何当搬到方庄住，陌上花开便卸鞍。

自注："曾代邻人向苗子求字，近来开销过大，郁风曾解囊相助。苗子有搬家计划，尚未实现。"

3月，杨宪益作《住公寓有感》：

一生飘泊等盲流，到处行吟乱打油。无产难求四合院，余财只够二锅头。人间虽少黄金屋，天上修成白玉楼。堪笑时人置家业，故居留得几春秋？

《感语言之洋化》：

语效鲜卑竟入迷，世衰何怪变华夷？卡拉欧咳穷装蒜，品特扎啤乱扯皮。气死无非洋豆腐，屁渣算个啥东西。提提BP多潇洒，摆摆一声便打的。

自注："卡拉欧咳：Kara Ok。品特扎啤：Pint draught beer。气死：Cheese。屁渣：Pizza。摆摆：Bye-bye。打的：Taxi."

《读报》：

洒洒洋洋几万言，猪蹄猪爪一锅端。可怜治国安邦策，不及还阳补气丹。幕后正忙办丧事，台前依旧跳加官。退休干部闲无事，却道葡萄那个酸。

自注:"预言不灵,大人尚未升天,后两句亦自嘲也。"

《无题》:

才破天门又碰碑,革新复古紧相随。不如改演秧歌舞,三步前趋两步回。

《敏如得句云云'虎落平阳酒一壶'命续成一律》:

虎落平阳酒一壶,梦回身化老狸奴。虽无肉吃能贪睡,没有人来便打呼。
三径就荒甘寂寞,一生难得是糊涂。行年八十何称庆,家宴还须待五姑。

《无题》:

释道基督不一门,世间只有一言真。莫谈天下人负我,不可我负天下人。

4月21日,杨宪益作《中国作协授老翻译家彩虹翻译荣誉奖》:

半生早悔事雕虫,每月踟蹰语未工。恰似彩虹容易散,须臾光彩便成空。

5月,杨宪益作《题王世襄兄像》:

名士风流天下闻,方言巷咏寄情深。少年燕市称顽主,老大京华辑逸文。
性多癖好真名士,艺有专攻美食家。蛐蛐蝈蝈虽细物,今人长忆旧京华。
一虫一器见情真,犹忆陶庵旧梦痕。举目京华风物异,芳嘉园里一闲人。

杨宪益作《无题》:

越要宽容越紧张,良英贤弟太荒唐。求情已是伤原则,改口何须怪淦昌。
羁犯秦城春寂寂,财迷燕市闹嚷嚷。庶民请愿寻常事,外电喧哗帮倒忙。

秦颖与杨宪益联系,讨论出鲁迅文集和《史记》选的问题。5月20日,杨宪益回信①:

秦颖同志,谢谢你的信和书,书的水平很不错,我很满意……鲁迅文集我很愿意有人译全,我搞过全本《野草》《朝花夕拾》《呐喊》《彷徨》《故事新编》《中国小说史略》,及一些杂文,都由外文出版局出版,此外外文局还出版过一本鲁迅诗集,(英国汉学家詹纳尔译)还有一本《两地书》(英国 Bonnie Macdargel 译)这一本尚未出版。这些不知外文局能否同意给你们。关于《史记》,也译过本纪、世家、列传几十篇,再译下去精力恐怕不行了,最好有人合译。希望你们的事业顺利。祝好!

弟杨宪益顿首

五月二十日

5月20日,杨宪益作《报载贵州发现龙化石》:

报纸头条假大空,如何蜥蝎亦称龙?新朝应有祯祥兆,古国焉无文物丰?

---

① 秦颖:《杨宪益先生笑谈翻译〈红楼梦〉始末》,百道网·秦颖专栏。

亿万斯年真化石,三十厘米小爬虫。夜郎本是吹牛地,这次吹牛立了功。

8月初,张中行到访,与杨宪益切磋近三个小时,向杨赠送了刚刚出版的《张中行选集》。

8月,杨宪益作《知了》:

> 知了谁言不像官,平生绝技是宣传。自吹成就声名震,假冒清高风露餐。
>
> 暑热攀高栖碧树,秋凉走穴觅黄泉。暗中吸尽民膏血,腰满肠肥便挂冠。

《螳螂》:

> 勇斗车轮不顾身,当仁不让性情真。填波精卫雄心壮,断首刑天猛志存。
>
> 敢舍微躯膏社稷,要留正气满乾坤。捕蝉本是图清净,黄雀何须助恶人!

中秋节,杨宪益作《中秋月饼》:

> 中秋月饼又成灾,送走三包四盒来。有空只应喝白酒,无聊不妨打桥牌。
>
> 莲蓉味腻能伤胃,火腿油多怕致癌。礼品何如改支票,逢年过节发洋财。

诗人王辛笛作《杨宪益〈银翘集〉读后》[1]:

> 不是磕头还瞌睡,三生有幸读杨诗。打油潇洒难兼具,端在寻常半醉时。

10月,杨宪益作《抗日战争胜利五十周年感赋》:

> 长城内外血斑斓,报国无门亦自惭。一介书生空呐喊,八年抗战敢偷安。
>
> 西南轰炸层云黑,东北沦亡万骨寒。回首沧桑风物异,喜看日月换新天。

10月31日,杨宪益给已经调至广州花城出版社的秦颖写信[2]:

> 秦颖同志,关于《红楼梦》的版本问题,是这样的。外文局在文革前(大概
> 是六一年左右)要我们译《红楼梦》根据一百二十回通行本,才译了一部分,文
> 革开始了,当时江青要抓《红楼梦》的英译问题,告诉外文局,译文前六十回要
> 根据八十回本改正,所以又重新根据当时俞平伯校订的八十回本改译(俞校订
> 本也是人民文学社出版的)。外文局当时又请教了专家吴世昌先生,由他校
> 订。情况就是这样。文中如茗烟改为焙茗等,都是根据吴世昌的意思。我们
> 不是红学专家,手头也没有《红楼梦》,所以无法再帮你忙,只好请你去找了,有
> 空来北京,请抽闲来玩。祝好!

弟杨宪益顿首

十月三十一日

11月,杨宪益作《敏如患胆结石住院,以此慰之》:

> 大妹今朝挨一刀,医生手术果然高。位卑未敢忘忧国,病愈重听捉放曹。

---

① 王辛笛著,缪克构编:《辛笛集》第3卷《听水吟》,上海人民出版社,2012年10月,第116页。

② 秦颖:《杨宪益先生笑谈翻译〈红楼梦〉始末》,百道网·秦颖专栏。

从此胸中无块垒,无须会上发牢骚。他时重赴民盟会,应有嘉言颂圣朝。

　　　　自注:"前句是敏如常说的话,捉放曹是所指,我也不知道,凑韵而已。也许有人认为是指犯了错误的某同志,其实捉放古已有之,于今为烈,将来也会有的。"

附杨敏如《戏答宪益》:

　　　　为感深情受一刀,未妨腹内一团糟。惊看丑怪非灵石,始信平庸一草包。
　　　　爱发牢骚肠未断,难平块垒酒能浇。位卑未敢忘忧国,留得忠肝谏圣朝。

　　11 月,广东教育出版社出版黄苗子、杨宪益、邵燕祥的旧体诗合集,书名为《三家诗》,每人收录 100 首,署名"如水编"。

1996 年,82 岁

　　杨宪益,戴乃迭英译《红楼梦》(节选) A Dream of Red Mansions (Excerpts),《英语世界》,1996 年第 9 期。

　　杨宪益发表《新奇之旅》,《今日名流》,1996 年第 5 期。《年过八十》,《收获》,1996 年第 2 期。

　　2 月,杨宪益作《西昌导弹失事》:

　　　　新春烟火又登场,欲显神威震远方。导弹升天成烈炬,这般爆竹世无双。

　　3 月,杨宪益托人把《银翘集》赠给吕剑,并附诗一首:

　　　　少年豪气谁能知,一剑能挡百万师。犹忆高楼明月夜,酒酣乘兴咏诗时。

　　　　并附注:"吕兄抗战初期即以诗名。一剑,吕兄别号。吕兄从中国作协初来外文出版局时,曾在楼顶平台上与同事夜宴,即席朗诵新作。当年同事,或调离,或离休,往日风流不堪回首,距今已近四十年矣。——剑兄一笑,一九九年三月。"

吕剑得书,立即捧读,竟忘了午餐,下午继续,又忘了日落。读后,心潮澎湃,回赠诗一首《答杨宪益》[①]:"风流散淡乃吾师,青莲再世酒与诗。银翘未必能败火,心忧天下有谁知!"并附注:"友人戏称杨公为散淡的人。老杜咏宋玉云'风流儒雅亦吾师',此处剥用。杨公不但善酒,而且工诗。其诗自称打油,实则不让聂公绀弩。杨公有《银翘集》行世,自云诗是火气发作时写的,服点银翘,可以败火。但我想反他一下,'心忧天下',服点银翘,能败火乎? 一九九六年三月十二日,吕剑志于半分园。"

　　杨宪益作《黄永玉在香港办画展书此致贺》:

----

① 　吕剑:《燕石集》,湖南教育出版社,2007 年 4 月,第 234 页。

七十言无忌，画笔更有神。天涯但遥祝，相会待来春。

3月，杨宪益作《和苗子兄》："连台好戏闹元宵，吃罢汤圆吃火烧。兵败街亭诛马谡，剑藏鱼腹刺王僚。债成三角连环套，政出多门捉放曹。堪笑空城虚作态，南来军舰叹徒劳。"

［附］黄苗子原诗《丙子春节》："吉庆祥和说岁朝，臣型花炮照天烧。群公议政开双会，一卒谋财杀大僚。难觅丹砂疗国企，待抛金弹拯台胞。满城争看罗锅戏，都美和珅有两招。"

4月，杨宪益为何轶群《系统英语》作序，赞同学习英语必须要始终远离已有的汉语系统，在脑中单独建立新的英语系统①。

5月9日，杨宪益作《无题》：

犹胜肮脏百万庄，颐园小住觅清凉。化禽衔石填东海，丧首挥干舞大荒。
光棍岂忧三角债，罗锅不怕一言堂。此非人境尘寰远，何必飞乘屎壳郎。

7月12日，应卢冀野女儿卢位之请，杨宪益为《冀野文钞·卢前笔记杂钞》作序。在序中深情回顾了两人在一起吟诗、饮酒、翻译等往事，称其为"半个世纪前非常要好的朋友。"②

7月25日，为美籍华人许以祺摄影作品《天葬集》赋诗三首：

早应火化臭皮囊，省得青蝇吊客忙。天葬无非膏鸷鸟，国殇只可死战场。
阵前免胄悲先轸，日暮挥戈笑鲁阳。人世寿夭终有数，何须留影祭殊方？

鸟去台空久寂寥，荒岩突出映南郊。尚留斧凿遗痕在，更有经文彩带飘。
只应捐躯饲禽犬，何须蹈海没波涛？汉人厚葬增污染，不及番儿见识高。

孤城落日近黄昏，路上行人欲断魂。天若有情天亦老，石虽无恨石留痕。
亡身不必余骸骨，辞世何须问鬼神？边徼休惊多异俗，从来拉萨少新坟。

8月19日，杨宪益作《香港回归感赋》：

丧权割地事堪羞，犹忆降幡出石头。贩毒兴兵非义战，闭关锁国岂常猷？
荒屿此日成商埠，废岛今朝化宝丘。共庆珠还敦友好，相逢一笑泯恩仇。

别了司徒彭定康，金瓯补缺日重光。从来禹域非英美，此后中华胜汉唐。
喜看晨曦明赤柱，犹忧晓雾暗香江。前朝旧耻须牢记，莫使他人笑健忘。

杨宪益作《读报有感》："一次性交纳百元，新闻断句欠周全。学生今日成娼妓，无怪文章不值钱。"自注："首句见昨天某报头版。"

---

① 杨宪益：《去日苦多》，北方文艺出版社，2015年2月，第113—115页。
② 杨宪益：《去日苦多》，北方文艺出版社，2015年2月，第107—111页。

9月,杨宪益作《丁聪卧病医院,以此慰之》:

方期祝寿庆华诞,乌发童颜一谪仙。尿血非因多食肉,体衰应怪不抽烟。人生八十难称老,画稿万千总是缘。半肾切除何足惧,家中还有半边天。

须知亲友久叮咛,漫画生涯不太平。画鬼像人人见怪,画人像鬼鬼来盯。莫谈国事惊官府,休揭阴私上法庭。高干病房宜止笔,大夫刀下好留情。

杨宪益作《悼陈毓祥烈士》:"天涯何处可招魂,怒蹈波涛不顾身。誓拔倭旌复汉帜,志清禹域扫胡尘。微禽衔石填沧海,弃杖遮阳化邓林。回首中原歌舞地,西游演罢又封神。"自注:"陈毓祥,生于广东潮阳,香港保钓运动的领袖。1996年9月26日,'保钓'号到达钓鱼台列岛海域。陈毓祥率领五位突击队员跃身入海,游向钓鱼岛,因脚被绳索缠住及被船只撞伤头部,不幸遇难。"

10月,杨宪益作《国庆》:"罗刹柔然战未休,天方犹太又寻仇。东邻有意窥渔岛,西主无端变死囚。病榻小丁难画鬼,花旗老美尚吹牛。老妻不管身边事,却道天凉好个秋。"

杨宪益《代敏如拟八十岁生日一首》:"千里江山一日还,咸阳游罢又西安。位卑未敢忘忧国,体健焉能早卸鞍。天若有情天亦老,月如无恨月常圆。黄河终要归东海,前路还余十九弯。"自注:"俗语云,地上黄河九十九道弯,故八十岁尚余十九弯也。"

[附]杨敏如自作诗:"愧无学问也无钱,一片童心结爱缘。桃李盈门庆寿诞,祝朋围坐赏华筵。位卑未敢忘忧国,体健何当早卸鞍。地上黄河弯九九,前途尚有十多年。"

日本中国文学研究专家、神奈川大学教授本山英雄经舒芜介绍,拜访杨宪益,作《狂放的丈夫气》,称赞杨宪益的诗歌"喜欢在几乎无意义的打油中,表现出那样一种满怀郁闷和忧忿的放浪形骸的姿态似的。而这种姿态是借日常的偶然机会发出的感慨。……豪言壮语与自嘲互为表里,自嘲亦毫无疑问是杨诗的拿手活儿。而比起低回自嘲,而更倾向于玩世不恭者流的脱逸,则是令人愉快的"[1]。

10月,杨宪益为胡志挥英译《左传》作序。此书是1990年在杨宪益的建议下开始翻译的。1992年,杨宪益又建议胡志挥用英文编写了一本汉英对照的《东周列国故事选》。杨宪益从小就喜爱《左传》《东周列国志》,把这两部书介绍到西方去,是杨宪益曾经有过的愿望,后来因为年事已高,没有精力完成这项工作。杨宪益去世多年后,胡志挥接受采访称"我二三十年来一直就在为他的这个夙愿忙碌。"[2]

---

① (日)木山英雄著;赵京华译:《人歌人哭大旗前 毛泽东时代的旧体诗》,生活·读书·新知三联书店,2016年1月,第7—8页。
② 王净:《翻译家胡志挥忆杨宪益:去他们家,带瓶酒就可以聊天了》,《澎湃新闻》2019年4月27日。

杨宪益作《董乐山〈边缘人语〉读后》，称赞董乐山的文章有三个特点：真实、短小精悍、言必有物[1]。

杨宪益向王学泰赠送诗集，王学泰作《学成半瓶醋，诗打一缸油——评杨宪益先生诗集〈银翘集〉》[2]。

1997年，83岁

杨宪益发表《记学写旧诗》，《银潮》，1997年第3期。《抗日战争杂忆》，《钟山》，1997年第6期。《世事变幻写沧桑》，《读书杂志》，1997年第7期。

2月，萧乾因患心肌梗塞住院，有人送了一大篮鲜花，嘱文洁若转送给杨、戴。

6月30日午夜—7月1日凌晨，中英两国政府香港政权交接仪式在香港举行。

是年，杨宪益、戴乃迭出版译作《唐代传奇》（沈既济），外文出版社，第3次印刷。

是年，黄苗子、谢添、邵燕祥、王蒙、丁聪、叶浅予、郁风、杨宪益、沈峻等文化界人士为吴祖光庆祝八十大寿。

1月，吴祖光《解忧集》出版，杨宪益为之作序，并作《为〈解忧集〉作》：

歪风邪气几时休，饮酒焉能解百忧。岁岁年年添赤字，家家户户说红楼。

横行霸道权门狗，忍气吞声竖子牛。花样翻新学会滥，何须再卖野人头。

杨宪益作《祖光兄赠酒有感》："古言礼失求诸野，今见酒来华变夷。字改拼音已可笑，名成合璧更稀奇。"

杨宪益为 Linda Ching 女士的著作作引言[3]：

《红楼梦》是一部生动的现实主义中国小说巨制。不妨坦言，这是一部非常长的长篇故事。一百二十回的篇幅，扣人心弦地描述了清朝走向衰落时期一家富贵巨族的败落。大概在中国文学作品中，这是最受欢迎、最为普及的一部小说，在中国也享有极高的文学评价，与莎士比亚作品在西方文学中的地位相仿。

小说于两百多年前由曹雪芹撰写。书中描写了一个富贵之家在美轮美奂的园林中度日，将他们的享乐生活和命运变迁一一道来，其中缠绕着一个母题，以年轻主人极其美丽而纤弱的表妹之间的爱情故事为中心。

鉴于书中铺陈的丰富细节，有些评论家相信《红楼梦》是作者自传；另有一些则相信这是一部政治寓言，预示着老旧帝国的最终衰亡。围绕小说诞生了

① 杨宪益：《去日苦多》，北方文艺出版社，2015年2月，第116—119页。
② 王学泰：《清词丽句细评量》，东方出版社，2015年，第77、82页。
③ 李晶：《海外中国学文献中的杨宪益、戴乃迭佚文两则》，《中华读书报》2015年1月21日。

丰富的文学批评与研究，同时也有不少人沉迷于小说中超越凡俗的一些特质，以及与之相伴相生的含蓄的政治隐喻。

直到本世纪的后半叶之前，这部小说只有摘译或节译的英文版，译名为 The Dream of the Red Chamber，或 Red Chamber Dreams。有一部全译本由英国汉学家霍克思完成，译名为 The Story of the Stone；我妻子和我完成了另一部全译本，译名是 A Dream of Red Mansions。

Linda Ching 女士对《红楼梦》前面几章内容的阐释性艺术"翻译"，为这部作品单纯的"太极"形式增添了一种恰切的阐释：真正是小说精神的一种缩影，不过是通过艺术与现实之间的纯粹冲突所构成的氛围来传达的。通过她的艺术创作，我们能够想象出中国古典园林的美丽与光彩，书中男女主人公的纤弱秀雅——悲剧式的伟大化成实实在在的形象。艺术家"描绘"了一个现在只能在梦中忆起的世界，这个世界的悲剧性的脆弱。希望您能像我一样喜爱这份向曹雪芹致敬的精美作品，甚至能受此书鼓舞，去阅读、欣赏书中描摹的那部伟大的文学原著。

秋天，已经南下广州的同事杨淑心到友谊宾馆颐园看望杨、戴。杨淑心曾是《中国文学》杂志(英法文版)"舞台与银幕"专栏的记者兼编辑，杨宪益常为他找选题、出主意，帮他拓宽思路，联络渠道，如巴金、冰心、吴祖光、新凤霞、戴爱莲、戈宝权、胡絜青、端木蕻良等专家名人，都是杨宪益亲自为他打电话，联系对方，他才有机会结识和采访这些名家并建立了不解的文缘。当时戴乃迭已病重，但在一旁始终饶有兴致地听着谈话。

杨淑心问："您和乃迭一般是怎么合作的？"杨宪益说："通常是我先把中文原著译成英文初稿，然后由乃迭修改定稿。乃迭有时也亲自译些中国当代小说，然后交给我加工和校改，以便更符合中文的原意。有时则手捧中文原著，口授英语译文，乃迭直接打印出英文稿，最后两人一起审定。"杨淑心又问："外界盛传您是酒仙，边翻译边喝酒，一口酒一句译文，这是真的吗？"杨宪益微笑着答道："我翻译时是很严肃的，从来不喝酒。不过，到现在我还不会双手打字，只会用右手食指一个字一个字地敲，所以打得比乃迭慢。"①

11 月 9 日，无锡高等师范学校教师吴海发到访，与杨宪益谈诗歌。杨宪益说诗可以群，可以观，可以怨，诗还可以药。吴海发告诉他说正在写作《二十世纪中国诗词史稿》，是为当代旧体诗词写的史，杨宪益很赞成，说在前两年出版了一本诗集

---

① 杨淑心：《翻译家杨宪益：国学功底深厚　为人谦和忠厚》，《文汇报》2015 年 1 月 5 日。

《银翘集》，于是从书室中拿来赠给他，并在扉页上写道:海发同志一哂。杨宪益，九七年十一月九日。

海发同志七九年同我通信，谈及李白问题，今已近二十年，在北京见面，很高兴。希望将来再有机会长谈，可惜我已八十四岁，来日无多了①。

12月26日，恰逢杨宪益生日，黄苗子作《糊里糊涂酒歌》赠杨宪益:"昔日有个孙悟空，有事没事闹天宫。蟠桃宴上折腾饱，摇身变成宪益翁。宪益今年八十几? 八二八三还八四? 王母桃熟三千年，你是桃花小兄弟。弟弟哥哥不管他，一生命不犯桃花。金屋藏娇空有句，白兰地酒只当茶。客来茶酒都一样，哪能算得糊涂账? 且劝你孤王醉酒桃花宫，休到那鬼子番邦出洋相! 莫谈鸟事莫谈洋，糊里糊涂醉一场。烹羊宰牛且为乐，不论肥羊与瘦羊。肥杨杨贵妃，瘦杨杨宪益。肥杨酒醉调戏高力士，瘦杨金尊对月便写打油诗。诗成一首酒一口，潇洒人间一场走。古来圣贤皆寂寞，只你天涯海角皆朋友。更抽烟，还吃酒，越是糊涂越长寿。君不见荡平四海秦始皇，享年不过四十九岁九点九! 糊涂歌，歌莫歇，回家告诉戴乃迭，茶烟禅榻足延年，与你同消万古劫!"

是年，叶嘉莹先生为杨敏如著《唐宋词选读百首》作序，赞叹道:"(杨敏如)讲到稼轩词的慷慨激昂之处，就真的投入了稼轩这位词人激昂慷慨的感情境界之中，所以能使在场的听众举座动容。"

是年，罗沛霖偕妻杨敏如重游延安。

1998年，84岁

是年，杨宪益、黄苗子、邵燕祥作《祝寿三家诗》，《华人文化世界》1998年第2期。

杨宪益、戴乃迭出版译作《古代散文卷》《古代诗歌卷》《古代小说卷》《现代散文卷》《现代诗歌卷》《现代小说卷》，外语教学与研究出版社。

杨宪益发表《我的启蒙老师魏汝舟》，《东莞市宏观经济监测月报》，1998年第8期。

《记学写旧诗》，《东莞市宏观经济监测月报》，1998年第12期。

杨宪益的散文《菊花》，作为典范的说明文收入岳凯华，胥陆华主编的《大学语文自学考试指南》，湖南大学出版社，1998年2月。周和平，荣文仿主编，孙亭玉编著《大学语文无师自通》，沈阳出版社，1998年5月。

---

① 吴海发:《我所尊敬的前辈杨宪益》，2009年12月18日《人民日报》海外版。

戴乃迭病重，有时厌食，拒绝吃饭，杨宪益给她围上餐巾，连哄带劝地喂她吃饭。她认不出友人了，但她一直微笑着，白色卷发松软地围着泛红的脸颊。

杨宪益作《赠李辉》："年年此日不新鲜，我比耶稣晚一天。恃欲轻言人未老，七三八四鬼猫嫌。救亡反蒋成虚掷，批斗坐牢亦等闲。恨不生逢罗马国，徒教十字架空悬。"

11月，杨宪益作《无题》四首：

> 江水浪滔天，官家好赚钱。救灾少评论，防口甚防川。
>
> 昨夜流星雨，今朝鸟不喧。微禽解天意，国事莫轻谈。
>
> 去年八十三，明年八十五。躲过本命年，真是纸老虎。
>
> 去年逢圣诞，明年一月半。八四本命年，不吃生日饭。
>
> 自注："按旧算，八十三岁生日在去年圣诞节前一天，八十五岁在明年一月十五日，今年没有生日可过。"

杨宪益的《香港回归感赋》荣获大奖，收入中华诗词学会编《回归颂中华诗词大赛获奖作品集》，1998年5月，学苑出版社。

1999年，85岁

是年，杨宪益、戴乃迭出版译作《李白诗选》《杜甫诗选》《陆游诗选》《王维诗选》《辛弃疾诗选》《陶渊明诗选》《苏轼诗选》，外语教学与研究出版社；出版译作《陶渊明诗选》（英汉对照），李士伋绘；《王蒙小说选》（英汉对照），中国文学出版社。

1月19日，戴乃迭八十大寿，友谊宾馆30号套房成了花山，38位外文局同事前来祝贺。

外文局的同事为戴乃迭庆贺80大寿，联名致函云："您是一位工作在文化战线上的、女性的、活着的白求恩。"戴乃迭轻轻地笑了，谦虚地说："我哪有那么好？"

2月4日，杨宪益在《人民日报》发表《怀念老舍先生》。

2月8日，邵燕祥作《赠戴乃迭》：

> 归来，处处是天涯海角——
>
> 云水风涛趱行一万里。
>
> 异邦的城廓，小小的家——
>
> 你已横渡了半个世纪。
>
> 桅灯？台灯？雾里的光芒——
>
> 日夜兼程而不知疲倦。
>
> 停泊时遥听哒哒声响亮——

为下回远航在钉打船板？

海般的岁月，浪般的忧愁——

生命的犁啊吃水深深。

酒浓于梦？情浓于酒？——

辛勤与散淡，旷达与深沉。

恶浪为之惊涛：五十年钉叠补钉，

阳光下舒展傲岸的帆篷！

2月15日（农历大年三十）凌晨二时五十分，在与远在美国的女儿通话之后，赵瑞蕻（1915—1999）突发急性心梗逝世。杨宪益赠挽联："瑞蕻妹丈千古：哲人其萎，梅雨潭清成永忆；诗魂长驻，莱茵河绿可重游。宪益敬挽。"

自抗战结束返回南京，赵瑞蕻一直在南京大学任教，译著有《红与黑》、《梅里美短篇小说选》，论文集《诗歌与浪漫主义》等，回忆录《离乱弦歌忆旧游》。

2月22日，没有遵照他多年前留下的不办丧事的遗嘱，200多人冒雨参加赵瑞蕻的追悼会。次日《新华日报》、25日《光明日报》、27日《文汇读书周报》都发了消息。

杨宪益作《空前绝后》纪念新凤霞[1]。

7月18日下午，赵苏、赵蘅等亲友把赵瑞蕻的骨灰撒入温州瓯江。

8月，杨宪益作《有赠》："如水文章如酒心，众人皆醉我奚醒。但求温饱民安定，世纪开头国太平。"

11月4日，黄苗子、郁风、李辉、邵燕祥、周文秀、纪红等看望杨宪益，当时戴乃迭已经住进医院。杨宪益摆出一个镜框，里面有一幅水彩画——戴乃迭微笑的画像。郁风吃惊地问："谁画的？"引起杨宪益大笑。原来是郁风十多年前画的，她认不出来了[2]。

11月19日，戴乃迭因病在北京阜外医院辞世，享年80岁。单位来人与杨宪益商量办后事，杨宪益明确表示："乃迭不在了，我不能再住宾馆里，这是她的待遇。后事从简，不要骨灰，不开会，这也是乃迭的意思。"[3]

杨宪益自拟了一副挽联"乐不思奥，寿已超英。"意思是不想活到2008年奥运会了，自己寿限已经超过戴乃迭，没有什么可留念了，将夫人戴乃迭生前用过的几

① 载吴新研编《美在天真——我钦新凤霞》，中国社会出版社，1999年4月，第53页。

② 郁风：《谢谢你！戴乃迭》，杨宪益主编《我有两个祖国——戴乃迭和她的世界》，广西师范大学出版社，2003年9月，第85页。

③ 赵蘅：《宪益舅舅百岁祭》，北方文艺出版社，2015年2月，第15页。

副墨镜交由胡志挥收藏保管。过一阵子,就恢复信心,他向家人表示,愿意活到妈妈那么大——96 岁。

杨宪益从原来居住的友谊宾馆搬到西四环五路居外文局宿舍美丽园。85 岁,一个人住在一套大房子里,一个小时工每天为他做早、晚两顿饭。女儿、女婿和外孙节假日来看望他。

11 月 24 日,狄利亚·达文在英国《卫报》发表《戴乃迭》,介绍戴乃迭光辉的一生,称赞戴乃迭生前和丈夫共同翻译了众多的中国文学作品,数量之多,令人叹为观止。他们翻译的范围从古典文学一直延展到中国现代文学和新中国成立后早期的作品。……到了六十年代初期,外国的一些年轻人,往往是中文学者,纷纷以教师或翻译的身份到了北京。当时在中国,跟外国人接触是越来越冒险的行为,可戴乃迭和杨宪益依然慷慨大方地和这些外国人交往、做朋友,为我们提供了大量的帮助。我们中有很多人后来都致力于中国相关的研究。对我们来说,戴乃迭家是一块沙漠中的绿洲。当时的中国是一个压抑学理的社会,可是在杨家的谈笑既长知识,又多欢乐,还可以真正切入政治。杨氏夫妇的学识、友好和热情都使我们获益良多。[1]"

12 月 1 日,比尔·詹纳在英国《独立者》发表《戴乃迭》,称 1963 年"戴乃迭他们家成了我的第二个家。我当时在北京是一个年轻而情况陌生的翻译。当时有很多像我一样从外国刚刚到北京不久的教师和翻译。戴乃迭接济并照顾我们,为我们提供了一种难得的放松。……她揶揄的微笑、洞察人情世态的蓝眼,她的与人为善和无穷无尽的兴致,都长存在所认识她的人心中。[2]"

12 月 16 日,杨宪益在五路居赋《悼乃迭》:

早期比翼赴幽冥,不料中途失健翎。结发糟糠贫贱惯,陷身图圄死生轻。青春做伴多成鬼,白首同归我负卿。天若有情天亦老,从来银汉隔双星。

杨宪益作《无题》八首:

白宫总统爱娇娥,惹火烧身众议多。浪子回头金不换。奈何迁怒起干戈。师出无名人自迷,新闻媒介和稀泥。剧怜总统克林顿,不及当年瓦德西。称霸花旗震四方,近来北约更猖狂。可怜南斯拉夫国,兄弟阋墙遭祸殃。欲扫匈奴且顾身,美军怕死更无伦。名城顷刻成焦土,只见飞机不见人。

---

[1] 载杨宪益主编《我有两个祖国——戴乃迭和她的世界》,李晶译,广西师范大学出版社,2003 年 9 月,第 147—149 页。

[2] 载杨宪益主编《我有两个祖国——戴乃迭和她的世界》,李晶译,广西师范大学出版社,2003 年 9 月,第 154、157 页。

无端溅血染清波,蓝色曾称多瑙河。英语新闻都叫好,有钱能使鬼推磨。

读书何必求深解,学艺无须吃苦头。恰似狗熊掰棒子,一茬咬过一茬丢。

岂有银行能贷款,断无金屋可藏娇。老妻酣睡阿姨去,闭户闷听捉放曹。

大款有钱玩电脑,老夫无意出风头。与君共尽瓶中酒,一醉能销万古愁。

杨宪益作《无题》:"妄谈国事莫轻饶,多嘴而今判坐牢。北大清华玩电脑,南开复旦卖油条。空头支票商情好,假造文凭售价高。大海航行靠舵手,何时摇到外婆桥?"

杨宪益作《天气预报前电视广告有感》:"记昔当年红海洋,大街小巷闹嚷嚷。百姓遭殃成地富,万物生长靠太阳。中华民族命虽贱,东亚病夫寿偏长。三天两头穷吃药,专贴肚脐治痔疮。"

杨宪益作《无题》:"武家开店尽罗锅,生不逢时可奈何。屈膝弯腰装矮个,语言要少磕头多。"

杨宪益作《自撰挽词一首》:"知大限之将至,感吾生之行休。历忧患而无憾,终安乐复奚求。"

12月19日午夜—20日凌晨,中葡两国政府澳门政权交接仪式在澳门举行。

杨宪益从常任侠处得悉一位侨居巴黎、无法返回祖国的女士,于是慷慨解囊,资助其回国。杨宪益对邹霆说:"此女士不论其观点如何,但作为一位不肯屈从于权贵的、具有独立见解的中国异见者,断无因不同政见而曝尸于塞纳河畔的道理①。"

是年,杨、戴《红楼梦》英译本入选《大中华文库》

2000年,86岁

应上一年何宝民编审约稿,杨宪益从以前出版的《译余偶拾》中抽出一部分,并加附记,送给《寻根》杂志社,由周雁女士编辑发表:《秦王〈破阵乐〉的来源》,《寻根》,2000年第1期。《板桥三娘子》,《寻根》,2000年第2期。《薛平贵故事的来源》,《寻根》,2000年第3期。《唐代乐人关于共振现象的知识》,《寻根》,2000年第4期。《宋代的养金鱼》,《寻根》,2000年第5期。《唐代东罗马遣使中国考》,《寻根》,2000年第6期。

杨宪益发表《回忆钱锺书兄》,《博览群书》,2000年第7期;《良师益友忆当年》,《鲁迅研究月刊》,2000年第8期。

1月29日,英国亲友在伦敦大英图书馆召开戴乃迭追悼会,缅怀戴乃迭的为

---

① 邹霆:《人所未知的杨宪益——纪念杨宪益逝世两周年》,《文汇读书周报》,2011年11月25日。

人和业绩。

杨宪益作《迁居美丽园二首》：

迁居数载出牢笼，宾馆常忧假大空。垂老不辞千日醉，寻途幸有五棵松。去年丧偶人难赎，一旦搬家运未穷。新纪开张须动笔，太玄未就待扬雄。

如何新纪做扬雄，济世从无尺寸功。客索题词诗几句，车邀赴宴酒三盅。席间不识皆豪贵，会上初逢缺老翁。应是当初尊国士，阿猫阿狗尽成龙。

3月4日，杨宪益搬到金丝胡同六号与小女儿杨炽同住。杨宪益作《迁居什刹海》：

来时仓促别匆匆，五路邻居一梦中。宾馆去春辞故宅，小楼昨夜又东风。独身婉转随娇女，丧偶飘零似断蓬。莫道巷深难觅迹，人生何处不相逢。

青山青史并可抛，结庐人境暂逍遥。外宾争访金丝巷，游客群来银锭桥。路北故居今姓宋，街西王府改名曹。自惭不是风筝匠，莫与天公试比高。自注："宋庆龄故居，恭王府传说是大观园，曹雪芹晚年是风筝匠。"

美丽朝阳并可抛，安贞宿舍更无聊。只求暂住四合院，不想重回五孔桥。工仔正忙运砖石，女儿打算种花苗。黄兄答应爬山虎，惟恐邻墙不够高。自注："美丽园、朝阳园皆新区名，五孔桥在西四环，黄永玉答应送来爬山虎。"

客厅墙上一对镜框里有杨宪益与戴乃迭的唐装结婚照。北面墙上挂着王世襄亲笔题书的条幅："从来圣贤皆寂寞，是真名士自风流。"还有一副自书联："难比圣贤，不甘寂寞；冒充名士，自作风流。"

3月7日，请了一个小时工李敏为杨宪益做家务，为他做什么都说"谢谢"，感到不好意思。杨宪益几十年如一日，早饭就是一杯牛奶，两片面包，抹点果酱。

杨宪益的《李义山〈锦瑟〉诗试解》，载侯仁之、周一良主编《燕京学报》第8期，2000年5月。

8月6日，农历七月七日，传统七夕节，杨宪益作《七夕》：

织女星沉天一方，牛郎今作卖油郎。花魁留给他人占，只挂羊头酒更香。病妻早逝一周年，犹在京华聊大天。老而不死留为贼，来访诸君看好钱。只能吃喝拉撒睡，不能坑蒙拐骗偷。贫贱书生无一用，谁叫织女嫁牛郎？昨夜星辰昨夜风，牛津水畔绿荫丛。平生厌读《红楼梦》，到底依然假大空。

杨宪益《金鱼》入选洪本健主编的《学院语文》，上海交通大学出版社，2000年8月。

是年，罗沛霖荣获中国工程院授予的2000年度中国工程科技奖。

12月23日,香港中文大学请杨宪益担任"全球华文青年文学奖"翻译组的终审评判,因体弱不能赴港出席颁奖典礼,由李景瑞代替他在会上宣读他的发言。

12月,杨宪益触景生情,作《往玉泉营买草籽,路经白纸坊》:

忆昔当年八角楼,牢房枯坐四春秋。同床惯窃谈雷子,共屋流氓说泡妞。警卫放风何日有,官家提审几时休? 而今往事成遗迹,白纸坊前可暂留。

北京师大中文系研究生李晶因参编《20世纪中外文学交流史》,拜访杨宪益,杨宪益赠送她《近代英国诗钞》《译余偶拾》、香港版诗集《银翘集》等书。

《凯撒和克里奥佩特拉》英汉对照本将出版,人民文学出版社编审范福忠带了样书和稿费再次登门拜访,杨宪益馈赠一只瓷虎和新出版的《白虎星照命》[1]。

2001年,87岁

是年,杨宪益、申慧辉出版译作《圣女贞德》(萧伯纳),漓江出版社。

杨宪益、戴乃迭出版译作《楚辞选》(屈原)《乐府》《唐诗》《宋词》《汉魏六朝小说选》《宋明平话选》《关汉卿杂剧选》(二),外文出版社。

杨宪益、戴乃迭出版译作《海底两万里》(凡尔纳),四川文艺出版社。

1月28日,希尔达到京,随行还有一位英国太太,住在五路居杨家。赵蘅迎接,并陪她们游览颐和园。

杨宪益发表《漏船载酒忆当年》,《作家文摘》,2001年第65期。《关于火柴的起源》,《寻根》2001年第6期。

4月,杨宪益的英文自传《漏船载酒忆当年》,由薛鸿时翻译(出版时被删去最后三章),由北京十月出版社出版。2010年2月,此节本由人民日报出版社再版。

5月,李辉的《杨宪益与戴乃迭:一同走过》,由大象出版社出版。

王湜华,中国艺术研究院红楼梦研究所研究员,到访。杨宪益向其赠送《漏船载酒忆当年》《杨宪益与戴乃迭:一同走过》,并一同欣赏以20元价格购得的翁同龢书写的对联[2]:"竹里亭高群玉秀,梅边窗小万珠圆。"落款是"光绪十三年六月叔平翁同龢"。客厅中还有翁的小品,左侧画一打坐的老者,上题"不知老翁有何事,独坐此处等人来。松禅居士。"

---

① 范福忠:《回忆与杨宪益先生的一点交往》,《中华读书报》2009年12月14日。
② 王湜华:《访杨宪益先生琐记》,流沙河等著;董宁文编《岁月回响》,青岛出版社,2007年1月,第29—32页。

5月19日,杨宪益好友、剑桥管理学院的研究员白霞,与诺奖得主莫里斯在剑桥大教堂举行了隆重的婚礼,作家蒋子龙第二次参加了白霞婚礼。

7月12日,赵蘅写杨宪益的文章《断蓬白发亦平安》在《文汇读书周报》上发表。

8月,董宁文编写的《多彩的旅程—纪念赵瑞蕻专辑》问世,江苏新华印刷厂。

9月23日,在杨敏如家聚会,观看罗沛霖院士专题片《红色科学家》,又一齐看八十年代赵忠祥采访杨宪益、戴乃迭的片子。

10月18日,杨宪益、舒济等到现代文学馆参观丁聪画展,合影留念。

11月21日,黄宗江夫人阮若珊去世,杨宪益作诗:"凤霞凤子赴瑶台,乃迭若珊随后来。莫道天宫常寂寞,四人正好打桥牌。"后让黄苗子写成书法,苗子在前写道:"奉宪益①。"

11月25日,杨苡赴京看望杨宪益,杨苡、杨敏如、杨宪益四年后再次相会。亲友16人欢聚一堂。

12月7日,邹霆、宋词、黄宗江、杨苡等原南京文联老友拜访杨宪益。

12月30日,杨苡将从南京带来的香炉送还杨宪益,炉底有字"显德"。

11月,邹霆创作的《永恒的求索—杨宪益传》,由华东师范大学出版。这是第一本杨宪益传记,书稿出版前没有请杨宪益审阅,杨宪益读到此书后不满意:"费了很多劲,结果不怎么样。稿子不给我看,有许多小错,我妈名字都错了。……,那时怎么会有七龄童?(杨家)对海派京戏看不起,怎么会弄客厅上? 不可能。那时戏子的地位不一样,地位比我们低一等。那时话剧刚刚开始,文明戏很少。那时在北方,七龄童算什么玩意儿? 也有海派人来,头上有装饰,一看好玩。现在这些人不懂,怎么可能开堂会请七龄童? 请杨小楼、龚云甫还可以,不可能请上海的,邹是胡编②。"

12月22日,杨宪益、启功出席中国文化书院为两人举行的祝寿宴会。

12月25日,中央九套首播《杨宪益和戴乃迭》,下午三点半重播。

是年,李辉请杨宪益到郑州开学术讲座,专讲中外打油诗。他基本上不喝水,也不喝茶,就喝酒,什么酒都喝。在郑州,他就先喝酒,讲的时候说你再给我倒点酒吧。讲完之后。李辉又陪他到开封去,他说应该把北京的房子卖了,住到这里来,那是我们杨家将奋战过的地方。③

① 赵蘅:《宪益舅舅的最后十年》,生活·读书·新知三联书店,2011年5月,第31页。
② 赵蘅:《宪益舅舅的最后十年》,生活·读书·新知三联书店,2011年5月,第31页。
③ 李辉、赵蘅、戴潍娜:《杨宪益逝世十周年:我不是翻译家,只是翻译匠》,2019年7月3日,澎湃新闻网。

是年,我国重要的文学外宣窗口《中国文学》杂志停刊。自 1951 年创刊,五十年来发行 590 期,介绍作家、艺术家 2000 人次,译载文学作品 3200 多篇。

2002 年,88 岁

杨宪益、戴乃迭出版译作《唐代传奇选》,外文出版社

是年,杨宪益出版译作《凯撒和克利奥佩特拉》(萧伯纳),人民文学出版社。

1 月 1 日,在杨敏如家,杨家大聚会,四代十一人,杨宪益、杨苡、杨敏如和罗沛霖合影留念。

1 月 10 日,杨家大聚会,杨宪益、杨苡、杨敏如和罗沛霖再次相聚。大家聊邹霆的书,杨敏如说:"气死我了,我们家怎么会是'富豪望族'?哥成了纨绔子弟?其实,我们都是靠自学,父亲留下一副对联,我们看不懂,就琢磨什么意思。我们不懂父亲是什么样的人,他一下子做了那么大的官。姆妈说怀哥时梦见白虎,命有凶相。生哥那天刮大风,风照月。派人去找大夫,接生哥的不是德国大夫,是日本大夫。……,婆婆的原因是娘生一个死一个,娘是淮安人,富家人的女儿。……,父亲死后,三叔主事,他有学问,家里有两块印。他们都很孝顺,因为爷爷不吃豆子,他们都不吃,家里有人吃,他们就把桌子掀了①。"

1 月 12 日上午,应外研社邀请,杨宪益开设《英汉翻译理论与实践》讲座,社会上来的听众很多。会后,与听众交流,指出学习外语要读二三十种原著,《圣经》《莎士比亚》等英文版是必读书。

1 月 23 日,中国翻译工作者协会在北京西苑饭店召开资深翻译家表彰大会,全国人大常委会副委员长许嘉璐、国务院新闻办公室主任赵启正、副主任蔡名照和王国庆,新华社副社长马胜荣等参加大会,并向受表彰的杨宪益等 111 位资深翻译家颁发荣誉证书②。

2 月 22 日,赵苏起草了一份授权拍摄电视片的合同,请杨宪益过目签字。杨宪益翻了翻合同,笑着说签字没问题,五年不一定能拍出来③。

2 月 28 日,杨苡读邹霆书中关于"绛舍"的内容,杨宪益有时附和,但多半是否定,不时说:"瞎编!全是瞎编!④"

是年,杨敏如作《蝶恋花》:二〇〇二年春夏月,兄妹三人俱达耄耋。在京门时

---

① 赵蘅:《宪益舅舅的最后十年》,生活·读书·新知三联书店,2011 年 5 月,第 47 页。
② 《中国译协表彰杨宪益等 111 位资深翻译家》,《对外大传播》2002 年第 2 期。
③ 赵蘅:《宪益舅舅的最后十年》,生活·读书·新知三联书店,2011 年 5 月,第 56—57 页。
④ 赵蘅:《宪益舅舅的最后十年》,生活·读书·新知三联书店,2011 年 5 月,第 58 页。

相过从,言笑晏晏,恍如往昔。不料沛霖猝病,不得外出。阿兄关情,日传一电,阿妹依恋,屡滞归期。感而赋此。呈燕祥方家暑日一粲:

手足情深深几许,雁序成行,共举还回护。本是同根棠棣树,繁枝盛叶花承露。秋肃春温留不住,白发飘萧,依旧童呆侣。勘破人间悲喜剧,只因味到情浓处。

3月,戴乃迭的遗作: An Unfinished Autobiography: "I Feel I Have Two Motherlands…"(《我觉得我有两个祖国》),由李晶编辑在《中国妇女》英文版杂志第3期上首发。李晶电告杨宪益,想寄稿费给他,杨宪益说:"不要稿费,都买成书吧。"

杨宪益作《无题》:"春分何故北风狂,到处尘沙遍地黄。小谢有心邀烤肉,老杨只想喝清汤。金丝巷里迎新客,银锭桥边忆故乡。闻道塞翁失锁钥,明朝必定有钱庄。"注:"女婿杨达悟的公司名'塞翁',曾发生失窃事件。"

3月,《罗沛霖文集》,由电子工业出版社出版。全书共十个部分,收入文稿九十余篇,诗词五十篇。

4月10日,袁鹰到访,与杨宪益谈起淮安杨家老宅事情。袁鹰说自己就出生在杨家老宅里。杨苡回忆说,曾听长辈说周恩来的爷爷周起魁是杨士燮的师爷①。

杨宪益作《无题》:"故人星散绝云霄,入梦焉能慰寂寥? 无事不登三宝殿,有缘早毕九仙桥。白丁白发惭虚活,青史青山可并抛。可惜玉泉营太远,难留花底饮花雕。"自注:"地名酒仙桥,因求对仗工整,改为九仙桥。

5月27日,杨宪益、黄苗子、郁风、丁聪、沈峻、邵燕祥、谢文秀、李辉、应红、赵蘅、杨苡、赵苏等在文采阁聚会。杨苡说起曾经拜访冰心的事情:"老太太心怀愤懑,说,我一不怕坐牢,我现在在轮椅上就是坐牢;我二不怕离婚,吴文藻已去世了;我三不怕杀头,杀了我的头,誉满全球。"郁风说:"真好!"②

6月7日,戴乃迭的遗作《我觉得我有两个祖国》由杨苡译为中文,在《文汇读书周报》发表,用了三个版面,引起关注。不久,《作家文摘》转载。

6月13日,季羡林、杨宪益、叶水夫、冯亦代、李赋宁、草婴、陆谷孙、梅绍武、陶洁、李文俊、罗新璋、李景端等十二位翻译家,在《光明日报》公开发表《关于恪守译德、提高翻译质量的倡议和呼吁》,向译者提出了6条自律要求,以促进中国翻译事业健康发展。

6月26日,堂弟杨纮武的小女儿杨谊一家三口从美国回来,杨宪益赠其中英

① 赵蘅:《宪益舅舅的最后十年》,生活·读书·新知三联书店,2011年5月,第65页。
② 赵蘅:《宪益舅舅的最后十年》,生活·读书·新知三联书店,2011年5月,第75—76页。

文自传各一本。

10月19日,白霞从英国到北京拜访杨宪益,热烈拥抱,泪水盈眶。沈峻、黄宗江、丁聪、赵蘅等陪同在文采阁宴请白霞。白霞在宴会上动情地讲了很长时间:"我第一次来中国,是1976年,宪益和乃迭叫我到中国工作。我是1977年来的,在《中国文学》。我1987离开,先到剑桥,后来我妈妈病了。二十五年了,大家都没有太老,还和那时一样。我不太有钱,但我有你们,我有这么多朋友,所以我很富有。……①"

12月5日,杨宪益作《咏〈皇帝的新衣〉》:

> 何必天天要换衣,酒精泡起更相宜。一头钻进玻璃罐,免得将来化骨灰。

12月6日,经医院确诊,杨宪益患上前列腺癌。

12月16日,杨宪益作诗:

> 老汉今年八十八,八多宁愿作王八。抱歉老妻早我去,野猫难得恋家花。

《无题》两首:

> 无病莫求医,无事莫写信。信多事必多,医来必有病。

> 药有三分毒,医无百次灵。癌妖何足畏,臣脑早如冰。

新任外文出版社副局长、中国翻译协会副会长郭晓勇,去医院看看望杨宪益。

裘小龙回国,与杨宪益的一个美国读者查理一同赴医院看望杨宪益。杨炽说,现在来看他的人寥寥无几,故人老去,世态炎凉。不过杨宪益生性豁达,不计这些鸡虫得失。裘小龙说现在写英语小说,杨宪益说很好,不一定要搞翻译②。

12月28日中午,在什刹海酒家聚餐,杨宪益作诗《米寿宴会》:

> 且莫乱猜前列腺,不堪重喝后庭花。时人争学鲜卑语,愿作王婆卖自夸。

2003年,89岁

杨宪益,戴乃迭发表译作《陶潜饮酒》(其五),《英语学习》,2003年第2期。《游山西村》,南宋陆游 A Visit to a Village West of the Mountains,《英语学习》,2003年第3期。

春天,我国遭遇一场过去从未出现过的非典型肺炎重大疫情,全国人民如临大敌,全面布防,抗击疫情。

---

① 赵蘅:《宪益舅舅的最后十年》,生活·读书·新知三联书店,2011年5月,第87页。
② 裘小龙:《外滩公园:裘小龙虚构批评随笔集》,四川文艺出版社,2019年3月,第126页。

1月9日,杨宪益住进积水潭医院,诊断为胰腺炎,六人一个病房。同事陈有升来看望,见此情形,感到心寒。

1月15日,吴寿松特意拿了书和录像带给医院的人看,院方知道了杨宪益的身份,表示一定照顾好,但的确没有单间床位①。

1月21日,杨宪益在病床上收到黄苗子的《鹧鸪天·慰宪益》、黄永玉画的羊年贺年卡。

1月24日,杨宪益在病床上收到郁风的信、邵燕祥的诗。

2月2日,丁聪沈峻夫妇、黄苗子郁风夫妇看望已经出院回到家中的杨宪益,黄苗子赠送新出的书《艺林一枝》。

3月,杨宪益的英文自传 White Tiger,由香港中文大学出版社出版。

4月9日,戏剧家吴祖光(1917—2003)去世,杨宪益赠挽联一副:"生正逢时,曾闯江湖倦游客。死不瞑目,独怜风雪夜归人。"《风雪夜归人》《闯江湖》,均为吴祖光剧作。

杨宪益的《李白与〈菩萨蛮〉》收入周勋初主编的《李白研究》,湖北教育出版社,2003年8月。

杨宪益作《苗子来信,信封将"宪益"写成"善益"》:

> 人之将死其言善,有酒能消万古愁。宪益而今成善益,须知大限快临头。
> 负笈英伦仅六年,留洋博士我无缘。牛津四载只称硕,学位赢来颇费钱。
> 杨朴题诗事可疑,草窝得句又谁知?如何得见君王面,落魄贪杯是假的。
> 虽也揾将官里去,未曾断送老头皮。有杯在手仍当醉,莫待无钱买酒时。

4月11日,杨宪益作《无题》两首:

> 黄叶声繁促反思,花开花落两由之。惟当共尽千杯酒,便是春回大地时。
> 阵前免胄悲先轸,日暮挥戈望鲁阳。我自扬杯向天笑,中原龙血战玄黄。

7月24日,李岫来访,带来出版的关于外国文学的第二本书,想用与杨宪益的谈话作序,杨宪益说自吹自擂,没有同意。

8月14日,李斧到访。杨宪益告诉他,和巴金是在重庆沙坪坝书店认识的。

8月29日,李景瑞到访,建议把杨宪益与戴乃迭的故事拍成电视剧。

9月9日,李晶、李辉、徐坚忠、徐文治到访。

9月,杨宪益主编的纪念戴乃迭的文集《我有两个祖国——戴乃迭和她的世界》,由广西师范大学出版社出版。包括戴乃迭未完成的自传、未发表的《我的狱中生活》,

---

① 赵蘅:《宪益舅舅的最后十年》,生活·读书·新知三联书店,2011年5月,第104页。

英国亲友为解救她给中国领导人写的信件、英国媒体的报道,戴乃迭对中国文学作品的评价,中外亲友对戴乃迭的回忆、纪念文章,介绍戴乃迭的贡献、译著目录。

9月28日,文洁若陪同前岛良、小婵拜访杨宪益。

10月7日,黄苗子、郁风到访,赠诗一首,请杨宪益和诗一首,不限时间。

秋天,杨宪益中风,行走困难。在医生的劝告下,戒了酒。三年内两次住院,曾指着左腿对来访说:"不能再去医院了,每次从医院回来都一身病①。"

11月1日,人物栏目重播《杨宪益和戴乃迭》,许多人打电话给杨敏如,说才知道她有这样一位洋嫂子。

12月27日,英若诚(1929—2003)患肝病,在和疾病斗争十年之后,于协和医院辞世,享年74岁。杨宪益闻讣,感到十分惭愧和遗憾②。

2004年,90岁

是年,杨宪益出版译作《老残游记》(刘鹗),漓江出版社。

2月19日,王湜华、陈有升、吴寿松、杨敏如到访。陈有升、吴寿松创办一个民间刊物《青山在》,由黄苗子题签,约请杨宪益当顾问。

3月,《中国古典名著时尚读本—宋词百阕》,杨敏如选释,由中国青年出版社出版。

杨宪益作《唐其竟兄来电说生病,以此慰之》:"吃酒抽烟两绝缘,如何一病要归天? 国家大事群难理,世俗微评已莫烦。身健焉来糖尿病,年轻岂有脂肪肝? 古言曲误周郎顾,多作痴聋体自安。"

4月6日,英国人闵福德(John Minford)夫妇到访。闵福德牛津毕业,现在澳大利亚任教,是《红楼梦)后四十回的翻译者,前八十回译者霍克斯(David Hawkes)的女婿。

4月7日,杨宪益胰腺炎复发,住院。

南开大学教授王敦书在《史学理论研究》2004第2期上发表《从〈译余偶拾〉看中国和拜占庭帝国的关系》,认为杨宪益在中国与拜占庭帝国研究方面取得突出的贡献。

5月17日,从美国归来的巫宁坤登门拜访杨宪益。解放后,巫宁坤屡遭磨难,著有《一滴泪》,称"我归来,我受难,我幸存。"

---

① 戴萍:《风轻云淡话生涯——杨宪益先生访谈》,《明报月刊》,2008年1月号。

② 杨敏如:《怀念哥哥杨宪益》,《文汇读书周报》,2014年12月12日。

7月24日,中央电视台人物专访栏目《大家》采访杨宪益、杨敏如。吴寿松、王湜华、陈有升等同事到访。王湜华书写吴寿松撰写的对联:"幽巷金丝名士隐,古桥银锭酒家暄。"

8月8日,杨宪益到百年翰林食府参加郁风、黄苗子八十八大寿宴会。

8月25日播出《夫妻翻译家——杨宪益与戴乃迭》[1]。

12月,傅鹑为杨宪益创作铜塑《翻译家杨宪益》,40.5×37×37cm。

杨敏如作《鹧鸪天·自勉》:

> 不似当年笑语频,老怀无绪自沉吟。隔楼空望无灯月,寻梦难期付水云。
>
> 休丧志,莫辞辛,好书温故而知新。长途不取怜筋骨,傍倚明窗笔下勤。

是年,雷音撰写《杨宪益传》,自费印刷一部分,赠送朋友。她原为话剧导演,后到中国文化书院秘书处工作,从事口述历史资料工作,曾摄制《梁漱溟》《冯友兰》《张岱年》电视纪录片,并采访季羡林、周一良、陈岱荪、邓广铭等著名学者。《杨宪益传》是《当代中国著名学人口述历史系列》之一,共分127个专题,除家世部分有些误传外,非常全面客观地记录了杨宪益一生的主要事迹,比《杨宪益自传》还全面、准确。

雷音称自1994年至2001年,采访传主及其亲友数十次,录下大量口述史料,许多为第一手材料;有些材料自译于杨宪益英文《杨宪益传》。2007年8月,此书由香港明报出版社出版。

2005年,91岁

1月24日,许琢到访,拍摄杨宪益的书房。不久,摄影作品发表在《人民日报》海外版上。

杨宪益作《辞过生日》:"今年生日触霉头,我比耶稣晚两周。未得易牙宜罢宴,虽清积石莫吹牛。惨遭海啸悲游客,误作书商怨老邹。家长何须多费事,人生到此可全休。"自注:患口腔癌,只能忍痛自嘲,以慰亲友。友人邹某擅取其新印之书,卷款而去。二流堂家长是丁聪的夫人沈峻。

2月23日,冯亦代去世。曾任外文出版社出版部主任、英文《中国文学》编辑部主任。《读书》杂志副主编。遗嘱与原配合葬。杨宪益很难过[2]。

2月,《人民日报》记者李辉对杨宪益的专访《半瓶浊酒,四年星斗》,回忆四年

---

① 文明国编《杨宪益对话集——从〈离骚〉开始翻译整个中国》修订版,2011年1月,第32—48页。

② 赵蘅:《宪益舅舅的最后十年》,生活·读书·新知三联书店,2011年5月,第186页。

牢狱生活,发表于本年《收获》杂志第 2 期。

杨宪益对来访说:"我的追悼会得赶快开,人说好话的时候都是在追悼会上说,人已经死了才去说,有什么用? 所以我们早点开。"他还说:"我死了以后,最好的方法就是把骨灰倒到抽水马桶里面一冲,这样最干净。"

是年,杨宪益、戴乃迭出版译作《老残游记》(刘鹗),外文出版社。

此外,杨宪益、戴乃迭还有《临江亭》(川剧)、《打金枝》(晋剧)、《炼印》(闽剧)、《搜书院》(粤剧)、《维摩诘所述经变文》、《燕子赋》、《弘明集》(摘译)、《苒族创世诗》、《中国戏剧史》等译作,出版情况不明。①

4 月 18 日,《人民日报》发表刘晋锋的文章《杨宪益:述说二三事》。

5 月 17 日,秦颖到访。杨宪益赠送了两本书:《漏船载酒忆当年》《杨宪益传》。前一本是他的英文传记的中译节本,原名叫 WHITE TIGER(白虎星照命)。关于后一本,杨先生说,"是一个叫雷音的朋友写的,这本传记的好处是一直写到最近,不过有些情况道听途说,不是很可信。②"

9 月 20 日,美国学者寇志明到访。寇志明八十年代初曾在《中国文学》杂志社工作,在交谈中,问及最喜欢翻译什么作品,杨宪益马上回答:"鲁迅",然后又加上了"宋、明代的故事"③。

9 月 27 日,巫宁坤到访。

12 月 6 日、7 日,山东电视台到杨家拍摄《数风流人物》系列节目文化类第一人。赵蘅请到李辉、毕冰宾、韩敬群等人帮忙。记者设计了许多问题,如问:"把自己的书都散光,可惜吗?"杨宪益答:"对别人有用,不可惜。"记者问:"对您来说,这一生什么最重要?"杨宪益答:"戴乃迭是第一,朋友是第二,烟酒谈不上。乃迭最重要。"记者问:"杨老,那你觉得这一生最大的遗憾是什么?"他说:"本来我们说好白头一块死,结果她先死了。记者问:"《中国文学》为什么停刊?"他答:"没人,经费有,钱没问题。我们依靠人,党的书记何路身体不好,我爱人戴乃迭身体不好,我离休了。除此之外,四五人都不行,没人了。"记者问:"今天为什么培养不了大师?"他答:"看的书少。我不知道为什么,现在看书少了。"④

罗沛霖编辑诗词稿本《知无涯室习韵》《绿窗书屋》。

---

① 辛红娟、马孝幸、吴迪龙:《杨宪益翻译研究》,南京大学出版社,2018 年 3 月,第 363—364 页。
② 秦颖:《杨宪益先生笑谈翻译〈红楼梦〉始末》,百道网·秦颖专栏。
③ 黄乔生:《杨宪益与鲁迅著作英译》,载张世林主编《想念杨宪益》,新世界出版社,2016 年 1 月,第 192 页。
④ 赵蘅:《宪益舅舅的最后十年》,生活·读书·新知三联书店,2011 年 5 月,第 188—196 页。

2006 年,92 岁

杨宪益、戴乃迭英译《雪》,发表于《英语文摘》(心境)2006 第 1 期。

3 月 27 日,《三联生活周刊》主笔李菁到访,李斧、纪红、赵蘅等人场。

杨宪益的《关于苏祇婆身世的一个假设》,载张国领、裴孝曾主编《龟兹文化研究 4》,2006 年 4 月。

5 月 30 日,香港华人文学协会王一桃到访,请杨宪益担任协会名誉会长,杨宪益签字同意。

6 月 8 日,《中华读书报》发表陈洁采写《云淡风轻了无痕》,采用杨宪益的口述。

6 月 30 日,傅鹤为杨宪益铸造的两尊半身铜像完工,杨宪益在上面签了字。

7 月 12 日,《中华读书报》发表陈洁采杨宪益后写的《兴之所至读闲书:回忆少年时代读书生活》。

7 月 23 日,邵洵美女儿邵绡红到访。杨宪益告诉她,解放后见过邵洵美和项美丽,邵绡红说不可能,因为她在 40 年代后再也没回过上海。

8 月,采访罗沛霖、杨敏如的文章《我们要牵手走过 100》在《人文月刊》发表。子承父业,"电子世家"名副其实。杨敏如的儿子罗晋留学美国,在父亲的母校加州理工学院获得硕士学位,定居美国,成为骨干科学家。罗昕在中科院电子科学研究所任工程师。女儿罗晏在北师大低能物理研究任研究员。

11 月,杨宪益任中国作家协会名誉委员。

是年,杨敏如 90 寿辰,北师大文学院赵仁硅教授作了一首《望海潮·贺杨敏如先生九十大寿》:"左芬兄妹,易安伉俪,今生泗水杨家。即席吟诗,当堂应对,敏如临场八叉。妙语出奇葩。生徒争列座,击节称佳。七秩耕耘,新桃旧李遍天涯。平生回首堪嗟。有雄心壮志,非止文华。耿耿衷情,唯天可表,怨谁阴错阳差。莫道黑云遮。且幸晚风吹,天满红霞。眉寿有如梅树,老干着繁花。"

秋天,杨宪益身体不适,得了癌症,但不当回事。侯德健来访,已经有 16 年没见面。杨宪益的第一句话是:"小侯,你还泡妞吗?"他对侯德健的印象就是泡妞。侯说:"还泡。"他说:"那就好。"之后,他写了 副对联给侯看:"我给陈水扁拟了一个对子:陈水扁对赖汤圆。陈对赖,水对汤,扁对圆。"

12 月 2 日,白霞与她的爵士丈夫到访。

杨宪益的《菊花》入选尤冬克主编、张亿香等编写《实用语文基础读写教程》,复旦大学出版社,2006 年 5 月。

2007年,93岁

1月,杨宪益感觉到吞咽困难,经化验诊断患了鳞癌,配合医生做了三十五次放疗,作三首诗:

> 喉癌微恙亦寻常,亲友关心无事忙。生日九三今已过,预期百岁见阎王。
>
> 老而无齿早该死,看病求医白费事。生日已过九十三,无妨再等九十四。
>
> 无病莫求医,有病少吃药。医来必有病,药多必无效。

1月26日,薛鸿时到医院看望杨宪益,带着翻译好、出版前被删除的三章,还有他登上加拿大华人报上的相关文章。赵蘅没有让他拿出删节文章,怕病中的杨宪益受刺激①。

1月29日,杨宪益第一次接受放疗。治疗过程半小时,问他难受不难受,他说:"没什么②。"

3月10日,候德健和一个小说家到医院看望杨宪益,说一直惦记着,可来不了。

5月17日,范玮丽、巫一毛看望杨宪益,两人早就崇拜杨宪益。

6月8日,《中华读书报》发表陈洁采写的《陪都读书忆往:记取当年读书人》。

6月26日,杨敏如要入党,要杨宪益表态,到底赞不赞不成。杨宪益说赞成,她很高兴③。

7月,杨宪益诗集《银翘集》由福建教育出版社出版,收录二百多首诗。和1995年香港版相比,增加了90年代中期以后的作品,又因国情原因,港版中的一些作品不见于福建教育版。

7月22日,《人民日报》刊登傅靖生描写杨宪益的油画《暮然回首》。又载2008年《艺术论坛》第5期。

国庆节期间,译林出版社负责人李景瑞赴京参加"昆曲牡丹亭国际学术研讨会",与香港翻译学会会长金圣华一起去看望杨宪益。金圣华后来作《未必可忧,安知非美——怀念"散淡的人"杨宪益先生》④。

《南方都市报》记者李怀宇采访杨宪益,发表《杨宪益:卅载辛勤真译匠,半生漂泊假洋人》⑤。

---

① 赵蘅:《宪益舅舅的最后十年》,生活·读书·新知三联书店,2011年5月,第210页。
② 赵蘅:《宪益舅舅的最后十年》,生活·读书·新知三联书店,2011年5月,第212页。
③ 赵蘅:《宪益舅舅的最后十年》,生活·读书·新知三联书店,2011年5月,第222页。
④ 金圣华著:《明德书系 文学行走 笑语千山外》,中国人民大学出版社,2016年1月。
⑤ 《最后的文化贵族——文化大家访谈录》(一),南方日报出版社,2007年版。又载文明国编《杨宪益对话集——从〈离骚〉开始翻译整个中国》修订版,2011年1月,第77—92页。

8月27日,杨宪益又提雷音书里有错误,算算有十一个杨家人在美国了①。

是年,杨敏如以90高龄加入中国共产党。2017年12月15日,杨敏如在北京去世,享年102岁。著有《宋词百阕》《南唐二主词新释辑评》《唐宋词选读百首》等。

10月11日,上海昆剧团、文新集团唐斯复与杨宪益签订《长生殿》英文使用合同,首次付2万元。《长生殿》剧组从北到南、从国内到国外,中英文对照的字幕,如桥梁一般,昆剧与观众,沟通、沟通②。

是年,吉林电视台《回家》栏目组采访杨宪益,拍摄专题片《杨宪益:唯爱永恒》。

2008年,94岁

是年,杨宪益、戴乃迭译作《史记选》(汉英对照,三卷本)《中国古代寓言选》出版,外文出版社。

是年,杨宪益、王焕生出版译作《孪生兄弟》(古罗马普劳图期著),上海人民出版社。

1月7日,贵州师范大学校长伍鹏程、副校长李存雄等一行拜望杨宪益,杨宪益为该校题词:"立足贵州,发展教育",并答应将个人铜像馈赠该校。

1月8日,凤凰台《冷暖人生》的编导张宁通过赵蘅,到杨家采访杨宪益。对文革中受到的冲击和坐牢的事,杨宪益说:"我比别的知识分子好,坐牢比他还舒服,他们有的人自杀,被打死,比待在监狱里难受③。""解放后,大家经历得差不多,我算没受过太多苦④。"

1月10日,外文局副局长郭晓勇带领几位刚进社不久的年轻翻译工作者一起,为杨先生提前过94岁生日。杨宪益和他们推心置腹谈论翻译的甘苦,衷心希望年轻一代安心读书,打下扎实的基础,争取超越老一辈,取得更大成绩。

2月12日,贵州师范大学来人看望杨宪益,杨宪益把赵蘅儿子做的铜像赠送给了他们。贵州师大给了收藏证和校长的感谢信。

2月16日,杨宪益与黄苗子、邵燕祥、丁聪、唐瑜及夫人、沈峻、谢文秀、张颖、高汾、张宝林、李辉等在隆福寺街娃哈哈酒家聚餐。

3月7日,范玮丽登门看望杨宪益。半年来,她已经养成规律,每逢周三必去

---

① 赵蘅:《宪益舅舅的最后十年》,生活·读书·新知三联书店,2011年5月,第225—226页。
② 唐斯复 吴沙:《杨宪益:"要是我的爱人知道,她也会高兴的"》,《文汇报》2015年2月2日。
③ 赵蘅:《宪益舅舅的最后十年》,生活·读书·新知三联书店,2011年5月,第230页。
④ 赵蘅:《宪益舅舅的最后十年》,生活·读书·新知三联书店,2011年5月,第232页。

看望老人①。"您为什么不写诗了？是因为您的右手不听使唤吗？如果这样,您可以口授,我来写。"杨宪益连忙摇头:"不是因为手,不信我写给你看。"客厅一角有一棵发财树,于是用不甚听话的手写下平生最后一首诗:"窗前发财树,长大碍门户。无官难发财,留作棺材木。②"

3月19日下午,作家王贤根与南京一家杂志社编辑登门拜访杨宪益,问现在还喝酒吗,杨说:"如果你们喝,我就陪你们喝一点",并赠送了《银翘集》③。

6月,杨敏如与刘东宇合著的《红楼梦讲读》,由巴蜀书社出版。

杨宪益的《菊花》收入方大卫主编的《大学语文》,安徽大学出版社,2008年6月。

6月5日,范玮丽到访,傅靖生拍摄许多镜头,为范将来出书用。范玮丽说:"巫先生说你是中国人民的良心,中国知识分子的骄傲。"杨宪益说:"愿意说我什么就是什么④。"

6月19日,范玮丽、叶廷芳到访。叶廷芳最近写一篇文章《后海双璧》,介绍杨宪益和沙博理。四天后,叶廷芳回信,再次赞扬杨宪益的骨气,称千百万中国知识分子里,只有他做到了这点⑤。

12月24日,赵蘅陪同杨苡到小金丝胡同六号拜访,杨荧闻声开门迎接。

12月27日,两个家族成员14人欢聚一堂,为杨宪益过94岁生日。杨罗两家健在的四老——杨宪益、杨敏如、罗沛霖、杨苡,合影留念。

是年,傅靖生为杨宪益油画像《蓦然回首》,60×50cm⑥。

2009年,95岁

吴大象采访杨宪益,杨宪益称"喜欢庄子、屈原、陶渊明、李白,不喜欢杜甫"。吴大象的《杨宪益:云在青天水在瓶》发表在《His life 他生活》,2009年第1号。

2月22日,杨敏如写《我的母亲》,已经完成九章,杨苡、赵蘅等在罗家传阅后,又带给杨宪益看,杨宪益看后十分高兴,大声说:"写得很好。看开头就很好。最重要的是送我上新学书院,送我留学。还有来重庆看我,后来到南京看我。这些都是重要的。"⑦

---

① 赵蘅:《宪益舅舅的最后十年》,生活·读书·新知三联书店,2011年5月,第236页。
② 范玮丽:《金丝小巷忘年交》,北方文艺出版社,2015年2月,第250—251页。
③ 王贤根《又是烟雨迷蒙时》,人民文学出版社,2019年1月,第158页。
④ 赵蘅:《宪益舅舅的最后十年》,生活·读书·新知三联书店,2011年5月,第242页。
⑤ 赵蘅:《宪益舅舅的最后十年》,生活·读书·新知三联书店,2011年5月,第252页。
⑥ 载《艺术论坛》,2008年第5期。
⑦ 赵蘅:《宪益舅舅的最后十年》,生活·读书·新知三联书店,2011年5月,第294页。

3月5日,杨苡给杨宪益看文怀沙的材料,杨宪益说:"这人好看。这个人我认识,到过我家几次[①]。"李辉揭批文怀沙的老底,戳穿了文怀沙国学大师的虚假面目,引起轩然大波。

3月19日,《南方周末》刊登章诒和的文章《谁把聂绀弩送进了监狱?》,杨宪益读后说,这一点不奇怪,没有什么奇怪,那时都是冤案[②]。

3月22日,赵蘅陪其弟赵苏、弟妹向利华看望杨宪益、杨苡。

5月27日,巫宁坤、毕宾冰、徐坚忠、李怡恺、赵蘅等看望杨宪益。

5月31日,吉林电视台《回家》栏目播出《杨宪益:唯爱永恒》。

6月4日,庆祝新中国成立对外出版发行事业暨中国外文局成立60周年大会在北京举行,在办公楼一层大厅布置了一个展览,其中八个已故人士的肖像十分醒目,中国人有:萧乾、冯亦代、叶君健、罗俊;外国人有:爱泼斯坦、戴妮斯、戴乃迭、魏璐斯。

6月4日,作家王以培拜访杨宪益,称赞杨宪益等人很像竹林七贤,赵蘅、范玮丽在场。

7月,杨宪益获颁中国作协"从事文学创作六十周年荣誉奖"。著作《去日苦多》由青岛出版社出版,十七万字。

杨宪益的《我的读书经历》,收入肖燕雄主编的《大学生读书引导读本》,岳麓书社,2009年7月。

8月3日,蒯乐昊采写的《杨宪益:最后的士大夫、洋博士兼革命者》,在《南方人物周刊》上发表。

8月9日,巫宁坤公子巫一村到访,范玮丽、赵蘅在场。

9月2日,南京译林出版社编辑於梅到访,与杨宪益签订《呐喊》《朝花夕拾》《鲁迅杂文选》《边城》《湘行散记》等五本书的英译本出版合同,这些书相继出版。

9月6日,96岁的罗沛霖(1913—2011)在《光明日报》上发表《我们催生了中国工程院》。文章称,1986年罗沛霖创议并起草了《关于加强对第一线工程技术界的重视的意见》。1994年春天罗沛霖执笔草就《关于早日建立中国工程与技术科学院的建议》。1994年5月,中国工程院正式成立,成就了人生得意之笔。2011年4月17日,罗沛霖去世,挽联有"开山电子学精修伟业,创始工程院广聚豪杰。"

山东电视台《数风流人物》栏目组采访杨宪益、赵蘅、杨敏如、李辉、黄苗子、郁

---

① 赵蘅:《宪益舅舅的最后十年》,生活·读书·新知三联书店,2011年5月,第296页。
② 赵蘅:《宪益舅舅的最后十年》,生活·读书·新知三联书店,2011年5月,第300页。

风,播出《翻译家——杨宪益》。腾讯网《大师》栏目组采访杨宪益,杨宪益称"《红楼梦》太像我们的老家,兴趣不大",《翻译家杨宪益》在该网发表。

9 月 7 日,杨宪益在《新民晚报》发表《翻译出版俱潜心》,称赞译林出版社创建人李景瑞的成就。

9 月 17 日,中国翻译协会及外文局领导偕同央视记者到访,授予杨宪益"翻译文化终身成就奖"。郭晓勇副会长在仪式称赞道:"他学贯中西,在中国语言文化和西方语言文化上造诣深厚,为中外文化交流尤其是中国文化走向世界作出了卓越贡献。杨宪益先生毕其一生精力,将大量的中国文学作品翻译、介绍到了西方,也将许多优秀的西方文学作品介绍给了中国读者。他翻译的中国文学作品,译文准确、生动、典雅,从先秦文学,一直到中国现当代文学,跨度之大、数量之多、质量之高、影响之深,中国翻译界无人能企及。特别是杨宪益先生和夫人戴乃迭联袂翻译的英译本《红楼梦》,成为最受中外学者和读者认可和推崇的经典译作,为中国文学和文化赢得了更加广泛的国际影响。"①

9 月 23 日,由范玮丽联系到北京和睦家医院来自美国的肿瘤专家白飞逸大夫(Philip Brooks),免费为杨宪益做了 B 超、验血等系列检查,确认了肿瘤的大小及部位,给出了治疗方案,并指出不能再耽搁了②。

国庆节期间,侯德健到访,说给杨宪益添置一台新的 DVD 播放机,并向他推荐了电视剧《人间正道是沧桑》,杨宪益摆摆手说:"不用了,不用了。"

经过多方努力,在为煤矿工人服务的煤炭总医院为杨宪益找到一个单间病房。10 月 10 日下午两点,杨宪益离开住了将近十年的小金丝胡同,因颈淋巴癌病重住进煤炭总医院

10 月 15 日,顺利做完离子植入手术,肿瘤开始缩小,但因癌细胞已经扩散,没有效果,反而损伤了说话能力。

张昌华的《名士风流,岂止诗酒——杨宪益的百年流水》(上、下)在《人物》第 11 期、12 期发表。

11 月 2 日,"我想回家!"杨宪益发出最后的微弱且沙哑的声音。此后,他再也不能说话了。

11 月 8 日,赵苡从南京赶到,见杨宪益衰弱到如此地步,忍不住失声痛哭。杨宪益还能认识这个大外甥女,想说什么,但说不出来。

---

① 《杨宪益获翻译文化终身成就奖 一生追求信达雅》,中国网,2009 年 9 月 17 日。
② 范玮丽:《金丝小巷忘年交》,北方文艺出版社,2015 年 2 月,第 220—221 页。

11 月 20 日,赵学龄、范玮丽、陈丹晨等人来探望。范玮丽握着他的左手,不停地说话,安慰他。他呼吸很困难,但嘴角边绽出一丝轻柔的微笑。

11 月 22 日,杨宪益病危,邹霆夫妇、傅靖生、范玮丽、吴寿松、赵蘅等人来探望。邹霆握着杨宪益的手说:"就一个多月时间,你就要 96 岁了,一定要挺过去。"杨宪益艰难地向他点点头。

11 月 23 日,清晨六点四十五分,杨宪益在北京煤炭总医院去世。

第二章

漕运总督杨殿邦

杨殿邦（1773—1859），字翰屏、鹤坪，号蓬云、叠云，安徽泗州梁集（今属江苏盱眙县）人，嘉庆十九年进士，选翰林院庶吉士，曾充顺天乡试同考官、河南乡试正考官、广西乡试副考官、山东乡试正考官、"庚子科会试"阅卷大臣等考官，历任芜湖教谕、翰林院编修、云南学政、山西道监察御史、吏科给事中、南韶连道台、贵州按察使、山西布政使、太仆寺少卿、通政司副使、詹事府詹事兼顺天府尹、内阁学士兼礼部侍郎、仓场总督兼户部侍郎、仓场侍郎等官。道光二十六年任漕运总督。著有《菜香小圃馆课诗》《心太平居文集》等。

第一节　参将之子，芜湖教谕

杨殿邦祖居泗州梁集村，源自河南芒砀（今河南永城），约在明末清初迁居于此。至杨殿邦父亲杨果亭，杨氏在泗州已经传五代。

杨果亭从军做官，迁居盱眙城内胡家巷。后来，杨殿邦四处为官，曾在芜湖、江宁、昆明、韶关、贵阳、北京等地安家。道光二十六年，杨殿邦到淮安任漕运总督，举家迁居淮安城，但始终没有入淮安籍，就是说，杨殿邦及其儿孙的户籍一直在泗州，没有迁走。

据杨士骧等人科举考试的履历表，迁泗一世祖杨守文，号华黼；二世祖杨之懋（号盛禄）、杨之宽、杨之盛；三世祖杨东明，号美中；四世祖杨世锦。五世祖，即杨殿邦父亲杨果亭（？——1789），行伍出身，乾隆二十年至三十六年在寿州、亳州等地任千总，后调任苏州平望营都司，升松江中营游击、松江中营参将，武义都尉。《泗虹合志》《盱眙县志》称其功勋卓著，为当时名将。杨果亭娶洪氏、高氏，生二子一女：杨定邦、杨殿邦，一女嫁到松江。杨殿邦妻蒋氏，邑庠生蒋光弼女，岁贡生蒋宗佑姐姐。另有张氏、郝氏、饶氏等妾。杨殿邦生一子四女。子鸿弼，出自张氏，候补知府。杨殿邦长女适沔县知县王鼎丰，次适前浙江候补同知署理浙江衢州府知府汪守基，次适甘肃平凉府知府刘用和，次适广东分巡肇阳罗等处兵备道潘骏猷。

关于杨殿邦父亲杨果亭的资料极少，《乾隆实录》中只有一条，乾隆五十四年，因捕获行凶歹徒立功，获准进京，受到乾隆帝接见；县志、州志的传记很简略，只说他是当时名将，官至松江中营参将。从相关人物的诗文中，笔者找到一些线索。乾隆五十九年，吴江钱大培出任盱眙训导，邱璋作《送钱巽斋外翰之任盱眙》相赠，提到杨果亭、杨殿邦的身世：

> 如是我所闻，近得之杨子（杨翰屏文学，泗州人）。杨子彼土著，生长于我乡。翩翩名宦子，英气眉宇扬（翰屏为石坡游戎之子）。仿之古子云，卓然可升堂。

杨翰屏，即杨殿邦，说他是盱眙土著，名宦之子，富有才气，在吴江长大，为石坡游戎之子。杨果亭，字石坡。游戎，指官职游击，从三品，分领营兵，相当于现在的正团级。

杨殿邦师从邱璋的表兄陈赫，受业匪浅。陈赫（1761—1828），吴江黎里人，字公言，号二赤，秀才，有名的诗人。陈赫诗集中有《赠杨游击石坡主人（果亭时留吴江城中）》《初识巴陵龚立海都成于石坡席上》《观石坡主集麾下射用东坡韵》《送石坡主人运兵饷由海道赴台湾》《石坡既至上海，李制军以陆路将官未谙海道，更调水师运饷，台湾之行遂中止》《送石坡押解台湾逆匪至山东》等诗篇，记载了许多关于杨果亭的生平事迹，如宴客、练兵、运兵饷、押解台湾逆匪等，很珍贵。春天，陈赫带着杨殿邦游览佘山，山上有东岳行宫、朝真道院、秀道者塔，即兴写下《游佘山示杨生》，作为杨殿邦的示范作文。

乾隆五十四年，杨果亭在任上病故。临终前，将杨殿邦托付给陈赫。陈赫作《哭杨果亭》，如泣如诉，称道杨果亭的宽厚仁慈，说他有儒雅风度，多次要求解甲归乡，没有获批。陈赫在杨家坐馆三年，受到礼遇，感恩戴德。杨殿邦回盱眙，陈赫作《别杨生殿邦》：

> 此别不得已，遥遥一千里。三年教学长，聪悟予亦起。而父知予深，托汝以为子。汝虽将家种，不许习弓矢。肖我即不肖，此言日在耳。死者不可生，生之于书礼。苟或荒厥田，而父乃真死。吾将同汝归，诗文相料理。成言弃中路，欲往止或尼。予负死友心，汝真瓶罍耻。泗滨浮玉磬，山川信钟美。岂无

良工师,玉汝要砥砺。舍师而得师,归求有馀矣。

由此得知,杨果亭不许儿子习武,希望儿子走科举道路。陈赫贫穷,无法养育杨殿邦,虽然答应了杨果亭的临终嘱托,心有馀而力不足,还是把他送回盱眙。这一年,杨殿邦17岁。

杨殿邦回盱后,师从盱眙名师汪钝斋,与汪云任同学,不久考中秀才。嘉庆五年考中拔贡。次年春天,他赴松江向亲友借进京读书经费,又见到了陈赫。陈赫得知杨殿邦考中拔贡,非常高兴,写下多首诗篇。从这些作品可以得知,杨殿邦嫁在松江的姐姐已经去世两年,哥哥死得更早。杨殿邦答应向于鳌图推荐陈赫,为他谋生路,还把从亲友处借来的钱分一半给陈赫,陈赫感动得老泪纵横。当年四月,陈赫北上游历,特地赴盱眙游览。盱眙的美丽山水和纯朴的风情令陈赫诗兴大发,留下许多诗篇,如《盱眙即事》:

> 复嶂层峦不等闲,缘如天上即人间。峰峰都被人家占,留住白雪不出山。村村打鼓入山来,都向神前舞一回。云外水龙行雨出,火龙脱骨卧山隈(四月十八庙会特盛大,夜将以龙灯遍行山中,因大风雨而止)。通神瘦硬果何如,脱复痴肥又墨猪。僧俗山中识坡老,晓书人本不能书(山中人知余至,争来索书)。飞鸟相依共往还,颇黎泉上总闲闲。青鞋布袜休相笑,曾踏江南第一山。

此诗描写盱城山峦之秀美、四月十八日庙会的热闹场景,还说盱城人争相邀请他题字留墨宝。后来,陈赫赴京城,巧遇杨殿邦,盘桓多日,作多首诗相赠。杨殿邦在朝考中成绩优异,将来可能当教谕,陈赫作《送翰屏还盱眙》,劝他说:

> 教官虽甚卑,差胜童子师。是亦可禄养,白头愍朝饥。食力仗诗书,全家住皇羲。况得行其学,文章为总持。吾道自此南,可以昌其辞。作事此事废,慎勿羡有司。……

陈赫心里羡慕这个学生,捞到了一个铁饭碗,勉励他珍惜这份工作,同时慨叹自己只能当个贫穷得没有编制的私塾先生。诗中提到杨殿邦的母亲还活着,自己在盱眙曾停留六天,山中人热情好客,令他十分难忘。道光八年,陈赫去世。二十年后,已经是漕运总督的杨殿邦访得其诗稿,编为《小琼海诗集四编》,并出资刊刻,流传至今。

杨果亭病故后,生前好友、昭文知县于鳌图亲赴吊唁,并赠以厚赙。于鳌图(1750—1811),字伯麟,号沧来,奉天旗人,河道总督于成龙之孙,举人,官至江苏按察使、江安粮道。嘉庆二年,太仓知州于鳌图得悉杨殿邦母子在盱眙生活陷入困境,派人将他们接到太仓,让杨殿邦一边在衙门当差挣钱糊口,一边读书备考。见到落魄的杨殿邦,百感交集,于鳌图作《杨翰屏世兄来娄就读感赋》:

风雨孤舟至,追思十二春。因伤心上友,更爱眼前人。一日交情定,千秋道义新。依门劳老母,勤励志须真。

于鳌图深情回忆起十二年前的往事,当时到达吴江,人地生疏,最早结为朋友的人就是杨果亭,两人情投意合,成为知交。他表示,一定要恪守道义,担负起抚养好友遗孀、遗孤的重任,勉励杨殿邦发奋读书,立志成才,重振家声。杨殿邦曾随同于鳌图赴徐州督办河工,经过扬州、淮安等地,观赏风景名胜,二人联句酬唱,留下许多作品,如《由广陵赴淮舟中与杨翰屏雨夜联句》《秋日过露筋寺联句》《高邮湖上望晚霞联句》《食哈密瓜联句》《淮上怀古联句》,可以看出,于鳌图悉心训练杨殿邦,两人关系极为融洽。

嘉庆四年十月十六日,于鳌图担任徐州知府,杨殿邦跟随同到徐州。杨殿邦陪同于鳌图游览徐州名胜,赋诗唱和。次年,在于鳌图的大力支持下,杨殿邦回安徽考中拔贡,拔贡十二年考一次,由各省学政从生员中考选,保送入京,经过朝考合格,可以充任京官、知县或教职。嘉庆十年,杨殿邦正式出任安徽芜湖县教谕,掌文庙祭祀,负责县学生员教学工作。在这个职位上,他干了六年,留下的唯一印迹就是嘉庆十二年出版的《芜湖县志》,他参编此书。

嘉庆十六年,杨殿邦任期届满。二月初二,于鳌图病逝于江安粮道任上。逝前,托署两江总督章煦、安徽巡抚广厚保荐杨殿邦。六月,杨殿邦被吏部带领引见,嘉庆帝亲切地询问了杨殿邦的家庭情况,得知其为名将后代,且谈吐得体,当即答应以知县重用。

第二节　翰林院编修、云南学政、监察御史

嘉庆十八年八月,41岁的杨殿邦中顺天乡试举人,次年又中进士,名列二甲第14名,甲午晋见皇帝。朝考后,杨殿邦等六十五人被选为翰林院庶吉士。三年后学习结束,成绩名列一等,授翰林院编修,成为林则徐的同事。

嘉庆二十三年七月壬寅,杨殿邦出任河南乡试正考官,刑部主事戴宗沅为副考官。这次录取的举人中,后来中进士升高官的有徐广缙、周祖培。徐广缙,官至两广总督、湖广总督;周祖培官至吏部尚书、协办大学士、武英殿总裁。差竣,杨殿邦回翰林院,升国史馆汉协修、武英殿纂修。嘉庆二十四年五月丁卯,修撰蒋立镛为广西乡试正考官,编修杨殿邦为副考官。九月甲子,杨殿邦出任云南学政。林则徐在云南主持乡试考试,任正考官,至十二月十七日返京复命,因此,杨殿邦与林则徐

在云南当有交往。至今被人提起的杨殿邦的政绩是修建五华书院。五华书院旧址在云南府治西北，始建于明代嘉靖三年巡抚王启建，几建几废。"道光元年，学政杨殿邦捐廉增置书舍；二年议定膏火每月份增银5钱，于各官养廉内摊捐"（《云南省志》卷六十《教育志》），任期未满，母亲去世，道光二年三月杨殿邦回原籍守制。至道光四年七月，杨殿邦丁忧期满，回到翰林院任职。

道光五年，杨殿邦署文渊阁校理，掌阁藏《四库全书》的注册、点验等事。秋天，充顺天乡试同考官。录取的举人贾桢，后来担任礼部尚书、吏部尚书、武英殿大学士、体仁阁大学士。道光五年十一月初七日，杨殿邦补授山西道监察御史，直言敢谏，弹劾不避权贵，震动朝野，影响很大，《道光实录》中记录了他许多重要的奏章和皇帝批示及查办情况。

道光五年十二月，杨殿邦奏报江苏私盐贩子猖獗，洪泽湖一带为盐贩子必经之地，淮盐滞销，盐税锐减，影响国家财政收入。"又谕，御史杨殿邦奏称：'江南地方，私枭充斥，所在多有，而洪泽湖口尤为伊等必经之处。……'江南枭徒充斥，深为地方商民之害，琦善等前此虽奏获枭匪多名，而渠魁首恶未能捕获，自难尽绝根株。著该督等即遴委乾员，将著名匪犯李大本密速查拏务获，严究党羽，按律惩办。此外为首枭徒，务当访明窝巢，按名悉数躧缉净尽，以靖奸宄而安良善。将此谕令知之。"（《道光实录》卷之九十二）。安徽、江苏两地官员接旨后迅速采取行动，捕捉一批要犯，摧毁盘踞此地多年的盐贩子老窝。

十二月十一日，杨殿邦上《南河积弊十条》，列举高家堰（洪泽湖大堤）工程存在10条弊端，如"为省钱，就近筑堤取土，埋下隐患；灰浆太薄，不牢靠；三合土中的黄土只有表面一层，黑土太多；石料应六面见方，而实际宽不及寸，厚不及三寸三分；石工不能做到一丁一顺，任意偷减；用旧桩参用，不牢固；用木片代替铁片，偷工减料；沿途土工不压实，草率了事；启闭河坝，浮开冒领；穷奢极侈，贪腐成风"等等，引起朝野广泛关注，皇帝立即颁布谕旨："十二月，癸亥，谕军机大臣等，御史杨殿邦奏陈《南河积弊十条》一折。南河堰盱石工关系运道民生，上年一经掣塌，动帑至九十余万之多，复行修筑自应力除积弊，悉照定例修治之法，如式兴办，方资巩固。……著琦善等逐细详察，严饬通工大小员弁，务将旧时积弊痛加涤除。于应修工段，照估如法兴办，总期工归实用。如敢有仍蹈前辙蒙混偷减者，即当严参重惩，勿稍姑息。其新工欹斜空隙及碎石填砌、灰浆灌捵，一切不能如式之处，遵照前旨确查参奏。将此谕令知之。"（《道光实录》卷之九十二）。就在杨殿邦上奏约九个月后，高家堰新修石工塌陷3000余丈，造成巨大事故，可见治河官员、工匠为贪污治河钱款，偷工减料，工程质量低劣到了何等地步。一大批官员因此受到查处，其中两江总督兼署漕运总督琦善被革职。

道光六年二月,杨殿邦上奏章《云南边要六条》,列举云南存在的虚假粮食储备、苛派工差扰民、危害民生的汉奸与官员勾结等问题,皇帝为此颁布谕旨。"谕军机大臣等,御史杨殿邦奏《云南边要六条》一折,……诸按照该御史所奏六条认真稽查,实力整饬,务令文武悉属才能,仓储俱归实贮,夫马严禁苛派,汉奸禁止盘踞,士马勤加训练。边夷仿行保甲,以安民生而靖边圉。该御史原折,著钞给阅看,将此谕令知之。"(《道光实录》卷九十五)。云贵总督阮元很惊慌,急忙对照整改,并将结果上奏折《奏为查明御史杨殿邦奏云南边要六条分别办理具复》,称"御史杨殿邦所奏各条,均经逐一访查,容再随时妥办。"八月二十二日,杨殿邦上奏折《奏报风闻吉林官兵在途不法》,皇帝为此颁布谕旨。"谕内阁:据御史杨殿邦奏,风闻吉林官兵在途不法,请饬查办等语。著派耆英驰往邦均店一带,查明吉林头起官兵,如有沿途打抢典铺酒店,并擅入民家强奸妇女,致酿人命之事,即行据实严参惩办。"(台北故宫藏档,文献编号:061674)事后不少官兵受到惩处。不久,杨殿邦荣升吏科给事中,有参预考核文武官员的责任。

道光七年九月,杨殿邦呈上有关安徽凤阳、定远等处私枭充斥的奏章,皇帝很重视,九月十三日颁布谕旨。"乙卯,谕军机大臣等:据给事中杨殿邦奏,'风闻安徽凤阳定远等处,私枭充斥,坝占口岸,滋扰地方。……并将著名要犯姓名住址,开单进呈等语',所奏甚是。……寻奏,现获李盛文等七犯,提省审办。未获各犯,严饬查拏。报闻。又批:李大本一犯,务要设法拏获,不可视为海捕。"(《道光实录》卷一百二十五)一批地方恶棍、霸王被打掉,杨殿邦因此"得旨嘉奖,京察一等"(台北故宫藏档,文献编号:056783)。不久,杨殿邦荣升广东南韶连道台,成为手握实权的地方高官。

第三节 广东道台、贵州按察使、三部侍郎

道光七年九月十八日,杨殿邦外放广东南韶连道台,正四品。南韶连道,位于今广东省韶关市境内,由南雄直隶州、韶州府、连州直隶州组成,还包括连山直隶厅,驻地在韶州府城。此地民族多,矛盾多,民风凶悍,治安形势严峻,犯上作乱占山为王事件时有发生。

杨殿邦一上任就着手训练乡勇,建立了一支地方武装以应急需。姚柬之《猺防》载:

其添设练勇百名也,由前南韶连道杨殿邦饬募也。每名口粮日银一钱,岁需饷四千两。其饷,布政司、南韶连道、广州府、肇庆府,其捐资津贴,由绥猺营赴南韶连道请领夫练勇之设也(《皇朝经世文续编》卷九十二兵政十八蛮防)。

杨殿邦在广东南韶连道任上的重要政绩是两次成功地平定了叛乱。道光十一年,曲江县西山瑶民邓添一聚众造反,占据了大寮坑(今乳源柳坑乡),杨殿邦指挥兵勇由乐昌、乳源分路进剿,亲扎桂山(现乳源桂头镇坑)数月,终于全歼顽匪,受到嘉奖。道光十二年,因镇压瑶匪不力,按察使庆林被降二级,两广总督李鸿宾虽年逾七十,发往伊犁充当苦差。而杨殿邦亲率大军,深入山中:

先后歼毙、饿毙首伙各犯赵贵选等八十二名,擒获首伙各犯周瘕(瘌)痤(瘌)头等六十二名。又,最后续获逸匪二名,共一百四十六名。首要全获,两县瑶山匪类廓清,所有兵勇俱可撤回归伍、归农(《乳源瑶族志》)。

杨殿邦等剿匪有功人员受朝廷嘉奖,"以广东剿捕土盗瑶匪出力,赏道员杨殿邦、游击刘际昌花翎,千总杨愈将蓝翎,余加衔升补议叙有差。予广东出洋淹毙守备冯耀宗等,祭葬恤荫。"(《道光实录》卷二百二十八),戴花翎是一种崇高荣誉。

为资助寒门学子,广东韶州府设有"郡宾兴经费",由杨殿邦首先捐资设立,作为全府享有的宾兴,共有存典银1600两,其资助项目包括韶属士子乡试省费,并举人会试、拔贡、优贡朝考京费。杨殿邦还为位于广东英德的会英书院捐银500两,在他的带动下,该书院基金达到3780多两,每年利息可观,促进了书院的发展。杨殿邦还重修了纪念唐朝丞相张九龄的韶关风度楼。因政绩突出,道光十三年二月,杨殿邦升任贵州按察使。是年,杨殿邦与汪云任一起倡修家乡盱眙泗州试院,首捐银两。在他们带动之下,一时盱眙籍官员、地方生员、乡里富绅等众多响应,纷纷捐金,形成热潮。

在贵州三年任期内,杨殿邦工作勤勉,任劳任怨,还署理过贵州布政使、贵州巡抚,阅历丰富。道光十七年七月初三日,杨殿邦升任山西布政使,却受到嫉妒者的攻击,说他衰眊,即年老不能胜任,因此朝廷任命公布后,又暂缓执行。杨殿邦成了失业官员,在京等了半年多,得到"以三、四品京堂候补"圣旨。又等了将近一年,被任命为太仆寺少卿。

当时鸦片造成的危害已经十分严重,朝野内外大臣分出所谓的"严禁派"与"弛禁派"。"严禁派"主将有王鼎、金应麟、朱琦、许球、朱蹲、袁玉麟、陈庆镛、黄爵滋、吴嘉宾、陶士霖、杨殿邦、黄乐之、周春祺等京内汉官,外官有陶澍、林则徐、钱宝琛等。"弛禁派"主将有琦善、伊里布、裕泰、宝兴、耆英等。杨殿邦属于"严禁派",呈上关于纹银出洋、烟土入口问题的奏章,引起广泛关注。《太仆寺少卿杨殿邦奏》:

"……,窃思银之出洋,必首究其出之所自始,烟之入口,必先究其入之所由来,庶正本清源,则流将自绝。粤省海关向许与夷人交易,所有纹银出洋烟土入口等弊,较他省最先且巨。其中夷人之串结,汉奸之勾引,非极早防范,严行惩办,终难除积弊而尽根株。臣前在广东南韶连道任内,颇悉该处情形。近闻弊窦愈增,而为害愈甚,现当訏谟整饬之际,臣既有见闻,不敢不将实在情形为我皇上敬陈之:……总之,法严而限纾,则民皆畏法,而蹈刑者少;法宽而限迫,则名且玩法,而犯罪者转多。应请皇上严谕该省大吏,督饬文武员弁实力查拿,悉心根究。毋以虚饰图功,毋以苟且贻患,则本源清而实效著矣。"他主张严厉查处,绝不手软,列出了广东各地的内奸名单,还重点提出三点:一、夷人逗留省城,宜照例驱遣出境也。即驱逐外国人。二、匪徒结党拜会,宜严拿究治也。即严禁非法组织。三、海口漏银道路及窝藏接递之人,宜确切根究也。即严惩里通外国的内奸。可见,他主张从源头上解决白银外流,毒品流入的问题,富有远见。此奏章引起皇帝的重,批阅后,下发令各级官员阅读、讨论,在当时影响很大。杨殿邦的奏章引起了好友林则徐的共鸣,深刻影响了林则徐。道光十八年十一月,道光帝终于下决心严禁鸦片,派湖广总督林则徐为钦差大臣、节制广东水师,赴广东主持禁烟事务。

道光二十年四月,杨殿邦担任"庚子科会试"阅卷大臣。道光帝看了杨殿邦批阅的试卷,"上以字迹端凝,叹赏久之,列第一,并谕在廷诸臣:'此人老当益壮。'遂有典试山东之命。"(方瑞兰《泗虹合志》)。是科后来出名的人有常熟翁同书,官至安徽巡抚,宝应刘宝楠,著名学者。道光二十年七月初八甲午,杨殿邦担任山东乡试正考官,翰林院修撰林鸿年为副考官。是科录取的解元于如川,杨殿邦把他介绍到泗州盱眙书院任教,造福家乡子弟。是科录取的李庆翱,咸丰二年进士,官至河南巡抚。

不久,杨殿邦调任通政使司副使,后来又任詹事府詹事兼顺天府尹,充翰林院日讲起居注官,升内阁学士兼礼部侍郎,署总督仓场兼户部侍郎,管理京仓、通仓漕粮积储与北运河运粮事务。又调礼部右侍郎、仓场侍郎。历经多个重要职位,均能尽心尽职,受到朝野广泛好评。

第四节　七十四岁任漕运总督

道光二十六年九月二十六日,七十四岁的杨殿邦署理漕运总督。漕运总督始设于顺治二年,驻淮安府,管理江苏、山东、安徽等八省漕政,为京师数百万军民提供粮食。漕运总督统辖标下中、左、右3营,兼辖淮安城守、庙湾、盐城、东海、佃湖、小关等营。属下有理漕参政、巡漕御史、郎中、监兑、理刑、主事等级别和职掌各不相同的属官。督催有御史、郎中,押运有参政,监兑、理刑管洪、管厂(造船厂),管闸有主事。文官武将及各种官员达270多人;还下辖仓储、造船、卫漕兵丁2万余人。其中规模最大的造船厂位于清江浦。因此,漕运总督的职位可谓位高权重。

可贵的是,杨殿邦能体谅造船、运输工人的难处,对于出事故的工人从宽处理,并妥善解决生活问题。"庚子,谕内阁:杨殿邦奏《疲帮丁力难支请仿照成案办理》一折。江南大河卫前帮,丁贫屯薄,造船本属赔累,雇造并举,丁力更觉难支。加恩著照所请,所有大河前帮九运军船准其援照成案,免其雇募。按照加一留次配造,粮酒通帮装带。其应支行月漕赠等项银米,分给造运各丁请领济运。其九运事故船只,亦著照成案加一轮减免雇,以纾丁力。"(《道光朝实录》卷之四百三十八)杨殿邦对于挖河、征粮不称职的地方官员毫不留情,严加处分,有的被摘去顶戴,有的被撤职。"……江苏武进县知县陈嘉勋、丹徒县知县张元揆,俱著摘去顶带,勒令加紧捞深。倘在后各帮,仍复浅滞难行,即将该管知府及督挑各员,一并从严参办,无稍姑容。又谕:杨殿邦等《奏请将不遵文檄玩视漕粮之知县革职》一折。江苏宝山县知县刘果,于该县额征漕粮,并不遵例采办,辄称该县并无漕仓,实属强辩是非。刘果著即革职,以示惩儆。"(《道光朝实录》卷之四百)

对于下属,杨殿邦管治很严,对于各级军官尤其严格。"谕内阁:杨殿邦奏请将漕标候补庸劣帮弁革职等语,所奏是。漕标候补卫守备陈传芹,居心狡诈,唯利是图。候补卫千总袁守仁,人本平庸,兼又喜事,考验步射,甚不合式。诸一并革职,以示惩儆。"(台北故宫藏档,文献编号:081150)杨殿邦曾奏参多名玩忽职守的千总。"又谕:杨殿邦奏参玩视漕务之千总一折。上年大河二帮千总王泽,兼管回空事务,擅自离船,任听水手停泊。回淮后又不销差,实属胆玩。王泽著即革职,以昭炯戒。"(台北故宫藏档,文献编号:081151)对于级别较高的守备也是不手软。光绪二十八年四月六日,杨殿邦上奏折《奏报甄别衰庸不职之泗州卫守备王元桂等并请分别革职勒休》,四月十五日便获朱批同意(台北故宫藏档,文献编号:081853)。对于高级官员,杨殿邦奏参也是不讲情面。光绪二十九年十一月,奏参的对象是淮扬道查文经,结果被革职,河道总督杨以增因督办不力,被摘去顶带,并"勒限一月内将回空军船埽数全催出江,并将各工赔修"。此事轰动朝野,影响巨大。

杨殿邦临近八旬,不辞劳苦,经常亲临运河,督查、指挥漕运,还整顿漕运,重新制定《漕兑运事宜章程》,得到道光帝的批复。除了漕运,杨殿邦还兼管治安,尤其是海盗案件。二十七年十一月二十日,杨殿邦呈报《为陈近日洋面不靖事片》:"再臣访得沙船装载货物驶行洋面,每有沿海匪徒包揽护送。……"二十八年二月,"甲子,杨殿邦奏拏获洋盗。"二月底,杨殿邦奏报发现夷船沿江直上江宁,立即上报。当时,海运漕粮试验成功,朝野发生了一场"海运与河运争议",许多官员提出废除河运,杨殿邦提出异议,并不反对海运,主要是考虑到数十万依赖漕运生活的船工、运丁会因此失去工作,运河沿线为漕运服务的千百万百姓失去生活路子,会影响社会安定。最后朝廷会商结果是河运、海运并举,漕运从此走下坡路。考虑到一大批因海运而失业的漕工,杨殿邦连上奏章,如《请饬各州县迅速资遣减歇帮船水手事奏折》,要求江南各州县出资金妥善遣散帮船水手,以免这些失业水手闹事;《为请加给减歇丁船月粮银米事奏折》,"请将苏、松、太减歇帮船应领江苏二道月粮银米,援照道光六年一律全支",这些措施暂时保障了部分水手的生活。

督运漕粮也是个有风险的苦差使,因风霜雨雪等气候原因,漕粮运输有时延迟,就要受到训斥处分。咸丰二年八月,"丁亥,吏部遵议迟误漕粮处分,请将漕运总督杨殿邦、前任浙江巡抚常大淳、署浙江巡抚布政使椿寿,均降一级调用;浙江粮道胡元博降二级调用。得旨,杨殿邦著改为降三级留任,并摘去顶带;常大淳、椿寿,均著改为降二级留任,俱不准抵销;胡元博著改为降一级调用,仍责令赶紧押运北上一手经理,毋再延误。"(《咸丰朝实录》卷六十八)一大帮高官受到处分,杨殿邦降三级留任,并摘去顶带。这样的处分不止一次,常常是戴罪立功,争取撤销处分。

第五节　与林则徐的交情

嘉庆十九年杨殿邦中进士,成翰林院庶吉士。是年,林则徐从庶常馆结束学业,任翰林院编修。三年后学习结束,杨殿邦成绩名列一等,授翰林院编修。此时林则徐还在翰林院,与杨殿邦共事,直至嘉庆二十五年出任监察御史,离开翰林院,两人交集达五年之久。

嘉庆二十四年九月,杨殿邦出任云南学政,负责云南全省的学校及科举考试工作。此年八月,林则徐赴云南任乡试正考官,至十二月十七日返京复命。在几个月时间内,杨殿邦与林则徐在昆明因科举考试朝夕相处,密切配合,顺利完成此届举人考试、录取工作。在鸦片问题上同属于"严禁派",鸦片战争前夕,杨殿邦曾上书道光帝,主张严禁鸦片,防止白银外流,道光帝传令朝内外大臣学习、领会杨殿邦的奏折,林则徐受到深刻影响。

道光十八年十一月,林则徐任钦差大臣,赴广州查禁鸦片时,随身带着杨殿邦的奏折。不久,林则徐在给道光帝的《英烟贩查顿情形及请早颁严惩吸食鸦片律例片》写道:"去冬,臣蒙皇上发交太仆寺少卿杨殿邦等条奏各折,带来广东查办,其折内所指,亦以该夷人为奸猾之尤。"可见,杨殿邦的奏章对林则徐查禁鸦片起到了很大的推动、帮助作用。年底,林则徐在给道光帝的《查办三点会会众情形片》称:"再,臣查太仆寺少卿杨殿邦原折内称,粤省匪徒,身带短刀,称为'大货手',纠人入伙,谓之'放台子'。每台八人,饮酒拜盟,不序年齿,辗转纠约千百人。又结拜'三点会',有'某脑'、'房长'、'柳枝'、'铁板'、'老晚'名目。抢掳勒赎,杀人放火,皆此类所为。并开出著名之郭亚支混名大王支、陈亚盛混名蛟龙盛,并陈亚幅、陈亚得等,共二十二名。"林则徐对照杨殿邦奏章中列举的黑社会组织"三点会"成员名单,采取严厉措施,打击了黑恶势力的嚣张气焰。

道光二十一年六月,林则徐被革职,发配新疆,道光二十六年四月复职后任陕西巡抚。此年九月,杨殿邦出任漕运总督。次年三月,林则徐调任云贵总督,六月到任。前一年,滇西回民造反,烧断澜沧江大桥,控制迤西地区通往省城的交通咽喉,在临沧、缅宁、云州等地与官军展开反复的拉锯战,后被镇压。杨殿邦去信关心回民动乱事件,林则徐作《致杨殿邦》:"前修寸楮,知已早达典签,顷展兰笺,恍亲芝字。奖饰比薰风之拂,披吟增旧雨之思,三复回环,五中惭感。敬谂叠云二兄大人仰孚帝眷,永裕仓储。东吴之粳稻连樯,乘风飞挽;北极之丝纶载锡,计日封圻。引踱祥辉,弥深扦庆。弟西陲承乏,已深竽滥之惭;南诏兼圻,倍切冰兢之惕。兹于六月望后履任昆明。虽汉、回甫息交锋,难保其竟无反复,抚绥防范,每虞未克周详,惟祈时锡箴言,庶免贻讥覆悚,则幸甚矣。专泐驰请台安,顺贺大喜。统惟朗照。"由此信可知,对于的杨殿邦的关心、问候,林则徐回复称接到杨的来信非常高兴、感谢,称目前回、汉之间的战争刚刚平息,但不能保证此事不再发生,应安抚防范,同时恭祝他荣升漕运总督。

十二月初八日,林则徐作《致杨殿邦》:"履滇后泐寄复笺,知已早登签阁。嗣以薪劳鲜暇,每惭竽牍多疏。逖傆鸿仪,殊殷鹄企。眴届青阳应律,遥詹绛节凝厘。敬谂叠云二兄大人弗禄蕃臻,茀猷丕焕。芝庭春暖,千艘将发之时;梅阁风和,六律新调之候。朗福星于淮水,转饷增勤;膺恩命于虞廷,兼圻伫领。引骧瑞采,曷罄轩鼕。弟自莅边城,频更月琯。迤西回务办理粗有章程,辰下尚属安恬,未卜后来奚若。所幸辖疆秋谧,稼事丰成,差足报纾茝注。专泐布达,敬贺年禧,顺请台安。惟希蔼鉴,不备。名正泐馆愚弟帖。"在这封信中,林则徐先祝愿杨殿邦在漕运总督职位上大展宏图,然后说目前已经制定了治理云南西部回民事务的章程,边疆已趋于安稳,今年收成较好,可以放下心来,新年将要来临,预祝杨殿邦新年吉祥。

道光二十八年正月,林则徐移驻大理,指挥军队平定滇西大理、保山、永平等地的回民叛乱,经过五个多月的战斗,肃清了叛匪,又处分了杜文秀等人上京控告的"永昌屠回事件"中负有责任的一批官员。十二月初四日,林则徐作《致杨殿邦》:"滇水准云,迢迢远道,加以戎帷筹笔,遂致间缺裁笺。前在迤西行营获披琅翰,承因时之藻注,殊志感于蓬心。适当草檄操劳,尚稽修答,寸衷耿歉,笔舌难宣。昨闻台端以小极上陈,仰荷温词慰问,仰圣怀之优注,知吉履之增康,晌当簇馆调阳,遥卜芝幢集祜。敬稔叠云二兄大人禔祺通骏,景祉庞鸿。熟酉书年,定裕转输于廪庚;重申锡命,更移旌节于封圻。引睇吉华,式符豫颂。弟昆华承乏,倏已年余。春间远赴迤西,筹戎半载,虽边围幸臻安帖,而屡躯弥觉衰颓。昨乃忝沐恩施,益懔艰于报称。前者星轺视学,化洽三年,早知边徼情形,俱入辎轩之采。尚冀惠诏良勖,俾为绲佩之资,是所望风翘盼者耳。专泐布复,兼颂年禧,顺请台安。附缴大束,惟希荃照,不既。馆愚弟帖"从此信可知,林则徐在滇西行营中收到杨殿邦的来信,得知杨殿邦因病请求辞职,皇帝宽慰挽留。信中,林则徐向杨殿邦透露说自己身体衰老、状况很差,春天到滇西军营指挥平判战斗半年时间,又提及杨殿邦曾在云南担任过三年学政,熟悉云南情况,希望能提供一些有益的建议。

次年秋天,林则徐就因病告老还乡,不久又被朝廷起用,抱病起程,光绪三十年十月十九日在途中去世。从以上三封保存在林则徐全集中的书信可以得知,杨殿邦与林则徐晚年通信,两人互相关心、鼓励,在通信中谈论的主要是政事,也透露了个人身体方面的真实情况,有一定的史料价值。

第六节　从发配新疆官犯到团练大臣

咸丰三年正月初二,太平军从武汉出发,水师战船万余艘,顺江而下,长驱直奔南京。二月初十日兵临城下,太平军用地雷轰开南京北城仪凤门,攻破外城,斩杀两江总督陆建瀛。次日,分别从南城聚宝门及水西门、旱西门入城,攻入内城,江宁将军祥厚自杀、都统霍隆武被打死、四千多八旗兵被一举歼灭。二十日,太平天国正式定都南京,南京改名为"天京"。

咸丰急令此前找借口逃离南京城的江苏巡抚杨文定阻止太平军东进,同时令漕运总督杨殿邦赴扬州抵御太平军。当时镇江、扬州只有2000余八旗士兵、1000绿营及部分所谓的壮勇兵,他们早已如惊弓之鸟,根本无法防守这两座城池。杨文定、杨殿邦、文艺等商议后认为镇江难以防守,只能将有限兵马派往重要隘口,将太平军阻止在路途中,等待朝廷援兵。于是,副都统文艺率 1500 八旗兵马驻守山嘴头;杨殿邦率数百人负责瓜州防务;杨文定负责水师,企图阻止太平军水路进兵。

洪秀全命令天官副丞相林凤祥、地官正丞相李开芳率兵万人,由天京沿江东进,一举击溃杨文定的水师和文艺率领的八旗兵,占领镇江。杨殿邦急忙率兵离开瓜州,往淮安撤退。面对即将压境的太平军,前两淮盐运使但明伦、现两淮盐运使刘良驹、扬州知府张廷瑞、署扬州营参将文玉、守备方纲、盐捕营都司宋天麒及江都知县等扬州一大帮文武官员,决定采用十多年前鸦片战争中对负英国军队的办法,由邑绅江寿民出面联络太平军,用重金犒赏、贿赂太平军,请求他们不要伤害扬州的百姓,然后放弃守土之责,提前逃离扬州城。二月二十三日,太平军占领城门大开的扬州城,至十一月二十六日撤离,共占领扬州城二百七十天。

一个月后,朝廷对扬州官员的下落还搞不清楚。三月二十二日,钦差大臣琦善以《奏覆遵旨筹防并查访扬州失守文武员弁下落各情折》向朝廷报告说:"贼匪于二月二十三日申刻窜踞扬城,刘良驹、但明伦先于二十二日戌刻亥刻之间随漕督杨殿邦乘舟至上游一带退守。现在该二员下落不知如何。知府张廷瑞、江都县知县亦不知去向。惟甘泉县知县梁园棣曾赴臣等行营禀见,臣等询以何因走避,据称该府县因逆匪猖獗犯境,恐兵勇单弱,势不能支,且大吏皆已先行,亦即随出城。……"官员们逃离扬州的理由,一是势单力薄,无法抵御强大的来犯之敌,二是大员们先跑了,只好跟着溜,真是可笑之至。

江都人蒋继伯晓瀛的《松根偶记》记录下当时扬州情况:"是时漕帅杨(殿邦)防堵瓜扬,檄李司安中总办保卫局。至二月中金陵失守,扬郡益危。二十二日贼船驶入瓜州。漕帅以兵单思北扼高、宝,宾属随之。道路歌曰:'漕台八十三,星夜上淮关,扬州置不问,弃之亦等闲。'市声如沸。二十三日贼入郡城,红巾狂噪市中,言不杀百姓,勿惧也。"江寿民等人城中大摆宴席,迎接太平军入城,太平军公开宣布不杀老百姓。客观上讲,的确避免了一场残酷的屠杀,救了不少人性命。

咸丰三年三月二十六日,杨文定被革职、判极刑,后减刑发配新疆,咸丰六年忧郁而亡。杨殿邦被革职,充军发配新疆。咸丰帝多次下旨,催促地方官将杨殿邦送上路,不得延误。杨殿邦,翰林出身,长期在朝中任职,多次出任乡试、会试考官,门生故旧众多,有着广泛的人脉。朝中有门生吏部尚书、协办大学士周祖培及上书房总师傅、武英殿大学士贾桢;地方上有清河知县吴棠等弟子,这些弟子以种种借口搪塞、糊弄咸丰帝,拖延四年之久,最后不了了之。朝廷同意留他在军中戴罪立功,还给了一个职位团练大臣,随福济办差。杨殿邦在皖北影响巨大,亲自到庐州、凤阳、泗州、六安等地劝捐,捐得大笔资金,铸造虎蹲大炮二十余尊,立下大功。咸丰九年九月初,杨殿邦病逝于军中,朝廷发文给予官葬并抚恤子女:"已革漕运总督杨殿邦在安徽办理团练,积劳身故,赏给道衔,照道员例赐恤",以四品官的身份善终,体面地安葬于淮安城东杨家花园内,且后裔没有受到牵连。

鲍桂生举人出身,是有名的藏书家、诗人,在淮安建有十万卷藏书楼,还收藏了许多宋元时期名家字画,曾得到杨殿邦的赏识、提拔和举荐,官至贵州按察使——这是杨殿邦曾经担任过的官职,闻讣,十分悲伤,作《哭杨叠云师》:

> 文章早已折公卿,玉镜高悬照太清。桃李都成梁栋器,中朝元老是门生。
>
> 无端白下鼓鼙喧,瓜步仓皇讵忍言。毕竟中流谁砥柱,淮南鸡犬感公恩。
>
> 群盗如毛唤奈何,柳营前箸借公多。可怜星斗苍忙夜,犹是伤心盼渡河。
>
> 噩耗惊传失我师,客中那禁泪痕滋?临行犹忆明公语,此别茫茫无见期。

第一首说杨殿邦德高望重,弟子在朝中担任元老。第二首说,太平天国占领南京,杨殿邦撤离扬州,没有抵抗太平军,他本身不是武将,不应承担中流砥柱的角色;他弃守扬州,实际上是救了扬州百姓,不然会像太平军攻占南京一样,死伤无数,因此扬州的鸡犬都应该感恩戴德才是。第三首说,太平军多如牛毛,来势凶猛。杨殿邦担任团练大臣贡献很大,到死不忘收复失地。诗中用北宋名将宗泽临终前三呼"渡河"典故称赞杨殿邦的忠心(此处采用了程福康先生的说法)。第四首说惊闻恩师仙逝,不禁泪流满面,还记得分别时杨公教诲的场景,从此阴阳两隔,再也不能谋面了,痛楚满胸,难以言表。为报答师恩,鲍桂生曾把杨殿邦的《菜香小圃馆课诗》作详注、写跋,予以出版,今山东省图书馆有藏。

杨殿邦去世十三年后,长孙杨士燮编定其诗集,准备出版,四川总督兼成都将军吴棠亲笔作序:

> 犹忆庚子、辛丑计偕时,棠愫被入都,先生招留京邸,饮食教诲,日课诗文,并勖以远大之学。先生多藏书,指示切要,以真西山《大学衍义》、王伯厚《困学纪闻》、顾亭林《日知录》为宗;由是于学稍知准的。(《杨叠云师诗集叙》,载《望三益斋诗文钞杂体文》卷三)。

从序言可以得知,吴棠当年进京赶考,两次住在杨殿邦家中,受到热情款待、亲切教诲,对杨殿邦充满感激之情。吴棠中举之后,工作没有着落,道光二十六年,杨殿邦由京官外放,任漕运总督,将待业的吴棠招入总督府中实习吏事,真情提携,又向朝廷郑重推荐,次年吴棠便因防汛出力,署理砀山知县,走上仕途,从此一帆风顺,成为封疆大吏。吴棠成功,一半是靠自己努力和才干,一半是靠杨殿邦栽培和官场关系。至于广为流传的吴棠误送慈禧厚赙,从而飞黄腾达的故事,纯属无稽之谈。

吴棠对杨家十分关照,把二女儿吴述仙嫁给杨殿邦的长孙杨士燮为妻,把兄长的女儿嫁给杨殿邦的五孙子杨士琦为妻,并嘱托李鸿章留心培养杨氏兄弟。杨氏兄弟"五子登科",在晚清及民国初年政坛上大放异彩,得益于李鸿章的提携、栽培。

第七节　菜香小圃馆课诗

杨殿邦留存至今的著述有:《菜香小圃馆课诗》一卷,安徽省图书馆藏;《菜香小圃馆课诗注》一卷,山东省图书馆、北京大学图书馆藏。

近年暑期,我曾先后赴合肥、济南、北京寻访杨殿邦的著作,发现鲁图本、北大本为同一版本,内容相同。徽图本与它们是两个不同的版本,可惜没有标明刻印时间、刻印地点,所收杨殿邦的诗歌篇目、内容略有不同。北大本、鲁图本比徽图本多出《百炼镜》《岁寒知松柏》《与人一心成大功》《异书浑似借荆州》等四篇,还有杨殿邦的序言、弟子鲍桂生作于道光二十九年的跋和详细注释,篇幅较巨。

鲁图视《菜香小圃馆课诗注》为珍宝,派专人坐在我旁边监视我阅读。每天上午九点开门,十点多才从特藏室中把书取出来给我看,十一点半又收走。下午两点开门,二点半把书给我看,四点又收走。并规定,不准复印,也不准拍照,只能用铅笔抄写,而且只能抄书本的三分之一。经与古籍部主任协商,我只抄书中大字体诗歌正文,不抄写详细注释。有一天,我一踏进古籍部,主任对我说,接到通知,全体人员要政治学习,让我次日再来。我一听,火气就上来了,对他们说:"你们就这样为读者着想的吗? 我从千里之外,冒着酷暑赶到你们这里查资料,除生活费外,每天要支付一百多元的住宿费,我能空等吗?"主任请示馆长,于是让那位腿部有点残疾的年轻人请假,继续坐在我旁边,全程监督我抄书。我在鲁图旁边小巷里小旅馆中蜗居一个多星期,才把这部书中的杨殿邦诗歌抄下来。归来后,有诸多感慨,赋小诗一首,记载此事:

> 乡贤遗著落东齐,百载无人问津迷。哪管路遥和溽暑,敬抄小圃菜香诗。

《菜香小圃馆课诗注》收录了57篇馆课诗。馆课诗,即为备战科举考试而写的应试诗,有固定的格式,五言八韵,押规定好的韵部,以歌功颂德为主旋律,要求典雅、规范。杨殿邦曾在芜湖担任六年教谕,专门辅导秀才们参加科举考试,本身又是从秀才、拔贡、举人、进士,直到翰林院庶吉士,达到读书人的最高境界,最擅长的就是应试诗文。清代著名学者梁章钜曾在专著中激赏杨殿邦的诗句:"杨叠云《政如农功》云:'如将辰告意,其切卯耕期。'杨叠云殿邦《菊残犹有傲霜枝句》云:'天应怜晚节,人更忆重阳。'"可以说,《菜香小圃馆课诗注》是当时受读书人欢迎的畅销的"科举考试"参考书。杨殿邦学养深厚,应试诗艺术水平很高。如《水村山郭酒旗风得风字》:

> 山水楼台丽,连村带郭中。酒香三月店,旗满六朝风。望子沿堤飐,沽丁认路通。暗飘杨柳绿,斜闪杏花红。占铎随幡护,提壶绕屋工。买春招野艇,倚醉识归骢。按板双鬟唱,遗鞭七宝笼。司勋垆畔过,烟雨正溟濛。

这首诗摹景栩栩如生,借景抒情,情景交融,措辞贴切,用典精准,令人称绝。此外,《菜香小圃馆课诗注》对于我们了解科举考试,了解应试诗的特点,有着重要的文献价值。同时,它也是重要的乡邦文献,期待能早日出版,让更多的读者了解杨殿邦的成就。

第八节　杨殿邦年谱

乾隆三十八年,1773 年,1 岁

十二月初一日,杨殿邦出生于安徽泗州一个军官家庭。祖父杨世锦,祖母杨袁氏,皆农民。

父亲杨果亭,行伍出身,时任苏州平望营都司,正四品官。平望营有都司 1 员,千总 1 员,把总 2 员,外委千总 1 员,把总 2 员,编制马战兵 19 名,步战兵 57 名,守兵 230 名。官署位于吴江县城东门内,兼防震泽县。

据《杨士骧乡试硃卷》中个人履历及光绪《盱眙县志稿》记载,杨殿邦家当时位于盱眙县城胡家巷。

杨果亭娶高氏、洪氏,生二子一女。二子:定邦、殿邦。一女嫁到松江。

乾隆四十二年,1777 年,5 岁

是年,安徽巡抚闵鹗元向朝廷呈上《裁虹并泗奏疏》,提议把凤阳府属的虹县裁去,领土并入泗州,把泗州州治从盱眙城迁往虹城,朝廷准奏。侨居盱城九十多年的泗州州治迁往虹城。除直属地区外,泗州还管辖天长、盱眙、五河等县。

州治迁虹后,习惯上仍然分泗人、虹人,如光绪十四年(1888),泗州知州方瑞兰编纂的州治称《泗虹合志》,其中记载的人物分为"泗人"和"虹人"。清朝后期,泗州直属地区包括今天盱眙县淮河西部诸乡镇、泗洪县大部分地区及泗县大部分地区。

民国建立后,泗州改名泗县,原泗州直属地区陆续被瓜分,新建一个泗南县,后改为泗洪县;现在泗县主要管辖原虹县地盘。杨殿邦祖居地梁集村一带,今属江苏盱眙县。

乾隆四十四年,1779 年,7 岁

是年,杨殿邦跟随盱眙名儒高瞻读书。

乾隆四十七年,1782 年,10 岁

正月,杨果亭因捉拿丐匪有功,被史部召到北京,等候皇帝接见。

"正月,辛亥,谕曰:闵鹗元奏阜宁县调署江阴县知县耿人麟,于丐匪聚众行凶杀伤多人重案,并不立即根挐,任犯远扬,殊属玩纵,请将该署县耿人麟革职,以为怠玩不职者戒等语,耿人麟著革职,所有挐获此案争殴行凶脱逃各犯,在事出力之把总寿荣祖、龚士信、吴江县知县何世珩、震泽县知县阿林保、都司杨果亭,俱著送部引见。该部知道。"(《乾隆朝实录》卷之一千一百四十八。)

乾隆四十九年,1784 年,12 岁

二月十一日,汪云任出生于盱眙县城前街汪巷,与杨殿邦家所在地胡家巷相距很近。汪云任与杨殿邦同为盱眙名儒高瞻弟子,又因同乡之谊,交往频繁。

汪云任(1784—1850),字孟棠,号茧园,盱眙人,嘉庆二十二年进士,官至陕西按察使,署陕西布政使,著有《茧园诗文稿》《汪孟棠太守诗钞》。

乾隆五十年,1785 年,13 岁

十一月,于鳌图拣发江苏知县,十二月到江苏分派苏州候补。于鳌图到江苏后与杨殿邦父亲杨果亭在吴江相识,结为好友。

于鳌图(1750—1811),字伯麟,号沧来,奉天(辽宁沈阳)人,隶汉军镶红旗人,河道总督于成龙之孙,乾隆三十五年举人,官至江苏按察使、江安粮道,著有《习静轩诗文集》《沧来自记年谱》等。

乾隆五十一年,1786 年,14 岁

六月,于鳌图署震泽知县,一到任即严惩地痞,抓捕池五、池六兄弟,披枷示众,震动极大。日日坐堂,案件随到随结,百姓十分感戴。九月离任时,相送者万余人,百姓张贴"震泽县鳌,官清民乐"四字,以表感恩。此时,杨果亭升任松江游击,家仍

然安在吴江县城,与于鳌图相识为友。

十一月二十七日,因台湾官府镇压天地会,焚烧村庄,林爽文以"安民心、保家业"相号召,率众起义,不数日攻下彰化、诸罗、淡水城、凤山,台湾各地均悬挂天地会旗帜,纷纷响应。

乾隆五十二年,1787 年,15 岁

正月,于鳌图再署震泽知县,振兴书院,尊师重教。九月调署昭文(今属常熟)知县,整顿吏治,清理积案,平赋薄征,兴学劝稼,深得百姓爱戴。

杨殿邦在吴江读书。杨果亭聘陈赫为杨殿邦师。陈赫(1761—1828),吴江黎里人,字公言、家心,秀才,著有《小琼海诗集四编》。杨殿邦年少即显才华,陈赫《赠杨游击石坡主人(果亭时留吴江城中)》中有众人称赏杨殿邦文章的内容:"未敢随将笔砚焚,且依猿臂问奇勋。身留东郭垂虹水,眥决南山射虎云。岂有虚声来处士,翻因长揖重将军。君家自得传经乐,铃阁争看稚子文(有铃阁解经小影)。"

杨果亭宴请陈赫,陈赫作《初识巴陵龚立海都成于石坡席上》:"飞来一片赤诚霞,黄鹤楼头旧酒家。说剑伍员栖海上,论文贾谊傅长沙。何妨将种行军令,自喜风流剔土花(时谈壁间碑版颠末,娓娓不停)。妙绪纷纷抽不尽,天孙浑欲借剿车。"①

观杨果亭练兵,陈赫作《观石坡主集麾下射用东坡〈司竹监烧苇园因召都巡检柴贻勘左藏以其徒会猎园下〉韵》:"铜钲铜钲悬高槎,日中烘起朝燉霞。又疑九日自天落,赤火烧尽春草芽。将军呼来斗勇捷,角弓风劲人争夸。气含深愤志专壹,到眼明快如仇家。当其欲发未发际,日忽被晴光遮。风雨不入手一放,红飞迸碎羲和车。争看射的有如日,白虹贯之手可叉。地中鼓角数声起,天上响应雷公挝。一耦射毕一耦出,首尾接续常山蛇。精神各逞手眼熟,三军气静谁呜呀。士卒乐用爱猿臂,干城感我歌兔罝。轩然日色却西照,金丸落背催归鸦。释冰弨弓各归伍,解鞍骏马训疑麚。将军罢射坐铃阁,中庭水寂声无哗。东南一隅缺地轴,五色欲补愁皇娲。今年射蛟海水赤,强弩十万天兵加(时大兵征台湾)。扶桑烁烁耀玉烛,夸父走逐心何奢。邓林投杖会渴死,飞廉枉用行衙衙。久闲小试示可用,气存敌忾兵非佳。将军闻言跨刀出,仰看白月东方斜。"

夏秋之际,杨果亭奉命运送军饷到台湾,陈赫作《送石坡主人运兵饷由海道赴台湾》:"楼船将军下南粤,奔走天下供输出。牵牛服马动地来,限以波涛不可越。

---

① 陈赫诗均引自《小琼海诗集四编》,道光二十三年刻本。

万千性命付一身,慎简特命杨游击。千樯万艘臂使指,秦越能教心力一。南方小丑漫跳梁,东海风涛早宁谧。君今聚米成山川,况当泽国仗龙节。三军欢呼壮气增,赤嵌城中心倍铁。转输关中功最多,出门大笑横刀剔。九州为堂海为坳,人生何处无波涛?鞭丝尘土不称意,蹈海稳于履平地。鱼眼射波鳌背黑,三山倒影东方白。就中诸岛若点石,恐是女娲补天掷。鸥浮鹭立不知数,千里一寸万里尺。伤心遥指扶桑树,中是家君旧游处。此身我恨少仙骨,钓竿不得随烟雾。君行倘遇此中人,为问留题旧铜柱。"

署震泽知县鳌图在年谱中对运送台湾军饷一事亦有记载:"丁未,沧来三十八岁,正月又署震泽事,政如前,……,夏间为台匪滋事,须江苏运米,沧来督运苏州九邑之粮,赴上海交纳,乃自请者。"(《沧来自记年谱》)在诗中亦有吟咏,《转运台湾军粮赴上海》:"转输驰抵上洋城,军事何容缓一程?时际夏秋田畅茂,地连江海水纵横。人声浩浩朝墟散,云碧苍苍夜雨晴。指顾征帆来万里,东南雄镇辅神京"(《南来集》卷二)。鳌图与杨果亭同行,结下交情。

杨果亭到达上海后,两江总督李世杰认为他不习水性,不让他赴台。陈赫作《石坡既至上海,李制军以陆路将官未谙海道,更调水师运饷,台湾之行遂中止》:"天空吹土动窗户,神鱼出海向空舞。此身已在浪花中,掀播危樯日骑虎。风平浪息竟出险,性命笑被化工侮。将军翻悔失奇勋,愿运军粮入厦门。吾侪谈虎已色变,却道仲家夫子嗻。取材好勇亦徒然,浮海何必非寓言。"

十一月二日,陕甘总督大学士福康安、参赞大臣海兰察共率绿营八千人于自鹿港登台,上岸后再招团练六千,总兵力一万四千,进攻林爽文三万兵马,双方战于八卦山。福康安先后收彰化、诸罗,林爽文败走集集、水沙连等地。

乾隆五十三年,1788年,16岁

正月初四日,福康安令人说服当地居民于老衢崎生擒林爽文等起义首领。

二月,杨果亭奉命押送台湾起义被俘林爽文等人,陈赫作《送石坡押解台湾逆匪至山东》:"入海不探龙,登山忽禽虎。虎已在槛阱,禽之耻不武。将军怡然廿,潜身护蛟虎。一战成功名,何必出自我?(叶)受贼如受降,非剿又非抚。急之贼死缚,血不膏王斧。宽之贼生逸,法不伸中土。长躯一千里,祍席皆兵组。谁知疆场间,未敌行役苦。"

春天,陈赫游松江佘山。佘山上有东岳行宫和朝真道院、秀道者塔,佘山特产之一是竹笋,口味鲜美,扬名四方。1672年春,清康熙南巡,曾为佘山题"兰笋山"之匾。陈赫作《游佘山示杨生》:"昨日理轻桨,颠风断江浦。今朝决独往,吹散五更雨。始知愿力坚,天意亦难阻。迟速皆偶然,捷足又何取?言行遂高园,曲溪绕花坞。高阁出峰外,石桥卧洞户。振衣复登山,上入十丈许。未必所历高,轩轩已霞举。浅深在自领,高下本无舆。"这是为杨殿邦作的范文。

三月十日,林爽文等人在北京被凌迟处死。为稳定台湾形势,清廷作出规定:台湾获盗,无论首从,都按律正法。

乾隆五十四年,1789 年,17 岁

是年,杨果亭病故,好友、昭文知县于鳌图亲赴吊唁,赠以厚赙。临终前,杨果亭把杨殿邦托付给陈赫,陈赫作《哭杨果亭》:"儒雅真吾师,将军不好武。如对穷措大,书史使人古。谈兵去其夸,说理去其腐。不见袁广文,相思颇道苦。求之今人中,信哙皆非伍(实堂先生曾言石坡为人当于古人中求之)。爱人亦自爱,士卒如朋侪。严或屈于法,宽非奇其才。畏威乐为用,一身程李赅。前军将星匿,若慈母云怀。无论知不知,岂为私恩哀?相与二三年,知我饥且寒。赠我五铢衣,不觉天地酸。食以青精饭,时时劝加餐。岂无他人室,谁为知己言?苦口勉学道,毋为阻艰难。昔归不得归,大力挽使回(告休不准)。今年归何处,有力魂难追。家乡乐莫乐,死别悲莫悲。黄昏一托孤,三更即长辞。若不留书种,吾终身负之。"

杨殿邦自吴江回盱眙,陈赫与之分别,作《别杨生殿邦》:"此别不得已,遥遥一千里。三年教学长,聪悟予亦起。而父知予深,托汝以为子。汝虽将家种,不许习弓矢。肖我即不肖,此言日在耳。死者不可生,生之于书礼。苟或荒厥田,而父乃真死。吾将同汝归,诗文相料理。成言弃中路,欲往止或尼。予负死友心,汝真瓶罍耻。泗滨浮玉磬,山川信钟美。岂无良工师,玉汝要砥砺。舍师而得师,归求有馀矣。"

回盱眙后,杨殿邦跟随汪钝斋读书。

乾隆五十七年,1792 年,20 岁

九月,于鳌图到达太仓任知州,虚心向汪杏江翰林、钱吉亭孝廉等洞悉当地风土人情的乡绅请教,"振困穷,补不足,扶弱除强,振拔孤寒,讲劝孝弟,重修娄东讲院,增建学舍、斋房,修复文笔峰、镇洋山、仰山等古迹,修治桥梁、牌坊,捐修城之坏者"(《沧来自记年谱》),产生很大影响。

是年秋天,杨殿邦在江宁参加乡试考试,遇到前来应试的老师陈赫,两人皆落第。

乾隆五十八年,1793年,21岁

是年,杨殿邦在盱眙读书、生活。

乾隆五十九年,1794年,22岁

吴江诗人,杨殿邦师陈赫表兄弟邱璋作《送钱巽斋外翰之任盱眙》:"读书期用世,心非慕荣名。谓是学优验,庶几壮而行。秉铎虽小试,太学遵阳城。先生此行也,多士庆景星。　景星争快睹,黉序闹如市。常尉曾泛舟,爱此佳山水。农愿士秀女,乡风乐鱼米。如是我所闻,近得之杨子(杨翰屏文学,泗州人)。　杨子彼土著,生长于我乡。翩翩名宦子,英气眉宇扬(翰屏为石坡游戎之子)。仿之古子云,卓然可升堂。悬知南北涯,拨尤此最良。　拨尤遇良工,昔别怅独学。彼得而我失,千里云漠漠。征帆此日飞,莺湖此暂泊。聚首知几时,且喜觥筹错"(《诸花香处》卷六)。

钱大培(1729—1795),字树棠,号巽斋,江苏震泽(今属苏州)人,顺天副榜,久而不遇,以资叙补盱眙县训导,年已六十六,多病体弱,仍然赴任,次年闰二月卒。著有《餐胜斋诗稿》。

乾隆六十年,1795年,23岁

是年秋天,杨殿邦在江宁参加乡试,遇到前来应试的老师陈赫,两人皆败北。

嘉庆元年,1796年,24岁

是年,江西大庾戴均元督学安徽,按试泗属,戴开文与杨殿邦考试时座位挨在一起,因此相识,同时受知于戴均元,同食廪饩,于是订交。

是年,杨殿邦母子到松江,依靠嫁在这里的姐姐生活。

嘉庆二年,1797年,25岁

是年夏,于鳌图得悉杨殿邦母子生活没有着落,遂派人将他们接到太仓,让杨殿邦一边在衙门当差挣钱糊口,一边读书备考。于鳌图作《杨翰屏世兄来娄就读感赋》:"风雨孤舟至,追思十二春。因伤心上友,更爱眼前人。一日交情定,千秋道义新。依门劳老母,勤励志须真"(《娄东诗草》卷四)。

八月至十一月,杨殿邦随同于鳌图赴徐州督办河工,经过扬州、淮安等地,观赏风景名胜,二人联句酬唱,留下许多作品,收入《娄东诗草》卷四:

《由广陵赴淮舟中与杨翰屏雨夜联句》:"黑云压岸雨敲舟,凉沁青灯夜景幽。枫落空江惊往句(沧来),雁回绝塞带来秋。深惭门下三千客(翰屏),拟上扬州第一

楼。吟罢淮南鸡犬静（沧来），惟闻篷滴与江流（翰屏）。"

《秋日过露筋寺联句》："我读唐人诗，平望蚊子大。六载滞娄东，暑夜滋为害。秋风吹过江（沧来），细雨随旌旆。一夜广陵涛，篷窗听虚籁。轻帆过野祠，云山淡烟霭。悠然怀古心（翰屏），想涉千里外。洛女向河祝，桃花临江酹。十姨与小姑，荒诞多附会。只此死守身（沧来），千载垂芳蔼。筋露骨自存，仙去一蝉脱。血肉狼藉中，谁把精神绘？借以励凡夫（翰屏），醒如听梵呗。皋珮侈谈奇，兰苕淫风最。对此江上风，前人诗宜汰。吁嗟呼我来邵伯夕阳西，古木苍苍乌哕哕。月白天阴鬼啾啾，孤魂万古埋蒿蒯。只为解说太支离，前人题句多矇眛（沧来）。巍然南宫古碣存，摸来字字惊鸾翙。剖开坚贞一片心，弱女一行纲常赖。仰天翘首发浩歌，回望湖光碧一带（翰屏）。"

《高邮湖上望晚霞联句》："益州火云烧千里，烘成十样鸳笺纸。蜀中美锦随天风，吹到江南压湖水。秦家古镜当天开（沧来），激射淮南万山紫。纤女霓裳九叠轻，瑶光照彻蛟人市。少女扬飔送绣帆，彩鹢凌波扣发矢。一篙点碎碧琉璃（翰屏），银浪叠皱幻文绮。三千尺深桃花潭，十大珊瑚疑在此。燃犀照冰冰未开，太真独欲探奇诡。搜神毛宝放神龟，知恩报恩报不已。茫茫人事水悠悠，我来对此心知止。性真发出一片明（沧来），万象全归呼吸里。君不见西方放出大光明，须弥世界参微旨。五色慈云顶上生（翰屏），灵光渺渺拈花指。因缘道缘即境呈，携手出尘问佛子。吟罢苍然暮色来。霞收湖净清风起（沧来）。"

《食哈密瓜联句》："东陵曾食邵平瓜，子母钩连灿若霞。拓地传来西域种（沧来），尝新宜在蒨勋家。朱厓薏苡香犹淡（翰屏），紫塞葡萄味已差。疑是水晶嚼在口（沧来），衔恩翘首望京华（翰屏）。"

《淮上怀古联句》："莽苍淮阴道，萧条秋暮天。夕阳云挂角（沧来），敧岸石张拳。帆影随堤转（翰屏），潮声绕楫旋。人喧乔木外（沧来），乌叫古城边。蔓草滋危堞（翰屏），残花压短堧。荒台仍十丈（沧来），断碣自千年。散步寻遗址（翰屏），多情拜往贤。汉家无尺土（沧来），公子有三逭。相面神如在（翰屏），分封地以传。藏弓悲运去（沧来），蹑足憾谋权。忍受江头食（翰屏），谁从胯下怜？项赢忻入掌（沧来），绛灌耻随肩。背水成奇策（翰屏），登坛握重权。翁烹心早毒（沧来），盗嫂律无愆。收籍真为吏（翰屏），从松假学仙。三章惟是诈（沧来），六计亦皆偏。灞上军何处（翰屏），鸿沟界已连。惟侯存胜迹（沧来），感我系行船。古意良如是（朝屏），予心迥不然。息争安义命（沧来），守道任因缘。幻象花开树（翰屏），天机鱼跃渊。不妨常让路（沧来），惟顾有闲田。霸业诚虚矣（翰屏），崇祠亦藐焉。色空随应世（沧来），忠孝内安禅。执德行宜直（翰屏），安生智欲圆。感怀参妙谛（沧来),即境悟真诠。吟罢灯初上(翰屏),归来缆已牵。回看阃外柳(沧来),耿耿数星悬(翰屏)。"

十一月十七日,文坛名家袁枚(1716—1798)去世。于鳌图与袁枚往来密切,曾以诗作相寄以求切磋,而其逝世前一个月还携子游随园。

嘉庆三年,1798 年,26 岁

是年秋天,杨殿邦在江宁参加乡试考试,遇到前来应试的老师陈赫,两人皆败北。

嘉庆四年,1799 年,27 岁

四月,于鳌图调署徐州知府,五月请咨赴部。

六月二十二日,于鳌图被引见皇上,奉旨回任,在京告假一月,回老家修坟茔。

十月十六日,于鳌图抵徐州,正式担任知府。杨殿邦到达徐州。

嘉庆五年,1800 年,28 岁

是年,杨殿邦嫁在松江的姐姐去世。此前,杨殿邦的哥哥杨定邦为生计漂泊他乡,已经不幸死去。

正月初一,杨殿邦陪同于鳌图游览徐州名胜子房山。于鳌图作诗《庚申新正同周真吾昆玉蒋司铎谭太庵杨翰屏钱虹桥及卿世两儿登子房山回到接引庵我斋放棹而归》:"沙数恒河芥子身,天生我辈道中人。四进冷暖无非幻,一念和平到处春。风定日沉山态静,雪销冰解水光新。木兰斋后僧寮寂,携手同归更问津。"《登子房山谒留侯祠》:"山为斯人重,巍然天地中。不来瞻庙貌,何以识英雄?既无赤松子,又无黄石公。茫茫两老眼,怅望千里风。"(《彭门诗草》卷一)

嘉庆六年,1801 年,29 岁

是年,杨殿邦考中拔贡。

嘉庆七年,1802 年,30 岁

春天,杨殿邦为进京读书、考试,赴松江向亲友借钱,在苏州见到塾师陈赫,陈赫得知杨殿邦考中拔贡,非常高兴,作诗多首:《喜晤杨子翰屏于吴门其先人官松江时招余课之别来十有三年矣为道近事各怃然时以选拔将入都来吴中求贷于亲友讫少应者即事言怀》《翰屏赴松江约余往游有尼之者不果行》《迟翰屏松江不至》、《翰

屏自松江归晤于吴门即送北上》。

四月,陈赫北上游历,特地赴盱眙游览,作诗《赴盱眙涂次望落日》《颇黎泉》《盱眙即事》《陈荦嗒招饮》《雨后寒甚荦嗒解衣与共》。

秋天,陈赫赴京城,途中巧遇杨殿邦,结伴到京,盘桓多日,作多首诗赠杨殿邦:《翰屏以朝试选授教谕立秋前一日遇诸途》《八月十六日夜同陈元圃保和孝廉杨翰屏殿邦天桥步月》。这些作品,大多数发自肺腑,流畅自然,如《送翰屏还盱眙》:"……,教官虽甚卑,差胜童子师。是亦可禄养,白头愍朝饥。食力仗诗书,全家住皇羲。况得行其学,文章为总持。吾道自此南,可以昌其辞。作事此事废,慎勿羡有司。 吾昨来盱眙,上堂见汝母。如汝未出门,一住六日久。山中闻人来,各具食与酒。渔郎入桃源,相爱到童叟。道甫相问讯,所如皆不偶。此后长安空,更少同心友。"

九月,广东博罗县天地会首领陈烂屐四、张锦秀等率会徒万余人以红布包头,手持器械,高擎旗帜,占据山险,发动起义,不久被镇压。

嘉庆八年,1803 年,31 岁

二月初一,于鳌图到达苏州,出任苏州知府,刻《祭器图册》。发审案件四五百宗,均能悉心确核,次第清厘。四月校试所属九邑,见昭文有文童已经八十多岁,嘉其有志,发榜时拔为首列。

四月,杨殿邦除授安徽芜湖县教谕。

闰二月二十日,陈德在顺贞门持小刀行刺嘉庆帝未果。二十四日,陈德及其子禄儿、对儿被斩首示众。

嘉庆九年,1804 年,32 岁

六月,于鳌图升任徐州道台,七月到任。

秋天,林则徐参加乡试,中举。

嘉庆十年,1805 年,33 岁

是年,杨殿邦以朝考二等正式出任安徽芜湖县教谕。教谕是县学教官,掌文庙祭祀,负责县学生员教学工作。

嘉庆十一年,1806 年,34 岁

初春,杨殿邦与吕荣、何亦山游览芜湖名胜启明庵,吕荣作《初春偕何亦山杨叠

云两广文启明庵探梅》:"共有寻梅兴,相携步野垌。逢人问花信,度岭叩禅扃。一树萼初绿,半窗山欲青。老僧差不俗,随意坐谈经。"①

六月初三,于鳌图接任淮扬道台,二十六日任命获准。

嘉庆十二年,1807 年,35 岁

二月,杨殿邦参与写作的《芜湖县志》出版。

八月,汪云任江南乡试中举。

十二月二十四日,蔡牵领导渔民在与清军水师激战中,击毙清朝浙江提督李长庚。

嘉庆十三年,1808 年,36 岁

是年,杨殿邦继续在芜湖任教谕。

八月二十九日,于鳌图出任江苏按察使。

嘉庆十四年,1809 年,37 岁

是年,杨殿邦继续在芜湖任教谕。

二月初二日,于鳌图因金山寺僧控案被开除现职,奉旨降三级,以沿河知府用。

嘉庆十五年,1810 年,38 岁

是年,杨殿邦继续在芜湖任教谕。

正月二日,于鳌图抵江宁,任江安粮道并徐州仓关防任事。

三月,京师有人藏匿鸦片,清政府开始查禁鸦片。

嘉庆十六年,1811 年,39 岁

是年,杨殿邦在芜湖任教谕已经六年,任期结束。

二月初二,于鳌图病逝于江安粮道任上。逝前,托署两江总督章煦、安徽巡抚广厚向朝廷推荐杨殿邦。

二月二十八日,杨殿邦被保荐。"臣杨殿邦,安徽泗州拔贡,年三十五岁,现任芜湖县教谕,初次六年俸满。前署两江总督章煦等保举疏称,该员心地明白,留心吏治,堪膺保荐。今巡抚广厚给咨赴部引见,敬缮履历,恭呈御览,敬奏。嘉庆十六

---

① 民国八年《芜湖县志》卷五十九《杂识·诗》。

年二月二十八日。"①

　　按:吴棠《杨叠云师诗集叙》称"先生长先君三岁",《泗虹合志》载杨殿邦卒时87岁,据此,杨殿邦生于1773年,此年应是39岁,不知何因写成35岁,或是瞒报,或是误写。

　　四月二十七日,林则徐以殿试二甲第四名、朝考第五名中进士,选庶吉士,入翰林院。

　　六月,杨殿邦被引见,许以知县用。

　　七月,清政府下令各省查禁传教和民间私自习教。

嘉庆十七年,1812年,40岁

　　杨殿邦在京一面等待任命,一面报名参加顺天乡试.

嘉庆十八年,1813年,41岁

　　八月,杨殿邦中顺天乡试举人。

嘉庆十九年,1814年,42岁

　　是年,杨殿邦中甲戌科进士。四月丙戌(二十一日)保和殿试后,共录取二百二十七人,杨殿邦名列二甲第14名,甲午晋见皇帝。朝考后,杨殿邦等六十五人被选为翰林院庶吉士。

　　是年,林则徐从庶常馆结束学业,任翰林院编修;杨殿邦始进庶常馆学习,两人有交集。

嘉庆二十年,1815年,43岁

　　是年,杨殿邦在庶常馆读书。

嘉庆二十一年,1816年,44岁

　　是年,杨殿邦在庶常馆读书。

　　是年,杨殿邦侄儿杨映奎中武举人。

　　是年,戴开文教习任职期满引见,以知县用,乡试中举。

　　杨殿邦作《读邱馀甫明经有馀地诗集》:"师门立雪鬌龄日,曾结邱迟杖履缘(馀甫

① 秦国经主编:《中国第一历史档案馆藏清代官员履历档案全编》24,597,华东师范大学出版社,1997年10月。

尊人二如先生,与陈二赤夫子有中表亲,曾过从书室)。鲤对早能惊座末,鹤鸣况又得薪传。卅年远隔春风面,一卷重开秋水篇。读罢不禁增感慨,纪群三世老华颠。"①

邱孙锦(1773—1844),杨殿邦塾师陈赫的表兄弟,字馀甫,号质昀,吴江人,道光十年岁贡生,工诗文,善书,古厚沉著,晚参佛乘,著《有馀地诗集》六卷。

嘉庆二十二年,1817年,45岁

是年,儿子杨鸿弼生,系张氏妾所生。另有蒋氏、郝氏、饶氏等妻妾。

杨殿邦始在庶常馆学习结束,成绩属于一等,授翰林院编修。是年,座师卢荫溥加太子少保,兼署刑、吏两部尚书。

五月,汪云任中进士,名列三甲第4名,总第157名。五月庚戌,晋见嘉庆帝,奉旨以知县即用,签发广东,任广州府三水县知县。

嘉庆二十三年,1818年,46岁

七月壬寅,翰林院编修杨殿邦出任河南乡试正考官,刑部主事戴宗沅为副考官。

这次录取的举人中后来中进士升高官的有徐广缙、周祖培。徐广缙官至两广总督、湖广总督。周祖培官至吏部尚书、协办大学士、武英殿总裁。

十月差峻,杨殿邦回翰林院任原职。

十一月二十六日,嘉庆帝颁布谕旨:严禁州县官交结豪富。

十二月,杨殿邦任国史馆汉协修、武英殿纂修。

嘉庆二十四年,1819年,47岁

是年,汪云任调任番禺县知县。

是年,戴开文参加铨选,授江苏金坛教谕。次年,庚辰科会试不中,领凭赴任。

五月丁卯,修撰蒋立镛为广西乡试正考官,编修杨殿邦为副考官。

是年十月,清仁宗六旬万寿恩科,杨殿邦侄儿杨映奎中武进士,晋见嘉庆帝。钦点以守备用,正五品,分发广东,历任广东南雄营守备、南雄协镇副将(从二品)等职,诰授武功将军,晋封振威将军。

八月,林则徐到达云南主持乡试考试,任正考官。至十二月十七日返京复命,因此,杨殿邦与林则徐在云南当有交往。

---

① 黎里古镇保护开发管理委员会,吴江市档案局编:《黎里志》(两种)下,广陵书社 2011 年 7 月,第 459 页。

九月甲子,杨殿邦任云南学政。

仲冬,杨殿邦为沈宗骞乾隆甲申所作《乘风破浪图》题诗:"我乘八月槎,苍茫到西粤。又逐天风行,冷踏黔山雪。得逢地主贤,抚掌坐相悦。示我乘风图,万里待飞蹑。濯足游扶桑,银涛翻贝阙。蓬瀛咫尺间,冯夷不敢接。岂必诗壮游,波涛忠信涉。自从来严疆,宦海频扬楫。还看凤愿酬,苍生慰望切。到处溥宏波,争颂仁风浃。己卯冬仲,奉题芝轩五兄司马大人雅照,即请正之。叠云弟杨殿邦。钤印:杨殿邦印、叠云。"此图于 2016 年 5 月 15 日由中国嘉德国际拍卖有限公司在北京公开拍卖。

沈宗骞,清浙江乌程人,字熙远,号芥舟,以书画著名于乾、嘉年间。善山水、人物,亦能传神写照,著有《芥舟学画编》。

嘉庆二十五年,1820,48 岁

是年,杨殿邦继续在云南任学政。

七月,嘉庆帝颙琰在热河避暑山庄病死,终年六十一岁。

八月二十七日,嘉庆二子智亲王旻宁在太和殿即皇帝位,以明年为道光元年。

道光元年,1821 年,49 岁

是年,座师卢荫溥调任吏部尚书,兼管顺天府尹。

是年,杨殿邦修建五华书院。五华书院旧址在云南府治西北,始建于明代嘉靖三年(1524)巡抚王启建,几建几废。"道光元年,学政杨殿邦捐廉增置书舍;二年议定膏火每月份增银 5 钱,于各官养廉内摊捐。"①

八月,发生"德兰诺瓦事件"。广州府番禺县盱眙籍知县汪云任,判处美国商船上肇事的水手德兰诺瓦绞刑,两国之间才产生了第一次严重的冲突。此事震惊海内外,史称"德兰诺瓦事件",对美两国关系的发展走向产生了极大的影响。

十月,陶澍调任安徽布政使,整顿吏治,清查安徽钱粮。

道光二年,1822 年,50 岁

三月,母亲去世,杨殿邦辞官回原籍守制二十七个月。

---

① 云南省地方志编纂委员会编:《云南省志》卷六十《教育志》,云南人民出版社,1995 年 11 月第 1 版,第 131 页。

道光三年,1823年,51岁

是年,杨殿邦座师王宗诚任兵部尚书。

道光四年,1824年,52岁

杨殿邦守孝期满,将入都城,雇船前往金坛,与戴开文话别。

七月,杨殿邦丁忧期满,回到翰林院任职,

是年,杨殿邦与查有新在京唱和。杨殿邦作《感兴四首》:"北斗阑干月影移,客怀耿耿漏沉时。鸟因择树栖难稳,花为经寒放故迟。壮志怕随春色老,苦吟惟许夜灯知。年华消尽红尘里,无补苍生愧鬓丝。年来从宦太无功,桂海滇云过眼中。塞北争看人得马,江南忍听泽飞鸿。波澜到处思舟楫,花柳逢时易雨风。料理乌阑书细字,且将小技学雕虫。触绪怀人寄衍波,旧游如梦邈山河。世情嚼蜡尝应惯,亲友搏沙散更多。壁上清琴聊拂拭,匣中雄剑几摩挲。乘槎尽欲浮天汉,莫挽银潢可奈何?营成蜗角转疑云,日日磨人墨一丸。半世功名船上水,近来情味井无澜。文章得失扪心觉,棋局输赢著手难。惟有梅花肯相伴,平生原不讳酸寒。"

查有新作《感兴四首次杨叠云太史元韵》(《春园吟稿》卷十三)。查有新为杨殿邦的画题诗,《题杨叠云太史自写岁朝图》:"衡文六诏宦游人,又向东华阅岁新。忽会写生生动法,罗陈景物笔如春。"(《春园吟稿》卷十三)

查有新(1771—1830),字铭三,号春园,浙江海宁人,贡生,候选州同,著有《春园吟稿》。

道光五年,1825年,53岁

是年,杨殿邦署文渊阁校理,掌阁藏《四库全书》的注册、点验等事。

五月,陶澍调任江苏巡抚;原江苏巡抚张师诚调任安徽巡抚。由于漕运受阻,北方军粮民食大成问题,清政府不得不改行海运,命江苏巡抚陶澍、布政使贺长龄筹办。

七月,杨殿邦以记名御史用。

八月,杨殿邦任顺天乡试同考官。考官为兵部尚书玉麟、左都御史姚文田、兵部左侍郎中顾皋。录取的举人当中有后来担升高官的贾桢。贾桢官至礼部尚书、武英殿大学士、体仁阁大学士。

九月,两江总督琦善、漕运总督穆彰阿、江苏巡抚陶澍联名上奏《筹议漕粮海运章程六条》,道光皇帝御批:"著照所议办理"。陶澍亲至上海主持漕粮海运。

十一月初七日,杨殿邦补授山西道监察御史,直言敢谏,弹劾不避权贵。

杨殿邦会试座师太子太保、大学士章煦（1745—1824）卒，谥文简。

是年，汪云任署广西思恩府知府。

是年秋，杨殿邦为贡三书写屏联四副，录胡大川两首半诗："浮沉道力未能坚，世网撄人只自怜。四海应无极乐国，九霄岂有寄愁天。无聊一作非非想，适意真堪栩栩然。谁解古今都是幻，大槐南畔且流连。倒影中间万象呈，思偕列子御风行。上穷碧落三千界，下视中华二百城。月里求将不死药，洞中观尽烂柯枰。只愁高处清虚极，又惹离愁黯黯生。生不愿为上柱国，死尤不愿作阎罗。阎罗点鬼心常忍，柱国忧民事更多。（但愿百年无病苦，不教一息有愁魔。悠悠乘化聊归尽，虫背鼠肝皆太和。）"款识："时于乙丑秋录胡孝廉作舟《幻想诗》以为贡三老哥大人雅正，翰屏。"钤印：甲戌翰林（朱）、臣杨殿邦（白）。此作品为一梦山房文物店（原河北省文物商店）藏品，2016 年 1 月公开拍卖。

胡作舟（？—1742），字乘木，号大川。湖广武昌人。雍正癸卯孝廉，高才不偶，以文章经术授学宣府。

十二月，"又谕，御史杨殿邦奏称：'江南地方，私枭充斥，所在多有，而洪泽湖口尤为伊等必经之处。大夥枭徒，每起百馀人或数百人不等。水路则船数十只，陆路则车数十辆。为首者谓之仗头，俱有鸟枪器械，拒捕伤人。更有一种枭匪，在泗州谓之黑头批，在和州谓之白抢子。平日或结会拜盟，或强抢行劫，各分党类，互相争夺械斗，甚至将人支解。其最著名之李大本，尤为凶横，肆行无忌等语。'江南枭徒充斥，深为地方商民之害，琦善等前此虽奏获枭匪多名，而渠魁首恶未能捕获，自难尽绝根株。著该督等即遴委乾员，将著名匪犯李大本密速查拏务获，严究党羽，按律惩办。此外为首枭徒，务当访明窝巢，按名悉数躧缉净尽，以靖奸宄而安良善。将此谕令知之。"（《道光实录》卷之九十二）

十二月十一日，山西道监察御史杨殿邦列举高家堰工程方面的积弊有 10 条，引起朝野广泛关注：（1）筑堤取土时，河工贪省方价、船价，不肯远处取土，往往傍堤挖用，以堤根补堤顶。旧堤宽达 10 丈零 8 尺，新堤只剩 5—7 丈不等。（2）按标准，堤工最外一层为面石，第二层为里石。里石之后砌砖两层，称为"砖柜"，缝隙用灰浆灌足。高家堰新堤灰浆太薄，不合标准。（3）砖柜后用细黄土与糯汁和石灰，悬碎筑实，称为"三合土"，胶粘融洽，历久弥坚。新堤则图省土价，将土质松散的黑泥，混合填入。（4）新堤的面石、砖料均不达标，有许多敲斜空隙，容易掣塌。（5）标准的砌石工应一丁一顺，左右排列之处，用一锭两锔扣住。新堤有的三顺一丁，有的四顺一丁，有的根本没有锭锔，用料任意偷减。（6）石工未砌之前，应用排桩筑实，然后加石砌平，使其根脚稳固，不致被水掏刷空虚。新堤为了减少使用木料，掺用旧桩,脚基不牢。(7)石工砌成之后,按标准,其上下接榫处用铁片为栬,垫平后再用灰汁抿缝,使湖水无罅可人。新堤则以木片代替铁片,有的甚至连木片都未用。(8)石工后沿堤上工,应用碱排实。竣工时,验收人员要逐处签锥灌水,以验虚实。新堤验收时草率了事,任由兵夫混报。(9)洪泽湖上的三河两坝,原为湖水大涨时以供排水之用。今则每年启闭之时,无论工之大小,辄浮开过半。(10)工员大率以有事为幸。一经派有工程,承领后无不穷奢极侈,视公帑如已有。及至办公之时,十已耗去五六,不得不敷衍从事,百计冒销,而工无河务习气。清代官场政治与淮北的治水成效实际。杨殿邦一针见血地指出:"弊窦之多,莫过于石工。风气之坏,亦莫甚于河员。上下通同,相率为伪。"①

　　"十二月,癸亥,谕军机大臣等,御史杨殿邦奏陈《南河积弊十条》一折。南河堰盱石工关系运道民生,上年一经掣塌,动帑至九十余万之多,复行修筑自应力除积弊,悉照定例修治之法,如式兴办,方资巩固。本年石工甫竣,据琦善等查明:新砌石料,外虽平光,内多欹斜空隙,多有碎石填砌,灰浆灌抿,并新工已有掣卸之处。是所办石工,并未如式,已属显然。兹复据该御史奏称:'近时筑堤取土,贪省船价方价,傍堤窃用,石料瓴柜夹缝中,灰浆太薄。堤后三合土,将松散黑泥填入,石料不能六面见方,砖料宽厚不能如式。锭锔任意偷减,排桩根脚不固,及蒙混浮冒等弊,皆恐未能尽除。'著琦善等逐细详察,严饬通工大小员弁,务将旧时积弊痛加湔除。于应修工段,照估如法兴办,总期工归实用。如敢有仍蹈前辙蒙混偷减者,即当严参重惩,勿稍姑息。其新工欹斜空隙及碎石填砌、灰浆灌抿,一切不能如式之处,遵照前旨确查参奏。将此谕令知之。"(《道光实录》卷之九十二) 琦善等大员接旨后,并未认真查办,以至酿成大祸。九个月后,高家堰新修石工崩塌3000余丈,而旧工仅塌100余丈,原估原修工员丧心昧良,于斯可见。道光帝龙颜大怒,一大批官员受到查处,其中两江总督兼署漕运总督琦善被革职。

道光六年,1826年,54岁

　　是年,两广总督李鸿宾设立巡船,名为缉私,实则"巡船每月受规银三万六千两,放私入口②",公开走私鸦片

　　二月二十九日,海运米船九百余艘,运米一百一十二万二千余石驶进天津海口,卸米后,复往奉天买豆南运。从此,漕粮海运得以实施,并逐渐代替河运,取得

---

① 中国水利水电科学研究院水利史研究室编校:《再续行水金鉴(淮河卷)》,湖北人民出版社,2004年,第94页。

② 魏源:《圣武记》卷十,中华书局,1984年8月。

主要地位。

二月，"谕军机大臣等,御史杨殿邦奏《云南边要六条》一折,据称'近日边缺文武,多不胜任。如永北同知牛暹官声狼藉,不洽舆情。夷人全赖骡马,应饬金沙江知事,凡骡马过渡,不得纵差勒索,并宜捐置义学。该省所属边缺文武,宜严加甄别。现在景东厅常、社二仓亏缺殆尽,宜按款清查,勒限买补,不得短价压派。云南地方,夫马多不发价,派乡约在衙门各站口供应,景东、永北蒙化、迤西尤甚。沿边夷地,多有江、广、州、黔客民在彼盘踞,大开烧锅,重利盘剥。营汛兵马多有缺额,威远、元江、景蒙尤甚。将弁分肥,或作提、镇巡阅及三节两生馈送之费,总督兵房又有年规、季规。各种夷民均系土著,其得力较胜兵练,以保甲之法团集训练。有事则练借兵威、兵借练力,足收以夷备夷之效等语'。所奏不为无见。云南边峤,多有汉奸盘剥、匪徒煽惑及文武抚绥失宜。夫马差徭杂派,听凭土司目把及兵差滋扰所致。迨兵练剿办,又复怯懦无能。该省大吏奏捷冒拏,滥保市恩。如实有前项情弊,自应立即澌除。赵慎畛、伊里布甫经到任,无所用其回护,著按照该御史所奏六条认真稽查,实力整饬,务令文武悉属才能,仓储俱归实贮,夫马严禁苛派,汉奸禁止盘踞,士马勤加训练。边夷仿行保甲,以安民生而靖边圉。该御史原折,著钞给阅看,将此谕令知之。"(《道光实录》卷九十五)

八月二十二日,"谕内阁:据御史杨殿邦奏,风闻吉林官兵在途不法,请饬查办等语。著派耆英驰往邦均店一带,查明吉林头起官兵,如有沿途打抢典铺酒店,并擅入民家强奸妇女,致酿人命之事,即行据实严参惩办。"(台北故宫藏档,文献编号:061674)

"戊寅,谕内阁:前据御史杨殿邦奏风闻吉林官兵在途不法,当派耆英前往查办。兹据'查明吉林头起官兵经过各州县,并未滋事,惟四起官兵行抵玉田县境,有兵役四名宿倡,该县未经查出姓名等语'。(道光实录卷一百四)

十月二十五日,云贵总督阮元上奏折《奏为查明御史杨殿邦奏云南边要六条分别办理具复》,称"御史杨殿邦所奏各条,均经逐一访查,容再随时妥办。"十二月十一日得旨:"所奏俱悉,务要随时认真查办,不可稍有疏忽。"(《道光实录》卷一百一十一)

道光七年,1827年,55岁

是年,座师卢荫溥任协办大学士。

八月,杨殿邦补授巡视西城史科给事中,正五品,掌稽核人事,注销吏部、顺天府文卷之事。九月,"乙卯,谕军机大臣等:据给事中杨殿邦奏,'风闻安徽凤阳定远等处,私枭充斥,坝占口岸,滋扰地方。凤阳之溪河小溪、定远之三河集明光集,为回民贩私口岸,有里口外口之分。其霸据里口者,系河南及颍凤淮徐等处之人;其在外口者,俱系籍隶山东之人。该犯等各据口岸,往往互争界限,聚众械斗。出盐以贩私为生,无事以劫盗为业。内中穆荣昌一名,住凤阳县乌云山,系饬挐枭犯穆凤林之胞兄。马克俭一名,系前次奏请饬挐枭犯李大本之母舅。该二犯尤为怙恶不悛。其余各犯,非旧经犯案,即现作窝家,党羽日结日多,且皆系回民聚族而居,更恐肆行无忌,并将著名要犯姓名住址,开单进呈等语',所奏甚是。枭徒充斥肆扰,非贩私侵灌纲引,即盗劫为害闾阎。该地方文武各员,若随时认真查挐,何致肆行无忌?前此饬挐之枭犯李大本等,日久迁延,竟成海捕,皆由该兵役等或潜通消息,或受贿隐匿。现据该给事中开明各要犯姓名住址,不难悉数查挐。著蒋攸铦等即遴委妥员,按照所开姓名住址,严密搜缉,务绝根株,毋使一名漏网,从重定拟具奏。如再任听不肖之官吏一味朦蔽,别经发觉,惟该督等是问。该犯等姓名住址单,并著钞寄阅看,将此谕令知之。寻奏,现获李盛文等七犯,提省审办。未获各犯,严饬查挐。报闻。又批:李大本一犯,务要设法挐获,不可视为海捕。"(《道光实录》卷一百二十五) 杨殿邦因此得旨嘉奖,京察一等。

九月十三日,杨殿邦与庚福上奏折《奏报查拿赌犯高三等由》,当是获帝批复:"查拿甚属认真。"(台北故宫藏档,文献编号:056785)

九月十八日,杨殿邦外放广东南韶连道台,正四品。南韶连道,位于今广东省韶关市境内,由南雄直隶州、韶州府、连州直隶州组成,还包括连山直隶厅,驻地在韶州府城。

冬,杨殿邦在上任途中,听说戴开文湿疾复发,绕道探视,并邀请戴开文次子戴汉翔护送杨殿邦家眷前往韶关。

杨殿邦为都梁戴氏宗祠题写"光前裕后"的匾额。都梁戴氏祠堂位于明光东戴家巷,道光七年由十一世祖戴开文公出资扩建。戴开文是嘉庆二十一年江南丙子科举人,曾任金坛教谕,宗谱中有道光帝御封他们夫妇生前职务和生后荣誉的圣旨。殿柱两旁书有楹联:"天下人文称第一,三江都有状元家。"系戴兰芬所题。戴兰芬(1781—1833),安徽泗州天长县人,字畹香,号湘圃,道光二年状元,任翰林院侍读学士、陕甘学政等职,著有《望湖轩诗赋》若干卷。

是年,穆彰阿进入军机处,担任军机大臣上学习行走。

道光八年,1828年,56岁

五月初五日,翁心存典试南雄,还过韶州,在杨殿邦官署盘桓一天。

广东韶州府有"郡宾兴经费",系道光年间南韶连道杨殿邦、梁星源先后捐资,作为全府享有的宾兴,共有存典银 1600 两,其资助项目包括"韶属士子乡试省费,并举人会试、拔贡、优贡朝考京费。"①

仲夏,杨殿邦在昆明菡芳楼书写"古云南",行书,今存。②

秋天,杨殿邦为张宝《泛槎图》题诗:"定是天遥旧使星,三千银汉路曾经。图成海岳头初白,交遍公卿眼倍青。春到花田吟好句(春日晤先生于羊城),凉生桂水送归舲。南来我亦乘槎客,何日三山对户扄?(近亦寄居金陵)。戊子新秋,仙槎先生将归白下,道出曲江,嘱题《泛槎图》即以送别。叠云杨殿邦拙稿。"③。由此题词可知,杨殿邦已移家江宁。杨殿邦还曾作《漓江泛棹图》:"我昔游西粤,曾登独秀峰。未探阳朔胜,漫想巨灵工。今日图中见,知君笔底雄。何当同著屐,踏遍翠玲珑。"

张宝(1763—?),字仙槎,江南上元(今南京市)人,幼年即喜作画,工山水,好游览,二十岁时就绝意功名,放浪于山水之间,在广州和南京先后刊印六集《泛槎图》,共计一百幅图。

是年,穆彰阿任军机大臣,并入值南书房,加太子太保衔。

道光九年,1829 年,57 岁

是年,杨殿邦在广东南韶连道职位上。

秋天,在家养病三年的汪云任赴江西任试用知府,次年闰四月任赣州知府。

道光十年,1830 年,58 岁

由于两淮盐务日坏,私贩日众,至上年为止,淮南亏历年课银五千七百万两,淮北亏六百万两,朝廷裁两淮盐政,改归总督管理。

是年,陶澍任两江总督兼管盐政,加太子少保衔。陶澍任期内,力图整顿淮盐积弊,裁省浮费,严核库款,缉禁私盐,淮盐得以行销。又于淮北试行票盐,后推及淮南。陶澍勇于任事、为朝野所重用。

是年,杨殿邦在广东捐资办学。会英书院位于广东英德,道光十年知县张培栋以书院膏火无资,首捐廉银 500 两,南韶连道杨殿邦捐廉银 500 两。前任学政傅棠、邑贡生朱观泰等亦广为力捐,合共得银 3780 两,交当商生息二十二年合递年余

① 张希京,欧樾华:《(光绪曲江县志》卷十'学校书二·书院》,成文出版社,1967 年。
② 薛伟民编:《彩云清风》,云南美术出版社,2008 年 9 月,第 130 页。
③ 张宝编绘:《泛槎图》下,浙江人民美术出版社,2012 年 3 月,第 868 页。

款及续捐款项共银 4000，以为经费。①

道光九年至道光十七年，两江、湖广、两广封疆大吏以及所属臣僚大量卷入"淮粤盐之争"。"争论的焦点集中在核定粤盐熬锅数目和粤盐子店迁移至淮界三十里外两个问题上，争论极为激烈。江西赣县所属攸镇地方，界连淮粤，私枭充斥。曾于嘉庆年间经前督议将切近淮界邻店移撤三十里外，其在三十里以内者，止许酌留一二店，便于本地居民买食。是年十月，新任两江总督陶澍又奏请一并勘丈兴国与万安地界。李鸿宾委派广东南韶连道杨殿邦赴赣县勘界，抵达赣州后，对勘丈起点以及里程标准与江西官员发生纠纷，后来进行了长时间讨论。随后与江西南赣道萨兴阿一同勘丈攸镇与淮界的距离，两人勘察结果却大相径庭。萨兴阿丈量的结果是攸镇粤盐子店属应迁范围，而据杨殿邦之所测，则在攸镇的粤盐子店全在淮界三十里以外。"②

道光十一年，1831 年，59 岁

是年，杨殿邦重修韶关风度楼。此楼为纪念唐朝丞相张九龄而建造的。北宋天禧年中（1018—1020），为韶州始兴郡守许申（广东潮阳人）倡建。据史料所载，唐玄宗于张九龄逝世后，每用人必问："风度得如九龄否？"因此，当时郡人将楼命名为风度楼，后来屡废屡建。

邓添一起义，被杨殿邦率兵镇压。"曲江县西山瑶民邓添一领导起事，占据大寮坑（今乳源柳坑乡），清巡道杨殿邦拨兵勇由乐昌、乳源分路进剿，亲札桂山（现乳源桂头镇坑）数月。"③

是年，座师卢荫溥拜体仁阁大学士，管理刑部。

十一月二十二日，林则徐擢升东河河道总督。

十二月二十二日，又从两江总督陶澍奏请，改革两淮盐政：淮北畅岸，仍归商运；其余滞岸，即照山东、浙江票引兼行之法，设税局发放票照，征收盐税，设行店听民购买，运往各地销售。从此，官府对淮盐的垄断被打破。

道光十二年，1832 年，60 岁

是年，杨殿邦剿灭瑶匪一事，由两广总督臣卢坤奏报皇上。

---

① 广东省英德县委员会文史组：《英德文史资料》第 5 辑 第 1—6 辑，第 56 页。

② 黄国信：《区与界：清代湘粤赣界邻地区食盐专卖研究》，生活·读书·新知三联书店，2006 年 11 月，第 243—244 页。

③ 乳源瑶族志编纂小组编：《乳源瑶族志》，广东人民出版社，2000 年 6 月，第 109 页。

闰九月十三日,两广总督臣卢坤跪奏《为韶州府属曲江、乳源两县瑶山有土盗潜匿深藏,勾结瑶匪出掠滋事》:"……据该道杨殿邦将办理全案根由备叙源委,声明先后歼毙、饿毙首伙各犯赵贵选等八十二名,擒获首伙各犯周痕(瘌)痤(瘌)头等六十二名。又,最后续获逸匪二名,共一百四十六名。首要全获,两县瑶山匪类廓清,所有兵勇俱可撤回归伍、归农。"①

十月乙巳(初三),因剿猺匪不力,按察使庆林被降二级。同日,道光帝又发布一道圣谕:"该道杨殿邦督属捕获三十余名,复捐廉雇练乡勇千余名,亲驻曲江县适中之桂头乡,饬署知府汪忠增由乳源进兵,使该匪首尾牵制,并筹给经费银两千两,募良猺赵得学,并精壮乡勇五十名,从僻路直扑大廖坑。督率知县侯之翰、署乳源县谢嵩龄,带领兵勇良猺,负木囊土,架梁填路而入。该匪放枪掷石滚木,抵死抗拒。曲江兵勇用炮轰击,乳源官兵由后拥进,腹背夹攻,枪毙数十名,生获逸盗邓复辛等、猺匪赵连复等三十余名,余匪四窜,投崖落涧无算。……著卢坤于赴省时取道韶州审办。出力文武员弁,据实保奏,候朕施恩,毋稍冒滥。"(《道光实录》卷二百二十三)

十一月,两广总督李鸿宾等因镇压瑶匪不力,虽年逾七十,不准纳赎,着从重发往伊犁充当苦差。

十二月己未(十七日),杨殿邦等剿匪有功人员受嘉奖。"以广东剿捕土盗瑶匪出力,赏道员杨殿邦、游击刘际昌花翎,千总杨愈将蓝翎,余加衔升补议叙有差。予广东出洋淹毙守备冯耀宗等,祭葬恤荫。"(《道光实录》卷二百二十八)

道光十三年,1833年,61岁

是年,座师体仁阁大学士卢荫溥,以疾乞休,加太子太保,食全俸。

二月,"己酉,以广东南韶连道杨殿邦为贵州按察使。"(《道光实录》卷二百三十一)

三月十五日,新授贵州按察使杨殿邦上奏折《奏谢恩授贵州按察使并请陛见事》,五月一日获朱批:"著来见。"(台北故宫藏档,文献编号:056785)

卢坤等上奏折《奏请新任贵州按察使杨殿邦暂缓赴任》(折片),四月十五日获朱批:"依议行。"(台北故宫藏档,文献编号:063462)

---

① 刘若芳,杨欣欣:《清实录与清档案中的广东少数民族史料汇编》,广东人民出版社,2011年8月,第222—224页。

是年，杨殿邦、汪云任倡修盱眙泗州试院，首捐银两。在他们带动之下，一时盱眙籍官员、地方生员、乡里富绅等众多响应，纷纷捐金，形成热潮。

道光十四年，1834年，62岁

正月二十八日，贵州按察使杨殿邦上奏折《奏报微臣抵黔任事日期》（附折片一件），三月一日获朱批："知道了"。（台北故宫藏档，文献编号：070365）

八月初五日，律劳卑率兵船两艘，士兵三百余人乘潮强行闯入虎门。初七日，通过大虎炮台，初九日驶至黄埔河面。驻守炮台清军发炮轰击英船，英船亦发炮还击。卢坤调水陆诸军包围英国商馆，且中断中英贸易，只律劳卑地退回澳门，英国兵船擅闯虎门的侵略行动以失败告终。

九月己丑，因贵州发生"王溃生逃脱案"，道光向内阁发布圣谕，要求查处包括杨殿邦、杨以增在内的失职官员："裕泰奏：'前获解审脱逃绞犯，审非正身，请将原拿错误之署理各知府，分别革职解任'一折。此案黎平府民王溃生，因殴伤无名乞丐身死拟绞，解审脱逃。嗣经该署都匀府协获，讯拟解勘。……，升任贵阳府杨以增、按察使杨殿邦，失人绞罪未决，后经自行查出，获犯审正，请照例议处。下部议。从之"。（《道光实录》卷之二五七）

是年，杨殿邦作《翟悦山先生别传》："先生名翔时，字审庵，悦山其别号也。性敦笃好义，读书则不忘，尤善汲引后学，故黔之大夫皆称曰'悦山先生'。先世家金陵，明初从颍川侯博友德南迁，以功袭指挥使，驻毕节，传十馀世，袭除，遂家于毕。父理伦，举乾隆庚辰孝廉，戊申铨湖南嘉禾令，地苦瘴，不能携眷往。时先生亦举于乡，十年适挑授贵阳巡导，乃迎养母及昆季凡数十口同居省会焉。先是居毕，教舅氏诸子皆成立，后馆于外舅刘氏，观察邱勋亦从学，故先生善教之名著远近，学者是景从。至是，监贵山书院，会丁父忧，解职去，馆于何氏，子弟日益进。服阕，授普安学正，复监贵山书院事，至己巳，遂掌其教焉。自毕邑设教后，门下中式者百余人，今有蜚声馆阁者，有抚绩封圻者，为郡守牧令博士师者数十人，可不谓盛乎？然而先生之教，不急科名，而重制行，告学者必以敦孝友，崇信义为先务。宗人某某者客闽不归，先生养其眷属几二十年；或贫卒遗孤女，先生为营食具，嫁之士族；丁卯夏大水，斗米千钱，先生质衣得百金，贷乡人之不赡者，而焚其券；其处乡党之间类如此。盖先生以践诸躬者勖诸人，故当道如勒公相、孙相国、陆平泉、鄂虚谷皆折节相咨访，或遣其子从学，此悦山先生之名所以藉藉人口也。嘉庆庚午卒于家，以兄子锦观贵，赐赠奉政大夫、詹事府右詹善。卒后，士大夫具帐联纪先生之行，以致慨慕。门弟子呈请从祀贵山书院阳明祠，更请祀扶风山惜字院。子三，煜观、镲观举孝廉,钧观补博士弟子,皆能奉其教云。"①

道光十五年,1835 年,63 岁

贵州松桃自嘉庆二年设厅以来,近四十年未修志,道光十五年春同知徐镕延肖珀主其事,阅半年脱稿,次年刊行。本志共三十二卷,分装六册。首有杨殿邦,徐弦道光十五年序。

杨殿邦作《松桃直隶厅志序》:"从来扶舆磅礴之气钟于地,亦钟于人,而当其未显,地每若养晦韬光,一听猱狌屯塞者,肆其芜秽,以待圣哲之扫除振兴,而后人与地日出精英,以彰一代德胜化神之效。若禹之平水土,周之惩刑舒,因而功成元恺,岳降甫申,此固已然之符验矣。今观松桃厅志,乃愈信此理之不诬。松桃厅者,黔与楚蜀之隙地,而赤苗出入之隩区。其地华离险阻,箐密洞深;其人蚁伏鹑居,犷悍剽疾,自唐宋以来屡叛屡服。我朝定鼎后,不靖者亦再三,及大兵耆定歼厥渠魁,嘉庆二年始改厅设协,陈兵屯卫,溪流环郭,翠巘屏郊,土宜谷而野宜蚕,水可浮而山可柞,且西通巴蜀,东接湘沅,物产既丰,人文蔚起,不二三十年而郡人杨侯乃建功绝域,奏凯玉门,以昭圣天子德威之鸿溥,可知人以地而钟灵,地因人而著美,向之猱狌芜秽而屡称不靖者,岂非隐畜其奇,以待我朝之启华振秀,遂乃丕应徯志也哉?虽然自置郡迄今四十馀年矣,顾未有志其事者,盖非有异人之识,不足以著其瑰奇;非具有良史之才,不能以得其体要。乙未仲秋,慎堂徐司马蒞此,甫两年成郡志六卷而丐序于予,予读之规模闳敞,考核精详,于学校书院外,凡关隘雕堡,师旅兵卫,必谆谆致意,言之再三,所以监前车防后轶也。于文事武备外,若都会、形胜、美土、嘉媛,必娓娓属辞,载之简册,所以征地灵,昭德产也。卒则以天章、圣制、折奏、疏表冠诸文献之端,盖深悉此地之康乐平安,由于圣泽覃敷,无远弗届,故有如是之过化存神,不疾而速也。然则慎堂此志,凡地图、地惹、地求、地事,无不推本于皇极之建,以赐福于民,可谓著瑰奇,识体要,无愧于小史外史之国志方志也。有志如此,岂止加人一等哉?虽然稽古所以证今,识前所以善后,后之蒞此者志慎堂之志,考慎堂之书,亦克推广圣恩,抚柔此土,化犷悍剽疾之俗为刚武强健之才,将见千人之杰万人之英,且接迹踵生,为我朝收指臂之效,并以著川岳翊运之功,是则所望于后之贤者。道光十五年岁次乙未季秋杨殿邦,补文渊阁校理充顺天乡试同考官泗滨杨殿邦撰。"(《松桃直隶厅志》)

十一月,花沙纳到达贵阳,受到布政使额腾伊、按察使杨殿邦等人的热情款待。

---

① 黎铎、龙先绪点校:《黎庶昌全集》3,上海古籍出版社,2015 年 11 月,第 1991 页。

"十六日额莘农方伯、杨叠云廉访,任周观察四人公请早饭,饭毕仍到抚院,回贡院后收拾箱只行李,四叔来。"①

花沙纳(1806—1859),蒙古正黄旗人,乌米氏,字毓仲,号松岑。道光间进士,历官至吏部尚书、左都御史。第二次鸦片战争时担任中方的谈判代表与英国人谈判,签订了《天津条约》,又复赴上海会同两江总督何桂清与英、法、美签订通商章程。

道光十六年,1836 年,64 岁

二月十五日,兼署贵州布政使按察使杨殿邦上奏折《奏报兼署藩司接印日期并谢天恩由》,三月十五日奉朱批:"知道了。"(台北故宫藏档,文献编号:070365)

三月十三日,署贵州布政使杨殿邦接谕旨:兼署贵州巡抚。

七月初三日,杨殿邦擢山西布政使,受到忌妒者的攻击,说他衰眊,因此未能赴任。

七月二十六日,穆彰阿充任上书房总师傅,拜武英殿大学士,管理工部事务。

十月初十日,唐鉴接替杨殿邦任贵州按察使。

道光十七年,1837 年,65 岁

正月十七日,翁心存拜访在京待职的杨殿邦,"大风起,扬沙蔽天,访林少穆中丞、杨笛云方伯(时新升山西藩司,入都陛见也)。"②

"正月乙未,命山西布政使杨殿邦留京以三、四品京堂候补,以江西按察使陈继昌为山西布政使。"(《道光朝实录》卷之二百九十三)

三月初十日,穆璋阿以大学士署直隶总督,二十六日实授。

五月五日,端午节,翁心存与程正榮、杨殿邦游览尺五庄,翁作《端五日程子廉舍人正榮招同杨叠云方伯殿邦游尺五庄即事感赋》,称"戊子五日,余试南雄,还过韶州,时叠云先生正观察是邦,盘桓竟日。……舍人原籍休宁,方伯侨居白下。"③

此诗记载说,杨殿邦侨居白下(南京)。尺五庄,位于老北京城城南右安门外,以赏荷花而闻名。对此事,翁心存在日记中也有记载:"端午。巳初子廉邀同杨叠云前辈游尺五庄,伟卿、湘坡约而未至。荷苇颇盛而潭水已干,殊无意趣,惟主人情

---

① 花沙纳:《滇輶日记东使纪程》,中华书局,2007 年 5 月,第 53 页。
② 《翁心存日记》第一册,中华书局,2011 年 6 月,第 226 页。
③ 翁心存著;张剑辑校,《翁心存诗文集》上,凤凰出版社,2013 年 12 月,第 481 页。

意甚殷,肴馔精腆。叠云前辈别已十年,谭辛壬之际连州猺人事,可为抚掌。"①

翁心存(1791—1862),字二铭,号邃庵,江苏常熟人,道光二年进士,改庶吉士,授编修,官至上书房总师傅、体仁阁大学士,著有《知止斋诗集》。程正荣,字子廉,顺天乡试举人,曾任安陆同知。

七月,穆璋阿充领班军机大臣,即首席军机大臣。

九月,汪云任为苏州知府。在担任苏州知府期间,汪云任严厉打击走私鸦片行为,苏州府所属各县的禁烟工作取得了显著的成效,被赏给道台衔,受到两江总督的称赞

十一月二十二日,徐镛升太仆寺卿,杨殿邦补太仆寺少卿。②

道光十八年,1838 年,66 岁

是年,座师卢荫溥重宴鹿鸣,晋太子太傅。寻卒,年八十,赠太子太师,谥文肃。

是年,穆璋阿晋封文华殿大学士。

闰四月,鸿胪寺卿黄爵滋疏请"严塞漏卮以培国本",驳斥弛禁派观点,力陈鸦片输入之害。他建议进行严降谕旨,给吸食者一年戒烟期限,如逾限不戒,则平民处死刑,官吏加等治罪,子孙不得应试。朝野内外大臣分出所谓的"严禁派"与"弛禁派"。"严禁派"主将有王鼎、金应麟、朱琦、许球、朱蹲、袁玉麟、陈庆镛、黄爵滋、吴嘉宾、陶士霖、杨殿邦、黄乐之、周春祺等京内汉官,外官有陶澍、林则徐、钱宝琛等。"弛禁派"主将有琦善、伊里布、裕泰、宝兴、耆英等。③

杨殿邦属于"严禁派",呈上关于纹银出洋烟土入口问题的奏章,引起广泛关注。《太仆寺少卿杨殿邦奏》(收文日期:十月二十八日,夷务清本):"伏维皇上孜孜求治,于纹银出洋,烟土入口等弊,叠奉谕旨,敕令内外臣工严加查办,务期净尽根株。训示谆详,至周至密。窃思银之出洋,必首究其出之所自始,烟之入口,必先究其入之所由来,庶正本清源,则流将自绝。粤省海关向许与夷人交易,所有纹银出洋烟土入口等弊,较他省最先且巨。其中夷人之串结,汉奸之勾引,非极早防范,严行惩办,终难除积弊而尽根株。臣前在广东南韶连道任内,颇悉该处情形。近闻弊窦愈增,而为害愈甚,现当訏谟整饬之际,臣既有见闻,不敢不将实在情形为我皇上敬陈之:一、夷人逗留省城,宜照例驱遣出境也。粤省城外设立洋行,为夷人贸易之所,定例贸易事毕,即令出居澳门,不准逗留省城。近年来,竟有在省常住之夷

---

① 《翁心存日记》第一册,中华书局,2011 年 6 月,第 250 页。
② 《翁心存日记》第一册,中华书局,2011 年 6 月,第 296 页。
③ 袁灿兴:《军机处》第 1 部,民主与建设出版社,2015 年 1 月,第 263 页。

人,其最狡黠奸猾者,闻有英吉利国夷人吨第及铁头老鼠两名,终年逗留省城。凡纹银出洋烟土入口,多半经其过付。该夷民常与汉人往来,传习夷字,学写讼词,购阅邸钞,探听官事,不惜重资,又复从汉人学习中国文字,种种诡秘,不可枚举。此等匪徒,心多机械,谋利甚精。窃恐愚民听其教诱,奸民结为党援,大为风俗人心之害。使之久居境内,不但烟土不能查缉净尽,且恐别生事端。应请饬下该省督抚及海关监督,照例妥为驱遣,并根究内地相与串结之奸民,严拿惩治,以清弊源而去害端. 一、匪徒结党拜会,宜严拿究治也。粤省无籍匪徒每人身带短刀一对,称为大货手。其纠人入伙谓之放台子。每台八人,饮酒拜盟,不序年齿,为首者称为大哥,旬日间,每人各放一台,辗转纠约,动辄千百人。又复结拜三点会,有称为某脑者,称为房长者,称为柳枝者,称为铁板者。其为从匪徒皆称为老晚,结党成群,一呼即应。凡枪掳勒赎及杀人放火各巨案,皆系此类所为,大为闾阎之害。近年又间有与私贩烟土匪棍互相勾结,明目张胆,四路招呼,持械护送,迹与盐枭无异。现闻该省著名匪徒,有郭亚支诨名大王支、陈亚盛诨名蛟龙盛、张星明、刘亚庚、周亚三、张广二、朱亚碗、陈亚爵、罗威雄、罗亚康、张亚潮、朱婆满、邓大花脸、欧大辫、潘亚幅、陈亚金、陈亚幅、王大胆、李亚三、蓝亚方、陈亚得、陈亚名等各犯,俱系人所共知。其不甚著名者,人数当不止此。臣查粤省捕务及巡查烟土,设立巡船,添置堆卡,有水陆分巡之兵役,有办商诱缉之委员,每年筹备经费,各官摊捐,合计不下数万两,立法最为周密,乃匪类尚如此之多。恐兵役人等贿纵包庇,地方官意图消弭,化大为小各情弊,皆有所不免。此等匪徒不即时严拿,将来徒党日多,难于捕治。应请饬下该省督抚,严饬巡防员弁及该地方官,立将著名匪徒郭亚支等按名严拿惩办,其拿获多名者,仍请旨量予鼓励。倘有受贿纵庇等情,一经查出,即严参示惩,务使宵小绝迹,闾阎谧靖,以副皇上除莠安良之至意。而于巡缉私贩烟土之时,亦可杜其勾结包护之患矣。一、海口漏银道路及窝藏接递之人,宜确切根究也。粤省地接海洋,为烟土入口之源,每年漏银出洋为数甚巨,必非一二人所能携带,即使分次偷运,每次亦必盈千累万,交兑不易。所有海汊等处,难保无通洋小路,亦难保无沿海奸民为之坐庄兑会,辗转递运。其往来踪迹虽极诡秘,而积惯贩烟之人自必备知其细,即海汊通洋小路,伊等亦必熟悉。诚能于获犯之时,将其接递者何人,窝藏者何人,坐庄兑会者何人,层层追究,则银土出入路径,不难确切查明,立时就近掩捕。在奸徒有不及掩避之势,在州县则得惩一警百之方,而漏银之路可绝。向闻拿获烟土之案,烟之解案者不过十分之五,银之呈缴者不及万分之一,是兵役等不能无弊也。遇吸食者则专治吸食,遇私贩者则专治私贩,是承审者不能根究也。积习如此,该管上司尤当随时稽查,严加惩儆也。臣窃思为政之要,务在宽猛相济,尤须因地制宜。即如烟土流毒已久，吸食者锢蔽既深，罔知悛改。近经严切查拿，数月以来，畿辅内外咸知畏惧。可见立法果严，奉行果力，自不难渐除积习，力挽颓风。总之，法严而限纾，则民皆畏法，而蹈刑者必少；法宽而限迫，则名且玩法，而犯罪者转多。应请皇上严谕该省大吏，督饬文武员弁实力查拿，悉心根究。毋以虚饰图功，毋以苟且贻患，则本源清而实效著矣。"①

十一月，道光帝派湖广总督林则徐为钦差大臣、节制广东水师，赴广东主持禁烟事务。

是年，戴开文次子戴汉翔到京都应试，拿出戴开文行状，拜托杨殿邦为戴开文作传，因公务繁忙，直到其道光二十六年调任漕运总督时也未动笔。

道光十九年,1839 年,67 岁

是年，杨殿邦仍任太仆寺少卿职。

正月二十五日，林则徐到达广州，宣布禁绝烟毒的决心，命令洋商限期消缴存烟，并捉拿烟贩，共缴获鸦片烟土二百三十七万六千二百五十四斤，从四月二十日到五月十五日将收缴的鸦片全部在虎门海滩公开彻底销毁。

二十七日，林则徐在《英烟贩查顿情形及请早颁严惩吸食鸦片律例片》写道："道光十六年冬，即经督臣邓廷桢等遵奉谕旨，查明驱逐，而该夷借称清理账目，又作两载逗留。去冬臣蒙皇上发交太仆寺少卿扬殿邦等条奏各折，带来广东查办，其折内所指，亦以该夷人为奸猾之尤。"②

三月，陶澍以病免，三月后病逝，调林则徐任两江总督。

八月，英内阁会议决定对华发动侵略战争。九月二十八，中英"穿鼻之战"爆发。从九月底至十月上旬，盘踞九龙尖沙嘴一带的英国兵舰，接连六次向官涌一带中国炮台发动攻击，均被广东水师击退，毙伤英军多人，并将全部英国兵船逐出尖沙嘴洋面。

十一月初一日，林则徐奉旨停止中英贸易，但仍规定凡遵令具结、查无鸦片的外国商船准入口贸易。次月，林则徐与两广总督邓廷桢宣布广州正式"封港"，中英贸易正式断绝。英船封锁广州海口。

十二月初四日，林则徐上《查办三点会会众情形片》："再，臣查太仆寺少卿杨殿邦原折内称，粤省匪徒，身带短刀，称为'大货手'，纠人入伙，谓之'放台子'。

---

① 中国第一历史档案馆编：《鸦片战争档案史料》第一册，上海人民出版社，1987 年 7 月，第 416 页。
② 林则徐全集编辑委员会编：《林则徐全集》第三册《奏折卷》，海峡文艺出版社，2002 年 10 月，第 129 页。

每台八人,饮酒拜盟,不序年齿,辗转纠约千百人。又结拜'三点会',有'某脑'、'房长'、'柳枝'、'铁板'、'老晚'名目。抢掳勒赎,杀人放火,皆此类所为。并开出著名之郭亚支混名大王支、陈亚盛混名蛟龙盛,并陈亚幅、陈亚得等,共二十二名。"①

是年,汪云任调任山东督粮道。

道光二十年,1840年,68岁

四月,杨殿邦担任"庚子科会试"阅卷大臣。道光帝看了杨殿邦批阅的试卷,"上以字迹端凝,叹赏久之,列第一,并谕在廷诸臣:'此人老当益壮。'遂有典试山东之命。②"是科状元李承修,镇江丹徒人;榜眼冯桂芬,苏州吴县人;探花张百揆,浙江萧山人。是科后来出名的人有常熟翁同书、宝应刘宝楠等。

五月十八日,杨殿邦任通政使司副使。

五月二十九日,英国军舰封锁广州珠江口,第一次鸦片战争正式爆发,标志着中国近代史的开端。六月,英军强占定海,直接威胁江、浙。

七月初八,甲午,以通政使司副使杨殿邦为山东乡试正考官,翰林院修撰林鸿年为副考官。录取的解元于如川,字仙舟,山东济宁人,道光二十年举人,解元,曾任栖霞县训导,主讲德州、泗州盱眙书院,著有《寄庐诗文稿》。是科录取的李庆翱(1811—1889),山东历城人,原名蜓,字公度,一字小湘。咸丰二年进士,选庶吉士,官至河南巡抚。

九月初八,道光帝诏革林则徐、邓廷桢职,著交部分别严加议处。

十月二十八日,杨殿邦任詹事府詹事,兼署顺天府尹。

十一月初三日,充翰林院日讲起居注官。

十二月二十二日,充补文渊阁直阁事。二十九日,顺天府尹由徐广缙任,未到之前由杨殿邦署理。徐广缙为杨殿邦在嘉庆二十三年主持河南乡试录举的举人。

是年和次年,吴棠两次赴京,投奔杨殿邦。杨很看重吴棠,招留于家,供给饮食,并指点学问。十多年后,吴棠在《杨叠云师诗集叙》中回忆说:"犹忆庚子、辛丑计偕时,棠幪被人都,先生招留京邸,饮食教诲,日课诗文,并勖以远大之学。先生多藏书,指示切要,以真西山《大学衍义》、王伯厚《困学纪闻》、顾亭林《日知录》为宗;由是于学稍知准的。"③

① 林则徐全集编辑委员会编:《林则徐全集》第三册《奏折卷》,海峡文艺出版社,2002年10月,第255页。
② 方瑞兰:《泗虹合志》卷十一乡宦《杨殿邦传杨鸿弼传》,光绪十四年刻本。
③ 《望三益斋诗文钞·杂体文》卷四,同治十三年刻本。

道光二十一年,1841 年,69 岁

是年,觉罗宝兴拜文渊阁大学士,留四川总督任。

正月初三日,钦差大臣、两广总督琦善因沙角、大角炮台失陷,背着清朝政府与英国全权代表义律议定《穿鼻草约》,割让香港给英国,赔偿英国烟价六百万元。广东巡抚怡良向道光帝参揭琦善私割香港,道光帝大怒,下令逮捕琦善,查抄家产入官。

五月,道光帝以林则徐"办理殊未妥协,深负委任""废弛营务"罪名,革去其四品卿衔,从重发往伊犁效力赎罪。

七月,英军攻占厦门。八月二十六日,英国侵略军攻占镇海,两江总督裕谦(1793—1841)便令江宁副将丰申泰护理钦差关防各印迅离镇海,将关防各印送交浙江巡抚衙署,向西北朝廷叩头谢罪后,跳入泮池,以身殉国。

仲夏,杨殿邦为二兄题字。"绣谷只应花自染,仙源依旧地无尘。辛丑夏仲雨窗集宋人句书于都门水木清华吟馆,即请二兄雅鉴,叠云弟杨殿邦。"①

九月初四日,杨殿邦升内阁学士兼礼部侍郎。

是年,门生贾桢迁工部侍郎,调户部,

是年,但明伦任两淮盐运使。但明伦(1782—1853),字天叙,号云湖,贵州广顺人。嘉庆二十四年进士,著有《治谋随笔》《自批聊斋》等。

道光二十二年,1842,70 岁

是年,杨殿邦署总督仓场兼户部侍郎,管理京仓、通仓漕粮积储与北运河运粮事务。

是年,汪云任调任通政司参议。

二月,奕山出兵企图收复被英军侵占的宁波等三城,大败,逃回杭州。

五月,英军进攻吴淞炮台,江南提督陈化成牺牲。宝山、上海沦陷。六月,镇江失守,镇江军民受损严重。七月,英舰兵临南京城下,耆英等奉旨议和,与英国璞鼎查签订中国近代史上第一个不平等条约《中英江宁条约》十三款,割让香港岛给英国;向英国赔款二千一百万银元。

当时,扬州地方绅士江寿民、颜崇礼商议向英军献银保城的计划,得到两淮盐运使但明伦、扬州知府晏曙东的支持,英军放过扬州城。七月二十六日,耆英、伊里布、牛鉴等人联合给道光帝的奏章(见《夷务始末》卷五十九)提及此事:"再镇江失

---

① 高玉森编著:《弘扬博物馆珍藏中国名家法书》,文物出版社,2011 年 8 月,第 381 页。

守时.扬州商民逃散,危在旦夕,经商人颜崇礼,屡至夷船,再三央恳,并由商捐银三十六万两.送给该夷收受,夷船始不北犯,并不关防守之力。"[1]扬州一帮官商认为建立了卓越功勋,纷纷题诗献联,并绘制八图"纪德政",命名为《淮南舆颂》,以志纪念。李湘棻还呈上奏疏为有关人员请赏。十二月二十七日,道光帝下达圣旨:"……俱著交部从优议叙。扬州府知府晏曙东著赏加道衔……。"[2]

道光二十三年,1843,71岁

三月二十八日,杨殿邦补礼部右侍郎。

是年,门生周祖培擢礼部侍郎,调工部,又调刑部。

三月,台湾兵备道姚莹被诬入狱,押解赴京治罪。经多人出面营救,八月二十五日出狱,姚莹一时名满京师,杨殿邦设酒款待姚莹[3]。

五月十八日,杨殿邦署仓场侍郎,六月初七日实授。

五月,杨殿邦、汪孟棠两人首倡捐修盱眙敬一书院,在盱眙引起热烈反响,纷纭解囊出资出力,改善了盱眙的办学条件,对教育事业的发展是一大贡献。

是年,杨殿邦为少时老师陈赫刻印《小琼海诗全集》四集,共二十一卷,八册。

杨殿邦作《陈石士侍郎韬光步竹图题咏钞存(四续):奉题石士姻世叔前辈遗照》,《青鹤》1933年第5期收录。

道光二十四,1844年,72岁

二月,汪云任调任陕西按察使。

二月二日,杨殿邦同乡好友陈阶平(1766—1844)卒,道光帝令署理漕运总督李湘棻代表朝廷赴宝应致祭。杨殿邦撰写《振威将军福建提督军门陈鹿芩墓志铭》:"同郡都督雨峰陈公者,余兄事之。幼禀异质,读书十行并下,随封公家于泗,辄攻举子业。学使北平翁阁学乙其文,附于社,刻苦犹不辍。会日者潘君奇公状,谓改途贵可侯,依舅氏某,隶河标焉。余少时颇志于武,亦韪风鉴家言。从事铅椠,通籍后每话今昔,未尝不道其遇合之奇也。数十年间,宦辙分驰,无由合并。公自偏裨涉历戎帅,陆舂水慄,所向有功,终以突瘴冲岚,浸淫病瘅,然音问间达,犹幸先后得请归田。今公孙兰邮状乞铭,且以哀告,追忆前踪,不觉为之于邑。窃惟居同里闬,

---

① 蒋廷黻:《近代中国外交史资料辑要》上卷,东方出版社,2014年7月,第109页。

② 《著将扬州仪征防堵出力人员但明伦等交优叙事》,上谕档,中国第一历史档案馆:《鸦片战争档案史料》六,天津古籍出版社,1992年12月第1版,第769页。

③ 姚莹:《东溟文后集》卷八《复荐青一兄书》,台湾文海出版社,1983年。

投分尤深,谨受状而读之。按状,公原名安魁,字阶平,号雨峰,更名以字行,晚号鹿岑,吾皖之泗人也。先世由太邱迁临淮,清康熙初优贡生。讳耀者,公之高祖也;讳永福者,公之曾祖也;讳伯山及启元者,公之祖,若考也。三世皆以公贵,赠如其官。曾祖妣氏刘、祖妣氏张、妣氏崔,皆赠一品夫人,事迹载行状及公配钱夫人墓志,不赘。盖余之交公也久,而知公亦最悉,敢擿一二以备立言者择焉。公起于行伍,不惜以厚值市书,于行水金鉴河防一览诸编,丹黄标识,故楗竹塞葵之举,法古而不泥古,宜今而不病今,节经河帅橄堵各工宣防,悉如意旨。暇复演习弓马,谓治兵亦如治水,则攻守进退之道,因地制宜,虽甫菠戎行,而法梅林之筹海,仿南塘之练心,已固结而不可解矣。后以促荐,擢至游击,孔翠影缨,叠膺懋赏。如王朝名、余连等后先滋扰,势几蔓延,使非公镇猝以暇,寓宽于严,人心其曷以靖耶?天下于是决公之将大用也,任吴淞,调邗上,圆洳之潴不容伏草,繁缛之俗用戢哗嚣,政之不肃而成又可概见属。海州枭私丛集,劫夺者互有杀伤,公之为参将也,置其渠于法,馀悉许投械归农,而丈头青皮之害以弭。嗣由副将历权各镇,训练亦精,而《戎政刍言》一书实由倚庐之暇,终仁宗朝,英声彪采,踔跞行间,专阃之寄,薄海为之喁望。今上御极之四年,晋总湖南镇篝,镇篝故苗窟辄,出没不常,时杨侯芳提督湖南,口授梅花叠阵法,爰从五队推演五星,分为二十五队,因应无方。复督率寅僚,议设碉卡,侦瞭有时,并刊有成书,谕以同登仁寿,所辖之境犷悍悉训。其尤著者制配火药,炮位弓弩刀桿之属以备不虞。后锦田之过山猛赵金陇等聚徒肆掠,毗接广东之连山,橄调标下兵勇,无不以一当百。事平得旨,嘉奖赏赉有差。其任提帅也,驺从所至,倚若长城,必使边徼肃清,江波恬谧,而海疆事宜尤能得其要领。自英夷犯顺,粤闽江浙以次戒严,公驻节厦门,火攻颇力,当事梗其议,不得已以病告归,而厦门寻陷。然身江湖而心魏阙,始终罔倦。四明之警曾不逾年,天子即起公于家,致有分守曹江之役。公习贼将习陆战,竭力堵御,而东越得以无恙。既明年,复以疾请,仍疏其制药之法,属抚浙江刘君上之,上可公奏,谕各省著为令。解组后,泊然寡营,虽行步蹇涩,而饮啖若平生。人谓优游林泉,或与佺乔同寿,乃竟以末疾捐馆,是可哀已。公生于乾隆丙戌五月九日,卒于道光甲辰二月二日,春秋七十有九。配钱夫人、侧室子晋康皆先公卒。孙兰,幼;女二,长适宁波卫屯牧李光弼,次适六品荫生云中玺,长女先卒,中玺亦早逝,女以节孝闻。公侨居宝应数十年,钱夫人之卜兆也,即在县之北乡某原,今以日月有时谋合窆焉,公于是乎不朽已。忆余羁宦京雒,犹于南来者询公起居,莳花课鹤之馀,自手一编,与里中诸老宿相过从,绝口不言兵事,而目击黄流淹塞,剏龙尾梭,一具为爬疏海口之资,大府然其说,竟格于行,是公之以治水者治兵,非其证欤?论者谓公之一生无纤毫岨,或疑其工于趋避,岂知知兵之将,程寒暑,齐劳佚,同饥喝,共安危,因形与化,随时与移,而成败利钝,非所逆睹。又或谓并公世者,图秘阁,爵通侯,公勋业烂然,而宠荣相亚,是讵足以知公哉? 余与公雅故,自少而壮而老,略能述其颠末。公以儒业始,以武功终,名德允昌,恩礼亦渥,其荣其哀,知止知足,蓋公之所全者大而所得者厚矣。铭曰:桓桓陈公,颖川之裔。世德绍衣,延于淮泗。堂构其辉,弓裘是嗣。何嗇何丰,克承克继。学剑从军,匪书可弃。领燕肩鸢,服袀裘事。伟矣戎行,始侪末队。储以干城,资其水利。蚁附鸦襄,及锋犹试。威震苗蛮,蜃销澥市。百粤八闽,湘江吴会。柱石参天,鼓铜声地。智勇仁明,瓯东敷惠。雪淬其鉴,风扬厥斾。善刀而藏,一涵秋水。肘印自悬,臂枪弥粹。与鹤为群,取鹿为字。末疾或罹,昊天不憖。恩许饰终,穹碑嵯峨。南充沦芒,北邙贯涕。伐石铭勋,永光奕襈。灵旗如归,庶歆秩记。"[1]

　　陈阶平(1766—1844),原名安魁,字雨峰,号鹿岑,安徽泗州人,乾隆五十一年入伍河标中营,历任扬州营游击、海州营参将、狼山镇总兵、徐州总兵、苏松镇总兵、湖南提督、广西提督、松江提督等职。著《陈雨峰集》六卷。

　　是年,因禄米仓花户私削官解,减放甲米,杨殿邦受到降一级留任不准抵消的处分。

道光二十五年,1845 年,73 岁

　　正月,李星沅调任江苏巡抚,四月署陕甘总督。汪云任署陕西布政使。

　　九月,林则徐奉召回京候补,十一月以三品顶戴署理陕甘总督。

　　是年,但明伦复任两淮盐运使。

　　十一月六日,吏部尚书宗室恩桂等上奏折《奏为遵旨分别议处万安仓被火德春、杨殿邦等覆奏失实缘由具奏》。因万安仓被火,杨殿邦受到革职留任处分。

道光二十六年,1846 年,74 岁

　　是年,杨殿邦会试座师觉罗宝兴觉罗宝兴入觐,命留京管理刑部,充上书房总师傅,兼翰林院掌院学士

　　九月二十六日,戊申,"以漕运总督程矞采署江苏巡抚,仓场侍郎杨殿邦署漕运总督,都察院左副都御史陈孚恩署仓场侍郎,工部左侍郎王广荫兼署钱法堂事务。"(《道光朝实录》卷之四百三十四)。

　　漕运总督的属下有理漕参政、巡漕御史、郎中、监兑、理刑、主事等级别和职掌

---

① 戴邦桢等:《宝应县志》卷二十九《志铭》,民国二十三年,镇江江南印书馆铅印本。

各不相同的属官。督催有御史、郎中,押运有参政,监兑、理刑管洪、管厂(造船厂),管闸有主事。文官武将及各种官员达270多人;还下辖仓储、造船、卫漕兵丁2万余人。其中规模最大的造船厂位于清江浦。

自去年以来,徐广缙担任江宁布政使,发现淮安、海州交界处的六塘河故道淤塞,每到秋季,淹没五、六州县,请蠲请赈,岁不绝书。他派人勘查,估计全部工程需用银两十六万两。于是禀明督抚,克期动工,并委任王梦龄主持这一工程。此后,淮海各州县连年大熟。不久,徐广缙调任云南巡抚,又调广东巡抚。

十七日,内阁奉献谕:"杨殿邦奏运河淤浅,请饬及时挑挖等语所见甚是,著东河总督饬该管道厅迅速办理。钦此。"(台湾故宫藏档,文献编号:405012304)

十二月初二日,癸丑,"以仓场侍郎杨殿邦为漕运总督,都察院左副都御史陈孚恩为仓场侍郎实授。"(《道光朝实录》卷之四百三十七)

门生朱琦作《度闸寄杨叠云漕帅》:"鸣金宵半水门开,衔尾帆樯次第来。河势盘纡连衮预,棹声渲沸挟风雷。忽思飞挽关天瘦,恐有饥民窜草莱。全局运筹真不易,夜寒星斗望中台。"

朱琦(1803—1861),字伯韩,广西临桂人,为杨殿邦门生,道光十五年进士,官至御史,以直言敢谏与苏廷魁、陈庆镛合称"谏垣三直"。晚年总理杭州团练局,遇太平天国攻杭州被杀,赠太常寺卿。著有《怡志堂诗文集》。

是年,门生吴棠试用期满,入漕运总督杨殿邦幕学习吏事。次年,他因防汛出力,奉旨免借补,以沿河知县补用而摄砀山知县。

道光二十七年,1847年,75岁

是年,门生贾桢连擢左都御史、礼部尚书,调吏部尚书。

正月,江苏巡抚陆建瀛兼署两江总督,主张苏州、松江、太仓白粮改由海运北上,后推及常州、镇江等地。

正月,"庚子,谕内阁:杨殿邦奏《疲帮丁力难支请仿照成案办理》一折。江南大河卫前帮,丁贫屯薄,造船本属赔累,雇造并丁力更觉难支。加恩著照所请,所有大河前帮九运军船准其援照成案,免其雇募。按照加一留次配造,粮洒通帮装带。其应支行月漕赠等项银米,分给造运各丁请领济运。其九运事故船只,亦著照成案加一轮减免雇,以纾丁力。"(《道光朝实录》卷之四百三十八)

三月,"丁酉,谕内阁:杨殿邦等奏请将捞爬运河不力之知县摘去顶带等语。徒阳运河,上冬虽届小挑,亦应认真捞浚,无误漕行。兹据该漕督等奏称,长淮等帮,行至丹徒武进等处,仍复阻浅起剥。是该县等于捞爬事宜,漫不经意,疲玩成风,实堪忿恨。江苏武进县知县陈嘉勋、丹徒县知县张元揆，俱著摘去顶带，勒令加紧捞深。倘在后各帮，仍复浅滞难行，即将该管知府及督挑各员，一并从严参办，无稍姑容。又谕：杨殿邦等《奏请将不遵文檄玩视漕粮之知县革职》一折。江苏宝山县知县刘果，于该县额徵漕粮，并不遵例采办，辄称该县并无漕仓，实属强辩饰非。刘果著即革职，以示惩儆。"（《道光朝实录》卷之四百）

三月九日，杨殿邦上奏折《为首进帮船盘验过淮日期奏祈圣鉴》，附件《奏参九江后帮千总李天鹏等请旨革职片》）。朱批："知道了。"（台北故宫藏档，文献编号：405010241）

四月九日，杨殿邦上奏折《奏报漕船盘验过淮日期》，附件《奏为请旨将千总蒙天保等革职片》："再，江淮头帮千总蔡天保在任已经三年，并不留心运务，专以钻营为事，非求调繁缺，即谋派复差，漕务中断，难容此钻谋之人。滁苏帮千总刘焯在标日久，补缺多年，曾因失察，手滋事撤任质证；又因滥委旗口，种种办理不善，均已记过有案，近更不协丁情，难望其振作。湖州所帮千总王显才具本属平庸，又复自以为能，动辄冒昧禀请更改旧章，输委领运，不能驾驶丁舵，兑开运滞，行走脱空，接运记过五次在案。又候补卫千总陈甫吉，本系湖北人，前漕臣程矞采任内，该千总禀称祖籍江西瑞昌，迨臣接印时查履历，又称安徽太湖县，不知其意何居，即此一端足见该千总行踪诡秘，以上四员，臣既有所闻见，曷敢稍事姑容"，请旨将江淮头帮千总蔡天保、滁苏帮千总刘焯、湖州所帮千总王显、候补卫千总陈甫吉一并革职，以昭炯戒。臣所辖八省卫守备千总及在淮候补不下六百馀人，容臣逐细察看，随时甄别，谨附片参奏。奉朱批：认真勉力，勿恤其他，另有旨，钦此。"①

四月二十一日，杨殿邦上奏折《奏报重运军船灌放第二塘日期》，附件《奏参九江后帮千总李天鹏等请旨革职片》）。朱批："知道了。"（台北故宫藏档，文献编号：405010293。）

五月十四日，杨殿邦上奏折《奏报三进船粮全数盘验过淮日期》，获朱批："知道了。"（台北故宫藏档，文献编号：077565）

杨殿邦上奏折《奏请将武进县知县陈嘉勋等开复顶戴事》，二十七日获朱批。（台北故宫藏档，文献编号：077566）

五月十四日，杨殿邦上奏折《奏为遵旨保举副将阿隆阿堪胜陆路总兵事》，二十七日获朱批："著交军机记名以总兵用，毋庸送部引见，该总知道。"（台北故宫藏档，文献编号：077567）

---

① 道光二十七年五月十七日《京报》。

六月,林则徐在昆明写信给杨殿邦。《致杨殿邦》:"前修寸楮,知已早达典签。顷展兰笺,恍亲芝字,奖饰比薰风之拂,披吟增旧雨之思,三复回环,五中惭感。敬谂叠云二兄大人仰孚帝眷,永裕仓储。东吴之粳稻连樯,乘风飞挽;北极之丝纶载锡,计日封坼。引蹐祥辉,弥深扦庆。弟西陲承乏,已深竽滥之惭;南诏兼坼,倍切冰兢之惕。兹于六月望后履任昆明。虽汉、回甫息交锋,难保其竟无反复,抚绥防范,每虞未克周详。惟祈时锡箴言,庶免贻讥覆悚,则幸甚矣。专泐驰请台安,顺贺大喜。统惟朗照。"①

　　六月四日,杨殿邦上奏折《奏为重运漕船全数渡黄完竣循例具奏》,十一日获朱批:"知道了。"(台北故宫藏档,文献编号:077687)

　　六月二十四日,杨殿邦上奏折《奏报全漕尾帮催入山东境日期》,七月四日获朱批。(台北故宫藏档,文献编号:077956)

　　六月二十四日,杨殿邦上奏折《奏为领运千总刘定国等玩延刁诈请分别革职勒休》,七月四日获朱批。(台北故宫藏档,文献编号:077957)

　　七月九日,杨殿邦上奏折《奏为重运漕船遭风沉湿冲没米石恳请分限买补》,七月十九日获朱批。(台北故宫藏档,文献编号:078141)

　　杨殿邦上奏折《奏报臣于甄别卫弁一折内误写右字为左字请旨饬部更正并将臣交部察议》,七月十九日获朱批:"该部照改。"(台北故宫藏档,文献编号:078142)

　　七月十五日,杨殿邦上奏折《奏报全漕尾帮催过济城日期》,二十四日获朱批:"知道了。"(台北故宫藏档,文献编号:078206)

　　七月二十七日,杨殿邦上奏折《奏为全漕尾帮催出临清闸河日期由》,八月五日获朱批。(台北故宫藏档,文献编号:078368)

　　八月十六日,杨殿邦上奏折《奏报全漕尾帮催入山东境日期》,八月二十日获朱批。(台北故宫藏档,文献编号:078471)

　　杨殿邦上奏折《奏为湖南粮道李昭美运道最远援照道光二十五年江西粮道法良请缓引见之案禀请展限次年赴部由》(此系附片),八月二十日获朱批。(台北故宫藏档,文献编号:078369)

　　杨殿邦上奏折《奏报云贵委员邓埏等廿一起铜船只挽入临清情形》,八月二十日获朱批:"知道了。"(台北故宫藏档,文献编号:078472)

　　杨殿邦上奏折《奏报筹备驳船接驳粮船情形》,八月二十日获朱批。(台北故宫藏档,文献编号:078473)

---

① 林则徐全集编辑委员会编:《林则徐全集》第八册《信札卷》,海峡文艺出版社,2002年10月,第162页。

八月十六日,奏请陛见,八月二十日获朱批:"著来见。"(台北故宫藏档,文献编号:078474)

八月二十五日,杨殿邦上奏折《奏报重运尾帮全抵津关日期》,八月二十九日获朱批:"知道了。"(台北故宫藏档,文献编号:078652)

八月二十五日,杨殿邦上奏折《奏报重运漕船遭风漂没淹毙人口情形》,八月二十九日获朱批:"户部议奏。"(台北故宫藏档,文献编号:078653)

八月,"丙寅,谕内阁:杨殿邦奏请饬豫筹备拨章程等语。向来粮船挽入直隶境内,间用例设拨船接拨,本年水涸异常,拨船不敷。若在安陵一带,觅雇民船,又属不易。现在权宜之计,饬令山东各拨船接拨前进,以期无误。倪嗣后沿河州县,恃有此举,于备拨窊浅一切要务视为缓图,殊非慎重办公之道。著讷尔经额先事筹画,妥立章程,严饬沿河各州县谕以转瞬新漕届临务须实力备办,毋得援此次山东接拨之案,任意推诿,以速漕运而杜流弊。"(《道光朝实录》卷之四百四十六)

九月,"漕运总督杨殿邦覆奏,前给事中江鸿升奏,候补漕弁人数过多,请分别饬令回籍候咨。查漕运总督统辖八省,现在漕标候补之弁,人数虽多,而逐项分派,不甚拥挤。若予以额限,恐该弁等转觉缺多人少,有恃无恐,不肯勤奋当差,至钻营积习,在所难免。近日严加整顿,稍知儆畏。且风气不开自上,即有不肖劣弁,亦技无所施。况升补各缺,皆由部指定班次缺分咨行遵办,并无先后挽越等弊。该给事中所奏,应毋庸议,下部知之。"(《道光朝实录》卷之四百四十七)

九月十二日,杨殿邦上奏折《奏为回空尾帮全过天津关日期由》,九月十五日获朱批:"知道了。"(台北故宫藏档,文献编号:078908)

九月十二日,杨殿邦上奏折《奏为遵议给事中江鸿升所奏候补漕弁人数过多请分别饬令回籍一折查旧例极为妥善似毋庸再议章程由》,九月十五日获朱批:"所议是,兵部知道。"(台北故宫藏档,文献编号:078909)

九月二十一日,杨殿邦上奏折《奏报回空尾帮催入山东境内之日期》,九月二十六日获朱批:"知道了。"(台北故宫藏档,文献编号:079063)

九月,在"海运与河运争议"中,杨殿邦对海运提出异议。"……至是,漕运总督杨殿邦对海运提出异议,请缓办,其言曰:漕粮为天庾正供,凡在船丁舵人等以及沿途居民,赖以生活者不下亿万。若改海运,必令万余游民无尢船可运,致使生计孔艰,颠连无告,及流为匪类,从而绳之以法,亦殊可悯。且水手率皆桀骜雄驯,使不逞之徒麇集畿辅重地大津,熟习北洋沙线,其流弊尤不可胜言。又现在洋面情形不及从前恬靖.间有盗动之案.道光帝令大学士会同户部迅速议奏。旋议奏,仍请河海并运。"①

大学士穆彰阿等人对杨殿邦的意见进行反驳:海运行则帮费不禁自绝,且商船均系江南土著富民,招雇均经保结,岁赴北方贸易亦例所不禁,本非因运粮始赴天津。由于对六年海运时河运水手的激烈反应记忆犹新,高层最后作出妥协:推行海运的地区,额设漕船未便连年全行减歇,以后仍以"河运为主"。②

十月二日,杨殿邦上奏折《奏为回空尾帮全进临清闸河日期》,十月八日获朱批:"知道了。"(台北故宫藏档,文献编号:079255)

十月二十七日,杨殿邦上奏折《奏为回空尾帮全出山东境日期由》,十一月六日获朱批:"知道了。(台北故宫藏档,文献编号:079639)

杨殿邦上奏折《奏为江淮九帮入临清关后处处脱空十馀日之久请旨将该帮押空千总富昌革职由》,十一月六日获朱批。(台北故宫藏档,文献编号:079640)

十一月四日,杨殿邦上奏折《奏为回空漕船全数渡黄由》,十一月十一日获朱批:"知道了。"(台北故宫藏档,文献编号:079685)

十一月,因空运后船脱空,杨殿邦受到降一级不准抵销处分。

十一月二十日,杨殿邦呈报《为明年河海并运谨陈帮船减歇利弊事奏折》:漕运总督臣杨殿邦跪奏,为明年河海并运,请俟本年办理无误,再行筹议,谨陈管见,仰祈圣鉴事。窃议漕粮固为天庾正供,凡在船丁舵人等及沿途居民,赖以生活者不下亿万。溯查道光六年因河道阻塞,不得已而一试行,次年旋即停止,如果万全无弊,何以舍此海运之便而为此河运劳?是海运之诸多窒碍,未能确有把握,已可概见。近年来河运顺轨,运道畅行,乃论者因灾减过多,诿诸帮费,将苏、松、太三属改由海运,奉旨允行。现据各州县报到收成分数统计,仍止七分有零,依然报灾。则灾减不关乎帮费,是其明证。查苏、松、太三属漕粮居全漕四分之一,地方查有灾歉,自应奏请蠲缓。无如各州县因征不足额,遂以报灾掩饰,习以为常。推原其故,各州县情形不一,或绅户大户包揽抗欠,或胥役地保包庇侵蚀,甚至刁衿豪棍把持挟制,种种弊端,难以枚举。其良懦乡民,力不能完,以及逃亡故绝,无可着追者,不过百分之一二。果能实力整顿,剔除积弊,漕额无难征足,又何必另立筹补名目也?此次办理情形与道光六年迥异,彼时各帮粮艘未经归次,留于黄河以北以接运江广新漕,水手人等,养赡有资。今则三十一帮全行减歇,失业者不止在船水手,伏惟皇上痌瘝在抱,轸念黎元。现历豫省旱荒,内发帑金,外筹商米,普行赈恤,惟恐一夫失

① 戴逸、李文海主编:《清通鉴》14,《宣宗道光22年起文宗咸丰4年止》,山西人民出版社,第6061页。
② 穆彰阿等:《大学士等奏议苏松太三属漕白粮米改由海运并片奏漕船如何轮流减歇》,《重订江苏海运全案原编》卷一《奏章文移》。

所。一旦令万余无业游民无船可运,必至生计孔艰,颠连无告,及流为匪类,从而绳之以法,亦殊可怜。且臣以为水手一项,在粮船安置固属为难,在砂船招徕尤属可虑,此等习处海滨,罔知国法。本年臣督运北上在天津时,亲见沙船水手,率皆桀骜不驯,访知内地舆情,咸谓市井驵侩乐与周旋,贩负良民畏其强悍。天津为畿辅重地,使群不逞之徒蚁聚麇集,熟悉北洋沙线,其流弊尤不可胜言。臣通盘筹画,海运所费亦未能较省于河运,河运之费仍在内地,海运之费散诸外洋。虽沿海人等均隶版图,而船户向以贸易海外为业,所贩运者不过奇技淫巧,非日用所必需。其应募运粮,图得水脚,又免税课,以所得内地之赢余,交易外洋之异物,将必至民膏暗耗,银价日增,于国计民生所关非细,臣为防微杜渐起见,不敢存畏难之见,不敢存侥幸之心。所有明年河、海并运,如何轮流减歇之处,暂请缓议缘由,理合恭折并奏,伏祈皇上圣明训示。谨奏。朱批:大学士、军机处会同户部速议。片二件并发。①

十一月二十日,杨殿邦呈报《为陈近日洋面不靖事片》:再臣访得沙船装载货物驶行洋面,每有沿海匪徒包揽护送。兹据江苏藩司李僡等详称,现在洋面情形不及从前恬靖,间有盗劫之案等语。又查得数月内,江浙洋面捐米客货船只,被盗匪掳劫勒赎各案,积有数十起之多,并未破获一起。其未经呈报及报而讳饰者,更不知凡几。伏思以国家惟正之供,付诸滨海细民之手,虽有武营水师将弁在船统辖弹压,沿途稽查巡访,然自上海开行以至天津收口,洋面数千余里,风信靡常,声势甚难连络,悉听该船户游驶自便。即督抚臣悉心筹画,在内海尚恐疏虞,在外洋断无把握,万一事出意外,猝遇海氛,其进消弥不办,则有损国威,挞伐用张,则动糜军饷,统筹大局,措置殊难。臣职司漕务,现值粮运不敷之时,更不能不熟思过虑。臣言未必尽是,臣言亦不无所见。谨将近日洋面大概情形附片奏闻,伏祈皇上圣鉴。谨奏。朱批:览。②

杨殿邦上奏折《奏报苏松太三属漕粮改由海运补米石情形》,十二月二日获朱批:"览。"(台北故宫藏档,文献编号:080034)

十一月二十六日,杨殿邦上奏折《奏报回空帮船全出瓜洲江口日期》,十二月九日获朱批:"知道了。"(台北故宫藏档,文献编号:080155)

十二月六日,杨殿邦上奏折《奏报江南各帮旗丁应领行月等米请暂缓收买事》,十二月二十一日获朱批。(台北故宫藏档,文献编号:080376)

十二月六日,杨殿邦上奏折《奏报新漕首二两帮盘验过淮日期》,十二月二十一

---

① 《道光间海运漕粮史料选辑》上,《历史档案》1995 年 2 期。
② 《道光间海运漕粮史料选辑》上,《历史档案》1995 年 2 期。

日获朱批："知道了。"(台北故宫藏档,文献编号:080377)

十二月初八日,林则徐在昆明写信给杨殿邦。《致杨殿邦》:"履滇后泐寄复笺,知已早登签阁。嗣以薪劳鲜暇,每惭竿牍多疏。遡偲鸿仪,殊殷鹄企。昫届青阳应律,遥詹绛节凝厘。敬稔叠云二兄大人弗禄蕃臻,荩猷不焕。芝庭春暖,千艘将发之时;梅阁风和,六律新调之候。朗福星于淮水,转饷增勤;膺恩命于虞廷,兼圻伫领。引骧瑞采,曷罄轩鬟。弟自苍边城,频更月瑭。迤西回务办理粗有章程,辰下尚属安恬,未卜后来奚若。所幸辖疆枚谧,稼事丰成,差足报纾荩注。专泐布达,敬贺年禧,顺请台安。惟希蔼鉴,不备。名正泐馆愚弟帖。"①

道光二十八年,1848 年,76 岁

元旦,朝廷加恩年老诸臣,杨殿邦会试座师觉罗宝兴加太保。

是年,门生徐广缙升两广总督兼通商大臣;杨以增调任江南河道总督。

正月八日,杨殿邦上奏折《谢赏福字恩》,一月二十日获朱批:"览。"(台北故宫藏档,文献编号:080764)

正月十日,杨殿邦上奏折《奏为拿获海洋盗犯饬令解准讯办由》,一月二十一日获朱批:"所办甚好。"(台北故宫藏档,文献编号:080773)

正月十日,杨殿邦上奏折《奏为临清关外河神灵验应恳恩酌加酬赐由》,一月二十一日获朱批。(台北故宫藏档,文献编号:080774)

杨殿邦上奏折《漳神历次封号匾联清单》,获朱批:"览。"(台北故宫藏档,文献编号:080775)

正月十八日,"司道见,论漕帅(杨殿邦)海州提案一折未有不色骇者,耆介春奉入都述职之旨,真是好好脱身,意或先离两广,再到两江,私心希冀亦愿早来卸重肩也。徐仲绅、叶昆臣能就爱递升,尚是地方之福。"

正月廿一日,午刻折回,均奉朱批如例,泖议另寄谕,以熟铁炮及炸弹上紧多制,饬发各营操练务熟,并奉朱批责'以逸之慎之,朕切望焉',敢不勉益加勉,慎之又耶?淮安福过奉旨送部,为地方除一蠹,而其亲党必归怨矣。②

正月二十二日,杨殿邦呈报《请饬各州县迅速资遣减歇帮船水手事奏折》:"漕运总督臣杨殿邦跪奏,为海运各帮减歇粮船水手,请旨饬资遣事。窃本年办理海运,所有歇运各帮水手,前经督臣、抚臣会折奏明,查令各归各次,即饬各州县开造

---

① 林则徐全集编辑委员会编:《林则徐全集》第八册《信札卷》,海峡文艺出版社,2002 年 10 月,第 242 页。
② 袁英光、董浩整理:《李星沅日记》,中华书局,1987 年,第 732 页。

水手人数姓名住址清册,给银资遣回籍,钦奉俞允,咨行遵照在案。臣叠经轧饬该管江苏松粮道,转饬县帮遵照,按船查照水手册籍,妥为资遣。迄今月余,仅据常熟、昭文、娄县等三县具报,业已遣散,此外尚未报到。访问吴江一带仍月水手聚集,查该处系浙江帮船必由之区,指日浙船抵近,向来江浙两处水手多有宿嫌,若不早为遣散,设或滋生事端,所关匪细。臣远在淮城,有签船之责,鞭长莫及,而该处水手人等,在船则为水手,资遣则为游民,若仍责令帮弁管束,势必不能。相应请旨救下江苏抚臣,就近饬令各该州县,将各帮水手迅速妥为遣散,以昭慎重而利漕行。是否有当,伏祈皇上圣鉴训示。谨奏。朱批:另有旨。"(台北故宫藏档,文献编号:080960)

正月二十二日,杨殿邦上奏折《奏为审讯洋盗情形》,二月三日获朱批:"知道了。"(台北故宫藏档,文献编号:080961)

正月二十八日,"漕帅复咨到片稿,以海案如有牵涉即解苏州,否则均由淮审,何许子之不惮烦? 淮安福楙为所赏,怪哉! ……,默深晚来,谈及仪征河不能挑,江寿民甚河靠。"①二月初一,"卯起,补服诣武庙行香,司道以次见。秋翁持示漕帅信,以海州案犯仍解苏审办,或福守不乐承审,忽而幡然悔耶?"②

二月十日,杨殿邦上奏折《奏为校阅官兵技艺由》,二月二十日获朱批:"知道了。"(台北故宫藏档,文献编号:081149)

二月十四日,"胡心梅辞往淮安,闻福楙亏库款颇钜,不知何款,或有漕帅公项寄耶? 复馀山书,并咨送折片各稿,戌刻得立夫书,并录送二月初春奉到寄谕,如叠云又有水手聚集之奏,此事本可虑,加以横枪迭出,尤岌岌也。"

二月十六日,"复立夫两书,护送兵齐而米船尚未出口,似有畏缩之态,即出函商立夫,如署提不能调度,顺如文毅故事抚军亲往放洋也。叠云(杨殿邦)附片奏海州案解苏,仍以洋面不靖,大放厥词,颇有愿作替人之意,此则予所求之不得者也。"③

二月,丁未,杨殿邦《请饬各州县迅速资遣减歇帮船水手事奏折》,得到道光帝批复:"谕军机大臣等:本日据杨殿邦奏海运各帮减歇粮船水手,请饬速为资遣一折。本年办理海运,所有歇运水手,前经该督抚议定资遣回籍章程,自已督饬州县查照各水手册籍,妥为遣散,以免滋生事端。若如该漕督所奏,现在具报业已遣散者,仅止常熟、昭文、娄县等三县。其吴江一带,仍有水手聚集。指日浙江帮船行抵

---

① 袁英光、董浩整理:《李星沅日记》,中华书局,1987年,第733页。
② 袁英光、董浩整理:《李星沅日记》,中华书局,1987年,第733—734页。
③ 袁英光、董浩整理:《李星沅日记》,中华书局,1987年,第735页。

该处,该水手等均系犷悍之徒,最易寻衅滋闹。设或酿成事端,所关匪细。著李星沅、陆建瀛接奉此旨,迅即派委明干员弁查明吴江一带未经遣散水手。尚有若干名,即按照奏定章程,克日遣令回籍,断不准任意逗留,藉称无业游民,暗中勾结滋扰。经此次饬谕之后,傥各该处歇运水手,仍前麕聚,或至为匪不法,朕惟该督抚是问,恐不能当此重咎也。将此各谕令知之。"(《道光朝实录》卷之四百五十二)

二月,"丙辰,谕内阁:前据杨殿邦奏,漕标将弁会同海州地方文武,拏获海洋盗犯,就近解淮审办。兹据李星沅等奏称,该犯江广有等,与江阴县现获洋盗周金麻子等一案,姓名籍贯多属相符,必应提同质究等语。此案洋盗江广有等叠次行劫,并拒伤弁兵。著杨殿邦于审明后仍按名摘出,解赴苏州归案质讯。"(《道光朝实录》卷之四百五十二)

二月,甲子,"谕内阁:杨殿邦奏请将漕标候补庸劣帮弁革职等语,所奏是。漕标候补卫守备陈传芹,居心狡诈,唯利是图。候补卫千总袁守仁,人本平庸,兼又喜事,考验步射,甚不合式。著一并革职,以示惩儆。"(台北故宫藏档,文献编号:081150)

二月,甲子,"又谕:杨殿邦奏参玩视漕务之千总一折。上年大河二帮千总王泽,兼管回空事务,擅自离船,任听水手停泊。回淮后又不销差,实属胆玩。王泽著即革职,以昭炯戒。"(台北故宫藏档,文献编号:081151)

二月,甲子,"谕军机大臣等:本日据杨殿邦奏,拏获洋盗讯有曾赴崇明上海等处各供,当将案犯解赴苏州审办,并究出在逃首夥逸犯多名等语。海洋盗贼肆行劫掠,为害商贾,所关匪细。现当海运漕米沙船陆续放洋之时,固当严密梭巡,不可失事。"(《道光朝实录》卷之四百五十二,台北故宫藏档,文献编号:081152)

二月底,杨殿邦奏报发现夷船沿江直上江宁,立即上报:"臣据两淮盐运司但明伦报称,二月二十二日有夷船一只沿江直上。维时咸谓该夷在青浦县与减歇船水手口角被殴,前赴督臣衙门诉理。嗣抵省谒见督臣,允为查究,即挂帆退出。而臣并未接准督抚咨会,馀外地方各官亦无禀报。密探言,颇谓该夷此来,沿途探量水势,在瓜州口停泊一夜,自瓜州至江省又复节节耽延,其情甚为可疑。伏念上海离苏省甚近,该夷如有屈抑,即赴诉抚臣亦必妥为查办,乃突入长江,纤途而上,竟使守口各官未及察觉。且闻督臣谕在城外接见,该夷坚执不允,径自进城进督署而谒,是诚何心?现在抚臣陆建瀛已驰赴上海,督臣李星沅并不咨交抚臣就近办理,饬委江藩司傅绳勋及在籍候道陈之骥前往究办,想亦不无所见。我皇上如天之量,统驭中外,无不兼容并包,但有职守者宜于宣布德意之中,仍寓严密周防之意,始足以昭慎重。虽人言未可尽信,而夷情叵测,人所共知,并恐其习以为常,此后遇有微衅细故,即径达江省面议,视守口文武员弁如同虚设,于国家江海之防大有关系。臣职司漕务,瓜州地方为漕运咽喉之所,现值粮艘盛行之际,惟有殚尽心力,设法筹催,以期妥速完竣,仰慰圣廑,就管见所及附片陈明,伏乞皇上圣鉴,谨奏。"①

三月六日,杨殿邦上奏折《奏为首帮船只盘验过淮由》,三月十八日获朱批:"知道了,附片二件,留一。"(台北故宫藏档,文献编号:081505)

杨殿邦上奏折《奏为请旨饬两江总督等赶紧催提漕船由》,三月十八日获朱批。(台北故宫藏档,文献编号:081506)

三月二十八日,杨殿邦上奏折《奏报重运头塘船渡黄完竣》,四月五日获朱批:"知道了。"(台北故宫藏档,文献编号:081732)

四月,戊午,"谕内阁:杨殿邦奏,请将逞刁叠控之千总先行革职一折。前押东昌帮空运卫千总李忠恒,因具控该帮领运千总荣星吉各情,业经前漕运总督将该千总撤任提讯,乃藉称措资回籍。现经屡次勒提,延不到案,辄敢节次具禀,哓哓狡渎,实属逞刁抗玩。李忠恒著即行革职,被控之东昌帮千总荣星吉一并撤任,交杨殿邦提同人证严讯究办,毋任狡展。寻奏:李忠恒呈控各情,均属虚诬。依诬告律反坐,拟发极边足四千里充军,下部议,从之。"(《道光朝实录》卷四百五十四,台北故宫藏档,文献编号:081852)

四月六日,杨殿邦上奏折《奏报甄别衰庸不职之泗州卫守备王元桂等并请分别革职勒休》,四月十五日获朱批。(台北故宫藏档,文献编号:081853)

四月,戊午,"又谕:杨殿邦、潘锡恩会奏,江广漕船尚未渡江,请旨饬催一折。各省起运漕船,定有限期,全数渡黄,不容稍有迟误。现在江广各帮已逾期限,尚未抵坝。该帮究竟行抵何处,沿途亦无文报,殊属迟玩,著两江总督,江西、安徽、江苏各巡抚,迅即饬令该地方文武员弁沿途昼夜趱催。经过各关,务即随验随放,不准片刻羁留,俾得及时到坝渡黄,以速补迟。倘稍玩误,查明系何处耽延,定将该地方及督运之员,从重惩处不贷。"(台北故宫藏档,文献编号:081947)

四月十三日,杨殿邦上奏折《奏报二进帮船盘验过淮日期》,四月二十五日获朱批:"知道了。"(台北故宫藏档,文献编号:081967)

四月二十九日,杨殿邦上奏折《奏报漕船灌放第二塘日期》,五月七日获朱批:"知道了。"(台北故宫藏档,文献编号:082115)

五月九日,杨殿邦上奏折《奏报三进船粮全数过淮情形》,五月二十日获朱批:

---

① 《道光朝留中密奏专号》第三十七期,载《史料旬刊》第四册,北京图书馆出版社,2008 年 1 月,第 476—477 页

"知道了。"(台北故宫藏档,文献编号:082277)

五月十九日,杨殿邦上奏折《奏报重运漕船灌放第三塘日期》,五月二十六日获朱批:"知道了。"(台北故宫藏档,文献编号:082374)

六月,福建学政彭蕴章奏裁减漕船帮费:"漕船卫官需索旗丁日益增多,沿途委员及漕运衙门、仓场花户皆有费,欲减旗丁帮费,宜探本穷源。又州县办漕,应令督抚察其洁己爱民者,每岁酌保一二员;办理不善者,劾一二员。运漕官及坐粮厅如能洁己剔弊,准漕督、仓场保奏,不称职者劾罢。"

咸丰帝阅后震怒,令下部议,发谕旨。"甲辰。谕内阁:前据彭蕴章奏、裁减漕船帮费,当交户部议奏。兹据该部核议具奏:漕粮为天庾正供,自应裁减浮费,杜绝弊端,庶使小民乐于输将,州县易于交兑,源源转输,仓储日裕。乃近来自州县之徵收,沿途之转运,以及各仓之出纳,节节视为利薮,致使旗丁需索帮费,每岁加增,几成积重难返之势。因而绅衿之包庇,船户之偷窃,胥役之侵渔,种种弊端,相沿日甚。若不从严整顿,流弊何所终极?着有漕省分各督抚暨河道漕运各总督、仓场侍郎等,悉心体察,力清其源。源之不清,流从何止?"(《道光朝实录》卷之四百五十六)

杨殿邦为此上疏,疏入,咸丰帝令下部议行。疏文见附录《杨殿邦列传》。

八月初七日,"辰刻发折,限十六日递,即开船过淮关答拜文大兄光,少泉来送,因告以至苏晤立夫,可转致上海局员请旨再行保举,及新漕如何复奏。胡心梅云:福楙在任时稿多未画行,案多未审结,长解滥禁,库项滥,应有二船载花往来,甚招物议,而漕督杨叠云独心赏之。周听松复来见。夜泊界首。"[1]

八月十九日,杨殿邦呈报《为请加给减歇丁船月粮银米事奏折》:漕运总督臣杨殿邦跪奏,为苏、松、太三属粮由海运,减歇丁船恳请分别加给月粮银米,以资调剂,恭折奏祈圣鉴事。窃照本年起运苏州、松江、太仓三府州属道光二十七年分漕粮,全数改为海运,所有空出军船,经户部于议复海运折内声请,仿照道光六年成案量恤,钦奉俞旨允行,移咨到臣。行据司道会详,请将苏、松、太减歇帮船应领江苏二道月粮银米,援照道光六年一律全支。经臣会同督抚臣咨准,部复以查核现在情形,与道光六年未尽相同,应分别海运、灾缓、减歇妥协会奏等因。又经转行会议去后。兹据升任江宁布政使傅绳勋、苏州布政使李僡、署江苏按察使苏松粮道倪良耀、苏州府知府桂超万会详称,今届苏、松、太三府州属粮由海运,各帮军船全行减歇,较之道光六年截留河北接运别省漕粮,尚有水脚口粮可支,以及连年灾减仍有

---

① 袁英光、董浩整理:《李星沅日记》,中华书局,1987年,第756页。

起运之船可以挹注饮食者,丁情尤觉疲困。是以议请将月粮银米全行给发。庶该丁等不致变卖工具,废坏漕船,正为豫筹河运之地。今奉部驳,拟请将苏、松、太上年回空归次之船,即作为海运减歇船只,所有应领月粮银米,循照道光六年成案,照额全支。其道光二十六年灾减在次各船,以苏省本年起运漕粮,较之二十六年,实有多运米二十一万五千余石。若照常年河运,即应于二十六年冬灾减船内派出三百四十只起运,既因海运减歇,原应一律全给月粮,方昭公允。但此三百四十只,因上年办理歉缓,已在奏办海运之后,未经分派,应运、应减,现在难以强为区别,致滋口实。应请将二十六年冬灾减在次各船,一律酌加三分月粮银米,嗣后如遇遍灾减歇,不得援以为例。其所需月粮米款,除将苏、松、太三属海运减存行月米石尽数动支外,仍有不敷米石。查有道库二二平余一款,本系留备公用,并非漕项正款,堪以暂行动拨折价凑给,仍俟启征行月米石变价归款等情,会详请奏前来。查苏、松、太漕粮,频年歉缓,历届轮减之船,每逾于出运之数。本年办理海运,帮船全行停减,丁力实属难支。该司道议详,系实在情形。且较之道光六年,已从节省,合无仰恳天恩俯准,将道光二十七年苏、松、太三属回空入减帮船应领江安、苏松两粮道月粮银米,准其照额一律全支。其二十六灾减在次船只,除例支五分月粮银米外,并请赏加三分月粮银米,以示优恤。所有不敷米石,即在于道库二二平余款内动拨折给,俟征完归款。感沐鸿慈,实无既极。如蒙俞允,俟奉到俞旨,饬行江安、苏松两粮道,分晰造具帮次丁名派支数目清册,送部查销,以归核实。谨会同两江总督臣李星沅、江苏巡抚臣陆建瀛恭折具奏,伏祈皇上圣鉴训示。谨奏。"朱批:"户部速议具奏。"①

九月,丙戌,"谕内阁:杨殿邦奏,请将暂行革职之帮弁革任等语。安徽安庆前帮千总盛禄、后帮千总郭维桢,前因押运脱空,降旨暂行革职。兹据奏称,该弁等平日办公,未能谨饬,不能约束丁舵,到处耽延。兹又妄冀开复,当此整顿漕务之际,断难姑容。盛禄、郭维桢、均著即行革任,分别勒令回旗回籍,以肃漕政。"(《道光朝实录》卷四百五十九)

十月二十八日,内阁奉上谕:"李星沅奏空运后船脱空案,杨殿邦、钟祥、徐泽醇均著先行交部议处,并查明各帮船在何处迟延,据实严参,钦此。"(台北故宫藏档,文献编号:405012413。)

杨殿邦片:再,查云贵委员桂文奎等各起铜铅船只,前因江广漕船连络趱行,无档可拣,当经饬令随漕行走,免与漕船水手争执滋事,附片奏闻在案。嗣臣湖南督

① 《道光间海运漕粮史料选辑》下,《历史档案》1995 年 3 期。

帅尾帮潜过临清,该铜船俱随跟接出关闸,即经派员前往迎提,并饬回空单船分崖挽行,免致阻滞,现已挨次全抵津关,仍饬催飞抵通,及早运局,无误鼓铸。谨附片陈明具奏。奉朱批:户部知道,钦此。①

十一月十二日,"辰起,由陆至淮城答拜,谈及漕事,叠翁(杨殿邦)亦求无误,惟县甘帮苦之见依然未化耳。顺道拜访淮关文小梁。"

十一月十八日,"迭次报入塘船数,至戌刻始完,共船二千七百只,闻漕船十五有封事,度必指摘塘工及义河堵迟,因附片叙及,亥刻随折同发,复京友书。"②

十一月,"己丑,谕内阁:杨殿邦奏遵查回空漕船脱空情形一折,并另片奏筹办灌塘各等语。本年漕船回空已迟,若再节节耽延,必致有误新漕受兑。前曾降旨令将脱空各帮应管员弁查参。兹据该漕督查系江西等帮猝遇暴风,沉覆多船,庤救修理,致有停待。又因洪湖洩水过甚,灌塘不能迅速。总而言之,因保护堤堰,势不能不多启各坝。李星沅、潘锡恩系从权办理,堵坝稍迟,塘河枯涩。杨殿邦又不能不因此办理棘手。著李星沅、杨殿邦、杨以增和衷共济,于各司其事之中,仍须会商筹办,并著迅速饬令该管文武员弁,相机筹画。设或因循贻误,致令漕船守冻,不能归次,不但将该管员弁分别治罪惩处,并将该督等严议。如果堵坝无误,漕船及早归次,朕何难格外施恩? 将迟延各员弁加恩宽其处分也,懔之。"(《道光朝实录》卷四百六十一)

十一月,"甲午,谕内阁:杨殿邦奏请筹蓄清水济运一折。又据李星沅等奏,回空漕船全数渡黄,并现办堵筑义河,先回督署等语。本年回空军船,因塘河水耗,未能畅行。经该督等严饬该管各官设法蓄水,次第运送,现已全数渡黄,尚无贻误。所有前次帮船脱空,及办理未能迅速之漕河文武各员弁,均著免其查参。其堵坝蓄水,豫筹来春济运各事宜。据李星沅称现在赶办义河工段,著责成杨以增接手妥筹堵筑,严饬该管各官迅速办理,务令及早完工,俾资潴蓄,毋误来年重运。该漕督亦须催趱回空军船,归次受兑,勿稍耽延。"

十二月初二日,"复秋屏书,三塘折回。奉旨有前项帮船脱空及办理未能迅速之漕河文武各员弁均著免其查参之谕,则漕运十五之折,其参塘河可知居心倾险,得不望而生畏耶?"③

十二月初四日,林则徐在昆明给杨殿邦写信。《致杨殿邦》:"滇水淮云,迢迢远道,加以戎帷筹笔,遂致间缺裁笺。前在迤西行营获披琅翰,承因时之藻注,殊志感

---

① 道光 28 年十月十七日《京报》。
② 袁英光、董浩整理:《李星沅日记》中华书局,1987 年,第 767 页。
③ 袁英光、董浩整理:《李星沅日记》,中华书局,1987 年,第 769 页。

于蓬心。适当草檄操劳,尚稽修答,寸衷耿歉,笔舌难宣。昨闻台端以小极上陈,仰荷温词慰问,仰圣怀之优注,知吉履之增康。晌当簇馆调阳,遥卜芝幢集祜。敬稔叠云二兄大人褆祺通骏,景祉庬鸿。熟西书年,定裕转输于廪庚;重申锡命,更移旄节于封圻。引睇吉华,式符豫颂。弟昆华承乏,倏已年余。春间远赴迤西,筹戎半载,虽边围幸臻安帖,而屡驱弥觉衰颓。昨乃忝沐恩施,益懔艰于报称。前者星轺视学,化洽三年,早知边徼情形,俱入辎轩之采。尚冀惠诏良勋,俾为纫佩之资,是所望风翘盼者耳。专泐布复,兼颂年禧,顺请台安。附缴大柬,惟希荃照,不既。馆愚弟帖"①

十二月初八日,"……,杨叠云十五一折,请参办理塘河失宜各官,上未之允,甚无谓,所谓小人枉自为小人也。"②

道光二十九年,1849 年,77 岁

正月,"戊寅,谕内阁:李星沅、杨殿邦、杨以增、陆建瀛会奏,民堰工程紧要,循案请归东河厅员管理一折。江南沛县寨子堰工,现既涨溜逼刷,粮地冲失,自难资民力补筑。且该处为运道所经,关系甚重。沛县河道,本属东河迦河厅专汛。所有寨子堰工程,该督等请改归迦河同知经管之处。及应如何添设滚坝,分筹蓄洩各事宜,著钟祥察看情形,勿分畛域,核议具奏。"(《道光朝实录》卷四百六十三)

三月,"丁亥,谕内阁:杨殿邦奏请饬催漕船等语。现在江南苏松太漕船,仅报开五帮。浙江漕船,仅报开二帮。江广各帮,虽据报开,尚未据报出境。似此迟延,恐逾定限。著江苏、浙江、安徽、江西、湖广各督抚,严饬地方文武员弁迅速催趱,勿任逗留,以利漕运。"(《道光朝实录》卷四百六十五)

三月,杨殿邦《菜香小圃馆课诗注》出版,序云:"予不敏,无著作才,向在芸馆按日校艺,积若干,渐以次散佚,承诸同人阿好搜罗残帙,谬付枣梨,今复得小山鲍生加之诠注,爰赘数言,以志予愧。叠云。"鲍桂生作跋、注,跋文见附录。

四月初三日,澳门葡萄牙官员亚马勒驱逐清朝澳门同知,停止交纳自十六世纪葡萄牙人向明朝政府"借居"澳门以来按年向中国交纳的租税。

四月,陆建瀛由江苏巡抚升任两江总督。

七月初五日,清军士兵刺杀亚马勒,英国兵舰开到澳门,英、法、美三国驻华公使联合向清政府提出抗议,公开支持葡萄牙殖民者的侵略行径,葡萄牙遂于该年悍

---

① 林则徐全集编辑委员会编:《林则徐全集》第八册《信札卷》,海峡文艺出版社,2002 年 10 月,第 365 页。
② 袁英光、董浩整理:《李星沅日记》,中华书局,1987 年,第 769 页。

然出兵将中国领土澳门强行霸占。

七月,"甲辰,又谕:杨殿邦、徐泽醇奏,审明旗丁勒索兑费,请将徇庇之帮弁革职一折。山东济后帮领运千总郑安邦、于旗丁王洒常,受兑菏泽县漕粮,勒索兑费。虽据讯无通同分肥情事,惟于王洒常捏禀开船,不察虚实,辄为转禀。及该县张延龄告知情由,又复回护原禀,致该旗丁得遂其勒掯索诈之私。既属有心徇庇,自应从严核办,以儆其余。郑安邦、著照溺职例革职,永不叙用。"(《道光朝实录》卷四百七十)

八月,"壬申,谕内阁:杨殿邦奏漕船渡黄较迟,请豫筹截拨一折。本年四塘漕船,指日可全入东境。惟节候已迟,必须于安陵地方截拨转运,方可无误回空。著直隶总督、仓场侍郎,即饬天津道将杨村官拨抵补船只迅速调齐,并酌量添雇民拨,飞咨漕运总督,询明应否迎至安陵守候,方免临事周章。"(《道光朝实录》卷四百七十一)

九月,"甲辰,谕内阁:杨殿邦奏漕务疲滞情形,请饬催各省赶办新漕一折。本年漕船回空较迟,昨已降旨饬令沿途各督抚严行催趱,无误归次,以期明年新漕早兑早开。兹据该漕督奏称,近年江苏有至十二月始行开仓者,浙江有至次年二月尚在收米者。收兑愈迟,开行愈晚,以致节交伏汛,渡淮渡黄层层棘手,关系匪轻。著有漕各督抚严饬各该地方官,今冬起运新漕,务须遵照定例及早开兑。倘有逾限,即著查明迟误缘由,严行参办,以肃漕政而速运行。"(《道光朝实录》卷四百七十二)

十月十三日,阮元卒于扬州康山私宅,谥"文达",入祠乡贤、浙江名宦祠。

十一月,"谕内阁:杨殿邦奏参玩工误漕之道厅各员一折。现在运河受淤,漕船回空期迫,该道厅等所司何事,致令帮船羁阻? 河身受害匪轻,必应示以惩创。淮扬道查文经、署外南同知海阜同知娄晋,均著暂行革职。杨以增督办不力,亦著摘去顶带,勒限一月内将回空军船埽数全催出江,并将各工赔修,以备明岁新漕遄行顺利。倘再延误,即著从严参办。"(《道光朝实录》卷四百七十四)

十一月,"壬子,谕军机大臣等:杨殿邦奏参误运工员,并陈现在商办情形一折。已明降谕旨,将杨以增摘顶,并淮杨道查文经等暂革勒限赶办矣。福济、陆建瀛,前有旨饬令速赴清江浦一带,将被淤运河设法挑办。兹杨殿邦奏称,淮扬运河淤垫情形较重,节逾冬至,头二塘漕船鳞集。该处冰凌火烛,在在堪虞。虽经该漕督并河督杨以增,严饬所属迅速筹挑,引清济运,但为日甚迫。似此节节阻滞,恐各省帮船不能依限归次,势必贻误新漕,关系甚钜。著福济、陆建瀛一面会同杨殿邦等赶紧督办,一面确勘运河淤垫处所,通筹大局,务令回空帮船得以鱼贯遄行,而于来岁重运经临,亦能通利无阻。现在回空固属紧要,而河身经此淤垫之后,若不及早疏治,贻患无穷。迟办一年,必受一年之害。著责成福济、陆建瀛二人,悉心筹画,妥速办理。如该河督有办理不善偏听道厅以致贻误之处,即著据实参奏。福济经朕派往,不值代人受过。陆建瀛兼辖河务,傥能作速妥办,无误回空,尚可以功补过。所有玩误要工各员弁,著一并查明据实严参,将此各谕令知之。 ”(《道光朝实录》卷四百七十四)

十二月,“乙丑,谕军机大臣等:福济、陆建瀛奏,接奉前旨筹办回空情形一折,览奏已悉。本年因启放吴城六堡,以致运道淤浅,前已有人陈奏。嗣据杨殿邦奏参误运工员,并称淤垫情形较重,军船阻滞堪虞。叠经降旨,令福济、陆建瀛悉心筹画,妥速办理。”(《道光朝实录》卷四百七十五)

十二月,“壬午,又谕:本日据杨殿邦驰奏,节逾大寒,回空帮船挽放,仍形艰滞,酌议新漕兑运事宜一折。本年回空帮船渡黄已迟,加以节节套塘灌放,其不能畅行无阻,已可概见。至能否不误归次,昨有旨令福济等迅速查明具奏。兹据杨殿邦奏,各省漕粮已经具报定期开兑,而空船尚有二千六百八十二只,未经下闸,恐致贻误新漕,酌议拟办章程四条呈览。该漕督职司转运,其势不得不豫为筹及,岂能坐视贻误? 著福济、陆建瀛会同杨殿邦,将所拟各条悉心参酌,和衷办理。如有应增添者,仍当会议妥筹,一面核办,一面奏闻,不得草率。福济如已起程北上,仍著折回。”(《道光朝实录》卷四百七十五)

道光三十年,1850 年,78 岁

正月十四日,清宣宗道光帝旻宁死。二十六日,四子爱新觉罗·奕詝即位,以明年为咸丰元年。

二月,辛未,“又谕:杨殿邦奏回空漕船办理延玩严参河工道厅一折。除准扬道查文经业经革职毋庸议外,著外南同知海阜同知娄晋一员,前据福济等奏请开复革职处分,已降旨允准。兹据杨殿邦奏称,开复系属歧误,仍请将该员交部严加议处,著福济据实覆奏。”(《咸丰朝实录》卷之三)

三月,丙辰,“又谕:南河外南同知娄晋,先经杨殿邦奏参该员办理灌塘事宜甚为草率,奉旨暂行革职,旋据福济、陆建瀛会同杨殿邦、杨以增,以塘河挑工及灌塘事宜均非娄晋经手,即经加恩开复。嗣据杨殿邦奏称,福济等将娄晋声请开复系属歧误,请将娄晋严加议处,当令福济据实覆奏。据称,前请开复系查照旧章,会同督臣、漕臣、河臣商办,未敢歧误,是以仍准开复。兹有人奏,大臣举劾不应各执意见,朕思该督等同在工次,自必同有见闻。杨殿邦等先严参而后请开复,福济所称循照旧章,是否确有例案? 杨殿邦既已会请开复于前,何又独请严议于后? 种种意见纷

歧,殊不可解。著陆建瀛、杨殿邦、杨以增即将办理歧异之故,明白回奏,毋稍回护,将此各谕令知之。"(《咸丰朝实录》卷之六)

四月,甲戌,"谕内阁:杨殿邦奏饬催新漕等语。上年回空军船,归次较迟,以致兑开延缓。现在松江、常州、安徽各帮,尚未全行离次;江广帮船,虽已开行,亦未挽过九江关。瞬届大汛,亟应加紧趱挽。期于黄水未涨以前,灌塘北上,著两江、江苏、安徽、江西、湖广、各督抚,飞饬沿途文武各员迅速迎提,押令昼夜趱行,并饬九江、芜湖、各关。查照定章,迎帮查验,立即放行,毋任稍有羁留,以利运行而免濡滞。"(《咸丰朝实录》卷之七)

四月,丙寅,"又谕:前因南河署外南同知娄晋开复处分,杨殿邦又请将该员议处,事涉两歧,先后饬令福济、陆建瀛、杨殿邦、杨以增据实明白回奏。兹据各该员奏齐,详加披阅。福济、陆建瀛、杨以增所奏皆同,惟杨殿邦一人拘执,诿为福济、陆建瀛于附片专奏拜发后,始另文钞稿移知。该大臣等于办理河漕交涉事件,宜如何和衷商榷,详慎具奏,乃意见不合,致令公事参差。是杨殿邦之拘执自是,以己忘公,不能与福济、陆建瀛、杨以增、和衷共济,已可概见,实不胜漕督之任,即将伊撤任,未为不可。姑从宽将杨殿邦交部议处,与其自新,以观后效。至福济、陆建瀛、杨以增,未能与杨殿邦商酌妥协,亦有不合,著一并分别交部议处。至娄晋处分,已据福济、陆建瀛等奏请开复,应毋庸议。"(《咸丰朝实录》卷之八)

四月,壬午,"谕内阁:户部遵议杨殿邦奏官剥油舱钱文,请照旧例等语。剥船修费,向于旗丁例给剥价内扣存制钱,作为岁修之用。如再将不敷银两责令摊出,丁力未免拮据。且修舱银两改发制钱,所发外尚有赢余,尽可充添补不敷之费。著照该漕督所奏,仍遵旧例妥为办理,毋庸另议更张。至天津道库,每年收各省油舱银两,除动支外,实存若干。著讷尔经额速饬分晰查明,造册报部,以凭查核,毋任延宕。"(《咸丰朝实录》卷之八)

五月,因处分娄晋与河道总督等官员发生争执,杨殿邦被认为是拘执自是,以己忠公,不能和衷共济,受到降四级留任,不准抵销处分。

五月初七,汪云任卒于北京,归葬盱眙汪家花园,诰授通议大夫,晋封资政大夫。

六月辛酉,"谕内阁:杨殿邦奏淮扬运河水浅筹催漕船情形一折。据称,本年运口各引河挑竣后,下游河道仍复闲段浅涩,各船均须起剥,方能北来。现值重运遄行之际,因河道浅滞,以致添剥运送,尚复成何事体?且时交大汛,设遇黄水涨发,放渡更形棘手。著陆建瀛、杨以增严饬该管文武员弁,迅将淤浅处所认真赶紧挑捞,务期一律深通。并著杨殿邦督率催趱,无任片刻迟延,以疏运道而利漕行。"

《咸丰朝实录》卷之十一）

七月，"癸卯，谕内阁：陆建瀛、杨以增奏，淮扬运河水势有盈无绌，无庸议挑一折。前因杨殿邦奏，该处水浅，漕船均须起剥，特降旨令陆建瀛等饬属挑捞。兹据该督等查明，现在毫无浅阻，运河一律深通。惟前因江西各帮行抵瓜州，为日已迟，咨商漕臣提前赶灌二塘北上，杨殿邦未允，以致转多守候等语，所有现已驶到清江之湖南尾帮，著陆建瀛、杨殿邦、杨以增严饬所属，克期灌放，催趱北上。不得推诿迁延，再滋贻误。该督等皆皇考简用大臣，河漕事宜关系甚重，宜如何和衷共济，悉心筹画，俾河工不致糜费，而天庾无误正供。乃该督等各执己见，动辄龃龉，运弁以河道淤浅为词，工员以船身笨重为说。该督等轻听偏信，遽以入奏，殊非公忠体国之道。陆建瀛、杨殿邦、杨以增，均著传旨严行申饬。"（《咸丰朝实录》卷之十三）

八月，甲戌，"又谕：杨殿邦奏漕船在塘稽阻，现今加紧催趱等语。昨因南粮各帮，二三塘灌放渡黄后，诸形迟滞。曾经降旨，饬令漕运总督、东河总督、及沿途各督抚，严催各帮赶紧趱行。兹据该漕督奏称，各船放渡后，因风水顶阻，以致稍稽时日。现在节候已迟，水势日消，该务当仍遵前旨，设法挽运，赶催北上，以速补迟。毋得藉口稽延，回空迟误，以致赶办新漕，又形掣肘也。懔之！"（《咸丰朝实录》卷之十五）

八月，甲申，"又谕：庆祺、朱嶟奏帮船脱空迟延，请饬严催等语。本年南粮北来，节次阻滞，叠经降旨严催。兹据奏称，二进在后凤阳常等六帮，并三进江广帮船，脱空迟延。本年南漕减歇较多，河水足资浮送，果能实力催趱，何至延玩如是？现在节候已迟，即使衔尾而来，已恐赶办不及，不但回空逾限，必致贻误新漕，责有攸归，该漕督能当此重咎耶？杨殿邦，著传旨严行申饬，并著山东巡抚、直隶总督、一体饬属飞速迎提，设法筹催，添剥济运，总期以速补迟。倘再因循玩泄，将叠次严催谕旨视为具文，定将该漕督等重处不贷。懔之！慎之！"（《咸丰朝实录》卷之十六）

八月，丙戌，"漕运总督杨殿邦等奏报全漕尾帮催入山东境日期，得旨，严行催趱，毋再延玩。"（《咸丰朝实录》卷之十六）

九月，丁酉，"谕内阁：杨殿邦奏豫筹剥运情形一折。本年南粮北来较晚，前已降旨令仓场侍郎、直隶总督飞饬将杨村官剥船二千五百只，迅速调赴临清，挨次剥运。该督务须相度情形，察看水势，督率在事各员迅速筹办，将运到剥船分别先后，轮转济运，毋得再有贻误。至临德等仓，暂行卸囤之处，事涉纷繁，著杨殿邦行抵临清后，察看情形，与陈庆偕会商妥办具奏，不可豫存成见，致催趱疏懈，转费周章也。"（《咸丰朝实录》卷之十七）

九月，甲辰，"又谕：杨殿邦奏全漕尾帮催过济城一折。湖南尾帮船只于九月初六日始行催过济城，较之上年已属迟滞，若再不实力催趱，不但回空逾限，必致贻误新漕，咎将谁属？著杨殿邦迅饬封闭汶上迤南各牐，俾河水足资浮送，抵临清后更须亟筹起剥。并著山东巡抚、直隶总督一体设法严催，添剥济运。倘再因循，有误回空，定将该督等重惩不贷。"（《咸丰朝实录》卷之十八）

九月，甲辰，"漕运总督杨殿邦奏报帮船脱空迟延实情，得旨。经朕此次批饬训谕后，尔若能痛改前非，非特为实心任事之人，将见历尽艰辛，更为老成可靠者。懔之！"（《咸丰朝实录》卷之十八）

九月，戊午，"谕内阁：漕粮为天庾正供，近来重运漕船不能如期抵坝，以致顺空归次，兑受新漕节节眈延。……，来年新漕，尤当赶紧办理，按限兑开。统限于四月初十日以前，全数趱至清江，克期渡黄北上，毋得因本年回空较晚，又复藉口眈延。倘将节次所降谕旨视为具文，仍致临事周章，有逾例限，定将该漕督及有漕各省督抚严行惩处，决不宽贷。懔之！慎之！将此通谕知之。"（《咸丰朝实录》卷之十八）

九月，戊午，"又谕：杨殿邦等奏全漕尾帮，催至临清牐河及筹办截堵一折。本年南漕迟缓，节经降旨，饬令严催。兹据奏称，九月十九日，将湖南尾帮催出临清牐河，漕船已全数过竣。现在节逾霜降，著该督仍严行催趱，相机妥筹，无论在临清起剥，抑或在途起剥，总期迅速剥运，俾各帮及早回空归次受兑，毋再延玩，贻误新漕。"（《咸丰朝实录》卷之十八）

十月，丙寅，"又谕：户部奏参漕运迟延一折。漕运抵通限期，例有明文，本届迟延将及一月，而在后江广各帮尚无埙数抵通日期。该漕督奏报折内，率以无闰之年与有闰之年牵混计算，实与前奉谕旨不符。杨殿邦著摘去顶带，仍星夜督催，尽力赶趱，不得以奏明截拨在前，稍形疏懈。"（《咸丰朝实录》卷之十九）

十月，丁卯，"谕内阁：杨殿邦奏江西后六帮湖南三帮漕船均已起剥北上，无须卸囤德仓等语。著该漕督飞催沿途赶紧提挽，迅达通仓，一面严饬江西湖南等帮，志押回空归次，毋再延误。"（《咸丰朝实录》卷之十九）

十月，辛未，"又谕：杨殿邦奏铜铅船只挽出东境等语，户工两局需铜孔亟。现在节逾立冬，宜防冻阻，所有委员姚光璐、杜龄、陈然青等二起，及在后之李岵嵘等各船，著该漕督迅饬严催。并著仓场侍郎、直隶总督酌量情形，是否应须起剥，迅即设法押催抵通，毋任延误。"（《咸丰朝实录》卷之十九）

十月初四，穆彰阿被革职，永不叙用。二十八日，咸丰帝布告穆彰阿及耆英事朱谕，称其"贪位保荣，妒贤病国，小忠小信，阴柔以售其奸；伪学伪材，揣摩以逢主意。从前夷务之兴，穆璋阿排斥异己，深堪痛恨。如达洪阿、姚莹之尽忠尽力，有碍

于己,必欲陷之。耆英之无耻丧良,同恶相济,尽力全之。"(《咸丰朝实录》卷之二十)

十月十九日,林则徐在广东潮州途中病逝。次月十二日,清廷悼恤林则徐:"晋赠太子太傅衔,照总督例赐恤,任内一切处分悉予开复。"旋赐祭葬,并谥"文忠"。

十一月四日,洪秀全于金田村起义。

十一月十六日,淮安关监督全福求见,商议纳税问题。

十二月初十日,洪秀全宣布国号为太平天国,军称太平军,发布军纪。

约在是年,杨殿邦撰写《金坛县教谕戴公传》:

余少时随侍任所读书,家乡亲友多不相识。及弱冠,回里应童子试,同辈中多称戴韫山公,不置,心识之。暇日与族兄万选公语次谈及,兄曰:"此万青弟姑表戚,与余亦姻娅。"

余闻其四龄解人事,能先意承志,过目不忘。十五岁通《四书》《七经》。出应童子试,县主目以神童,试皆前列。院试时,学使命背《小学》及《五经》,一字无讹,知非凡材,因年太轻,面谕字迹不工,宜用心学习,暂为屈抑,以大成望也。丙午,补博士弟子员,时年十七岁,与余同受业学师汪钝斋夫子之门。师为新安江慎修先生私淑弟子,经学著名,善讲论,凡四子书中尚考核者,必引据经传以证之。一日,讲《四书》中门人皆系门人之门人,某人某书皆可考证。公起应,诸门人皆说得去,独互乡章之门人恐说不去。师跃然曰:"汝之颖悟过人,前人铁案如山,被汝一言翻倒",复向余等称欢者久之。由是加以培植,有国士无双之目。师尝致都中诸名宿书云:"我司铎盱邑无他喜,喜得一戴生,可以传我所学耳。"惜侍坐未久而师谢世,余遂授徒糊口,而公锐意上进,复游金陵,肄业钟山书院。掌院者为桐城姚姬传先生,亦专攻经学者。后复受业于顾东山及同里毛俟园两先生之门。学业益精,文律益细。

前少司成秦端崖学使岁试泗属,邑中考经解者多习一经,公独五经并试,学使大为赏识。此人将来必为吾乡出色人员,余知之最详,考试时可以相悟也。岁丙辰,大庾戴相国督学安徽,按试泗属,风檐中适与公列坐,始识面,而是年同受知于相国,食廪饩,遂订交焉。庚申年,学使王介堂夫子岁科并试,公拔冠盱邑一军,经解推为绩学,科试与余同得选贡。辛酉乡试,闹卷业已留堂,因房考与主司不合,概抑置,士谕惜之。壬戌,入都廷试后,余得司谕襄垣;公回籍开门授徒,凡列门墙,一经指点,无不破壁飞去。计此数年,凡遇乡试,公必与余团聚金陵,煮茗论文,竟夕不倦。壬申年,余俸满,保荐入都,公亦于是年入京坐监。癸酉,同应京兆试,余领乡荐,公挑取教习第一。是年冬,充补正黄旗教习。丙子,期满引见,以知县用,亦于是年领乡荐。丁丑,应试礼闱,既得复失。

己卯，余奉命督学滇南，公铨授金坛教谕。庚辰，礼闱报罢，领凭赴任，以正士习、兴文教、励风俗为急务，不为劳怵，不为利诱，不为苟且，徇人之行，遇分所当为事尽心竭力为之，不求人知，人亦不能尽知，实则无不可对人知。甲申夏，余服阙，将入都，买舟之坛，与公话别。到时，见宫墙内外，前后左右，焕然一新。询之，坛邑学宫，自雍正三年大修后，久未修理。公莅任，见殿宇倾颓，谋于绅士及同寅，各捐廉俸，以为之倡，而合邑士民云集响应，踊跃争输，通计乡城捐钱二万有余。鸠工庀材，躬亲督率，凡二十月而告成。又据形家言，于东南建魁楼一座，计销一万有奇。其赢余，复与士绅约定章程，存典生息，一半为学宫岁修经费，一半为士子乡试盘费。衙署界在明伦堂后，亦于是年修整，董事拟将费用归捐款支销。公谓衙署系私宅，义不当假公济私，谢之，其辨义利公私之严如此。时诸子随侍读书，皆能力学，故或居上舍，或登贤书，或列茂才，一门中备极天伦之乐，余爱之慕之，而内外从游者亦众。余戏之曰："坛邑桃李，尽在公门矣。"公谓："吾于《论语》'自行束脩章'，别参一解，人苟能束躬脩饬，则未尝无诲。吾不拘长例，故问字者多。"又谓："吾在坛邑六载，凡从吾游者，学业虽有高低，而品行无不端正。"盖公讲论文艺，暇时即翻阅先贤语录，自以为暗室灯，即以此训及门，故受业者多知植节立品。且教诲诸生严而不刻，有过失则严饬，甚至施以夏楚；若品行端方，则奖励倍至。遇困苦者，捐俸周给，亦无德色，尤喜扬善。坛邑无素封家，因修学宫，众情踊跃，公于学使按试时，据实禀请多拨一名府学以励善，嗣后，得援为例。其至公无私之心，能为上宪所谅。平时见义无不为。邑有大姓家式微，遗弱女十余龄，流入异姓，公得其实，谋于伊族赎回，匹入名门。至于不知孝养者教以孝，不知和睦者教以和，又平日寻常事。

丙戌春，复携子入都应试礼闱，又复报罢回任，绝意进取，专以培植后学为务。金坛旧有书院，倾颓已久，士子无肄业之公所。公念此事为急务，与孝廉冯君谋所以更新之。苦经费浩繁，谋于邑宰毛公捐廉为倡。由是寅属同心，士绅响应，得以废者修而坠者举。时邑东乡有童生出身农家，当事者指为冒考，欲其捐助多金。公谓捐修书院诚美事，但先听考而后劝捐则公，先勒捐而后听考则私，吾学中人于义利分界处看得明白，断得斩截也，卒如其议。

丁亥冬，余奉命观察南韶，闻公举发湿疾，绕道看视，并邀公次子汉翔送眷属至韶。公时修理家祠，颇形拮据，多方借贷，不以委之族属。宜乎，阁学朱虹舫学使叹其能为人之所难为也！时公有女孙待字，余求为孙媳，公曰："我两人情逾骨肉，此事甚为快心。惟此地卑湿，明春将蒋湘帆先生呈请入祠乡贤，拟即引疾告退，暂作林下游。"嗣，余由南韶陈臬贵州，七年来，公卸事起病，坐补遂终，于甲午冬谢世。

余在贵阳接到讣音,不禁凄然以悲。以公少攻经学,博览群书,为文操笔立就,十赴乡闱,六膺房荐,五试礼部,两次留堂,终未得一第。使其得志于时,以儒术缘饰吏治,当必有高出余等万万者,而乃兰生幽谷,不为王者之香,悲夫!既而思之,其居家孝友,其居官谨慎,其教子侄有义方,其教生徒称善诱,虽大才小用,以视世之居高位,靡厚禄,事业无所表见,没世而名不称者,不又倜乎远哉!

丁酉岁,余由晋藩改京秩。戊戌,公次子汉翔来都应试,出其行状,属余为传。余时由太仆寺转任政通司,署京兆尹,调任詹事府詹事,主试山东,复即总督仓场,复由仓督调任漕督,事务益烦,未遑拈笔。今刊刻家谱,复征余言。余特就订交后所得于耳闻目见者叙述其事,而其余概从略焉。以懿行芳规未易更,仆乡之人皆能道之,不欲多为谀词传言也。

公生于乾隆庚寅年七月初十日戌时,卒于道光甲午年十月三十日亥时,享年六十有五。原配周氏,继配李氏、凌氏;子三人,女二人;孙六人,女孙十人,嫁娶皆名门,不具述,其三女孙即余孙妇。

赐进士出身、诰封资政大夫、兵部侍郎兼都察院副都御史、总督淮扬等处地方、提督海运海防军务兼理粮饷、前翰林院编修、加三级、年姻愚弟杨殿邦拜撰。

咸丰元年,1851 年,79 岁。

是年,门生周祖培升刑部尚书,老友翁心存任工部尚书。

二月初一,杨殿邦《奏为卫守备人地未宜请旨拣员对调以资救饬事》,附件《奏请旨将安庆卫守备石钧勒令休致》。朱批:"另有旨。"(台北故宫藏档,文献编号:406000130)

二月初一,杨殿邦《奏陈筹办本年新漕情形》,附件《奏筹议漕因渡黄阻碍北上较迟等事》。朱批:"览,奏均悉。"(台北故宫藏档,文献编号:406000131)

二月,杨殿邦《苏松太三府州漕粮完纳情况片》:"江省苏松太三府州所属各县粮户完纳漕粮是否踊跃,有无因钦奉恩旨希图豁免,观望迁延之事,未据粮道及各属禀报。惟查该数处与浙江嘉、湖二府在在毗连,民间声息相通,效尤最易。各县帮虽俱具报于去年十二月下旬陆续开兑,而时经一月有余,并无一处报已兑足。察核情形,恐各属漕粮亦如浙省之未必全收足额,相应仰恳敕下江苏抚臣傅绳勋一并严催,饬令迅速征兑足数,克日开行,则江苏漕行既昭迅速,并可使浙省赶紧从事。至江广漕船等,据报于正月内先后开行,臣已委员驰往迎提,惟程途弯远,瓜州以下例由经过各地方官并力催趱,并乞皇上分饬沿途督抚各臣严行饬催,俾得及早抵淮,依限渡黄北上,以免迟误。臣谨附片上陈。咸丰元年二月 X 日奏,二十八日殊批：钦此。"①

二月，乙酉，"谕内阁：杨殿邦奏浙省兑遭迟延情形，又片奏苏松等属亦未兑足等语。……，著江苏、浙江巡抚严饬各州县，将起运漕粮赶紧交帮受，立即开行，并会同该漕督督率各该粮道，分饬县帮，一切妥速办理。倘有迟误，查明系何县何帮，即行指名严参惩办。其江广漕船，并著沿途各督抚一体饬属催提，及早抵淮，以速漕行而符例限。"（《咸丰朝实录》卷之二十八）

二月，乙酉，"又谕：杨殿邦奏请将押运帮弁分别革职摘去顶带一折。江苏镇江后帮领运千总张谦六，于漕船水手滋事重案，事前既不能严行约束，事后又不能赶紧缉拏，任听逸犯远扬，实属庸懦不职，张谦六著即革职，仍责令押运北上，俟抵通交卸，粮米无亏，再令离任。随帮空运千总杨光藻，未能协同约束，亦属玩忽，著即摘去顶带。其未获各犯，仍著严缉务获，归案审办。"（《咸丰朝实录》卷之三十六）

二月，甲申，"谕内阁：杨殿邦奏请将押运通判交部议处等语。江苏镇江后帮押运镇江府粮捕通判李鸿，有约束水手之责，乃事前毫无禁约，致令聚众滋事，咎实难辞，李鸿著交部议处。"（《咸丰朝实录》卷之三十六）

二月，甲申，"漕运总督杨殿邦奏，粮船水手强悍性成，动辄逞凶滋事。现在全漕尾帮过竣，自淮抵通，道路绵长，饬粮道帮弁等随时严查究办，得旨，事后徒托空言，夫复奚益？办理尚不为无见也。"（《咸丰朝实录》卷之三十六）

三月十一日，杨殿邦上奏折《奏报首验帮船盘验过淮日期》，附件《奏黄河水势渐长漕船仍须灌塘情形》《奏泗州前帮千总张韶请旨革职缘由》。朱批："知道了。"（台北故宫藏档，文献编号：406000292）

三月二十三日，洪秀全在武宣东乡称"天王"，九月克永安州，十二月，封杨秀清、萧朝贵、冯云山、韦昌辉、石达开等为东、西、南、北、翼王。秋冬，实行《天历》，易历法，改正朔，改是年为太平天国辛开元年。

四月三日，杨殿邦上奏折《奏闻苏松帮船迟滞臣现在亲赴扬州筹催缘由》，附件《奏报丹徒县运河岸坍淤浅筑坝挑挖工竣》。朱批："知道了。"（台北故宫藏档，文献编号：406000407）

四月十八日，杨殿邦上奏折《奏闻臣迎提苏属及已全数催进瓜口饬令赶紧北上回署办公缘由》。朱批："知道了。"（台北故宫藏档，文献编号：406000468）

四月二十四日，杨殿邦上奏折《奏为遵旨拿获纠众横索欺凌帮官之粮船水手审明定拟并将罪应斩决首犯立正典刑恭折奏祈圣鉴事》。朱批："刑部议奏。"（台北故

① 江苏省财政志编辑办公室：《江苏财政史料丛书》第一辑第二分册，方志出版社，1999 年 12 月，第 65 页。

宫藏档,文献编号:406000492)

四月二十八日,杨殿邦上奏折《奏报二进帮船盘验过淮日期》,附件《奏催趱浙江江广各帮漕船情形》。朱批:"知道了。"(台北故宫藏档,文献编号:406000537)

六月五日,杨殿邦上奏折《奏报浙江后湖杭六帮军船因丹徒运河岸土塌卸壅阻不能跟接渡江拟请将湖北江西各帮渡黄船粮食催令乘空先行》。朱批:"知道了。"(台北故宫藏档,文献编号:406000694)

六月十日,杨殿邦上奏折《奏报镇江后帮漕船水手在东省聚众滋事殴杀多命业已拿获要犯由抚臣饬审严办其逸犯在缉捕中》,附件《奏请将空运千总王振彪等交部议处片》。朱批:"另有旨。"(台北故宫藏档,文献编号:406000714)

六月十五日,杨殿邦上奏折《奏报帮丁疲累较甚造运维艰恳请援照便例案裁汰船只以恤丁力而资贴补》。朱批:"户部查议,具奏。"(台湾:406000732)

六月十五日,杨殿邦上奏折《奏奏报三进船粮全数盘验过淮日期》,附件《奏报严办粮船水手逞凶滋事情形片》《奏为漕船水手械斗参失职员弁片》。朱批:"知道了。"(台北故宫藏档,文献编号:406000733)

七月十七日,杨殿邦上奏折《奏为臣失职蒙恩交部议处降三级留用叩谢天恩》。朱批:"知道了。"(台北故宫藏档,文献编号:406000868)

七月十七日,杨殿邦上奏折《奏报全船尾帮业已渡黄臣现督押北上并将部议拨运章程饬道遵办缘由》。朱批:"知道了。"(台北故宫藏档,文献编号:406000869)

七月十七日,杨殿邦上奏折《奏报重运漕船遭风漂淌船米无存查系实在情形》。朱批:"该部知道。"(台北故宫藏档,文献编号:406000870)

七月三十日,杨殿邦上奏折《奏请将领运漕粮遇事玩误之安福守御所千总尹肇善即行革职》,附件《奏参规避苦缺之守备及年力已衰之卫千总片》。朱批:"另有旨。"(台北故宫藏档,文献编号:406000954)

七月三十日,杨殿邦上奏折《奏为江苏各帮灾减丁船援案恳请加给月米银米以资调剂》。朱批:"另有旨。"(台北故宫藏档,文献编号:406000955)

七月三十日,杨殿邦上奏折《奏报全漕尾帮催入山东境日期》。朱批:"知道了。"(台北故宫藏档,文献编号:406000956)

八月十二日,杨殿邦上奏折《为重运漕船遭风漂淌沉溺亏折米石恳请分限买补事》。朱批:"户部议奏。"(台北故宫藏档,文献编号:406001010)

八月十二日,杨殿邦上奏折《为浙江杭嘉湖三属十四帮应交本年晒扬秒米恳恩援俟下运分限搭解以纾丁力事》,附件《奏为南粮道陈桐生禀请展限请旨片》。朱批:"另有旨。"(台北故宫藏档,文献编号:406001011)

八月十二日,杨殿邦上奏折《为查明开送临湘县未完漕项银分数职名迟延缘由奏祈圣鉴》。朱批:"户部知道。"(台北故宫藏档,文献编号:406001012。　　)

八月十八日,杨殿邦上奏折《奏报全漕尾帮催过济城日期》,附件《奏为湖北粮道董宗远入都引见片》。朱批:"知道了。"(台北故宫藏档,文献编号:406001027)

八月十八日,杨殿邦上奏折《为上年湖南各帮亏……》。(台北故宫藏档,文献编号:406001029)

八月,戊辰,"又谕:杨殿邦奏参领运漕粮玩误之千总,请旨革职一折。江西安福守御所领运千总尹肇善,押运漕粮,并不实力催趱,以致帮船失风沉溺,又不督押丁舵,设法抢捞,实属玩误,尹肇善著即革职,仍责令将该帮运务,及抵坝交粮各事,一手经理。如有挂欠,即行据实严参,以肃漕政。"(《咸丰朝实录》卷之三十九)

九月,戊辰,"谕内阁:杨殿邦奏请稽查回空粮船水手一折。江浙各帮粮船水手,素称强悍,动辄聚众勒索,停船滋事,必须地方文武认真弹压,庶不至滋生事端。本年江南丰北厅境黄河漫溢,以致东省运河纤道被淹。现在回空粮船,均改由独山湖及坡河行走,尤当妥速催趱,无任藉词延误。著沿河各督抚暨各镇总兵,分饬所属文武营县督带兵役,不分畛域,实力稽查弹压,催令迅速前进,以期及早归次。如水手等藉端勒索,停船滋事,立即会同帮弁严拏务获,从重惩办,以戢凶暴而速运行。"(《咸丰朝实录》卷之四十四)

冬,吴棠调任清河知县,任内严禁苛派,严禁赌博,严禁盗贼,因无积狱被百姓称"吴青天"。

十二月七日,陆建瀛赏还头品顶带,授为钦差大使督师,率兵抵九江堵截太平军。

十二月十二日,杨殿邦上奏折《奏为回帮船全数催出东境由》,附片《奏为江广帮船现已毋庸漫越及饬令浙帮沿途修舱由》,二十日获朱批:"知道了。"(台北故宫藏档,文献编号:082596)

十二月十二日,杨殿邦上奏折附片《奏为江广帮船现已毋庸漫越及饬令浙帮沿途修舱由》,二十日获朱批:"知道了。"(台北故宫藏档,文献编号:082597)

十二月十二日,杨殿邦上奏折《奏为委署德州卫守备德正帮千总董廷勋患病不能催船似不便任其以病恋栈由》,二十日获朱批。(台北故宫藏档,文献编号:082598)

十二月,杨殿邦因娄晋开复处分,未能商妥,含糊题署,受到降一级留任处分。

咸丰二年,1852年,80岁。

是年,门生贾桢任吏部尚书、协办大学士。

一月十三日,杨殿邦上奏折《奏为江广各帮空运羁滞咨会援案筹办迎兑新漕由》,一月二十四日获朱批:"知道了。"(台北故宫藏档,文献编号:083127。)

一月二十六日,杨殿邦上奏折《奏报新漕首二两盘验过淮日期》,二月九日获朱批:"知道了。"(台北故宫藏档,文献编号:083291。)

杨殿邦上奏折《奏请鼓励帮船人员》,二月十二日获朱批:"著照所请行,必须尤为出力者酌保数员,毋许冒滥。"(台北故宫藏档,文献编号:083376。)

一月三十日,杨殿邦上奏折《奏报回空船帮全出瓜洲江口日期》,二月十五日获朱批:"知道了。"(台北故宫藏档,文献编号:083376—1。)

杨殿邦上奏折《奏报漕船过境情形》,二月十五日获朱批:"知道了。实力办理,不准推诿,汝与河臣必须事事和衷。"(台北故宫藏档,文献编号:083377。)

二月十六日,太平军从永安突围。十一月初七日,太平军水旱两路从岳州起程进军湖北,直趋武汉。十二月初四日,太平军攻占武昌城,朝野震惊。

二月,丙申,"漕运总督杨殿邦奏新漕首进过淮日期,并运河水势枯涩情形,得旨,实力办理,不准推诿。汝与河臣,必须事事和衷,毋得稍分彼此。又奏催漕出力员弁,请择尤酌保,批,著照所请行,必须尤为出力者酌保数员,毋许员滥。"(《咸丰朝实录》卷之五十三)

二月,杨殿邦《奏苏松太三府州漕粮完纳情况片》:"江省苏、松、太三府州所属各县粮户完纳漕粮是否踊跃,有无因钦奉恩旨希图豁免,观望迁延之事,未据粮道及各属禀报。惟查该数处与浙江嘉、湖二府在在毗连,民间声息相通,效尤最易。各县帮虽俱具报于去年十二月下旬陆续开兑,而时经一月有余,并无一处报已兑足。察核情形,恐各属漕粮亦如浙省之未必全收足额,相应仰恳敕下江苏抚臣傅绳勋一并严催,饬令迅速征兑足数,克日开行,则江苏漕行既昭迅速,并可使浙省赶紧从事。至江广漕船等,据报于正月内先后开行,臣已委员驰往迎提,惟程途迂远,瓜州以下例由经过各地方官并力催趱,并乞皇上分饬沿途督抚各臣严行饬催,俾得及早抵淮,依限渡黄北上,以免迟误。臣谨附片上陈。咸丰元年二月奏,二十八日殊批:钦此。"[①]

三月,戊寅,"又谕:杨殿邦奏江广各帮陆续兑开,请饬各关查验放行,不准羁留

_____

① 江苏省财政志编辑办公室编:《江苏财政史料丛书》第一辑第二分册,方志出版社,1999 年 12 月,第 65 页。

等语。向来江广帮船,经过九江、芜湖、龙江等关,查验纳税关书人等,往往藉端刁难,致稽时日。该漕督所奏,自系实在情形。著九江苏湖龙江各关监督,一俟江广帮船到关,立即查验放行,不准羁留。如各帮船于例带土宜外,尚有应缴税银,即酌留伍丁,令其照数完纳,俾帮船迅速前行,毋致贻误。至各帮丁舵人等,沿途售货,任意逗遛,该漕督亦应严饬各粮道督率运弁,随时实力稽查,催趱巡行,毋任藉词延宕,并著沿途各督抚派员一律严催,以速漕运。"(《咸丰朝实录》卷之五十七)

三月,戊寅,"以催提空运出力,赏还漕运总督杨殿邦顶带,予江西同知颜贻曾等升叙有差。"(《咸丰朝实录》卷之五十七)

三月十八日,杨殿邦上奏折《奏报淮扬运河枯涩现饬赶紧挑挖情形》,三月二十八日获朱批:"知道了。"(台北故宫藏档,文献编号:083832。)

杨殿邦上奏折《奏报江广帮船行走情形》,三月二十八日获朱批。(台北故宫藏档,文献编号:083833。)

三月十八日,《奏为酌保上年催趱回出空出力各员事》,三月二十八日获朱批:"知道了。"(台北故宫藏档,文献编号:083834。)

附片《奏报上年催趱空运尤为出力各员实绩清单》,获朱批:"另有旨"。(台北故宫藏档,文献编号:083835。)

四月,丙戌,因丰北漫口兴工数月不能合龙,咸丰帝大怒,"糜帑殃民,曷胜愤懑!"降旨著将河道总督杨以增革职,暂留工次,督办河务两江总督陆建瀛降为四品顶戴,仍责令被筑合龙,以观后效。(《咸丰朝实录》卷之五十八)

五月九日,杨殿邦上奏折《奏谢恩命赏还顶戴》。五月十九日获朱批:"知道了。"(台北故宫藏档,文献编号:084660。)

五月九日,杨殿邦上奏折《奏为重运能否北上现在咨询东省运道情形妥筹办理》。五月十九日获朱批:"知道了。"(台北故宫藏档,文献编号:084661。)

五月十七日,杨殿邦上奏折《奏报淮安监督兴业病故请旨简放》。(台北故宫藏档,文献编号:084756。)

五月二十八日,杨殿邦上奏折《奏请以太仓卫葛兆丰与安庆卫守备洪钟对调》。六月十二日获朱批:"兵部议奏。"(台北故宫藏档,文献编号:084976。)

五月二十八日,杨殿邦上奏折《奏报首进帮船盘验过淮日期》。六月十二日获朱批:"知道了。"(台北故宫藏档,文献编号:084977。)

杨殿邦上奏折《奏报拿办浙江省前台帮千总余文炬并严缉其亏短钱粮脱逃之伍丁汪霖事》(折片)。六月十二日获朱批:"余文炬著革职,该部知道。"(台北故宫藏档,文献编号:084978。)

七月六日,杨殿邦上奏折《奏报湖南重运漕船稽滞请旨将押运厅弁分别摘顶暂革》。七月二十一日获朱批。(台北故宫藏档,文献编号:085477。)

七月六日,杨殿邦上奏折《奏报镇江后帮空船失火并请免赔造事》。七月二十一日获朱批。(台北故宫藏档,文献编号:085478。)

杨殿邦上奏折《奏参将办理漕运不力之宿州二帮领运千总景禧革职事》(折片)。七月十九日获朱批。(台北故宫藏档,文献编号:085479。)

七月十二日,杨殿邦上奏折《奏报江西帮船全数渡黄事》。七月十九日获朱批:"知道了。"(台北故宫藏档,文献编号:084550。)

七月二十九日,杨殿邦上奏折《奏报湖南粮道陈桐生在途因病出缺请简放》。八月十三日获朱批。(台北故宫藏档,文献编号:085808。)

七月二十九日,杨殿邦上奏折《奏报捐廉助饷稍效微忱》。八月十三日获朱批。(台北故宫藏档,文献编号:085809。)

七月二十九日,杨殿邦上奏折《奏报二进帮船过淮日期》。八月十三日获朱批:"知道了。"(台北故宫藏档,文献编号:085810。)

七月二十九日,杨殿邦上奏折《奏报催趱帮船北上不许片刻延滞情形》。八月十三日获朱批:"知道了。"(台北故宫藏档,文献编号:085811。)

杨殿邦上奏折《奏为三进嘉杭二属帮船业经过淮河亲督北上由》。九月二十四日获朱批:"知道了。"(台北故宫藏档,文献编号:086477。)

杨殿邦上奏折《奏报徒阳运河水已消落重运难敷浮送查湖属八帮尚未行入苏境即使浙省已得雨泽船可挽行而江省水已浅涩》。九月二十四日获朱批:"既有陆建瀛主政,何用汝故意焦急,朕为汝惭愧。"(台北故宫藏档,文献编号:086478。)

九月,杨殿邦因浙江漕船行走稽迟,受到降三级留任,并摘去顶戴处分。

杨殿邦上奏折《奏为准两江督臣陆建瀛咨会饬调漕标中左右淮安城守西营兵共四百名等由》。九月二十四日获朱批:"知道了。"(台北故宫藏档,文献编号:086479。)

九月十一日,杨殿邦上奏折《奏为截赈各帮馀米请暂缓交纳等由》。八月十三日获朱批。(台北故宫藏档,文献编号:086480。)

九月二十八日,杨殿邦上奏折《奏报浙江省漕船催入山东省境》。十月八日获朱批:"知道了。"(台北故宫藏档,文献编号:086693。)

九月二十八日,杨殿邦上奏折《奏报浙江重运漕船渡黄较迟现在严催中并循案豫筹驳运以速回空事》。十月八日获朱批:"览。"(台北故宫藏档,文献编号:086694。)

杨殿邦上奏折《奏请饬下浙巡抚查明湖属八帮漕船挽行之情形》。十月八日获朱批:"览。"(台北故宫藏档,文献编号:086695。)

杨殿邦上奏折《奏报饬令文武员弁加意弹压催趱漕船北行事》。十月八日获朱批:"知道了。"(台北故宫藏档,文献编号:086696。)

九月二十八日,杨殿邦上奏折《奏谢恩命改降留任》。十月八日获朱批:"知道了。"(台北故宫藏档,文献编号:086697。)

八月九日,吏部尚书贾桢等上奏折《奏报遵议杨殿邦等处分案(附折片一件)》,当日获朱批。(台北故宫藏档,文献编号:085753。)

八月,己卯,朔,"谕内阁:前据椿寿奏浙省漕粮筹办情形一折,当交户部速议。兹据该部议奏,现在江安等帮业已挽至济宁,则浙漕之跟帮北上,不致阻滞,自应如该抚所奏,一律催趱,迅速挽运。著陆建瀛、杨殿邦严饬所属,妥速筹办,不得再有稽迟,致干重咎。至该省帮船,至七月中旬尚未全入苏境,如此贻误,实从来所未有。该漕督及该抚粮道等,所司何事?所有漕运总督杨殿邦、前任浙江巡抚常大淳、署浙江巡抚椿寿、浙江粮道胡元博,均著交部分别议处,以示惩儆。并著吏、兵二部查取浙江省经管运粮河道及总运领运各职名,一并分别议处。"(《咸丰朝实录》卷之六十八)

八月,"丁亥,吏部遵议迟误漕粮处分,请将漕运总督杨殿邦、前任浙江巡抚常大淳、署浙江巡抚布政使椿寿,均降一级调用;浙江粮道胡元博降二级调用。得旨,杨殿邦著改为降三级留任,并摘去顶带;常大淳、椿寿,均著改为降二级留任,俱不准抵销;胡元博著改为降一级调用,仍责令赶紧押运北上一手经理,毋再延误。"(《咸丰朝实录》卷六十八)

八月,"……至浙船水手,素称凶悍,著即责成杨殿邦督饬该管道厅各员,沿途弹压,以免滋事。将此谕知陆建瀛,并谕令杨殿邦知之。"(《咸丰朝实录》卷六十九)

八月十三日,"谕内阁:杨殿邦奏,捐银一万两,以资军需一折,杨殿邦著交部优叙,钦此。"(《清政府镇压太平天国档案史料 第3册》第531页)

十月十七日,杨殿邦上奏折《奏请缓浙江嘉杭二属耗米情形》。十月二十五日获朱批:"户部察核,具奏。"(台北故宫藏档,文献编号:086995。)

十月十七日,杨殿邦上奏折《奏报浙江嘉杭各帮重运渡湖间有遭风漂淌沉溺情形》。十月二十五日获朱批:"知道了。"(台北故宫藏档,文献编号:086996。)

杨殿邦上奏折《奏报赈济鱼台粮船遭风沉溺情形》。十月二十五日获朱批:"该部知道。"(台北故宫藏档,文献编号:086997。)

十月二十二日,杨殿邦上奏折《奏报回空帮走湖艰滞情形》。十一月五日获朱批:"知道了,断断不可再迟。"(台北故宫藏档,文献编号:087160。)

十月二十八日,杨殿邦上奏折《奏报浙江海宁所属尾帮趱出临清闸河日期》。十一月七日获朱批:"知道了。"(台北故宫藏档,文献编号:087395。)

十月二十八日,杨殿邦上奏折《奏请准宿州各船馀米暂缓交仓俾资回空食用》。十一月七日获朱批。(台北故宫藏档,文献编号:087396。)

十月二十八日,杨殿邦上奏折《奏请旨敕胡元博所带北放银两照收清楚携带来北赶帮督押俾免贻误》。十一月七日获朱批。(台北故宫藏档,文献编号:087397。)

十一月十四日,杨殿邦上奏折《奏诗陛见》。十一月二十一日,获朱批:"著来见。"(台北故宫藏档,文献编号:087638。)

十一月十四日,杨殿邦上奏折《奏报浙江杭属尾帮催入直境起剥完竣》。十一月二十一日,获朱批:"知道了。"(台北故宫藏档,文献编号:087639。)

十一月十四日,杨殿邦上奏折《奏请为临清闸外河神灵应恳赐封号》,十一月二十一日,获朱批。《咸丰朝实录》卷七十七)

十月,吴棠署邳州知州,时值水患,岁荒盗炽。他施行"首恶必惩,胁从解散"政策,亲勘灾情,兴修水利,收养弃婴.并率卒勇击退山东捻众,地方暂靖,邳民称颂。

十一月,杨殿邦上奏折《奏报卫水两岸绅民等请尖冢地主捐建金龙四大王暨漳神祠庙春秋祭祀》。(台北故宫藏档,文献编号:087642。)

十二月十九日,杨殿邦上奏折《奏为首二两进回空尾船已全数催出山东境日期由》。十二月二十八日,获朱批:"知道了。"(台北故宫藏档,文献编号:088501。)

十二月十九日,杨殿邦上奏折《奏为重运遭风分别补由》。十二月二十八日,获朱批:"户部查议,具奏。"(台北故宫藏档,文献编号:088502。)

杨殿邦上奏折《奏为奉谕委员押令前任浙江粮道胡元博回浙案由》(折片)。十二月二十八日,获朱批:"知道了。"(台北故宫藏档,文献编号:088503。)

杨殿邦上奏折《奏为中营副将富勒贺详报奏调各营兵二百名于十二月初三日起驰赴江宁省城听候由》(折片)。十二月二十八日,获朱批:"知道了。"(台北故宫藏档,文献编号:088504)

十二月二日,杨殿邦到京。①

十二月廿二日,丁忧在籍的曾国藩奏请训练一支军队以讨伐太平军,此为湘军

---

① 翁心存著;张剑整理:《翁心存日记》第3册,中华书局,2011年6月,第929页。

开端。

咸丰三年,1853 年,81 岁。

正月初二,太平军自武汉出发,水师战船万艘,顺流东下,陆军于两岸屏障水师,长驱直捣南京。二月初十日,太平军以地雷轰塌南京北城仪凤门,攻破外城,斩两江总督陆建瀛;次日分别从南城聚宝门及水西门、旱西门入城,破内城,杀江宁将军祥厚、副都统霍隆武等,太平军完全占据南京。二月二十日,太平天国正式定都南京,改名"天京"。

是年,门生协办大学士贾桢加太子太保,充上书房总师傅,兼管顺天府尹。门生吴棠再任清河知县,以筑清江浦运河河堤丰功出力,以江南河道总督杨以增等保奏,以同知直隶州知州升用。

是年,门生、两广总督、署湖广总督徐广缙因围剿太平军不力被革职,家产查抄,三月解到北京交刑部治罪,按律定为斩监候,秋后处决。五月,咸丰降旨:"军务紧急,岂容安坐待毙耶?徐广缙着发往河南交陆应谷差遣委用,责令带罪自效。该革员具有天良,宜如何感愧,力图报效:倘再不奋勉,或有贻误,朕惟有执法从事,决不宽贷也。"①

天王命天官副丞相林凤祥、地官正丞相李开芳率兵万人,由天京沿江东进。面对即将压境的太平军,扬州一帮文武官员决定采用十多年前对付英国军队的办法,由江寿民出面犒赏、贿赂太平军,大小官员放弃守卫之责,提前逃离扬州。二月二十三日,太平军占领城门大开的扬州城,扬州城被洗劫一空。至十一月二十六主动撤离,太平军共占领扬州城二百七十天,城中被困而饿死的平民百姓"骸胔积如丘林,骸骨埋于风雨,嗣后填街塞巷。"(《咸同广陵史稿》)

正月初十日,《寄谕漕运总督杨殿邦等着就近赴瓜洲江口驻守并督同刘良驹妥为布置》(剿捕档)

正月十八日,杨殿邦《奏报遵赴瓜洲防堵调兵筹办折》,正月二十五日奉硃批:"杨殿邦所请拨运库银两,能否可行,抑或有通融之处?著户部速议奏闻,钦此。"②

正月十八日,漕运总督杨殿邦《奏报飞咨浙省借调铜炮委解来扬片》,正月二十五日奉硃批:"知道了。钦此。"③

---

① 李兴武:《徐广缙年谱》,黄山书社,2014 年 1 月,第 349 页。

② 俞炳坤主编《清政府镇压太平天国档案史料》第四册,社会科学文献出版社,1992 年 4 月,第 478—479 页。

③ 俞炳坤主编《清政府镇压太平天国档案史料》,社会科学文献出版社,1992 年 4 月,第 479—480 页。

正月二十四日,《寄谕漕运总督杨殿邦所需防守经费或截留漕粮或设法捐贷并著体察回空漕船及水手是否可用》(剿捕档)①

正月二十九日,《寄谕钦差大臣向荣等著迅赴江宁与祥厚等扼要固守并著杨殿邦等竭力严防镇江瓜洲两口》(剿捕档)

正月二十九日,漕运总督杨殿邦《奏报驰抵瓜扬请调精兵水陆兼防折》(录副),二月初四日奉硃批:"另有旨,钦此。"②

正月二十九日,漕运总督杨殿邦《奏请于江安粮道等库暂借银十万两济用片》(录副),二月初四日奉硃批:"户部速议奏闻,钦此。"③

正月二十九日,漕运总督杨殿邦《奏报拟设站派员侦探军情片》,二月初四日奉硃批:"知道了。钦此。"④

正月二十九日,漕运总督杨殿邦《奏请饬南河总督等迅选弁兵驰赴瓜洲派防片》,二月初四日奉硃批:"另有旨,钦此。"⑤

二月初一日,《寄谕漕运总督杨殿邦等仍遵前旨不准偷渡并设法弹压遣散夫役及难民》⑥二月初二日,《寄谕漕运总督杨殿邦等酌量招徕盐贩及粮船水手以备驱策》⑦

二月初三日,《寄谕漕运总督杨殿邦等著妥速办理江北防务扼守三汊河口以固淮扬》(《咸丰朝实录》卷之八十四)。

二月初四日,《寄谕漕运总督杨殿邦等瓜洲京口为南北咽喉必须扼要设防》(咸丰朝实录卷八十四)。

二月初四日,《寄谕福州将军怡良等迅拣精兵二千名派员管带速赴江苏交杨殿邦调遣》,(《咸丰朝实录》卷八十四)。

二月初五日,漕运总督杨殿邦《奏报瓜洲等地防守兵单请调水陆各兵赴援以剿为堵折》(录副),二月初十日奉硃批:"知道了,钦此。"⑧

---

① 俞炳坤主编《清政府镇压太平天国档案史料》第四册,社会科学文献出版社,1992年4月,第550—551页。
② 俞炳坤主编《清政府镇压太平天国档案史料》第四册,社会科学文献出版社,1992年4月,第633—634页。
③ 俞炳坤主编《清政府镇压太平天国档案史料》第四册,社会科学文献出版社,1992年4月,第634—635页。
④ 俞炳坤主编《清政府镇压太平天国档案史料》第四册,社会科学文献出版社,1992年4月,第635页。
⑤ 俞炳坤主编《清政府镇压太平天国档案史料》第四册,社会科学文献出版社,1992年4月,第636页。
⑥ 俞炳坤主编《清政府镇压太平天国档案史料》第四册,社会科学文献出版社,1992年9月,第5—6页。
⑦ 薛瑞禄主编《清政府镇压太平天国档案史料》第五册,社会科学文献出版社,1992年9月,第11页。
⑧ 薛瑞录主编《清政府镇压太平天国档案史料》第五册,社会科学文献出版社,1992年9月,第72—74页。

二月初五日,漕运总督杨殿邦《奏报派委候选知府德林督率各艇船在江游巡等情片》(录副),二月初十日奉硃批:"知道了,钦此。"①

二月初五日,漕运总督杨殿邦《奏请调崇明镇总兵叶长春等来营差委片》(录副,二月初十日奉硃批:"另有旨,钦此。"②

二月初五日,漕运总督杨殿邦《奏请派劲兵速赴淮安清江为扬州后援片》,二月初十日奉硃批:"另有旨,钦此。"③

二月初六日,《寄谕钦差大臣向荣等著杨殿邦等於瓜洲等处严密筹防并出示晓谕明悬赏格》④

二月初七日,《寄谕漕运总督杨殿邦等速即派员带兵查拿丰县皇甫金夥党》《咸丰朝实录》卷之八十四)

二月初十日,《寄谕漕运总督杨殿邦山东已无兵可调著俟琦善兵到即可互为声援》,(《咸丰朝实录》卷之八十四)

二月初十日(剿捕档),《谕内阁著将江南苏松镇总兵叶长春等交杨殿邦差委》:"内阁奉上谕,杨殿邦奏请奏请调镇江赴营差委等语,江南苏松镇总兵叶长春、署徐州镇总兵聂金镛、金山营游击郑振乾,均著交杨殿邦差委,钦此。"⑤

二月十一日,漕运总督杨殿邦《奏报军情紧急请饬山东等省官兵赴瓜仪防剿并请迅速筹拨近省饷银解扬折》(录副),二月十六日奉硃批:"另有旨,钦此。"⑥

二月十一日,漕运总督杨殿邦《奏报江宁危急拟亲往渡江援剿片》,二月十六日奉硃批:"另有旨,钦此。"⑦

二月十三日,漕运总督杨殿邦《奏报探闻江宁失守瓜扬兵单请饬向荣琦善统兵飞抵瓜扬进剿折》(录副),二月十八日奉硃批:"另有旨,钦此。"⑧

二月十三日,《漕运总督杨殿邦奏报已饬副将多隆武统带山东兵赴援江宁片》(录副),二月十八日奉硃批:"知道了,钦此。"⑨

---

① 薛瑞录主编《清政府镇压太平天国档案史料》第五册,社会科学文献出版社,1992 年 9 月,第 74 页。
② 薛瑞录主编《清政府镇压太平天国档案史料》第五册,社会科学文献出版社,1992 年 9 月,第 75 页。
③ 薛瑞录主编《清政府镇压太平天国档案史料》第五册,社会科学文献出版社,1992 年 9 月,第 75 页。
④ 薛瑞录主编《清政府镇压太平天国档案史料》第五册,社会科学文献出版社,1992 年 9 月,第 91—92 页。
⑤ 薛瑞录主编《清政府镇压太平天国档案史料》第五册,社会科学文献出版社,1992 年 9 月,第 520 页。
⑥ 薛瑞录主编《清政府镇压太平天国档案史料》第五册,社会科学文献出版社,1992 年 9 月,第 148—150 页。
⑦ 薛瑞录主编《清政府镇压太平天国档案史料》第五册,社会科学文献出版社,1992 年 9 月,第 150—151 页。
⑧ 薛瑞录主编《清政府镇压太平天国档案史料》第五册,社会科学文献出版社,1992 年 9 月,第 186 页。
⑨ 薛瑞录主编《清政府镇压太平天国档案史料》第五册,社会科学文献出版社,1992 年 9 月,第 186 页。

二月十四日,《漕运总督杨殿邦奏报江宁失守瓜扬危险请简重臣统带劲旅会剿折》(录副),二月十八日奉硃批:"本日已有寄谕矣,钦此。"①

二月十四日,漕运总督杨殿邦《奏报扬州需饷孔急札饬淮扬通各州县将地丁钱粮解扬片》(录副),二月十八日奉硃批:"户部知道,钦此。"②

二月十六日,《谕漕运总督杨殿邦飞咨皖豫各巡抚即令北来官兵迅赴扬州遏敌北窜并严防瓜扬一带》(《咸丰朝实录》卷之八十五)

二月十六日(剿捕档),"谕内阁:杨殿邦奏军需紧要,请速筹拨近省饷银,著户部速议具奏。钦此。"③

二月十七日,《寄谕漕运总督杨殿邦与向荣严防江口并著杨文定等於句容东坝等陆路务须堵截》④

二月十八日(剿捕档),《寄谕漕运总督杨殿邦等先行提解淮扬等属地丁并迅催向荣渡江攻剿及陈金绶直赴淮扬防守》。此文又载实录:"癸巳,又谕:本日据杨殿邦奏,贼匪窜踞金陵,势甚猖獗,并因需饷孔急,札饬淮扬通三属将徵存地丁钱粮,并本年截留漕粮之节省漕项帮费津贴等款解扬应用,未据各州县禀覆。值此军务紧急之时,岂容藉词推诿? 现在杨文定相距较远,著杨殿邦、杨以增严饬地方河道各属,无论何款先行提解,以济要需。刻下调兵,远处断难接济,惟向荣、陈金绶、两路重兵可以就近援应。杨殿邦接奉此旨,著一面迅催向荣、设法渡江,一面飞催陈金绶、带兵直赴淮扬,合力防守。其安徽江北一带,琦善统领大兵在后接应,仍可与周天爵及该督等互为声援也。将此由六百里加紧各谕令知之。"(《咸丰朝实录》卷之八十五)

二月十八日(剿捕档),《谕内阁著署四川总督慧成由陕西折回驰往江南淮徐一带会同杨殿邦办理防剿》:"谕内阁:署理四川总督慧成现在行抵陕西,著即折回,驰驿驰往江南淮、扬、徐州一带会同杨殿邦办理防剿事务,钦此。"⑤

二月二十一日(剿捕档),《谕内阁著慧成於陕省防兵内酌带数千名迅赴江北会同杨殿邦等防剿》:"内阁奉上谕:前有旨,令署理四川总督慧成驰驿前往江南淮、扬、徐州一带办理防剿事务,著即于陕西省现在调赴防所官兵内酌带数千名,迅即

① 薛瑞录主编《清政府镇压太平天国档案史料》第五册,社会科学文献出版社,1992年9月,第186页。
② 薛瑞录主编《清政府镇压太平天国档案史料》第五册,社会科学文献出版社,1992年9月,第189页。
③ 薛瑞录主编《清政府镇压太平天国档案史料》第五册,社会科学文献出版社,1992年9月,第227页。
④ 薛瑞录主编《清政府镇压太平天国档案史料》第五册,社会科学文献出版社,1992年9月,第242—243页。
⑤ 薛瑞录主编《清政府镇压太平天国档案史料》第五册,社会科学文献出版社,1992年9月,第258页。

起程驰赴江北一带扼要处所,会同杨殿邦、杨以增筹办防剿,无稍迟延,钦此。"①

二月二十一日(剿捕档),《寄谕漕运总督杨殿邦等河漕标兵丁单薄著飞催琦善就近接应并督饬员弁昼夜巡防黄河渡口》②。

二月二十三日,扬州被太平军占领。四月,林凤祥、李开芳等率军自扬州出师北伐,留曾立昌、陈仕保等镇守该城。清钦差大臣琦善等设江北大营围困扬州。六月,太平军自瓜州赴援,攻取三汊河失利。九月,太平军于虹桥战胜清参将冯景尼,进驻三汊河。十一月初,太平军以扬州被困甚急,粮道断绝,复派赖汉英、石镇仑率部救援。先从仪征进袭未成,遂改由三汊河沿运河推进,步步为营,大举进攻。二十四日击溃清据守扬子桥的冯景尼部,复连败清参将师长鏸、知事张翊国、刑部侍郎雷以诚等,直抵扬州城下。二十六日夜,曾立昌、陈仕保等率城内太平军及当地百姓安全撤出,南退至瓜州。

二月二十七日,漕运总督杨殿邦《奏报扬州兵单失守现设法防堵并自请从重治罪折》(录副),三月初一日奉硃批:"即有旨,钦此。"③

二月二十七日(剿捕档),《暂署安徽巡抚周天爵奏报留署徐州总兵聂金镛守护粮台并请饬杨殿邦另调他员协防江口片》:"再,徐州一镇为黄河上下千有馀里居中要隘,臣料逆贼既据宁,倘若北窜,必由清江、滁州东西两路驿站,而以徐州为控制吃重之地。署镇臣聂金镛守护粮台是其专责,况营中弁兵奉调将尽,该镇更难远离,相应请旨,饬知漕臣杨殿邦另调他员协防江口,庶于御贼守饷两有裨益。谨附片具奏。"④

二月二十九日(剿捕档),《寄谕漕运总督杨殿邦等著即飞调现存桐城之山东兵二千名至江北防堵》⑤。

三月初一日,杨殿邦著因扬州失守革职留任。"三月,乙巳,谕内阁:杨殿邦驰奏扬州失守自请治罪一折,览奏愤恨之极。逆匪连樯东窜,叠次谕令琦善、陈金绶、督兵前进,严防江北,并分兵兼顾仪徵、瓜州一带。琦善、陈金绶等,如果迅速应援,犹可扼要堵御,何至贼匪窜入扬郡?陈金绶著即摘去顶带,戴罪图功;琦善前已革去都统衔,此时若加重惩,转得置身事外。著该大臣等迅督大兵,前往督剿,若再延

① 薛瑞录主编《清政府镇压太平天国档案史料》第五册,社会科学文献出版社,1992年9月,第305页。
② 薛瑞录《清政府镇压太平天国档案史料》第五册,社会科学文献出版社,1992年9月,第307—308页。
③ 薛瑞录主编《清政府镇压太平天国档案史料》第五册,社会科学文献出版社,1992年9月,第375—376页。
④ 薛瑞录主编《清政府镇压太平天国档案史料》第五册,社会科学文献出版社,1992年9月,第390页。
⑤ 薛瑞录主编《清政府镇压太平天国档案史料》第五册,社会科学文献出版社,1992年9月,第413页。

误,自问当得何罪。杨殿邦著革职留任,仍令会同杨以增极力防守,毋得再失机宜,致干重罪。"(《咸丰朝实录》卷八十七)。

三月初一日(剿捕档),《寄谕漕运总督杨殿邦等所称启闸泄淮或决洪湖以防北窜著斟酌行之并飞催陈金绶应援》(《咸丰朝实录》卷八十七)。

三月初一日(剿捕档),《寄谕钦差大臣琦善等统带大兵会同杨殿邦等探明何路紧急即由何路进攻严防北窜并飞催马队进援》(《咸丰朝实录》卷之八十七)。

三月初三日(剿捕档),《谕内阁著陈金绶等督带大兵赴援扬州会同杨殿邦等择要堵截并著琦善接应》①。

三月初七日,《寄谕漕运总督杨殿邦等严防江北并飞催陈金绶援兵合剿》②。

三月初八日,《寄谕钦差大臣琦善等剋期克复扬州并著会同杨殿邦等防剿以遏北窜》③。

三月初八日,都察院左副都御史雷以諴等《奏报杨殿邦一筹莫展应援高邮之兵逗留不进等情片》,三月十四日奉硃批:"另有旨,钦此。"④

三月初九日,革职留任漕运总督杨殿邦《奏谢天恩革职留任并招募壮勇亲督会剿折》(录副),三月十四日奉硃批:"另有旨,钦此。"⑤

三月初九日,革职留任漕运总督杨殿邦《奏报叠派兵勇侦探敌情并请派臬司查文经参议军务片》,三月十四日奉硃批:"知道了,钦此。"⑥

三月十四日,《寄谕帮办军务陈金绶等务须设法绕出敌前与杨殿邦等会剿以防北窜》⑦。

三月十五日,《寄谕漕运总督杨殿邦等务宜防剿兼施查缉奸细并饬地方官绕道递解公文及饷鞘》⑧。

三月十九日,革职留任漕运总督杨殿邦《奏请分拨清江防兵至邵伯以资守御并

① 薛瑞录主编《清政府镇压太平天国档案史料》第五册,社会科学文献出版社,1992年9月,第446页。
② 薛瑞录主编《清政府镇压太平天国档案史料》第五册,社会科学文献出版社,1992年9月,第493页。
③ 薛瑞录主编《清政府镇压太平天国档案史料》第五册,社会科学文献出版社,1992年9月,第504—505页。
④ 薛瑞录主编《清政府镇压太平天国档案史料》第五册,社会科学文献出版社,1992年9月,第509—510页。
⑤ 薛瑞录主编《清政府镇压太平天国档案史料》第五册,社会科学文献出版社,1992年9月,第518—519页。
⑥ 薛瑞录主编《清政府镇压太平天国档案史料》第五册,社会科学文献出版社,1992年9月,第520页。
⑦ 薛瑞录主编《清政府镇压太平天国档案史料》第五册,社会科学文献出版社,1992年9月,第594—595页。
⑧ 薛瑞录主编《清政府镇压太平天国档案史料》第六册,社会科学文献出版社,1992年9月,第2—3页。

报查访扬州文武下落折》(录副),咸丰三年四月初四日奉硃批:"另有旨,钦此。"①

三月十九日,漕运总督杨殿邦《奏报于小茅山拿获伪小王朱会学等并将其讯明正法片》(方略稿本),四月初四日奉硃批:"嗣后续获逆首,当研讯确供,详细入奏。朕看此次生擒朱会学并无叙有刀枪等伤,何忽略若此?钦此。"②

三月二十日,《寄谕漕运总督杨殿邦等务须扼要布置北路防守并知会周天爵带兵协剿》。《咸丰朝实录》卷八十八)

三月二十日,安徽巡抚李嘉端《奏报遵查原调山东兵止有一千三百余名即令赴援杨殿邦等情片》③。

三月二十二日,山东巡抚李僡《奏报遵拨军饷七万两委员解交漕运总督杨殿邦片》④。

三月己未,魏源以高邮知州办团练,于江南文报不绕道递送,屡将急递退回,以至南北信息不通,被督办江北防剿的杨以增以迟误文报玩视军务奏劾革职(《咸丰朝实录》卷八十八)。

三月,丁巳,朝廷发文,就杨殿邦的奏折发表指示。"谕军机大臣等:杨殿邦奏招募壮勇合力进剿一折。……,朕闻现在贼据邵伯镇以下之湾头挑筑土城,分令各贼,赴六塯买粮,以为持久之计。此时杨殿邦尚在淮安府,所派接应之淮扬道曹文昭、河标中营副将李辉连逗遛不进,冯景尼带领募勇尚未到齐,与杨殿邦所奏情形不符,深为悬念。……,刘良驹、但明伦现在何处,并扬州文武员弁下落,即著查明据实具奏。将此由六百里各谕令知之"(《咸丰朝实录》卷八十八)。

三月,丁巳,朝廷再发指示。"又谕:雷以諴、晋康奏,行抵清江浦,访闻贼陷扬州以后,现踞邵伯镇以下之湾头,挑筑土城。因贼众粮少,分赴六塯,买米接济。杨殿邦十数日之久尚在淮安,一筹莫展。所委应援之淮扬道曹文昭、河标中营副将李辉连逗遛不进,竟将高邮、宝应置之不问,所募乡勇亦不足恃各等语,览奏实深悬念"(《咸丰朝实录》卷八十八)。

三月二十三日,雷以諴、晋康上奏折《奏为体察河北江北情形宜分别缓急择要扼守以防逆贼北窜所管见所及具奏》,附件《奏请令江苏臬司查文经管领杨殿邦所带之兵片》。朱批:"另有旨。"(台湾故宫藏档,文献编号:406003664)

三月二十二日,钦差大臣琦善等《奏覆遵旨筹防并查访扬州失守文武员弁下落

---

① 薛瑞录主编《清政府镇压太平天国档案史料》第六册,社会科学文献出版社,1992 年 9 月,第 65—67 页。
② 薛瑞录主编《清政府镇压太平天国档案史料》第六册,社会科学文献出版社,1992 年 9 月,第 67—68 页。
③ 薛瑞录主编《清政府镇压太平天国档案史料》第六册,社会科学文献出版社,1992 年 9 月,第 80—81 页。
④ 薛瑞录主编《清政府镇压太平天国档案史料》第六册,社会科学文献出版社,1992 年 9 月,第 106 页。

各情折?》(录副):"……贼匪于二月二十三日申刻窜踞扬城,刘良驹、但明伦先于二十二日戌刻亥刻之间随漕督杨殿邦乘舟至上游一带退守。现在该二员下落不知如何。知府张廷瑞、江都县知县亦不知去向。"①

三月二十三日,都察院左副都御史雷以諴等《奏请饬查文经管理杨殿邦所带之兵督同冯景尼防剿片》(台北故宫藏档,文献编号:406003664)

三月二十六日,杨殿邦被革职,令查文经护理,随即任命杨以增兼任漕运总督。

"三月,辛未,谕内阁:……,贼匪窜入扬城,杨殿邦辄先期退至上游,但明伦、刘良驹、及扬州府知府张廷瑞等,至今杳无下落,实属罪无可逭。杨殿邦、但明伦、刘良驹、张廷瑞,并甘泉县知县梁园棣均著革职,交刑部分别定拟罪名具奏。杨殿邦、仍著留于清江浦,随同杨以增办理防堵,戴罪自效。其江都县知县,著该部查明一并革职,交刑部治罪。"(《咸丰朝实录》卷八十九)

三月,胜保偕琦善进至扬州郊外,扎营防堵太平军北进,是为江北大营。

四月初三日,杨殿邦《奏报踏平扬州城外土城并请拨兵严防折》(录副),四月初七日奉硃批:"另有旨,钦此。"②

四月初九日,漕运总督杨殿邦《奏报连日督师攻城及擒获要犯等情折》(录副),四月初七日奉硃批:"知道了,图留览。钦此。"③

四月十一日,江苏按察使查文经以护理漕运总督的身份在邵伯行营与杨殿邦委派的代表举行权力交接仪式。

四月十四日,《寄谕署理四川总督慧成著将已革漕运总督杨殿邦所奏摺片酌量妥办》:"军机大臣字寄钦差大臣署四川总督慧,本日据杨殿邦奏获犯折,并另折奖兵勇等语,杨殿邦前已有旨革职,著将所奏折片著交慧成酌量妥办可也。将此同五百里谕令知之。"④

四月,朝廷发文,要求落实杨殿邦的奏折。"戊寅,谕军机大臣等,寄谕署四川总督慧成:……,杨殿邦业经革职,前曾谕令留于清江随同杨以增帮办。该革员现在驻扎邵伯,距扬州甚近,该署督即饬令随同办理防剿事宜。本日据大学士祁寯藻奏,访闻贼匪情形,开单呈览,著钞给阅看。将此由六百里谕令知之。"(《咸丰朝实录》卷九十)

咸丰帝回复杨殿邦的奏折。"已革漕运总督杨殿邦奏,擎获伪小王朱曾学等正

---

① 薛瑞录《清政府镇压太平天国档案史料》第六册,社会科学文献出版社,1992 年 9 月,第 102—103 页。
② 薛瑞录《清政府镇压太平天国档案史料》第六册,社会科学文献出版社,1992 年 9 月,第 278—280 页。
③ 薛瑞录《清政府镇压太平天国档案史料》第六册,社会科学文献出版社,1992 年 9 月,第 333—334 页。
④ 薛瑞录主编《清政府镇压太平天国档案史料》第六册,社会科学文献出版社,1992 年 9 月,第 396 页。

法,得旨。嗣后续获逆首,当研讯确供,详细入奏。朕看此次生擒朱曾学,并无叙有刀枪等伤,何忽略若此?"(《咸丰朝实录》卷九十)

朝廷发文,就杨殿邦的奏折发出指示。"辛巳,谕内阁:杨殿邦奏连获胜仗攻夺土城贼势穷蹙一折。该逆于扬州城外添筑土城,遍设阱阱,坚拒我师,希图窜踞。现经叠次痛剿,平毁土城。琦善、陈金绶、胜保等、督率带兵各员,正当乘此声威,激扬士气,克复郡城,严防窜逸。现在慧成统带各路重兵,计已赶到,著即合力进攻,肃清江北,拯我群黎。朕日盼捷音之踵至也。"(《咸丰朝实录》卷九十)

四月二十日,护理漕运总督查文经《奏参扬州营守备薛举观望不前并请将其革职发遣片》①。

五月十四日,《谕内阁已革漕运总督杨殿邦著照部议发往新疆仍留清江浦协剿》(剿捕档)。"内阁奉上谕:刑部奏,定拟扬州失守官员罪名一折。已革漕运总督杨殿邦、已革前任盐运使但明伦,均著照部议,从重发往新疆充当苦差,仍令暂留清江浦,随同杨以增等办理,馀著所议办理,钦此。"②

六月十二日,福济上奏折《奏报奴才接管兵勇分拨各要隘严密防守并现在筹办会剿情形》,附件《奏报已革漕臣杨殿邦应否饬令赴清江或留扬州军营事请旨》、《奏报山阳举人愿自备资斧投营效力前捐银两事》。朱批:"另有旨。"(台北故宫藏档,文献编号:406004263。)

六月十八日,"内阁奉上谕:福济奏革员随营效力请旨遵行等语(剿捕档),已革漕运总督杨殿邦、已革前任盐运使但明伦、均著留于福济军营差委,钦此。"③

是年三月至十二月,福济任漕运总督,会同琦善在扬州攻打太平军,调遣漕河标兵六百名从临淮关赶赴庐州,并上疏朝廷,请求命琦善调拨精锐部队二千人扼守关山、涧溪,防备太平军北进;又请求自己仍然兼管淮北盐税的征收,以供给安徽清军的军饷,这些建议都得到朝廷的批准。

是年,杨殿邦门生鲍桂生,捐资助饷,投笔从戎,得到福济保举,步入仕途。鲍桂生,山阳(今江苏淮安区)人,字小山、筱珊,室名求是斋、藏书楼,道光己酉(1849)举人,以军功授直隶清河道,署贵州按察使,改山西雁平道。嗜书,建楼藏书,名曰藏书楼,藏书多达数万卷,著有《津门诗钞》《燕南赵北诗钞》《藏书楼骈体文》等。

---

① 中国第一历史档案馆编著:《清政府镇压太平天国档案史料》第六册,社会科学文献出版社,1992年9月,第496—497—81页。

② 中国第一历史档案馆编著:《清政府镇压太平天国档案史料》第七册,社会科学文献出版社,1992年9月,第133页。

③ 中国第一历史档案馆编著:《清政府镇压太平天国档案史料》第八册,社会科学文献出版社,1992年9月,第68页。

六月十八日,福济奏报《举人鲍桂生捐银随营效力片》(录副):"再,据山阳县举人鲍桂生禀称:贼踞扬城,同仇志切,情愿自备资斧,投营劲力,并捐曹平纹银一千两以资军饷等情。奴才查该举人急公好义,实属可嘉,且察看其才具开展,文理尚优,既愿自备资斧效力,自应准其随营,即委管理文案,谕令小心当差。并将所捐银两发交行行营粮台验收备用。一面札知总理粮台江宁藩司陈启迈存案外,相应附片陈明,伏乞皇上圣鉴。谨奏。六月十八日奉朱批:知道了,钦此。"①

九月二十七日,漕运总督福济奏报《提用军饷并请将捐输之鲍桂生以中书即用折》(录副)②。

十二月甲戌,太平军从扬州突围,官军占领扬州。琦善、慧成均被撤职从军。己丑,庐州被太平军攻占,巡抚江忠源战死,福济任安徽巡抚。邵灿出任漕运总督兼署河道总督,至九年,以病免。

是年,淮安名儒丁晏派人携带粮食、银两,并购红枣四箩、板栗四篓、公鸡四只,以四提纱灯为前导,送至太平军军营,说"祝洪杨事事(四四)如意,早(枣)立(栗)登(灯)基(鸡)。"事后,山阳鲍桂生父子以与太平军合谋反叛朝廷及办团练"日食万钱,抬唾余以胪私款"的罪名告发丁晏。十月,朝廷下旨革除丁晏功名顶戴,被逮通羁押于邗江清兵大营。被羁七个月后,丁晏被押到淮安候审。次年,咸丰下旨,将丁晏"发往军台(黑龙江)效力"。儿子丁寿昌在京为父活动,三儿丁寿恒拆变家产纳赎至京火器营捐缴,经兵部复奏议,请予免遣。

成丰四年,1854 年,82 岁

是年,杨殿邦随福济办差,到庐州、凤阳、泗州、六安等地劝捐,捐铸虎蹲炮二十尊。朝廷一再催令,让其和但明伦一起发配新疆充当苦差。又责令杨殿邦迅速赔缴上年动用的盐库银两,均被福济等人拖着不办

是年,贾桢兼翰林院掌院学士。顺天府书吏范鹤等与户部井田科银库书吏交结营私,以钞票抵库银。贾桢察举其弊,谳定,遣失察诸官有差。贾桢以发觉察议,拜体仁阁大学士,管理户部。

正月,曾国藩发布"讨粤匪檄",督湘军自衡州出发讨伐太平军。

二月四日,丰工下游包家河一带土匪北窜,淮徐道王梦龄、徐州镇总兵百胜被革职留任,河督杨以增被交部议处。(《咸丰朝实录》卷一百二十二)

---

① 中国第一历史档案馆编著:《清政府镇压太平天国档案史料》第七册,社会科学文献出版社,1993 年 9 月,第 589 页。
② 薛瑞录主编:《清政府镇压太平天国档案史料》第十册,社会科学文献出版社,1993 年 11 月,第 227 页。

二月十三日，"壬午,谕内阁:怡良奏请留已革运司办理扬州抚恤善后事宜等。已革前任两淮盐运使但明伦上年派令随同杨殿邦在扬州办理防堵,嗣因贼扰扬城,当将该员革职发往新疆充当苦差,仍暂留清江浦办理防堵,戴罪自效。该革员自留营以来,并无出力之处,该督辄藉词绅士禀留,委办捐务,其为该革员贪缘差使,预为免罪保举地步,已可概见。但明伦著即行发遣,所请留于扬州差委之处,著不准行。所有扬城劝捐抚恤及善后事宜,著即责成署扬州府知府存葆妥为经理,倘不敷差委,著该督添派道府大员帮办。已革漕运总督杨殿邦与但明伦,均系发往新疆充当苦差之员,著一并即行发遣,不准逗遛。"（《咸丰朝实录》卷一百二十二）

七月,裕诚伯莀奏,遵旨核议清查通济仓亏款,杨殿邦受到降一级留任处分。

闰七月,朝廷发文敦促将对扬州失守有直接责任的官员发配新疆。"辛卯,谕内阁:上年贼扰扬州,府城失陷,当降旨将督办防堵之漕运总督扬殿邦等及失守地方之盐运使刘良驹等革职,分别治罪。……,著杨以增即行派员将该二员迅速押解启程,毋再延玩。"（《咸丰朝实录》卷一百四十）

闰七月二十四日,"奉上谕,贼扰扬州,府城失陷,当降旨将督办防堵之漕运总督治罪。至杨殿邦现有应赔提用淮北盐课银两,著福济饬令速行完缴;如未能缴齐,此案内应行发遣各革员,著一并迅速起解,毋许逗遛,并将起解日期,即行具奏。"（《咸丰朝实录》卷一百四十）

十一月二十六日,安徽巡抚福济《奏陈杨殿邦赔项应饬杨以增调员质算片》（录副）:"再,已革漕臣杨殿邦自上年六月奉旨交臣差遣,商酌军情,稽查奸细,均极劝奋。臣调任安徽,该员以志切同仇,捐铸虎蹲炮二十尊,亲赍来营。当以皖省捐输寥寥,该员籍隶泗州,年望俱高,素为绅耆所推服,派往庐、凤、泗,六各属劝捐。已据先后督同各州县劝捐,陆续运解。……臣查该革员在扬防堵,系张廷瑞等三员经理钱粮,何至动用库款至十二万馀两之多,李安中面见该革员止称,用存银数已交清江公局,其实用细数延不报销,尤属荒唐已极。非调集卷宗,逐加核算,不能水落石出。应请旨饬令河臣杨以增就近调齐领放扬州防堵经费局员长廷瑞、李安中、许敦诗与杨殿邦质算,不得藉词延宕。即将用过确数,责令该革员等赶紧赔缴,再行奏明请旨,以符库款重军需。是否有当,谨附片具奏,伏乞圣鉴训示,谨奏。"咸丰四年十二月初四日,奉硃批:"另有旨,钦此。"①

十二月,丁酉,"谕内阁:前因已革漕运总督杨殿邦有应赔提用银两,曾经降旨

① 薛瑞录主编:《清政府镇压太平天国档案史料》第十六册,社会科学文献出版社,1994年12月,第409—410页。

交福济饬令该革员如数赔足。兹据该抚奏,查明该革员实用银数,现未据经手各员报销,请饬河臣就近调集质算等语,所有杨殿邦提用未销盐课银十二万余两,即著杨以增调齐卷宗及领放经费之已革扬州府知府张廷瑞、前淮北监掣同知李安中、海州运判许敦诗与杨殿邦将用存确数逐一质算,责令该革员等赶紧赔缴,毋任藉词延宕。"(《咸丰朝实录》卷一百五十三)

是年,周祖培连擢左都御史、兵部尚书,兼管顺天府尹。

咸丰五年,1855 年,83 岁

是年,杨殿邦在安徽福济军中效力,但明伦病逝于扬州。

是年,贾桢兼管工部,晋武英殿大学士。

正月十九,僧格林沁军以水为兵,连镇顿成泽国,北伐军无法再守,导致营破兵败,北伐军将士大多阵亡,林凤祥被俘后解送北京,英勇就义。

十月,福济指挥清军攻克庐州,赏加太子少保官衔,赐戴头品顶戴。此后,清军又相继攻克了庐江、巢县、无为等地,福济因此被朝廷评定为优等,并赏赐御用棉袍、翎管、搬指、荷包等物品。

十月十八日,杨士燮出生,系杨鸿弼妾陈氏所生,甲午进士,官至浙江巡警道。

十二月十八日,河道总督杨以增卒于清江浦南河节署。

咸丰六,1856 年,84 岁

是年,杨殿邦在安徽福济军中效力。胜保被召回内地,令往安徽军营,协助军政官吏同捻军和太平军作战。

四月二日晚,秦日纲、陈玉成、李秀成等率兵由金山至高资一线连夜渡江,与北岸瓜州太平军守军会合,三日拂晓由瓜州向土桥方向发起猛烈进攻,清军大败,江北大营西路土围被突破。太平军一鼓作气,次日又大败三汊河之清军,连破营垒120 余座。五日,太平军乘胜扩大战果,再次占领扬州,清军经营三年之久的江北大营被太平军一举摧毁。攻破江北大营并完成粮食征集任务后,十七日主动撤出扬州,率部返回天京。

六月,钦差大臣向荣统领的江南大营十万官兵被太平天国领袖杨秀清、秦日纲率军击溃,向荣营垒尽失,落荒而逃,被革去湖北提督职,留任钦差,继续督办军务,不久忧忿而死。

是年,皖东大旱,盱眙、来安棚民起义,吴棠率乡练镇压起义军,以功奉旨免补本班,俟服阕后仍留江苏以知府补用。

八月初四日,太平天国内讧:北王韦昌辉、燕王秦日纲杀东王杨秀清及其党属三千余人。

是年冬,翁心存兼翰林院掌院学士,以吏部尚书协办大学士,寻调户部。

咸丰七年,1857 年,85 岁。

是年,杨殿邦在福济军中效力,福济又一次上奏章为他说情,请求朝廷不要将杨殿邦发配新疆。"六月十二日(8 月 1 日),……福济奏免请杨殿邦发遣,留于军营差遣,委办劝捐团练。"[1]

二月,无为、庐州附近各县又被太平军攻占,桐城也被太平军包围,福济率领清军突围而出,还驻庐州,受到清廷斥责。不久,六安又被太平军攻占。福济丢失安徽巡抚印信,受到降级处分。秦定三率部进攻桐城,久攻不下,郑魁士率部奉命赶来,两支部队因争夺军饷发生矛盾,太平军乘机主动攻击,清军大败。李鸿章的团练败散,奉母北逃。

秋天,蒙古副都统胜保任钦差大臣,督办安徽军务以镇压义军,招降淮捻军首领苗沛霖。

十一月十四日,英法联军五千六百余人攻陷广州,两广总督叶名琛被俘,第二次鸦片战争爆发。

咸丰八年,1858 年,86 岁

是年,杨殿邦先后在福济、胜保军中帮办劝捐团练。安徽滁州、来安、凤阳、怀远等地相继被太平军攻占。福济以有病为由请求休假,清廷下诏斥责福济日久无功,撤去他太子少保的官衔和头品顶戴,命他来京,不久,朝廷任命福济为内阁学士,给予副都统的官衔,充任西宁办事大臣。

是年,门生周祖培会办五城团防,以吏部尚书协办大学士,兼署户部。车驾幸热河,命留京办事,周祖培拜体仁阁大学士,管理户部。门生贾桢服阕,以大学士衔补吏部尚书,仍充上书房总师傅。寻复授体仁阁大学士,管理兵部,兼翰林院掌院学士。

五月,江南大营被太平军"忠王"李秀成部队击溃,当时钦差大臣和春、提督张国梁统率官兵有二十万多万。据美国来华基督教传教牧师描述,清军不像军队,形同市集,吃喝玩乐,大烟娼赌俱全。

---

[1] 《翁心存日记》第四册,中华书局,2011 年 6 月,第 1242 页。

六月，门生徐广缙由钦差大臣胜保奏请饬赴军营，帮同剿办，得旨，赏给五品顶戴，在营随同办事。八月，得赏四品衔，暂行统带胜保所留军队，随同袁甲三办理剿办事宜。十月卒，朝廷追念前勋，开复原官。门生翁同书授安徽巡抚，帮办钦差大臣胜保军务。

九月二十一日，杨士晟出生，出自杨鸿弼妾赵氏，壬辰科进士，累官至道员，民国时任芜湖关监督、苏州关监督兼交涉员、苏州关监督等职。

十月四日，太平军进占仪征，九日，太平军第三次占领扬州，清将德兴阿逃往邵伯镇，沿运河布防，堵截太平军东进，李世贤多次强渡或迂回均未奏效。十五日，清军江南大营帮办军备张国梁率兵6000余人由镇江渡江北援，进抵万福桥。李世贤遂于二十一日撤离扬州，率部渡江南进。

十二月，吴棠督办清河团练事务。

咸丰九年，1859年，87岁

是年初，杨殿邦抱病在胜保军中帮办劝捐、团练。

正月，袁甲三与胜保意见不合，屡被上疏参奏，被召回京，入觐，面陈军事。

四月，袁甲三为漕运总督，升任钦差大臣，督办安徽军务。杨鸿弼入袁甲三幕。

五月二十六日，陈玉成率太平军攻占盱眙县城，杀死知县许垣等官民千余人，盱眙城被焚烧、抢劫。六月甲寅，"予安徽盱眙阵亡知县许垣、县丞周来豫祭葬世职，并建立专祠。"（《咸丰朝实录》卷二百八十六）

七月，胜保在盱眙县讳败为胜，捏报军功事发。"己卯又谕：朕闻胜保招降捻匪。……至盱眙本无城郭，前据胜保奏，系用兵克复而翁同书则称该处贼匪系自行退出。本日又据和春奏，盱眙居民闻天长既陷，即将粮米搬运上船，贼至无可掳掠，是以退去。胜保探闻贼退，即以克复入奏，未免语涉铺张，所有胜保前奏克复盱眙、请保出力人员之处著不准行。胜保身任大员，督兵在外，竟敢虚词粉饰、为将士邀恩？本有应得之咎，念其从前临阵尚属勇往，此次姑免深究，嗣后如再有捏报胜仗，经朕察出，必当治其冒功之罪，懔之，将此由五百里谕令之。"（《咸丰朝实录》卷二百八十八）

九月初，杨殿邦病逝于胜保军营中，胜保上疏，请以道员礼安葬杨殿邦。"九月九日（10月4日），……胜保奏已革漕运总督杨殿邦在安徽办理团练，积劳身故，赏给道衔，照道员例赐恤。"①

---

① 《翁心存日记》第四册，中华书局，2011年6月，第1460页。

九月乙亥,朝廷降旨准许,"赏安徽军营病故已革漕运总督杨殿邦道衔,予祭葬,恤荫如道员例。"(《咸丰朝实录》卷二百九十三),即赏给杨殿邦道员衔,准予以此官衔礼安葬、祭祀,对其后代给予相应的抚恤和封赏。

门生鲍桂生闻讣,很悲伤,作《哭杨叠云师》:"文章早已折公卿,玉镜高悬照太清。桃李都成梁栋器,中朝元老是门生。无端白下鼓鼙喧,瓜步仓皇讵忍言。毕竟中流谁砥柱,淮南鸡犬感公恩。群盗如毛唤奈何,柳营前箸借公多。可怜星斗苍忙夜,犹是伤心盼渡河。噩耗惊传失我师,客中那禁泪痕滋?临行犹忆明公语,此别茫茫无见期"(《津门诗钞》)。

据光绪《山阳县志》及《淮安府志》记载,杨殿邦墓位于淮安城东张桥,现属淮安市淮安区季桥镇前周村。二十世纪五十年代,因修淮河入海水道,此墓被毁。我曾去察看,当地村民向我描述当年杨家花园、松林的盛况,讲述杨殿邦墓被挖掘时剥衣(当时百姓穷困,取死人衣服回家改制后再穿)弃尸的经过。现处于河道中的农田,无一丝踪迹。

附　录:

1. 杨殿邦列传

杨殿邦,安徽泗州人,嘉庆十九年进士,改庶吉士,散馆授编修。累官吏科给事中,道光七年为广东南韶连道,荐擢山西布政使,内召为太仆侍少卿。历礼部右侍郎。二十六年授漕运总督。二十八年六月,福建学政彭蕴章奏漕运积弊,命有漕诸督抚及仓侍郎集议以闻。殿邦疏,略曰:"漕政积弊,由来已久。重运漕船到淮,向由漕臣率副将参游赴盘粮厅逐船签量。臣以营务操防关系极要,且人多品杂,难免无弊,故于漕船到淮时,即乘小船算书签手三人,旋验旋开,承办之书吏并不令其到船。至米之干洁与否,皆臣所亲验,吏役无所施其留难。彭蕴章所奏漕船至淮种种需索,似非目前情形。所称三闸三坝已属约略之词。至于关缆夫价,昔归帮丁,道光十五年前漕臣朱为弼、督臣陶澍等以夫役需索,酌定解银额数。二十六年,漕臣程矞采以银直日昂,量减银万七千两有奇。臣复核实递减,共节省银四万七千余两。彭蕴章所奏,犹执曩时之传说,未切目前之情状。至旗丁需索帮费,州县浮收勒折,本干例禁,上官一有见闻,自当严参惩处,乃近日动辄登诸公牍,又复上达宸听。致旗丁视帮费为正款,州县以浮收为额征,年复一年,恬不为怪。岂知州县借旗丁为口实,计所浮收自津贴帮费外,余润尚多。臣闻苏松诸属,每届开仓,先昂银价为勒折藉口,良懦之民,每石折银五六圆,或七八圆,及至开斛兑粮,又须另筹帮费。胥吏丁仆，多方侵蚀，不肖牧令性成挥霍，逋负山积，莫不取赢于此。臣于沿途闸坝诸费已逐年递减，官弁丁胥亦严加约束。惟各省帮费，臣远在淮安，稽核恐难周密，已咨商诸有漕督抚臣分别应裁应减，明定章程会奏。又奏漕政之弊，论者谓减帮费可免浮收，而帮费屡经议减，而浮收如故。兑漕时，州县仍苦支绌，遂藉口于帮费之烦，以巧饰其开兑之咎。是去弊者但知塞其流，而未知清其源也。彭蕴章所奏州县浮收勒折，为旗丁逼索所致，适足长不肖浮收之弊。臣以为人之贪廉，不操其权于己，而操其权于人，无是理也。地方有司果能洁己爱民，断不因帮丁需索而苛取黎元，亦断无因办漕之廉谨而兑粮为能迅速者也。浮收之弊既绝，则上下无所挟制，而诸费自可革除。"

疏入，下部议行。咸丰三年，粤寇犯武昌，势且东下，上命殿邦率徐州镇兵屯瓜州捍长江。及贼至金陵，上又念兖沂接壤江南，丰沛邳宿无险可扼，淮徐滨临大河，虑贼偷渡，谕殿邦加意严防。殿邦奏言瓜州扬子逼近金陵，贼傥由龙潭渡江，西北距扬子仅三十余里，江口散漫，处处皆可登陆。请飞饬浙闽山东抚臣暨江南提臣迅将臣奏调水陆各军兼程驰抵瓜州，以资捍御。惟守城不如守隘，能守犹不如能战，沿江要隘甚多，分守则兵力不敷，不守则随地皆可登岸。是议防之难，甚于议战。臣俟诸军齐集，由长江沂流进击，以解金陵之围。陆路则令骁将统率劲旅，分防六合、天长，以遏北窜之路。已而，金陵不守，殿邦奏，贼在江宁城，内外不下数万人，而瓜州城圮于水，无险可恃。沿江上下数十里，处处皆可登陆。扬州水陆分歧，非重兵不可守御。臣所部诸营勇，皆未经行阵，仅可以之防守，交战恐不足恃。瓜扬为京师门户，设有疏虞，山左河南大局皆将震动。请皇上速简重臣，统精兵数万星驰来扬。

未几，扬州亦陷，殿邦奏退守高宝，请启放各闸坝泄淮水以拒贼。寻，钦差大臣琦善劾殿邦先期退守上游，致陷扬州，上革殿邦职，命刑部议罪，刑议遣戍新疆，上命暂留安徽巡抚福济营差委。九年卒于军，赠太仆侍卿，赐恤如道员例。(《大清国史馆人物列传·杨殿邦列传》(台北故宫藏档，关于杨殿邦的履历、事迹、传稿共有十一份，此文为第四份传记，文献编号：701007282)

2. 杨殿邦传

杨殿邦，字翰屏，泗州籍，世居邑城。父果亭，江南松江营参将，有勋绩。殿邦生而明慧，工书画，娴骑射，慷慨有大志，年三十犹未遇。嘉庆辛酉，以拨贡朝考二等选芜湖教谕。俸满，保举知县。

中癸西顺天乡试举人。甲戌成进士，改庶吉士，授编修。丙子充顺天乡试同考官，戊寅充河南乡试正考官，已卯充广西乡试副考官。授云南学政，任满，擢监察御史,直言敢谏,弹劾不避权贵。道光五年,奏陈南河积弊十条。七年,晋给事中。九月,奏安徽凤阳、定远等处私枭充斥,霸占口岸,滋扰地方。凤阳之溪河、小溪,定远之三河集,盱眙之明光集,为回民贩私口岸,互争界限,聚众械斗;并将著名要犯住址开单进呈,得旨嘉奖,京察一等,授广东南韶连道,护暹罗国贡使入京。甫返任,瑶民赵金陇乱作,连州排瑶一时蠢动。偕知府汪忠增相机剿抚,不数月,瑶匪平,擢贵州按察使,赏戴花翎。十七年,擢山西布政使,忌者劾以衰眊,调太仆寺少卿。大考,转詹事府詹事兼顺天府尹。庚子试差,列第一,充山东正考官,得榜首于如川,时论翕然。晋内阁学士兼礼部侍郎。二十二年,署仓场总督兼户部侍郎。二十四年,授漕运总督。二十八年,奏擒获洋盗,解赴苏州审办,究出首夥逸犯多名,得旨著水师缉捕。

咸丰三年,粤匪犯扬州,奉命赴瓜、扬防堵。未几,扬州陷,罣吏议罢职,留营办理劝捐团防,赏道衔。九年,卒于军,恤赠太仆寺卿衔。戊申,泗有水患,殿邦尝出数千金振饥。捐廉筹宾兴、公车等费,置义田赡族。著有《菜香小圃诗集》、《心太平居文集》、奏议若干卷。子鸿弼,江苏候补知府,以善书名。[①]

3. 杨殿邦传、杨鸿弼传

杨殿邦,字翰屏,号叠云,世居州城之西南乡。父果亭,江南松江营参将,卓著勋绩,为时名将。殿邦生而歧嶷,少失怙,性敦厚,笃孝友,读书数行下,善书画,工诗古文词,兼娴武事,精骑射,居恒负大志,年三十犹未遇。嘉庆辛酉,始以拔贡铨芜湖教谕。癸酉甲戌联捷成进士,改庶吉士,授编修,擢御史,授广东南韶连道,累升贵州按察使、山西布政使、贵州巡抚。复改授京卿,累转至礼部侍郎、仓场总督、授漕运总督。尝典试河南、广西,视学云南,所至严关防,绝供张,而抉择精覈,多得知名士,如贾文端、周文勤、徐仲升制军昆季、李小湘中丞,其尤著者。殿邦素侃直,任御史,謇谔有古大臣风。道光间,海疆多事,条陈防务十事,天子嘉纳,交文林忠公采用,十取五六焉。十三堡湖决,某大臣视不实,亦劾之。每疏入,同朝皆为殿邦危,殿邦夷然也。任连韶道,襄剿瑶匪,总督卢坤以首功推之,得旨赏花翎。其在山西、贵州改赋税,编保甲,美政尤不胜记。初忌者以衰眊劾,内改京秩。及庚子试差,上以字迹端凝,叹赏久之,列第一,并谕在廷诸臣:'此人老当益壮。'遂有典试山东之命,获解元于如川,时论服为钜眼。维时东南大计,首重漕储,而积弊丛生。通仓胥吏扰于北屯,船丁户扰于中,不曰风涛,即曰寇盗;不曰霉变,即曰繁费。殿邦奉命视漕,厘剔弊端,精核吏弁,漕运一兴焉。戊申乡有水患,出数千金以济赈。又

---

① 王锡元:《光绪盱眙县志稿·杨殿邦传》,光绪二十九年重校本。

捐廉俸筹宾兴、公车等费，为宗人购买义田，迄今族党犹食其福。屡以年老乞休，不许。咸丰三年，粤寇陷扬州，以援师无功去职。上深鉴之，寻诏以为本省团练大臣，招集流亡，兼筹防剿事，未竟，卒于军，年八十有七，追赠太仆寺卿，荫一子。有《菜香小圃诗集》《心太平居文集》、奏议若干卷。

子鸿弼，字谷生，号仲禾，生有宿慧，性至孝，工诗古文，善书法，名噪一时，而廉静寡俗，秋闱十战，七以额满遗，时论惜之。以荫生考授员外郎，改江苏知府。咸丰间，襄袁端敏公戎幕，帷幄制胜，袁公倚为臂。助军功，得道员用，三品衔，花翎。父病笃，曾尝粪。父没，亦立意淡泊，不求仕进，当道若曾文正及今合肥相国屡邀不赴，日惟闭户读史，以生平所学课子，多所成立。卒年五十八，著有《枕善居诗集》①

---

① 方瑞兰《泗虹合志》卷十一乡宦《杨殿邦传杨鸿弼传》，光绪十四年刻本。

第三章

直隶总督兼北洋大臣杨士骧

杨士骧(1860—1909)，字萍石，号莲府，安徽泗州梁集（今属江苏盱眙）人，生于江苏淮安，光绪十二年进士，选庶吉士，入翰林院，授编修，历任会典馆修纂官及帮总纂官、国史馆协修官、功臣馆纂修官、北洋支应局总办、直隶通永道、直隶按察使、江西布政使、直隶布政使、山东巡抚、直隶总督兼北洋大臣、陆军部尚书等职，诰赠太子少保，谥"文敬"。有《杨文敬公奏议》《广东全省总图说》（合著）、《大清律例新编》（合著）、《山东通志》（主编）等著作。

第一节 名宦子孙，与政坛巨擘吴棠、李鸿章、袁世凯的渊源

曾祖父杨果亭(？——1789)，行伍出身，曾任寿州、亳州千总，苏州平望营都司、松江中营游击、松江中营参将，武义都尉。方志称其功勋卓著，为当时名将。

祖父杨殿邦(1777—1859)，字翰屏、鹤坪，号蓬云、叠云，安徽泗州梁集人。嘉庆十九年进士，选翰林院庶吉士，官至漕运总督，著有《菜香小圃诗集》《心太平居文集》等。

父亲杨鸿弼(1817—1874)，字谷生，号彦卿、仲不，自幼聪明过人，工诗、古义，善书法，乡试十次皆败北。以荫生考授员外郎，改为江苏候补知府。在袁甲三幕府当差，深受器重，立功受奖。晚年闭门谢客，专心教儿子们读书。娶一妻二妾，生八子四女。八子：杨士燮、杨士普、杨士晟、杨士骧、杨士琦、杨士钧、杨士铨、杨士聪。其中，杨士燮、杨士晟、杨士骧为进士，杨士琦、杨士铨为举人，人称"五子登科"。

杨士骧小时家教极严，一生能严格自律，向上向善，只娶一妻，不纳妾，不近美

色,举止倜傥,善饮爱唱,有真正的名士风度,读书虽多而无道学气。25 岁中举人,26 岁成进士,入翰林院为庶吉士,与其祖父并肩,而其祖父进翰林院时已经 42 岁。杨士骧 42 岁时任直隶永通道,46 岁时任山东巡抚,48 岁任直隶总督兼北洋大臣,忠于职守、勤政爱民、奋发有为、开拓进取,在剿灭悍匪、治理黄河、创办学校、引进良种、开埠济南、赈灾济民、开办煤矿、整顿吏治、修编方志、查禁鸦片、改革赋税等等方面都有所建树。正如时人所说,若非英年早逝,袁世凯之后,民国大总统非他莫属焉。

泗州杨氏与清朝后期政坛巨擘吴棠、李鸿章、袁世凯等人家族有着很深的渊源。

1. 吴棠是杨殿邦的得意门生,比李鸿章大十岁,出生于平民家庭。李鸿章出生于官宦家庭,咸丰年间,李鸿章与吴棠皆因军功在政坛迅速崛起,成为耀眼的政治明星。一为进士,一为举人,文化层次高,有共同语言,且在抗击太平军、捻军中结下友情。吴棠《望三益斋诗文钞》中保留了不少两人在戎马生涯中互相唱和的诗篇,如《和李少荃观察丙辰明光题壁元韵》《再叠前韵》《附录李少荃观察题壁》《附录少荃观察戊午七月庐垣再陷重过明光追步元韵见示》《附录少荃观察再叠前韵见赠》等,作于 1856 年至 1858 年。当时,李鸿章出师不利,屡打败仗,曾多次到明光向吴棠诉说苦闷。如第一首:

眼看沧海竟成尘,同此乡关潦倒身。击楫原期涉风浪,取禾甘让擅廛囷。可怜战哭多新鬼,无那穷途半故人。忘切天戈勤扫荡,莫教困郁损心神。

那是扁舟泛五湖,中原委贼误偏隅。恬熙同作处堂燕,纵逸谁觇集幕乌。但愿旌麾劳大帅,何妨耕钓隐吾徒。故乡同首他乡远,欲别频教足重蹰。

(吴棠《和李少荃观察丙辰明光题壁元韵》)

四年牛马走风尘,浩劫茫茫剩此身。杯酒借浇胸垒块,枕戈试放胆轮囷。愁弹短铗成何事,力挽狂澜定有人。绿鬓渐凋旄节落,关河徒倚独伤神。

巢湖看尽又洪湖,乐土东南此一隅。我是无家失群雁,谁能有屋稳栖乌?袖携淮海新诗卷,归放烟波旧钓徒。遍地枯苗待霖雨,闲云欲去又踟蹰。

(李鸿章《丙辰明光题壁》)

当时,李鸿章出师不利,屡打败仗,十分苦恼。吴诗中用"潦倒""可怜""穷途""偏隅"等词,并劝李鸿章"莫教困郁损心神",想开些。李鸿章自咸丰三年回乡办团练,随福济等清廷大员在皖中与太平军、捻军作战,与吴棠在明光相见时,有四年多战斗经历,胜少败多,诗中有借酒浇愁、"独伤神"等词句,把自己比喻成失家的"孤雁",感到没有希望,打算放弃,退隐江湖,可是"遍地枯苗待霖雨,闲云欲去又踟蹰",意思是叛乱给国家、百姓带来了巨大的灾难,不能就此罢休去做个无所事事的钓翁。后来,李鸿章追随曾国藩,组建淮军,率九千淮军进军上海,在苏南与太平军血战,立下汗马功劳,同治元年(1862)任江苏巡抚,六年任湖广总督,同治九年任直隶总督,长达 25 年之久。吴棠在苏北也是战功显赫,咸丰十一年(1861)升江宁布政使,代理漕运总督,两年后实授,短暂署理两江总督。同治五年调任闽浙总督,次年调四川总督。李、吴二人同为当时政坛上安徽籍的封疆大吏。同治八年六月,云贵总督刘岳昭弹劾吴棠荒谬贪污,招致四川物议沸腾。朝廷派吴棠的好友、湖广总督李鸿章赴川查办此事,结果自然是查无此事。

杨殿邦对吴棠有知遇之恩,杨殿邦去世多年后,吴棠知恩图报,一直不遗余力地帮助杨家,还与杨家结亲。他把二女儿吴述仙嫁给杨殿邦的长孙杨士燮为妻,把兄长的女儿嫁给杨殿邦的五孙子杨士琦为妻。可惜,吴棠在光绪三年(1877)就去世了,杨士燮刚刚十八岁,杨士骧、杨士琦等还年幼,没能受到吴棠的荫庇。这个任务由李鸿章、袁世凯等人承接。

2. 李鸿章的父亲李文安于光绪十八年考中进士,并进入刑部任职,升至郎中。其时,杨殿邦任太仆侍少卿,后来升内阁学士兼礼部侍郎,为皖籍在朝高官。李文安在此期间与杨殿邦已有交往。李文安很重视儿子的培养,有意识地让他接触朝中的官员,尤其是皖籍高官。咸丰三年,李文安、李鸿章父子回安徽办团练,在皖中与太平军作战。八十多岁的杨殿邦作为团练大臣与李氏父子有交集,亲自到庐州、凤阳、泗州、六安等地劝捐,募集大量资金,铸造了虎蹲大炮二十余尊,立下大功,皖中大地无人不知,无人不赞。杨殿邦的孙子杨士燮、杨士骧、杨士琦、杨士骢都曾得到李翰章、李鸿章兄弟的提携。李鸿章曾给漕运总督写信,推荐杨士骢"……南河试用同知杨士骢,世家子弟,精明能干,兄与累代知好,喜其有志向上,实为可造之才,幸隶帡幪,尚望推爱甄植,俾得及时自效为荷。专泐敬颂勋祺,诸惟爱照。不具。愚兄鸿章顿首。"[1]李鸿章称李、杨两家累代知好,并不是客套话。

李鸿章晚年,把杨士骧、杨士琦兄弟招入幕府中悉心栽培,十分赏识。光绪二十六年,兄弟二人协助李鸿章办理与八国联军签订条约,引起广泛关注。李鸿章夸奖他:"义字机变能应,夐臭如杨君者。"(吴闿生《北江先生集》卷三)李鸿章抱病向朝廷举荐杨士骧出任直隶通永道,仅仅十一天,朝廷就批准了。李鸿章《杨士骧补授通永道折》:

> 臣等会查该员干练精明,才识开展,自到省后历当局差,均无贻误;现派随

---

① 顾廷龙、戴逸主编:《李鸿章全》36《信函》八,安徽教育出版社,2008 年 1 月,第 165 页。

办议约,亦能悉心谋求,于吏治、洋务均能通达,河务亦尚熟悉,以之请补通永道缺,实堪胜任,与例亦符。合无仰恳天恩,俯念直隶通永道员缺紧要,准以候补道杨士骧补授,饬部核复,实于洋务、地方两有裨益,据直隶藩、臬两司会详请奏前来。除分咨吏部暨行在吏部外,臣谨会同兼管顺天府事兵部尚书臣徐会沣、顺天府府尹臣陈夔龙合词恭折具奏,伏乞皇太后、皇上圣鉴训示。谨奏。①

奏章正月十一日写的,二十二日就奉朱批:"著照所请。吏部知道。钦此。"杨士骧27岁中进士,42岁才得到第一个有实权的官职。此前,他一直在翰林院当差,如编修、国史馆协修官、功臣馆纂修官、会典馆帮总纂官等等。八个月后,李鸿章去世。杨士骧为天津李鸿章祠堂题联曰:"曾陪丞相后车,暂筹笔不才,获睹日月重扶之烈;又见神州大陆,创崇祠以报,足增云霄万古之光。"(《南亭联话三卷》)。从中可能看出,他对李鸿章无限的敬仰与感激之情。

3. 杨氏与袁世凯家族也有着很深的渊源。咸丰三年,太平军、捻军声势日大,在朝廷中任给事中的袁世凯叔祖父袁甲三,赴安徽帮办军务,以军功在六年内就官至漕运总督、钦差大臣,督办安徽军务。当时,杨殿邦在军中任团练大臣,其子杨鸿弼与袁世凯养父袁保庆、叔父袁保恒一起在袁甲三手下当差,关系很好。杨鸿弼"咸丰间,襄袁端敏公戎幕,帷幄制胜,袁公倚为臂。助军功,得道员用,三品衔,花翎。"②袁端敏公,即袁甲三,杨鸿弼在袁军中襄赞军机,立了大功,得到一个道员头衔,还赏戴花翎。袁世凯是跟随袁保庆长大的,后来又得到袁保恒的培养。就是说,杨士骧、袁世凯的祖辈、父辈就有交情。

杨士骧与袁世凯的第二个联系纽带是李鸿章。袁世凯因李鸿章的赏识和荐举受到重用,李鸿章去世前推荐袁世凯接替他出任直隶总督兼北洋大臣,而杨、李两家是世交,杨士骧是李鸿章的亲信。第三个纽带是徐世昌。袁世凯十九岁就结识在陈州授馆的徐世昌,并结为金兰之交,后来诸多政事皆依赖徐世昌,而徐世昌与杨士骧是同年中进士,又一起进入翰林院深造、工作九年,是关系极好的老友。徐世昌与杨士骧、杨士琦兄弟二人关系都很铁。

杨士骧,官僚家庭出身的翰林,曾在北京、广州生活工作多年,文化水平和修养很高,富有远见。袁世凯最初投拜荣禄门下,荣禄殁后,庆亲王奕劻任军机大臣,三次谒拜而没有被接见,经杨士骧引荐才攀附上奕劻。袁世凯在小站练兵,已经培养

---

① 顾廷龙、戴逸主编:《李鸿章全集 1 奏议十六》,安徽教育出版社,2008 年 1 月,第 244 页。
② 方瑞兰《泗虹合志》卷十一乡宦《杨殿邦传杨鸿弼传》,光绪十四年刻本。

了一批忠诚于他的军官,当时的部队称武卫右军,规模还小,总数只有数千人。杨士骧直接促成袁世凯"二次练兵",袁世凯因此掌握了一支强大的军队。杨士骧对袁世凯说,曾国藩、左宗棠曾有一支强大的湘军队伍,后来裁撤了,二人的势力就不行了;李鸿章在政坛上始终屹立不倒,是因为手中有一支庞大的淮军队伍,建议他扩充军队:"曾文正首创湘军,其后能发扬光大者有两人:一为左湘阴(宗棠),一为李合肥(鸿章)。湘阴言大而不务实,故新同平定后,迁徙调革,即不能掌握兵柄,致纵横十八省之湘军,几成告朔饩羊,仅剩有一名词矣。合肥较能掌握淮军,频年多故,遂尚能维持因应一时。今公继起,如能竭其全力,扩训新军,以掌握新军到底,则朝局重心,隐隐'望岱'矣。他时应与曾、李二公争一日之短长,南皮(张之洞)云乎哉!"①袁世凯接受了杨士骧的建议,着手扩充军队。

1903 年 12 月 4 日,清廷下旨成立"练兵处",委派奕劻为督练新军大臣,袁世凯为会办大臣,户部尚书铁良为襄办,协同袁世凯办理各项练兵事宜。三个大臣,满人居二,兵权似乎在满族亲贵的手中,其实不然。练兵处下的各司要员全是袁世凯安排的,军令司正使段祺瑞,副使冯国璋;军政司正使刘永庆,副使陆嘉谷;军学司正使王士珍,副使陆建章。这些人清一色都是袁的小站嫡系,故练兵处的实权仍由袁世凯一手操持。袁世凯又奏请朝廷调时任商部左丞的义兄徐世昌为练兵处提调,同时派王英楷、王士珍分赴各地,精选简募壮丁。1904 年 2 月,日俄战争爆发后,杨士骧又建议袁世凯上奏朝廷以"边防吃紧,兵力不敷分配"为由,建议在全国成立新军三十六镇,先在北洋成立六镇以稳固京畿安全。在这之前,北洋军已经成立了一、二、三镇,分别由王英楷、吴长纯、段祺瑞任统制。1905 年初,袁世凯又成立了四、五、六镇。至此,陆军六镇初步建成,合称北洋六镇,总兵力达七万多人,成为国家主力军队。除第一镇由满人铁良任统制外,其余五镇均由袁世凯的亲信将领任统制,且各镇的主要将领几乎都是由他一手选定,基本上都出自天津小站,如段祺瑞、王士珍、冯国璋等都是一镇统制,北洋军阀集团的基本武力自此形成。英国《大陆报》记者丁格尔说:"袁被认为是那个年代里最伟大的军事改革者,他把清朝军队中存在的缺陷降到了最低限度。"袁世凯有如此强大的军队,在清末民国初期政坛上呼风唤雨,无人能与之抗衡。

有一句广为流传的话,即袁世凯曾说:"天下翰林真能通的,我眼里只有三个半,张幼樵、徐菊人、杨莲府,算三个全人,张季直算半个。"张幼樵,即张佩纶,李鸿章女婿,官至署船政大臣。徐菊人,即徐世昌,袁世凯金兰之交,清末任大学士,民

① 李宗一:《袁世凯传》,中华书局,1980 年 11 月,第 95 页。

国时袁凯的国务卿,袁去世后任大总统。张季直,即张謇状元,是个财迷,当过袁世凯的老师,袁瞧不起他。杨莲府,即杨士骧,与袁世凯关系极铁,在袁的支持下,从翰林院出来,步步高升,一年道员,一年按察使,一年多布政使,就升任山东巡抚,二年多后又接替袁世凯任直隶总督兼北洋大臣。可惜,杨士骧寿命太短,仅活了四十九岁,不然会更有作为,正如袁世凯表侄张伯驹所说:"到死不知绮罗香,更喜公余唱二黄。若使当时身尚在,功臣首列泗州杨。"(《续洪宪纪事诗补注》第四)。

第二节 正史中对杨士骧的评价,笔记、野史、杂著中
杨士骧的形象

从清末民初到当代,官方修纂的史书对杨士骧均作出很高的评价,认为他是一个有作为的勤政爱民的大吏。

《清史稿列传·杨士骧传》,六百多字,代表了清末民初官方的观点,认为他在山东巡抚任上,有三点成就:一是治理黄河有功,实现黄河安澜的奇迹,主要采取了强有力的赏罚措施:"岁安澜,官奏叙,弁兵支款如例;河决,官严参,不得留工效力,弁兵依律论斩。身巡河堤,厉赏罚,自是数年,山东无河患。"二是实行清乡法,扫除曹州盗贼,解决了困扰地方多年的治安问题。三是成功地与德国订立协议,撤出驻扎在胶州、高密的德国军队,收回主权。在直隶总督任上,此传记列举了杨士骧的主要业绩有:一,直隶及北洋财政赤字严重,债台高筑,练兵经费空前短缺。杨士骧到任后采取有力措施,不仅弥补了巨大亏空,财政还有节余,受到各方的赞誉,被称为理财高手。二是修治永定河,争取到朝拨款46万两银子,疏通下游河床,重修减河坝,获得成功。三是上疏革除直隶各种苛捐杂税,受到好评。一个官员在正史中能被列出六大政绩,算是很高的评价了。杨士骧去世后赠太子少保,谥文敬,也是一种崇高的荣誉。总之,官方高度肯定他是一位有作为的封疆大吏。

《直隶总督杨士骧》,当代淮安地方志学者郭寿龄作,载《江苏文史资料》第136辑、《淮安文史资料》第17辑、《淮安古今人物》第三集,代表了淮安及江苏省当代学者的观点,当代省志及市县志也据此为杨士骧作传。该文章指出,杨士骧任山东巡抚时有两点值得一书:其一,与德国侵略者进行了有理有节的斗争,比较妥善地处理了"胶州湾事件"和"曹州教案"。 其二,严法规,治黄河,使"数年山东无河患"。文章还提到杨士骧在外为官多年,"遇淮人恩礼加厚",有求必应。在山东巡抚任上,一年淮安大旱,"由士骧乞水,士骧饬属启闸放水,敷栽插,秧大稔"。每遇荒年,

则常常"捐巨余以赈"(《续纂山阳县志》)对淮安兴学堂等公益事业也非常关心,慷慨资助,受到淮安人的好评。

《杨士骧》,载万新平主编《天津近代历史人物传略》,主要简述杨士骧任直隶总督兼北洋大臣时期的功绩,代表了当代天津学界对杨士骧的评价。文章指出,杨士骧一上任就着手解决水患问题,赈济灾民。曾争取到大笔拨款,并调动军队参与抢修堤坝。其后平息了铜元危机,着手解决布商债务风潮,成功接办开滦煤矿。此外.杨士骧还在减免税收、路桥建设、兴办学堂、筹办咨议局、筹办地方自治等方面也有所建树。

旧时代的笔记、野史、杂著等私家著述,对杨士骧多抹黄、抹黑,编纂了许多小故事,称其贪婪、好声色、奢侈挥霍。这些东西只能当小说看,不可信以为真:

《袁世凯轶事叙续录》,野史氏著,卷一有一条《杨士骧督直之原因》,称杨士骧庸庸无异于常人,袁世凯之所以向慈禧太后推荐杨士骧,是因为私人交情深厚。袁世凯在任上亏空严重,没敢上报,怕继任者告他,因此要选一个可靠的继任者替他隐瞒、弥补。当时袁世凯圈了几个人,同时发函,提了两个要求:一是袁所提拔的官员不能更换,二是亏款要设法弥补。杨士骧是第一个回函并作出庄重承诺的人,因此抢到了这个官位。杨士骧到任后果兑现了这两个诺言。此条明显系仅供谈笑的民间故事。

《清代名人逸事》,葛虚存编,有一条《杨士骧之隽语》,称他嗜声色,有"季常之癖",很郁闷。宋朝人陈糙,字季常,他的妻子柳氏脾气暴躁,醋性很大,陈很怕她。后称人怕老婆就说有"季常之癖"。说他升任直隶总督时,正好逢五十大寿(其实,杨去世才49岁),属下筹资请戏班子为他祝寿,请当时天津最有名的名角王克琴演唱《卖胭脂》《小上坟》等戏,杨士骧看得津津有味,掀起大胡子叹息道:"生子当如袁慰庭,娶妻当如王克琴",此语不胫而走,王克琴的身价大增。当时还有人据此编造了王克琴和杨士骧的婚外恋故事,如传奇小说一样。

《中国黑幕大观》,路宝生编,有一条《杨士骧唱戏》,称杨士骧不修边幅,喜好豪华奢侈,挥霍无度,爱好戏剧,特别喜欢汪大头派唱腔,闲暇常常抑扬顿挫地模仿汪大头的做派,惟妙惟肖;办公时有时唱几句,送客人出门后,转身迈上台阶,竟动情地唱起来。因夫人悍妒,不敢纳妾,去世前为自己拟了一个联子:"平生爱读游侠传,到死不识绮罗香。"还称当时天津有人为他拟了一副挽联:"何以谓文,戏文曲文,声如裂金石;呜呼曰敬,冰敬炭敬,用之如泥沙。"这则故事中的挽联传播非常广泛,直到今天还有人在写文章时引用它。其实,这是经不起推敲的,因为杨士骧正值盛年,不会为自己预先写挽联,得的是陡病中风,即脑溢血,四肢瘫痪且不能言语,根本不可能有这样事情发生,纯属小说家胡编乱造。

《近代名人小传》,沃丘仲子著,记录了几则小道消息:如依附载洵得以保全职位;每年向宫中掌权的太监行贿;爱好戏,狎女优,死前小便多血,因纵欲身亡;为奕劻辨诬的奏疏有许多纰漏,可见其并没有什么学问。这些言论完全是八卦小说,不可信。

《续洪宪纪事诗补注》,张伯驹著,有则故事说士骧"性贪婪",当时粤人蔡书堂担任津海关道,此缺最肥,士骧见蔡,常常谩骂他:"先父(张镇芳)一日谓士骧曰:'彼亦道员,何可如此对之?'士骧曰:'老同年不知也,小骂则地毯、皮货、衣料来矣,大骂则金银器皿来矣,是以不可不骂。'一日士骧谓先父曰:'请老同年给你两个侄子弄个挂名差使,每人二百两银子,作其读书费用。'先父曰:'须要起个名字,一叫杨应享,一叫杨应得,可矣。'"从杨士骧的人品和修养来看,此文只能当笑话看待,不可信。

徐一士《凌霄一士随笔》:"杨氏家教极严,一生实未尝冶游,惟嗜饮善歌,有名士气,无道学气,则其昆弟群从皆然。……士骧其人颇开爽,无城府,不事封殖,久膺膴仕,而卒后遗赀无多"。所谓不事封殖,就是不好聚敛财货,称他去世后家中并没有多少财产。徐一士(1890—1971),字相甫,号骞斋,宜兴宜城镇人,是严谨的报人、学者。杨士骧为人慷慨,乐善好施,多次为淮安、徐州及泗州等地赈灾捐款。如光绪三十四年三月十七日,因老家泗州受灾,杨士骧两次捐款共计银一万五千两,安徽巡抚恩铭会同两江总督端方上《直隶总督杨慨捐振款请奖叙片》,称其慷捐巨款,救活了大批受灾的百姓,功德无量,朝廷为此通令嘉奖。宣统元年十月,天津源丰润银行发现杨士骧还有一大笔欠款未还。"杨莲甫欠银五千三百九十五两整三钱四分,札交计十四件,十月初十由源丰润如数领讫。"[①],此时,杨士骧去世已经五个多月,可见,徐一士所说并非假话。

当代有些作者,把野史、笔记中的材料当作信史,写文章、著书时不分真假,作为证据,因此对杨士骧作出的均是负面的歪曲的评价。

金竹山著《袁世凯和他的幕僚们》,团结出版社,2013年1月出版。此书以《有权谋的政客杨士骧》为名,专节介绍杨士骧,不是站在历史的高度以事实作出严谨的评价,而是热衷于炒作秘闻、艳闻,把上述野史中无聊的小故事串起来。如说杨士骧富于阴谋权术,在袁世凯的提携下成为政坛显要;说他贪污,勒索津海关道蔡乃煌;说他长袖善舞,临危不乱,他抓住满清权贵贪财的特点,以金钱进贡摄政王之

---

① 本书编委会:《宁波帮在天津史料人物篇》,宁波出版社,2016年11月,第67页。

弟、海军部大臣载洵,得以保住官位;说他不讲信义,袁世凯闻被朝廷开缺之谕旨,十分害怕,立即在当晚戴红风帽,乘坐包车潜逃天津,像丧家犬一样前往投奔杨士骧,到天津后住进英租界利顺德饭店,而杨士骧为避嫌不敢去见袁世凯,命其儿子代谒袁世凯,并赠银六万两;说他喜唱二黄,有幕府中有专事伺候的琴师,还有专门陪其公余清唱者;说爱观剧狎女优,最后因纵欲身亡,死时小便带血。叙事还注明出处,看似严谨,实则糊涂。

鲁勇、鲁军编写《历史的诉说:清宫与青岛》,2003 年 8 月,延边大学出版社出版。此书以《山东巡抚杨士骧》为题,写山东巡抚杨士骧与青岛的渊源,听说德人尉礼贤在青岛创办礼贤书院,上奏清廷,请予嘉奖;写杨士骧游览崂山时同行人员三百多人,弄得民怨沸腾,即墨陈知县派人去太清官请来道士韩太初携琴到华岩庵为杨世骧演奏,杨当场赋诗《崂山听韩太初琴》;说杨世骧与德国总督一同参加三江会馆的揭幕仪式。然后就离开主题,对杨士骧大加鞭挞,说他接受贿赂,性喜挥霍,崇尚豪华,是一个祸害地方的赃官,腐朽的清廷不仅没有惩治,反而认为他调借兵力,清除平定了全省的"匪患",消除了隐忧。反而将杨世骧升为直隶总督,成为封疆大史,但山东人民对他恨之入骨。作者随意漫骂,充满敌意,引用的话没有出处,可能是杜撰的,不足为据。

张建伟编写的《走向共和 世纪晚钟》,长江文艺出版社,2011 年 10 月出版。此书称"在晚清史上,人们提及"杨家兄弟",指的仅是杨士骧和杨士琦二人,他们的兄长是被忽略不计的。从学问上说,老大读书最多,文笔最好,排名第一,老三杨士琦也很不差,只有杨士骧才能最庸。但哥仨的官位却恰好颠倒:老大最低,老三中不溜溜,老二最高! 说来奇怪。这样一个才能最庸的杨士骧,竟得到晚清最大的文豪张之洞的赞赏。"张建伟连杨氏兄弟的排行、身份都没有搞清楚,就信口开河了。老大杨士燮是进士;杨士琦排行第五,人称杨五爷,并非排行第三,他只是个举人;杨士骧排行第四,并非第二,是进士、翰林庶吉士,在翰林院担任撰修官十多年,诗、词、书法皆擅长,无论是学历,还是学识,都是杨氏兄弟中最高的,到了作者笔下变成最平庸的,真是无知乱说。

以谙于掌故驰誉香港文坛的作家高伯雨的《听雨楼随笔 4》中有 篇文章《杨士骧与袁世凯》,更是离谱,文章称慈禧死后,袁世凯失去靠山,去天津投奔杨士骧。见面后,杨士骧怕连累自己,有碍前程,竟劝他回京,说太后、皇帝尸骨未寒,摄政王不会在此期间杀戮先朝大臣的。就在此时,杨士琦从京城赶来,带来确切消息,朝廷不会害袁,只是想把他赶回老家。袁世凯于是离开天津,回彰德去了,从此怀恨杨士骧,说杨不够朋友。"五个月后,杨死在任上,传说是袁下的毒手。"据史载,袁世凯去天津,杨为避嫌并没有接见袁世凯,而是派儿子带着礼品去看望袁世凯,并劝袁世凯不要到国外去,两人关系也并未破裂。杨士骧死于中风,并不是人害死的,有公开文献可以作证。高伯雨凭空杜撰袁、杨天津见面结下仇恨故事,又把杨士骧之死加到袁世凯头上,真是信口胡言。

这些当代通俗通物发行量大,传播广泛,读者极多,严重歪曲了杨士骧的形象。

第三节　当代学者研究杨士骧成果综述

作为封疆大吏,杨士骧引起许多学者的关注,出现了一批有价值的研究成果,包括学位论文、专著、论文及报刊上的文章等等,除小报上的文章外,多为持论中肯的学术研究成果,较为严谨地论述了杨士骧在山东、直隶任上短短四年多的政绩。

《杨士骧在山东》(1905—1907),2009 年,扬州大学王泽京的硕士学位论文,为目前最权威最可靠的研究杨士骧的论文,资料丰富,文风严谨,逻辑性强,结论可信。全文五万多字,分五章,以杨士骧在山东任巡抚时期(1905 年 1 月—1907 年 9 月)为时间断限,考量、探讨杨士骧在山东发展文化教育事业;推进山东经济改革;关注社会问题;革新行政制度;练兵筹饷;对德外交等问题及其在近代产生的影响。

《清末山东蚕桑教育研究》(1903—1911),2019 年河南师范大学李旭的硕士论文,指出"杨士骧等人的鼎力助学,在政策的支持以及相关人士的努力下,清末山东蚕桑教育取得了应有的成效。蚕桑学堂及农业学堂的兴办培养了一批懂得近代蚕桑技术的专业人才。"

《近代山东实业教育研究》,2017 年山东师范大学王吨吨硕士论文,指出"杨士骧等历任山东巡抚思想开明,比较重视实业教育的发展,这些原因共同促使了近代山东实业教育制度的确立。"

《清末新政时期山东新式教育的推广》,2016 年曲阜师范大学张文慧的硕士论文,指出"经过周馥、孔祥霖、杨士骧、罗正钧等官员的努力,十年间创办了一大批师范学堂、实业学堂等公办的新式学堂,并组织官派留学生赴日本留学。"

《济南开埠的缘起与始末》,出自聂家华著作《对外开放与城市社会变迁,以济南为例的研究》,从济南开埠的角度,评述了杨士骧在主持开埠典礼、完善规章制度、争取资金支持等方面对济南新商城建设方面的贡献,"有比较开通的政治眼光,奉行开放、进取的施政理念,积极推进新政,鼎力举办洋务。具有较强的民族意识、主权意识和开拓进取意识。其言行与传统的以守土牧民为任的封疆大吏有着明显的不同。"还赞赏他在山东巡抚任上的成就。

《亲手批准滦矿开办的总督杨士骧》,出自郄宝山著作《百年开滦旧事》,指出该矿的成立最终是由继任总督杨士骧亲手批准的,并免除一大笔执照费以表支持。文章指出,滦州煤矿的开办,引起开平煤矿英国资本家的激烈反对和多方阻挠。杨士骧此时表现得很有中国人的骨气,强硬地回击英国总领事,并要求加快滦州煤矿的建设,为开滦煤矿建设保驾护航。

《清末山东教育"千门万户时代"——论杨士骧与近代山东教育事业》,王泽京论文,载《兰州学刊》2012 年第 1 期。文章认为杨士骧是晚清封疆大吏,北洋派皖系文人之首。1905—1907 年担任山东巡抚期间,热心改革,关心教育,"施行强迫教育法、倡设教育会;开留学风气、推动留学运动;创办山东法政学堂、山东高等农业学堂"。为近代山东教育事业繁荣和发展作出了重要贡献。

《清末北洋集团的赈灾救济政策——以直隶赈抚局为考察中心》,杨涛论文,载《兰州学刊》2012 年第 6 期。文章认为直隶赈抚局是清末直隶地区专门办理赈灾救济机关,袁世凯、杨士骧任直隶总督期间,出台各种优惠政策,通过直隶赈抚局动员各方募集大批赈捐款,并将赈灾救济所需置于优先考虑位置。他们还通过赈抚局,积极办理工赈、水利、平粜、发放赈灾款项与物资等事宜,扶助福利事业,举办垦荒,对缓解清末直隶各种灾害起到巨大作用。

《杨士骧与李鸿章》,王泽京、王武志的论文,载《学理论》2009 年第 2 期。文章认为杨士骧和李鸿章有过一段不寻常的关系。李鸿章任两广总督时招杨士骧入幕,庚子年杨士骧随李鸿章进京议和,参与机密,大显身手,在和议中出力颇多,成为李鸿章的得力助手,从而受到李鸿章的赏识和提拔。李鸿章死后,杨士骧仍不忘李鸿章对他的知遇之恩。

近十多年来,各地报刊上也发表了许多关于杨士骧的文章,多为老调重谈的作品,有些作品反复炒作趣闻、艳情、腐败,没有什么新意。如陈凤雏《讽刺杨士骧的两副对联》,载 2008 年 7 月 13 日《淮海晚报》。李萌《"文敬"、"通敏"——杨士骧》,2014 年 6 月 18 日《保定晚报》。曲振明《杨士骧雅好京剧》,2016 年 5 月 4 日《今晚报》。曲振明《杨士骧贪财》,2018 年 4 月 4 日《今晚报》。韦钦国《杨士骧如何做到"山东无河患"》,2020 年 4 月 9 日《齐鲁晚报》。韦钦国《山东巡抚杨士骧:曾开办"短命"的官药局》,2020 年 5 月 20《老年生活报》等等,基本没有什么学术价值。

总之,杨士骧在山东、直隶担任一把手,虽然只有短短的四年多时间,从当代学者的研究成果可以看出,他是一位忠于职守、勤政爱民、奋发有为、开拓进取的官员。他在山东剿灭悍匪、治理黄河、创办学校、引进优良品种、开埠济南、赈灾济民、开办煤矿、整顿吏治、修编方志、赶走驻扎在胶州、高密的德国军队;在直隶,治理永定河、查禁鸦片、解决铜元危机、解决银色风潮与洋货进口危机、改革赋税、改革吏制、训练军队等等方面都有所建树,他留下的一千多份奏章,是有待进一步研究的珍贵的文化遗产,他的贡献和成就还没有得到足够的认识。

第四节　杨士骧留下的文化遗产

杨士骧留下不少文化遗产,如著作、碑刻、诗词、匾额、古建筑、学校等,泽被后世,文化价值很高。

杨士骧曾在翰林院学习、工作十三年,任会典馆修纂官及帮总纂官、国史馆协修官、功臣馆纂修官,编写了大量的历史文献。许多功臣的传记、名人的传记都出自杨士骧笔下,保存在《清史列传》《清史稿列传》等史书中,只不过没有署名罢了。光绪二十五年,因《会典》全书告成,杨士骧奉旨赏加二品衔。杨士骧作为主修人之一的这部会典,增辑于光绪十二年,告成于二十五年,由大学士昆岗、徐桐任挂名总裁,起嘉庆十八年,迄光绪十三年,展至二十二年。全书分为:《清会典》100 卷,目录 1 卷,《清会典事例》1220 卷,目录 8 卷,《清会典图》270 卷,总计 1599 卷,涉及晚清政治、经济、文化、社会、军事、法令、民族、宗教等各个方面,为我们研究清代的政治制度和典章故事提供了全面、系统而较详备的资料。

可以列为杨士骧个人著述的有:《杨文敬公奏议》《广东全省总图说》(合著)、《大清律例新编》(合著)等著作。此外,他主修《山东通志》,在资金、场地、人员安排等方面为这部通志的编纂提供强有力的保障,也曾参与此书例与内容的设计。

《杨文敬公奏议》是他去世后,儿子们根据家藏副本为他编刻的奏议集,只有一百多份,不到杨士骧现存全部奏议的十分之一,保存许多重要的文献资料,有重要的参考价值。杨士骧曾在李翰章两广总督幕府任职,与当地著名学者廖廷相合作,写作《广东全省总图说》,这一部重要的地理学著作,记载了中国政府把南沙群岛纳入海防领域,至今被学者引用。

《大清律例新编》,又名《例学新编》十六卷,光绪三十二年由上海明溥书局出版,署名为杨士骧编,汪鸿孙校。本书按照大清律例排序。《大清律例》是中国封建社会最后一部法典,经过顺治、康熙和雍正三朝君臣的努力初步形成。高宗乾隆皇帝即位时,命三泰为律令总裁官,重修《大清律例》,在经过高宗御览鉴定后,正式"刊布中外,永远遵行",形成清朝的基本法典。《大清律例》成于三百年前,主为刑法之规定,而户婚、田土等类关于民法者极少。杨士骧、汪鸿孙认为成文法不可能完全适用于变化无穷的社会案件。杨士骧《大清律例新编》序言指出:"法制有限,情变无穷,所犯之罪,无正律可引者,参酌比附以定之,此以有限待无穷之道也。但其中又有情事不同处,或比附此罪而情犹未尽再议加等,或比附此罪而情稍太过,再议减等,应加应减全在用法者推其情理,合之律意,权衡允当,定拟奏闻。若不详议比附而辄断决致罪有出入,以故失出入人罪论。"即不可能通过成文法把所有案情穷尽,案件是"案情万变,义各有归",必须通过类比适用来满足每个案件的具体情况。通过具体案件的类型化,改变法律的适用性,让有限的成文法内容适用于无穷多样的社会,这就是《大清律例新编》的编纂目的,有一定的现实意义。

清宣统《山东通志》,署名为张曜、杨士骧修,孙葆田等撰。该志创修于光绪十六年,经山东巡抚张曜、杨士骧等前后苦心经营,孙葆田等十位晚清学者历近三十载始成书。该志卷帙浩繁,全书共十二函,二百零二卷。记载上自上古、下迄清末宣统年间,记述系统完备,体例周详,考据精核,它是人们了解和研究清代山东历史和地理的重要志书。

笔者了解到的与杨士骧相关的碑刻有三种:一是位于青岛崂山风景区华严寺院内墙上的一块石刻,上书杨士骧光绪三十三年三月视察青岛时游览崂山,听崂山太清宫长老韩太初演奏古琴即兴写下的诗篇:

> 我闻太清宫,道士善弹琴。访得韩道长,琴床眠龙吟。为我再一弹,领略太古音。右手弹古调,左手合正音。泛音击清磬,实音捣寒砧。声声入淡远,余音绕柚林。指点断文古,传留到如今。不求悦俗耳,但求养自心。斯言合我意,清淡忘夜深。

落款为:"光绪飞龙三十三年三月二十四日山东巡抚杨士骧巡视青胶,道经即墨,登崂山宿华严寺。"此诗为即兴发挥之作,先叙后议,通俗流丽,可见杨殿邦的诗歌功底很扎实。韩太初还唱和了一首。二是《北京樱桃斜街文昌祠碑》,碑文系杨士骧于道光二十四年十月撰写,国家图书馆有拓片。三是《清故江苏巡抚黎文肃公继室诰封一品夫人王太夫人墓表》,光绪三十二年杨士骧作。此碑立于黎培敬的家乡湖南湘潭,国家图书馆有拓片。黎培敬进士出身,曾任贵州巡抚、漕运总督,是一位廉洁奉公有作为的官员,朝廷任命其为江苏巡抚,未及上任突发中风,瘫痪不语,回老家半年后去世。此碑全文二千多字。杨士骧回顾了年轻时在漕运总督署当差,受到黎培敬栽培,字里行间充满了对黎培敬的敬仰、怀念之情。文章以王太夫人中心,以生动简练的笔墨叙说王太夫人在贵州协助黎培敬平定叛乱的功德,写她操持家政,特别在黎培敬暴病倒下,临危不乱,镇定自若,坦然处理后事,以及黎培敬身亡后，在艰难困苦中把年幼的子女抚养成人成才的往事，细致生动，成功地塑造了一个坚强、有智慧、有正义感、充满爱心的伟大母亲形象。在篇末，作者写道："士骧昔依文肃，知己之怆，深于感恩。今随东诸侯，谬执旄节，阅世以还，时变互异。漕河省并，官制数更，淮泗相距一衣带水，士骧每过遗祠，辄窥署园，抚高柯低徊，流连而不能去。"这个细节描写情真意切，颇能感动人。文章选材精当，夹叙夹议，具有浓郁的抒情色彩，是一篇情文并茂的优美文言散文。

国家图书馆收藏一幅杨士骧诗歌原作，落款为："小兰贤内既请属，壬寅五月士骧。"

> 青灯古寺已三年，风景重来倍怆然。尊酒怕谭前度事，爱才惟余古人贤。销魂京国春如梦，回首梁园客自怜。一院海棠香寂寞，新词愁赋柏梁篇。

> 追陪髯杜客诸侯。南渡词人夜有恨，东还天子竟无愁。清时物望导鸾凤，宦海随缘作马牛。劫换红羊人万里，玉京风雨梦蟏头。

从落款可知，此诗是应妻子徐小兰要求题写的，时间为光绪二十八年五月。诗中所说的"古寺"，即贤良寺，位于皇城附近。光绪二十六年，李鸿章奉旨从广州到北京与八国联军议和、签约，直到去世一直住在这里。杨士骧、杨士琦兄弟随同李鸿章议约，在此陪同李鸿章度过人生最后的时光。李鸿章去世前亲上奏章，举荐杨士骧为直隶通永道，仅11天朝廷就批准了。一晃已经三年，物是人非，杨士骧感慨万分。惨痛屈辱的经历令他不忍再回首，对他恩重如山的李鸿章已归道山。诗中用了两个典故，"梁园""柏梁体"。西汉梁孝王刘武营建园囿，供游赏，迎宾客，称"梁园"。大词赋家枚乘、司马相如、邹阳都曾在梁园为客。此处以梁孝王比李鸿章，称赞他爱才。相传汉武帝在柏梁台上和群臣共赋七言诗，称为"柏梁体"，后世称之为应制之作。杨士骧说，现在已经没有心情赋写应酬的诗篇，可见心情之沉重。不知何因，第二首少了开头第一句。诗中写"南渡词人夜有恨，东还天子竟无愁"，有讽刺现实的意义。"南渡词人"，指北宋灭亡后逃到南宋的词人，代表人物有李清照、张元干、朱敦儒等。在北宋时期他们留恋山水，多写个人的、家庭的伤离惜别等内容，入南宋之后，转写国破家亡之痛苦，词风变得慷慨激昂，爱国的呼声成为主旋律。《辛丑条约》是耻辱的城下之盟，除天价赔款外，中国从此沦为半殖民地半封建社会。杨士骧参与谈判工作，深知其中的内幕。以慈禧为首的封建统治者不顾国家安危、百姓死活，卖国求安。因此，杨说"东还天子竟无愁"，慈禧等人见八国联军来了，带头逃离北京城，等条约订好了，大摇大摆地回到北京，继续作威作福地当太上皇，哪有什么忧愁呢。诗歌最后感慨说道，像鸾凤一样品行高尚的有真才实学的人应该受到引荐、重用，宦海沉浮如同马牛，希望在此乱世当中能得到帝王赏识、提

拔。此诗妙用典故,抒发情怀,措辞严谨贴切,有较高的艺术水准。杨士骧曾为天津李鸿章祠堂题写楹联:

> 曾陪丞相后车,暂筹笔不才,获睹日月重扶之烈;
>
> 又见神州大陆,创崇祠以报,足增云霄万古之光。

上联称颂李鸿章有"日月重扶之烈",指其扑灭太平天国起义及与八国联军周旋谈判,终于让大清政权保全下来,立下大功。下联称八国联军终于撤走,战乱结束,国家建立祠堂纪念他。此联工整、雅致,文字精当,含义深刻,时人交口称赞。

林葆恒辑、张璋整理的《词综补遗》,收录了杨士骧一首词《洞仙歌　题子潇先生〈红叶双豆图〉》:

> 临风把卷,认东南词赋。象笔鸾笺按金缕。是湖山胜日,歌咏清时,按顿好、多少绮思琼绪。　春芳凭把佩,解彻相思。未信天涯怨迟暮。坛誓玉人知,便悟真如。徜现出、天花祇树。只一样、承明旧词人,甚打叠吟魂,输君容与。

这是一首为孙原湘画作题写的词。孙原湘(1760 — 1829),字子潇,号心青、天真,江苏常熟人,嘉庆十年乙丑进士,翰林院庶吉士,工诗,善画,著有《天真阁集》。孙原湘的《红叶双豆图》,又名《双红豆图》,很有名气,题诗题词人很多。杨士骧与他不是一个时代人,他是翰林院的前辈,观其画作有感而发。此词文字典雅清丽,风格婉媚,传达出画境所表达的热烈相思之情,从中可以看出杨士骧的婉约词风。

河北省保定市古莲花池景区有三块匾额是杨士骧书写的:一是东南假山顶有一座观澜亭"观澜"木匾,系杨士骧书于光绪二十九年二月,当时任直隶布政使。"观澜"二字苍劲挺拔,峻秀有力,有颜体神韵.潇洒自如.清新秀丽。二是同时书写的"不如亭"木匾,工稳老道,笔力深厚,保存至今,受到书法界的广泛赞誉。三是"水东楼"匾额,宣统二年,杨士骧时任直隶总督兼北洋大臣。三个字笔力厚重,结构工稳,气度不凡。

保定有一座造型别致的古建物,系直隶图书馆,保存至今,系光绪三十四年六月直隶总督杨士骧拨银 4800 两所建。该馆为一座二层 42 个房间的西式洋楼,顶部(三层)建有钟楼。这是清代直隶省最早的近代化图书馆,比北京图书馆还早两年,至今还在发挥作用。

杨士骧留下的最大文化遗产,就是山东农业大学。1906 年,杨士骧时任山东巡抚,创办山东高等农业学堂,此校后来发展为山东农学院,1983 年更名为山东农业大学,具有学士、硕士、博士学位授予权,设有博士后流动站,一所以农业科学为优势,生命科学为特色,融农、理、工、管、经、文、法、艺术学等于一体的多科性重点大学。

附 录

宣统元年五月初十日，杨士骧《遗折》

奏为臣病垂危，报效无日，不胜哀恋之诚，谨具遗折，叩谢天恩，仰祈圣鉴事。

窃臣禀赋素强，年龄正富，起家词馆，承乏畿疆。溯自光绪二十六年随同全权大臣庆亲王奕劻、前大学士李鸿章议办和约，勉效驰驱。荷先朝特达之知，由监司存膺疆寄，抚东三载，筹议济南开埠、胶高撤兵及治盗防河一切要政，愚诚勉竭，遂伏病机。洎简任直隶总督兼北洋大臣，内治外交，益形艰巨。抵任以来，时发怔忡眩晕之疾。念时事方艰之日，正臣子效命之年，黾勉从公，未敢请假调理。去冬叠遭两宫升遐之变，椎心泣血，宿恙益深。其时中外惶惶，不能不勉扶病躯，持以镇定。本年三月，德宗景皇帝奉移暂安，臣恭办陵差，瞻望桥山，愈增怆恸。回津后复发下血旧病，益觉不支，猝于四月二十八日夜间陡患风痹，手足拘挛，语言蹇涩，蒙恩赏假二十日调理，多方医治，迄未见效。数日以来，病益困顿，自知不起，永暌天颜，伏枕哀鸣，神魂飞越。伏念微臣世受国恩，仰蒙圣朝殊遇，每思捐糜踵顶，以期上答鸿施，乃未效涓埃，遽撄沉痼，犬马之报，誓以来生。惟有勖励臣之子孙勉为忠孝，以继臣志，则臣死之日犹生之年也。方今时局艰危，百事待举，臣伏愿皇上励精图治，登崇俊良，庶新政奋兴，邦畿永固，悾悾愚忠，不胜凄恋。谨口授遗折，缮由藩司代递，叩谢天恩，伏乞皇上圣鉴。谨奏。(《杨文敬公奏议》卷九)

五月十一日，崔永安《直隶布政使奏督臣因病出缺代递遗疏折》

品顶戴直隶布政使司布政使(奴才)崔永安跪奏为：督(臣)因病出缺，代递遗疏恭折，仰祈圣鉴事。窃直隶总督北洋大臣杨士骧于四月二十八日忽患中风之症，医治罔效，于五月初十日午刻因病出缺，经(奴才)电呈军机处转奏在案。兹据故督(臣)家属将遗折一扣交，(奴才)代递前来伏查故督(臣)杨士骧由翰林外任直隶通永道随同全权大臣磋议《庚子和约条款》，往返诘难克底于成两宫，回銮承办要差，勤劳尤著。遂荷先朝特简荐历藩臬两司擢任山东巡抚，抵东后，振兴新政，联络外交，用能撤遣胶高德兵缩小沿路矿界，尽力斡旋，收回利权甚钜，其间筹办河防三届安澜为数十年所未有，民多利赖节省，工帑不赀。曹南盗患素炽，该故督(臣)相机剿办尽歼,渠魁积患一清,厥功尤伟,在任三年心力交瘁。洎權直隶总督兼充北洋大臣莅任以来,整顿地方,实事求是,仰邀宸眷遂拜真除该故督宸眷遂拜真除该故督。臣气体素强,勇于任事,自朝廷宣布立宪,为各行省先筹备,一切事宜均能先期就里,尤属全神所注上年半月间连遭国恤,力持镇定,安堵不惊,宵旦焦劳,初未形诸声色事变,猝至绥靖无形其筹画之密,措理之劬,局外人未能尽知。奴才实亲见之,虽致积劳成疾,从未暂乞休沐,偶驰仔肩,今春恭办。陵差力戒,虚糜多所撙节。奴才昕夕周旋见其困倦异常,每以节劳为请该故督。臣天性忠纯,卒未稍自休息,益致不支,差竣旋津牵发下血,旧恙淹缠匝月,遂成风疸,始请假二十日调理,不谓积劳已久,受病已深遽至不起,闻者同为失声在。圣朝轸念劳。臣饰终有典无俟。奴才申请至故督。臣身后事宜。奴才当会同僚,属妥为照料上慰,宸廑除将。钦差大臣关防总督、关防监政印信敬谨封固。电请迅赐简放外所有恭报督。臣因病出缺暨代递遗折,各缘由理合缮折具陈,伏乞皇上圣鉴再该故督。臣长子分省補用道杨毓瑛,次子分省试用道杨毓琨,长孙一品荫生杨庆寿,次孙杨觐寿,合并陈明谨奏。(台北故宫藏档,文献编号:178430)

圣谕

宣统元年五月十三日,内阁奉上谕:直隶总督北洋大臣杨士骧,学识通达,才猷敏练,由翰林荐擢道员,历任藩臬两司、山东巡抚,均能克称厥职。嗣命总督直隶兼北洋大臣,尤能力任繁剧,绥靖畿疆,朝廷深资倚畀。前因患病赏假调理,方冀渐次就痊,长承恩眷,兹闻溘逝,轸惜殊深。杨士骧,著加恩追赠太子少保衔,并著予谥,照总督例赐恤,任内一切处分悉予开复。应得恤典,该衙门查例具奏。该督灵柩回籍时,著沿途地方官妥为照料。伊子分省補用道杨毓瑛、分省试用道杨毓琨均著以道员尽先補用。伊孙一品荫生杨庆寿,著赏给员外郎,分部補用,用示笃念荩臣之至意。钦此。

御制碑文

朕惟鞠躬尽瘁者,人臣委贽之初心,铭勒洪伐者,朝廷饰终之盛典。若夫建旄著绩,秉钺宣猷,抒东观之文章,作北门之锁钥,积劳既茂,宠恤宜崇。尔原任北洋大臣直隶总督杨士骧赋性忠诚,持躬恪慎,早依玉署,追随侍从之班;分课石渠,黾勉论思之地。博通掌故,校理秘文,入锁闱而妙选英才,膺计典而遂书上考。一麾乞外，即晋监司。三辅从公，遽襄棨敦。维时中原多故，西邻责言，沧海几至横流，潢池频闻盗弄。惟尔折冲尊俎，酌剂金缯，赞元老之壮猷，慑敌氛之骄焰。有司叙其殿最，先朝嘉其忠忱，眷顾邦畿，时陈枭事。外台之职，廉镇所资，五术观风，唐代重黜陟之使；八条按俗，宋臣隆提点之才。持平而民自无冤，除暴而吏皆称职。洎江西之晋擢，旋冀北之量移。敷政甚优，维藩是赖、黄图巩固，深资保障之功；赤籍森严，丕焕旬宣之治。既而荣持节，作牧桐疆，表海遍及齐封；行河无殊汉使。承天八柱，看朱绂之方来；报政三年，促介圭之入觐。爰自东土，移镇北洋，闻入告之嘉谋，赞重熙之盛治。师干重寄，领群牧而镇元戎，幕府宏开，隆上都而观万国。文通武达，内平外成。皇天降灾，迭遭国恤，蚁裳就任，效君奭之秉璋；龙辂奉移，痛轩皇之遗剑。恪恭将事，哀慕动人。逮乎礼成，薄施懋赏，方冀长材干济，频献纤筹，何期噩耗远来。遽闻溘逝！载披遗疏，弥怆中怀，追念其治事之勤，何夺我良臣之速？谥之文敬，允协嘉名。於戏！时艰方亟，贤佐云徂。劝奖遗勋，庸有望于来者；肇称殷礼，尚其宜尔后人。用建丰碑，长贻来叶。

皇清诰授光禄大夫直隶总督太子少保杨文敬公墓志铭并序

今天子嗣祚，宣统纪元，夏五月，直隶总督杨公薨于位，疏闻，上震悼，加赠"太子少保"，予谥"文敬"，命儒臣撰赐祭文墓碑以葬。粤以其年冬十二月初九日，葬公于淮安雨前庄，公子毓瑛、毓琨先期以铭墓之文属之传霖。余老矣，偻然朝右，无能为役。念公年当强盛，奋发有为，而忽焉中止，此尤余所为悁悁而悲也，爰太息流涕而序之曰：

自发捻戡定，海禁大开，东西各洋与国之谋，夫志士举挟其智能材力以与吾角，当事者稍龃龉之辄失利。公以书生历佐幕府，由通籍讫于专阃，无时不以内修外攘为兢兢。每有国际大事，他人疑撼而舌挢不下者，公治之如置器平地，靡不妥帖。年少而性沉毅，敏于任事，明于观人。比年对外政策虽日益盘错，而措施排决，善伐敌谋，能为外人敬畏者，公其一人也。

公讳士骧，字莲府，泗州人，光绪丙戌科进士，改翰林院庶吉士，授编修，以道员保送，分直隶省补用。庚子拳匪乱作，两宫西狩，英美俄日各国联军入京师保护使馆，行在命两广总督李文忠公鸿章赴天津持和议。当时是也，文忠公系天下众望，幕府多才而文忠独伟视公，延入幕中，参预机要，尝语人曰："学问能仓卒应变，洞中肯綮，机警而曲当者无如杨某也。"和议成，文忠公督直隶，为奏补通永道。值回銮谒陵差，叠次召见，温语有加，三迁至山东巡抚。公履任，首以防河治盗为急务，而以觇敌为枢机。先是德意志政府订胶州湾为租界,设总督以下官主之。庚子之役,德又戍兵于胶州、高密,以防乱为名。曹州府,巨盗薮也,公遣将吏,授方畧,卒歼巨魁孔广宗、陈二母牛等,阖境肃然。河工岁决,公曰:"是河员狃于靡款兴修,为渔利猎保案计也。"乃定章河工,每岁不决口,则安澜后河员概予保叙,兵弁岁款准其照支;决则河员严议参革,不准留工效力,兵弁依律论斩,终公之任无河患。德驻胶总督以扩充租界请,公严拒之,且与商定缩短铁道左右各十五里之采矿权,撤退胶高戍兵,改订五处矿产,新约以已开之矿址为限。济南开商埠,公定章与外人立约,均以华文为主,为前此立约所未有。外人服公之诚,无相稽持者,德皇特赠头等第二宝星以致敬礼。旋拜直隶总督之命,遇事尤能镇静持大体,谕旨称其勤任繁剧,绥靖畿疆,良有以也。

公生于咸丰十年六月二十七日酉时,薨于宣统元年五月初十日午时,得年五十。曾祖讳果亭,祖讳殿邦,官至漕运总督,清廉自矢,贫不能归,遂流寓淮安。父讳鸿弼,江苏知府,三代赠如公官。妻徐氏,诰封一品夫人。子二:毓瑛,分省补用道;毓琨,分省试用道。朝廷推恩,均赏以道员,尽先补用。孙二:庆寿,一品荫生,赏员外郎分部补用;觐寿。女一,适云南吴慈培,官直隶候补道。孙女六。公学行功业具见国史馆本传,及吏部右侍郎于式枚所撰神道碑,不复论,特著其生平志节,关系天下之大者,藏于公之墓而系以曰:

淮泗汤汤,实产英绝。中兴元功,于今为烈。西平二难,宏农八俊。衣钵先传,松筠后劲。何图安石,鸡逼酉年。朝曦节钺,夕照山川。三辅风凄,八荒云惨。昔堕桥弓,今遭井坎。祁连赐冢,佝偻负天。帝泽汪秽,毖兹重泉。

赐进士出身翰林院编修经筵讲官太子少保体仁阁大学士鹿传霖顿首拜撰。

《清史稿列传》二百三十六《杨士骧传》

杨士骧,字莲府,安徽泗州人。光绪十二年进士,选庶吉士,授编修。保道员,补直隶通永道,擢按察使,迁江西布政使,复调直隶。三十一年,署山东巡抚。河贯东省丁余里,淤高而堤薄,岁漫决为巨害。士骧以为河所以岁决者,河上员吏利兴修,又因以迁擢也。乃定章程:岁安澜,官奏叙,弁兵支款如例;河决,官严参,不得留工效力,弁兵依律论斩。身巡河堤,厉赏罚,自是数年,山东无河患。曹州多盗,行清乡法,严督捕。德兵违约,屯胶、高,久不撤。数月盗少戢,会各国撤京、津兵,士骧与德官议,遂尽撤驻路德兵。

三十三年,代袁世凯为直隶总督。世凯为政,首练军筹款,尤多兴革,务树威信,北洋大臣遂为中外所属目。士骧承其后,一切奉行罔有违,财政日竭,难乎为继,而周旋因应,常若有余,时颇称之。明年,入觐。时议修永定河,士骧阅河工,疏言:"全河受病,一由下口高仰,宣泄不畅;一由减坝失修,分消无路。"卢沟桥以下旧有减坝,年久淤闭,宜折修,并挑减河,因请拨帑四十六万余两。诏下部议。宣统元年,德宗梓宫奉移西陵,诏所需不得摊派民间。士骧慨然思革百年之弊,疏曰:"国初因明季加派纷繁,民生凋敝,屡降旨申禁科累。近畿繁剧,供亿多,不能尽革,故田赋较各省轻,而岁出差徭逾于粮银之数。新政迭兴,学堂、巡警诸费,无不取给于民,输纳之艰,日以加甚。拟官绅合查常年应官差徭,实系公用者,酌定数目,折交州县自办,不得滥派折钱;胥役书差,官给津贴。庶积弊一清,上下交益。"疏入,优诏答之。五月,卒,赠太子少保,谥文敬。士骧少孤露,起家幕僚,至于专阃,与人无迕,众皆称其通敏云。

第四章

政事堂左丞杨士琦

杨士琦(1862—1918)，字杏城，安徽泗州梁集（今江苏盱眙县）人，光绪八年(1882)顺天乡试举人。历任袁世凯幕府洋务总文案、津榆铁路总办、关内外铁路总办、电政会办大臣、轮船招商局总理、商部右参议、上海高等实业学堂监督、商部左丞、农工商部侍郎、考察南洋商务大臣、南洋劝业会审查总长、署邮传部大臣、中华实业联合会副会长（会长为孙中山）、中兴公司董事长、政事堂左丞、代理国务卿、政务院参政、轮船招商局董事长等职，是各省创立商会之第一人，著有《泗州杨尚书遗诗》《世说新语补》四卷。

第一节　学养深厚，三次拒任国务总理

博览群书，才华横溢

杨士琦生逢乱世，家道中衰。曾任漕运总督的祖父杨殿邦，因弃守瓜州，扬州落入太平军之手，被免职，充军发配新疆，后散尽家财才免丁流放，以戴罪之身在军中效力，不久死去。父亲杨鸿弼，工诗善文，擅长书法，连考十次举人皆败北，靠在袁世凯叔祖父袁甲三手下当差维持一大家生计，后来通过各种关系捞了个始终没能兑现的虚职——江苏候补知府。杨鸿弼去世时，长子杨士燮才十九岁，还无功名；五子杨士琦才十三岁，一大家二十余口人仅靠祖上置下的一片薄地糊口。因此，杨士琦小时候家境贫寒，深知穷苦人生活的艰难。杨氏八兄弟皆勤奋好学，向

善向上,在科举道路上创造了"五子登科"的惊人奇迹。杨士琦 16 岁就考上秀才,21 岁时与哥哥杨士晟同时考中顺天乡试举人,在地方引起巨大轰动。

除《四书》《五经》之外,杨士琦还广泛阅读史书、诗歌、小说,酷爱《世说新语》,无论是在官府,还是居家,每日都要翻阅,简直到了痴迷的地步。曾收集多个版本,精心校点,并出资刊印《世说新语》校补本,写了一篇序言,表达自己与此书的不解之缘。杨士琦认为《世说新语》记事宏博简要,语言隽永玄妙,旨趣淡泊宁静,还读出了其中"儒、佛、庄、老"诸家未曾阐述过的有益于世道人心的微妙精义,真可谓发人之所未发。杨士琦好吟诗填词,当时很有名气,养子杨毓璜也是小有名气的诗人,同为北京寒山诗社的骨干成员。杨士琦富有文采,擅写奏章,因此先后被两广总督李翰章、直隶总督北洋大臣李鸿章、袁世凯招入幕府担任总文案。农工商部尚书载振因"杨翠喜案"被迫辞职以避祸时,据说其辞官奏折由杨士琦代笔,在京城引起轰动,传诵一时,略云:

> 臣系出天潢,凤叨门荫,诵诗不达,乃专对而使四方;恩宠有加,遂破格而跻九列。倏因时事艰难之会,本无资劳才望可言,卒因更事之无多,遂至人言之交集。虽水落石出,圣明无不烛之私;而地厚天高,踏跼有难安之隐。所虑因循恋栈,贻一身后顾之忧;岂唯庸懦无能,负两圣知人之哲? 不可为子,不可为人。再次思维,唯有仰恳天恩,开去一切差缺,愿从此闭门思过,得长享光天化日之优容。倘他时晚盖前愆,或尚有坠露轻尘之报[①]。

此奏折分寸之得当,言辞之恳切,属对之工整,无不令人拍案叫绝。大学士孙家鼐去世后,挽联云积如山,最为人称道的一联出自杨士琦之手:

> 事上也敬,行己也恭,杖于朝,杖于乡,允矣君子;
>
> 和而不同,群而不党,能为师,能为长,所谓大臣。

杨士琦给两广总督袁树勋的挽联被称一绝:

> 故国涕洟多,回思天宝年中,沧海横流今剩我;
>
> 旧交零落尽,叹息贞远朝士,此江小渡更何人?

如今各种研究挽联的文章、书籍多将此二联选录,并作为例子,剖析其中的高超艺术。

足智多谋,好成人之美

杨士琦性格沉稳,临危不惧。在担任津榆铁路总办时,恰逢八国联军入侵中

---

① 沈宗畸:《东华琐录》,章伯锋、顾亚主编《近代稗海》第 13 辑,四川人民出版社,1988 年,第 598 页。

国,大兵压境,弹飞如雨,房顶上瓦片纷纷坠落,身边的人跑得光光的,而杨士琦仍神情自若地坐在屋内伏案奋笔疾书,向李鸿章陈述攻防策略,直到意尽笔收才起身离开。李鸿章捧着杨士琦的文章,感慨地说:"杨杏城,真是一字一珠啊。"

杨士琦为政求真务实,多年从事有利于国计民生的铁路、电报电话、轮船运输、高等教育等事业。他能体察民情,曾代表清政府到南洋宣慰华侨,了解到侨民在南洋诸国备受歧视、奴役,许多人生活艰难,一面与相关国家政府交涉,要求善待侨民;一面写奏章请求在南洋各重要城市、港口设立领事馆,派遣领事官员,广设商会,保护侨民,为侨民争取有关权益。南洋的许多领事馆,都是在他的建议下设立的。

杨士琦满腹经纶,富有政治智谋。曾有人向他咨询选人用人的方法,他说:"我主张新旧人才兼收并容,盖旧人所长在有经验,处事镇静,若能持大体而遇事敢为,负有朝气,亦须让新人才一步。但纯用新人才不免偏于急进,致纷更过度,不适国情;反之,纯用旧人才,亦必由停滞而入于腐败"。民国初年,同乡汪瑞闿因学生、江西都督李烈钧的七次邀请出任江西省省长,没想到李烈钧在其到任前因为江西省国民党的激烈反对已经改变主意。上任没几天,汪瑞闿就被子弹吓跑了,此事引发了"二次革命"。袁世凯对此怒不可遏,强行派兵镇压,赶跑了李烈钧,任命李秀山为江西都督,令汪瑞闿继续赴江西当省长。临行前,杨士琦为汪瑞闿饯行,嘱咐道:"江西情况复杂,此去当慎重从事。李秀山以全力驱逐赣军,势不可当,你去江西后要和衷共济,搞好关系,不然旦夕败北。汪瑞闿当时虽连连答应,实际上并未将杨士琦的话放在心上,到江西上任后,大摆省长的架子,出入皆有庞大仪仗队,有乐队高奏乐曲,威风凛凛;偏宠亲信,开支无度,不到半年,各种势力群起而攻之。袁世凯接报,大笔一挥,将汪瑞闿撤职查办,汪瑞闿只好卷起铺盖,灰溜溜地离开江西。事后,杨士琦偶遇到汪瑞闿的侄子、直隶财政厅厅长汪士元,对他说,你叔叔不听我的话,所以有今天的结局,汪士元点头称是。

杨士琦与人为善,喜欢成人之美,奖掖人才。在担任农工商部侍郎时,对部下沈云沛、袁思亮、赵从蕃、邵福瀛、冒广生等人总是看他们的长处,赞扬他们的优点,不放过任何机会与场合,为他们美言,竭力向朝廷推荐,这些人后来都出任高官要职。有一位多年前的朋友屠新之,曾经任过县长,登门拜访,当时杨士琦为袁世凯政府的二号人物,炙手可热,家中正高朋满座。屠新之进门后诚惶诚恐,手足无措。杨士琦见状,起身上前,打恭作揖,热情招呼:"数年不见,老兄白髯盈尺,弟也两鬓苍苍矣"。落座后,与屠氏倾心交谈。屠氏告别时,杨士琦亲自将他送到门外,屠氏已经登上车,杨士琦还再三施礼。

对于年轻人,杨士琦取其所长,略其所短,怀抱一腔善意,总想成人之美,鼓励他们积极有为,希望他们功成名就。陈逸庵是杨士琦母亲陈氏那边的穷亲戚,年近二十,拜见杨士琦,杨士琦热情款待,对他大加鼓励:"我外祖父家虽然已家道中衰,你一定能发扬光大先辈的事业,望你努力自爱"。陈氏家族人员听说此事,无不感到温暖。陈灨一受到杨士琦的鼓励、栽培,后来成为名人,其著作《睇向斋秘录》《睇向斋谈往》《甘移随笔》《新语林》等为研究近代社会的重要笔记史料。杨士琦去世后,陈灨一到处搜集其诗词,将其刊登在自己主办的《青鹤》杂志上,因杂志发行量有限,为传播更广,出资出版《泗州杨尚书遗诗》,并含着热泪写下两篇序言,深切缅怀杨士琦当年对自己的教诲、帮助,杨士琦的诗词因此得以保存下来。

清末,杨士琦官至农工商侍郎,因与袁世凯关系密切,受到一些满族官员忌恨。杨士琦的鼻子奇特,大如蒜头,通体泛红。光绪帝去世后,朝中一些满族权要企图借预备立宪之机除尽朝廷中占据要位的汉人。陆军部尚书铁良与禁卫军首领涛贝勒商议说:"袁世凯的势力已摧毁得差不多了,只要再将杨士琦除掉,则袁党的势力就气断根绝了"。涛贝勒当时刚刚出道,对宫中人员不甚熟悉,问铁良:"谁是杨士琦,我怎么不认识?"铁良答曰:"这好办,你到先帝停枢的观德殿去观察,长着大红鼻子的就是杨士琦"。说完,又补充了一句:"凡长着大红鼻子的,没一个好东西"。不久,袁世凯被"病足",免职回彰德闲居,而杨士琦由于过硬的社会关系和人品,没有袁世凯,也稳坐钓鱼台。三年后,随着袁世凯的复职,杨士琦官升一级,署理邮传部尚书,成为朝廷重臣。

杨士琦作风严谨,学养不凡,无声色之好。公务之余,或端坐书房内读书,或与子侄吟诗谈词,或与友人弈棋。他身材偏矮,面容清癯,但双目总是炯炯有神。他举止庄重,不苟言笑,然而极富人格魅力,与他共事的人都会感到他有一个磁场,有着强烈的吸引力,无论到哪里,都能建立起良好的人际关系。他人缘极好,威信很高,所到之处广受爱戴、好评。

淡泊名利,三次拒任国务总理

杨士琦好《老子》,崇尚黄老之学,淡泊名利,为人有谋略,做事不为天下先,御物善于藏其锷。袁世凯曾称赞他"淡泊以明志,宁静以致远"。他久居要津,能廉洁自律,除俸禄之外决不多贪半点钱、财、物。他担任当时最大的企业——轮船招商局一把手十多年,按章程理应得酬劳十几万两银子,却全部捐给公司作为发展基金。有人对此不理解,他说:"这些钱,我拿了就成了富人,不拿我也不贫穷,现有俸禄足够生活开销了,就让它到公益事业那里发挥它最大的效益吧"。

1914年5月1日,国务院改为政事堂,杨士琦被任命为政事堂左丞,成为国务院二把手。国务卿徐世昌生病,一度由杨士琦代理国务卿。徐世昌不满袁世凯称帝,病愈也不上班,袁世凯有意让杨士琦正式出任国务卿,遭杨士琦婉拒,只好请陆征祥代理国务卿。两年后政事堂撤销,袁世凯又动员杨士琦出任交通部总长,杨士琦坚持不就,"袁公似有允意,将来调任曹润田掌外交,特任杨士琦掌交通,以资熟手。惟杨五深恐南北再兴军事,交通最为棘手,刻已立辞不就。噫如杨氏,可谓急流勇退者矣。"①杨士琦情愿只当个有名无实的参政院参政。

1917年8月初,冯国璋在北京就任代理大总统,多次与杨士琦联络沟通,请他出任国务总理,杨士琦以"衰病难胜艰巨"为借口婉拒,并当面向冯国璋出,天下"群盗如毛",各地军阀割据,不听中央号令,即使当上国务总理,号令不出国门,能有什么作为,岂不是误己误国?冯国璋点头叹息,央请杨士琦再考虑考虑。"政界至确消息,杨士琦翌日(二十三日)致电钱代理,婉言谢绝组织内阁,今日(廿五)再请徐东海去电劝驾云云。"②

1918年9月11日,徐世昌当选大总统,杨士琦致电祝贺。徐世昌再三邀请杨士琦出任国务总理:

> 杨泗州与徐东海交深而志同,徐既任元首,决意以杨任揆席,连词劝驾,有"舍君其谁"语。时杨方卧病,犹强起复电云:"病痊当北上。"未旬日而逝,讣至京,东海长恸曰:"江左失夷吾,吾道益孤矣。③"

当时,杨士琦生病,久治不愈,拟病好后赴北京与政府接洽处理招商局"江宽号"轮船被撞沉没事件,并与徐世昌商议出任国务总理一事,不幸因病情恶化,很快就去世了。闻讣,徐世昌痛心疾首。虽然北洋政府官难当,但是为了一个总长、次长职位往往争得头破血流,不要说人人都想当的国务总理了。杨士琦把功名利禄看得很淡,不以当高官发大财为荣。清史馆总纂马其昶为杨士琦作《杨公神道碑》,最后写道:

> 畴工畴贾,猗文儒也。施无不遂,世所须也。沈沈以肃,迨清臞也。黄老是耽,异众趋也。事郁心悼,颓莫扶也。铭告万祀,礼厥墟也。④

此铭文对杨士琦的一生作出精练的评价,肯定他对清末民初工商业的贡献,指出他

① 《杨士琦急流勇退》,载中华民国五年五月二十二日《申报》。
② 《杨士琦谢绝组阁》,载中华民国七年二月二十五日《顺天时报》。
③ 陈灏一:《新语林》卷六,上海书店出版社,1997年1月,第119页。
④ 马其昶:《抱润轩文集》卷十四,民国十二年北京刻本。

是个文儒,信奉黄老之学,与众人的旨趣大不相同,可谓知音。

第二节　袁世凯的心腹,仕途畅达

泗州杨氏与袁世凯家族的关系的渊源很深。咸丰年间,袁世凯的叔祖父袁甲三任漕运总督、钦差大臣,督办安徽军务,与前漕运总督、时任安徽团练大臣、杨士琦的祖父杨殿邦相识。杨士琦的父亲杨鸿弼,与袁世凯养父袁保庆、叔父袁保恒一起在袁甲三手下当差,关系很好。袁世凯自幼跟随袁保庆长大,后来又得到袁保恒的培养。

杨士琦哥哥杨士骧与袁世凯的关系很铁,为袁世凯出谋划策,贡献很大。袁世凯任直隶总督兼北洋大臣,推荐杨士骧任山东巡抚;袁世凯升任外务部尚书,又推荐杨士骧继任直隶总督兼北洋大臣。杨家与袁家的交情,至杨士琦时已经延续到第三代。杨士琦因为在铁路、电报及轮船招商局等行业富有经验,成为袁世凯经营洋务事业的代理人,从候补道员到政事堂左丞,都得到了袁世凯的精心栽培和提携,两人结下了深厚的情谊。

从候补道员到侍郎

光绪十六年,经内阁学士许景澄推荐,29岁的杨士琦出任津榆铁路总办,负责修建此路。光绪二十四年,杨士琦经督办铁路大臣胡燏棻任总办关内外铁路津局务事宜。这两条铁路成功修建,杨士琦的名声突起,引起袁世凯的关注。

因义和团在山东焚烧教堂、攻击外国人的行为引起各国不满、强烈抗议,清廷被迫撤换纵容义国团拳民的山东巡抚毓贤,袁世凯出任山东巡抚,杨士琦上书袁世凯,请求痛剿义和团,正合袁世凯的心意。袁世派军队大规模围剿拳民,拳民伤亡惨重,余部纷纷逃往天津、北京一带。山东局势维稳定下来,袁世凯的才能得到朝廷内外刮目相看。八国联军占据北京后,杨士琦与兄士骧随同直隶总督兼北洋大臣李鸿章入京议和,与庆亲王奕劻等人接触频繁,杨氏兄弟的才能得到李鸿章的赞扬,声名鹊起。李鸿章去世后,杨士琦被袁世凯招入幕府,担任洋务总文案,主要负责铁路、电政、轮船招商局等实业,贡献极大。

光绪二十五年冬天,为方便慈禧、光绪赴清东陵祭祀,袁世凯决定修建由高碑店的新城经涞水直达易县梁各庄的新易铁路,令杨士琦担任总办。仅仅四个月时间,这条铁路就修造成功。光绪三十一年五月十三日,袁世凯奏请筹款自造京张铁路,派陈昭常、詹天佑为京张铁路总办,又请杨士琦为帮办,代表他参与京张铁路建设。杨士琦来往于京沪之间,为京张的修建出谋划策,四处奔波,付出巨大的心血。

光绪二十八年十一月十三日,朝廷宣布将商办电报逐步收归国有,任命袁世凯为督办大臣,吴重熹为驻沪会办大臣。光绪二十九年初,在袁世凯的安排下,杨士琦代表他到上海电政局工作。当时杨士琦只是个候补道员。袁世凯半年内连上四个奏章,推荐杨士琦接管轮船招商局兼办电政事业,又兼任商部上海实业学堂监督。三年后,杨士琦升任电政会办大臣、农工商部右侍郎,跻身高级官员行列,顺利完成了电信国有化的工作

轮船招商局是李鸿章创办的有北洋官方背景的大型企业,长期被盛宣怀占据着。光绪二十八年底,盛宣怀因丁忧被迫辞职,袁世凯派杨士琦接管轮船招商局。上任后很快拟定《章程十条》,强调北洋大臣在该局拥有巨大权力,发行直隶公债,取得可观的经济效益,每年以报效的名义为北洋军队提供了大笔经费。光绪三十年十二月二十三日,袁世凯上奏《饬杨士琦总理轮船招商局片》,杨士琦正式获得朝廷任命,成为轮船招商局的一把手。

光绪三十四年十月二十一日,光绪驾崩,遗诏以醇亲王载沣之子溥仪继位,以摄政王醇亲王载沣为监国。次日,慈禧太后薨。慈禧太后是袁世凯的靠山,靠山一倒,袁世凯陷入惶恐不安之中。五十七天后,朝廷宣布:袁世凯"患足疾,步履维艰,难胜职任",解除其一切职务,令其回籍养疴。袁世凯闻命异常惊恐,害怕有灭顶之灾,匆匆忙忙带着家眷奔赴天津,拟逃往日本避难。在英国租界利顺德饭店,袁世凯与直隶总督杨士骧取得联系,杨士骧立即派长子毓瑛带着礼物赴饭店见袁,转述杨士骧的意见,对袁说:"太老师(杨拜门称受业,故毓瑛称太老师)系奉旨穿孝大员(袁以军机大臣、外务部尚书,奉旨赏穿百日孝),今擅释缟素,又不遵旨回籍,倘经发觉,明日续有电旨拿办赴京,则祸更不测,且亦决无法庇护。[①]"密谈后,毓瑛回报其父,杨士骧立即令铁路局安排火车,又令毓瑛再赴利顺德饭店,请袁世凯清晨动身,必须在次日返回河南。不久,得到杨士琦的密报,在张之洞等人斡旋下,朝廷同意只解除袁的职务,不再给袁进一步处分,袁世凯一直悬着的心才放卜来。

见袁世凯失势,盛宣怀展开了在招商局的夺权行动,不久又登上轮船招商局一把手的位置,重新执掌轮船招商局。此后,杨士琦一直在朝廷中担任侍郎,不避嫌疑,与在河南漳德养病休闲的袁世凯时有来往。袁世凯小女儿出嫁时,邀请的宾客

---

① 　张国淦:《北洋述闻》,上海书店出版社,1998 年 3 月,第 27 页。

极少，而杨士琦是其中之一。事后，袁作《致农工商部侍郎杨士琦函稿》(宣统元年十二月十八日)，"猥以小女于归，厚蒙珍觇奁饰多品，琳琅溢目，藻绣缤纷。舍间细事，亲友概未惊动。祗以多年至好，远道颁来，未敢固辞，谨登。谢谢。①"对杨士琦馈赠的钱财衣物、食物表示真诚的谢意。

从署邮传部大臣到轮船招商局会长

宣统三年八月十九日，武昌起义爆发，来势汹涌，席卷大半个中国。北洋六镇的中高级将领大多数是袁世凯的亲信，朝廷指挥不动，束手无策。为扑灭起义军，清政府被迫起用在彰德"养疴"三年的袁世凯。九月十一日，奕劻辞职，由袁世凯继任内阁总理大臣。二十六日，袁世凯内阁成立，杨士琦成为袁世凯内阁重要成员，出任署邮传部大臣。由此可见，杨士琦在袁世凯心目中的地位有多高。

南北议和时，袁世凯以唐绍仪为全权代表，杨士琦、许鼎霖、严修、杨度四人为代表团成员，出席在上海英租界市政厅议事厅举行的和谈会议。南方全权代表为伍廷芳，成员有温宗尧、王宠惠、汪兆铭、钮永建四人。参加会议的还有英、日、美、德、法、俄六国驻沪总领事。不久，唐绍仪、杨士琦致电梁士诒转告袁世凯："清必倒，民国必成，宁使人诽谤为王莽、曹操，而西方华盛顿不能专美于前。孰得孰失，当能决之。"②可见，杨士琦能洞察时事，顺应历史潮流的发展。在袁世凯的逼迫下，清帝决定退位。袁世凯急电南京临时政府，表示赞成共和，永不使君主政体再行于中国。民国建立，根据协议，孙中山把总统位置让给了袁世凯。袁世凯由清政府的总理内阁大臣，摇身一变为中华民国的大总统。

南北议和后，袁世凯为重新控制轮船招商局，令杨士琦留在上海，在轮船招商局先担任董事会副主席，又兼任冶萍公司董事。1912 年 4 月 17 日，中华实业联合会在上海张园安恺第欢迎孙中山先生。上海各实业团体、华侨资本家、各省实业家及本埠勇进党、商会诸团体，次第到场，约五百余人。至十一时，中山先生暨陈英士都督、前财政部总长陈锦涛、总统府秘书长胡汉民君先后莅临。当由主席程定夷君延入座次，军乐齐奏，由代表张叔和宣读欢迎词，复由会场全体公推孙中山先生为实业联合会正会长，又由全体公推杨士琦、程定夷二人为副会长，一致赞成，欢声如雷。

---

① 骆宝善，刘路生主编：《袁世凯全集》第一八卷，河南大学出版社，2013 年 7 月，第 487 页。

② 远生：《杨士琦：电影中之交通总长》，《黄远生遗著》卷四，台湾华文书局，1938 年 1 月，第 18—20 页。

1913 年 6 月 22 日,轮船招商局在张园召开股东常年大会,选出杨士琦、盛宣怀、王存善、周晋镳、唐德熙、郑观应、傅宗耀、陈酞、施亦爵 9 人为董事,以杨士琦、盛宣怀为正、副会长,组成新一届董事会。杨士琦又成为轮船招商局的一把手,实际上背后是袁世凯在支持着。

从政治会议委员到政事堂左丞

为扩大总统权限,1913 年 11 月 26 日,袁世凯下令召集政治会议,会议委员名单分配原则为每省二人、蒙藏事务局数人、总理举派二人、总长各举派一人、法官二人、总统举派八人。袁世凯提名的八个人为李经羲、梁敦彦、樊增祥、蔡锷、宝熙、马相伯、杨度、赵惟熙。杨士琦并不热衷当官,经袁世凯一再劝说,才同意出任政治会议委员。12 月 12 日,袁世凯指定前清云贵总督李经羲为政治会议议长,张国淦为副议长,顾鳌为秘书长,增派杨士琦、饶汉祥为委员。12 月 15 日,政治会议正式开幕,到会代表 69 人,商议修订《临时约法》。不久,袁世凯以现有两院议员已不足法定人数,不符合《国会组织法》第 15 条之规定,难以行使职权,依照政治会议之决议,下令解散国会。

1914 年元月 13 日,袁世凯又令杨士琦出任"高等文官甄别委员会"委员。2 月,熊希龄内阁垮台。袁世凯向代总理孙宝琦询问交通部总长人选,孙宝琦推荐杨士琦。孙宝琦征求杨士琦的意见,杨士琦说:"我老实说罢,我现在是颐养的时候,自己尚有饭吃,不犯着与人夺食。交通部的事,天然是燕孙(梁士诒)的事,我如何可干?但若一定要我去做,我亦没有什么不肯。不过我绝不与人争抢就是了。"孙宝琦向袁世凯报告杨士琦的态度,袁吩咐宣布杨士琦任交通部总长。然而,交通部历来由梁士诒为首的交通系把持,杨士琦是袁世凯政府中的所谓皖系领袖,皖系与梁士诒为首的粤系争权夺利,竞争激烈。听说杨士琦突然插足交通部,梁士诒坚决反对,联络许多委员向袁世凯施压,袁只好让步,收回成命。

当时有记者报道说,杨士琦是纱帽已经飞到头上,忽然又被大风吹去。对此,杨士琦发表谈话宣称:"别人骂我黄老主义,我实在无所谓。这和前清时有人骂我是袁党一样。那时项城已下野,文敬正任北洋大臣,所以我不能马上走。张文襄竟说:'两柱虽移植其一,中间则仍留一线。'两柱指项城和庆邸,我是传达消息的一线。武昌起义后,派我当议和代表,我以为非共和不足以渡难关,而共和必无良好结果,所以我辞职不干。过去两年间,我住在上海,或者就是实行黄老主义的时期。项城再三电召,我为着老朋友的关系,既来则安,对于做官不做官的问题,更无所谓,既无做官的必要,亦无不做官的必要。前次梁秘书长发誓不做部长,我才答应担任交通总长。别人骂我是皖派领袖,我就是皖派领袖好了①。"由此可以看出,杨士琦对做官并不热心,到北京政府任职完全是因为袁世凯再三要求才出山的,是来替袁世凯效力的。

交通总长没当成,第一副总理的位置早已安排好了。1914年5月1日,袁世凯公布了《中华民国约法》(亦称《新约法》),改责任内阁制为总统制,扩大总统权限,规定总统总揽国家统治权,把立法院置于总统管辖之下;设参政院为咨询机关,在立法院成立前,代行立法院职权;设国务卿协助总统掌握行政。袁世凯下令撤销国务院,在总统府内设立了政事堂(相当于前清的军机处),徐世昌任国务卿,杨士琦为政事堂左丞,钱能训为右丞,协助徐世昌工作。下设各部总长为:外交孙宝琦、内务朱启钤、财政周自齐、陆军段祺瑞、海军刘冠雄、交通梁郭彦、司法章宗祥,教育汤龙化、农商张謇。由于徐世昌身体欠佳,又与袁世凯不相融洽,经常请假,杨士琦对袁世凯是忠心耿耿,卖力肯干,在袁世凯政权的最后两年中实际上充当着副手的角色,为袁世凯政权的正常运转日夜操劳。袁世凯曾发布命令,给予杨士琦一等嘉禾勋章,授予"中卿"称号。陈灏一的《新语林》载,袁世凯手下是得力的"九才人"为:

> 徐世昌雄才,杨杏城逸才,严范孙良才,赵智庵奇才,张季直槃才,孙幕韩隽才,阮斗瞻清才,周辑之长才,梁燕孙敏才。

杨士琦名列第二,称为"逸才",虽为小说家的戏言,却与事实相符合。杨士琦自袁世凯出任直隶总督兼北洋大臣时就成为袁的洋务总文案,到袁世凯任大总统时就任袁政府的三号人物,一直是最信任最得力的助手。

第三节　铁路总办、帮办

在清末铁路建设过程中,杨士琦是一位杰出的管理者,精明的工程估算师,主持修建了津榆铁路、新易铁路;作为袁世凯的代表,帮办京张铁路,为这条中国人自主设计建造的高难度铁路成功通车付出了艰辛的劳动。

一、津榆铁路总办。1890年,经内阁学士许景澄推荐,直隶总督李鸿章同意,杨士琦出任津榆铁路总办,随即在山海关成立北洋官铁路局,作为总负责人修建此路。津榆铁路是在唐胥铁路的基础上进行扩展,向南至津沽铁路上的林西镇,向北

---

① 丁中江:《北洋军阀史话》二,商务印书馆,2012年12月,第76页。

至山海关（即榆关），自1890年动工，1892年修通至滦县，1893年向东展筑到山海关。由于滦河大桥的工程条件十分复杂，直至1894年2月才完全竣工。从此天津到山海关有了直通车，全长127公里。这是中国人自办的第一条标准轨距铁路津榆铁路，宽23米，高3.8米。1898年，杨士琦经督办铁路大臣胡燏棻委总办关内外铁路津局务事宜。此路又向东延展至山海关外的中后所（今绥中），全线始称山海关内外铁路，简称关内外铁路，为官办国有铁路。清末民初修至奉天省城（今沈阳），全线通车，称京奉铁路。

二、新易铁路总办。1902年春天慈禧到清东陵祭祖，回銮后向袁世凯等人透露准备下年春天拜谒西陵。西陵位于今河北易县梁各庄，路途遥远。善于逢迎的袁世凯为免帝后舟车劳顿，便与胡燏棻、唐绍仪等人商议，计划修筑一条从北京到易县的铁路，令杨士琦为总办，全面负责这条铁路的建设。杨士琦让梁如浩负责勘查，王仁宝办理土工，詹天佑承办料工，经过精心预算，编制了建造计划书。新易铁路在冬天开工，由高碑店的新城经涞水直达易县梁各庄，经过两条河道，施工时间紧迫，天寒地冻，任务艰巨，为节省，使用了关内外铁路局借来的旧轨及枕木；减少了枕木间的距离；并且在路基建成以后立即铺轨。至1903年2月，短短四个月，这条八十多里长造价仅六十万两银子的铁路就修造成功，杨士琦杰出的领导才能得到朝内外的普遍赞誉。4月5日，慈禧及光绪乘座专列，从北京永定门上车，经京汉铁路及新易铁路到梁各庄，全程120公里，仅用两个多小时。慈禧对铁路及火车十分满意，下令对施工官员予以嘉奖。尽管慈禧只用过一次，但铁路作为民用，发挥了很大的作用。战争年代遭到损毁，后来又修复，至今还在发挥作用。

三、京张铁路帮办。1905年6月，由于杨士琦主持修建的的关内外铁路运营良好，盈利颇丰，时任直隶总督兼关内外铁路总办的袁世凯与会办胡燏棻商议后向朝廷建议，利用关内外铁路的营业收入来修筑京张铁路。不久，两人的奏章得到批准，当时许多外国公司竞相争取施工权，许多外国工程师在争取承接工程设计。杨士琦向袁世凯推荐詹天佑为总工程师，主张由国人自主设计，自行建造。袁世凯采纳了建议，同时任命陈昭常为京张铁路总办。开工后，才发现建设难度远远超过当初设备想的那样，经费远超预算，且管理不善，进展缓慢。袁世凯很着急，于是找杨士琦相商，请杨士琦出任总办，杨士琦谢绝了，只答应出任帮办，即副手，但保证代表袁世凯监督施工，把各项工作做好。于是，袁世凯上《商部右参议杨士琦请旨派为帮办京张铁路事务片》：

> 再，查商部右参议杨士琦，前经臣奏明派驻上海总理轮船招商事宜，并参赞电政，数年以来，整顿经营，日有起色，诸事就绪。现臣筹办京张铁路，该路

系中国自办，所有工程一切，事务殷繁，当调该员北来佐理，拟请旨派为帮办京张铁路事务以资臂助。该员仍可往来京沪，兼办轮船电报两差。除咨商部外，谨附片具陈。伏乞圣鉴，训示。谨奏。

仅五天时间，朝廷就批准了。后来，袁世凯把陈昭常调离，杨士琦也不肯当总办，而是让詹天佑以总工程师兼总办，自己全办支持、配合詹天佑的工作。杨士琦在管理上很有一套，加上是袁世凯的亲信，在资金、特资及人事调度上，袁世凯是言听计从。杨士琦精通工程造价估算，经过精心测算，向袁世凯建议将购置车辆的款项另作奏请，办公费用则从第一段工程完工通车营业额中周转，预计的每年100万两银已不能应对工程需要，建议在原来的基础上每年追加30万两，仍由关内外铁路收入盈余支付，袁世凯一一允准。资金得到了充分的保证，各方面工作有条不紊地展开。詹天佑已经是经验丰富的铁路工程师，尽管北京到张家口一线有高山峻岭，河汉沟汊，需要开凿隧道，修建桥梁，路险工艰，尤其是居庸关、八达岭一带层峦叠嶂，石峭弯多，但难题都被聪明过人的詹天佑一一攻破了。1905年9月4日正式开工，到1909年10月2日在南口举行通车典礼，仅用了四年时间，比预定计划提前两年完成了全部工程。世人现在只记得詹天佑的功劳，其实袁世凯的谋划之功、资金和人员支持，杨士琦的行政管理、各方面的协调配合、后勤保障等方面都作出了巨大的奉献。京张铁路，中国首条不使用外国人员、由中国人自行建设完成、投入营运的干线铁路，袁、杨等人的贡献不应忽视。

此外，杨士琦参与接管俄国交还山海关—营口—新民厅铁路。八国联军占据北京后，山海关—营口—新民厅铁路被俄国人强行霸占。光绪二十八年八月二十五日，杨士琦带着随员赴山海关调查情况，同盛京将军增祺一起到材料厂查看，由俄国人先交关内材料厂及长城桥一段作为交收开始，举行了隆重的中国升龙旗仪式。各种材料、电机、零星备件，均经杨士琦一一验收签字。九月初六日，袁世凯代表大清国与俄国代表巴希诺希正式举行交接方式，订立华、俄文协议各一份，彼此签字收执。管理铁路之俄人、俄兵于初八日全部撤退，由中方派人接管。至此，落入俄国人手中两年的这条铁路终于收回。

第四节　完成电信国有化，署理邮传部大臣

光绪七年(1881)十一月初八日(公历12月28日)，直隶总督李鸿章完成了在天津、上海之间架设电报线路、设立电报局的所有工作，中国自建的第一条公众电

报电路——津沪长途电报线正式开通,并对外营业。共设紫竹林、临清、济宁、清江浦、镇江、苏州、上海七个分局,收发电报,成为我国电信事业服务社会的开端,此后电报业如雨后春笋地遍地开花,逐步取代传统的驿站人工传递信息的方式,但属于商办性质。光绪二十七年,上海、南京电报局开办电话业务,千里瞬间即能通话的神奇功能震撼了所有人。

由于当时的电信运营商全是外国公司,如美国太平洋公司,英国大东公司,日本满铁公司,德国德荷公司及丹麦大北公司等,便利了列强的侵略,威胁着我国的安全。有识之士,纷纷呼吁将电信收归国有。随着时间的推移,慈禧等最高层决策人物也逐步认识到电信对于国家政治、国防的重要性,光绪二十八年十一月十三日颁发上谕,正式宣布将电报逐步收归国有,任命袁世凯为督办大臣,吴重熹为驻沪会办大臣,具体负责全国电报国有化改制工作。当时,袁世凯担任直隶总督兼北洋大臣,事务极为繁忙,无暇顾及此项重大改革。他看中了秘书长杨士琦,决定由杨士琦出面代表他完成这项工作。次年春天,在袁世凯的安排下,杨士琦随同侍郎臣吴重熹到达上海,管理全国的电报事务,同时兼管轮船招商局事务。三月初一日,杨士琦协助吴重熹订立电报章程八条,颁发给全国各分局遵照办理,拉开了电报商办改为国有的进程。

半年之内,袁世凯连上四道奏章,不遗余力地举荐杨士琦,杨士琦在上海电报局、轮船招商局的地位不断提高,成为袁世凯在这两个重要行业的实际代理人。在电报局,杨士琦由参赞、到帮办、再到会办,直到督办,一步步迈向这个行业的全国最高负责人。

六月初七日,袁世凯上《敬举道员杨士琦等以备任使折》,正式向朝廷推荐杨士琦。九月八日,袁世凯再上《密保道员杨士琦片》,称赞杨士琦富有智慧,精明能干,到上海以来取得突出业绩,请朝廷破格重用。朝廷于是将其调到商部任职,袁世凯立即建议杨士琦仍回上海任职。十月十五日,上《派杨士琦总理招商局参赞电政片》,五天后获得批准。

仅几个月时间,杨士琦已经总管轮船招商局事务,同时参赞上海电政局。杨士琦管理有方,经过一番大力整顿,两个局面的貌均人为改观,不久杨士琦被提拔为商部右参议,正式迈入中级朝官行列。为完成电政改制大业,袁世凯仍然要求杨士琦以上海事务为主,兼顾商部工作,两头跑。十一月十九日,袁世凯上《办理轮电事宜片》:

> 再:新授商部右参议杨士琦,前经臣奏派总理轮船招商事宜并参赞电政,以资臂助,现奉恩命,自应钦遵饬令来京供职。惟查轮电两局,关系重要,整顿

甫有端倪，未便遽易生手。曾与商部商明，拟令该参议仍驻沪办理轮电事宜，藉可考查商情，于局务、部务两有裨益。除分咨查照外，理合附片陈明。伏乞圣鉴。谨奏。（台北故宫藏档，文献编号：408001138。）

五天后，再获下文朝廷批准。杨士琦在北京、上海之间来回穿梭，一年要奔波数十次，十分辛苦。

光绪三十年，袁世凯计划架设天津、北京、塘沽之间的电话，由杨士琦担任主任，进行设计监督，从日本聘请吉田正秀，购入日本的器械材料，着手进行架设。次年，设立了天津及北京方面的电话交换局。不久，连接北京、天津的两条复线式长距离电话线也架设成功。七月，袁世凯在天津开办了无线电训练班，聘请意大利人葛拉斯为教师。他还托葛拉斯代购马可尼猝灭火花式无线电机，在南苑等行营及部分军舰上装用。十月，袁世凯在直隶省河间秋操，首次用电报、电话进行联络，十分便捷，文武百官无不称奇叹服。袁世凯尝到电信的便捷，加速在各地推广电报、电话事业。

光绪三十二年，电政会办大臣吴重熹调京任仓侍郎，袁世凯立即推荐杨士琦代理职务。三月十三日，袁世凯上《请派杨士琦驻沪专办电政折》，很快得到朝廷批准公文。杨士琦担任电信部门主要负责人之后，能主动维护国家利益。我国和日本的满铁公司经过四年艰苦谈判才收回被占电局和线路，因为日俄战争时期，它们占用我国的电报线通军事情报，还要从大连到烟台铺一条新线。闰四月十七日，袁世凯会同杨士琦发出《致外务部电》，指出派赴日本会议电务交涉的周万鹏来电称，日本仅同意烟旅接线，不谈与奉韩接线，应将两事并提，必须与日本交涉铺设电报线路事务诸问题。五月二十九日，袁世凯会同杨士琦发出《致外务部中日电约应由两国外交官提议电》，指出日本以奉省电信管理为基础问题，满韩接线，现在中国尚无此线，不允许并议。即烟旅水线，亦想由日方自行铺设，并在烟台设局，接收商业电报，只用日文。日本藉口从前俄人乘乱强占办法，提了很多无理要求，势难迁就，建议暂停谈判，让周万鹏立即回国。六月初一日，袁世凯会杨士琦发出《致外务部文》，要求清查日俄战争期间，东三省被损坏的电线、电杆情况，对被日本人抢去的电线、电杆要通过外交途径索回。四个月后，袁世凯便推荐杨士琦担任电政会办大臣。七月十八日，袁世凯上《请派杨士琦为会办电政大臣片》。当天任命杨士琦为电政会办大臣的任命就颁布了。至此，袁世凯、杨士琦联手完全控制了当时全国的电信业。八月，杨士琦又官升一级，为农工商部右丞，一个月后升左丞，三个月后荣升农工商部右侍郎，置身高级官员行列。

九月，增设邮传部，管理交通、邮政，电政改隶邮传部。过渡时期，由杨士琦具体负责交接手续。十一月二十三日,袁世凯与会办电政大臣杨士琦"咨称,电政关系商股.所有结账分利清算收支数目历办章程,均截至下年三月为一届完结之期,现经邮传部奏明俟本大臣督同员司清洁数目,再行移交接管,自应查照办理。"①月底,杨士琦向邮传部奏称:"查电政集有商股,且与大东、大北两公司以及滇缅太平洋及德、法等国订有联合过线传递各项合同,历年均以二月为一届完结之期,即于三月结算清楚。从前盛宣怀移交袁世凯接办时,亦于光绪二十九年三月交替,历经该大臣奏明有案。现在未界二月,若将各账概行截算,于商股及各洋公司实多滞碍,自应援案以明年三月移交,以免紊杂。"在此过渡期间,"由臣部刊刻木质关防,文曰'督理电政事务',关防发交前,会办电政大臣、农工商部左丞杨士琦暂行经理,仍随时将经办情形报部,俾便查核"。②

光绪三十三年(1907年)二月,完成所有准备工作之后,杨士琦咨文邮传部,请遴派大员赴沪接收电政。三月,邮传部派杨文骏前往上海,接收电报总局及农部电政案卷,改上海电报总局为电政总局,下设文版、工务、交涉、会计、电话五科,负责管辖全国原商办的电报局257处局所。至此,所有商办电局悉数由清政府收回,归电政司管辖,只有各省自办的官电仍未收回。至宣统二年,各省官电局也一律收归国有。宣统三年春天,上海电政局迁到北京,改称为电政总局。九月,杨士琦署理邮传部大臣,成为电报、电话行业的最高领导人。

从光绪二十八末宣布启动电政国有化政策开始,到宣统二年彻底完成国有化工作,前后长达九年,杨士琦在其中发挥了重大作用。

第五节　上海高等实业学堂监督

1905年初,商部呈文《改商务学堂为高等实业学堂并派杨士琦总理该学堂事务》,提出将南洋公学划归商部直管,并改名为"商部上海高等实业学堂"(上海交大、西安交大前身),由商部杨士琦兼任监督(校长),不久获得朝廷批准。杨士琦当时在管理轮船招商局、电报局,这所学堂的小学经费来源于招商局、电报局。杨士琦上任后锐意改革,大胆创新,取得了显著的成效。

---

① 《请暂由会办大臣杨士琦督理电政并刊给关防折》,沈云龙主编,《近代中国历史史料丛刊》,第14辑。邮传部编,《邮传部奏议类编·续编》,第1115~1116页。
② 《请暂由会办大臣杨士琦督理电政并刊给关防折》,沈云龙主编,《近代中国历史史料丛刊》,第14辑。邮传部编,《邮传部奏议类编·续编》,第1115~1116页。

首先改革行政体制。杨士琦经过调研究,对学校教务、体制等进行了一些改革,废除了总理、提调等旧式职务,设立教务、斋务、庶务三长,分别管理教学、总务和学生事务工作,延聘了伍光建为教务长,唐浩镇为庶务长。重新制定《商部高等实业学堂章程》,包括设学总义章、学科程度章、学堂考试章、职务规条章、学堂规则章、赏罚规条章、经费规条章,计 7 章 189 则。专科和中院均按此章程办理;小学则另订《附属高等小学总章》,计 22 章 92 节,并呈请商部批准。在《设学总义章》中,明确提出办学目标"本学堂讲求实业,以能见诸实用为要旨,为振兴中国商业造就人才",强调培养对社会有实用价值的人才。

其次增设实用性的工业、商业专业。杨士琦指出学校处于"通商巨埠、商务最盛"的上海,又隶属于商部,商科类专业一定要增设;学校经费由轮船招商局、电报局提供,应当增设轮船、电机专科,为两局输送所需专业人才。因此在学堂规划中提出增设商业科、航海科、轮机科、电机科等专科。后来又提出设立铁路工程班,为学校工科之始。学校从此迈入培养工商业实业人才的专门学校时期。

1906 年春,学校开设了第一个正式专科——商务专科,学制 3 年,当年中院 13 名毕业生成为第一批新生。开设的课程有:英文、法文(并非法国语言,而是中国古代文选)、国文、里司、地理、商业、道德、商品学、商法学、簿记、商运学、理财学、国际商法、国际公法、银行学、财政学、商业统计学等约 20 门。当年秋季又开办了一个简易的铁路工程班,招收了一批学生,开设课程有:数学、物理、化学、测量、建筑学、地质学、桥梁学、水利学等 10 多门。次年夏天,盛宣怀致电邮传部尚书岑春煊,说明学校既然改归邮传部,就应该为交通四政培养专才;建议添聘专门外籍教员,开设"造路、行车"两个专业,毕业学生分派到各铁路实习,这样比起派人留洋深造,既可以省掉一笔费用,也可以多造就专才。建议很快获得邮传部的批准,杨士琦也十分赞同,着手增设交通工程专业,扩充原先设立的简易铁路工程班。虽然因为经费、师资等多种原因,有些新专业并没有完全及时开设,又受到隶属关系的更变、政治斗争的波及、社会形态的变革,但是整个办学的大方向直至建国前没有发生过大的改变。

再次,为了开阔学生的眼界,杨士琦决定扩大派遣留学生规模。当年四月二十七日,杨士琦从商部争取到拨款 5000 两银子,专门作为留学经费,决定给有关留学生增加经费,并将加费办法报商部核定,同时分咨驻英、美两国大使。由胡诒毅带同徐维震六名学生起程赴美留学,第五届 10 名毕业生全部派往英国留学。当年又增选范况、程承迈、张承樾 3 人赴日本学习商业,每年资助洋银 400 元。经过争取,九月十二日,清政府赐留学毕业生陈锦涛等 32 人功名身份。最优等的 9 名给予进士出身,其中有陈锦涛、张煜全、胡栋朝等;中等 18 名包括胡振平、富士英给予举人出身。消息传开,极大振奋了所有学生求学进取的信心。这些留学生在国外接触最新的科学技术和管理知识,回国后大都成为优秀的人才。

第四,扩大办学规模。由于附属小学办学成绩突出,要求入学的人越来越多,杨士琦十分嘉许,决定拨款 2 万两扩大办学规模,与林康侯商议后,在上中院南部动工扩建校舍,由上海的殷馥记承造。冬天,附属小学校舍在校南落成,计有二层楼房两进,前进 5 大间,为教室和办公室,后进 7 大间,为学生、教职员宿舍及膳厅。另有小楼 5 间、平房 1 间及大小操场各 1 处。小学部的招生人数因此大幅度增加。得到社会的广泛赞誉。

第五,重视体育工作。杨士琦关心学生身体健康,所有年级均开足体育课,学校体育设施完备,运动场馆充足。他支持学堂举办运动会,由中院生张铸和小学教员陈修瑜担任策划,会场设于中院前操场,布置有司令台、军乐台、总务台和来宾席。5 月 5 日(四月初二)会场座无虚席,来宾计有 2000 人以上。运动会于 8 时开幕,乐队奏乐,绕场一周,林康侯向来宾致欢迎辞。正式比赛前,杨士琦到达现场,全体师生鼓掌,欢声雷动。比赛项目有百码跑、十里竞走等。杨士琦坚持观看比赛到结束,深表嘉许,并当场自己出资给获奖运动员颁发了奖品。赛毕,师生高唱沈庆鸿谱写的凯旋歌,集体欢送杨监督离开,运动会圆满结束。

第六,丰富学生课外生活,邀请名家来校讲课,启迪学生思维。5 月 21 日,杨士琦请著名学者严复到校作《论实业教育》演说。严复毕业英国皇家海军学院,曾担任过京师大学堂译局总办、上海复旦公学校长、翻译《天演论》、创办《国闻报》,系统地介绍西方民主和科学,宣传维新变法思想,将西方的社会学、政治学、政治经济学、哲学和自然科学介绍到中国,影响深远。他在演讲中列举了西方各国实业迅速发展之事实,主张"中国今日自救之术,固当以实业教育为最急之务",勉励学生:"一、当早就实行之阅历,勿但向书籍中求增知识。二、当知此学为中国现今最急之务。果使四百兆实业进步,将优胜富强,可以操券;而风俗民行,亦可望日进于文明。三、当知一己所操,内之有以赡养,外之有以利国,实人生最贵之业,更无所慕于为官作史,钟鸣鼎食,人囊高轩。四、宜念此业将必有救国利民之效,则吾身宜常与小民为缘……实业之事,将以转生货为熟货,以民力为财源,被之以工巧,塞一国之漏厄,使人人得饱暖也。言其功效,比隆禹稷,岂过也哉!"演讲受到学生的热烈欢迎,许多学生听后立下实业报国的雄心壮志。

杨士琦当时担任农工商部右侍郎、上海电政会办大臣、招商局总理等数职,往来穿梭于京沪之间,不能经常到校,监督一职曾一度由商部驻上海代表王清穆代理。1907年8月,杨士琦实在力不从心,主动辞去学堂监督职务,邮传部改派督办电政大臣杨文骏兼任监督,杨士琦任期不长,但在上海交大及西安交大的历史上写下了重要篇章,如今上海交大、西安交大都把他作为名校长载入校史,网页上都有对其评价很高的介绍。

第六节 轮船招商局总理、董事长

1901年11月7日,轮船招商局的创始人李鸿章去世,袁世凯接任直隶总督兼北洋大臣。轮船招商局一直属于半官半商官督商办企业,承担着官方的漕运功能,享受着官方的种种优惠及庇护。当时,轮船招商局由盛宣怀把持控制,企图摆脱北洋大臣的监管,实行完全商办。盛宣怀时任工部左侍郎,财大气粗,位高权重,实力雄厚,敢与袁世凯展开针锋相对的斗争。

次年秋天,盛宣怀父亲突然去世,按定例得辞官丁忧,于是被免去本兼各职,仅保留铁路督办一职。袁世凯立即颁布《整顿局务九条》,规定北洋大臣对招商局财务、外事及其它各项局务享有直接控制权,任命杨士琦为招商局总理,免去盛宣怀的亲信郑观应的帮办职务,任命徐润、沈能虎、徐杰为会办。自1903年初至1907年春天,1913年6月至1918年秋天,杨士琦两度出任轮船招商局一把手,锐意改革,大胆创新,开创了轮船招商局史上辉煌的局面,"这样的增长幅度,为轮船招商局创办以来所仅见[1]",为招商局的发展作出了不可磨灭的贡献。作为位高权重的大型企业董事长,他能以身作则,廉洁奉公,支持国家军队建设,热心社会公益事业,奉献良多,得到社会广泛的好评。

四年总理,成效显著

1902年底,盛宣怀因丁忧去职,袁世凯派杨士琦出任招商局的总理[2](即总负责人),任期至1907年春天。在任期间,他采取许多得力的新举措,把已经萎靡不振的轮船招商局治理得红红火火,赢得各界一致称赞:

一、加强规章制度建设,强调以制度管理企业,以纪律约束员工,以不断提高

---

[1] 张后铨主编:《招商局史(近代部分)》,人民交通出版社,1988年9月,第310页。

[2] 胡政主编,孙慎钦编著:《招商局史稿外大史事记》,社会科学文献出版社,2014年9月,第120页。

经济效益为追求目标。杨士琦上任后就拟定颁布《章程十条》，明确指出，北洋大臣对轮船招商局有不容置疑的监督权力；实行岗位责任制，对所有岗位都订立明确的责任，严格按照规章制度办事，坚决杜绝假公济私行为，年终进行岗位考核，与收入直接挂钩；实行包缴包办为主要内容的承包责任制，简政放权，赋予总船主、副总船主、总铁柜等人员有调度用人的权利，订立考核细则，根据各船的实际收入多少来确定报酬标准，避免干多干少、干好干坏一个样，以此来调动员工的工作积极性。

二、添置新轮船，维修现有轮船，购置土地，在各地新建码头、栈房，修筑专用铁路线，改善经营条件，扩大企业再生产能力。1903 年，招商局对"致远""普济""广利"三船进行大修保养，重换锅炉，固陵换水柜，把"永清"改为趸船。1904 年，定造"江新"轮船，成本三十八万两；在长沙购地产，在香港、澳门修建码头，在塘沽购进铁马船，对塘沽新河码头专七铁路增加投资。1905 年，添置"新昌"轮船，成本二十三万两；对"江孚"进行大修，把"美富"船换锅炉。1906 年，添置"新康"轮船，成本二十四万两；"新铭"轮船，成本三十四万两；对"丰顺""江永""海定""江通""普济""江裕""瓣裕""泰顺"等船进行大修。在上海、烟台、汉口、福州、九江、芜湖、安庆等埠分别添置了趸船、小轮、铁质码头船、挖泥船及钢质驳船等运输辅助船只。在长沙、汉口、镇江、宁波、汕头、香港等地建设码头及码头船等①。四年时间，杨士琦大展身手，轮船招商局的航运条件得到进一步改善，经济效益显著提高。

三、开辟新航线，扩大轮运范围。1903 年，日本人在湖南设立轮船公司，抢占湘江航线。招商局与之联络，提出入股合作把萍乡煤炭运往上海的要求，遭到日方拒绝。1904 年 7 月，英国轮船公司也来抢占湖南内河航线。9 月，杨士琦决定派轮船试航汉口至长沙线路，并租用英国太古公司的码头，不久又在长沙大西门外浏阳码头之南买下四点四亩土地，自办码头，打破了外国公司对湘江航线的垄断局面，开辟了新的线路，增加了营运收入。

四、1903 年，杨士琦同意所属内河招商局与日本大东汽船会社、戴生昌轮船局订立结算合同，共同享有长江下游内河航运利益。最初只在沪、苏、杭三角航线上实行，1904 年之后，扩大至苏州、镇江间和镇江、清江闸航线，增加了收入。

五、杨士琦决定招商局继续在萍乡煤矿、汉阳铁厂投资。1903 年在此两个企业分别投资 23.44 万两、27.4 万两，1905 年别投资 16.44 万两、27.44 两。1903 年投入大德榨油公司股份 5000 两②。此外，还拥有江苏铁路、浙江铁路等企业的股

---

① 胡政主编，孙慎钦编著《招商局史稿外大史事记》，社会科学文献出版社，2014 年 9 月，第 119—127 页。
② 胡政主编，孙慎钦编著：《招商局史稿外大史事记》，社会科学文献出版社，2014 年 9 月，第 119 页。

份。局内外多种形式的投资,扩大了外部经济联系,增强了自身经济实力。

四年时间,招商局的船员增至 2429 人,其中外国船员有 175 人,在当时是个名副其实的大型企业。招商局的固定资产、利润稳步上升。从利润及盈余可以看出杨士琦主政期间的显著业绩:接管前,1902 年亏损 15.3006 万两。接管后,1903 年的利润是 53.8759 万两,盈余 23 万两;1904 年是 71.5428 万两,盈余 52 万两;1905 年是 67.7857 万两,盈余 46 万两;1906 年是 55.9715 万两,盈余 26 万两。1907 年春天,杨士琦赴京任职,离开招商局,王存善出任总理,1907 年的利润降至 42.7802 万两,盈余滑至 4.6 万两;1908 年利润是 41.2207 万两,盈余仅有 2.0345 万两①。从此统计数据不难看出,杨士琦经管有方,纪律严明,因此企业效益有保障。他一离开,招商局当年就走下坡路,而且多年不见好转。

1909 年,袁世凯被免职,到彰德乡间闲居,盛宣怀重新夺回招商局大权,招商局归属邮传部管辖,招商局进入商办隶部时期。1910 年 6 月 12 日,招商局召开第一次股东年会,公推盛宣怀为总理,杨士琦、孙国杰为协理,主持局务②。1911 年元月,盛宣怀荣升邮传部尚书,声称"不欲以邮长干预商务",辞去总理职务。3 月 26 日,招商局在上海召开第二次股东大会,选举杨学沂等九名董事,由于各派势力争斗不肯让步,竟然不能选出主要负责人,只好九个董事共同负责,管理极为混乱。自 1909 年以来,招商局年年亏损,1911 年亏达 28 万 2 千两③。

五年多董事长,书写辉煌篇章

1911 年底,邮传部尚书盛宣怀主张铁路国有化,激起"保路运动",引发辛亥革命,被清政府"即行革职,永不叙用",后潜逃日本。清朝随即灭亡,民国建立,1912 年 3 月 31 日,招商局股东在上海张园召开第二次股东常会,推选南京临时政府司法总长伍廷芳任董事会主席,杨士琦任副主席,组成了招商局的第二届董事会④,标志着招商局进入了"完全商办"的时期,招商局改称为"商办招商局轮船公司",又称"商办招商轮船有限公司"。

当年 7 月 14 日,招商局部分股东发起组织新公司,发起人是宋教仁、曹锡圭、张鸿禄等 15 名股东,幕后操盘手是王存善,企图逼迫伍廷芳、杨士琦等人辞职,主

---

① 张后铨主编:《招商局史(近代部分),人民交通出版社,1988 年 9 月,第 238 页。
② 胡政主编,孙慎钦编著:《招商局史稿外大史事记》,社会科学文献出版社,2014 年 9 月,第 136 页。
③ 胡政主编,孙慎钦编著:《招商局史稿外大史事记》,社会科学文献出版社,2014 年 9 月,第 142 页。
④ 胡政主编,孙慎钦编著:《招商局史稿外大史事记》,社会科学文献出版社,2014 年 9 月,第 144 页。

要是为盛宣怀夺取招商局的大权。围绕新公司的组建,各派展开激烈的竞争。在7月17日的董事会会议上,杨士琦提出组建公司的三项条件,即"现款交易,收回票价,以速为妙",以此作为"抵制盛宣怀及其代表王存善之计也。①"8月,招商局发生内讧,温宗尧发表《招商局内讧报告》,揭露王存善在这场内讧中的种种丑行。由于杨士琦等人的坚决抵制,组建新公司的计划最终破产。10月6日,袁世凯正式出任民国第一任大总统,再次关注招商局,11月20日发布《杨士琦查办招商局改组办法令》:

> 杨士琦:据交通部呈,请特派大员将招商局改组办法,现在全体股东是否同意,以及新公司有无洋股,分别次第确切彻查,以凭核办等语,应即派杨士琦确切彻查,秉公核办,从速具覆,此令。中华民国元年十一月二十日。大总统印。国务总理赵秉钧,交通总长朱启钤。②

11月30日,盛宣怀从国外回到上海,已经年老多病,社会声望大降,知道无法与如日中天的袁世凯抗衡,于是主动向袁世凯献媚,以赈灾名义向袁政府捐赠100万银圆,还吹捧袁世凯"措置大局,举重若轻,实超轶乎汉高、宋祖而上之,方之华盛顿、拿破仑亦有过之而无不及"③(《盛宣怀致孙宝琦函》),并与杨士琦接洽,"弟深盼泗州(杨士琦)会前到此主持一切"④(《盛宣怀致李国杰函》),公开表示推荐杨士琦做招商局董事会会长,自己愿意屈居副手。

1913年6月22日,招商局在上海张园召开股东常年大会,会上仿照日本邮船会社的办法,选出杨士琦、盛宣怀、王存善、周晋镳、唐德熙、郑观应、傅宗耀、陈酞、施亦爵9人为董事,以杨士琦、盛宣怀为正、副会长,组成新一届董事会⑤。盛宣怀自1914年起病情加重,很少管事,次年卧床不起,完全不能管事,至1916年4月27日去世。杨士琦作为董事会会长,在董事会内部资历最老,能力最强,第二次执掌招商局后,支持董事会的决议,支持董事会从完善招商局管理机构,在航、产分离等方面进行重大改革,取得了显著的成效:

一、以日本航业邮船会社章程为样式,改革招商局管理体制,首次明确规定了

① 陈旭麓、顾廷龙、汪熙:《盛宣怀档案资料选辑之八——轮船招商局》,上海人民出版社,2002年第11月,第1113页。
② 骆宝善、刘路生主编:《袁世凯全集》第二一卷,河南大学出版社,2013年7月,第99页。
③ 陈旭麓、顾廷龙、汪熙主编:《盛宣怀档案资料:辛亥革命前后:第三卷》,上海人民出版社出版,2016年12月,第290页,291页。
④ 陈旭麓、顾廷龙、汪熙主编:《盛宣怀档案资料:辛亥革命前后》第三卷,上海人民出版社出版,2016年12月,第290页。
⑤ 胡政主编,孙慎钦编著:《招商局史稿外大史事记》,社会科学文献出版社,2014年9月,第145页。

董事会的职权范围及其组织原则:确立董事会会长负责制,正、副会长由董事会推选,对局务负完全责任,董事会由议事机构变为权力机关;修正董事会议规则,在董事会确立少数服从多数原则,议事通过投票表决,与会董事按座位先后安排发言次序,各董事享有平等的权利;凡有提议事件以及公函、电牍各件,全体通过后由会长签字,即产生效力①。

二、颁布了《主船、营业两科与沪局应分权限条款》,把总局与沪局的权限划分开来,总局不再代办上海分局的业务,另设上海分局负责上海地区的揽载招徕等事务。

三、成立积余产业公司,把航运业与房地产业分开经营。1914年2月,招商局宣布,决定将各埠无关航运的市房、地基估值324万6千两,拨给新成立的积余产业公司开展租赁经营,每年阴历年底统一结账②,向各股东汇报营收状况。招商局的股票从此分为两种,"在积余产业项下除去酌留公司预备金外,划出股份440万元,以400万元分给股东,以40万元作为花红公积分给办事人员。凡持有该局股票一股,就可以领到新航业股票两股,每股银100两,加上产业股一股,股银100元,即旧股票100两,可以换新股票200两100元。③"此方案经杨士琦会长签署公布生效,全体股东一致热烈拥护,但北洋政府交通部不同意,袁世凯也不同意。杨士琦劝说说:"为今之计,只须防止其不准将产业抵押变卖及股票卖与洋人,以杜绝权落于洋人之手,待时期一到,便可收回国有。④"可见,杨士琦作为会长,在关键时刻为公司着想,为股东着想,发挥了重要作用,使得这一改革措施免于流产。作为直属房地产企业,积余公司的创办非常及时,非常成功,年年均有可观盈余。1914年盈利11.1626万余两,1915年盈利12.0892万余两,1916年盈利13.2595万余两,1917年盈利15.4301万余两,1918年盈利16.0084万余两⑤。所有股东及相关人员均从中得到很多的股息和花红,同时还拿出一部分补贴航运业。

四、创办内河机器厂。长期以来,招商局的船舶和栈房码头维修完全靠局外的各家机器厂承担,每年要付出大量的修理费用。1914年,招商局投资3.76万两,在总局对岸的上海浦东陆家嘴租地七亩,建造厂房,正式成立自己的修理厂——内河机器厂。该厂为招商局服务的企业,除维修招商局的轮船外,还在各地

---

① 参见张后铨主编《招商局史(近代部分)》,人民交通出版社,1988年9月,第300页。
② 胡政主编、孙慎钦编著:《招商局史稿外大史事记》,社会科学文献出版社,2014年9月,第150页。
③ 张后铨主编:《招商局史(近代部分)》,人民交通出版社,1988年9月,第303—304页。
④ 《招商局文电摘要》,民国招商局自刊本,第103—105页。
⑤ 张后铨主编:《招商局史(近代部分)》,人民交通出版社,1988年9月,第335页。

码头修筑栈房,每年营业额达 20 万两,不仅为招商局节省了一大笔资金,每年的纯利都在万两以上①。

由于杨士琦在政界有极深的背景,为招商局能做别人无法做到的事情,深得股东们的信赖和拥护。如辛亥年放出的债务,杨士琦设法收回达 48 万两之多,争取到兵脚银 20 余万两,抚恤遭难死者银 10 余万两②,有股东在公司大会不禁赞叹道:"盖杨会长于职任及义务心颇为郑重,……非实心任事者曷克至此? 其股东对之能不感激?"③

实际上,杨士琦第二次执掌招商局大权的六年,是企业外部环境至为艰难的时期。六年时间内只添置了一艘"新大"号轮船,是因为欧洲爆发了第一次世界大战,无法向国外添购新船,国内造船厂没有办法购买到造船的材料造船只。还因多种原因,事故频发,招商局损失了五艘大船。六年时间,国内更是战火连年,从未停息过。1914 年爆发"二次革命",1915 年兴起"护国战争",三年中两经兵燹,营业亏折,栈产损失巨大。1916 年皖、直、滇、桂等省的各系军阀混战不停,运道阻塞,局船南阻北截,津烟港粤班停驶。此年 4 月,北洋政府海军部将招商局的"新裕""新铭""新康""爱仁"等轮船扣留,强令在天津动载军队前往福建。在浙江洋面南鱼山,"新裕"轮与海军的"海容"舰相撞,爆炸沉没,仅 10 余人获救,一千余人遇难。1917 年张勋复辟酿成"护法运动",南北交通阻滞,货客裹足不前,招商局"安平"号在山东威海卫附近触礁沉没,损失惨重。1918 年南北军阀争战,招商局的运输路线屡次被迫中断、停业。4 月 25 日,军阀段祺瑞乘坐"楚泰"号军舰离开武汉东下,横冲直撞,竟然将招商局"江宽"号客轮撞沉,造成 53 名船员(外国船员 3 人)、300多名乘客死亡,给招商造成了巨大的损失。尽管如此,由于杨士琦等人管理有方,措施得当,上下齐心,招商局战胜了许多难以想象的困难,这几年竟然创造了近代史上最辉煌的业绩:

1914 年运费收入达 300.6 万余两,比上年增加 58 万余两,从 1914 年到 1918年,每年运费收入分别比上年增加 40.9 万两、54.7 万两、170.2 两、136.3 万两。船吨年产值也随之逐年提高,1917 年达到每吨 115.68 两,1918 年竟高达 148.10两④,这是前所未有的成就。由于运费收入剧增,运费结余也达到相当可观的数额。这一时期,招商局营业空前繁荣,广大股商及部分职员也从中得到了实惠。

---

① 张后铨主编:《招商局史(近代部分)》,人民交通出版社,1988 年 9 月,第 337 页。
② 胡政主编,孙慎钦编著:《招商局史稿外大史事记》,社会科学文献出版社,2014 年 9 月,第 158 页。
③ 胡政主编,孙慎钦编著:《招商局史稿外大史事记》,社会科学文献出版社,2014 年 9 月,第 158 页。
④ 张后铨主编:《招商局史(近代部分)》,人民交通出版社,1988 年 9 月,第 324 页

"从1914年到1918年,招商局共分配股息331.8万两,花红57.8万两,合计389.6万两,平均每年分配股息花红77.93万两。"[1]从1913年到1918年,运费收入、船吨年产值、运费结余三项,后者分别是前者的2.9倍、3.2倍、14.6倍[2],均为招商局历史上前所未有的佳绩。

1913年到1918年,招商局的净利润分别是:9.0003万两,33.4373万两,41.9万两,106.3069万两,214.6378万两,328.8483两。然而,1918年秋天,杨士琦因病去世,招商局董事会会长易人,从此营业状况逐年下滑,出现严重亏损趋势。1919年利润是114.7893万两,1920年利润陡降至31.577万两,1921年亏损6.0381万两,1922年亏损65.1017万两,1923年亏损达101.0039万两[3]。此后,招商局的营业状况每况愈下,国民政府不得不采取措施将其国有化。有学者将杨士琦任会长期间招商局的空前繁荣归因于第一次世界大战时期,西方航运公司将部分船只调回国内,空出一部分航线,不过调回国内的只是一小部船只,关键还是以杨士琦为首的管理层措施得当,经营有方。随着盛宣怀、王存善、唐德熙、顾润章、杨士琦等招商局元老级人物相继离世,盛重颐、李国杰、傅宗耀等商二代接位,不仅经验不充足,社会关系不过硬,个人品行也有严重缺陷,三大家族展开激烈的争权大战,很快把招商局斗垮。

廉洁奉公,报效社会,热心公益事业

杨士琦入股招商局几十年,担任招商局董事15年,执掌招商局大权达10年之久,是招商局近代史上任职最长的领袖之一。招商局在当时是最肥的企业,许多招商局的头头都成了暴发户。如1916年4月27日盛宣怀去世,除了35万余两的现款外,盛宣怀所有动产、不动产、各种股票及有偿证券等产业共计价银1295.6098万两。庄夫人耗资30万两白银,为他办了极其盛大的葬礼,轰动大上海,送葬队伍从斜桥弄一直排到外滩,为此,租界当局进行了交通管制。与盛宣怀等人不同的是,杨士琦不贪财,不聚财,不置房地产,一直住在静安寺寓所里。他为招商局的发展立下汗马功劳,根据章程应得到巨额奖金,他却全部捐献给招商局作为发展基金:

久历臒仕,俸给外不苟取毫发。董招商局前后几十年,例得劳金十余万,

---

① 张后铨主编:《招商局史(近代部分)》,人民交通出版社,1988年9月,第310页。
② 张后铨主编:《招商局史(近代部分)》,人民交通出版社,1988年9月,第324页。
③ 张后铨主编:《招商局史(近代部分)》,人民交通出版社,1988年9月,第326页。

> 杨谢不受而蠲之公家。或问曰："是奚为不受?"。杨曰："取之固足富,舍之不患贫,有用之金钱宜作有益之事业。"①

杨士琦的财富观就是不敛财,多做公益事业。1918 年秋天,他因病去世,家无余财,好友徐世昌大总统发布《大总统令》,"著派王廷桢前往致祭,特给治丧费银一万元"②,为他办了丧事。

1903 年至 1906 年,杨士琦担任招商局总理,招商局每年报效国家一大笔钱财,主要是捐助北洋军队经费和上海实业学堂学费。1903 年报效北洋兵轮经费六万两,出洋肄业经费二万两;1904 年报效十万五千两,捐助商部经费银五千两。1905 年报效九万二千六百两,捐助商部经费银五千五百两。1906 年报效北洋兵轮经费六万两,实业学堂经费二万两;捐助商部经费银五千五百余两③。

1904 年 2 月 10 日,日俄战争在东三省爆发,无数中国人受到伤害。3 月 3 日,"东三省红十字普济善会"在上海宣告成立,杨士琦是发起人之一。不久,由吕海寰领衔,盛宣怀、杨士琦等人联署向全国发出通电,恳请各省州县劝募筹款以救济东北难民。"东三省红十字普济善会"在各方面的支持下募得大笔资金和衣物、药品,由专人送到东北战场上,救助了大批难民。日俄战争期间,在杨士琦的协调下,招商局让红十字会办事人员免票乘坐轮船,有力地支援了红十字会的救助工作。

1906 年 4 月初,美国旧金山发生大地震,旧金山三万多华侨损失惨重。杨士琦、盛宣怀等上海绅士积极募款救,援助美国旧金山遭受地震灾害的华侨,"上海万国红十字会筹凑银二万两,又由各绅商凑集银三万两,寓沪粤商凑集洋五千元,购美金电汇。一面仍偕各绅商多方设法,藉示华侨以朝野上下如此同心合力,切实保护,所关甚巨。"④此外,杨士琦还屡次热心为安徽、河南等地灾民募捐。

1917 年 4 月 17 日,杨士琦等人刊发《南洋公学二十周纪念图书馆募捐启》,为南洋公学募得大笔资金,购置了大批图书资料,充实了南洋公学的图书馆。1917 年 12 月初 8 日,杨士琦批准开办面向招商局员工子弟的公益学堂"招商局公学",投资 4.9 万两购地建房,添置设备。1918 年拨款 6 万两作为办学资金,8 月 7 日,"招商局公学"正式开学,招收招商局员工子弟 156 名,均免收学费、食宿费⑤。后来

---

① 陈灞一《新语林》卷一,上海书店出版社,1997 年 1 月,第 6 页。
② 《东方杂志》,1918 年第 12 期,第 209 至 210 页。
③ 胡政主编、孙慎钦编著:《招商局史稿外大史事记》,社会科学文献出版社,2014 年 9 月,第 120—130 页。
④ 《大公报》,1906 年 5 月 2 日。
⑤ 胡政主编、孙慎钦编著:《招商局史稿外大史事记》,社会科学文献出版社,2014 年 9 月,第 113 页。

又扩大规模,对局外招生,造福社会。

综上所述,杨士琦担任轮船招商局一把手长达 10 年之久,引进国外先进企业管理制度和组织形式,完成了招商局完全商办的转变,迎来了招商局史上辉煌的发展期,致力于公益事业,无疑是轮船招商局历史上最杰出的领导人之一,但其才能和业绩并没有得到当今学界的认可。更令人不解的是,当今有些学者在给杨士琦写传记时,无视历史事实,肆意贬低杨士琦:杨士琦第一次执掌招商局时期,明明效益显著,却说他无任何作为,所做的几件事改变了招商局落后面貌,却说带来不良后果,直称其为"无功总理"。第二次执掌招商局大权时,盛宣怀年老多病,不久去世,杨士琦在招商局决策层处于核心地位,所有决策都由他批准签字才生效。自1916 年 6 月离开政坛,至 1918 年 10 月,明明有两年多时间一直常驻上海,直接掌控招商局,却称其"极少来沪,为遥控会长",且只字不提他作出的招商局历史上从未有过的辉煌业绩①。这些均为可笑的不实之词,应当纠正。

第七节 在"丁未大惨案"中的角色

光绪三十三年年初至七月,袁世凯、庆亲王奕劻集团与岑春煊、军机大臣瞿鸿禨集团之间发生了一场争权夺利的恶斗,最终以瞿、岑被逐出、罢官而告终。此年农历为丁未年,史称"丁未大惨案"。是年,杨士琦以农工商右侍郎的身份督办电政、轮船招商局事务,常年驻在上海,却被众多野史写进书中,称其为大惨案中的重要角色,实际上多是传说、谣言。

两个政治集团的第一回合较量是岑春煊发动的。年初,岑春煊由云贵总督改任四川总督,在瞿鸿禨的支持下,不去上任,而是电请陛见,不待回复,就在武汉乘火车进京,连续数次觐见慈禧太后,当面参劾奕劻、袁世凯贪腐成性,并要求留京任职。慈禧太后念其在八国联军进京西逃时期护驾有功,竟同意其请求,令其出任邮传部尚书。上班当天,有"官屠"之称的岑春煊,就参奏袁世凯的亲信、邮传部侍郎朱宝,说朱"声名狼藉,操守平常",朱立即被革职。一个侍郎就被以这样并没有实际罪行的借口罢官,在朝廷内外引起巨大震动。

袁、庆迅速作出反击。先由世续、徐世昌到慈禧太后处为奕劻说情,奕劻利用

---

① 胡政主编:《招商局人物传》第十二《袁世凯代理人杨士琦》,社会科学文献出版社,2015 年 11 月,第 266—270 页。

慈禧太后单独召见的机会揭发岑春煊参劾其和袁世凯,是为了布置慈禧太后归政,迎接光绪帝重新执政。两广革命党猖獗,动荡不安,岑春煊曾任两广总督,对两广情况熟悉,治理有方。慈禧太后被说服了,立即采纳了奕劻的建议,颁发诏令,任命岑春煊为两广总督。岑春煊在邮传部尚书的宝座上只待了十多天,就悻悻离开,心有不甘,到上海后上书称病,滞留上海,图谋东山再起。

第二回合是瞿鸿禨发动的。三月二十五日,瞿鸿禨门生、御史赵启霖弹劾袁世凯的亲信段芝贵,称其以歌妓杨翠喜并十万金献给奕劻的儿子载振,竟然以东三省军务处总办身份,获赏布政使衔,署理黑龙江巡抚,明显属于破格提拔。慈禧太后令孙家鼐查办,孙回复说:查无实据。四月初五,赵启霖反因"奏劾不实"被革职查办,但舆论哗然,群情激愤,慈禧只好将段芝贵撤职,以息众怒。农工商部尚书载振也被迫辞职避祸。传说,杨士琦亲自为载振作辞官奏折,还传诵一时,略云:

> 臣系出天潢,凤叨门荫,诵诗不达,乃专对而使四方;恩宠有加,遂破格而跻九列。倏因时事艰难之会,本无资劳才望可言,卒因更事之无多,遂至人言之交集。虽水落石出,圣明无不烛之私;而地厚天高,踧踖有难安之隐。所虑因循恋栈,贻一身后顾之忧;岂唯庸懦无能,负两圣知人之哲。不可为子,不可为人。再次思维,唯有仰恳天恩,开去一切差缺,愿从此闭门思过,得长享光天化日之优容。倘他时晚盖前愆,或尚有坠露轻尘之报①。

此奏折分寸得当,言辞恳切,属对工整,的确水平不凡,但是否真的出自杨士琦之手,只有孤证,笔者没有看过原始材料,难断真伪。面对瞿鸿禨的挑战,袁、庆抓住了一个绝好的把柄,通过翰林院侍读学士恽毓鼎上了一个弹劾奏章,慈禧太后阅后十分愤怒,立即下令将瞿鸿禨革职,驱逐出军机处,赶回原籍养老:

> 丁酉,谕内阁:恽毓鼎奏弹枢臣怀私挟诈请予罢斥一折,据称协办大学士外务部尚书军机大臣瞿鸿禨暗通报馆,授意言官,阴结外援,分布党与;余肇康于刑律素未娴习,因案降调未久,与该大臣儿女亲家,托法部保授丞参等语。瞿鸿禨久任枢垣,应如何竭忠报称,频年屡被弹劾,朝廷曲予宽容,犹复不知戒慎。所称窃权结党保守禄位各节,姑免深究。余肇康前在江西按察使任内,因案获咎,为时未久,虽经法部保授丞参,该大臣身任枢臣,并未据实奏陈,显系有心回护,实属徇私溺职。法部左参议余肇康著即行革职,瞿鸿禨著开缺回籍,以示薄惩。现月。"(《光绪实录》卷之五百七十三。)

瞿鸿禨的罪名有三:一、暗通报馆,授意言官。二、阴结外援,分布党与。三、徇私溺

---

① 沈宗畸:《东华琐录》,章伯锋、顾亚主编《近代稗海》第13辑,四川人民出版社,1988年,第598页。

职。三项罪名,均属实情,并没有冤枉瞿鸿禨。第一,瞿鸿禨把慈禧打算将奕劻免职的谈话泄漏给夫人,夫人在外宣扬,被《京报》主编汪康年获悉,《京报》立即刊载此条消息,天下哗然。此为泄漏最高机密罪。第二指其与岑春煊等结党争权夺位,也是公开的事情。第三,重用刚被处分的儿女亲家余肇康,将其调京任职,明显是徇私失职行为。念其在朝服务多年,前两项罪行都宽恕了,以第三项罪过处分他,将其免职,赶回老家,同时将余肇康革职。在权力中枢秉持国政七年的瞿鸿禨被驱逐出京,终身未能复职。有人记载说,杨士琦和此事大有关系。最早记载此事的是胡思敬的《国闻备乘》云:

> 杨士琦察廷臣中唯翰林侍读学士恽毓鼎热中而不甚得志,密召而告之曰:"顷承庆邸意,拟一参折,公如愿上,某省藩司可得也"。毓鼎许诺,即奔赴颐和同上之,实不知其所参何人也。

胡思敬(1869—1922),字漱唐,号退庐,江西新昌人,光绪乙未进士,曾任监察御史,消息来源广泛。其《国闻备乘》成书于民国初期,时代距大惨案不久,但记载内容并不可靠。一,胡思敬说,弹劾瞿鸿禨的奏章是杨士琦草拟好的,请翰林院侍读学士恽毓鼎署名上奏,并许诺事成让其出任某省布政使。以袁、庆的地位,如果此事属实,恽毓鼎应当升布政使,事实上,恽毓鼎到死都没有离开翰林院,没有担任过任何有实权的官职。二、"实不知所参何人也",这也小看恽毓鼎的智商了,不知参奏对象为何人,就署名上奏,显然不合情理。此记载,只是胡思敬听到的传闻或猜测,并不是亲自经历的事情。胡思敬的《国闻备乘》还记载说,瞿鸿禨罢职后,军机处缺乏得力主持人,奕劻保荐杨士琦。慈禧向安徽籍的年迈大学士孙家鼐咨询:

> "然则杨士琦何如?"孙家鼐对杨没有好感,便如实奏道:"士琦小有才,性实巧诈,与臣同乡,臣知之最稔,盖古所谓'饥则依人,饱则远飏'者也。"

这个故事,同样属于小道消息,不可信。首先,大学士孙家鼐不会向外人泄漏绝密的人事安排事情。其次,杨士琦仅仅是个侍郎,没有担任过总督或巡抚,连布政使也没有当过,资历很浅,根本没有资格出任军机大臣。当时有资格进军机处的首选直隶总督袁世凯,其次是湖广总督张之洞。不久,袁世凯调离北洋,到北京任军机大臣兼外务部尚书,张之洞也进入军机,二人成为中枢重臣。更可笑的是,时隔四十年之后,马叙伦作《袁瞿之隙》,叙述此事件,把收买恽毓鼎的条件改为一万两银子:

> 夫人因引《京报》言为证,孝钦悟由善化泄之,已怒矣。项城复召泗城杨士琦草奏劾善化,其由仅八字云:'交通报馆,结托外人。'密缮封之。并封银票一万元,持与大兴恽毓鼎,语之云:'封不得启。若欲一万元,即便上之。'薇孙受

银,如语上其封。善化即日奉旨驱逐回籍"(《石屋余渖》)。

马叙伦没有在朝廷中任职的经历,首次提出杨士琦拿着一万银票收买恽毓鼎,并没有说明材料来源,因此所记出于世井传说或想象。当代有人随意将银两加大,称杨士琦"草拟了一份包含确实证据的奏劾瞿鸿襪的奏折,并花白银两万两买通翼的同乡、侍读学士恽毓鼎具名"[1]。还有人说"杨士琦用一万八千两银雇来了不得志的翰林院侍读学士恽毓鼎为他们当枪手,参劾瞿鸿机,并答应事成之后将他外放为布政使"[2]。地方志编者也不辨真假,随意发挥:"光他主动充当袁排除异己瞿鸿襪、岑春煊的主角,与奕劻合作,密调戊戌政变前的档案,另耗银 2 万两,得陷害瞿、岑二人的佐证。"[3]还有人发挥想象力,描写杨士琦三上恽府,动之以情,晓之以理,恽经过一夜的激烈思想斗争,最后为了金钱出卖同乡前辈。这些都是没有根据的想象,不是亲历者的记录,不具备史料价值。再说,岑春煊不赴两广,在上海装病,等待时机,两个多月后等来的却是朝廷的一道免职养病的圣谕:

> 岑春煊前因患病奏请开缺,迭经赏假。现假期已满,尚未奏报启程,自系该督病未痊愈。两广地方紧要,员缺未便久悬。着岑春煊开缺调理,以示体恤。(《光绪实录》卷之五百七十六)

这个结果完全出乎岑春煊的意料,经多方打听,才知道原来有人伪造了一张岑春煊与维新党人的合影打动了慈禧太后,慈禧最终抛弃了岑春煊。岑春煊在回忆录《乐斋漫笔》中将袁世凯"锁定"为此事的罪魁祸首,但并没有说明具体是谁干的勾当。按照岑春煊的说法,袁世凯派人暗中觅得其独照一张,再与康、梁的合影合成为一张三人照片。照片中岑与康、梁并肩站立,谈笑风生。照片的背景也做了手脚:上海《时报》馆门前。从民国初年开始至四十年代,各种著作对此的记载五花八门:

> 粤人蔡乃煌失志居天津,侦得其情,思媚袁以求进。因入照相馆觅得春煊及康有为影像各一,点景合成一片,若两人聚首密有所商者,献于世凯。世凯大喜,交奕劻密呈太后,证为交通乱党,春煊之宠遂衰。未几迁粤督,未及履任,中途罢归。乃煌以此擢上海道。(胡思敬《国闻备乘》卷三)

> 端方者,春煊昆弟交也,中左相,乃承庆袁意,取梁启超、春煊二人影相拍为一照,上之后。(沃丘仲子《当代名人小传》下)

> 阴授计于人取康有为及春煊单人相片,裂而复合,作并立状,重摄一影进于后。(陈灏一《睇向斋逞意谈》)

---

① 苗俊山《袁世凯别传》,河北人民出版社,2012 年 9 月,第 95 页。
② 李忠萍《泗州杨士琦政治计谋述评》,《宿州学院学报》2008 年第 2 期。
③ 江苏省地方志编纂委员会编:《江苏省志 90 人物志》1,凤凰出版社,2008 年 6 月,第 546 页。

岑春煊督两粤，暴戾横肆，任意妄为，恃西安迎驾宠眷，莫予毒也。……少白知之，从此下手。先将岑春煊、梁启超、麦孟华三人各个照相，制成三联座合照之相片，岑中坐，梁居左，麦居右；首在沪出售，次及天津、北京，并赂津、京、沪大小各报新闻访员，登载其事。（刘成禺《世载堂杂忆》）

胡思敬认为伪造照片的人是蔡乃煌，蔡后来升上海道。照片上只有岑春煊、康有为二人，与岑春煊所说的三个人不同。沃丘仲子，即梁行简，说伪造照片的是两江总督端方，他与袁世凯为儿女家。陈瀣一没有具体说谁伪造了照片，照片上人物为康有为、岑春煊。刘成禺的说法完全不同。刘说岑春煊任两广总督时，奏参查抄了数十名官员和巨绅富商，吓得富商大户纷纷逃亡香港。听说岑春煊又要回任两广督，于是官员富商出巨资悬赏招募能够出奇策赶走岑春煊的人。时任同盟会香港分会会长的广东新会人陈少白利用慈禧痛恨康、梁的心理以及他与袁世凯之间的矛盾，将岑春煊、康有为、梁启超、麦孟华（康有为的女婿）四像合制一片，并将照片在上海、天津、北京乃至香港和南洋各地出售，还贿赂京、沪大小各报的记者，登载其事。陈少白通过袁世凯将合成照片传入宫禁，并让太后见到，达到了目的。历史真相已经难以搞清楚，但有一点是清楚的，始终没有人将此事与杨士琦联系到一起。奇怪的是，当代竟然有人说"杨士琦通过在上海任职的蔡乃煌，弄到了一张岑春煊与康有为的合影，遂由庆王密陈慈禧"[1]。此种说法毫无根据，也经不起推敲。如果真是蔡乃煌干的，他不必通过杨士琦呈交袁世凯，而是直接交到袁世凯手中以邀功请赏。什么坏事都往杨士琦身上堆，不应该。上述提到的野史作家，除了胡思敬，没有人在清末北京担任过官职，也无法接触到宫廷档案，所记并非可靠的"三亲"资料，而是改写、编造，转述，不可以当成信史。

同样，没有在清末朝廷中担任过一天职务，也没有机会查阅宫廷档案文献的商人刘垣，在解放后五十年代末为张謇写传记时，凭想象信口开河地描写五十多年前的清末宫廷权力争斗经过："在此次斗争中，特别卖力，而应该推为首功的，我可指出两人，第一是杨士琦，第二是端方。杨士琦真是阴谋大家，他玩弄庆王父子，竟如傀儡后台的牵线者一般无二。[2]"刘垣不是事件的亲历者，没有任何证据，半个世纪后直接称杨士琦是"阴谋大家"，"玩弄庆王父子"，完全是不负责任的话。瞿鸿禨泄漏机密，结党营私，徇私失职，属于咎由自取。即使弹劾瞿鸿禨的奏章是杨士琦草拟的，也不是什么阴谋，更不存在一个侍郎玩弄军机大臣、尚书父子的情况。"假照

---

① 李忠萍：《泗州杨士琦政治计谋述评》，《宿州学院学报》2008年第2期。
② 刘垣：《张謇传记》，龙门联合书局，1958年出版，第150页。

片事件"与杨士琦无关,杨士琦没有任何阴谋。刘垣以小说家的笔法虚构杨士琦到庆王府上行贿的细节,精心设计杨士琦和庆王的对话。这些对话如果是真的,当发生在五十多年前庆王府的密室中,没有在庆王府待过片刻的刘垣,怎么可能知道这些对话? 编造而已。

刘垣在《张謇传记》中还随意发挥说,庆王进入军机处之后,袁世凯是"月有月规,节有节规,年有年规,遇有庆王及福晋的生日,唱戏请客及一切费用,甚至庆王的儿子成婚、格格出嫁、庆王的孙子弥月周岁,所需开支,都预先布置好,不花费王府一分钱。"这些话显然是夸大其词,因为庆王父子的俸禄丰厚,收入来源很广泛,怎么可能家庭开支完全由袁世凯承包? 完全是为了污蔑袁世凯。刘垣还说,庆王遇有重要事件,及简放外省督抚藩臬,必先同袁世凯商议,表面上说请他保举人才,实际上就是银子在那里说话而已。这番话也是没有道理的。袁世凯已进入军机处任军机大臣兼外务部尚书,选调、任免高级官员,庆王当然要事先同袁世凯及其他军机大臣商量,这是必要的程序。刘垣的心中充满了对杨士琦、袁世凯的不满和仇恨,带着强烈的情绪编故事。刘垣不是事件当事人,所编造的人物对话及情节不具备史料价值,但自从《张謇传记》炮制出来之后,后人不明真相,都把它当成"三亲"史料引用于杨士琦、袁世凯的传记中,大肆渲染杨士琦如何为袁世凯卖力,带着巨额银票,摇唇鼓舌,行走于王公贵族的府邸间,把杨士琦描绘成一个阴险的政治掮客,袁世凯是一个靠行贿赂升官的小人。其实,在清末,仅就军事才干、雄才大略而言,没有人能比得上袁世凯,瞿鸿禨、岑春煊的才学、见识和能力根本无法和袁世凯相比。

综前所述,没有经历过事件的野史家们根据道听途说的东西,随意想象,编造历史故事,不可当真。即便诸位野史家著作所记是真的,在"丁未大惨案"中,杨士琦也只是为载振写了一个辞职报告,为弹劾犯有严重过错的瞿鸿禨草拟了一份所言完全属实的奏章而已。至于刘垣在《张謇传记》胡编情节,对杨士琦破口大骂,可能是出于个人恩怨原因,借机发泄不满。

第八节　考察南洋慰问华侨的历史贡献

为促进南洋各华埠建立商会,加强华商的团结及与祖国的联系,光绪三十三年九月至十二月,钦差大臣杨士琦率领代表团,乘坐海军部派出的海圻、海容号巡洋军舰,由上海出发,赴南洋考察,访问了美国的殖民地菲律宾马尼拉、法国的殖民地西贡、暹罗(泰国)都城曼谷、荷兰殖民地爪哇之巴达维亚、三宝垄、泗水、日惹、梭罗及附近之大小霹雳,英国的殖民地新加坡、槟榔屿等地,在东南亚各国产生极大的影响,取得丰硕的成果。

宣扬威德,安抚侨心,招商引资

　　光绪三十三年七月初,农工商部上奏章,拟派侍郎杨士琦前往南洋各国考察华侨生活情形。七月十六日,慈禧太后颁发懿旨,称南洋各埠有大量华侨,大多靠经商为生,现在成立了许多商会,朝廷非常关注,"著派杨士琦前往各该埠考察情形,剀切宣布德意,优加抚慰。如有慨集巨资,回华振兴大宗商务者,除从优予以爵赏外,定饬地方官妥为保护,以重实业而惠侨民。"(《光绪实录》卷之五百七十六)。

　　七月二十八,杨士琦就前往南洋考察一事上奏折,称南洋各岛,多系英、法、美、荷等国领土,闽、粤两省的华侨不下数百万人。这些侨民早已在当地置田购宅,安家立业,生儿育孙,但衣冠礼俗仍然坚守华风,忠爱之心,海天不隔。近年来,各埠商会渐次成立,其中想载货回国兴办各项实业者有很多。此次去考察当地华侨生活状况,安抚华侨,宣传朝廷优待华侨的政策,打算以爵位悬赏那些准备回国办实业的工商巨子。可见,朝廷派杨士琦下南洋的目的有三:一是宣传朝廷的恩德,二是了解华侨的生活实际情形,帮助他们解决一些实际问题,三是促进当地华人商会的建设,加强华人商会与朝廷农工商部的联系。四是鼓有实力的华侨回国投资兴业,办厂开矿。

　　出发前,军机大臣兼外务部尚书袁世凯专门约谈杨士琦,两人密谈了两个多小时。袁世凯向杨士琦交代了考察南洋的另外两件重要任务,"将朝廷现在议行各政及奉旨实行立宪缘由——布告华商,并将历次革命起事均经官军痛剿解散情形,面告该商会总协理,并出示通衢,俾人人共晓。"[①]不久,朝廷把两江总督端方的一份关于逆党在南洋华侨中蛊惑人心反对朝廷的奏折转给杨士琦,要求杨士琦到南洋后加大宣传朝廷维新图强的政策,消除这些逆党的不良影响。可见,杨士琦下南洋还有两项政治任务:一是宣传朝廷正在推行的政治立宪措施。二是清除孙中山革命党在南洋华侨中的消极影响,争取侨民对清政府的支持。

　　不久,报刊上又传出杨士琦此行还肩负另一任务.即为收回京汉铁路利权筹款以及招收侨民回国兴办实业。"前赴南洋各岛宣慰华侨及劝谕集款赎回京汉路战,

---

① 《袁宫保对于巡观华侨之意见》.《申报》1907 年 9 月 10 日

予以特别利益,各节已两纪本报,兹得秘密消息,政府又据江督端制军密陈南洋华侨情形略谓如动之以爵赏,不难罗致富商,独出巨资创办各项实业,但宜格外予以礼貌,庶几闻风踊跃等语。折上,奉旨交杨士琦阅看,随时相机奏明办理。"[1]

深入商会、学校、矿山发表演讲,受到热烈欢迎

海军部派出当时先进的两艘军舰——海圻号巡洋舰、海容号巡洋舰,护送杨士琦侍郎下南洋考察,如此大规模的军舰护送到南洋各国访问,在历史上还是第一次。

除了随行海军官兵,杨士琦的随行人员还有工务司员外郎柏锐、农务司主事杨寿楠,还特意带上曾经到过西贡的军官蔡廷干。蔡廷干系历史上第二批赴美留学人员之一,1783 至 1791 年在美国留学八年,回国到"大沽水雷学堂"学习,毕业后北洋舰队工作,参加过中日甲午战争,后来成为袁世凯的部下,任海军副官,专责协助袁氏一切外事活动。此外,新加坡华侨领袖林文庆,陪同杨士琦访问槟城、马来和爪哇等地,劝导华侨向中国投资,并参加制定海外华侨青年回国深造的计划。

九月二十日,杨士琦一行乘海圻、海容号军舰,由上海出发,到达香港后,在香港盘桓数日。香港早已被英国占据,军舰到此一是为了补给,取道菲律宾,二是加强与香港商界的联系。杨士琦向朝廷报告说:"南洋各岛声息相通,此次道经香港,登岸数日,与商人加意联络,俾先函电各埠,广布纶音。到埠后复开诚布公,剀切劝导,海外人心益殷内向。至飞岛商务全恃华侨之关切。"[2]

十月初四日,杨士琦一行抵达菲律宾马尼拉。中国驻菲总领馆早已披上节日的盛装,彩旗、红灯笼具有中国特色的装饰引来大批马尼拉华侨。他们不分贫富,自发地举行各种庆典仪式,热烈欢迎杨士琦一行的到访。两艘威武的军舰驶进马尼拉海港,军舰上悬挂着黄灿灿的龙旗,长期受到外国人欺凌的菲律宾华侨,奔走相告,倾城而出,纷纷前往海边参观。杨士琦请华侨登上战舰甲板,队伍很长,从早晨至天黑,接待了大批的参观者。此事在马尼拉的华侨中激起了空前的民族自豪感。在一周时间内,杨士琦深入社区、学校、商会,与各阶层的人士接触,广泛了解菲律宾华侨的处境和诉求。他向清廷报告说,连日来他在商会、学堂、会馆发表演说,宣传朝廷的德音,并在军舰上举行茶话会,答谢各方代表。美国的地方官员很

① 《江督笼络南洋华侨之手段》,《申报》1907 年 9 月 25 日。
② 《收考察南洋商务大臣杨士琦电得悉兵舰抵达菲律宾岛受到欢迎事》,1907 年 11 月 17 日。见《清代中国与东南北各国关系档案史料汇编》菲律宾卷,第 246 页。

客气,都能以礼相待,双方交流很愉快,关系融洽。当地有小吕宋中华商务局,是菲律宾各华人社团的联合组织。前一年,清朝驻小吕宋总领事苏钊剑按照商部要求,建议将商务局改名为小吕宋中华商务总会,首任总理邱秉钧。只是菲华商会创立章程及各种事务需由总领事签署后转清朝驻美公使,再由驻美公使转咨商部,因路途遥远,往返不便,事多耽搁。杨士琦到商会,负责人向他倾诉这一不便之处,他当场答应帮助解决。回国后即奏请朝廷,请将商会的商务往来文件直接呈送商部处理,朝廷立即同意。

杨士琦在马尼拉期间,遇到了一件爱国华侨勇斗"恶报"事件。马尼拉的西班牙文报纸《商报》以殖民主义大老爷高人一等的姿态,对杨士琦的到访发表社论,竭力诋毁华侨的政治热情和民族自豪感,公然嘲讽中国的战舰是用劣质钢铁制成的,在战场上不堪一击,在首轮炮击中就会支离破碎,化为灰烬。此社论激起了华侨的极大愤慨,认为这是对中华民族的侮辱,纷纷前往报社表示抗议,并立即退订报纸。面对华侨的抵制行动。《商报》先是声称要查办带头闹事的人员,打算通过法律途径起诉这些人,让他们吃官司。华侨置之不理。恐吓无效后,报方作出让步,宣称这是主笔的过错,立即辞退主笔,希望华侨不要退订。华侨毫不退让,坚决退订,《商报》从此一蹶不振,最终关门大吉。事后,当地的中华商会决定自办中文报纸,掌握舆论主动权。由商会出面招股,集得资金8000比索,购买《岷益报》的设备,筹办华侨自己的报纸。于是,马尼拉第一份中文报纸《警锋新闻》宣布诞生,且越办越好,受到华侨们的喜爱和支持。杨士琦亲历此事,感慨万分,认识到海外华侨虽在海外多年,心始终是向着祖国的。

杨士琦一行第二站是法属越南南部的大城市西贡(今胡志明市)。西贡位于湄公河三角洲东北、同耐河支流西贡河右岸。杨士琦到达西贡后,就深入华侨社区走访。经过调研发现,西贡水陆辐辏,商货流通,华侨约有五六万人,其散居越南各省的华侨共有二十余万人。西贡土地肥沃,适宜种稻,大米产量极大,每年出口达一千二百余万石。当地有碾米公司九家,而华商占到七家,只是当地人心涣散,不能同心协办,分为五个帮派,各自为政:闽帮、广帮、潮帮、琼帮、客帮,各立公所,互分畛域。杨士琦把各帮的帮主召集开会,建议他们成立一个总商会,统一组织经营、销售,占据市场主动权。杨士琦还当场资助两千元,建议华侨成立一所学校,开展中文教育。帮主们在杨士琦的开导下,取得了一致的意见,当场表示同意建立总商会、兴办中文学校。

离开西贡后,杨士琦前往暹罗(泰国)首都曼谷考察。十月十五日,杨士琦一行抵达曼谷,展开了一周的访问活动。曼谷的华侨异常热情,用三色布、红布、红灯笼等把中华街装饰起来,并募捐资金,举行盛大宴会,款待杨士琦一行。不仅如此,还出现了客家向杨士琦要求设置领事、暹罗陪同人员感到紧张的场面。暹罗官方很重视杨士琦的到访,接待工作十分诚恳,对于日程、访问地点、会见人员都作了精心安排,从服装、姿容到与暹罗官员的谈话、发送电报的对象及字数都做了详细的记录。暹罗官方使用海军西洋方式接送杨士琦一行,双方在友好的气氛开展正式的会谈。暹罗方面确认、强调了自古以来的友好关系、敬意及欢迎之意。杨士琦提及关于曼谷的各外国领事的状况及中国人数量的问题,谈到对设置领事馆的关心,并介绍说中国人口众多、资金雄厚,只是因国内暂时出现混乱,无法发挥重要力量,不过现在正朝着繁荣的文明化进展。杨士琦还强调说,如果有着亲戚关系的中国和暹罗能够共同繁荣起来,便可以合力将东亚各国牢固地团结在一起。杨士琦提出谒见国王的要求,暹罗方面以国王在大城府为由拒绝了。到了第三天,官方又通知杨士琦,国王回来了,可以见面,但国王劳累,时间要简短,以此表达对访问团最大限度的敬意和欢迎姿态。谒见结束后,杨士琦发表谈话,对与国王的会谈感到非常满意,称朱拉隆功国王是无可挑剔的君主。杨士琦还到曼谷各地走访调查,得知暹罗全国华侨约有三百万人,华侨之间比较团结。暹罗政府每隔一年向华侨征收一次比较重的人头税,华侨对此意见很大,此外没有苛待华侨的事情。曼谷的闽侨、粤侨人数多,华商贸易发达。杨士琦到达时,正值当地华商筹办商会。杨士琦热诚激励,亲拟纲要,加以劝导。华商深受鼓舞,纷纷表示等章程拟好后,立即送农工商部备案。但暹罗华商筹办商会需经暹罗国王批准,而暹罗与清朝没有正式外交关系,需要等待。杨士琦当场表示,回国后将促成中暹两国建交、通商。

离开曼谷,杨士琦一行来到爪哇,在当地华侨社会中掀起了一股"中国风",爪哇各地的华侨纷纷涌到港口观望来自祖国的军舰。气势雄伟的军舰,码头上迎风飘扬与荷兰国旗并列的中国黄龙旗,让无数华侨热泪盈眶,唤起了他们的自豪感和爱国热情。爪哇当时为荷兰殖民地,分为二十三个府。杨士琦访问了西部五府的中心城市巴达维亚(雅加达)、中部九府中心三宝垄、东部九府中心泗水,以及日惹、梭罗等内地著名都会。杨士琦了解到散居全岛的华侨约六七万人,荷兰人选拔的管理华侨事务的官员称"玛腰""甲必丹"。各埠已经设立的商会有七处,华人学校有四十余所,华侨大都深明大义,爱戴君亲,民风淳朴。华侨向杨士琦诉苦说,荷兰人凶狠,苛捐杂税太多,事事钳制华人,不以平等相待。杨士琦当场表示,要把此事向朝廷报告,争取早日在此设立领事馆,维护华侨的权益。

到达三宝垄后,杨士琦与全体军舰将校乘坐火车赴梭罗国晋谒梭罗王。杨士琦与梭罗王见面时,行握手礼,同坐于椭长圆桌旁边,王与杨并肩而坐,国王旁边为荷兰官方翻译员,杨士琦旁边为管理华侨的荷官玛腰及中华学校的总理等人。所有军舰将校均侍立两旁,虽有提督衔也无座位。杨士琦与梭罗王通过翻译交谈,双方都感到很愉快。临别时,梭罗王把该国最古老的两把金镶钻爪哇矛锋刀交给杨士琦,请杨回国时赠给大清国皇帝陛下,同时赠给杨士琦珍刀一把,其余将校各赠手杖一支。杨士琦回国后,两把金镶钻爪哇矛锋刀献给朝廷,上谕令用一等双龙宝星勋章赠给梭罗王。次年,通过外交途径送到梭罗王手中。梭罗王获得领双龙宝星勋章后欣慰异常,遇到喜庆事情就必佩戴在身上,逢人就宣扬此事。荷兰官员对此大为不满,宣布以后中国官民均不得晋谒梭罗王。杨士琦还前往爪哇之西北汶岛属苏门答腊锡矿山慰问华侨矿工。矿工有五万余人,均系粤籍华工。华工们见到杨士琦,纷纷倾诉遭遇的苦难。华人矿工们受到残酷的压榨、迫害,干的苦力活,吃的粗粝饭,住在茅草房里,工资待遇极低。杨士琦当场落泪,表示回国后一定要向朝廷报告,设法保护华侨矿工,维护他们的权益。

此后,杨士琦又到了英国殖民地新加坡。新加坡的华侨当时就达二十多万。他到商会、社区、学校发表演讲,宣传中国的华侨政策,鼓励华侨回国兴业投资。他向清廷发出电报,报告考察情况说:"新州为南洋枢纽,商会设立最先。规制之善,权力之雄,为各埠冠。学堂恪遵学部定章,注重中国文字,宗旨纯正。惟五方杂处,良莠不齐,与内地上海相似。至商会成立,渐讲爱戴君亲之义。复经连日演说,该商民等深感朝廷慰问之殷及农工商部提倡之力,情意甚恰,颇能坚持定见,力拒邪说。英官外交极洽。"[1]杨士琦参观新加坡潮州公立端蒙学堂,被新加坡潮人重视办学的事迹所感动,当场捐助一百六十银元,用于增添教学设施。后来,新加坡《中兴日报》上刊载了清政府奖予筹资或投资中国的华商的官衔爵位 18 个等级。凡是筹集投资 2000 万元的颁赐一等子爵(实位),最低一级是投资 10 万元的赐五品虚衔,吸引华侨归国投资创业。

杨士琦还考察了英属槟榔屿,此地华侨有二十多万,商业亚于新加坡,但农业发达,果品、海产品出口量很大。当地有中华学校一所,为前太仆寺卿张振勋等所设,经农工商奏明立案,蒙恩赏给匾额一方、《图书集成》一部,皇帝亲自题词,学校规模在当地首屈一指。杨士琦一行由槟榔屿东渡海峡,登上大陆,翻山南行,到达大小霹雳,访问了那里著名的锡矿工地。锡矿规模宏大,矿上华工达二十万余人,每年产值达九千余万元,通过槟榔屿出口,运销世界各地。矿工们告诉杨士琦,近

---

① 《收考察南洋商务大臣杨士琦来电抵新加坡事》,1907 年 12 月 11 日,见《清代中国与东南北各国关系档案史料汇编》第 1 册,第 203 页。

年来锡价贬值,传说要停产,担心失业。杨士琦安慰矿工们,请他们放心,一定把此地的情况转告朝廷,设法帮助他们。

南洋之行的丰硕成果

杨士琦在南洋考察的两个多个月中,所到之处,大受欢迎的同时,也出现了一些不和谐的声音,有些人甚至故意刁难、阻挠、嘲讽,主要是来自同盟会的反清势力。因此,杨士琦南洋之行,成效不尽如人意,但在了解华侨的生活状况,宣传祖国的华侨政策,促进南洋各地商会的建设,加深华侨与祖国的感情、招商引资等方面还是取得了丰硕的成果。

首先是促进了南洋各地华人商会的建立,加强了华商与祖国的联系,根据1903年清政府商部颁布的《商会简明章程》,海外各埠中华总商会的建立需向清朝商部备案、核查,接受商部的章程和指导,而且总理、协理由会董公推,再由商部批准任命。这些商会在维护侨商自身利益、振兴商务方面起到积极作用。杨士琦在南洋期间,大力倡导组织商会。在杨士琦的鼓励下,南洋各地未设商会的地方纷纷成立商会,甚至像勿里洞这样华商少矿工多的地方,也成立了商会,呈请清朝发给官防。而一些原已设有商务局的地方也改名为商会,要求清朝发给官防,予以正式承认。如马来亚雪兰莪中华商务总会,更有将分会要求改为总会的,爪哇土甲巫眉原本设立商务分会,属于渤良安总会管辖,后来改为土甲巫眉商务总会。至1911年初,南洋已经建立总商会的地方还有望家锡、霹雳、北般岛、把车、渤良安、日丽、巨港、山口洋、多隆亚等等。[①]

其次,留下了珍贵的历史文献。根据三亲经历,归国后,杨士琦很快提交了考察南洋华侨商业情形的报告——《考察商务大臣杨士琦奏为考察南洋华侨商业情形恭折仰祈圣鉴事》,详细记载了菲律宾、暹罗、爪哇、汶岛属苏门答腊、新加坡、槟榔屿、大小霹雳等国家、城市的地理、经济、商业、文化、习俗、气候等情况,特别是华侨的数量、分布、生存状态,为后世留下了珍贵的史料。

如介绍新加坡说,"幅员甚小,农产亦稀。白英人开埠后,免税以广招徕,由此商舶云集,百货汇输,遂为海南第一巨埠。华侨二十余万人,工商而外,擅陂沼园林之利。商会成立最早,势力甚雄。英官颇假以事权,而海外各商会亦以此为枢纽。

---

① 国土、清水纯、潘宏立等著:《近30年来东亚华人社团的新变化》,厦门大学出版社,2010年11月,第49页。

学堂四所,课程规则悉遵学部定章,宗旨纯正。英人法令较为宽简,商民尚得自由,惟五方杂处,良莠不齐,奸宄之萌,尚难尽绝。"由此,可以了解到在英国人统治下的新加坡的商业地位、华侨的数量、商会的地位,华人学校的情况,非常简明扼要。

杨士琦最后总结说,南洋群岛"商务以新加坡、槟榔屿为最繁,物产以小吕宋、爪哇、西贡、暹罗为最富。而经营垦辟,全恃华人,故志南洋者辄谓,西人虽握其政权,而华人实擅其利柄。"可见,华侨在南洋各国中虽然政治地位不高,但华侨掌握着经济命脉。若妥善奖励、保护华侨,华侨在祖国的经济建设中发挥巨大的作用。在杨士琦的推动下,清政府陆续颁布了《奖励华商公司章程》《华商垦荒条例》《华商兴办实业条例》,在法律上对华侨投资予以保障。

再次,增设领事馆,保护华侨,开辟通商新渠道。杨士琦根据在南洋考察过程中切身的体会,不久向朝廷上两份奏章:《农工商部侍郎杨士琦奏请设西贡、河内、爪哇领事片》《农工商部侍郎杨士琦奏遵核暹罗订约通使事宜折》。杨士琦鉴于在南洋亲自见到华侨受到压榨、欺凌而无人保护,许多华侨向他倾诉心中的痛苦,要求祖国设立领事馆提供帮助,考虑到西贡、河内、爪哇等大都市华侨众多,请求在这三个地方设立领事馆,不久相继设立,一直延续至今。"与暹罗订约通使",由于外国势力的干涉阻挠,至清朝灭亡也没能实现,一直到民国时期才在泰国设立大使馆,订立友好通商条约,杨士琦的梦想最终还是实现了。由此可见,杨士琦高瞻远瞩,具有历史远见。

第四,招商引资成绩明显。杨士琦南洋之行,还成功地招来南洋富商胡国廉。胡国廉,又名胡子春,福建省永定县人,系东南亚首屈一指的"锡矿大王"。此外还开辟了数千英亩的橡胶园和规模巨大的种植丁香豆蔻的"春园",当时英国驻南洋参政大臣特封他为"太平局绅",英王封他为"矿务大臣"。

在杨士琦的安排下,胡国廉与其伙伴先后在国内铁路、矿业和农场各业投下了多达943万元的资金。胡国廉与吴梓才等先后集股200万元,集股开采泉州府安溪县属珍地乡、尖峰山、尾仑山等处煤铁铅各矿。同年,又在建宁、邵武、汀州三府开办金矿,还在广东省永安县开采铁矿,出资3000元在番禺县老昆仑岭开采煤矿。还倡议开采钦、廉、雷、琼各矿,他集资40万元开采儋州县锡矿。他成功地集股100万元,在海南创立侨兴公司,承办琼崖垦矿、农牧,兼汇兑、积聚等业务。光绪三十四年四月八日,杨士琦向清廷上奏章《筹议华商创兴琼崖地利折》,将胡国廉对开发海南岛"一纲十目"的构思与计划作出详细奏报。所谓的"一纲",即创办琼州劝业总银行。"十目"依次为:兴矿业、清荒地、广种植、讲畜牧、兴盐务、长森林、重渔业、筑马路、设轮船、开商埠。①

胡国廉还集资兴建了潮汕、新宁、福建三条铁路,这是晚清华侨投资国内最具代表性的事件之一,也是中国近代民族资本投资铁路较为成功的案例。② 由于胡国廉的巨大贡献,清政府诰封其为"邮传部尚书""荣禄大夫",当然属于荣誉性质的虚衔,但由此可以看出胡国廉对国内的杰出贡献,以及清政府对胡国廉的重视。

第九节　"南洋劝业会"审查总长

光绪三十四年十一月十四日,曾到访过欧美十五个国家,亲眼目睹意大利米兰世界博览会盛况的两江总督兼南洋通商大臣端方,与江苏巡抚陈启泰联名上奏《筹办南洋劝业会折》,提议在南京创办南洋劝业会,以达到"以振兴实业,开通民智"的目的,很快就得到朝廷的批准。次年四月,二人又联合上奏《筹备南洋劝业会折》,向朝廷报告办会计划及相关具体事项章程。

经过一年多的精心筹备,宣统二年四月二十八日,中国历史上第一届博览会——南洋劝业会,在南京城北丁家桥隆重开幕。会场上高悬着杨士琦、张人骏等人的巨幅画像,彩旗飘扬,人头攒动。上午十点,钦差大臣、审查总长、农工商部侍郎杨士琦,会长、两江总督兼南洋大臣张人骏步入礼堂,全场五千多位各界代表起立,鼓掌欢迎,乐队高奏迎宾曲。杨、张入席后,全场肃静。张人骏恭请杨士琦宣讲圣旨,然后依次由张人骏致大会开幕词,劝业会坐办陈琪作筹备情况报告,农工商部代表、地方官代表、各省代表、江苏省咨议局代表、协赞会总理、各出品委员、侨商代表、出品人代表分别致词。最后,在各学堂代表大合唱的嘹亮歌声中结束了开幕式。十二点整,展览馆开门迎客,杨士琦、张人骏与来宾步进展览馆参观。下午一点,典礼结束,普通游客开始购票入场,各展览馆相继开始对游客开放。

南洋劝业会主会场占地达七百亩,耗资百万银两,取法中外各国式样、造型各异的展览馆分为六种类型:一、省馆。包括两江、直隶、浙江、福建、云贵、江西、安徽、四川、广东、湖南、湖北、东三省、山陕、河南、山东等省共十五馆。以东道主所在地的两江馆为最大,设有教育、工艺、武备、医药、水族、美术、农业、机械、通运等九个分馆。二、京畿馆,陈列北京及郊区物品。三、南洋馆。又名暨南馆,陈列南洋群

① 胡赛标:《"锡矿大王"胡子春逸事》,《永定文史资料》第32辑,2013年12月,第190页。
② 曹宛红、李道振:《闽商发展史总论卷　近代部分》,厦门大学出版社,2013年6月,第334页。

岛的泗水、三宝垅、爪哇、巴达维亚(今雅加达)、新加坡等地的物品。四、专门馆。包括醴陵瓷业馆、博山玻璃馆、江宁缎业馆、江南制造局兰锜馆、广东教育出品馆、江浙渔业公司水产馆等特别馆。五、参考馆。包括第一、二参考馆。第一参考馆陈列德国、美国物品。第二参考馆陈列英国、日本物品。六、海军陈列亭。陈列海军学堂制造的武器、舰艇等物模型。全部展品共有24部86门444类一百万件,分布于教育、文化、经济、交通等等领域,涵盖了当时社会生活的各个方面。

为吸引游客,票价定得很低,成人门票只需小洋二角,学生、军人及儿童票为一角五分,两岁以下幼儿免费,团体票根据数量打不同的折扣。为方便参观,专门铺设了轻轨,开通了专用小火车,每节车厢可容纳二三十人,每隔一小时发一班车,绕全场一周,可随时下来参观,极为便利。会场内还有马车、人力车等,可随时雇用漫游。场内开设了商店、饭店、旅社、电影院、运动场、游乐场以及动物园、植物园、马戏团、照相馆、银行、邮局等,出售指南手册、纪念册、纪念邮票等,考虑极为周详。

南洋劝业会在国内外引起强烈反响,盛况空前,游人如织。正在绍兴府中学堂任教的鲁迅,带着二百多师生前往参观,留下了美好的印象。茅盾随湖州中学数百名师生赴南京参观,苏州草桥中学的叶圣陶、顾颉刚、王伯祥、郑逸梅、范烟桥等结伴前往,都感到"荡心骇目,巍然焕然",大开眼界。这些人后来都成为文化、教育界大名鼎鼎的人物。日后的"面粉大王""棉纱大王"无锡人荣德生参观后不过瘾,后来又去参观两次,感慨万分,终生难以忘怀,此事对其创业产生了极大的影响。

开幕后不久,以美国大赉轮船公司董事长罗伯特·大赉为团长、由23位企业家组成的美国参观团抵达南京,日本也派出了以日本邮船社社长近藤廉平为首、由12名企业家组成的实业团到南京参观访问,受到杨士琦、张人骏等官员的热情款待。会展期间,在南洋劝业会会场举办了"全国学界运动会",后来被认定为第一届全国运动会。此外,还举办了中日围棋邀请赛。杨士琦的棋友、日本职业四段棋手高部道平,应邀至南京参会。高部先在南京杨士琦府邸"韬园"与上海名手范楚卿、镇江籍名手丁学博对弈,范、丁均被打至让二子;又让中国名手张乐山二子对局,高部以三子半获胜。接着高部在"南洋劝业会"会场公开举行擂台赛,让张乐山二子继续对局,两人前后共弈72局. 张乐山仅胜13局[1]。体育比赛与围棋大赛,吸引了大批游客前往观赏,成为受到全国广泛关注的热点新闻。

六月二十六日,南洋劝业会审查团成员一律佩戴"金齿轮式"徽章,进入劝业会审查大楼,做审查前的准备工作,拟对所有参赛物品统一进行检验、审查和评奖。

---

[1] 何云波著:《中国围棋文化史》,武汉大学出版社,2015年12月,第407—408页。

审查大楼为三层洋楼,位于会展场所的中心地带,分为阅报、缮校、收发、巡官、通询、稽查、经理、庶务、科长、文牍、收掌等专门工作室。杨士琦作为审查总长,有最终拍板定论的权力。京师督学局长赗光典担任提调,另外配有四名农工商部官员协助工作。从全国各行业调集一批官员和各个领域的专家,其中有海外归来的物理、化工、医学方面的留学生、博士。

七月一日,在审查总长杨士琦的主持下,南洋劝业会审查团全体成员在劝业会公议厅,举行审查启动仪式,杨士琦宣布审查评奖工作正式开始,宣布了评奖细则和具体操作流程。对每种展品进行审查,拟定获奖名单和获奖等第,杨士琦都亲自审核,与专家们反复磋商,力求评奖结果公正服人。评奖结果公布前,还召集了劝业会的主要领导及各部门负责人开会,广泛听取他们的意见。经过三个月紧张有序的工作,审查团最后评出奏将 66 名、超等奖 308 名、优等奖 426 名、金牌奖 1218 名、银牌奖 3345 名,获奖率仅为千分之五,可见评审之严,得奖产品均为各地各行业的精品。

杨士琦是泗州人,在淮安出生、长大,但评奖时对这两个地方并没有照顾,可见他是秉持公心,以质定奖。泗州仅有青阳曲酒(于怡波)、双沟曲酒(陈涌源)荣获金牌奖,属于四等奖。双沟大曲至今还是中国名酒,双沟酒厂一直很珍惜此项荣誉,把此奖作为凭证广泛宣传。淮安获奖的产品仅有三项,“蓝和合牌面粉索粉”(淮安大丰公司)荣获优等奖,干制虾米(淮安物产会)及食盐(淮安淮南局)荣获金牌奖,一个三等奖、二个四等奖。由于银牌奖名单不详,许多获奖产品的情况已无从知晓。当年荣获大奖的淮安大丰公司生产的“蓝和合牌面粉索粉”,早已失传,如今已无人知道其制作工艺。

十月二十八日,为期六个月的南洋劝业会圆满落下帷幕。闭幕式上,审查总长杨士琦、会长张人骏等高官亲自为一、二等奖,即“奏奖”“超等奖”获得者颁奖,其余奖项由事务所寄至当地政府,由各地政府组织颁奖仪式。十一月十一日,杨士琦向朝廷呈上奏章《奏南洋劝业会审查事竣分列给奖并办理情形折》,对评奖的过程、原则及目的作了简要说明:

　　审查之始,臣召集审查人员共同酌议,明定宗旨,走以奖进实业,提倡公司、局厂为先。农业、工艺均属近今切要之图,厚国本而阜民财,端基于此。若谷、麦、偲、豆、菽,若丝、茶、棉、麻,或为天然佳产,或为出口大宗。偿精研培制之方,外足以收利权,内足以便民用。若染织、瓷陶、灰砖、呢革,或保我固有,求造精良;或取彼所长,挽回溢权。冶矿一事,所以广财用而厚民生。倘资本充足,采练合宜,利源自辟。　以上各端,或励其工作之良,或旌其馆场之广,无不拔其殊尤,予以优奖。至教育为实业之基,美术为手工之助,以及机械、建筑、经济、交通,或学列工科,或事关商业, 物品虽称简陋,学术已具萌芽,亦复酌予襃荣,藉资提倡。优以旌其成绩,宽以励其将来,冀使富于材智者,以发明实业、艺术为荣;雄于资财者,以成立局厂、公司为重。开一时之风气,当即策异日之富强。

由此可以看出,这次评奖立足于国内实际状况,优先考虑实业公司、工厂制造的有技术含量的新产品,主要为了鼓励创新。对农副产品等与国计民生相关的物品也给予政策倾斜,是为了巩固根本,加大出口量,增加财富。对于染织、瓷陶、灰砖、呢革等产品颁奖,是为了提高技艺,制造出更精良的有竞争力的产品。对于教育、美术也较重视,因为教育是实业基础,美术有利于手工业发展。杨士琦还说当前国内的机械、建筑、经济、交通等方面的商品制造业还处于萌芽期,比较粗陋,但学列工科,事关商业,应当给予襃奖,借此大力提倡,以便进一步发展。总之,办会展,颁大奖,主要是为了开创以"发明实业、艺术为荣"的社会风气,促进公司、企业等实体经济的发展,以达到国富民强的目的。杨士琦倡导的评奖宗旨,体现了求实、创新、进取、富强的精神,至今仍然有借鉴价值。

南洋劝业会还专门成立了研究会,对全部展览品进行研究,指出各种展览品的优点、缺点和改进的建议,最后遴选出具有代表性的优秀论文近 90 篇,结集出版《南洋劝业会研究会报告书》,对于指导工农业生产有极大的价值,同时也是一份珍贵的历史文献。

在革命党人不断闹事不断起义的多事之秋,清政府已经处于风雨飘摇的末期,杨士琦、张人骏等人还能成功地举办如此规模的国际博览会,实属不易。南洋劝业会的成功举办,极大地振奋了人心,有力地促进了当时工商业经济、文化教育以及武器装备事业的发展,在历史上写下了辉煌的篇章。杨士琦作为审查总长,博览会的核心人物,发挥了举足轻重的作用,值得后人称赞和怀念。

第十节　在"洪宪帝制"运动中的角色

袁世凯解散国会,废除《临时约法》,扩大总统的权限,政治野心进一步膨胀,已经不满足于当总统,一门心思地想当皇帝,想把天下变为袁记天下,让其儿孙成为世袭的帝王。为此,袁世凯的一帮文武百官成立了许多分工细致的机构组织,争先恐后为其奔波卖命,自 1915 年 8 月初至次年 3 月下旬,前后半年多时间,史称"洪宪帝制"运动。

在"洪宪帝制"运动过程中没有参加任何组织

在洪宪制运动的几个阶段中,杨士琦自始至终都没有参加相关组织的活动:

一、舆论宣传。8月3日,袁世凯的美国顾问古德诺发表《共和与君主论》一文,认为中国社会太落后,实行君主制较共和制为宜,权力交接时不致引起动荡,从而保证政治稳定。随后"筹安会""全国请愿联合会"粉墨登场,疯狂地制造舆论,为袁世凯称帝摇旗呐喊。

8月14日,杨度等六人发表成立"筹安会"宣言,拉开"洪宪帝制"运动的序幕。杨度精心篆写了《君宪救国论》,竭力鼓吹君主立宪论,袁世凯阅后拍案称绝,亲笔题赠"旷世逸才"四个字。此文由段芝贵秘密付印,发给全国各省军、政长官学习领会。8月23日,"筹安会"宣布正式成立,杨度任理事长,孙毓筠任副理事长,严复、刘师培、胡瑛、李燮和任理事,次日通电全国,宣布"行君主立宪,此本会讨论之结果也。"

9月19日,"全国请愿联合会"在北京成立,沈云沛任会长,那彦图、张锦芳任副会长,下设文牍、会计、庶务、交际四个办事部门。"全国请愿联合会"的幕后老板是梁士诒,交通系领袖,原任总统府秘书长,时任税务处督办,一开始并不支持袁世凯当皇帝,因为"五路大惨案"爆发,深陷贪腐大案之中,为了保命,摇身一变,成为"洪宪帝制"运动的顶梁柱、财神爷,提供了巨额的支持经费。"全国请愿联合会"发动全国各省、各行各业、各个机关单位,投送请愿书,要求改行帝制,轰轰烈烈,声势浩大,热闹异常,造成全国人民一致拥戴袁世凯当皇帝的假象。

二、走法律程序。为了让袁世凯称帝名正言顺地当上皇帝,一大帮文武官员费尽心机,玩了不少花招。袁世凯有个秘密的核心组织"帝制小组",主要成员包括朱启钤、梁士诒、段芝贵、周自齐、张镇芳、雷震春、江朝宗、阮忠枢、吴炳湘、唐在礼、袁乃宽、张士钰等人,均为忠实的北洋实力派人物。朱启钤是"洪宪帝制"运动总导演。"帝制小组"负责筹划工作,秘密联络各省主要军、政长官,要求他们密切配合工作,如曾密电各省投票决定国体后,须用国民代表大会名义报告票数,国民代表大会推戴电中要有"恭戴今大总统袁世凯为中华帝国皇帝"字样,国民推戴书文上统一写上四十五个字:"谨以国民公意恭戴今大总统袁世凯为中华帝国皇帝,并以国家最上完全主权奉之于皇帝,承天建极,传之万世。"

10月6日,参政院表示接受全国请愿联合会第三次请愿书意见,认为原定国民会议办法过于繁琐,决定将国民会议改为国民代表大会,并讨论通过由梁士诒负责起草的《国民代表大会组织法》,10 月 8 日由袁世凯批准公布。袁世凯的法律专家、办理国民会议事务局局长、政事堂法制局局长顾鳌,在报刊上发表大量文章,宣称决定国体、选举皇帝完全出于民意,完全合法。不久,来自全国各地精心挑选的国民代表济济一堂,就更改国体、推选皇帝进行投票。12 月 11 日,参政院开会,宣布国民代表大会选举结果:国民代表共 1993 人,赞成君主立宪票 1993 张,全体国民代表一致同意实行君主立宪国体,推戴今大总统袁世凯为中华帝国皇帝。12 月 13 日,袁世凯在居仁堂接受文武百官朝贺,宣布改国号为"中华帝国"。

三、筹备大典,亦称"洪宪开国大典"。12 月 19 日,袁世凯批准设立大典筹备处,由内务部总长朱启钤担任处长,成员有梁士诒、周自齐、张镇芳、杨度、孙毓筠、唐在礼、叶恭绰、曹汝霖、江朝宗、吴炳湘、施愚、顾鳌。下设八个办事机构:总务科、撰述科、法典科、内仪科、礼制科、会计科、文牍科、警卫科,都指定了负责人。大典筹备处首先对袁世凯手下的得力亲信 49 人封爵(杨士琦不在内),接着将前清紫禁城内的宫殿改名并予以改造翻新,改造北京的城垣,为袁世凯置办玉玺、龙袍等物,为皇娘、妃子、皇太子、皇子、皇女们以及文武大臣置办礼物,确定年号、国旗、国歌、朝服,印制洪宪元年历书,铸造洪宪纪念硬币,发行洪宪纪念邮票,制作洪宪纪念徽章,烧制成套洪宪瓷器,演习丹陛大乐、中华韶乐、寻迎乐,置办天坛、孔庙、关岳庙、历代帝王庙的应用器物,安排法驾卤簿进退宫殿的路线及应派执事人员,文武百官的班位,以及进玺、颁诏和各地方朝贺的仪式等等,考虑十分细致周到,耗费了两千多万巨额钱财。"洪宪开国大典"定于洪宪元年元旦(1916 年 1 月 1 日)举行,没料到 12 月 25 日,蔡锷、唐继尧、戴勘等通电宣告云南独立,反对袁世凯称帝,并组织护国军,分三路向四川、贵州、广西出兵讨袁。面对风起云涌的西南各省起义军,大典只好一再推迟,最后不了了之。

四、登上皇帝宝座。尽管南方起义军来势迅猛,很快波及广西、贵州、湖南、四川等省,1915 年 12 月 31 日,袁世凯还是不顾一切地下令改民国五年(1916 年)为"洪宪"元年,颁行以"洪宪"纪元的新历书。1916 年 1 月 1 日,袁世凯改总统府为"新华宫",正式当上了"洪宪皇帝",过了把皇帝瘾。2 月 3 日,贵州护国军分三路出兵湖南,戴勘率护国第一军右翼军由贵阳出发入川,拟进取重庆。6 日,滇军雷飙部攻克四川泸州。北洋内部冯国璋、段其瑞等主要将领也明确反对袁世凯称帝。23 日,袁世凯害怕了,下令帝制延缓办理。3 月 17 日,袁世凯同杨士琦等人商讨对策,杨劝其和平解决西南问题,而要做到这一点,必须取消帝制,袁妥协同意了。3 月 22 日,袁世凯发布文告,宣布取消帝制。至此,袁世凯的皇帝梦才惊醒,同时得了重病，"洪宪帝制"运动彻底结束。4 月 14 日，杨士琦被免去政事堂左丞职务，不久被任命为参政院参政。6 月 6 日，袁世凯病逝，黎元洪继任大总统，杨士琦离开北京，结束了在袁世凯政府中两年多的工作，赴上海担任轮船招商局董事长。

综前所述，在"洪宪帝制"运动，杨士琦不仅没有参加任何组织，也没有发表任何拥戴袁世凯当皇帝的文章、讲话、通电。由于徐世昌对袁世凯的所作所为持消极态度，不肯合作，请病假离开政事堂，推荐杨士琦代理国务卿。杨士琦主持国务院工作，十分忙碌。"政事堂左丞杨士琦君，自近日徐国务卿历染恙请假以来，因代理政务，甚形忙碌，每日清晓即赴政事堂办公，忙至日落始克还归私宅。现闻杨君对于外间凡有往访之宾客，因苦于无暇接待，均悉行谢避不见云云。"①袁世凯曾动员杨士琦担任国务卿，杨士琦坚决推辞。不久，袁世凯派陆征祥代理国务卿。在袁世凯政府最后两年中，杨士琦实际上是以国家二、三把手身份，默默地维持着庞大的中央政府的正常运转。

在洪宪帝制中的作为

当然，作为袁世凯的最忠实的朋友之一，杨士琦虽然没有参加任何筹备组织，没有发表任何支持或反对袁世凯称帝的文章、电文、讲话，但是没有像徐世昌、黎元洪、段其瑞等要员公开不满袁世凯称帝，称病躲开，而是一直在维持着中央政府正常运转，表明他是支持袁世凯称帝的。在洪宪帝制运动中，杨士琦做的三件事情可以证明这一点：

一、"筹安会"发起后，舆论汹涌，黎元洪采用折中的办法，拟定了"总统世袭制"，以劝阻袁世凯称帝，同时要求杨士琦等人附议，杨士琦遵令呈文，建议在纂订宪法时要特别注意"继承法"：

> 为吁请订大计以安人心而固邦本，合词密呈，仰祈睿鉴事：窃维立国之道，其主要在于安人心，固邦本，此中外古今不易之理。自筹安会唤起舆论，研究国体问题，佥以共和国体不适用于中国，同时政界、军界、商界众论佥同。揣其主旨，盖以共和政治元首迭更，假扰竞争之象，为将来必不可避之事实，故欲明定国体以规久远，所持具有理由。当此举国皇皇，请求迫切，若不速筹解决，或恐别生事端。士琦等公同商酌，以为安人心固邦本之大计，于继承法最为重要，亟应于纂订宪法时特别注意，俾法律昭垂著为宪典，自可上固邦本，下洽舆

---

① 《杨杏城之尽粹政务》，载中华民国四年十月十九日《顺天时报》。

情,实为今日必不可缓之举。士琦等夙夜趋承,亲闻谟训,值此万流竞进,何敢缄默不言?用特合词上呈,吁请大总统俯察国情,折衷成宪,速定大计,俾成久安长治之规,实与中国前途关系至巨。管见所及,披沥密呈,是否有当,伏乞大总统睿鉴施行。谨呈。中华民国四年九月六日[①]。

在这份呈文中署名的,还包括政事堂右丞钱能训、外交总长陆征祥、内务总长朱启钤、司法总长章宗祥、农商总长周自齐、交通总长梁敦彦、蒙藏院总裁贡桑诺尔布和税务处督办梁士诒等人。对此呈文,袁世凯只批了一个"存"字,置之不理。

二、9月6日,袁世凯派政事堂左丞杨士琦出席参政院,代表他发表变更国体须听民意的讲话:

> 本大总统受国民之托,居中华民国大总统之地位,四年于兹矣!忧患纷乘,战兢日深,自维衰朽,时虞陨越,深望接替有人,遂我初服;但既在现居之地位,即有救国救民之责,始终贯彻,无可委卸,而维持共和国体尤为本大总统当尽之义务。近见各省国民纷纷向代行立法院请愿改革国体,于本大总统现居之地位似难相容。然本大总统现居之地位本为国民所公举,自应仍听之国民。且代行立法院为独立机关,向不受外界之牵掣,本大总统固不当向国民有所主张,亦不当向立法机关有所表示。惟改革国体于行政上有绝大之关系,本大总统为行政首领,亦何敢畏避嫌疑,缄默不言!以本大总统所见,改革国体,经纬万端,极应审慎,如急遽轻举,恐多窒碍,本大总统有保持大局之责,认为不合时宜;至国民请愿,不外乎巩固国基,振兴国势,如征求多数国民之公意,自必有妥善之上法,且民国宪法正在起草,如衡量国情,详细讨论,亦当有适用之良规,请贵代行立法院诸君子深注意焉!

袁世凯假惺惺地声称,改变国体应当慎重,不能轻举妄动,要听取多数国民的意见,寻找好的办法。其实,想当皇帝的意思十分明显,只不过想通过法律途径名正言顺地当上皇帝。杨士琦是奉命行事,只能照办。

三、"昭武"货币事件。1916年6月,陈锦涛再度担任财政总长,任命徐恩元为中国银行总裁,遭到商股联合会的反对。当时京、津各大报纸对于钞票上印有"昭武"字样,纷纷指责徐恩元,认为是他为讨好袁世凯拥护袁称帝,并为在民间消失"民国"观念而向内阁提出加印的,从而使印制费增加一倍。……徐恩元就股东对他的指责进行申辩,指出向美商订印钞票系当时财政总长周自齐的主张,徐只是执行周的命令。至于"昭武"货币事件,系杨士琦为实行帝制作准备而提出的建议,徐

---

① 张国淦:《北洋述闻》,上海书店出版社1998年版,第205页。

虽略知梗概,但责任不在徐而在杨。双方各执一词,相持不下,矛盾激化。[1] 杨士琦当时是政事堂负责人,建议钞票上加印"昭武"字样,财政总长周自齐接受建议,并令中国银行总裁徐恩元执行。这件事,杨士琦是有责任的。

不是洪宪帝制运动的祸首、骨干成员

袁世凯死后,护国军方面提出惩办"洪宪帝制"祸首 13 人名单,这 13 人被称为"十三太保",包括"洪宪六君子"杨度、孙毓筠、严复、刘师培、李燮和、胡瑛,加上"洪宪七凶"朱启钤、段芝贵、周自齐、梁士诒、张镇芳、雷震春、袁乃宽。7 月 14 日,黎元洪在各方的压力下,发布申令,宣布惩办的洪宪祸首 8 人名单:杨度、孙毓筠、顾鳌、梁士诒、夏寿田、朱启钤、周自齐、薛大可,均著拿交法庭,严行惩办,其余人等一概宽免。实际上,"洪宪帝制"运动的罪魁是袁世凯、袁克定父子,其他人只是秉承他们旨意的办事人员而已。

袁世凯的女儿袁静雪当时已经成人,耳闻目睹了"洪宪帝制"运动的经过。她在回忆录中记述了当时的情况:"据我所知,帝制的促成,动力有 4:1、梁士诒等因五路借款回扣贪污案及其手下站段长吞款肥己案,怕被人揭发,就想以拥戴我父亲称帝,建立殊功来赎罪。原来梁士诒等贪污案有风声前,京兆尹王志新贪污五百元,被我父亲枪决,因此梁士诒等很害怕。2、我大哥克定总想作嗣君,于是竭力从旁进言。例如他常跟我父亲说'大丈夫做事,要乾纲独断,不能仰人鼻息,任人掣肘'一类的话。3、杨度等想籍此以满足他们个人名利双收的欲望,也大张旗鼓,制造舆论,百般劝进。4、我父亲认为,民国就得有议会,而议员等又事事掣肘,实在不胜其苦,倒不如干脆称帝。有时候,他对我们说:议员们又捣乱了,这样七嘴八舌,国家的事情还怎么办?"(《我的父亲袁世凯》)。在袁静雪看来,"洪宪帝制"的祸首是梁士诒、袁克定、杨度、袁世凯,有一定的道理。可见,无论是国民党,还是北洋政府方面,还是袁世凯的家人,都没有人把杨士琦视为"洪宪帝制"的骨干分子,更不要说祸首了。

1918 年 2 月 4 日,代总统冯国璋即根据曹锟等人的呈请,下令将对"洪宪帝制"祸首梁士诒、朱启钤、周自齐等人的通缉令取消,免予追究。不久,其他"洪宪帝制"祸首也一概赦免,不再追究任何责任。"洪宪帝制"运动的总导演朱启钤,后来还当

---

[1] 中国银行行史编辑委员会:《中国银行行史》(一九一二—一九四九),中国金融出版社,1995 年 9 月第 1 版,第 107—108 页。

上参议院副议长。1953 年 5 月,朱启钤被聘为中央文史研究馆馆员,担任北京市政协委员、全国政协委员。1961 年,朱启钤 90 大寿,周恩来总理亲自在全国政协为他主持祝寿活动。那个"洪宪帝制"运动的"顶梁柱"梁士诒,还当上了民国国务总理,周自齐也曾公然署理国务总理,甚至摄行大总统职务,仿佛一切都没有发生过似的。与这些人所作所为相比,杨士琦在"洪宪帝制"运动中所做的事情真可以忽略不计,不必因此抹杀他的历史贡献。至于三十多后,没有经历"洪宪帝制"运动的刘成禺为上海报刊写文章,竟称杨士琦为罪魁:

> 克定自柏林归,遂引杏城为谋主。杏城意袁怀前隙,非出奇计,无以结袁之宠,遂以帝制之说进。……袁世凯谋帝制,一切皆由杨杏城主持,故大典筹备处均听杏城指挥。……运筹帷幄,固全在杏城也,故大典筹备处处长必属之。杏城逐熊希龄、梁士诒,拥徐世昌为国务卿,而自居政事堂左丞,盖明知徐甘为傀儡,已可操纵一切耳。杏城有文学,平日颇与诸名士往来,又巧于掩蔽,不居显位,罕发文电,故洪宪罪魁,竟无其名(《世载堂杂忆》)。

"大典筹备处处长"明明是朱启钤,刘成禺睁眼说瞎话,说是杨士琦,说一切皆由杨士琦指挥。正如他诬陷杨士琦用毒药水一杀赵秉钧,二杀光绪帝,又被小妾毒死一样,完全是凭想象在胡说八道,不足为据。很明显,梁士诒、朱启钤等人与杨士琦一向不和,操办洪宪登基大典秉承的是袁世凯的旨意,为的是个人升官发财,而不是杨士琦的意思;是在为袁世凯效劳,不是为杨士琦效力。可怕的是,自刘成禺的文章出来以后,很多人都信以为真,网络、报刊上发表的大量文章一直在以讹传讹,都称杨士琦是"漏网的洪宪罪魁",严重歪曲历史真相,丑化杨士琦的形象,应当予以纠正。

第十一节　杨士琦的"毒药水",纯属虚构

杨士琦去世三十年后,政敌刘成禺在上海报刊上发表《杨士琦的毒药水》,声称杨士琦用一种向西方人购买的"无色无味入口即死之药水",一害赵秉钧,二害光绪帝,后来自己被小妾用此种毒药水害死。刘成禺还杜撰梁士诒的话:"我梁某性命,不怕袁项城,倒怕杨杏城,惧其下毒药辣手也。"许多书刊竞相采用这种说法,都在传播说杨士琦拥有一种特效毒药水,替袁世凯卖命,暗害了许多人,是那个时代最阴险毒辣的特务头子。这些全是全是谣言、谎话。历史的真相往往需要时间慢慢诠释,才能分辨清楚。

赵秉钧系中风去世，与杨士琦无关

赵秉钧是袁世凯最信赖的部下，曾任内务部总长、国务总理、直隶都督兼民政长等要职。1914年2月27日晨，赵秉钧突然去世，报刊上各种暗杀谣言满天飞。

1998年5月1日，赵秉钧的孙子赵纯佑写给赵耀民的信中曾谈及此事："至于死因更是众说纷纭。有说中毒的，有说厨人置毒的，有说派医投毒的，有说役者投毒的，有说在葡萄中进毒的，有说吃蛤士蟆的缘故，有说是吃羚羊角的缘故，有的说摔倒床前口吐白沫，有的说倒在厕中，有的说死在督署，其实是死在家中床头内侧。"[①]

三十多年后，刘成禺为上海小报写稿，称听赵秉钧秘书长黄侃亲口说，赵反对袁世凯称帝，袁世凯恼火，派杨士琦以十万金贿赂赵身边的烟童，烟童用杨提供的特效毒药水害死赵秉钧。章太炎夫人曾称黄侃是"无耻之尤的衣冠禽兽"，撒谎成性，其话不足为据。小烟童，敢做这样的事吗？敢拿十万金吗？赵家人能不追究小烟童吗？简直是个笑话。

对此，1998年5月20日，赵纯佑给汝州族人去信，信中明确指出："先祖卒于1914年2月27日，实为2月26日亥末子初，应为阴历二月初二。因督署秘书长于27日始电报袁总统，原电谨称腹泻头晕，厥逆扑地，并无七孔流血而死。后人作传，妄加枝叶，引人猜疑袁因涉有加害之嫌，指为北洋集团离心之始。其实他是死于中风，即今所谓脑溢血，倒卧于内寝室床头侧旁，这是当时家属亲见，并无吐血情形。"[②]可见，赵秉钧之死，与杨士琦毫无关系。

光绪帝系砒霜中毒去世，与杨士琦无关

一百多年来，关于光绪帝的死因争议很大。不管如何，光绪帝自1908年11月11日病情加重，至14日18时33分在瀛台驾崩，拖了好几天，而不是片刻死去，对此历史有明确的记载。光绪去世时，刘成禺还在美国加利福尼亚大学读书呢，三年后，武昌起义爆发后才回国，怎么可能了解宫廷内幕？刘成禺于1912—1913年担任过国会参议院议员，在北京生活过一段时间，小道消息可能就是在此期间听到

---

① 董建民《后人忆史：民国总理赵秉钧死于中风　与宋案无关》，2011年9月19日中国新闻网。
② 董建民《后人忆史：民国总理赵秉钧死于中风　与宋案无关》，2011年9月19日中国新闻网。

的。光绪帝去世四十年后，七旬老人刘成禺为上海滩小报编故事，绘声绘色地描写了杨士琦与李莲英在深宫谋害光绪帝的精彩对话。宫中密语，无第三人在场，刘成禺是如何晓得的？他说袁世凯得知慈禧病重，担心慈禧死后，光绪帝报复，就令杨士琦贿赂李莲英，把那种特效毒药水交给李莲英，由李莲英在慈禧死之前把光绪帝毒死了。对这个漏洞百出的可笑故事，许多人偏偏深信不疑，且广泛传播。

2003年，"清光绪帝死因"专题研究，作为"国家清史纂修工程重大学术问题研究专项课题"正式立项。研究团队运用高科技手段，对光绪的死因进行了历时五年的调查研究。2008年，由北京市公安局法医检验鉴定中心张新威等十三位专家联合撰写的《国家清史纂修工程重大学术问题研究专项课题成果：清光绪帝死因研究工作报告》，①正式向外界公布了研究结果："经过科学测算，光绪帝摄入体内的砒霜总量明显大于致死量。"即光绪帝系砒霜中毒死亡。清史研究权威戴逸认为："要毒死光绪，谁也没有这个权力，谁也不敢，也不可能做。只有慈禧点头，只有她能够命令手下执行这样重大的决定，除了她，没有人能发这样的指令。"(《清光绪帝死因研究工作报告》1)砒霜是一种常见药品，普通人都能买到，不需要杨士琦提供。所谓杨士琦向李莲英提供特效毒药水毒死光绪帝说法，至此完全破产。

抹黑杨士琦的七大谎言

关于杨士琦的死因，时人樊增祥《杨杏城先生墓志铭》、马其昶作《杨公神道碑》、陈瀩一《杨公杏城尚书家传》、袁思亮《杨公讳士琦行状》、柴小梵《杨士琦传》等称其卒、薨、病卒。三十年后，1947年，七旬老翁刘成禺突然在上海的《新闻报》副刊《新园林》上抛出一篇《杨士琦的毒药水》(后收入《世载堂杂忆》)，称杨士琦是被其小妾毒死的：

> 袁死，杏城退居沪上，置宅于亚尔培路、巨籁达路角，所谓杨五爷公馆。纳小菠菜、小白菜为妾，皆殊色也。一日，杨晒箱笼衣物古玩，毒药水瓶在箱内。杨郑重嘱家人云，此种药水最毒，一点入口即死，移放高柜上，令家人不得近，乃出外拜客。归家，排闼而入，其子(或曰毓珣)正与小菠菜、小白菜同榻。杏城气极而晕，僵坐沙发，口中言都要处死。小白菜乃取毒药水滴入茶中，令家人送杏城饮之，片刻而死；此为轰动上海毒死杨氏家主之大案，亦可谓自食其报矣。

---

① 载《清史研究》2008年第4期。

刘成禺与杨士琦的人生没有交集,对杨根本不了解。上述短短几句话,没有一句是真的:一、背景错误。杨到上海,不是引退,而是出任当时国内最大的企业轮船招商局董事长,位高权重。后来,徐世昌当总统,请他出任国务卿,他婉言谢绝了。二、地点错误。没有什么杨五爷公馆,杨士琦住在静安寺寓所,不在刘所说的亚尔培路、巨籁达路角。三、杨士琦宗黄老之学,喜清净无为,业余爱好读书、下围棋、作诗。娶一妻,纳三妾。当时一妻多妾在上层社会是普遍现象,杨士琦的朋友盛宣怀一妻六妾,袁世凯一妻九妾,张謇一妻四妾。妻吴氏,系吴棠哥哥女儿。后纳三妾,一妾名叫王粤卿,另二妾名字不见记载,小白菜、小菠菜系刘成禺杜撰名称。四、杨士琦没有儿子,只有一个女儿毓瑄,哪有儿子与小妾私通呢?他收两个侄儿毓瓒、毓莹为养子,皆京师大学堂毕业,家教严,修养高,当时均长大成家立业,在外地工作。杨毓莹自1910年起一直在美国纽约领事馆担任领事,是年8月9日调署北波罗洲任总领事。杨毓瓒,自1913年起在国务院印铸局任秘书,后升参事、局长,一直生活在北京,闻讣奔丧,请假获批,1918年《政府公报》载:"大总统第1889号指令:国务总理钱能训呈印铸局参事杨毓瓒丁忧请给假百日治丧,派员暂代职务。"刘成禺为圆谎,还把杨毓珣扯上。杨毓珣是老八杨士聪的儿子,杨士聪是国会议员,与杨毓珣同住北京东城西堂子胡同十二号寓所。据史载,10月24日,24岁的杨毓珣被北京政府陆军部授予陆军少将,且与袁世凯三女儿袁淑祯早就订婚,正准备结婚。10月29日,杨士琦去世,杨士聪、杨毓珣速赴上海吊唁。可见,毓瓒、毓莹、毓珣与杨士琦之死不可能有一丝关系。六十年代,台湾作家高拜石看出破绽,在《新编古春风楼琐记》中,把与二小妾通奸的人物换成仆人高升,同样十分可笑。五、内容自相矛盾。文章说杨士琦把毒药放在高柜上,家人不得近。如果当时发现奸情,杨士琦应当对小妾严加责问,甚至令人拷打,小妾哪有时间、办法取到家人不得近的毒药水并投毒?胡编!六、情节虚假。文章说杨士琦喝下后"片刻而死。"实际上,杨士琦自中秋节到杭州观钱塘潮受凉,感冒生病,到去世,病程长达四十天,苏州、杭州、上海等地有名的中西医皆请来诊治,因医治无效才去世的。七、编造假新闻。文章说"此为轰动上海毒死杨氏家主之大案",高拜石进一步发挥说"这是一九一七年秋间的事,上海报纸连续登载了个把月。"高把杨去世时间提前 年,真可笑。

杨士琦在上海去世时,刘成禺在广州任国会非常会议参议院议员、大元帅府顾问,襄助孙中山著《孙文学说》《建国方略》等书,对上海有什么案件不可能了解。再说,《申报》是当时上海发行量及影响最大的报纸,奉行有闻必登,不受外力干扰原则。如果真发生了杨家小妾毒杀家主的大案,《申报》必登无疑。笔者查阅杨士琦去世后当年几个月的《申报》及下一年的《申报》,一条"杨家大案"的消息都没有。杨士琦杏城临终前,许多亲友守护在旁边,听到他说的最后一句话是:"大家力争上游。"因此后来,林虎挽以联云"力争上游,言犹在耳;顾瞻中夏,忧来袭心。"可见,杨士琦是个光明磊落的人,哪里会有什么毒药事件?

杨士琦的真正死因

实际上,杨士琦去世次日,《申报》便以《杨杏城君作古》发布消息:

> 招商局总董杨杏城,近因江宽轮船被撞一案,奉徐大总统电召赴京磋商,本拟即日起程,嗣因赴杭观潮,感冒成病,屡缓行期,请苏州医生曹智涵来沪诊治,继请各西医投以西药,均无效验。昨晨七时病故于静安寺寓所内,业由家属讣告亲友,并电告北京政府。闻杨君行五,昆仲共有八人,因须俟乃兄到沪方始成殓,择于后日举行大殓云。

北京的《顺天时报》同步作了同样报道,指出杨士琦是在杭州观潮受凉,感冒成病,久治无效,于二十九日晨七时在家病故。这一点,可与招商局的档案材料相印证:"董事会杨会长八月间偶患腹疾,迄于十月二十四日捐馆。所遗会长一席公推盛重颐董事暂为兼任。"(孙慎软《招商局史稿 外大事记》)。哥哥杨士晟的挽联"念予季尘劳已久,避人暂就清闲,曾徜徉几日林泉,刚从湖上归来,病榻秋凉望平善",也可证明杨士琦因在杭州着凉生病。可见,杨士琦的病程的确较长,不是暴病而亡。

对此,杨士琦的表侄、著名文人陈灝一在《校刊杨泗州诗集竟感赋半律六章》中涉及到杨士琦的死因:"城北当年一局棋,西泠远到进箴规。沉疴遽染庸医误,再起东山不可期。[1]"陈灝一曾亲历杨士琦生病、治病到去世的全过程,此处诗歌称杨士琦是"沉疴遽染",即突然得病,久治不愈,被庸医耽误,丢了性命。可见,杨士琦并不是被人毒死。

杨士琦去世不久,著名文人、上海商务印书馆《东方杂志》编辑徐珂,在一次宴席上吃螃蟹,一位知情人说杨士琦就是因为吃螃蟹中毒,导致腹痛腹胀,没有及时治疗,病情恶化后去世的。他作诗《楼宴集感念杨杏城》,为我们保存了杨士琦病因的另一种说法:

> 予官京师时识之,及来沪亦再三晤之。甲寅,即中华民国三年冬,儿子新六自英法游学归,谓其淹贯中西,妻以八弟芰青之次女毓璇,新六幸能自立,无

---

① 陈灝一:《甘簃诗文集》,《近代中国史料丛刊》一辑,台湾文海出版社,1966年10月,第70—71页。

损其知人之明耳。戊午，即中华民国七年暴卒于沪，予挽以联云："京洛数交游，念吾儿蓬生麻中，独邀巨眼施萝荄。死生终契阔，怅客子萍浮海上，又听哀声废蓼莪。"今小饮古渝轩，客有言其食蟹致疾者，馔中适有蟹羹，感而成此。

黄炉曾此醉醇醪，腹痛何堪更举螯？君子之交淡如水，大夫能赋罢登高。篚中新语顿成故（曾校刊《世说新语》），世外挺身真若逃（避地侨沪久矣，东海总统方以国务总理一相属，遽化去）。待撰春明馀梦记（余时方辑《春明馀梦记》），问天三叹且停毫。①

诗前小序介绍了与杨士琦交往的经过，提到杨士琦赏识其子徐新六，亲自做媒，把侄女杨毓璇嫁给他为妻。杨士琦突然去世，徐珂很悲痛，亲赋挽联。听食客杨是吃螃蟹导致腹痛去世，十分惊讶、惋惜，责怪杨士琦"腹痛何堪更举螯"，即腹部不适，怎能吃螃蟹？螃蟹一定要蒸熟，而且购买时要挑活的买，不然很容易中毒。螃蟹中毒的症状为恶心、呕吐、腹泻、腹痛，严重者出现上吐下泻，脱水，体内酸碱失调，皮肤上出现疹子，全身抽搐，甚至出现昏迷。杨士琦得的正是腹疾，很有可能在杭州观潮后受凉，又吃了不洁的螃蟹所致。那个时代诊断条件差，不能准确化验分析病因，又没有抗生素，得此病极易死亡。现在，螃蟹中毒还是常见病，不及时、准确治疗，同样易丧命。徐珂的记载表明，杨士琦的死与毒药水无关，但可能是谣言的起源，即食物中毒，到社会上讹变成投毒。

对于小妾，杨士琦去世前有遗嘱：不必守寡，可以改嫁。三个小妾中只有王粤卿提出改嫁，另二人愿意留在杨家，后被养子杨毓瓒带到北京赡养②。杨毓瓒对二位姨娘极为尊重，绝无非分之事。十二月九日，杨士晟代表杨家与王粤卿签订解除关系协议，给予一笔丰厚资金，并在淮安县政府办理备案手续，于十二月十三起在《申报》连续七天刊登《杨公馆遣妾声明》，以示郑重。此消息一出，又立刻在社会上引发各种谣言。高洪恩获悉，立即上报徐世昌：

再，杨杏城先生溘逝，西医以所服药水与逝后面色情形可疑，谓药水内恐有人暗置毒药等语，因是物议滋多，颇涉暧昧。近日报载杨公馆遣妾广告一则，即与此事有关。钧座笃念故交，故不避琐琐，将广告剪呈备几暇浏览，再肃恭候崇安，高洪恩谨再拜。十二月十八日。（《钧座者另折录呈垂览》）③

高洪恩的这则密报材料很重要，时间是当年十二月十八日，杨士琦去世已经五十

---

① 徐珂：《渝楼宴集感念杨杏城左丞》，载《坦途》1928 年第 5 期。又载徐新六辑《天苏阁丛刊　6，杭县徐氏》，第 190 页。
② 《杨母冯太夫人墓志铭》，湘潭袁思亮撰，通州何维朴书并篆盖，1921 年 4 月。
③ 林开明等编辑《北洋军阀史料　徐世昌卷》卷八，天津古籍出版社，1996 年 2 月，第 846 页。

天,表明当时上海社会上的确有关于杨士琦被投毒及暧昧关系的谣言,但并没有发生如刘成禺所说的"轰动上海毒死杨氏家主之大案",报纸上没有一则这样的消息,否则高洪恩就要一同汇报并附上剪报材料了。笔者检阅当年的报刊,没有发现一条杨家的报道。由此,可以看清楚刘成禺谎言的源头。

另外,台湾高伯雨在著作中还骇人听闻地首次把杨士骧之死(实际上是中风而死)说成袁成凯派人暗杀的;把林述庆之死(林述庆死于痘症,但有人说是被袁世凯秘书长梁士诒或陈其美害死的,没有说是被杨士琦害死的)也归之于杨士琦的毒药水,真是随口乱喷。

杨士琦追悼会盛大隆重,周自齐、孙宝琦、陈三立等要员名流参加,总统徐世昌派王廷桢将军作为代表,专程前往上海致祭,并发布《大总统令》:

> 前政事堂左丞杨士琦,学术渊深,经猷宏远,前此服官京外,卓著政声。民国以来,参知密勿,擘画周详。解职养疴,方资矜式。兹闻溘逝,悼惜殊深。著派王廷桢前往致祭,特给治丧费银一万元。所有丧殡事宜,暨灵榇回籍时,由各管地方官妥为照料,生平事迹宣付国史馆立传,并交国务院从优议恤,以示笃念勋旧之意。此令。

徐世昌与杨士骧、杨士琦兄弟为金兰之交,徐的二副挽联悲痛情深:"贻书垂老伤多难,结契诸昆忆少年。宫阶突过王摩诘,经术长怀井大春。"额云"黄垆感旧",称其"卓著政声",拨一万大洋治丧,并令国史馆为其立传,从优议恤,表明杨士琦到死都不是反派人物。11月24日,杨士琦归葬淮安,出殡仪式在上海隆重举行,警方出动大批警察封锁街道,《申报》以《杨杏城出殡记》作了详细报道。是年底,《申报》评选1918年大事,把杨士琦去世列为当年上海大事之一。12月30日,北京各界未能赴上海吊唁的朋友决定在北京开追悼会,缅怀杨士琦的不朽业绩。樊增祥作《杨杏城先生墓志铭》,马其昶作《杨公神道碑》,如今皆成文化精品。

二次革命期间,刘成禺被袁世凯通缉,流亡五年多,因此特别憎恨袁世凯。杨士琦是袁的亲信,也成为刘的憎恨对象。当代著名学者章开沅称刘的著作"因记忆力之限制,记述常有讹误。"革命元老董必武称刘的作品有"耳食之言,谬悠之说"(《〈世载堂杂忆〉题词》《杨士琦的毒药水》正是这样的耳食、谬悠文章。因为虚构的东西太多,刘成禺的《世载堂杂忆》被列入民国笔记小说行列。当代关志昌的《杨士琦传》以及《淮阴市志》《江苏省志》中的《杨士琦传》等,不辨真假,竟然都采信刘的谎言,肆意贬低杨士琦的历史贡献,严重扭曲、玷污了杨士琦的形象,应当予以纠正,还杨士琦清白。

第十二节 杨士琦年谱

祖父杨殿邦(1777—1859),字翰屏、鹤坪,号蓬云、叠云,安徽泗州人。嘉庆十九年进士,选翰林院庶吉士,官至漕运总督,著有《菜香小圃馆课诗》《心太平居文集》等。

父亲杨鸿弼(1817—1874),字谷生,号彦卿、仲禾,娶一妻二妾,生八子四女。八子:杨士燮、杨士普、杨士晟、杨士骧、杨士琦、杨士钧、杨士铨、杨士聪。

杨士琦娶吴棠大哥吴俭的女儿为妻,无子。另有三妾,仅生一女,名毓珆,嫁钱塘潘氏。以长兄子杨毓莹为嗣子。弟杨士铨早逝,把尚在襁褓中的儿子毓瓒抚养成人。

同治元年,1862 年,1 岁

是年,杨士琦生于淮安府山阳县城。其祖杨殿邦于道光二十六年(1846)来淮任漕运总督,于淮安南门更楼东购置一宅院,遂定居淮安。

九月三十日,慈禧太后与恭亲王奕訢合谋发动政变,废除大臣辅政,夺取最高统治权。史称"辛酉政变"。

是年,盛宣怀(1844—1916)19 岁,徐世昌(1855—1939)8 岁,袁世凯(1859—1916)4 岁。

同治二年,1863 年,2 岁

三月,吴棠实授漕运总督。

同治三年,1864 年,3 岁

是年,吴棠以剿办清、淮、徐、宿等地土匪有功,获得头品顶戴,署江苏巡抚。

六月一日,天王洪秀全病逝,长子洪天贵福即位,是为幼天王。六月十六日,曾国荃率部攻陷天京,疯狂屠城。

十月二十日,幼天王洪天贵福在南昌被凌迟处死,太平天国覆没。

同治四年,1865 年,4 岁

二月,吴棠署两广总督。吴棠以贼匪流窜,盐、阜、沭阳一带防守吃紧为由,请求收回任命,专办清淮剿匪事宜,受到朝廷称赏。

八月,漕运船只顺利到达通州。吴棠署理两江总督。

同治五年,1866 年,5 岁

七月,吴棠调任闽浙总督。在闽浙任上,阻挠福州船政局发展,受到左宗棠弹劾。

是年,袁世凯生父袁保中,将袁世凯过继给其弟袁保庆。当年,袁保庆以知府赴山东济南补用。袁世凯随嗣父赴济南,同年开蒙,举人王志清为其启蒙老师。

是年,杨士骧跟随郡廪贡生汪鸿业读书。

是年,盛宣怀与二弟一起回武进县应童子试,双双入泮,补县学生。

同治六年,1867 年,6 岁

十二月,吴棠调任四川总督,除平定四川各处的叛乱外,还协助平定云南、贵州的叛乱,屡立战功,多次受到朝廷嘉奖。

同治七年,1868 年,7 岁

是年,袁世凯随嗣父袁保庆到南京,在此生活了 6 年。其在南京的家庭教师文武双全,见袁世凯读书不用功,便教他武艺。袁世凯学会打拳、骑马。

同治八年,1869 年,8 岁

六月,云贵总督刘岳昭弹劾吴棠荒谬贪污,招致四川物议沸腾。朝廷派吴棠的好友、湖广总督李鸿章赴川查办此事,结果是查无此事。

同治九年,1870 年,9 岁

是年,杨士聰(1870—?)生。士聰,官至湖南财政正监理官,民国初年众议院议员,与袁世凯为儿女亲家,儿子杨毓珣娶袁世凯的第四女杨静雪为妻。

是年,盛宣怀入李鸿章幕,协助李鸿章办洋务,受到李的赏识,第二年升知府官衔。

同治十年,1871 年,10 岁

八月,李鸿章调任直隶总督。

是年,吴棠以四川总督兼任成都将军,捐建尊经书院。

是年,杨士燮娶吴棠次女吴述仙为妻。

同治十一年,1872 年,11 岁

是年,杨毓璋(1872—1920)在淮安出生,官至天津中国银行行长。

六月,李鸿章授武英殿大学士。

七月,李鸿章令浙江漕运局总办海运委员朱其昂拟章试办轮船局;一面照户部拨借直隶练饷局存款制钱 20 万串,以作官借资本。同年九月,朱其昂等人奉派来沪设局,招商兴办,定名为轮船招商公局。十二月十九日,轮船招商公局正式开业。

是年,江南漕粮经海运北上,运河沿线城市开始衰落。

同治十二年,1873 年,12 岁

一月二十六日,慈禧太后归政,同治帝当政。

五月,朱其昂辞职。招商局改归商办,并更名为轮船招商总局,唐廷枢任总办。

七月,袁保庆因霍乱病故于江宁盐法道任所。十二月,袁世凯扶枢回乡。

是年,徐世昌 19 岁,到张秋卿太守家治函札兼会计诸务。

同治十三年,1874 年,13 岁

是年,父亲杨鸿弼(1817—1874)病逝。

十二月初五日,同治皇帝病死,享年十九岁。年仅四岁的载湉即位,改元光绪。

十二月,李鸿章调任文华殿大学士,仍驻保定,以直隶总督摄行。

是年,袁世凯 15 岁,其堂叔袁保恒回项城省亲,见到袁世凯,非常喜爱,命其入京,师从堂叔袁保龄继续学业。

光绪元年,1875 年,14 岁

是年,杨士骧中秀才。

是年,李鸿章委盛宣怀办理湖北煤铁矿务,从此盛又开始办理矿业。

是年,徐世昌的姑父洛阳县知县路渔宾兼充河南乡试同考官,邀请徐世昌到县署料理笔札,并协助阅卷。

光绪二年,1876 年,15 岁

三月,吴棠病重,辞官东归,闰五月二十九日病逝于安徽滁州,谥"勤惠公",葬于滁州郊区东圩村山下。官方于清江浦建祠祭祀。

秋天,袁世凯参加乡试不中,年底与长他二岁的沈丘于氏结婚。

光绪三年,1877年,16岁

是年,杨士琦中秀才。

杨士燮由增贡生报捐主事,签分工部,是年到部任候补主事。

袁保恒感染时疫去世,袁世凯返回项城,移住陈州,与当时正在陈州授馆的徐世昌结交,结为金兰。

十二月,安徽匪寇渡过盐河,攻陷淮安府北王家营。清河知县万青选"亲督壮勇,檄五里庄乡练夹击,阵擒匪首任平六人,余匪溃遁。"①

光绪四年,1878年,17岁

二月十二日,清廷以新疆收复,左宗棠、刘锦棠等封侯、男有差。

四月,华北大旱饿死很多人。二十五日,清廷以直隶灾荒甚重,拨漕米十六万石赈灾。

光绪五年,1879年,18岁

是年,袁世凯追随姑父张向宸办理陈州捐务。秋,再次参加乡试,不中,盛怒之下,烧毁了所有诗文。

是年,盛宣怀署天津河间兵备道。

光绪六年,1880年,19岁

六月十四日,黎培敬擢升漕运总督,在职洁身自好,以公费所余修建驿馆、兵房,增加书院膏火,兴办其他公益事业,受到好评。杨士骧在幕中任职。

七月,海军始创,立水师学堂于天津。

八月,设南北洋电报,自天津达上海,长三千里。十四日,李鸿章在天津设立电报总局。

是年,李长乐调任直隶提督,驻兵芦台,扼大沽、北塘之门户,杨士琦入幕掌书记。

是年,袁世凯带着筹措的川资北上北京,欲捐官,却全部赌光。幸遇徐世昌,送给他一笔款子。袁南下潮州,投奔其父交、潮州府知事周馥。

光绪七年,1881年,20岁

是年,朝廷命下,以袁世凯堂叔袁保恒死后无子,按例移官奖叙其侄,袁世凯因

---

① 张兆栋等纂修:《续纂清河县志》卷九《万青选传》,民国十七年刊印。

此有了一个秩从七品的职衔"中书科中书"。周馥给李鸿章写信,推荐袁世凯。

五月,袁世凯至山东登州,进入帮办山东防务浙江提督吴长庆幕,任帮办文案,吴让幕僚张謇指导袁世凯读书。

五月十五日,黎培敬改任江苏巡抚,因突发中风,无法上任,被家人运回家乡养病。

十一月初八,中国自建的第一条长途电报电路——津沪电报线正式开通,沿线设立紫竹林、大沽口、济宁、清江浦、镇江、苏州、上海七处电报分局。不久,上海、天津、南京等地开办电话业务,千里瞬间即能传达信息的神奇功能震撼了朝野各界人士。至此,沿用千年的驿站传送公文方式开始退出历史舞台。

盛宣怀假公济私,大发横财。"盛杏孙自己所认股子,都是口头上说的干股,所以盛杏孙发财,其所得大半得诸于公,还不算得诸于民。[①]"

是年,左宗棠调任两江总督兼南洋通商大臣。

光绪八年,1882 年,21 岁

是年,朝鲜发生壬午军乱,23 岁的袁世凯跟随吴长庆的部队东渡朝鲜,协助朝鲜训练新军并控制税务,以整顿军纪和镇压兵变有功,为朝鲜国王所看重,并得清政府奖叙五品同知衔。

是年,杨士晟、杨士琦同时中顺天乡试举人,杨士燮中式乡试壬午科副榜第四名。

是年,杨士骧还在漕运总督署中任职。

七月初五日,黎培敬在湘潭家中病卒,诏赐优恤,于贵阳、清江浦建专祠,谥文肃。

杨士琦中举后,娶吴棠大哥吴检女儿为妻,曾寓居滁州吴公馆一段时间,在吴炳和陪同下游览过滁州西涧、清流关、琅琊山醉翁亭。

是年,徐世昌偕同弟世光到京城参加顺天乡试,徐世昌中 154 名,弟徐世光中 75 名。

光绪九年,1883 年,22 岁

六月十日,清廷命李鸿章署理直督兼署理北洋通商事务大臣。

在中法战争中,北洋大臣李鸿章一味主和,梁鼎芬弹劾李鸿章六大可杀之罪,

---

① 张若谷《马相伯先生年谱·光绪七年》,商务印书馆,1939 年 12 月。

指责李鸿章与法国议约时在中越问题上处理失当。梁鼎芬却因此疏开罪慈禧,以"妄劾"罪,被连降五级,到太常寺去做司乐小官,自镌一方"年二十七罢官"小印,愤而辞官。

光绪十年,1884 年,23 岁

四月,吴长庆回国,不久病逝。

七月初三日,法军突袭福州马尾军港,福建水师全军覆没,福州船政局被毁。

九月十八日,清廷以曾国荃不遵谕旨,拒派军舰援助台湾,交部严议,革职留任。

十月十七日,朝鲜开化党金玉均等举行政变,借日军拥朝王、占王宫、杀后党,史称"甲申政变"。朝鲜后党向驻朝清军求援。吴兆有、张光前率驻朝清军攻占王宫,逐日军。袁世凯身先士卒,立功最大。

是年,盛宣怀赴粤办理沙面事件,署天津海关道。

光绪十一年,1885 年,24 岁

是年,杨士骧选拔贡第一名。八月,杨士骧参加己酉科江南乡试,中式第一百三十四名举人。杨士琦捐指直隶试用。

十一月,因李鸿章力荐,袁世凯任大清"驻扎朝鲜总理交涉通商事宜"全权代表,并以道员升用,加三品衔。

是年,盛宣怀任招商局督办。

光绪十二年,1886 年,25 岁

是年五月,杨士骧参加会试中进士,在 319 名进士中列第 25 名,选庶吉士。徐世昌为同科进士,与杨士骧同入翰林院。

是年,杨士琦在漕运总督卢士杰幕当差。

八月五日,太后懿旨允奕譞奏,皇帝亲政后请再行训政数年。

是年,盛宣怀任山东登莱青兵备道道台兼东海关监督。

光绪十三年,1887 年,26 岁

正月十五日,光绪帝载湉亲政,颁诏天下。

是年,盛宣怀在烟台独资经营客货海运,航运范围不仅扩大到山东整个沿海,而且还开辟了烟台至旅顺的航线。

光绪十四年,1888 年,27 岁

八月,杨士燮中式江南乡试戊子科举人,第四十名,复试第三十一名。

是年,杨士骧在翰林院庶常馆学习结束,任翰林院编修。

十一月十五日,李鸿章派丁汝昌为北洋海军提督,林泰曾为左翼总兵,刘步蟾为右翼总兵,北洋海军成。全部舰船二十二艘。

光绪十五年,1889 年,28 岁

是年,光绪帝大婚,亲政。慈禧归政。

是年,李瀚章调任两广总督,杨士骧、杨士琦入幕。杨士琦居四年,积劳累保至道员。

是年,杨士琦、杨士骧帮助李平书获得广东省洋务局办事员职位。[①]

杨士燮以恭办大婚典礼保奏免补主事,以本部员外郎遇缺即补。

李鸿章作《致李瀚章》,提及杨士燮:"光绪十五年五月二十四日,薛叔耘有携兄眷回里之说,尚未来津。杨士燮恐难位置。署内长幼均适。敬叩暑祺。弟仪斋谨上。"[②](六月初三日到)李瀚章向李鸿章提及安排杨士燮职位一事,李鸿章感到为难。

是年,杨士燮妻子吴氏生子难产。《许恩普医案 杨味春夫人案》载:"己丑,工部员外杨味春夫人吴勤惠公小姐产时搐搦,不省人事,集医治以肝风不效。适夫人嫡堂兄吴纯甫太守进京引见,与余父子世交,延余诊视。脉虚,知为血晕,非肝风也。先用韭菜根置两壶中,加醋煮开,以壶两嘴对两鼻孔,热气熏之,立时生男苏醒。拟以当归参芪千金汤,服之安然,继而胞衣不下者一日,合家惊惶。余着寻鸡头菱叶,撕破加炒皂刺三钱同煎,服之时许,胞衣随恶血分碎而下,安然无恙矣。"[③]

是年母亲陈氏去世,杨士琦、杨士骧丁母忧。

是年,杨士鏊(杨士钧)任潮海关委员(监督),任期自 1889 年 4 月 22 日至 1891 年 4 月 20 日,后由杨士铨接任。[④]

廖廷相、杨士骧《广东全省总图说》成书,记载了清政府把南沙群岛纳入海防领域的史实,光绪十五年南州书楼本。

---

① 冯绍霆:《李平书传》,上海书店出版社,2014 年 1 月,第 75 页。
② 顾廷龙、戴逸主编:《李鸿章全集》34《信函六》,安徽教育出版社,2008 年 1 月,第 559 页。
③ 罗和古、余更新等主编:《女科医案》,中国医药科技出版社,2015 年 1 月,第 294 页。
④ 广东省地方志编委会:《广东省志 海关志》,广东人民出版社 2002 年 8 月,第 311 页。

是年,李长乐(1837—1889)去世。李长乐,字汉春,安徽盱眙县人,以军功升千总,赐花翎,同治四年赐黄马褂。历任湖北、湖南、直隶提督,被封为"勤勇大将军"。晚年定居扬州东关街。葬于西湖镇经圩村赵庄。两广总督李翰章撰写墓志铭,杨士骧以隶书为其书丹,兴化张韫山镌字。

光绪十六年,1890 年,29 岁

是年,杨士琦报捐道员,遇双月选用。

许文肃公督津榆路政,推荐杨士琦为总办。津榆铁路,为旧中国时期铁路名称,在唐胥铁路的基础上进行扩展,向南至津沽铁路上的林西镇,向北至山海关(又称榆关),1890 年动工,1894 年春通车,全长 127 公里,后成为京奉铁路的一个组成部分。津榆铁路是清朝最早修建的铁路之一。

光绪十七年,1891 年,30 岁

四月二十日,杨士铨任潮海关委员(监督),至光绪二十一年十一月十九日。

杨士骧服阙到京,回翰林院工作,杨士燮在直隶振捐局报捐花翎。

光绪十八年,1892 年,31 岁

五月,壬辰会试,杨士晟中进士,由内阁中书截取知县。

是年,杨士琦捐指直隶试用。

是年,盛宣怀任直隶津海关道兼直隶津海关监督。

光绪十九年,1893 年,32 岁

六月,杨士骧充会典馆修纂官,十二月充国史馆协修官。

八月,杨士铨顺天乡试中举。

是年冬天,广州辅仁文社支社成立。孙中山和陆皓东、郑士良、尤列等八人聚谈于广雅书局内南园抗风轩,建议筹组团体,取名兴中会,以"驱除鞑虏,恢复华夏"为宗旨。

光绪二十年,1894 年,33 岁

正月三日,朝鲜东学党在全罗道古阜郡拒纳附加税起义。

二月四日,两广总督李瀚章上奏折《奏请准将试用道杨士琦归候补班补用》。三月三日,朱批:"吏部议奏。"(台北故宫藏档,文献编号:131071)

三月，杨士骧大考二等第三十七名，蒙召见一次，八月充顺天乡试同考官。

四月十八日，吏部上奏折《咨呈军机处为广东文报局委员杨士琦请奖遵旨议奏一折由》。（台北故宫藏档，文献编号：132254）

五月，杨士爕恩科会试中二甲第 62 名进士，奉旨仍以工部员外郎遇缺即补。

六月十日，袁世凯奉诏回国。二十三日，日军不宣而战，在牙山口外丰岛海面，偷袭中国军舰和运输船，揭开甲午中日战争序幕。

八月十六日，平壤清军溃退，左宝贵英勇抵抗，战死。八月十八日，北洋舰队与日本海军主力在黄海会战。中国军舰沉没 4 艘，日本舰队亦遭重创。最终，旅顺、威海等重要海军基地失守。命拔去李鸿章三眼花翎，并交部严加议处。

十月二十七日，孙中山在檀香山建立兴中会。会上通过孙中山草拟之《兴中会宣言》。指出："是会之设，专为振兴中华，维持国体起见。"以"驱除鞑虏，恢复中华，创立合众政府"作为奋斗纲领。

是年冬天，胡燏棻选择旧日淮系盛军驻地天津马厂作为练兵基地，会同德国教练汉纳根筹建新式陆军。1895 年，练兵基地又从马厂转移到小站，开始了"小站练兵"，建立 10 个营，号称定武军。

光绪二十一年，1895 年，34 岁

正月十八日，丁汝昌、张文宣等自杀，威海卫海军及刘公岛守军降，北洋舰队覆灭。

三月二十三日，李鸿章和伊藤博文签署《马关条约》，割让台湾岛及所有附属各岛屿、澎湖列岛和辽东半岛给日本；清政府赔偿日本军费 2 亿两。

六月底，刘坤一、李鸿章、王文韶三名封疆大吏联名上奏折保荐袁世凯，于是光绪帝下旨命已回籍的袁世凯入京觐见。袁世凯被光绪皇帝召见以后，又以一封万言条陈呈送皇帝，提出了一个完整的改革纲领，其内容为储才九条、理财九条、练兵十二条、交涉四条，充分体现出袁世凯的改革思想。

七月，杨士骧充功臣馆纂修官。

十一月十九日，杨士铨参加乙未会试，落第，由天津乘船赴粤，在汕头失足落入海中淹死。杨士铨擅诗，著有《师竹友兰诗草》。王锡祺《山阳诗征续编》选取杨士铨五首诗。杨士铨的潮海关委员职务由杨毓璋代替，至1897 年 11 月 27 日。

是年，杨士晟经吏部带领，发往江苏任候补知县。

九月，袁世凯接替胡燏棻，在小站督练新建陆军。

光绪二十二年,1896 年,35 岁

是年,德国向总理衙门指明索借胶州湾,乘机派兵强占胶州湾。

正月十日乙己,清廷授李鸿章为钦差头等出使大臣,前往俄国贺加冕,并往英、法、德、美亲递国书。

二月七日,清廷设立邮政,命总税务赫德兼总邮政司。

是年,盛宣怀以四品京堂候补督办铁路总公司事务,并被授予"专折奏事特权",接办汉阳铁厂、大冶铁矿,奏设南洋公学于上海。授太常寺少卿衔。

八月,杨士骧充本衙门撰文。

是年,杨士燮补授工部员外郎。

是年,徐世昌任武英殿协修官。

光绪二十三年,1897 年,36 岁

是年,袁世凯擢直隶按察使,继续编练新军,形成小站系军阀班底。

六月,杨士骧充会典馆帮总纂官,京察一等。

七月,应袁世凯之聘,徐世昌到天津小站任职总理本军参谋营务处,负责考阅各学堂文卷、考核兵目操法、校订行军攻守阵式图说、改订讲训各兵官功课。

是年,杨士燮奉旨记名御史,因恭办万寿庆辰,保奏俟得御史后遇有应升之缺开列在前,盖加三级衔。

李鸿章受到杨士燮讥讽。"合肥在翰苑,未得衡文一差。一日在贤良寺与幕友聚谈,同年杨味莼自夸其闱作。合肥嗤之曰:'中进士不得翰林,可羞哉。'味莼曰:'翰林一生不得衡文差,亦可羞哉。'合肥将以杖叩之,味莼乃遁。"[1]

是年,杨士晟任南汇县知事。[2]

光绪二十四年,1898 年,37 岁

四月二十三日,从御史杨深秀奏,光绪帝接受维新派的改革方案,下诏更新国是,正式推行新政。三个多月共发布几十道政令,内容涉及经济、文教、政治、军事诸方面。包括废除科举,兴办学校,奖励工商,整顿吏治,设立矿务铁路总局、农工商总局,筹办京师大学堂等。新政推行仅 103 天,八月五日,袁世凯持光绪密诏返天津向荣禄告密。八月初六慈禧太后发动宫廷政变,幽禁光绪帝,废除全部新政法

---

① 张仲礼编著:《中国绅士研究》,上海人民出版社,2008 年,第 160 页。
② 上海市南汇县县志编纂委员会编:《南汇县志》,上海人民出版社,1992 年 3 月,第 149 页。

令。在菜市口杀害谭嗣同等人。八月十三日,命荣禄在军机大臣上行走。授裕禄为直隶总督,北洋各军仍归荣禄节制,以裕禄为帮办。

五月二十九日,孙家鼐奏请拟保大学堂总办、提调、教习各员,工部员外郎杨士燮、户部候补主事王宗基任杂务提调,获得批准。

六月,袁世凯升任工部左侍郎,仍在小站练兵。十月,"新建陆军"改为"武卫右军",直接受直隶总督兼北洋大臣荣禄节制。

七月五日,设立农工商总局。二十四日,杨士骧经掌院大学士麟书等保送知府,二十六日由吏部带领引见,遵遇班道员指分直隶,嗣于八月初四日仍由吏部带领引见,奉旨著照例发往。

八月,管学大臣孙家鼐、监察御史李盛铎、翰林院编修李家驹、翰林院庶吉士寿富、工部员外郎杨士燮等前往日本游历考察,将日本大学、中学、小学一切规制、课程并考试之法,逐条详查,汇为日记,缮写成书,以供参考。

是年,由于会典馆成书过半,杨士燮保奏俟得四品后赏换二品顶戴。杨士琦经督办铁路大臣胡燏棻委总办关内外铁路津局务事宜。

光绪二十五年,1899 年,38 岁

六月,杨士燮署驻横滨总领事。

十一月十七日,李鸿章署理两广总督。

冬,因义和团在山东的排外行为引起各国不满,清廷被迫撤换纵容拳民的山东巡抚毓贤,代之以袁世凯。这是袁世凯首次出任地方大员。袁到任后,对拳民加以驱散,令其在山东无法立足,逃往天津、北京一带,山东在袁世凯治理下维持稳定,并且加入东南互保。

是年,杨士琦兼办北京总局事宜。

是年《会典》全书告成,杨士骧奉旨赏加二品衔。

光绪二十六年,1900 年,39 岁

二月,袁世凯实授山东巡抚。杨士琦上书袁世凯,请标本兼治,镇压山东义和团。

五月十七日,义和团开始在北京大肆焚掠屠杀。十九日,命李鸿章迅速来京,两广总督派德寿兼署。

五月二十五日,清廷下诏与各国宣战。英、法、德、美、日、俄、意、奥等国派遣联军入侵中国,慈禧太后挟光绪帝逃往西安。西太后在流亡途中,指定李鸿章为与列

强议和全权代表,发布彻底铲除义和团的命令。三十一日清政府同意各国派兵入京保卫使馆。当晚,英美俄日法意等国官兵 300 多人,自天津抵达北京。

六月十七日,"前北洋大臣杨士骧、升道杨士琦、升守唐绍仪、升道周学熙(字缉之,开平局总办)等,携带眷属 300 余人,跑到天津,藏匿于张翼住宅(英租界内)之地窖内。"①

六月十八日,八国联军攻占了天津城,将天津道署、天津府署、天津县署及其他各官署的银库存银洗劫一空,并成立"天津临时政府"(即"天津都统衙门"),对天津城、天津县、宁河县全境以及塘沽和北塘进行了长达两年的统治②。

七月二十日,侵略军攻入北京东便门。

闰八月,杨士琦、杨士骧随直隶总督兼北洋大臣李鸿章入京议和。同月全权议和大臣李鸿章、庆亲王奕劻照会各国使臣,开始和议,杨士骧奔走接洽,出力颇多,李鸿章尝誉之曰:"文字机变能应,卒莫如杨君者!"③

十一月,李鸿章、奕劻电奏和约大纲十二款。

是年,丹麦大北公司勾结英国大东公司,悄悄地从大沽架设海线,一直铺到上海,为列强侵略提供方便,为八国联军传递消息。平沪线路为我国电信命脉,不能为列强所把持,经交涉、争取,上海至大沽和烟台至大沽各一条,由两家运营商代理,剩下的海线等物由我们中国电报局买下来,代价为 258 万英镑,以电信借款连同利息分 30 年偿清。

年底,徐世昌抵达西安,谒见翰林院掌事王文韶。

是年,杨士燮题升郎中,补江西道监察御史。

是年,杨士骧任北洋支应局总办。

是年,杨士晨任崇明知县,兴修水利,事迹载入地方志。

光绪二十七年,1901 年,40 岁

正月,杨士骧总办顺直赈捐局差,初十日补直隶通永道。

四月,清廷谕令设立"督办政务处",派奕劻、荣禄、李鸿章等六人为督办政务大臣,刘坤一、张之洞、袁世凯参与制定"新政"的各项措施。

七月二十五日,清政府与英国、俄国、法国、美国、日本、德国、意大利、奥匈、比利时、西班牙和荷兰签订《辛丑条约》,赔款 4 亿 5000 万两白银。

---

① 李志龙主编:《开滦史鉴撷萃》上,河北人民出版社 2011 年 8 月,第 540 页。
② 丁名楠、余绳武等:《帝国主义侵华史》第一卷,人民出版社,1973 年 12 月。
③ 吴闿生:《北江先生集》卷三,民国十三年,文学社精刻本。

八月五日,八国联军退出北京。杨士燮坐掌都察院江西道。

九月二十七日午刻,李鸿章卒,年七十九。诏赠太傅,予谥文忠,晋封一等侯爵,入祀贤良祠。同日,命王文韶署理全权大臣,袁世凯署理直隶总署兼北洋大臣。

是年至光绪二十九年,杨士琦任关内外铁路总局(京奉铁路)董事、总办,充总办京畿善后营务处差使,因劝办顺直赈捐出力保奖奉旨仍以道员归候补班补用。十月经北洋大臣袁世凯调委总办洋务文案差使。十一月,因铁路恭办回銮大差出力,保奖奉旨仍以道员归原省遇缺即补。

是年,杨士琦入袁世凯幕府,任洋务总文案,向袁献策:"运动亲贵,掌握政权",持续十多年受宠不衰,被袁视为心腹,且素称"智囊"。

是年,徐世昌遵旨与陈瑶圃侍郎至开封政务处行署布置迎驾。两官抵京后,被派为政务处总办。直隶总督袁世凯又聘徐世昌总理北洋留京各营营务处,并送关防。

光绪二十八年,1902年,41岁

二月,盛宣怀任工部左侍郎。文廷式为杨士钧等人的《新译列国政治通考》作序:此书凡"学校""军制""官制""刑律""礼俗""商务''税则""国用""邦交""邮电""宗教",凡十一门,为书二百二十卷。

三月,监察御史杨士燮奉旨管理京师五城街道。

六月九日,袁世凯实授直隶总督兼北洋大臣,加赏太子少保衔,从此在直隶兴学、练兵、改革司法、推行地方自治,全面铺开北洋新政。

八月底,俄国交还山海关一营口一新民厅铁路,总督路务道员杨士琦先与俄国管路武官接触,做好前期准备工作。九月初六日,袁世凯代表大清国与俄国正式举行交接方式。

九月,直隶通永道杨士骧升直隶按察使。

由于电信运营商全是外国公司,如美国太平洋公司,英国大东公司,日本满铁公司,德国德荷公司及丹麦大北公司等,便利列强的侵略,威胁着我国的安全。有识之士,纷纷呼吁将电信收归国有。

十一月十三日,颁发上谕,正式宣布将电报逐步收归国有,任命袁世凯为督办大臣,吴重熹为驻沪会办大臣,具体负责全国电报国有化改制工作。

冬天,袁世凯计划修筑一条从北京高碑店的新城经涞水直达易县梁各庄的铁路,全长42.5公里,以方便太后和皇帝谒陵,这就是新易铁路。袁任命杨士琦总办铁路局务,梁如浩负责勘查,王仁宝办理土工,詹天佑承办料工。仅用四个月就建成了。

十二月，御史杨士燮专折奏请变通科举新章,认为头场改试五论,对于认真应试者"实患忽迫",请于头场试题中出五经论一篇、本朝掌故一篇,意在尊重经术,防止偏重西学。"癸卯。御史杨士燮奏、请变通科举新章并派京员充知贡举等官。下政务处会同礼部议。寻奏、该御史所请移改试题,无关得失,应毋庸议。至裁去誊录,本年各省乡试尚无弊端,明年会试,请暂行照办。"(《光绪实录》卷之五百一十)

光绪二十九年,1903 年,42 岁

正月,盛宣怀丁忧辞职。杨士琦被派往上海任帮办电政大臣,兼轮船招商局总办,并起用离局已经有 20 年之久的徐润重新担任会办一职。杨士琦上任伊始,便拟定《章程十条》,认为"官督商办,已着成效",章程强调北洋大臣在该局拥有巨大权力。杨士琦在招商局发行直隶公债,为北洋军队建设募集资金。

正月,杨士琦任商部右参议。

三月二十五日,袁世凯亲自乘坐新易铁路,验收工程。

四月五日,慈禧及光绪乘坐专列,从北京永定门上车,经京汉铁路及新易铁路到梁各庄,全程 120 公里,行走了约二个多小时。

六月初七日,袁世凯上《敬举道员杨士琦等以备任使折》,六月初七日殊批:杨士琦等均著送部引见。九月八日,袁世凯上《密保道员杨士琦片》,九月十三日,准军机处知会,奉旨:留中,钦此。[1] 十月十五日,袁世凯上《派杨士琦总理招商局参赞电政片》,十月二十日奉殊批:知道了。钦此。[2]

六月二十六日,直隶按察使杨士骧升江西布政使,未上任,又转为直隶布政使。

是年,清政府在北京设立练兵处,袁世凯任会办大臣,掌握实权。创办各种武备学堂,并聘请大批日本军官担任教习。

是年,杨士燮京察一等,二月由吏部带领引见,奉旨交军机处记名以道府用。

十二月二十三日,俄战争爆发,于次年七月结束。日本战胜俄国的结果,对当时的中国震动很大。被视为立宪战胜专制,从而促进了清廷政治改革的步伐。

光绪三十年,1904 年,43 岁

正月十七日,即日俄战争爆发 20 余天后,《申报》发表《东三省红十字普济善会

---

① 骆宝善,刘路生主编:《袁世凯全集》第一一卷,河南大学出版社,2013 年 7 月,第 426 页。
② 骆宝善,刘路生主编:《袁世凯全集》第一一卷,河南大学出版社,2013 年 7 月,第 470 页。

章程并启》，同一天下午三点钟，施则敬邀集杨士琦等同仁在上海英租界六马路仁济善堂开会，宣告"东三省红十字普济善会"成立。

二月，日俄战争期间，招商局在商部参议杨士琦的协调下，给予红十字会办事人员免票。初五日，袁世凯《致商约大臣盛宣怀及杨士琦电》，提出设法拯救办法。[1] 十三日，由吕海寰领衔，盛宣怀、吴重熹、沈敦和、杨士琦、杨廷杲、任锡汾、庞元济、施则敬等人联署向全国发出通电，恳请各省州县劝募筹款以救济东北难民。

三月初七日，《王清穆、杨士琦致盛宣怀函》：敬再启者：前准函送萍醴收支清单共支库平银一百四十八万九千二百五十四两三钱七分一厘四毫。查此项路工系自何年月日开办，何年月日截止，未据声叙，请饬查明见复为荷。专肃，敬请勋安。王清穆、杨士琦再启。[2]

四月十二日，张謇在上海特地和袁世凯的机要谋臣杨士琦交谈，了解袁世凯的政治动向。

五月十三日，张謇发出了 20 余年来第一封致袁函，在信中希望袁世凯能体察世界大势，效法日本明治维新时重臣伊藤、板垣等人，主持立宪，"成尊主庇民之大绩"，还动之以情地说"论公之才，岂必在彼诸人下？既下走自问志气，亦不在诸人下也。"尚未看准风向的袁世凯很快复信称"尚须缓以俟时"。尽管袁没有立即表示赞同，但复信本身已表明两人间持续 20 多年的僵局被打破，新的交往开始。[3]

五月十四日，张謇在日记中颇有感慨地写道："杨（氏）兄弟七人，一死于粤海，一官山西平阳知府，一署东抚，一总办招商轮船，一崇明知县，一为清江铜元局总办，一内热而风，皆因公路（隐指袁世凯）显。平阳守为甲午同年，稍能自异。可怜光彩生门户，杨氏故事也，今其炙手可热似之。"

五月，"商部驻沪接待商会处"成立。由商部左参议王清穆，商部右参议兼招商局总办杨士琦，保惠司主事王大贞及单镇、主稿王克诚、书记张吉余、顾问神津助太郎组成。该机构原为商部调查上海商务情况而设，与商务总会位于同一栋楼内，但在上海商务总会改组设立过程中，却扮演了指导者角色。[4]

六月十四日，湖广总督张之洞来电并致商部右参议杨士琦等：前真电奉商，拟将汉口江边铁路局所租招商局之屋暂租与大阪公司作堆栈，另为铁路、招商两局租屋互换事。昨盛杏翁复电，铁路局已允，招商局现在并不用此屋，此事议定立约，以

---

① 骆宝善，刘路生主编：《袁世凯全集》第一一卷，河南大学出版社，2013 年 7 月，第 90 页。
② 陈旭麓等：《汉冶萍公司》（二）盛宣怀档案资料选集之四，上海人民出版社，1986 年 11 月。
③ 姜正成主编：《状元商人张謇》，中国财富出版社，2015 年 2 月，第 99—100 页。
④ 马敏，付海晏：《中国近代商会通史》第一卷（1902—1911），社会科学文献出版社，2015 年 4 月，第 121 页。

十年为限,限满仍还我,想可允行,实深感荷。招商局于换租之屋,如嫌不好,无论需如何拓地宽绰,如何改修精好,惟商局之命是扣,鄂省皆业照办,但以保全民命为重,决不惜费,祈慰帅速裁夺示复。日本永隆领事日内回国,急须定议,切盼。寒。①

六月二十五日　唐文治、绍英致商部右参议、兼任在沪招商、电报两局总办的杨士琦函,称各地共募银一千六百九十三两,唐、绍两人代募银三百八十三两、洋二百十元,农工商部同事捐银一千五百两,分别开列清单汇寄查收,并请移交红十字会。②

七月初,严修东游日本,路过上海,拜访杨士琦。"七月初三日,访杨杏城同年,求定官舱二间,房舱十间。船名泰顺。七月六日。赴顾缉庭、杨杏城约于一家春,同坐徐季龙(庶常)[谦],此番亦随泰顺船北行。九时席散,上船。"③

七月十七日,商部左参议王清穆、参议商部右参议杨士琦上奏折《奏谢荫子之恩》。27日,朱批:"知道了。"

八月,杨士晟任崇明知县,三十二年保开缺。

八月,文廷式卒,杨士琦作《挽文芸阁》:"凌云献八斗才,东观校雠,谁憎命达文章,翻为海外乘槎客。　乘舟破万里浪,南州冠冕,并惜明时鼓吹,剩有人间折桂词。"

十月八日,商部章京王清穆、杨士琦就南洋公学改为"高等实业学堂",移交商部接管后如何筹集办学经费一事,致商部尚书载振贝子爷"禀"。该"禀"共有10页。

十二月,杨士骧以直隶布政使署山东巡抚,三十二年七月实授。二十三日,袁世凯奏折《饬京堂杨士琦回沪由片》。朱批:"知道了,单片留中。"

是年,开始和日本的满铁公司进行交涉。日俄战争时期,满铁公司占用我国的电报线通军事情报,还要从大连到烟台铺一条新线。经过四年艰苦谈判,至1908年才收回电局和线路。

是年,电政大臣袁世凯,计划架设天津、北京、塘沽之间的电话。以电政会办杨士琦为主任,进行设计监督,从日本聘请吉田正秀,购入日本的器械材料,着手进行架设。在光绪三十一年,设立了天津及北京方面的电话交换局。不久,连接北京、天津的两条复线式长距离电话线也架设成功。④

---

①　骆宝善,刘路生主编:《袁世凯全集》第一二卷,河南大学出版社,2013年7月,第331页。
②　陆阳著:《唐文治年谱》,生活·读书·新知三联书店,2013年7月,第76页。
③　严修撰:《严修东游日记》,天津市人民出版社,1995年12月第1版,第243页。
④　侯振彤译:《二十世纪初的天津概况》,天津市地方史志编修委员会总编辑室,第47页。

是年,清政府商部接收了南洋公学,校名改为高等实业学堂,杨士琦任监督,商部委派王清穆在沪先行接收。

光绪三十一年,1905 年,44 岁

是年,杨士燮任山西平阳知府。杨士晟准补无锡知县,次年六月到任,

二月初六日,杨士骧到达济南,初八日接任山东巡抚职。

二月十一日,商部呈文《改商务学堂为高等实业学堂并派杨士琦总理该学堂事务》①。二十五日,商部照会学堂监督杨士琦,希望他通盘筹划,酌订妥善章程,加拨经费,切实办好该学堂,并建议添设轮电专科,将之写入章程。

三月初七日,王清穆、杨士琦《致盛宣怀函》,光绪三十一年三月初七日,北京,敬再启者:前准函送萍醴收支清单共支库平银一百四十八万九千二百五十四两三钱七分一厘四毫。查此项路工系自何年月日开办,何年月日截止,未据声叙,请饬查明见复为荷。专肃,敬请勋安。王清穆杨士琦再启。②

四月初四日,张元济致函杨士琦,告知南洋公学选派赴美游学生严锦荣,今夏哥伦比亚学校卒业,可得政治学博士名号,拟再赴德国游学一年,以扩闻见,业经核准有案,请求提供学费。③

五月初开始,上海《时报》连续刊登关于中美谈判续签新约的报道。会后,杨士琦便与王清穆致电商部,建议商部与外务部切实相商,暂缓签订中美新约,等在沪绅商的抵制有了一定效果后,再迫使美方就范。商部接电后随即转请外务部查照办理,以恤商隐。

五月初十,小学办学成绩蒙杨士琦嘉许,允拨银 2 万两,交林康侯规划一切,在上中院南首动工兴筑校舍,由殷馥记承造。

五月十三日,袁世凯奏请筹款自造京张铁路,十五日,袁世凯派陈昭常、詹天佑为京张铁路总办,十月开工。

六月十四日,清廷派镇国公载泽、户部侍郎戴鸿慈、兵部侍郎徐世昌、湖南巡抚端方出洋考察政治,后来续派商部右丞绍英为出洋考察政治大臣,准备设行君主立宪。

七月六日,杨士骧巡视烟台、威海,随行人员有山东省洋务局总办、候补道台唐荣浩,山东矿政局道员、留东补用知府李德顺,济南府洋务局翻译官知府职衔德林,

---

① 交通大学校史撰写组编:《交通大学校史资料选编》(1896—1937)第一卷,西安交通大学出版社,1986 年 5 月第 1 版,第 6—8 页。

② 陈旭麓等:《汉冶萍公司》(二)——盛宣怀档案资料选辑之四,上海人民出版社,1986 年 11 月,第 484 页。

③ 张元济著:《张元济全集》第 10 卷,商务印书馆,2010 年 11 月,第 396 页。

山东路矿局提调邝佑昌等人。当天晚上,各国驻烟领事在烟台山下最豪华的海滨饭店(Beach Hotel)宴请杨士骧一行。

七月二十日,中同同盟会在东京正式成立,选举孙文为总理,通过了章程,正式提出"驱除鞑虏,恢复中华,创立民国,平均地权"的主张。

八月初六日,五大臣准备从北京正阳门车站启行,各界人士前往送行,此时却发生了谋杀爆炸事件,其中载泽轻伤,而绍英的伤势较重,另外随员与送行人员死伤十余人,此举为革命党人吴樾所为。二十一日,袁世凯上《商部右参议杨士琦请旨派为帮办京张铁路事务片》,二十六日奉朱批:商部知道;钦此。①

《奏准派杨士琦帮办京张铁路》:"北京,直督袁宫保奏称,现筹办京张铁路,该路系中国自办,所有工程,一切事务殷繁,当请商部右参议杨士琦北来左理,现请旨派为帮办京张铁路事务,该员仍可来往京沪,兼办轮船电报两差,已奉朱批,商部知道。"②

九月,巡警部设立,徐世昌出任尚书。

十月十一日,中日全权大臣会议东三省事宜召开。"光绪三十一年十月二十一日,明治三十八年十一月十七日会晤,下午三点钟十五分开议。入座人员:大清国全权大臣庆亲王、瞿尚书、袁总督,与议人员唐侍郎升任会办、邹右丞、杨参议、金检讨;大日本国全权大臣小村大使、内田公使,与议人员山座局长、落合书记官、郑书记官。两国全权大臣彼此将所奉文凭交阅,各认明均属妥善。日本国全权大臣提议会商办法,拟开各节如左。"③

本月二十七日继续开会。"光绪三十一年十月二十七日,明治三十八年十一月二十三日,午后三点钟十七分开议。入座人员:大清国全权大臣瞿尚书、袁总督,会议参赞官唐侍郎会办、邹右丞、杨参议、金检讨、曹主事;大日本国全权大臣小村大使、内田公使,会议参赞官山座局长、落合书记官、郑书记官、高尾书记生。"④

十月三十日,杨士骧恭折具陈,"为密陈商办胶州、高密两处撤退德国兵队情形,并将议定善后条款照录进呈。"朱批:"览。"(《杨文敬公奏议》卷一)

十一月三十日,杨士骧附片陈请,"德人在胶高两处,所造兵房,议定以实价四十万两银圆,约合库平银二十八万两,由中国购回,当经臣等于奏报商办撤兵折内详细奏陈在案。……所有此项房价四十万圆,东省实无可筹拨,恳天恩俯念购回胶

---

① 天津图书馆、天津社科院历史研究所编:《袁世凯奏议》(下册),天津古籍出版社,1987 年 3 月第 1 版,第 1194 页。
② 《申报》,光绪三十一初三日。
③ 李育民等点校整理:《清季外交史料》7,湖南师范大学出版社,2015 年 5 月,第 3502 页。
④ 李育民等点校整理:《清季外交史料 7》,湖南师范大学出版社,2015 年 5 月,第 35042 页。

高两处兵房关系甚重,饬下户部指拨的款二十八万两,俾得按期交付此项房价,以符愿议而弥后患。"朱批:"著照所请,户部知道。钦此。"(《杨文敬公奏议》卷一)

十二月十六日,济南商埠,杨士骧亲自制定章程,提供经费支持,起了关键作用。是日正式举行开埠典礼,由杨士骧主持,中外来宾200多人与会。济南商埠,全称"华洋公共通商之埠",总面积约有4000余亩①。

山东巡抚杨士骧在农工商务局的提倡下,小清河轮船有限公司议定招集商股10万元,购置浅水小轮4艘、客船8艘、货船40艘,来往济南和羊角沟之间搭客运货,获准专行10年和包运官盐之权利。1905年开始航行以后,商民称便②。

年底,杨士骧派观察唐芝田到博山玻璃公司考察,增拨官股5万两。经过一年多的施工,博山玻璃公司基本竣工,并定于光绪三十二年十月投产。杨士骧还给博山玻璃公司批准专利十年③。

是年,袁世凯把北洋六镇编练成军,每镇一万二千五百余人,除第一镇系满族贵族铁良统率的旗兵外,其余五镇都在袁的控制之下。袁世凯、张之洞、周馥联衔奏请设行立宪政体。袁世凯奏请停止科举,推广学堂,咸趋实学,诏准。

光绪三十二年,1906年,45岁

年初,杨士琦在上海任职,张德彝在日记中有记述。"一月二十日戊子,"阴。早,招商局督办杨杏城随办沪宁铁路钟紫垣观察(文耀)来拜。"④

二月,杨士琦监督回校。学堂设立商务专科,由第六届13名毕业生升入。按照定章及北京高等实业学堂章程,制订《商部高等实业学堂章程》,规定了有关设学总义、学科程度、学堂考试等规程,计7章189则。

三月十三日,袁世凯上《请派杨士琦驻沪专办电政折》,朱批:著照所请。该衙门知道⑤。

四月二十日,袁世凯会吴重熹、杨士琦《咨外务部文》:"据电报总局详称,案奉外务部衙门、北洋大臣饬发外洋官报,应给大东北两公司报费洋元,按照西历月分,每月由职局与该公司结账,前在前北洋大臣李檄饬江海关道,于出使经费项下,拨存电局洋一万元内,先行照数垫给,汇抄清单,缮具印领,咨请江海关道拨给归垫。

---

① 张华松主编:《济南史话》,社会科学文献出版社,2014年12月,第50页。
② 黎细玲:《香山人物传略》三,中国文史出版社,2014年8月,第408页。
③ 《东方杂志》3年10期。
④ 张德彝撰;钟叔河,张英字校点:《八述奇》下册,岳麓书社,2016年12月,第781—782页。
⑤ 骆宝善,刘路生主编:《袁世凯全集》第一四卷,河南大学出版社,2013年7月,第586页。

计截至光绪三十一年六月二十九日,即西历一千九百五年七月份止,历经遵办在案。兹查光绪三十一年七月初一日至八月初二日,即西历一千九百五年八月份,奉外务部衙门、北洋大臣饬发外洋等处官报共八十六次,应给外洋公司报费洋六千四百十三元二角五分,除由职局先行垫付,一面抄单缮领,备文径向江海关道请领归垫外,理合造具清册,备文详报,伏乞宪台鉴核,俯赐转咨外务部衙门备案,并檄饬江海关道,核销施行。等情。到本大臣。据此,除札饬外,相应将清册咨呈大部,谨请查照备案。"①

本月,盛宣怀、杨士琦等上海绅士募款救援美国旧金山遭受地震灾害的华侨。②

闰四月十七日,袁世凯会杨士琦《致外务部电》:据派赴日本会议电务交涉之周道万鹏电称,十四与递信省督办开议,伊仅提烟旅接线一事,我谓须与奉韩接线,两事并提,伊谓奉省系大局事,未奉政府之命,烟旅外实无权预议各等语。查上年中日议约,订明凡有关乎奉省陆线,暨旅烟海线交接事件,可随时商定办法。奉韩接线,即系关乎奉省陆线交接事件,应请大部照商日使,转达日政府,迅饬通信省,按照中国电局所交条款,将两事同样并议。至祷。世凯、士琦同肃。谏。③

五月十一日,严复来校作《论实业教育》演说,列举西方各国实业迅速发展之事实,宣传实业兴国思想。

五月二十九日,袁世凯会杨士琦《致外务部电》:"洪。中日电约,前经大部照明日使,派周道万鹏赴日会议。旋因日递信省仅提烟旅接线一事,复请照商日使,与奉韩接线两事并议。现叠据周道来电,日以奉省电信管理,乃基础同题,满韩接线,现中国尚无此线,不允并议。即烟旅水线,亦须由日自设,并在烟设局收商报,用日文,藉口从前俄人乘乱强占办法,多所要求,始终坚执,势难迁就。周道已托辞回国,暂不与议。查此项电务交涉,日人屡称关系国际问题,嗣后应仍由两国外交官提议为妥。谨请查照。世凯、士琦同肃。勘。"④

五月二十九日,《电政大臣袁世凯杨士琦致外务部中日电约应由两国外交官提议电》:"中日电约,前经大部照明日使,派周道万鹏赴日会议。旋因日递信省仅提烟旅接线一事,复请照商日使,与奉韩接线两事并议。现迭据周道来电:日以奉省电信管理乃基础问题,满韩接线,现中国尚无此线,不允并议。即烟旅水线,亦欲由日自设,并在烟设局,收商报,用日文。藉口从前俄人乘乱强占办法,多所要求。始

---

① 骆宝善,刘路生主编:《袁世凯全集》第一五卷,河南大学出版社,2013年7月,第37—38页。

② 《大公报》,1906年5月2日。

③ 骆宝善,刘路生主编:《袁世凯全集》第一五卷,河南大学出版社,2013年7月,第197页。

④ 骆宝善,刘路生主编:《袁世凯全集》第一五卷,河南大学出版社,2013年7月,第197页。

终坚执，势难迁就。周道已托词回国，暂不与议。查此项电务交涉，日人屡称关系国际问题，嗣后应仍由两国外交官提议为妥。谨请查照。"①

六月初一日，袁世凯会杨士琦《致外务部文》："据总办东三省电报局黄道开文详称，案奉宪台批开，查铁新电杆被日军锯毁多根，前经据之奉咨部覆。以日使来文谓，该处俄人所用电线，退后全部破坏，仅存电杆若干，故由日军官设立，以供军用。嗣后铁新日军所有线路，有不用者，自可随时锯伐等语，当饬该局再行查覆在案。兹闻续详日军复将该处所有电杆全行锯毁，殊与中日原订约议不符，仰候再咨外务部核办。仍应查照前饬，按日使照覆各节，将铁新路电杆，从前是否被俄占用，日军到后有无设在情事，详确调查，迅速声覆，以凭酌夺，并候杨大臣批示，缴等因。奉此，查铁新电线，从前俄军在奉省时，凡官商各报，仍由局照常通电，并无阻止。迄光绪三十年八月间，日俄战争紧迫，俄人方阻铁局通报，然局中房屋、器具，及沿途杆线，均如故归我局管理，并未占用。光绪三十一年正月间，俄军退出铁岭，虽离城五六十里之线杆，损坏十余根，旋经铁派人修补完全。自二月日军队进踞铁岭，即将铁新两局线头占用，并迫令铁局中人尽行移出。经局员汪珍儒抗争，由日本政署缮给收据，并声明俟军务平定后，将原物交还，此查明铁新一线前后之实在情形也。今该日使覆文，一则藉口于得自俄人，再则藉口于该军设立。职道愚见，若此线路果为俄人占用，局中早无中国人，日军至局时，何以再三迫令腾屋？所夺之器具，何以允给收据？可见日军占用此线后，随即通报，绝无阻隔，可见杆线完全，俄人并未破坏，无待修补，此又可为日军交无设立电线杆情事之证也。兹奉前因，自当合将确实情形，并抄呈该军政署受领铁岭局机器证据书一纸，详复宪台鉴核等情。据此，本大臣查铁岭至新民原有电杆等件，先后被日军锯毁一事，前准贵部咨覆，当以日军一再锯毁此路电杆，与日中原订约议不符。咨请照会日本公使，饬该军队将锯去电杆及钩碗电线等物，全著人交还，并将日本公使照覆各节，饬具详查照覆在案。兹据查覆前情，相应咨呈贵部，详请核酌，照会日使将前项锯去电杆等物，仍照前文交还为盼。照录清折。"②

七月，因吴重熹升仓侍郎，杨士琦既管理招商局，又任会办电政大臣，接管电报局。

七月十八日，袁世凯上《请派杨士琦为会办电政大臣片》，当日奉上谕：派杨士琦为会办电政大臣。钦此。③

① 李育民等点校整理：《清季外交史料》7，湖南师范大学出版社，2015年5月，第3584页。
② 骆宝善，刘路生主编：《袁世凯全集》第十五卷，河南大学出版社，2013年7月，第199—200页。
③ 天津图书馆、天津社科院历史研究所编：《袁世凯奏议》（下册），天津古籍出版社，1987年3月第1版，第1374页。

八月,杨士骧与山东布政使吴廷斌反复筹议后,在省城东关外七里堡原有试验场左边建筑校舍一座,定名为山东高等农业学堂,首批选拔 120 名学生,设中等农、蚕三科,同时补习普通的文化学科,三年毕业后升入高等本科,再经三年毕业。此校为山东农业大学之源。

八月,公学颁布并出版《商部上海高等实业学堂章程》,包括设学总义章、学科程度章、学堂考试章、职务规条章、学堂规则章、赏罚规条章、经费规条章。

《杨杏城、顾缉庭、沈子枚、徐孟翔、徐雨之复曾铸朱葆三函》

(约一九〇六年八、九月)少卿、葆珊仁兄大人阁下:

敬复者:昨奉台函,以阳羡窑业备送窑货十四种计五十七件,分装两箱已为装扎坚固,嘱为运津转解至京投交商部察收等因。查系陈列之品,非比购办之货,当饬沪局照办。据称止此两箱由沪运津,尚可通融,免收水脚。惟自津运京,甚属不便。屡接津局来信,述及每逢运物人都,应需火车运脚,城门又诸多周折受累,拟请贵总会专派一人随船至津,照料上车解交等语。弟虎适晤及逢辛观察,告以转交各节累坠情形。逢翁属将京津运脚及城门需费恳托天津商局代为垫付示知,由逢翁照缴,并以奉闻。所有贵总会投呈商部公文及箱两件,俟付下俾即运津,并函托津局照办可也。所请红函号数并请示及。专复。敬请联安,惟察不一。杨士琦、顾肇熙、沈能虎、徐杰、徐润顿首。①

八月,杨士琦迁商部右丞。二十三日,"陆彤士来,言御史王步瀛专折参杨杏城、金伯平遇事把持,目无大臣,盖意在项城云。"②

九月戊午,转农工商部右丞杨士琦为左丞,左参议熙彦为右丞。(《光绪实录》卷之五百六十四)

九月六日,官制改革的工作机构"编纂官制馆"在恭王府朗润园成立,以孙宝琦、杨士琦为提调,下分起草课、评议课、考定课、审定课。会议还确定了编纂官制的程序。"官制编制馆"之下,40 名工作人员,多为袁世凯亲信。

冬招商、电报两局归邮传部管辖,学校也改隶邮传部,易名为"邮传部上海高等实业学堂"。③

十月初三日,袁世凯辞去八项兼差,交出北洋六镇军队中的四镇,还保留二、四

---

① 《督办轮船招商总局杨杏城京堂暨顾缉庭沈子枚徐孟翔徐雨之诸观察为阳羡窑货运京陈赛复上海商务总会函》,《华商联合会报》第五期,1910 年 4 月 24 日出版。
② 徐兆玮著;李向东,包岐峰,苏醒等标点:《徐兆玮日记》一,黄山书社,2013 年 9 月,第 717 页。
③ 上海交通大学校史编纂委员会编:《上海交通大学纪事 1896—2005》(上卷),上海交通大学出版社,2006 年 3 月第 1 版,第 52—53 页。

两镇的暂时遣调权。

十月,杨士燮任嘉兴知府,不久暂署杭州知府,又回本任。

十月十八日,《农工部奏艺徒学堂开办情形折》:"……臣等偕同左丞臣杨士琦、左参议臣耆龄等于上月二十二日起,分日前往实业学堂,当面考试,至本月初二日一律考毕,择其年幼聪颖者,录取正额学生三百十名、副额学生五百九十名,即定手本月二十九日开学。臣等仍当不时到学,督饬教务、庶务各员,按照章程分科教授,认真经理,总期艺术日精,以仰副我皇太后皇上兴学劝工广育群材之至意。所有艺徒学堂开学日期并考试情形理合恭折奏闻。伏乞皇太后、皇上圣鉴,谨奏。"(《政治官报》第 25 期)

十月十九日。清廷命各省筹设咨议局。由各属合格绅民公举贤能,作为该局议员,凡地方选举事宜,议员共同集议,由本省大吏裁夺施行。将来资政院选举议员,可由该局公推递补,并命预筹各府、州、县议事会。清廷令内外大臣荐举人才。

是年,清廷创办《政治官报》,分类选录刊载除军机、外交秘密外,凡立法,行政之上谕,官员奏折及咨牍、电奏等等。

十二月甲戌,以农工商部左丞杨士琦为农工商部右侍郎。现月(《光绪实录》卷之五百六十八)。

是年,新任农工商部侍郎杨士琦提议实行烟草官办专卖,得到了清政府的认同①。

郑观应作《致轮船招商局董事伍秩庸、杨杏城两侍郎书》,就开源节流及选举提出一些建议②。

是年,清政府宣布预备立宪,先订法律、改官制。任命徐世昌等为厘定官制大臣。巡警部改为民政部,徐世昌仍为尚书。

1907 年,光绪三十三年,46 岁。

正月,杨士骧在济南设立戒烟民局,任命潘延祖、吴煜为总办,潘希祖、张彭年为会办,"于禁烟局设立五十床帐,官民各半,凡入局戒烟者即在局住宿,不得暂离须臾,侯戒毕始能出局国。第一次五十人,戒绝后,冉易五十人,轮流易换。"③"申谕限至六月底止,遵照章程,一律戒绝,不戒则有差者立即撤差,无差者永远停委以示惩儆。"④

① 皇甫秋实著:《危机中的选择:战前十年的中国卷烟市场》,东方出版中心,2016 年 1 月,第 215 页。
② 夏东元编:《郑观应集》下册,上海人民出版社,1988 年 4 月第 1 版,第 906—908 页。
③ 《东方杂志》4 年 6 期。
④ 《东方杂志》4 年 6 期。

正月二十五日,英驻华公使朱尔典照会清外务部提出,《续订滇缅电线约款》第六款规定由印度过周冈至远东往来各电报每字应收本线费35生丁,而南马德拉斯大东公司海线至远东则每字收本线费57生丁半,此两项本线费多寡悬殊,与1903年在伦敦订立的万国电报公会章程"不符",因此请将约款第六款略为变通。

二月初二日,清外务部将朱尔典照会内容咨行督办电政大臣征询意见。十三日,督办电政事务农工商右侍郎杨士琦咨复指出:滇缅接线约款1905年订于北京,"所有英界内本线费系由印度电局订定,凡自缅甸至中国边界,每字法金十生丁,自印度十五生丁,自白锡兰四十五生丁。当时中国所定者,非仅本国境内之本线费,且将过线费亦已改定极廉,专为报务改道由印度至中国境外,如日本,路过中尉陆线至上海转达而定。中国政府自该约订立之后,因欲整顿过线报务,以期迅速传达,曾费巨资,修理上海、泸州、云南府、周冈等处陆线,目前派往洋工程司四员带同员司、工役人等,正在修造此路电线之际,适值英政府拟增路过中国陆线之印度本线费价目,中国此处情境,殊觉为难,现在既因印度本线费所定价目与各国电报公会章程不符,中国只得允从所拟价目办理"。①

十七日据此,清外务部照复英驻华公使朱尔典,同意将约款第六款予以改定,自1907年6月1日起施行,是为《变通滇缅续约第六款文》。②

二月二十一日,"……巳刻到提署拣选官缺。申初进署。晚在家约吴仲怡、杨杏城、桂月亭、刘聚卿、袁云台等客,亥刻散。"③

三月,山东巡抚杨士骧游历崂山景观,当即题写《崂山听韩太初琴》五言古诗一首云:"我闻太清宫,道士善弹琴。访得韩道长,琴床眠龙吟。为我再一弹,领略太古音。右手弹古调,左手合正音。泛音击清磬,实音捣寒砧。声声入淡远,余音绕柚林。指点断文古,传留到如今。不求悦俗耳,但求养自心。斯言合我意,清淡忘夜深。"韩道长亦用前韵和答一首。在华严寺院内墙上,还留有题刻:"杨士骧题"的笔墨。有石方一米左右,文为"光绪飞龙三十三年三月二十四日山东巡抚杨士骧巡视青胶,道经即墨,登崂山宿华严寺。"

三月二十五日,瞿鸿禨门生、御史赵启霖弹劾段芝贵以歌妓献于载振,遂得署黑龙江巡抚。慈禧太后诏命孙家鼐彻查,孙家鼐复命:查无实据。四月初五,赵启霖反因"奏劾不实"被革职查办,一时舆论哗然。清廷不得不撤段芝贵职位,载振亦

---

① 外务部档案:《中国续定滇缅接线第六款所拟改定价目如印度政府允办即开办施行请转复英使向》(光绪三十三年二月十三日). 馆藏号:02—02—005—01﹣003。

② 王巨新:《清代中缅关系》,社会科学文献出版社,2015年4月,第249页。

③ 北京市档案馆编:《那桐日记》(上册),新华出版社,2006年3月第1版,第552页。

请辞谢罪。杨士琦为载振所作之被劾谢罪折,传诵一时。[①]

四月,杨士骢任关内外铁路(京奉铁路)总局总办。

五月二十七日,盛宣怀作《致杨士琦函》:"杏城仁兄大人阁下:久不通讯,至深驰系。子展、彝卿先后旅沪述诲,起居佳善,帝简愈隆,尤殷盼扦。兹有启者,徐建明观察前奉大部檄,赴各岛考察商务,招股办事,今已回沪。据言华侨殷富甚多,非国中可比,见有中央所派熟悉人员前往开导,颇有热肠。该道出示演说各件,集股已有把握。此次到京晋谒崇阶,想必能邀提倡,只因前在京沪,未能谋面,谨为一言介绍,乞公进而教之。专布,敬请台安。五弟盛宣怀顿首。五月二七十日。"

五月,瞿鸿禨以"交通报馆,贿赂言官"之罪受谴,逐出军机,开缺回籍。"(《光绪实录》卷之五百七十三。)

七月二十七日,《盛宣怀致杨士琦函》:"……惟铁厂改良,亟需添招商股,遵章前赴大部注册,方能保守坚固。上年承公指示,曾与海观乔梓有约,同扶此局,然非注册立定宗旨,仍不足鼓舞商情。兹乘我公在部,谨将详细情形具折上陈,俟奉批准,即当会议章程,咨部立案。……,公实为我知己,用敢附陈。敬请台安,敬希荃照。愚弟盛宣怀顿首,七月二十七日。"[②]

七月,袁世凯调任军机大臣兼外务部尚书,成为中枢重臣。

七月,杨士钧任天津电报局总办,兼电话局总办,至次年五月。

七月丁巳,山东巡抚杨士骧署直隶总督。

七月十八日(8月27日),清廷明定召开国会年限,并颁布《钦定宪法大纲》及《议院法要领》《选举法要领》《议院未开前逐年筹备事宜》,规定以九年为限,逐年筹备立宪,届时颁布宪法,召开议会。

七月,农工商部又奏派杨士琦前往东南亚各地考察.立即得到清廷允准。七月十六,慈禧发下谕旨:"南洋各埠,华侨居多,类以商业,自谋生聚。现在商会渐次成立,朝廷时深注念,甚为嘉许。著派杨士琦前往该埠考察情形,剀切宣布德意,优加抚慰。如有慨集巨资,回华振兴大宗商务者。除从优予以爵赏外。定饬地方官妥为保护,以重实业而惠侨民。"[③]

七月二十八日,杨士琦就前往南洋考察一事上奏:"窃惟南洋各岛,多系英、法、美、荷等国领土,闽粤两省华民侨寓者不下数百万人。虽或置田宅,长子孙,而衣冠

---

① 沈宗畸:《东华琐录》,章伯锋、顾皿主编《近代稗海》第13辑,四川人民出版社,1988年,第598页。
② 陈旭麓等:《汉冶萍公司》(二)一盛宣怀档案资料选集之四,上海人民出版社,1986年11月,第625页。
③ 《农上商部为派员考察南洋华侨一折求旨钦遵事致外务部咨呈》,1907年8月24日。《清代中国与东南亚各同关系档案史料汇编》第1册,第398页。

礼俗仍守华风,忠爱之忱,海天不隔。近年各埠商会渐次成立,其载货回国兴办各项实业颇不乏人。观民心固结之深,益钦圣泽涵濡之远。兹复钦奉懿旨。派臣前往各埠考察情形,优加抚慰,并悬爵赏以为奖劝。纶音远播,中外同钦。"[1]

八月壬申,命醇亲王载沣在西苑门内骑马。大学士军机大臣张之洞在西苑门内乘坐二人肩舆。署直隶总督杨士骧在紫禁城内骑马。(《光绪实录》卷之五百七十七)

九月,杨士晟经前江苏巡抚陈夔龙奏保,治理廉明,士民爱戴,奉旨嘉奖。

杨士琦致盛宣怀函

光绪三十三年九月初九日

杏荪宫保大人阁下:揖别麈教,匪岁于兹,南客北来,藉以询悉尊况,神往何似!叠诵觊章,奖饰从长,勖勉以大,回环三复。惭感交深。我公三江物望,萧规远大,数年承乏,强半曹随,心唯者深也!两政虽云官督,不过以口政界机关,实属商办性质,故钩稽部署一是,当准酌商情,局外好为目论,其谓之何?琦性本迂阔。日以卸却外差,供职京都,亦藏拙一道,三年沪渎,略识商人习惯,冀偕一、二同志为之提倡更新,未审才力何如耳。时局及今,外伺方亟,内讧时复蠢然,思逞沧海横流,未知所极,有心人当同斯滋惧也!另笺嘱银行事,当代托项城严追,以副雅命。肃复,敬请道安。杨士琦谨肃。[2]

九月二十日(公历 10 月 26 日),杨士琦一行乘"海容""海圻"号军舰从上海启程,农工商部工务司主事兼商律馆纂修杨寿楠等随同前往。

九月二十九日,考查商务大臣杨士琦《致外务部电》:"本日由香港起程赴菲律滨,约住八九日,计十三四可到西贡。请照合法使电知西贡地方官为幸。再,暹罗已否商明,请电示。琦叩。艳。"[3]

农工商部又奏派杨士琦前往菲律宾、越南、泰国、新加坡等地考察,到达新加坡时,"我华人诸行店亦多悬旗结彩,以表爱国之忱。"[4]

十月初四,杨士琦抵达马尼拉。十月十一日,他离马尼拉赴西贡。十月十二日,他向清廷报告说,连日来他在商会、学堂、会馆发表演说,并在"海圻"号军舰上举行茶会,"以示酬答"。"美地方官亦甚谨待,外交尚称接洽。"他特别强调:"南洋

---

① 《杨士琦奏考察南洋华侨商业酌带司员折》,1907 年 9 月 5 日,《清代中国与东南亚各国关系档案史料汇编》第 1 册. 第 401 页。
② 陈旭麓等:《盛宣怀档案资料》第 8 卷《轮船招商局》,上海人民出版社,2016 年 12 月,第 852 页。
③ 骆宝善,刘路生主编:《袁世凯全集》第十七卷,河南大学出版社,2013 年 7 月,第 111 页。
④ 《东方杂志》,1904 年 1 月。

各岛声息相通,此次道经香港,登岸数日,与商人加意联络,俾先函电各埠,广布纶音。到埠后复开诚布公,剀切劝导,海外人心益殷内向,至飞岛商务全恃华侨之关切。"①

杨士琦抵达槟榔屿后向清廷报告:"该埠为南洋孔道,商会、学堂组织完备,惟五方杂处,与新加坡情形略同。经此次抚慰后,朝廷威德深入人心,邪说诐词不攻自戢。计自沪放洋……所至水陆商埠共十四处,无不欢迎恐后,复谆谆以斗邪说,正人心,广教育,兴实业相劝勉。"②

十月丁丑,以慨捐钜款,接济皖灾,予署直隶总督杨士骧奖叙。(《光绪实录》卷之五百八十一)

"杨士骧之贡品。内廷消息,下月初四日恭逢皇太后万寿圣节,各省督抚贡品甚多,内有直隶总督杨士骧进贡如意一架,系山东省曲阜县圣林所产,古色苍然,实属一代逸品。"③

二十九日,《收考察南洋商务大臣杨士琦电得悉兵舰抵达菲律宾岛受到欢迎事》:"考察南洋商务大臣杨士琦来电。上月二十二日,由上海放洋业经奏明在案,本月初四日乘海圻兵舰行抵飞猎滨岛,万众欢迎,结彩张灯,悬旗奏乐,恭迎恩命。士琦连日至商会、学堂、会馆演说,谨敬宣布皇太后皇上德意,每演说后,商民感颂圣恩,欢声雷动,佥曰大清国皇太后皇上万岁。适初十日恭值皇太后万寿,现已合埠预备祝典。士琦是日赴商会公所拜牌,礼毕即在兵舰特设茶会,以示酬答。美地方官亦慎谨待外交,尚称接洽。十一日起程,前赴西贡。查南洋各岛声息相通,此次道经香港,登岸数日,与商人加意联络,俾先函电各埠,广布纶音,到埠后复开诚布公,剀切劝导,海外人心益殷内向。至飞岛商务,全恃华侨关切,揆察情形,除俟回国后详奏外,请代奏。"④

⑤十月初三日,外务部《致考察商务大臣杨士琦电》:"准驻德孙大臣电称,德属地萨摩岛,在新金山附近,前有华商来控虐待情形,经吴代佃向外部诘问,复称俩,查明并无虐待,究竟如何?希电杨侍郎,派人前往确查华商情形,计若干人,有无上

① 《收考察南洋商务大臣杨士琦电得悉兵舰抵达菲律宾岛受到欢迎事,1907年11月17日。《清代中国与东南亚北各国关系档案史料汇编》菲律宾卷,第246页。
② 《考察南洋商务大臣杨士琦为抵槟榔屿讲演慰问华侨情形电》.1907年11月9日,《清代中国与东南亚各同关系档案史料汇编》第1册,第203页。
③ 《奉天时报》,1907年11月3日第七版《京师新闻》头条。
④ 中国第一历史档案馆编:《清代中国与东南亚各国关系档案史料汇编》第二册《菲律宾卷宫中电报档》,2004年1月,第246页。
⑤ 中国第一历史档案馆编:《清代中国与东南亚各国关系档案史料汇编》第二册《菲律宾卷宫中电报档》,2004年1月,第246页。

等商人可充领事,为将来设领地步等语。希查照办理,并电复。"外务部 江。"①

十月初三日,外务部《致考察商务大臣杨士琦电》:"准驻法到大臣电称,暹罗向未通聘,此次杨大臣抵暹京畿,如暹王已归,似可以私礼谒见,以示联络等语,特此电达,希酌办,并电复。外务部。江。"②

十月,杨士琦奉派与暹罗商订通商条约。

杨士琦在南洋期间就电告外务部、农工商部及军机处,称:"至各埠,各华侨极意欢迎,经琦多方劝喻,加意联络,而默察侨情,爵赏不足以动彼,殊恐不易,招徕如有妙法,尚祈赐示。"③但军机处给出的"妙法"仍旧是:"该处华侨,务宜加意联络,相机酌量,或奏请赏爵,或优加奖励,总以能招徕二巨商为要。"④

十一月初一日,杨士琦一行抵达新加坡。十一月初七日,他向清廷报告说:"新州为南洋枢纽,商会设立最先。规制之善,权力之雄,为各埠冠。学堂恪遵学部定章,注重中国文字,宗旨纯正。惟五方杂处,良莠不齐,与内地上海相似。至商会成立,渐讲爱戴君亲之义。复经连日演说,该商民等深感朝廷慰问之殷及农工商部提倡之力,情意甚戳,颇能坚持定见,力拒邪说。英官外交极洽。"⑤

十一月十一日,杨士钧试署小吕宋总领事官。

十二月初四日,电旨:"奉旨,杨士琦电奏悉,著准其回京覆命,钦此。⑥"二十三日,电谕:"奉旨,杨士琦电奏悉,著赏假一个月,钦此。"⑦

是年,徐世昌任东三省总督兼管三省将军事务。

罗振玉升任学部二等咨议官,并巡视河南、山东、江西、安徽四省学务。罗、杨两家同住淮安城南,为世交,因此,罗振玉在济南与杨士骧相见甚欢。是年秋天,杨士骧继续袁世凯的禁烟之策,严厉禁烟不稍懈。其组织控制之严密绝非他省所能及。

1908 年,光绪三十四年,47 岁

从南洋归国后,杨士琦很快便呈上《考察商务大臣杨士琦奏为考察南洋华侨商

① 骆宝善,刘路生主编:《袁世凯全集》第一七卷,河南大学出版社,2013 年 7 月,第 111 页。
② 骆宝善,刘路生主编:《袁世凯全集》第一七卷,河南大学出版社,2013 年 7 月,第 111 页。
③ 《杨士琦请示招徕华侨之妙法》,《申报》1907 年 12 月 19 日。
④ 《枢臣密示联络华侨之妙法》,《申报》,1907 年 12 月 24 日。
⑤ 《收考察南洋商务大臣杨士琦来电抵新加坡事》,1907 年 12 月 11 日。《清代中国与东南北各国关系档案史料汇编》第 1 册,第 203 页。
⑥ 《政治官报》,1907 第 75 期。
⑦ 《政治官报》,1907 第 94 期。

业情形恭折仰祈圣鉴事》：

　　窃臣奉命前往南洋考察商务，于上年九月二十日乘海圻、海容两兵舰，由上海放洋，历经美属之飞猎滨、法属之西贡、暹罗之曼谷都城、和属爪哇之巴达维亚、三宝垄、泗水、日惹、梭罗及附近之大小霹雳等埠，所有考察大概情形，业经电奏在案。

　　伏查，南洋各埠，为神州之外府，瀛海之噢区。唐宋以来，始通中国，航舶互市，琛赆偕来。昔人所谓海外杂国，东南际天地，数以万计，时候风潮入贡者也。自西人航海东来，逐渐占据，始则通商建埠，久而屯戍设官，豆剖瓜分，夷为领土。昔之蛮酋、岛长，仅有存者，而中国海疆多事，亦萌芽于此。然地当赤道，炎瘴最深，西人以水土不宜，居留甚少。土人则性情犷野，呰窳偷生。惟我国闽粤之人，生长南纪，耐劳冒险，所到之地，类能剪除榛莽，手辟利源，其流寓久者已数百年，拥资巨者或数千万，而衣冠礼俗仍守华风，廛市规模犹同内地，敦本思源之念，诚有足多者。臣舟车所至，广布皇仁，博咨民隐。举凡工商消长之原，物产盈虚之故，与夫疆域、户口、政令、风俗之宜，谨就考察所及，为我皇太后、皇上陈之。

　　飞猎滨群岛，大小千余，以小吕宋为最巨。其地西连闽粤，北枕台澎，距香港、厦门均不过二千余里。土产以烟、糖、麻、米为大宗，转售行销，皆操自华人之手。贸易则闽商最盛，粤商次之。商会、学堂、医院、银行，规模具备。惟商税既重，工禁又严，来者日形减少。前此华侨不下十余万人，现在统计，户口不满四万，而市面亦因之减色。美官绅渐知非策，始议设法招徕。本年正月间，在该埠特开赛会。凡华人来埠者，一律优免进口税。名为赛会，意在招商。臣晤美督时，亦彼此推诚商榷，以期互收利益。业经函知臣部，酌复办理。

　　西贡为越南沿海巨埠，上通澜沧江，内连南圻各省，水陆辐辏，商货流通。华侨约五六万人，其散处各省者共二十余万。距海口十二里，有巨市，曰堤岸，系华人贸易旧街，尤为富商所萃。土沃宜稻，播种于田，不烦耘耨，故产米之富甲于海南，运销出口者岁约一千二百余万石。未经垦辟者尚多。碾米公司九家，而华商居其七。米市利权，几尽归掌握。惟人心涣散，因省县之异，分为五帮：曰闽帮、广帮、潮帮、琼帮、客帮，各立公所，互分畛域。经臣邀集各帮，劝令联络一气，迅设商会、学堂，并助法币二千，为之提倡。该商等咸感激乐从，不久可期成立。

　　暹罗为南洋大国，北接滇徼，东西介越南、缅甸之间。越蹶于法，缅剪于英，独暹罗尚能自立。近岁采用西法，外交、内政均极讲求，惟民贫财殚，于海陆军备尚未能扩充整顿。其都城曰曼谷，居湄南河下游，民物殷阜，产米丰贱，埒于越南。象牙、犀角、玳瑁、燕窝，尤称珍品。全国华侨约三百万人，气谊团结，过于西贡。暹政府间岁课华民身税一次，恃为入款大宗，此外尚无苛待情事。现闽、粤各商正在筹设商会,复经臣手札劝谕,商情益形鼓舞。俟订定章程后,即呈报臣部,奏明立案。

爪哇全岛大于和兰本国四倍,分为二十三府,环海而治。西部五府,以巴达维亚为都会。中部九府,以三宝垄为都会。中部九府,以三宝垄为都会。东部九府,以泗水为都会。日惹、梭罗则为内地著名都会。其地在赤道以南,与澳洲相近,气候炎燠,土脉膏腴,物产最富。东部以糖业为大宗,西部以米业为大宗,濒海则擅鱼盐,近山则饶林矿。华侨散居全岛,约六七万人。和官选其才者为马腰、甲必丹等官,专理华民事务。各埠现已设立商会七处,学堂四十余所,颇能讲明大义,爱戴君亲,民气最为纯朴。惟和官税重政苛,事事钳制华人,不以平等相待。

汶岛属苏门答腊,在爪哇之西北。地富锡矿,矿工五万余人,均系粤籍华工。入境后,即受和人束缚,食以粗粝,居以茅茨。臣道经该岛,停轮抚慰,并派员往视附近锡场,华工数百人环求拯拔,情殊可悯,亟宜设法保护,以卫民生。

暹罗之西南海岸,有地如股,斗入海中,内多巫来由部落,昔属暹罗,称为地股,今归英人保护,统名曰海门属部。地股之极南,有岛曰新加坡,幅员甚小,农产亦稀。白英人开埠后,免税以广招徕,由此商舶云集,百货汇输,遂为海南第一巨埠。华侨二十余万人,工商而外,擅陂沼园林之利。商会成立最早,势力甚雄。英官颇假以事权,而海外各商会亦以此为枢纽。学堂四所,课程规则悉遵学部定章,宗旨纯正。英人法令较为宽简,商民尚得自由,惟五方杂处,良莠不齐,奸宄之萌,尚难尽绝。

地股之西岸,有岛曰槟榔屿,商务亚于新加坡,而农产过之。果品、海产尤为出口大宗。华侨二十余万人,自商会成立以来,公订规条,自相约束。游惰者资之回籍,贫窭者教以营生。英官颁行新例,有不便商民者,商会得援律驳阻,故华人权限以此埠为最宽。中华学校一所,为前太仆寺卿张振勋等所设,经臣部奏明立案,蒙恩赏给匾额一方,《图书集成》一部,宸翰褒题,规模遂为各校冠。从前商人子弟肄业英校者仅以律师、医士起家,今则讲求政学,研究中文,商智渐兴发达。

由槟榔屿东渡海峡,登大陆,逾山南行,而至大小霹雳,亦海门属部之一。四山皆矿,产锡最饶。华人来此往往以赤手致富。所产之锡,岁值九千余万元,由槟榔屿出口,运销东西洋。近岁锡价低贱,年甚一年,业此者颇多折阅。若矿业一停,则华工二十万人皆虞失所,而新、槟两埠商务亦视此为盛衰,关系至为巨要。

以上所历,皆系通都大埠,华侨荟萃之区。商务以新加坡、槟榔屿为最繁,物产以小吕宋、爪哇、西贡、暹罗为最富。而经营垦辟,全恃华人,故志南洋者辄谓,西人虽握其政权,而华人实擅其利柄。其中不乏开敏通达、豪杰有志之士,徒以悬隔海外,不睹中国礼乐衣冠之盛者,几数百年忠爱之忱末由自达。此次蒙朝廷特派专使抚慰,商民以为奇荣。使车所至,衢市阗溢,家设香案,户悬国徽,结彩张灯,恭迎恩命。臣每抵一埠,即赴商会、学堂、公所等处演说,敬谨宣布皇太后、皇上德意,万众圆听,额手高呼,欢声雷动,外人旁睹亦为改容。观民心爱戴之深,可知圣化涵濡之远。所到各学堂,均酌给奖赏,以资鼓励。总期为朝廷多布一分膏泽,即为侨民多添一分感情。除奖励、保护等事宜另折奏明办理外,所有考察南洋华侨商业情形,理合恭折具陈,伏乞圣鉴。谨奏。

光绪三十四年正月二十九日奉旨:知道了。[1]

二月,杨士琦呈上《农工商部侍郎杨士琦奏遵核暹罗订约通使事宜折》:

农工商部侍郎杨士琦奏,为遵旨酌核暹罗订约通使事宜,恭折具陈,仰祈圣鉴事。窃臣前准都察院咨称:光绪三十三年八月十九日,本院代奏陈发檀条陈一件,奉旨:着都察院咨行外务部暨杨士琦酌核办理。钦此。恭录咨行钦遵等因前来。查原呈内称:暹罗一国,土地二十余万方里,人口数百万。自宣布独立以来.法律、政治、教育、军备及农工商著进步。顾其国,上有贵族,下有奴隶,而无与国同休戚之中等人民,故识者皆知彼不足以图强,徒为英、法各国所利用。彼所谓中等人民者,即我国旅居彼国之商民。全国商民、全国商业,皆在吾民之掌握。以彼物产之丰富,供我人民之懋迁,此实中国天然之殖民地。近者东西各国皆有驻暹使臣,故商业日渐进步。吾民则既无国家保护之力,又无社会公共之心,羁旅海外,自谋生活,与政府绝无关系,种种邪说得乘间人之,于国民、商业前途,所关甚巨。拟请特谕外务部及出使大臣杨士琦,考察旅暹商民情形,是否能仿各国派驻暹出使大臣或领事,以维商务而善邻交等语。

臣维暹罗立国南徼,互市之利始自隋唐,流寓之人多系闽粤,梯航通道,久被华风,系我朝属国。近岁锐意图强,俨然独立,与各国订约通商,冠盖四出,西人咸目为东方比利时国,不以弱小而轻之。其全国户口不满千万,而华侨乃三百万人。人数之众,过于爪哇;商业之盛,过于西贡。惟我国尚未派有使臣、领事为之保护,势孤气馁,外人未免相轻。臣在暹时,商民等环诉吁求,殷殷仰望。窃以世界大势,趋重商战,因国际贸易之交通发达,而国际之交涉由是而生,故两国通商,即互有缔结条约、派遣使臣之权利,初不以大小强弱为殊。况暹罗近居东亚,地接滇南,屡以缅越界务与英、法相交涉,尤隐系中国边防。固圉保商,均关紧要。该生所呈各节,似属可行,拟请饬下外务部酌核情形,相机办理,以示朝廷惠保商民、怀柔远人之至意。所有遵旨酌核暹罗订约通使缘由,理合恭折具陈,伏乞圣鉴。谨奏。

---

[1] 李育民等点校整理:《清季外交史料》7,湖南师范大学出版社,2015年5月,第3763—3765页。

光绪三十四年三月初四日奉旨：外务部知道。①

二月。杨士琦呈上《农工商部侍郎杨士琦奏请设西贡河内爪哇领事片》：

再，东西各国重视商务，凡商民之在外国者，必设领事以保护之，视为通例。所以旅居乐业，商务日益扩张。南洋各埠，华侨数百万人，商力夙称雄富，喁喁内响〔向〕，久盼抚绥。除英属之新加坡、槟榔屿，美属之小吕宋已设有中国领事外，若法属之越南、荷属之爪哇等埠，皆商务最盛、侨民最众之区，卒以未设领事，受外人之欺凌剥削，赴诉无门，殊为可悯。此次臣在各该埠，商民等沥禀苛待情形，环求设领保护，情词恳切。查乙酉、丙戌条约，法人本允我在越南之海防、河内等处设立领事，嗣以滇桂之事商明缓办，迄今廿余年，法人并不照约优待，税敛奇重，苛例日新，视我华人几同鱼肉。该埠商会、学堂至今未立，未始非积威所厌，团体不能遽成。默察情形，设领一层，似难再缓。查西贡为南圻海口，近接闽粤，商货灌输，全越菁华实萃于此。拟请设领事一员，驻扎西贡，兼辖柬埔寨及南圻各省。海防为北圻海口，内连滇桂，水陆交通。近自滇越铁路告成，边防尤关紧要。拟请设领事一员，驻扎海防，兼辖河内及北圻各省。如此，则形势联络，声息灵通，于大局所裨甚巨。爪哇为南洋巨岛，荷兰恃以立国。华人垦辟此土已数百年。荷人以我未设领事，任情苛待，佣工则视同牛马，商贾则算及鸡豚。甚至行动、居住皆有限制，不得自由，稍一违章，即受拘罚。其为马腰、甲必丹者，但奉行荷官命令。不肖者且欺凌同类，为虎作伥。华人积困之余，亟谋自治。比岁，各商会、学堂次第设立，风气渐开。荷人猜忌益深，力图抵抗。近广设学堂，俾华人习荷语，创行新例，以土官辖华人，意在箝轭吾民，驱归彼籍，其政策至为阴狠。若有领事从旁阻挠，或尚可挽回利权，维系人心。查南洋一带，荷兰属地最多，拟请设总领事一员，驻扎爪哇。此外若苏门答腊、婆罗洲、西里伯等埠，或酌设副领事，或归总领事兼辖，均俟体察情形，酌核办理。臣亦知西人性情坚切，虑我设领事挠彼政权，提议之时多方推宕，然越南、爪哇等埠，各国早经设有领事，岂能显有异同？苟不惮笔舌之繁，力与磋磨，或能就范。驻法使臣刘式训、驻荷使臣陆征祥，均能实心办事。如由外务部知照各该使臣，就近与法、荷政府认真商办，必能得力。臣为维持商务、保护侨民起见，理合附片具陈，伏乞圣鉴。谨奏。

光绪三十四年三月初四日奉旨：著照所请。外务部知道。②

二月二十六晚，杨士琦与袁世凯、那桐等聚餐。"二月廿六日早赴西苑，内阁联

① 李育民等点校整理：《清季外交史料》7，湖南师范大学出版社，2015 年 5 月，第 3797 页。
② 李育民等点校整理：《清季外交史料》7，湖南师范大学出版社，2015 年 5 月，第 3798 页。

衔奏宝熙、吴郁生、陈宗妫、信勤、姜毓昌等五员,又提署奏事。已刻到税务处,未刻进署。晚在家约袁宫保、世中堂、唐少川、杨杏城饭,亥刻散"。[1]

二月十七日,直隶总督杨士骧为警务处拟定客店等三章程致民政部咨文,不久清廷予以颁布。其中《预防传染病章程》共十七条,对传染病的管理进行明确规定。第一条为"本章程所谓传染病者,霍乱、瘟疫、痘疹、白喉及其他容易传染之病皆包含之。"第二条规定"前条所指容易传染之病,当行预防后,应由该管官临时指定之。"第三条"有得传染病及因传染病死者,应于当日速行呈报该管巡警局。"第四条"患传染病者,应从巡警局之批示用清洁及消毒方法。"第十一条"医生诊视传染病时,须将消毒及清洁各法告其家人,并即时呈报该管巡警局。清洁法有扫除、洗涤、疏浚、搬运。消毒方法有焚烧消毒、蒸晾消毒、石灰消毒、药品消毒。"

三月,杨士琦奉朝命赴南京,任劝业会审查总长。

三月癸巳,农工商部右侍郎杨士琦奏《南洋闽商胡国廉集赀创兴琼崖地利办法》,定为一纲曰开银行,十目曰:筑马路、广种植、清荒地、兴矿业、讲畜牧、重渔业、设轮船、长森林、兴监务、开商埠。下部议。现月折包。又奏请饬各省督抚勿派员前往南洋各埠劝捐,下部知之。现月。(《光绪实录》卷之五百八十九)

三月癸卯,农工商部右侍郎杨士琦奏:海军得力人员,请照陆军部奏定暂行章程,充补实官。又奏:每年冬季酌派南北洋各舰游历南洋各埠,由农工商部遴员随同前往,下陆军部会同北洋大臣具奏。寻奏:两舰得力人员补官之处,拟俟海军官制奏定,再行核办。酌派军舰游历南洋,并由农工商部遴员随同前往各节,拟请照准,从之。摺包。(《光绪实录》卷之五百八十九)

三月初八日,内阁奉上谕:农工商部侍郎杨士琦奏保荐南洋华侨人才恳恩录用折[2]。农工商部侍郎杨士琦奏保荐南洋华侨人才折又奏请将候选道吴梓材破格奖励片[3]。

三月十七日,因泗州受灾,杨士骧两次捐款共计银一万五千两,安徽巡抚恩铭会同两江总督端方上《直隶总督杨慨捐振款请奖叙片》:"……五千两交前署州白曾焯会绅散放,又续于本年正月解到库平银一万两,交五河典铺蒙绅胡广渊会同泗绅查户散放,全活灾黎甚众,官民同深钦感,详局核明,请奏前来。臣查,捐振银一万两以上例得专案奏奖,今升任直隶总督本任山东巡抚杨,以泗州灾情较重,先后共捐银一万五千两,洵属慷慨乐输。在该署督慨念乡梓,只自行其救济,灾黎之幸。

---

① 王芸主编:《北京档案史料》,《那桐日记》新华出版社,2002 年 12 月第 1 版,第 76 页。
② 《政治官报》,1908 第 160 期。
③ 《政治官报》,1908 第 161 期。

且身受优予殊恩,不敢藉振邀奖,惟灾区得此钜款,裨益实大,未便没其好善之忱。其应如何,恩施之出自逾格鸿慈,匪臣所敢擅请,谨会同两江总督臣端附片具陈,伏乞圣鉴训示施行。谨奏。"四月初二日,朱批:"著照所请,该部知道。"

三月十八日,农工商部大臣溥颋、熙彦、杨士琦等上奏慈禧太后和光绪帝,请建自来水厂、纺纱厂。"臣溥颋等跪奏,为筹办京师自来水暨纺纱厂,调员董理以资提倡,恭折仰祈圣鉴事。窃维臣部综理农工商事宜,凡各项实业有益于民生日用者,端在择要筹办,以为提倡。即如京师自来水一事,于卫生消防关系最要,迭经商民在臣部禀请承办,或因资本不敷,或因人非公正,迄未照准。又近年京师官私织布厂创设渐多,于贫民生计大有裨补。惟类皆购用洋纱,仍未足以塞漏卮。果能办理机器纺纱,俾与织布各厂相辅而成,必可以兴美利。以上两端,均为京师地方切要之图,亟宜设法筹办。惟京师地势高垲,户口殷阗,需水甚多,来源颇少,较诸沿江、沿河情形迥不相同。统计水源,预算食户,确有把握方能着手。至纺纱之要固在设机俾省工力,而购机设厂成本甚重。近来洋纱充斥,如能减轻售价,使人人争相购用,方可抵制外货,渐期畅销。是非创设公司,厚集股款不为功。现当创始,经营一切事宜诸需擘画,非有谙悉商情声望素孚之员预算成本、宽筹款项,难期成立。兹查有臣部议员、头品顶戴前署直隶按察使、长芦盐运使周学熙,前在直隶历办工艺局厂,成绩昭著,业经臣等于遵旨保荐人才折内奏明在案。拟即饬令该员总理京师自来水暨纺纱厂事宜,必能措置裕如,不负委任。除一切详细章程仍由臣等督同该员随时妥为规划,陆续奏明办理外,所有遴员筹办京师自来水暨纺纱厂缘由,理合恭折具陈,伏乞皇太后、皇上圣鉴训示。谨奏。

臣溥颋、臣溥彦、臣杨士琦。(宫中奏折)"。[1]

三月三十日,杨士琦参加关于铜官山矿藏争议的会议,在会上发表讲话,主张废除条约。"三月三十日,在安徽会馆开同乡大会,在京的同乡官员都应邀参加。先由吴传绮代表报告此次皖省开会决议情形,全体会员及沪宁赣各公会到会的代表均抱定废约自办为唯一宗旨。次由方履中代表演说铜官山案情经过,揭露了凯商无理狡赖背约之确据。会上,在京安徽籍官员制军李仲仙,侍郎杨杏城当即起立发言,慷慨陈词,认为事已危迫至此,皖人除废约外,别无他法,只有全体一心坚持到底。与会代表一致决议,派代表赴外务部报到,再由在京皖绅联函公呈外务部,要求共同协力与争,并公推侍讲李新吾起草联合公函。"[2]

---

① 天津市市长芦盐业总公司编:《清代长芦盐务档案史料选编》,天津人民出版社,2014年12月,第564页。
② 铜陵市政协:《安徽人民反抗英帝国主义掠夺铜官山矿藏始末》,载《安徽文史资料选辑》第13辑,1983年1月,第5页。

四月八日,向清廷上奏《筹议华商创兴琼崖地利折》。此折将马来西亚"锡矿大王"胡子春对开发海南岛"一纲十目"的构思与计划作出详细奏报。所谓的"一纲"。即创办琼州劝业总银行。"一纲"举,则"十目"张。"十目"依次为:兴矿业、清荒地、广种植、讲畜牧、兴盐务、长森林、重渔业、筑马路、设轮船、开商埠。①

四月,因在上海万国红十字会出力,杨毓莹、周传诚,均免选本班,以知府选用,并加盐运使衔。②

四月初九日,杨士骧在天津玉皇阁成立"北洋滦州官矿有限公司",并任命周学熙为公司总经理,直隶补用道孙多森为协理。③

六月己卯,实授杨士骧直隶总督兼北洋大臣,袁树勋任山东巡抚。

六月,杨士晟任津浦铁路南段总办。

杨士骧委派继任天津海关道蔡绍基及津浦铁路北段总办李德顺接续前议,于1908年议定《直隶井陉矿务总局与井陉矿务有限公司办矿合同》17条,经直隶总督杨士骧奏准,设立井陉矿务局④。

七月二十三日,农工商部将胡子春的具体落实步骤向两宫复奏:"胡国廉雅负物望,精擅商才。原单内所列各条,及此函陈办法,均属胸有成竹,切实可行。惟是造端甚宏,创始不易,若诸务同时并举,资力或恐未胜。……俯念琼崖事体重要。明降谕旨,特派大员督办琼崖垦矿事宜,以重事权,并请勅下两广总督,饬劝业道,饬琼崖道,实力保护,并由臣部随时稽查,遇事维持,俾策全功而收实效。臣等所谓为公司筹久远者此也"。⑤

杨士琦即领衔奏请朝廷特派大员督办琼崖垦矿事宜,其上奏言:"琼崖垦矿,事关钜要,非蒙特派大员督办,不足以崇声望而专责成。惟所派各员必须深谙土风,洞悉商情,始可收提倡维持之效","查三品卿衔胡国廉,器识闳远,筹略精深。才力足膺钜难,声气足资号召,一旦事由手创,则休戚相关。地方白经,则情形熟悉,合并仰恳天恩,俯准予三品卿衔胡国廉督办琼崖垦矿事宜,俾得专心筹划,迅速开办。"不久,乃有上谕:"农工商部奏筹议华商创兴琼崖地利事宜,酌拟办法一摺。著派三品卿衔胡国廉总理琼崖垦矿事宜"。为使胡子春在办理此事能放开手脚,达到"内则莞摄公司,外则会同地方官妥商办法"。农工商部复人奏请"刊刻木质关防一

① 胡赛标:《"锡矿大王"胡子春逸事》,永定县政协编《永定文史资料》第32辑,2013年12月,第190页。
② 《东督等奏保红十字会名单》,《申报》1908年4月28日。
③ 李艳萍,姜铎:《近代中国洋务运动与资本主义论丛》,吉林人民出版社,1996年7月,第217页。
④ 张以诚编著:《中国近代矿业史纲要》,气象出版社,2012年5月,第49页。
⑤ 胡赛标:《"锡矿大王"胡子春逸事》,《永定文史资料》第32辑,2013年12月,第191页。

颗。文曰:'总理琼崖国矿事宜关防'颁给钤用。俾资信守"。两宫乃下达"奉旨依议"的指示。①

八月,周学海在南京拜会杨士琦。"八月,余赴南京,见劝业会审查长杨杏城侍郎,谈医甚久。余之《医学丛书》及精制补血丸、半夏消痰丸,皆得南洋劝业会最优等奖凭。奉天鼠疫盛行,余作《鼠疫一夕谈》,广登各日报。"②

八月二十日,袁世凯五十大寿,锡拉胡同 19 号贺客盈门。据《泰晤士报》记者莫理循记载,大街上停满马车,军警沿途站岗,整个 19 号大院,从各个客厅到外面的走廊,从前院到后院,密密麻麻地挤满了官员,几乎囊括了北京的所有权贵,总数当在 1000 人左右。直隶总督杨士骧,自感受恩深重,在致送的寿序中,自称"受业"。

秋季,杨士骧进京与政务处 6 次会商要政,其与官制大臣们商议的方案,最初是以东三省官制为蓝本,准备在直隶设交通司,"巡警、劝业两道缺裁去,天津、清河两道改为督署左右参赞,各府知府悉加兵备衔。除抚民同知外,所有散缺同知、通判暨县丞、巡检、主簿、吏目、典史等一概裁撤,而府州县属下另设专科,分科治事。"③

十月,杨士琦上奏折《奏为查勘要工谨拟分别修缓由》。朱批:"著藏修大臣并案估修。"(台北故宫藏档,文献编号:167320)

十月十七日,杨士琦上奏折《奏为遵旨查勘昭西陵等处要工谨拟分别缓修由》。(台北故宫藏档,文献编号:167340)

十月二十一日,光绪崩于瀛台,寿三十有八,遗诏以醇亲王载沣子溥仪入承大统,慈禧太后命以溥仪承继穆宗(同治)为嗣,兼祧大行皇帝(光绪),以摄政王醇亲王载沣为监国,尊慈禧太后为太皇太后。

十月二十二日,慈禧太后薨,年七十有四。太后之薨,去光绪殡天之日仅一夕,因是中外蜚语纷纷,皆疑帝之崩御非正命。

十一月初九日,宣统帝溥仪即位,定明年为宣统元年。

十二月十一日,清廷以足疾为名,罢斥袁世凯,命回籍养疴。旨下之日,袁世凯潜往天津,欲晤直督杨士骧而不得。袁称疾返回河南,最初隐居于辉县,后转至安阳。袁在此期间韬光养晦,暗地里仍关心政事,等待时机复出。

是年,盛宣怀任邮传部右侍郎,将汉阳铁厂、大冶铁矿、萍乡煤矿合并,成立"汉

---

① 胡赛标:《"锡矿大王"胡子春逸事》,《永定文史资料》第 32 辑,2013 年 12 月,第 191—192 页。
② 熊月之主编:《稀见上海史志资料丛书 3》,上海书店出版社,2012 年 7 月,第 511 页。
③ 《直隶改革官制》,《时报》1908 年 9 月 2 日。

冶萍煤铁厂矿有限公司",改"官督商办"为完全商办公司,被荐举为公司总经理。

十二月辛巳,杨士燮因政绩突出受表彰。谕内阁:"增韫奏,甄别属员,分别奖惩一折。浙江杭州府知府卓孝复、嘉兴府知府杨士燮、署湖州府本任严州府知府锡纶……,泰顺县知县程济瀛,既据该抚胪陈政绩,均著传旨嘉奖。"①

杨士燮整修嘉兴府东西长廊,改仪门为二门,添具左右两翼门;补筑谯楼,并改旧额"首藩名郡"为"秀州古治",作《重修嘉兴府治碑记》。

是年,杨士骧为马玉昆忠武公祠题联:"落日炤军门,提孤军抗六国雄师,飒爽英姿,想见褒公毛发动;大星沉冀北,拼百战博两宫优眷,摩挲故垒,难忘祈父爪牙才。"

是年,杨士骧为同乡尹同愈(1882—1957)安排了一个官费去日本留学的名额,让他入日本陆军士官学校第七期。

是年六月,李石曾的改良豆腐专利在巴黎获得审批。他专程回国,为开办的豆腐工厂及远东生物研究会筹措资金。他把这个提案送到直隶总督兼北洋大臣杨士骧手中。杨是李父昔日的学生,于是李石曾幸运地获得了两笔经费:杨命令天津海关道每月给远东生物研究会450两银子;豆腐工厂则以直隶省公股投资的名义而获得了30万元的开办费。②

是年秋天,杨士骧继续袁世凯的禁烟之策,严厉禁烟不稍懈。其组织控制之严密绝非他省所能及。尤其是直隶为严禁官吏吸食,特制定了《官场戒烟章程》五条,对违禁官员严惩不贷。在禁止吸售方面,直隶共设立200余个戒烟分所,铲除烟馆800多个,查获秘密贩烟案1300起。在禁止种植罂粟方面,多次颁示晓谕,"倘有偷种之户,立将烟苗划去,地亩充公"。③

1909年,宣统元年,48岁

春天,在朝廷举行的"三载考绩"中,杨士骧得到了"宣勤畿辅,筹划精详"好评(《大清宣统政纪》卷九)

正月,徐世昌调任邮传部尚书,四月到任。八月改任协办大学士,补授军机大臣;一月后又授体仁阁大学士。

二月十五日,清廷诏谕实行"预备立宪、维新图治"之宗旨。

二月,杨士燮由嘉兴知府试署浙江巡警道,次年四月实授。

---

① 《宣统政纪》卷五,光绪三十四年十二月辛巳。
② 姚蜀平:《回首百年路遥,伴随中国现代化的十次留学潮》,上海教育出版社,2017年7月,第113页。
③ 《申报》,1909年2月3日。

五月初十日,杨士骧去世。朝廷给杨士骧极高的礼遇,发出"圣谕",谥文敏,并御赐碑文,饰终之典十分隆重。

五月十七日,高润生恭折具陈,特参杨士骧等容隐私人败坏路政,请求饬办,附件二。(台北故宫藏档,文献编号:178551)

六月三十日,轮船招商局在上海张园召开第一次股东大会,第一任董事会成立,公推盛宣怀为正主席,施肇会为副主席,并决定任用书记及办事员数人①。

《农工商部为香洲开埠及暂行办法如何电复事致外务部商品流通信函》:

宣统元年四月十八日涤

敬启者,准两广总督电开粤商集资筹开香洲商埠,为召回华侨广兴商业起见,已议有端绪,奏明在案。查该埠颇得地利,粤省侨商称盛,每挟巨资,倾心内向,习于外洋风土,不耐居住城厢乡镇。闻开埠之议,多喜色相告。若成,来归必众,实可为地方培元气。唯商埠既开,必利交通乃能发达,以开无税口岸为无上政策.南洋各埠以至香港皆用此法,商业最旺。我国商务从无无税口岸,甚为缺憾。意欲于此埠小试其端,现已由该商等分为免税界限、管理规则、理船章程、保护办法四项,思想酌采香港向行办法.参合我国法律,再行咨明核示等因。查香山绅商择地自开商埠,意在振兴商业、利便侨民,至请作为无税口岸一层,亦以是处密迩香港澳门,藉此招徕,为挽回利权之计。唯事关商埠税务,应由贵部主持。现拟如何电复,尚祈示悉,以免两歧。专此布达,祗请勋安。

熙彦、溥颐、杨士琦同顿首。

再复准粤督咸电开,近据九、拱两关税司先后申称,华洋各轮请由香港澳门赴香洲行驶,请示核办前来。兹拟一暂行办法,准华洋轮船前往,只载搭客及载运该埠所需材料,不准装载别货。各轮仍应赴经过关厂报查其材料等物,照章完税。俟该埠章程核定,即将此项暂行办法取消等语。贵部现拟如何电复,望一并见示为盼。再请勋安。

熙彦、溥颐、杨士琦再顿。(外务部档)②

七月,杨毓璋任天津电话局总办,至 1913 年 8 月。

八月二十二日,大学士、军机大臣张之洞卒。

十月十一日,清廷以直隶总督端方"恣意任性,不知大体"革职,调陈夔龙为直隶总督兼北洋大臣。

----

① 苏生文:《中国早期的交通近代化研究》(1840—1927),学林出版社,2014 年 4 月,第 107 页。
② 中山市档案局(馆),中国第一历史档案馆编:《香山明清档案辑录》,上海古籍出版社,2006 年 6 月,第 912 页。

十二月初九日,杨士骧安葬于江苏省淮安城南雨前庄(现淮安市淮安区朱桥镇许王村)。墓前有巨碑,上刻《圣谕》和《御制碑文》,体仁阁大学士鹿传霖撰写墓志铭。此墓文革期间遭到破坏,2005 年淮安区政府拨专款修复,现为淮发市文物保护单位。

杨士燮与浙江提学使袁嘉谷畅论诗歌。"余在杭日,抚院命余试巡警,时巡道为杨味莼士燮,局门竟日相与论诗,各举杜诗劣者以为笑乐。杨举数十联,而以'日出倒听枫叶下;橹摇背指菊花开'为最不可解,余亦举数十联,而以朱老吃梅为粗,叩富儿门为鄙,吴太守少春之言曰:公欲谈诗,其味莼乎! 今味莼逝矣,少春亦逝矣,追念旧迹,不胜惘惘。"①

1910 年,宣统二年,49 岁

正月初四,南洋劝业会会场竣工。周围约七里,占地近千亩,规模宏大,设有两江所建馆、外省自建馆及各专业馆区 34 个,此外还建有南洋侨商展馆、德日美英四国展馆等。牌楼高大雄伟、中西合璧,展馆布置华丽、宽敞明亮。会场中心还建有四方形三层塔式楼房一座,为劝业会办公楼。

二月初五,那桐看望杨士琦。"二月初五日早进内,巳正散值。到桂月亭处送行,沈雨人、杨杏城处看视,午正归。午后增瑞堂来谈。"②

二月二十一日,黄复生(树中)、喻培伦(云纪)、汪兆铭(精卫)等谋炸清摄政王载沣,事泄。不久,黄复生、汪兆铭、罗世勋在北京被捕下狱。

三月二十八日,杨士琦任"南洋劝业会"审查总长,上奏折《奏为前往南洋参加劝业会拟酌带司员》。(台北故宫藏档,文献编号:187050),上奏折《奏请刊刻南洋劝业会审查总长关防》(台北故宫藏档,文献编号:187051)

四月二十八日,中国举办首次大型博览会,也是中国举办的首次国际博览会——南洋劝业会隆重开幕,首先由大会审查总长杨士琦宣读圣旨,再由大会会长张人骏宣布南洋劝业会开幕。各国领事、各省官员、海内外客商等云集江宁,参展商品多达一百万件以上,琳琅满目,令人叹为观止。南洋劝业会时印纪念巾两万方,系白杭纺制,用珂罗版精印摄政王、端方、张人俊、陈兰薰、杨士琦和虞洽卿六人头像。

五月二十四日,徐世昌约早饭。"五月廿四日,早进西苑,午初散值。徐菊人约

---

① 袁嘉谷著,袁丕厚编:《袁嘉谷文集》(第二卷),2001 年,第 512 页。
② 王芸主编:《北京档案史料》,《那桐日记》新华出版社,2002 年 12 月第 1 版,第 135 页。

早饭,同座端午樵、张季直、杨杏城、陆润生、汪衮甫等共九人。"①

五月初六日,招商局股东在上海张园开股东年会,到会股东五百余人,计代表一万八下一九百零五股,推举盛宣怀为总理,公司前首脑邮传部左侍郎杨士琦和李鸿章的孙子李国杰为协理,邮传部拒不批准。

七月乙卯,农工商部右侍郎杨士琦奏,南洋劝业会之设,原以观摩激劝。此中端重审查,计江苏、安徽、江西物产会及各省协会运赛物品,别为二十四部陈列之件,说明书者十余万种,足征土地蕴藏,工业发达。已派定人员于七月朔开始审查报闻。(《大清宣统政纪》卷之三十八)

十月,日本棋手高部道平应邀在南京杨士琦府邸'韬园'让中国名手张乐山二子对局,高部又以三子半获胜。接着,高部在"南洋劝业会"让张乐山二子继续对局,两人前后共弈72局,张乐山仅胜13局。

十一月,杨毓瓒在苏州与顾翙徽结婚。不久,顾翙徽不幸突患腹疾。次年正月,归宁淮上,顾翙徽腹痛增剧,转成了"百日痨",百药罔效,于四月十七日遽卒,年仅十七。

南洋劝业会闭幕后,按照本次博览会评议章程,在审查总长杨士琦主持下,对参展物品"审查性质,分别等第,给以奖章,以示奖励"。最后共评选出获奖展品共5271件,其中一等奖66件,二等奖214件,三等奖428件,四等奖1218件,五等奖3345件,分别颁发"南洋劝业会褒奖"奖牌,均以铜质牌镏金、银分授。获奖产品大多是我国传统产品。如今,这些曾经在南洋劝业会上获奖的商品,已成为历史悠久的名牌产品被广而告之。

是年,蔡乃煌任上海道,组织诗钟,樊增祥尝为之评判甲乙,汪洵、陈三立、王仁东、吕景端、梁鼎芬、潘飞声、杨杏城、江孔殷等名望之士均参与其中,所作辑为《洁园诗钟》。

是年,郑观应作《致轮船招商局董事伍秩庸、杨杏城两侍郎书》溯述招商局组织董事会原委和自己所起的作用:"稽查各分局营业一事。查各分局均是包局,无不思争揽客货,水脚多,局用亦多,自顾名誉,惟恐同业诡谲,有不能尽知者。闻各埠太古、大阪之船满载时多,我国船满载时少,人言啧啧,不可不查,须有比较,方知的确。故前年考察长江各分局营业,……。"②

十二月,盛宣怀任邮传部尚书,徐世昌任协办大学士、体仁阁大学士。

①　王芸主编:《北京档案史料》,《那桐日记》新华出版社,2002年12月第1版,第146页。
②　夏东元编著:《郑观应年谱长编》下,上海交通大学出版社,2009年10月,第721页。

十二月十八日,袁世凯《致农工商部侍郎杨士琦函稿》:"杏城仁弟大人阁下:邮程遐隔,英度长钦。祗荷隆施,曷任纫谢。敬维鸿逵协吉,凰律调时。兴实业以宣猷,迓新纶之赉福。云晖引昉,露颂允孚。兄洹上养疴,迄未见效。精神志虑,日益衰颓。蒲质先零,樗庸滋愧。璅璅近状,不足为知已告也。猥以小女于归,厚蒙珍贶奁饰多品,琳琅溢目,藻绣缤纷。舍间细事,亲友概未惊动。祗以多年至好,远道颁来,未敢固辞,谨登。谢谢。颛布。敬请勋安。顺贺年厘。不偹,愚兄袁大功世顿首,十二月十八日。再承惠食物数种,盛意稠叠,并领,至感。"展工商部右堂。【手批】:缮。[1]

折奏类二:南洋劝业会审查总长农工商部侍郎杨士琦奏调用人员免扣资奉片。(《政治官报》1910 年第 1010 期)

折奏类一:南洋劝业会审查总长杨士琦奏南洋劝业会审查事竣分别给奖并办理情形折。(《政治官报》1910 年第 1126 期)。

奏议录要:南洋劝业会审查总长杨士琦奏各省出品列入一等名数应照商勋章程奖励片。《北洋官报 1910 年第 2642 期)

1911 年,宣统三年,50 岁

正月,(张謇)遇杨士琦于上海,北洋属以外债可借否问张、汤、郑。杨晤郑,郑曰:"必可借,不借不能兴中国。"汤曰:"必不可借,借则亡国。"余曰:"借自可,但当问用于何事,用以何法,用者何人。当则借,不当不借。"杨曰:"然则南方借债可分三派。"杨述余前年语"亟立宪非救亡,或者立宪国之亡,人民受祸轻于专制国之亡耳。"问今视昔何如,余曰:"此前年语,今视我社会动作,恐人民经不得亡,亡后担不得恢复。"[2]

二月二十六日,在上海召开第三次股东年会。盛宣怀因已于升任邮传部尚书而没有进入董事会。9 人董事会被称为"议事董事",船舶、运输和财务三个部门的头头被称为"办事董事",由股东推选的两位监察人被称为"查账董事"。

三月,杨士聪调湖南任清理财政正监理官。

四月十日,诏废内阁、军机处及会议政务处,颁新内阁官制,设立责任内阁。旋以庆亲王奕劻为内阁总理大臣,大学士那桐、徐世昌为协理大臣,设外务、民政、度支、学、陆军、海军、法、农工商、邮传、理藩等十部。十三大臣中,满九人,汉四人;而

---

① 骆宝善,刘路生主编:《袁世凯全集》第十八卷,河南大学出版社,2013 年 7 月,第 487 页。
② 张謇著,文明国编,《张謇自述》,安徽文艺出版社,2014 年 7 月,第 58 页。

满人中皇族又占五人,时称"皇族内阁"或"亲贵内阁"。

四月,盛宣怀任邮传部大臣,宣布"铁路国有"政策,将已归商办的川汉、粤汉铁路收归国有,收回了路权,但没有退还补偿先前民间资本的投入,因此招致了四川各阶层,尤其是广大城乡劳动人民的反对,从而掀起了轰轰烈烈的保路运动。保路运动很快发展成为声势浩大的武装起义。

五月初八日,各省咨议局联合会组织政党,定名为"宪友会",该日成立。拟定出章程 29 条,政纲 6 条,以"尊重君主立宪政体","督促责任内阁"相号召,并规定"以发展民权完成宪政为目的",开中国议会政党之先河。

六月初七日,郑孝胥拜访杨杏城:"雨。过杨杏城,谈包工事。十一点,过杨皙子,犹未起,久之乃出,谈湖南农矿事,留饭乃去。遂赴陶然亭,严又陵、高子益、林琴南等公约,梦旦适至。"①

八月十九日(公历 10 月 10 日),武昌起义爆发。盛宣怀请袁世凯出山,同时他遭到了各方的谴责,许多人责怪他的收路政策导致了动乱,盛宣怀被革职,逃亡日本神户。

八月二十三日,清廷任命袁世凯为湖广总督。袁世凯以"足疾未愈",辞之。庆亲王派袁世凯好友阮忠枢到彰德劝袁世凯出山。

八月二十九日,徐世昌奉庆亲王之命,自北京微服到彰德与袁世凯会面。袁世凯要求:开国会,组织责任内阁,宽容武昌事变人员,解除党禁,总揽兵权,宽予军费。所提要求得以满足,即出山。

九月六日,清政府任命袁世凯为钦差大臣,节制湖北水陆各军。

九月十一日,奕劻辞职,袁世凯继任内阁总理大臣,南下视师。

九月十四日,在革命军到达之前,杨士燮弃浙江巡警道职,离开杭州,避难上海。

九月二十三日,袁世凯到达北京,次日受诏见,命到内阁办事。三日后袁世凯内阁成立。杨士琦成为袁世凯内阁重要成员。"三年九月庚寅,谕内阁:袁世凯面奏,组织内阁,推举国务大臣,著命梁敦彦为外务大臣,赵秉钧为民政大臣,严修为度支大臣,唐景崇为学务大臣,王士珍为陆军大臣,萨镇冰为海军大臣,沈家本为司法大臣,张謇为农工商大臣,杨士琦署邮传大臣,达寿为理藩大臣。梁敦彦、严修、王士珍、萨镇冰、张謇未到任以前,外务大臣著胡惟德暂行署理,度支大臣著绍英暂行署理,陆军大臣著寿勋暂行署理,海军大臣著谭学衡暂行兼署,农工商大臣著熙

---

① 中国国家博物馆编,劳祖德整理:《郑孝胥日记》,中华书局,2005 年 8 月,第 1329 页。

彦暂行署理。"(《大清宣统政纪》卷之六十四)

十月初八日,署川督端方被新军杀于四川资州,十六日,监国摄政王载沣引咎辞职,以醇亲王退归藩邸,十八日,袁世凯以唐绍仪为全权代表,与民军议和。十九日,杨士琦任议和参赞,随唐绍仪前往汉口。

十月二十一日,袁世凯与署理邮传大臣杨士琦会衔副署上谕:"奉旨:内阁奏请赏电报公司暨电政局各洋员宝星一折。著依议。钦此。宣统三年十月二十一日,盖用御宝,内阁总理大臣臣袁、署邮传大臣臣杨士琦。①"

十月二十一日,袁世凯与邮传大臣杨士琦会衔副署上谕:"奉旨:内阁奏请派梁士诒接署邮传部邮政总局局长一折,又奏请派叶恭绰充铁路总局局长一片。均著依议。钦此。宣统三年十月二十一日,盖用御宝,内阁总理大臣臣袁、署邮传大臣臣杨士琦。"②

十月二十四日,各省代表由武汉至南京会议,改举黎元洪为大元帅,黄兴为副元帅。

十月二十八日,南北议和代表在上海英租界市政厅首次会议。伍廷芳代表革命军,唐绍仪代表袁世凯,杨士琦为参赞。伍廷芳提出废除清朝政府、建立共和政府等条件。三天后,清廷议和代表唐绍仪等十三人,因议和条款不为袁世凯认可,联名电袁请辞。

袁世凯,王士珍,杨士琦,谕旨五道,奉旨内阁代递典礼院请旨一折,十一月初四日冬至大祀。③

十一月初九日,"国民协会"由张嘉激、杨景斌等在上海发起成立,后有中国共和研究会并入,以"谋中华民国之统一,促进共和政体之完成"为宗旨,主张设立国民参事院,要求兵权、税权、主权统一。次年三月举唐绍仪为总理,杨士琦、袁树勋为协理,渐成为袁世凯的党派。

十一月十三日,清议和全权代表唐绍仪电请辞职,翌日袁电告民军代表伍廷芳,嗣后议和应商事件直接电商。

十一月十六日,杨士琦辞去邮传部大臣职务,由邮传部左参议梁士诒署。

"十一月乙卯,署邮传部大臣杨士琦电请解职,以左参议梁士诒署邮传部大臣。"(《大清宣统政纪》卷之六十八)

十一月初十日,各省代表在南京举行临时总统选举会,选举孙文为中华民国开

---

① 骆宝善,刘路生主编:《袁世凯全集》第十九卷,河南大学出版社,2013 年 7,第 136 页。
② 骆宝善,刘路生主编:《袁世凯全集》第十九卷,河南大学出版社,2013 年 7,第 136 页。
③ 《内阁官报》1911,第 111 期。

国第一任临时大总统,并决议每省选择精通政法及富经验者三人,来南京组织参议院。

十二月十八日,唐绍仪作为北洋军的代表,伍廷芳作为民军的代表,在南京签订停战协议。伍廷芳声明,谈判必须以承认共和为前提,同时暗中告诉唐绍仪,只要袁世凯逼迫清朝宣统皇帝退位,南方一定将大总统的位置留给袁世凯。

十二月二十五日,孙中山回国,二十九日被选举为临时大总统。孙中山宣誓就职以后,立即电告袁世凯,只要他赞成共和,便立即让位于他,提出了三项条件:一是临时政府设在南京;二是参议院选举新总统到南京就职时,孙中山与国会才正式辞职;三是新总统必须遵守临时政府的约法,临时政府已经颁布的政策法令袁世凯必须遵守。

十二月,国民协会,在上海成立,并接纳中华共和研究会并入该会。其宗旨是"以谋中华民国之统一,促进共和政体之完成"。在上海设立总部,下设总务、调查、交际、研究四部,并拟于各处遍设分会。次年初,该会正式改组为政党,推选唐绍仪为总理,杨士琦、袁树勋为协理,温宗尧为干事总长。

1912 年,中华民国元年,51 岁

1 月 1 日,孙中山宣誓就任临时大总统,宣告中华民国成立。临时政府无钱,无法正常运转。曾强令以轮船招商资产为抵押向日本贷款一千万日元。由于遭多方反对未能实现,仅借给沪军都督府银 50 万两。

1 月 15 日,孙中山对短期内获得借款已经绝望,不得不接受和议。孙中山复电伍廷芳:"如清帝实行退位,宣布共和,则临时政府决不食言,文即可正式宣布解职,以功以能,首推袁氏。"[1]17 日,清廷从是日起连续召开御前会议,讨论退位事。除奕劻、溥伦主接受共和外,与会王公亲贵均反对退位。

北方代表唐绍仪、杨士琦致电梁士诒转告袁世凯:"清必倒,民国必成,宁使人诽谤为王莽、曹操,而西方华盛顿不能专美于前。孰得孰失,当能决之。"[2]袁世凯命令袁克定、梁士诒:"为我电致少川(唐绍仪)、杏城(杨士琦)、精卫,并转秩庸(伍廷芳),谓势在必行,义无反顾。唯不能自我一人先发。已将斯旨训示北洋诸镇将及驻外专使、旅沪疆吏,令联衔劝幼帝退位,以国让民,一举而大局可定。另拟优待皇室条件,征南方同意。"[3]

---

①　《复伍廷芳电》,《孙中山全集》第 2 卷,第 23 页,中华书局,1982 年。
②　甘簪:《辛亥和议之秘史》,《辛亥革命》(八),上海人民出版社 1957 年 5 月,第 118 页。
③　甘簪:《辛亥和议之秘史》,《辛亥革命》(八),上海人民出版社 1957 年 5 月,第 118 页。

2月10日，临时参议院议决通过《优待清室条件》八条，主要规定：清帝辞位后，尊号仍存不废，国民政府每年拨款四百万元作为皇室开支。

2月11日，袁世凯以"清帝已决定退位"急电南京临时政府，表示赞成共和，永不使君主政体再行于中国。

2月12日（辛亥年十二月二十五日），清帝溥仪下诏辞位。13日，孙中山先生向南京参议院辞职，荐袁世凯为中华民国第二任临时大总统。15日，选举袁世凯为临时大总统。

3月初，通州、保定、天津等地，亦相继发生兵变。袁借口北方不靖，不能南下，请将首都移至北京。8日，袁世凯在北京宣誓就任临时大总统，并以誓词电达参议院。次日，孙中山向全国宣布袁世凯就职誓词。

吴瀛先生《故宫博物院前后五年经过记》："清之逊位也，袁世凯遣赵秉钧、杨士琦、荫昌及海军部侍郎四人持上逊位折，期以三日。此折置养心殿三日，隆裕始终未披阅，懵然不知为何事，亦无他人过问。及期，四人者复来催逼，乃降旨照准。四人者哭，隆裕亦哭。四人退。隆裕治事如常例，久之不见有奏国事者，乃问奏事处太监曰：今日何无国事？奏事处方告以国事已归袁世凯，太后但问家事可耳！乃爽然。"

3月10日，袁世凯在北京宣誓就职临时大总统，提名唐绍仪为内阁总理。

3月11日，孙中山公布中华民国《临时约法》，申明在正式宪法未产生前，其效力与宪法相等。临时约法计分总纲、人民、参议院、临时大总统副总统、国务院、法院、附则等七章，共五十六条。

3月15日，徐世昌向袁世凯辞去督办津浦铁路之事务，获允，自此得有空暇，屡次出游并旅居河南卫辉、辉县、彰德、汲县以及山东青岛、济南等地，至1914年4月一直休闲在野。

3月18日，盛宣怀《致杨士琦函》，凤泗淮徐灾荒尤重，向东京富友熟商保借三十万元汇沪，赶紧派人查收，设法求助。[1]

3月22日，江苏省教育总会选举唐绍仪为总理，杨士琦、袁树勋为协理。[2]

3月24日，国民协会选举唐绍仪为总理，杨士琦、袁树勋为协理。"国民协会自成立以来已历数月。最近全体公（会）员已举定唐君绍仪为总埋，杨君士琦、袁君树勋两君为协理。三君业已就职。各会员正在积极进行一切，政纲不日即开（可）

---

① 上海图书馆编：《上海图书馆藏稀见辛亥革命文献 4》，上海科学技术文献出版社，2011 年 10 月，第 1847 页。
② 王新全，徐鹏堂主编：《1912 年的故事》，延边大学出版社，2005 年 7 月，第 17 页。

发表云。①

南北议和后,杨士琦留在上海,任职于轮船招商局。3月31日下午二时,招商局股东假座上海张园举行股东常会,伍廷芳、杨士琦、温宗尧、王存善、周晋镳、施则敬、张志潜、李经滇、陈维桢等九人当选为董事,傅宗耀、周国源二人当选为查帐员。本年新董事会成立,公推伍廷芳为主席,杨士琦为副主席,取消办事董事名目。唐德熙、陈猷、施亦爵三人改称经理,施亦爵因病屡次乞退.均经挽留勉强视事。②

4月13日,杨士琦参加汉冶萍公司股东大会,成为九位董事之一。《汉冶萍公司股东大会记录》(1912,4,13,上海):中华民国元年四月十三号,即旧历二月二十六日,下午一时.汉冶萍厂矿公司开股东大会,到会者三百八十人。首由董事王子展先生报告本公司辛亥年营业远不如庚戌年情形及重新组织办事机关,不用总协理名目,另举董事,公选总副经理,并统筹全局进行办法。(另有刊稿)。次请各股东投票。……举定董事九位。赵竹君先生二万四千九百二十八权。盛杏荪先生一万七千八百六十五权。杨杏城先生一万五千一百五十七权。聂云台先生一万三千六百四十七权。王子展先生三千九百五十九权。沈仲礼先生三千四百六十四权。何伯梁先生二千二百十一权。朱葆三先生一千九百五十一权。袁伯揆先生一千五百四十权。查账董事两位:朱子尧先生三万六千二百三十四权。杨翼之先生三万零六百九十六权。次摇铃散会。③ 19日,杨士琦参加汉冶萍公司股东大会。④

4月17日,中华实业联合会在上海张园安恺第欢迎孙中山先生。上海各实业团体、华侨资本家、各省实业家及本埠勇进党、商会诸团体,次第到场,约五百余人。至十一钟时,中山先生暨陈英士都督、前财政部总长陈锦涛、总统府秘书长胡汉民君先后莅临。当由主席程定夷君延入座次,军乐齐奏,由代表张叔和宣读欢迎词,复由会场全体公推孙中山先生为实业联合会正会长,又由全体公推杨杏城、程定夷二君为副会长,一致赞成,欢声若雷。觞筹交错之际,孙先生起立演说,大致谓:中国乃极贫之国,非振兴实业,不能救贫。仆抱三民主义,以民生为归宿,即是注重实业。顾推倒满清政府,民族主义已达;改良专制政治,民权主义已伸;至于民生主义,非以社会主义行之不能完全。⑤

---

① 《时报》,1912年3月24日。
② 胡政主编;孙慎软编著:《招商局史稿 外大事记》,社会科学文献出版社,2014年9月,第144页。
③ 陈旭麓等:《汉冶萍公司》3,上海人民出版社,2004年3月,第245—246页。
④ 陈旭麓等:《汉冶萍公司》3,上海人民出版社,2004年3月,第248页。
⑤ 上海社会科学院历史研究所编:《辛亥革命在上海史料选辑》增订版,上海人民出版社,2011年8月,第772页。

4月29日,杨士琦、谭人凤等组织昌明礼教社致内务部备案呈①。昌明礼教社成立,由徐任正会长,范光启、吕志伊任副会长,黄兴、伍廷芳、蔡元培、程德全、杨士琦、李钟钰、王天培、宋教仁为名誉会长。自呈请政府嘉许立案以来,四方响应,风起云从,支社已达八十余处。

5月27日,国务院致上海全皖同乡会杨杏城君等电:"大总统交来电悉,饥民乡死亡,日以千计,闻之泪下,见死不救,夫岂人情?无奈借款,诸多波折,迄无成议。外迫于债权之要挟,内忧于签议之沸腾,既无王阳点金之方,难为黔敖嗟来之食。来源既断,挹注何从?我民生何辜于天?但愿义赈踊跃,续命有资,俟借款告成,再为分拨。蒿目疮痍,痛心何极!国务院感印。"②

6月,盛宣怀《致杨士琦函》:"北京杨杏翁:冯刘函告凤泗淮徐沉灾须办工赈,汉冶萍合办草约开会取消后,宣本想返沪,惟筹款束手,更非昔比。孙公现允发还苏属典产,似即以筹押三十万元倡捐助赈,可否代请大总统核准,电饬唐总理、孙公及苏皖都督商定,以便赶办,至纫公益。宣叩。"③

7月,周学熙任财政总长,杨士琦荐举杨寿枬任盐政处总办。

9月20日,袁世凯颁布《整饬伦常令》,下令"尊崇伦常",他说:"中华立国,以孝悌忠信礼义廉耻为人道之大经。"力图恢复已经中断两百多年的传统汉文化。

9月,林述庆被袁世凯任命为陆军中将加上将衔,同年十月前往北京任总统府顾问。

10月,梁孟亭力荐杨士琦筹办实业银行。"外交部梁孟亭总长刻因该部责任重大,事务纷繁,筹备实业银行一切事宜未能兼顾,昨特在袁总统前力荐杨士琦(前清农工商部侍郎)替接其事。并请将来筹备完毕,请简该员为中华民国实业银行经理,闻大总统极为称赞,当电饬程都督转令杨士琦迅速来京就任矣。"④

11月20日,袁世凯发布杨士琦查办招商局改组办法令:"杨士琦:据交通部呈,请特派大员将招商局改组办法,现在全体股东是否同意,以及新公司有无洋股,分别次第确切彻查,以凭核办等语,应即派杨士琦确切彻查,秉公核办,从速具覆,此令。中华民国元年十一月二十日 大总统印 国务总理赵秉钧 交通总长朱启钤。"⑤

---

① 中国第二历史档案馆编:《中华民国史档案资料汇编文化》,凤凰出版社,1991年,第84—85页。
② 《政府公报》,一九一二年六月初四日,第三十五号。
③ 上海图书馆编:《上海图书馆藏稀见辛亥革命文献4》,2011年10月,第1971页。
④ 《力荐杨士琦筹办实业银行》,中华民国十月二十二日《申报》。
⑤ 骆宝善、刘路生主编:《袁世凯全集》第二十一卷,河南大学出版社,2013年7月,第99页。

11 月 30 日,盛宣怀受孙中山邀从日本回到上海,继续主持轮船招商局和汉冶萍公司。

临时政府处于困境,臧在新抄直隶总督杨世骧等清廷官吏银粮作军需。陆军第一军柏文蔚军长曾呈文大总统孙中山:"十八旅三十五团臧在新于淮安,经收杨毓瑛、杨毓琨弟兄并徐金寿等捐助镇军饷银一万二千两,又稻谷三千三百五十石……。"

《汉冶萍公司董事会常会临时会议记录》(1912,12,16,上海)中华民国元年十二月十六号临时会议,到会者:赵竹君、杨杏城、聂云台、王子展、朱葆三、李伯行。公议:此次部员调查厂矿,专查簿计之王槐清科长于萍矿支付款项,颇多指摘,回京以后,纷纷传述,公司极受影响。现当群议纷哝,抵瑕蹈隙之际,敝董事会来便含糊了事,致负股东委托。①

12 月 16,杨士晟任芜湖关监督。

是年,杨士燮在天津生活,经常到北京与老友诗酒吟唱,参加寒山诗社活动。"比事属辞,左氏谨严之笔,具此识力方足以尚论古人。至其结想千秋,弥觉深情一往,骊探已得,貂续奚惟,惟有倒地百拜而已。愚小弟杨士燮拜读。"②

1913 年,中华民国二年,52 岁

是年,杨士燮在天津生活,经常到北京与老友诗酒唱和。"有门生拜见杨味春,并呈诗一卷,首句云:'我生有贵相,十指皆箕斗。'见面后,杨公说:'我的门下没有君这样的人。'门生听后,以为杨公是看了所呈诗卷才会这样说。于是更加谦逊。杨公笑着说:'昔日阮文达为妾作传,有'生有贵相,十指箕斗'之句。已成笑谈。君竟剽袭其诗句以自夸,还知道人世间有羞耻二字吗?所谓门下没有像君这样的人,正是此意也。'门生面红耳赤离去。"③杨士燮(1855—1913)因便血病逝,享年五十九岁。

2 月,杨士琦因留京任职,请辞汉冶萍公司董事会董事职务。前清云贵总督李经羲,联名杨士琦、孙多森、毛玉麟等十二人上书交通部请筑宁湘铁路,目的是此路"接通东西干线铁路,以便四省交通,而兴东南实业"。④

2 月,举行了中国历史上第一次国会选举,杨士聪等当选为国会众议院议员。

---

① 陈旭麓等:《汉冶萍公司》3,上海人民出版社,2004 年 3 月,第 388 页。
② 沈云龙主编,樊增祥著:《樊山集》,文海出版社,1978 年 12 月,第 1710 页。
③ 李异鸣著:《新语丝》,哈尔滨出版社,2009 年 1 月,第 180 页。
④ 凌鸿勋:《中国铁路志》,文海出版社,1982 年,第 376 页。

3月,选举结束,国民党成为国会第一大党。3月20日,国民党代理理事长宋教仁由上海启程准备北上返京之际,在上海火车站遭到武士英枪击,两日后身亡。4月24日,刺宋凶犯武士英暴死狱中。次日,程德全、应德闳将宋案主要证据四十四件分电袁世凯、参众两院、国务院等及各报刊。主使暗杀者即袁世凯亲信国务总理赵秉钧。26日,各报公布罪证,舆论大哗,全国愤激。

5月,盛宣怀又出任汉冶萍公司董事长,重新掌握汉冶萍公司大权,着手兴建大冶铁厂,扩大公司生产规模。为解决基建资金,于同年12月2日,与日本制铁所、横滨正金银行签订5个合同。以汉冶萍公司全部财产作抵押大量借款,并聘请日本人担任最高工程顾问和最高会计顾问。这些合同使日本制铁所将汉冶萍公司的经营管理权完全控制在手中,使汉冶萍公司逐步走向没落。

6月22日,招商局在张园召开股东常年大会,至午后一时各股东纷纷莅会,约计有一千余人,至二时振铃开会,首由主席王子展君报告开会宗旨.并称上年营业发达情形,利息可派七厘半。所有营业进出账略业已印就.分派与各股东,涌详细查阅。会上,招商局仿照日本邮船会社的办法,选出杨士琦、盛宣怀、王存善、周晋镳、唐德熙、郑观应、傅宗耀、陈酴、施亦爵9人为董事,以杨士琦、盛宣怀为正、副会长,组成新一届董事会。下设主船、营业、会计三科,由董事唐德熙、陈酴、施亦爵分任各科科长,分职办事,另推举监查二人,负责监查和会计等事务。年底,招商局派张恩铭接办了内河招商局,亲自出任经理。[①]

当时,郑观应只有1500多权,离只有2000权才能当董事的基本条件还差不少,盛宣怀送了430权,帮助郑当上了董事。

1233 杨士琦致王存善电。王子展接杨杏城复电。定密电悉。顷见总统云:我愿盛为正会长、又不愿你住沪,必须遥领,又须举定正会长正式电部。如可一行。子展贤能,可与密商等语。速电复。琦。养。[②]

1235 杨士琦致盛宣怀电

1913.6.28 到北京

盛杏荪先生:电悉。卅开会。恐赶不及,请公主持,愿附骥尾。士琦。[③]

杨杏城致王子展函:子展仁兄大人左右:径启者,陈君钟湅,曾充粤局帐房,复在长江各轮船办事多年,为盛会长所知。闻长江中"宽""永"二轮将有调动,祈于董事会开议时设法令其补充。兹为作函介绍,尚望进而教之。余不赘及。此颂台安。

---

① 胡政主编;孙慎软编著:《招商局史稿 外大事记》,社会科学文献出版社,2014年9月,第145页。
② 陈旭麓等:《盛宣怀档案资料》第8卷《轮船招商局》,上海人民出版社,2016年12月,第1171页。
③ 陈旭麓等:《盛宣怀档案资料》第8卷《轮船招商局》,上海人民出版社,2016年12月,第1171页。

弟口口顿首。祀灶前三日。①

　　7月，孙文组织中华革命党，发动二次革命，武力讨伐袁世凯，遭到失败。

　　盛宣怀《致杨士琦函》(1913,7,22 上海)就招商局"江永""固陵"两轮被军队扣留湖口等事，请杨士琦设法协调救助。②

　　8月，杨士琦为农工商部高等实业学堂张执中《建筑新法》作序言："轮轨杜启，寰瀛大通。科学日昌，知力互竞。人以一身应是事物之万变．其智慧之消长恒视其精神之强弱为比例差，则卫生尚矣。卫生之道，饮食、衣服、居室，咸与吾人有最要之关系。而居室之爽垲湫隘，与精神之愉若舒郁，尤属息息相关，则建筑之学尚矣。欧洲各国以逮日本，建筑之学，率列专科。人才辈出，日臻进步。然有大兴作，犹研究讨论殚年历月，不以为繁。或且折衷于他帮，取材于异地，夫岂好为是琐琐哉。诚以学问之道，进而靡已。而其关系于人生健康幸福者，固极重且大也，以视吾国士大夫，薄为小道不屑厝意，悉举而委之于细工贱役之手，其进退得失为何如耶？张君执中，毕业于日本工科大学，以学术声于时。课艺之暇，成《建筑新法》一书。凡建筑之原理、材料、空气、光线以及绘图布局之法，条分缕析，贯举靡遗。类皆按切现时之需要，不为空言高论，而一以毗于实用为归，盖吾国前此所未有也。余读而韪之，因发其旨，书以简端，以稔读者，宣统二年八月泗州杨士琦序。"③

　　10月6日，国会在袁世凯派出的军警和军警改装的"公民团"的包围下，经过两轮投票，选举袁世凯为中华民国第一届正式大总统，黎元洪为副总统。

　　10月10日，袁世凯、黎元洪就任正式大总统、副总统。

　　11月4日，袁世凯下令解散国民党，并饬京师警备司令官会同京师警察厅将国民党籍国会议员的议员证书、徽章一律追缴。

　　11月26日，袁世凯下令召集政治会议。会议人员组成，每省二人，蒙藏事务局数人。总理举派二人，总长各举派一人，法官二人，总统举派八人。袁世凯所举派八人为李经羲、梁敦彦、樊增祥、蔡锷、宝熙、马相伯、杨度、赵惟熙。

　　11月29日，杨毓瓒任国务院印铸局秘书④。

　　12月12日，袁世凯、熊希龄发布派杨士琦、饶汉祥职务令："特派杨士琦、饶汉

---

① 陈旭麓等:《盛宣怀档案资料》第8卷《轮船招商局》,上海人民出版社,2016年12月,第1241页。

② 陈旭麓等:《辛亥革命前后》,《盛宣怀档案资料选辑》之一,上海人民出版社,1979年5月第1版,第295—297页。

③ 张华腾主编:《纪念陕西辛亥革命100周年学术研讨会暨海峡两岸第三届孙文论坛论文集》陕西师范大学,2013年9月,第340页。

④ 周见:《涩泽荣一与近代中国》,社会科学文献出版社,2015年4月,第55页。

祥为政治会议委员。此令。中华民国二年十二月十二日　大总统印。国务总理熊希龄。"①

12月12日,袁世凯指定前清云贵总督李经羲为政治会议议长,增派杨士琦、饶汉祥为委员。之后,又任命张国淦为副议长,顾鳌为秘书长。

12月12日,杨毓璜叙列五等。

12月15日,政治会议正式开始,到会代表69人。

是年年底,杨杏城、汪允中等发起全皖旅沪同乡会。②

中华民国三年,1914年,53岁

1月10日,袁世凯以现有两院议员已不足法定人数,不符合《国会组织法》第15条之规定,难以行使职权;又依照政治会议之议决,下令解散国会。

是年初,杨士琦出席招商局股东大会,决定将与航业无关的局有房地产(价值约1,700万两)单独划出,另立积余产业公司,并将内河招商局的股份也归入该公司;同年,招商局受仁济和保险公司的委托,代理该公司一切业务,经专设经理主管,由董事会予以监督。此外,招商局还成立了招商机器厂(原称招商局内河机器厂),指定由内河招商局负责管理。

1月23日,袁世凯派朱家宝、杨士琦、李盛铎、汪凤瀛等为"高等文官甄别委员会"委员。

2月12日,袁世凯批准熊希龄辞职,派代理总理杨士琦询问张謇是否与熊"同进退"。张謇当即明确答复:"就职之日,即当众宣布,余本无仕宦之志,此来不为总理,不为总统,为自己志愿。志愿为何?即欲本平昔所读之书,与向来究讨之事,试效于政事。志愿能达则达,不能达即止,不因人也。"(《啬翁自订年谱》民国三年阴历正月十八日)五个月的熊内阁宣告结束,梁启超、汪大燮也随同辞职。张謇的主要精力与希望正在计划借款疏导淮河,想对水利建设有所建树,所以在杨士琦的劝说下,暂时留任。

2月,袁世凯决定任命杨士琦为交通总长,派孙宝琦与杨士琦相商,杨士琦听后,莞然一笑说:"我老实说罢,我现在是颐养的时候,自己尚有饭吃,不犯着与人夺食。交通部的事,天然是燕孙(梁士诒)的事,我如何可干。但若一定要我去做,我亦没有什么不肯。不过我决不与人争抢就是了。"③因梁士诒反对而作罢。

---

① 骆宝善,刘路生主编:《袁世凯全集》第二十四卷,河南大学出版社,2013年7月,第410页。
② 王世刚主编:《中国社团史》,安徽人民出版社,1994年12月,第323—324页。
③ 远生:《杨士琦:电影中之交通总长》,《黄远生遗著》卷四,第18—20页。

2 月 27 日,赵秉钧在天津的直隶都督署因中风病逝,享年 56 岁。

是年,总统府中粤、皖两系明争暗斗甚为激烈,3 月间杨士琦曾公开发表谈话如下:"别人骂我黄老主义,我实在无所谓。这和前清时有人骂我是袁党一样。那时,项城已下野,文敬(杨士骧)正任北洋大臣,所以我不能马上走。张文襄竟说:'两柱虽移植其一,中间则仍留一线。'两柱指项城和庆邸,我是传达消息的一线。武昌起义后,派我当议和代表,我以为非共和不足以渡难关,而共和必无良好结果,所以我辞职不干。过去两年间,我住在上海,或者就是实行黄老主义的时期。项城再三电召,我为着老朋友的关系,既来则安,对于做官不做官的问题,更无所谓,既无做官的必要,亦无不做官的必要。前次梁秘书长发誓不做部长,我才答应担任交通总长。别人骂我是皖派领袖,我就是皖派领袖好了。"①

3 月 16 日,"阴。徐花农、饶石顽来。其馀熟客不计。摸牌四圈。今日欲往午桥家作弔,逡巡未果。坐待至夕。与杨生同车至虎坊桥湖广馆。卓如为父祝寿,坐客甚盛,机关上皆至矣。见杨杏城、周自斋、罗惇曧、袁三少爷、侗五爷至,即草草设饭,八人一席。馀皆照办,不同时,亦新样也。待侗厚斋出台。又见恽薇生串戏。子初散。"②

3 月 30 日,盛宣怀致杨士琦函,重申二十年前电归国有、轮归商办的正确性:"……记得二十年前,弟曾与大总统议及电政必归国有,航业必归商办,性质各有不同。其时甚直鄙论,岂今日时局不同,航业归国有而可与各洋商争竞乎?倘公不直鄙论,可否乞赐一函明以教之。……愚弟盛。"(盛档)

4 月初,杨士琦到北京金鱼胡同沈宅拜会沈云沛,彻夜长谈。清明节,沈云沛作诗《春寒感事赠杨泗州》:"兼旬雨雪滞芳辰,今日清明已暮春。岂合霜华竞桃李,但凭风力长荆榛。黄钟已毁阳无律,黑皆方来夜未晨。灰死烛龙呼不起,焦原愁杀履冰人。"

4 月 18 日,袁世凯发布《著派杨士琦王存善职务令》:"据交通总长朱启钤呈称:轮船招商局变更旧股、加增新票,难保无变债寅抵押、展转归于外人情事。请派人督理、稽查等语。著派杨士琦为督理,王存善为稽查。此令。中华民国三年四月十八日   大总统印   国务总理孙宝琦、农商总长章宗祥、交通总第朱启钤。"③

4 月 25 日,中日双方在东京正式召开了改组中国兴业公司大会。袁世凯民国政府派孙多森、周金箴、印锡璋、朱葆三等 8 人出席了大会。会上通过了改名、增补

---

① 丁中江著:《北洋军阀史话》(二),商务印书馆,2012 年 12 月,第 76 页。

② 王闿运、吴相湘主编:《湘绮楼日记》(1—2),台湾学生书局,1985 年 2 月,第 1021 页。

③ 骆宝善、刘路生主编:《袁世凯全集》第二十六卷,河南大学出版社,2013 年 7 月,第 120 页。

干部、修改章程、重新分配股份等提案。根据民国政府工商总长张謇的提议,将公司改名为中日实业股份有限公司一中日实业株式会社;选举杨士琦(新任)和仓知铁吉(留任)分别为正、副董事长,孙多森(新任)、尾崎敬义(留任)为专务董事,周金箴(新任)、森恪(留任)、李士伟(新任)、中岛久万吉(新任)为董事,胡宗瀛(新任)、大桥新太郎(留任)为监事①。

5月1日,袁世凯公布《中华民国约法》(亦称《新约法》)。新约法改责任内阁制为总统制,扩大总统权限。规定总统总揽国家统治权,把立法院置于总统管辖之下;设参政院为咨询机关,在立法院成立前,代行立法院职权;设国务卿协助总统掌握行政。

同日,袁世凯废除国务院,在总统府设立政事堂,特任徐世昌为政事堂国务卿,各部总长是:外交孙宝琦、内务朱启钤、财政周自齐、陆军段祺瑞、海军刘冠雄、交通梁郭彦、司法章宗祥、教育汤龙化、农商张謇。其中,汤化龙、张謇是进步党人物,但张謇也是袁的故交,其他人物都是袁世凯班底的成员。政事堂还设有左丞杨士琦、右丞钱能训,赞襄国务卿与闻政事。政事堂下设法制、机要、铨叙、主计、印铸5局和1个司处所。施愚、张一唐、夏寿康(5月9日改任张元奇)、吴廷燮、袁思亮分任5局局长,司务所所长为吴笈孙。政事堂参议有林长民、金邦平、伍朝枢、方枢等。总统秘书厅裁撤后,秘书长梁士诒调出总统府,改任税务处督办。

5月2日,袁世凯发布命令:"任命杨士琦为政事堂左丞,钱能训为政事堂右丞。此令,中华民国三年五月二日,大总统印、国务卿徐世昌。"②

5月4日,袁世凯发布总统令,任命杨毓莹为驻纽约领事。③

5月8日,"二十一条"交涉时,杨士琦参加了袁世凯召开的紧急国务会议。

5月9日,袁世凯发布命令:"杨士琦给予二等嘉禾章。此令。中华民国三年五月九日,大总统印。国务卿徐世昌。"④陆海军大元帅统率办事处成立。这是一个由袁世凯直接掌握的机构,相当于前清的军机处。

5月27日,袁世凯发布命令,任命杨毓瓒为印铸局参事。

5月至6月,日本实业之父涩泽荣一率团访华,受到袁世凯和杨士琦的接见。涩泽荣一访华团,"在北京,涩泽荣一一行更是受到大总统袁世凯等的接见,备受礼

---

① 周见:《涩泽荣一与近代中国》,社会科学文献出版社,2015年4月,第54页。
② 骆宝善,刘路生主编:《袁世凯全集》第二十六卷,河南大学出版社,2013年7月,第222页。
③ 中华民国史事纪要编辑委员会编:《中华民国史事纪要初稿》,中华民国三年(1914)五至六月份,1982年6月,第775页。
④ 骆宝善,刘路生主编:《袁世凯全集》第二十六卷,河南大学出版社,2013年7月,第293页。

遇。通过与袁世凯和杨士琦等人的会谈,涩泽不仅推动了闱绕创建中国兴业公司(后改为中日实业公司)所进行的中日经济合作,而且为日本谋取到了更多的经济权益。"①

涩泽荣一和杨士琦多次长谈。"涩泽荣一在北京期间与当时的国民政府总理杨士琦多次长时间交谈,就两国经济合作之事交换意见。杨士琦向涩泽荣一提出了这样一种看法,认为中日两国开展合作共同搞一些事业需要经验、智慧和资金,经验和智慧可以向日本学习和借鉴,可资金却不知从何筹措。中国资金贫乏,日本似乎也有相似之处,这样需要的资金只能另从他国考虑。而涩泽荣一对此则很是不以为然。他认为这才是只知其一、不知其二,因为只有对资本流动不甚了解的人才会这样考虑问题。他给杨士琦讲解道:资金这东西无论多少都是有序而动的。它不会流向感到危险的地方,而只去感到安全的地方。中国也有有钱的人,你可以和他们去商量资金的事,但我想未必能行,因为不管多么有钱的人,也不会把钱用在他们所不了解底细的事业上。日本与欧美相比,资金显得有些贫乏,但是如果日本感到将要在中国从事的事业大有希望,那么日本的资本家肯定是会拿得出大量资金的。当然,杨士琦所言也并非没有根据,从当时的情况来看,日本国内确实出现过资金紧张的现象,故有舆论主张应把有限的资金先用于发展国内产业,杨士琦对此或许也有所知。但涩泽荣一所说显然有其道理,他意在于告诉杨士琦,引进外资发展经济需要安稳的社会条件,资本逐利,只要有利可图,不患其招致不来,中国应在此方面多加考虑。"②

6月初,加派杨士琦收集中外报纸上关于青岛战事的消息。③

8月27日,《中日实业公司杨士琦等为请准探余干煤矿致张謇等密函》:

"季直、韬甫先生阁下:密启者:敝公司拟办事务诸承贵部关注,体国恤商,感佩无既。目前欧陆交战延及东亚,时机危迫,不可言喻。连日森恪到公司陈述日本股东意见,种种关系太巨迥非前比,均告以公司,日内不能备举,而无征不信,对付屡穷。且予非其时,亦恐费而不惠。因思江西余干、安徽怀宁两煤矿,前经具禀请探,并蒙贵部特派专员往查一切。现虽奉批俟该员与各区详复核示,然擘划予夺,权在贵部。可否即于此时由阁下另赐一函,以确切之辞示许可之意,则得益不仅在公司也。至禀帖手续或有未合,自当随后补备。将来开矿时,一切组织亦当随时从长商承办理。专此奉布,鹄候卓裁。敬颂勋祺。杨士琦、孙多森敬启。八月二十七日。"

---

① 马敏著:《微言希声 马敏谈史论学集》,华中师范大学出版社,2016年4月,第314页。
② 周见:《涩泽荣一与近代中国,社会科学文献出版社》,2015年4月,第123页。
③ 《加派杨士琦检查报纸》,中华民国三年六月九日《申报》。

（北洋政府农商部档案）①

杨士琦率任毓瑊向叶仲鸾先生（叶恭绰养父）献寿联："世仰通儒，觥称春酒。天锡纯嘏，社继菁英。"大总统袁世凯及当时众多社会名流为叶仲鸾六十寿辰题写联语。②

6月20日　参政院正式成立。29日，大总统申令，立法院未成立时由参政院代行立法院职权，实际上由总统总揽行政与立法两权。

12月7日，仓知与杨士琦会谈，商定由日本为中国电话事业提供贷款1200万日元，所需电话机械全部从日本购入。……关于电话贷款一事，中方考虑到与西方国家关系的问题，就曾以中国电话事业发展的基本方针尚未最后确定为由，暂且没有答应日方的要求。

12月29日，袁世凯公布28日约法会议通过之《修正大总统选举法》。该选举法规定，总统任期十年，且可连任，继任人由现任总统推荐三人，将其姓名亲书于"嘉禾金简"，密藏石室，届时交付选举。

杨士琦《名人伟论：实业开放论》，载《中国实业杂志》1914年第8期。

1915年，中华民国四年，54岁

1月1日，袁世凯发布《授杨士琦钱能训官秩令》："杨士琦、钱能训均授为中卿。此令。中华民国四年一月一日，大总统印，国务卿徐世昌。"③

1月12日（农历甲寅年十一月二十七日）寅年寅月寅时（与屈原相同），杨毓璋的长子杨宪益出生于天津。

1月18日，日本驻华公使日置益觐见袁世凯，递交了二十一条要求的文件，并要求政府"绝对保密，尽速答复"。当晚，袁召集紧急会议，国务卿徐世昌、陆军总长段祺瑞、秘书长梁士诒、政事堂左丞杨士琦、外长孙宝琦、次长曹汝霖等出席。次日至21日，又连续开会三天，详议对策。袁一面命外交部同日本谈判，一方面暗中逐步泄露内容，希望获得英美支持抗衡日本。中国的谈判代表多次拒绝要求中的部分内容，迫使日本作出让步。中国国内亦出现反日情绪。日本则以武力威胁中国。5月7日，日本政府向中国发出最后通牒，限令于9日前答复。最终袁世凯政府在5月9日晚上11时接受二十一条中一至四号的要求，并于5月25日完成签字。

杨士琦谈招商局及电报局产业函："彦[燕]孙仁兄如晤：申报所载招商局广告，

---

① 中国第二历史档案馆：《中华民国史档案资料汇编工矿业》，凤凰出版社，1991年6月，第853—854页。
② 叶恭绰编：《叶仲鸾先生寿言集》，1914年2月，北京日报馆刊印。
③ 骆宝善，刘路生主编：《袁世凯全集》第三十卷，河南大学出版，2013年7月，第1页。

须由津局抄来,先以奉阅。民国元年新公司觊觎之故,由于此;盛杏孙绝端反对国有,亦由于此。此举迄今并未由总局知照弟处,只得听其所骂,然此等价值亦系有行无市。两宗产业,惟经估值一千八百余万两,然求每年四十万官利,仍不可得。客冬本拟赴沪,嗣因中日公司勾留,又以政治会议,加之阴历年内暗杀案太多,迄未成行。今阳历二月十五大会,弟为正会长,其势必须一往。烦便中代请大总统示,一两日内(不拘早晚)何时有暇,须时候稍宽,俾可详陈一切。得公复信,再行晋谒。此颂台佳。弟士琦再拜二月四日。"①

2月19日,盛宣怀同时寄信给徐世昌和杨士琦,称"日本全国无铁,而中国各省产铁处极多,彼若乘机向政府要求,听其开采,更难抵制。不如公司售铁与彼,可以绝其开采之权,中国添一大宗出口货物,公司出铁亦多一销路,以免后患。"②

本年二、三月初间,海军部将新裕、新铭、新康、爱仁四船扣留在天津,满装军队饷械开往闽省一,三月二十一日驶至浙闽交界洋面被监护之海容军舰将新裕船猛撞以致中舱机器、军火同时炸裂,立时沉没。全船船员官军千余人仅救起洋人二名华人十余名,余均遇难、失事之惨,莫此为甚。③

3月23日,为解除汉冶萍公司所处困境,盛宣怀《致杨士琦函》:"杏城先生台鉴:昨奉手答,敬聆种切。前陈汉冶萍论说,就事论事,意柏诼法保全,不为所夺,乃蒙大总统嘉许甚殷,此皆我公雅意嘘拂,莫名感悚。……我公现处地位,屈就正会长却不甚合。惟此公司内与各部、各省交往,外与日人干涉,必须中央政府提挈纲领,方能水到渠成。不特鄙人不入政界,惟公是赖,即慕韩将来亦必须与公联为一气,始能愈唱愈高,为国家收无穷之利益。弟两次赴东京,桂太郎等均竭力周旋,可见此大事业,中央政府本当预闻,非越俎也。尚乞我公无再多让焉。肃此缕复,敬请台安,盛。"④4月29日,《孙宝琦致杨士琦函》:"杏城五兄世大人阁下:启者,弟二十日出京,二十三日抵沪,晤盛杏翁,传述大总统维持公司殷殷期望之至意,伊感激莫名。所有此次部拨三十万两勉强对付,始克于廿七日拨到,先后情形均已电达左右。……杏翁拟即由公司具呈农商部,恳将安溪矿归并汉冶萍公司,以保利权,而便推广,为先发制人之计。务谛转致周子虞总长,俟汉冶萍公司呈到,俯赐批准,并拒绝他商之呈请。汉冶萍能否保全,不为所夺,在此一举。弟到沪后,目睹情形,殊

---

① 陈奋:《北洋政府国务总理梁士诒史料集》,中国文史出版社,1991年10月第1版,第377页。
② 盛宣怀:《日本售铁缘起》(1915年2月19日),载《盛档》(四)之《汉冶萍公司》。
③ 胡政主编·孙慎轶编著:《招商局史稿 外大事记》,社会科学文献出版社,2014年9月,第154页。
④ 陈旭麓等:《汉冶萍公司》3,上海人民出版社,2004年3月,第911—913页。

难迟缓,琦明日即行回杭,匆此布臆。敬颂台祺。"①

4月,杨度呈送《君宪救国论》,"中国如不废共和,立君主,则强国无望,富国无望,立宪无望,终归于亡国而已,故以专制之权,行立宪之业,乃圣君英辟建立大功大业之极好机会。"深得袁世凯的赞许,称之为"至理名言"。

7月20日,袁申令停梁士诒的左右手叶恭绰的交通次长职务,涉及京汉、京绥、沪宁、正太各铁路。交通部以部令令京汉铁路局局长关赓麟、京绥铁路局长关冕钧离职听审。交通大惨案发生后,袁曾对梁说:"惨案原来有你在内,我叫他们除去你部分。"梁士诒乃请病假,小憩翠微山。交通大惨案前后查办历时五个月,最后叶恭绰仍得明令复职。

8月3日,袁世凯的美国顾问古德诺在《亚细亚日报》上发表《共和与君主论》,认为共和制度不适宜中国,为袁世凯的复辟制造舆论。杨度闻风而动,很发表《君主救国论》,全文两万字。分上、中、下三篇,全文立论之本就在于只有君主制才能救中国。文章写成后.杨度托总统府内史夏寿田转呈袁世凯。袁世凯批阅后,大加赞赏,立即提笔写下"旷代逸才"四个大字,并命政事堂制成匾额,颁赠杨度,以示恩宠;并密令陆军上将,奉天巡抚段芝贵加紧印刷,广为发送。

8月14日,杨度与孙毓筠、刘师培、李燮和、胡瑛、严复等人共同发组织筹安会,主张君主立宪,为袁世凯称帝鼓吹。23日,"筹安会"正式成立,由杨度任理事长。

8月29日,段祺瑞因反对袁世凯称帝,被迫辞去陆军总长职务。

9月1日 周家彦、马安良等人向参政院请愿,请求变更国体,实行君主立宪。参政院代行立法院开会,沈云霈、蔡锷、周家彦、马安良等请愿改变国体,6日,袁世凯派杨士琦到参政院宣布对变更国体的意见,表示改变国体不能"急遽轻举",且要看"国民之公意"。这份"意见书"表明袁世凯既要做皇帝而又"期待民意"的半推半就的微妙心态。该院准梁士诒等审查九月一日之请愿。19日,全国请愿联合会在北京安福胡同成立,发表宣言,鼓吹帝制。正会长沈云沛,副会长那彦图、张镇芳,文牍主任谢桓武,副梁鸿志,方表,会计主任阮忠枢,副蒋邦彦,夏仁虎,庶务主任胡壁城,副权量,乌泽声,交际主任郑万瞻,副袁振黄、康士铎。

10月1日,徐世昌因病请辞国务卿职,请以杨士琦代理。"再密呈者,杨左丞随从大总统有年,勤慎精敏,办事热心,可否简派代理国务卿? 必能胜任,伏乞钧

---

① 陈旭麓等:《汉冶萍公司》3,上海人民出版社,2004年3月,第924—925页。

裁。再颂是绥,世昌谨密呈。"①23日,再次提请辞职,袁世凯批假一月,国务卿一职由陆征祥暂代。

10月2日,杨毓瓒获四等嘉禾勋章。11日,杨毓莹获三等嘉禾勋章。

十月上中旬,孙宝琦作《致杨士琦函》:"杏城五兄世大人阁下:前寄寸函,计早达典签。弟子十二日由杭返沪,小住数日,即行赴汉。考察厂矿事毕,当即北旋,计月内必可回京。前函所陈安溪矿事,现公司派员赴京,具呈请归并公司办理。论公司现处困难之地位,又值日人要求合办之际,自保不暇,岂宜有得陇望蜀之思、长驾远驭之策?但中国日后需用钢铁日多一日,仅恃冶矿,恐供溢于求。……敢祈代陈大总统钧听,俯赐维持,无任盼祷。专此。敬请俸安。世愚弟孙宝琦顿首。"②

"政事堂左丞杨士琦君,自近日徐国务卿历染恙请假以来,因代理政务,甚形忙碌,每日清晓即赴政事堂办公,忙至日落始克还归私宅。现闻杨君对于外间凡有往访之宾客,因苦于无暇接待,均悉行谢避不见云云。"③

11月10日,上海镇守使加海军上将衔郑汝成,在上海外白渡桥被陈其美派遣的王晓峰、王明山暗杀身死,终年53岁。袁世凯下令追封郑汝成一等彰威侯。杨士琦作《挽郑汝成》:"心伤浑浚平吴后,肠断岑来入蜀年。"追悼会上,袁世凯特派杨士琦"赐祭",有祭文,还有挽联——是袁世凯的亲笔:"出师竟丧岑彭,衔悲千古;愿天再生吉甫,佐治四方。"

12月3日,参事杨毓瓒叙列三等。

12月11日,参政院开会,汇查全国国民代表共1993人,主张君主立宪者1993票,一致决定将共和国体变更为君主立宪;同时,参政院接到各省区国民代表电文,一致推戴袁世凯为皇帝。于是,参政院向袁世凯上"颂扬功德总推戴书",请袁世凯就皇帝位。同日袁世凯咨复参政院,表示谦让皇位。参政院旋即以全体国民总代表的身份再上推戴书,请袁世凯就皇帝位。12日,袁世凯承认帝位,设大典筹备处,积极筹备登基大典,任朱启钤为处长。

12月23日,袁世凯发布予杨士琦等勋章令:"杨士琦、钱能训均给予一等嘉禾章。此令。中华民国四年十二月二十三日,政事堂印,国务卿陆征祥。"④

12月25日,蔡锷等宣告云南独立。先是,蔡锷于19日潜赴昆明,联合唐继尧、李烈钧等共同发动反袁。25日,蔡锷、唐继尧、戴勘等通电宣告云南独立,反对袁

---

① 本书编委会:《北洋军阀史料袁世凯卷》(一),天津古籍出版社,1996年2月第1版,第612页。
② 陈旭麓等:《汉冶萍公司3》,上海人民出版社,2004年3月,第965页。
③ 《杨杏城之尽粹政务》,中华民国四年十月十九日《顺天时报》。
④ 骆宝善、刘路生主编:《袁世凯全集》第三十三卷,河南大学出版社,2013年7月,第687页。

世凯称帝,致电北京政府,要求惩办帝制祸首十三人:筹安会六君子杨度、孙毓筠、严复、刘师培、李燮和、胡瑛等,及七凶朱启钤、段芝贵、周自齐、梁士诒、张镇芳、雷震春、袁乃宽,合称十三太保;并组织护国军,拟分三路向四川、贵州、广西出兵讨袁。

12月31日,袁世凯下令改民国五年(1916年)为"洪宪"元年,并开始颁行以"洪宪"纪元的新历书。

1916年,中华民国五年,55岁

1月1日,袁世凯改总统府为"新华宫",做了"洪宪皇帝"。同日,云南都督府正式成立,唐继尧仍为都督,组成护国军总司令部。以蔡锷、李烈钧、唐继尧分任第一、第二、第三军总司令。护国战争从此迅速开展。

2月3日,贵州护国军分三路出兵湖南拒入湘北军。戴勘率护国第一军右翼军由贵阳出发入川,拟进取重庆。6日,滇军雷飙部攻克四川泸州。23日,袁世凯申令帝制延缓办理。

3月15日,熊希龄《请代奏谢饬队保护家母出险致杨士琦电》:"北京政事堂杨左相钧鉴:院密。奉电承注,至为感涊。希龄行至沪溪,即遇家母船到,侍同下驶,今日至辰,与本地官绅军警筹商善后,稍有头绪,容另电陈。惟此次家母出险,仰蒙上恩,饬队保护,感激良深。请代奏谢,无任感祷。希龄叩。"①

3月17日,袁世凯找来智囊杨士琦等人问计。杨劝其和平解决西南问题,而要做到这一点,必须取消帝制。袁同意妥协,但担心取消帝制后,连总统也当不成。

3月18日,滇军占领四川江安、南川两县。21日,袁世凯准陆征祥辞去国务卿,特任徐世昌为国务卿。徐世昌致函袁世凯,劝他撤销帝制。袁世凯在新华宫召集徐世昌、段祺瑞、杨士琦、张镇芳、帝制大典筹备处处长朱启钤、税务处督办梁士诒和安徽巡按使倪嗣冲等开会。袁世凯无可奈何地表示取消帝制,与会者多不发言。

3月22日,熊希龄《拟请联电中央罢兵恤民致杨士琦电》②。袁世凯发布文告,宣布取消帝制,由国务卿徐世昌副署发表,并宣布仍任中华民国大总统,还恢复了黎元洪副总统。23日,袁世凯废止洪宪年号,宣布本年仍用民国五年年号,并派钱能训劝挽徐世昌,"危局迫促,非出而维持不可",徐应允暂任,入

---

① 中国第二历史档案馆藏件,周秋光编《熊希龄集》5,湖南人民出版社,2008年9月,第337页。
② 中国第二历史档案馆藏件,周秋光编:《熊希龄集》5,湖南人民出版社,2008年9月,第347页。

府治事。31 日,四川都督陈宦以袁世凯大势已去,与蔡锷达成停战协议,四川护国战事结束。

4 月 13 日,徐世昌病情日益加重,请求辞职。22 日,由段祺瑞继徐世昌为国务卿,并任命各部总长。杨士琦免去政事堂左丞职务,同月改任参政院参政。

"政事堂左丞杨士琦,近日有辞职之说,外间评论化纷纷不一。兹据采闻,杨君日前虽上书辞职,尚未邀袁大总统充准,鉴于近日时局倚界尤重,将于他日新组之阁中位置一席,藉资勉助,以共抉危局云①。"

熊希龄《请转陈元首取消宣慰使致杨士琦电》②。

4 月 27 日,招商局的实权派人物、董事会副会长盛宣怀去世,遗缺由盛宣怀之子盛重颐充任。29 日,袁世凯发布任命杨士琦等职务令:"政事堂奉策令:任命杨士琦、李映庚、李景铢为参政院参政。此令。中华民国五年四月二十九日,大总统印,国务卿段祺瑞。③

5 月 9 日,孙中山发表第二次讨袁宣言,声讨袁世凯破坏民国的罪行,主张尊重约法,一致讨袁。有云、贵、两广及浙江等五省宣布先后宣布独立。

5 月,杨士琦坚决不任交通总长。"外交总长陆子欣辞职给假,由曹交通总长兼署斯缺,固已志本报。现闻陆子欣氏坚请政府开去底缺,袁公似有允意,将来调任曹润田掌外交,特任杨士琦掌交通,以资熟手。惟杨五深恐南北再兴军事,交通最为棘手,刻已立辞不就。噫如杨氏,可谓急流勇退者矣。"④

5 月 22 日,袁世凯亲信四川将军陈宦被迫宣告独立,改称都督,宣称与袁世凯断绝个人关系。一个星期后,湖南将军汤芗铭宣告独立,改称都督。袁世凯宣布帝制议案始末,企图推卸复辟帝制罪责。

民国五年(1916 年)六月初,孙宝琦、王存善通过杨士琦向民国政府提出借款要求,杨士琦召集周学熙、梁士诒等商议.同意由孙多森创办的通惠实业公司出面借款给汉冶萍公司。借款办法由通惠实业公司发实业债票.民国政府担保,每年拨付汉冶萍公司 300 万元,4 年共 1200 万元。政府出息 6 厘,汉冶萍公司贴息 2 厘。第五年起,分作 10 年归还本息。由政府派督察、稽查⑤。

---

① 《杨士琦辞职一说》,《顺天时报》,中华民国五年三月二十九日。
② 中国第二历史档案馆藏件,周秋光编:《熊希龄集》5,湖南人民出版社,2008 年 9 月,第 420 页。
③ 骆宝善,刘路生主编:《袁世凯全集》第三十五卷,河南大学出版社,2013 年 7 月,第 294 页。
④ 《杨士琦急流勇退》,中华民国五年五月二十二日《申报》。
⑤ 湖北省冶金志编撰委员会:《汉冶萍公司志》,华中科技大学出版社,2017 年 3 月,第 231 页。

6月3日,杨士琦赴天津。"杨杏城已于昨日赴天津。关于杨君出京,外间虽有种种说法,据杨君自己声明则系此次赴津实无何政治之意味,故志其赴津之举,至于内幕果系如何,容探续志。"①

6月6日,袁世凯病逝,段祺瑞假"大总统告令",宣布依民国三年新约法,以副总统黎元洪"代行"大总统职权。7日黎元洪就任大总统。陕西取消、四川、广东宣布取消独立。

6月13日,杨士琦拜访徐世昌,"(阴历五月十三日)晨起,杨杏城来,久谈。"②

7月14日,黎元洪在各方的压力下,发布申令,惩办洪宪祸首,他们是:杨度、孙毓筠、顾鳌、梁士诒、夏寿田、朱启钤、周自齐、薛大可,均著拿交法庭,严行惩办,其余人等一概宽免。

8月1日,国会重新开会,史称国会第二次常会。共有519名议员出席,大总统黎元洪补行宣誓就职仪式。

10月30日,国会参、众两院补选江苏督军冯国璋为副总统。

11月,徐世昌应总统黎元洪之邀,于14日回京,调停黎元洪、段祺瑞府院之争。

12月10日,杨士琦在上海参加盛宣怀追悼会,并发表讲话。

是年,杨士琦为项乃登《息园咏物》作序:"剑道人出其友项君琴庄咏物诗,曰:'此子也,余道义交,小范腹中,甲兵具备。'其诗何如,敬受之。倚窗展诵,凡百二十首,隐寓百二十国宝。书之意穷形尽相,旨远词微,盖怀才不遇,而托于物而风世欤?嗣廉察其为人,恂恂儒雅,抱道自重,则又晚近不可多得之士也。故乐书数语以贻之。杨士琦。"

1917年,中华民国六年,56岁

3月14日,黎元洪布告,自即日起对德断绝外交关系。

3月30日,轮船招商局在上海北市商会召开年会,会长杨士琦出席大会,主持大会,发表讲话,并再次当选会长。

4月6日,张元济"约杨杏城等在小有天晚酌。"③

4月17日,杨士琦等人刊发《南洋公学二十周纪念图书馆募捐启》④

① 《杨士琦昨已赴津》,中华民国五年六月四日《顺天时报》。
② 《徐世昌日记》第22卷,北京出版集团北京人民出版社,2015年,第10935页。
③ 《张元济全集》六《日记》,商务印书馆,2007年9月。
④ 1917年4月17日《申报》。

5月19日，段祺瑞煽动各省督军呈请大总统解散国会，国会亦呈请总统免去段祺瑞的总理职务。23日，黎元洪令免段祺瑞国务总理兼陆军总长职，令外交总长伍廷芳暂代。28日，黎元洪特任李经羲为国务总理。

6月1日，盛氏家族召开包括盛宣怀遗孀盛庄氏及子孙、盛府世交李经芳、同谊杨士琦、亲信傅筱庵、弟盛善怀、妻弟庄亮华等二十多人在内的亲友会议，定下遗产一半划归"愚斋义庄"、一半划归五房均分的分配方案，并且议定先设"清理处"，公推杨士琦、李经芳为督理，另订暂行章程，对所有遗存股票、证券、房屋基地等进行清理、估价、造册，清理处工作完毕后再行家产分析，并在产业分别支配过户、一切手续完结后即行裁撤。

6月1日，黎元洪召张勋入京共商国是，12日黎元洪被迫下令解散参众两议院，准免伍廷芳代理国务总理兼职，任江朝宗代理国务总理。

7月1日，张勋、康有为等入宫拥清宣统帝溥仪复辟，恢复清朝旧制，改本日为宣统九年五月十三日。同日，黎元洪电各省出师讨贼。

7月3日，段祺瑞组织讨逆军，自任总司令，在天津附近马厂"誓师"，通电讨伐张勋，以曹锟为西路司令，段芝贵为东路司令，分两路向北京进攻。12日，讨逆军进入北京，张勋逃入东交民巷荷兰公使馆，历时十二天的复辟丑剧失败。

7月14日，黎元洪由日本使馆返回私宅，通电去职，推冯国璋继任总统。冯国璋通电仍代大总统职。同日，段祺瑞由津入京，组成以皖系研究系为代表的封建买办官僚内阁。18日，冯国璋任命段祺瑞内阁各部总长。

7月19日，孙中山到达广州，邀请国会议员南下护法，改定宪法；继开国会，以行使"民国统治权"，发起了护法运动。

8月1日，冯国璋抵京，6日通电就任代理总统。9日，杨毓莹派署北波罗洲总领事馆总领事。①

9月10日，孙中山在广州就任海陆军大元帅，宣告军政府成立。29日，段祺瑞宣布成立临时参议院，为过渡性立法机关。

10月，护法战争爆发，冯国璋、段祺瑞失和，徐世昌入京调停。地方"独立"、"自主"纷纷出现，护法战火遍及十余省。

10月10日，熊希龄《致上海招商局杨杏城等电》："上海招商局杨杏城先生暨诸公鉴：此次京畿一带一百零五县水灾奇重，荡析离居，难民得有数百万人，目不忍睹。转瞬严冬，饿寒交迫，尤为可惨。业已通电各省官商劝募棉衣，及设法购运粮

---

① 《政府公报》，中华民国八年一月二十七日，第1712号。

食等项。现接各省复电,均承慨允相助。惟水路运输之费极重,拟请贵局沿途代运,并乞俯念灾黎困苦,特免运费,……熊希龄叩。蒸。"①

10 月 13 日,杨士琦《致熊希龄电》:"上海杨士琦来电,民国六年十月十三日到。熊秉三先生鉴:蒸电谨悉。查商局历次承运赈品成案,大致官用物品七折收费,间因灾深款绌,格外通融,酌减五折。惟粮食一项,宜防影射,从前均由当事者先将购运赈粮总数,及在何处采办,何处起卸,函电先商。并和税关立案,始得按次发给装运护照,由商局转饬经过各分局验照,计费承运。此次京畿巨灾,应请转告各省,仍照成案,分别函电商局,接洽妥佃。棉衣一项,业遵命免费,各埠分局,应由总局转达局长姓名,俟总局接到运往何处电示,随时奉告,不致迟误。所难者,商局自新格、安平失事后,仅有新铭,新丰开津,商米、俄茶堆积如山,更有军米三万应运,封河期近,船少货多,实难周转。救灾如救火,军运以火车为速,虽被水淹,即日修后,汉口以上可由京汉,浦口以上可由津浦,早到一日,即可早延一日之生命,恫瘝在抱,附沟沿儿茇筹。招商总局杨士琦谨复后。文。"②

10 月 17 日,熊希龄《致上海招商局杨杏城电》:"上海招商局杨杏城先生鉴:文电敬悉。运载军警旧衣一项,承慨允免费,并示装运办法,渥荷仁慈,无任感纫。俟各省集有成数,就近交轮运载,再电奉闻。除分电各省酌定,就便分别交由水陆运输外,先此复谢。熊希龄。篠"。③

11 月 4 日,熊希龄《致上海招商局杨杏城电》:"上海招商局杨杏城先生鉴:苏州孙小涵、杜一鹏、陈灼然、胡颐甫四君,携有赈棉衣三千件,由苏至沪,拟装招商轮运津,乞免费。熊希龄。支。"④

11 月 7 日,俄国发生十月革命。10 日,上海《民国日报》,11 日,《申报》《时报》《晨钟报》等皆报道十月革命消息。

11 月 10 日,由各省选派的参议员组成参议院,在北京开会随即开始修改有关法律。

是年,杨士琦校点的《世说新语》三卷(宋刘义庆撰)附《世说新语补》四卷出版,并在自序中将自己与此卷的不解情缘表述得明明白白:"予少习贴括,兼弄词翰,颇沙猎群籍。于史喜《通鉴》,于诗喜工部、玉溪、临川、遗山,于小说家言喜《世说新语》。自佐幕府为朝官,日与官文书为缘,业稍稍荒矣。顾嗜懒成癖,不能事交游征

---

①　熊希龄著:《熊希龄先生遗稿 3 稿三》,上海书店出版社,1998 年 12 月,第 2227 页。
②　熊希龄著:《熊希龄先生遗稿 3 稿三》,上海书店出版社,1998 年 12 月,第 2239 页。
③　熊希龄著:《熊希龄先生遗稿 3 稿三》,上海书店出版社,1998 年 12 月,第 2235 页。
④　熊希龄著:《熊希龄先生遗稿 3 稿三》,上海书店出版社,1998 年 12 月,第 2331 页。

逐,公退辄手一编自娱。虽以多病,间及《灵枢》《素问》《本草》诸书。然向所喜读者,仍时时省览勿辍也,而尤以《世说新语》所得为多。盖其记述言行宏博简要,有类于史;其为语隽永玄妙,有类于诸子;其文尔雅可玩味,足以为词章之助;而其旨趣淡完宁静,不言性理,而儒、佛、庄、老之微盲精蕴时有所发明,尤足以药躁妄、励风尚,则又有益于世道人心之书也,小说云乎哉!尝发斯义于吾友仁和王子展,子展深韪余言。乙卯子展来京师,出斯编为赠曰:是书自王世懋删补后,读者颇以为病,兹刻盖吴兴凌初成以所得冯开之秘藏刘须溪、刘应登两家批本付雕者,与袁装所刻放翁本同为原书,而以王氏所删补者附于后,殆为完书矣。余大喜,亟受而藏之。比客居津门,日长多暇,乃躬自雠校,重付剞劂,以广其传。惜乎子展已前归道山,不获与参订之役,与予上下议论如曩时也。"①

1918年,中华民国七年,57岁

1月4日凌晨,从上海驶往温州的招商局客轮"普济轮"在吴淞口铜沙洋三夹水海面上,被迎面驶来的英国商船"新丰轮"撞断了的左舷,"普济轮"很快就沉没了。失事普济轮船上计旅客210余人,轮船内部职员80余人,故全船共有300人左右。最后确认生还乘客仅37人。生还者中有瑞安黄曾铭,时任北京电话局总工程师,系当代著名作家、影视剧艺术家黄宗江、黄宗英之父,他获救后在《时事新报》上发表了海难经历《普济惨劫记》,记录下惨案的前后过程。

1月6日,旅沪同乡数百人聚集会议善后办法,推出代表项微尘、殷叔祥、徐寄顷等人赴招商局会见局长谢仲笙、傅少庵、虞洽卿,详谈处置及善后事宜。谢、傅等允力为担任。下午,项等三人又赴静安寺路招商局会长杨杏城住宅,面交处理与善后办法。杨允当日下午4时局会议时提出,尽力筹办。②

1月15日,会长杨士琦积极处理此事,其《复温州同乡会代表函》云:"昨展台函并附致招商局董事会一信,均已聆悉,除商准海关雇定中国水鬼四人,明日(十六日)八钟前往寻捞,并由贵同乡会暨敝局各派一人同往,一切情形业于董事会函内详达。既希查照为荷。……"③

1月17日,冯国璋以代理大总统名义公布实施新的《国会组织法》《参议员选举法》《众议员选举法》,大幅度压缩议员名额。

1月20日,西南自主各省军阀在广州组织护法联合会,与孙中山主持的军政

---

① 故宫博物院编:《故宫博物院十年论文选》(2005—2014)3,故宫出版社,2015年12月,第2209页。
② 温州市鹿城区政协文史委编:《鹿城文史集粹政治军事　工商经济》(上册),2013年10月,第22页。
③ 民国七年一月十七日,《申报》。

府相对抗。

2月25日,"政界至确消息,杨士琦漾日(二十三日)致电钱代总理,婉言谢绝组织内阁,今日(廿五)再请徐东海去电劝驾云云。"①28日东方电,"杨士琦刻已致电钱代总理,决计不就任国务总理。"②

3月7日,皖系军阀在北京安福胡同组织"安福俱乐部"。核心人物有王揖唐、曾毓隽、王印川、光云锦等。其前身为段祺瑞于1917年3月成立的中和俱乐部。该集团为依附北洋皖系军阀的政客集团,时称"安福系"。

3月15日,北京政府特赦洪宪、复辟帝制犯,张勋除外。23日,王士珍辞职,段祺瑞再任国务总理。

3月25日晚,招商局江宽轮船于驶至汉口丹水池方,突被楚材兵轮下水猛撞,立时全船沉没。船上搭客及船员人夫仅获遇救二百余人.其余均遭灭顶之灾。③

招商局代表傅筱庵在北京求见段祺瑞不着,但是招商局并不就因此罢休。该局董事会多次开会,先后5次给总统府和国会、交通部分别发电,强烈要求对江宽轮被撞一案进行审判,以明辨是非,并给予招商局经济赔偿。在得不到明确答复的情况下,招商局董事会长杨杏城亲自带人北上晋京,向北洋政府的总统府、国会、交通部等权力机构交涉。与此同时,全国各商会也纷纷通电北京,对招商局的要求予以强有力的支持,其中上海总商会的通电更是文情并茂痛切陈词。④

4月19日,杨士琦由天津返回上海。"据十九日天津来电谓,杨士琦君于本日由京沪线回上海,有杨以旧及其他官长携警队、音乐队在车站送行,景况颇盛云。"⑤

4月22日,段祺瑞南巡至汉口召集军事会议,密谋武力统一全国。会上,曹锟针对段祺瑞"武力统一"政策,主张和平解决南北问题。

5月4日,杨士琦致电北京,拟赴京向段其瑞讨说法:"招商局总理杨杏城氏现以江宽轮船误被楚材军舰撞沉,损失过巨,而政府方面迄无赔偿办法,特拟来京,要求段总理酌予赔款。经某次长从中斡旋,请杨氏暂勿来京,俟政府商妥办法,此项问题即迎刃而解。乃杨氏深恐政府敷衍,略给赔偿费,故昨日电覆某次长尔,股东公推鄙人(杨自称)北上交涉,碍难违背众议等语云,下星期内杨当抵京云。"⑥

5月4日,广东政学系与桂系军阀联络,在广州非常国会上通过《修正军政府

①《杨士琦谢绝组阁》,中华民国七年二月二十五日《顺天时报》。

②《杨士琦拒绝组阁》,中华民国七年三月一日《顺天时报》。

③ 胡政主编;孙慎软编著:《招商局史稿 外大事记》,社会科学文献出版社,2014年9月,第161页。

④ 葛昆元编:《百年秘闻》,汉语大词典出版社,2001年4月,第13页。

⑤《杨士琦已由津返申》,中华民国七年四月二十日《申报》。

⑥《杨士琦不日来京之确讯》,中华民国七年五月五日《申报》。

组织法案》，改设七政务总裁，排斥孙中山。次日，孙中山愤而向非常国会辞军政府大元帅职，通电揭露西南军阀破坏护法运动罪行，"护法"运动在帝国主义和军阀破坏下遭到失败。

5月16日，杨士琦为陈灨一的《新语林》作序："刘临川之《世说新语》采撷汉魏两晋理言逸事，风流绵邈，至今传之不衰。陈表侄藻青年少积学，广记博闻，尝好为小说家言，近仿刘临川集为《新语林》，持草稿示余。余浏览一过，知其取材精而用力勤，虽仅以一二十年间见闻所及排纂而表著之，而网罗无遗，条目悉备，一时才士文人冷语佚事具见是焉，洵佳构也。戊午五月既望泗州杨士琦序。著者按：杏城表叔素喜《世说新语》，官枢府时，每退值，辄手一编自娱悆。尝以所藏刘须溪、刘应登批本躬自雠校，重付剞劂。昨年仲夏，予小子以所拟《新语林》丛稿乞正于公，并乞弁首表章，公阅竟欣然执笔，顷刻而成。今是书出世，惜公已归道山，不获纠其刺谬、训诲如昔日也，悲夫！灨一敬识。"①

5月26日，杨士琦赴北京。"上海二十五日东方电，杨士琦现拟与政府接洽江宽轮事件，业于昨日北上。"②

5月30日，中日互换《中日共同防敌军事协定》文件。

6月20日，段祺瑞任命曹锟为川、粤、湘、赣四省经略使，加以抚绥。曹锟召开第二次天津会议，要求获得军费、军械和副总统职位。

7月8日，冯玉祥在湖南常德宣布独立。

8月1日，列宁委托外交人民委员会齐切林复函孙中山，对孙中山拍来贺电表示感谢，并向"中国革命的领袖"致敬。

8月7日，招商局公学建成开学。"公学校舍工程至本年八月初始告竣，即于八月初七日开校。第一任校长为丁赓尧。开学之初有学生一百五十六名，时有校舍大小楼二座，创办费计四万九千余两。"③

8月12日，北京新国会开幕，安福系议员占百分之六十以上。22日，参议院选举梁士诒、朱启钤为正副议长。新国会为安福系一手包办，史称"安福国会"。

9月1日，新国会选举徐世昌为中华民国第二任大总统。冯、段同时去职。7日，北京政府任命张作霖为东三省巡阅使。10日，徐世昌就任北京政府大总统职，钱能训暂代国务总理职。但段祺瑞仍掌握军权，并且在很大程度上通过安福系控制国会。

---

① 陈灨一：《新语林》，上海书让出版社，1997年1月第1版，第157页。
② 《杨士琦北上之任务》，中华民国七年五月二十五日《申报》。
③ 胡政主编；孙慎软编著：《招商局史稿 外大事记》，社会科学文献出版社，2014年9月，第163页。

9月11日，杨士琦恭贺当选大总统，并盼府院一心致徐世昌函："大总统钧鉴：阅报知两院选举揭晓，以四百廿馀票，我公当选，不觉额手称庆。正拟函笺，恭表贺忱，适奉钧函，遥商出处，谦光下逮，答复殊难。窃思目前时为梦若乱丝。撮要言之：府院一心方能统一内部，内部统一，无论征伐和解，对于西南方有办法，正《大学》所谓'家齐而后国治，国治而后天下平'。特此事知之匪艰，行之维艰，由修而齐而治而平，尚有许多层累曲折之教，真西山谓一以贯之，未免看事太易。宜乎，有邱琼山有衍义之补！公于此席，未尝萦怀，而天与人，归于无意中得之，天时人事，殆将有技机乎？就沪上一隅，除西南党派外，群以为太平有象，是普通舆论，无不盼。公出而济世，倘仍抱独善其身立义，将如天下苍生何哉？辱承垂问，敢贡刍荛，惟有牺牲一切，宏济艰难而已。手函奉复，恭叩崇禧，百益。士琦谨上，白露后三日。"①

10月29日（阴历九月二十五日），杨士琦在上海静安寺寓所病逝。

《杨宅讣告》："径禀告者，兹因家主杨大人，官印士琦，号杏城，今于阴历九月二十五日辰时寿终，择于二十六日未时大殓，特此禀报。椿荫堂杨宅家人谨禀。"②

《杨杏城君作古》："招商局总董杨杏城，近因江宽轮船被撞一案，奉徐大总统电召赴京磋商，本拟即日起程，嗣因赴杭观潮，感冒成病，屡缓行期，请苏州医生曹智涵来沪诊治，继请各西医投以西药，均无效验。昨晨七时病故于静安寺寓所内，业由家属讣告亲友，并电告北京政府。闻杨君行五，昆仲共有八人，因须俟乃兄到沪方始成殓，择于后日举行大殓云。"③《杨杏城君作古》："杨杏城君先日由招商局董事会公推北来，与政府接洽，因病未能即行。近日病势转剧，突于本月二十九日在沪病故。杨君在政界中为老辈，资望才识俱优，年事亦甫逾五十，当局方将大用，一旦病殁，沪上识与不识，无不同声悼惜云。"④

《恕讣不周》："显考杏城府君，讳士琦，痛于民国七年岁次阴历九月二十五辰时寿终沪寓正寝，谨择于农历十月二十日领帖，二十一日未刻举殡，恕未周知，特此谨闻。棘人杨毓莹、毓瓒繁稽颡。"⑤

杨家连续三天在报上刊登杨士琦出殡路线。"阴历十月二十一日下午一点钟由静安寺路本辕往东走静安寺路，过泥城桥往南走西藏路，进福州路，一直朝东至黄浦滩，朝南，一直过外洋泾桥，至招商局金福源大码头，登江新轮船。"⑥

---

① 林开明等编：《北洋军阀史料　徐世昌卷》卷八，天津古籍出版社，1996年2月，第288—291页。

② 中华民国七年十月三十日《申报》。

③ 中华民国七年十月三十日《申报》。

④ 中华民国七年十月，三十一日《顺天时报》。

⑤ 连续刊载于中华民国七年十一月六日至十九日《申报》。

⑥ 《杨公杏城出殡路由》，连载于中华民国七年十一月二十二日至二十四《申报》。

11月7日,徐世昌发布《大总统令》:"前政事堂左丞杨士琦病故,令给养治丧,令曰:前政事堂左丞杨士琦,学术渊深,经猷宏远,前此服官京外,卓著政声。民国以来,参知密勿,擘画周详。解职养疴,方资矜式。兹闻溘逝,悼惜殊深。著派王廷桢前往致祭,特给治丧费银一万元。所有丧殡事宜,暨灵榇回籍时,由各管地方官妥为照料,生平事迹宣付国史馆立传,并交国务院从优议恤,以示笃念勋旧之意。此令。"①

11月8日,徐世昌发布1889号《大总统令》,准许杨毓瓒请假百日丁忧:"国务总理钱能训:呈印铸局参事杨毓瓒丁忧请给假百日治丧派员暂代职务由。"②

11月11日,第一次世界大战停火。是日,德国战败投降,和协约国签订休战条约,持续四年之久的第一次世界大战结束。

11月23日,大总统徐世昌特使王廷桢将军抵沪,当日赴杨府祭奠杨士琦。徐世昌与杨士骧、杨士琦兄弟为金兰之交,徐的挽联悲痛情深:"贻书垂老伤多难,结契诸昆忆少年。"《王廷桢今日离沪》:"长江巡阅副使此次奉令,代表大总统于前日莅沪,致祭杨士琦,已志前报。昨日(二十四日)王氏又乘坐兵舰前往闵行致祭李英石之母,祭毕,当日返沪,定于今日(二十五日),乘坐专车返京覆命。"③

11月24日,杨士琦出殡仪式在上海隆重举行。《杨杏城出殡记》:"昨午为已故招商局董杨杏城出殡之期,公共租界内凡灵柩经过之处,观者极众。上海县沈知事谕令地方警察王警正选派巡长一员,警士一排,侦探王桂生等四名驰往治丧处弹压、照料。淞沪警察徐厅长亦饬派军乐队长张大果率领全班军乐,并令派骑巡队长李玉庭督率全体骑巡队士会同驰往,参列仪仗队中,沿途护送,至招商局码头,俟灵榇登轮,始行散回。"④

是年底,《申报》评选1918年大事,把杨士琦去世列为当年上海大事之一。"十月二十九日,招商局总董杨杏城逝世。"⑤

12月20日,在淮安城南,原配夫人吴氏墓(位于今淮安市淮安区朱桥镇新华村境内)被开启,杨士琦与之合葬。

12月30日,北京未能赴上海吊唁的朋友决定在北京开追悼会。《杨公杏城追

---

① 《东方杂志》,1918年第12期,第209至210页。

② 1918年《政府公报》,第1001期。

③ 《申报》民国七年十一月二十五日。

④ 《申报》民国七年十一月二十五日,阴历十月二十二日。

⑤ 《民国大事记》,《申报》民国七年十二月三十日。

悼会事务所启事》："前政事堂左丞杨公杏城在沪病逝,京津知交多因职务缠身未能亲往祭奠,特拟于本月三十日,即旧历十一月二十八日在江西会馆开追悼会以志景仰,并暂借本京绒线胡同通惠公司为本事务所办事处,如有致送挽词等件,请即饬交本务所代收。恐未周知,先此登报布告。"①

附　录:

1.《总商会请建杨士琦专祠》

已故政事堂左丞杨士琦为创议设立各省商会之第一人,今日各省商会在繁盛城镇均已成立商人团体,杨在政界数十年功过各半,追溯渊源,不无感念。闻上海总商会与南京总商会已合词为之呈请江苏省督军省长,转呈大总统准予在苏省建立专祠碑,并勒碑铭。其呈文中有云:窃闻丰功不巧,……,杨氏有知,当含笑于九泉下矣。②

2.《内务总长钱能训呈大总统核议前政事堂左丞杨士琦建祠立碑办法文》

为核议前政事堂左丞杨士琦建祠立碑办法恭呈仰祈圣鉴事。承准国务院钞交江苏督故前政事堂左丞振兴庶业,商民怀惠,拟请在苏建祠立碑,据情转呈一案,奉大总统批令呈悉,交内务部查核办理,此令等因,并准该省督军省长,咨同前因,连同事实清册到部。查原呈内称该故左丞杨士琦识瞩几先,化隆物表,抒远猷于浮海,阐坠绪于考工,轮电兼膺,庶政则一时并举,辎轩言迈,侨情则万里知归。洎谢政柄,犹领招商,惟宏学道,爱人之资益懋,通商惠工之绩,仁声早播,祀典宜膺,拟请在苏省建立该故左丞专祠,以垂永久等语。该故左丞督理招商等局,创立上海等处商会,兴利除弊,成效昭著,核其事实,洵属振兴实业,克导先河,将来功德祠成立时,自应在入祠之列。此次所请建祠立碑,实出于商民之景仰,留砚山之片石,拟召伯之甘棠,如系该处商民自行酿资办理,应即准予备案,所有核议前政事堂左丞杨士琦建祠立碑办法是否有当,理合呈请鉴核训示施行,谨呈。八年六月十三日已奉指令。③

3. 樊增祥《杨杏城先生墓志铭》

清宣统二年庚戌,江宁始开南洋劝业会,始为中国提商业考校工艺之初基。朝廷欲得周知域外究心实业之人为审查长,特简商部右侍郎杨公南来莅会,祥时官江

---

① 载中华民国七年十二月廿二日、廿三日、廿五日《顺天时报》。
② 《申报》,中华民国八年四月十四日。
③ 《政府公报》,1919 年 6 月 21 日,第 1213 期。

宁藩司，从公之文酒之宴，无私谒也。公知祥有去志，既还都，与东海相国言，欲祥居卿二之职。及国变，公之戚当组阁，公语之曰："国务卿中必置樊一席。"虽事皆不成，即成，祥也必不就，而公则祥之鲍叔也。

今年九月，以疾卒于上海，孤子毓瓒乞铭，祥生平罕为人铭墓，以自己故谊不得辞。按状，公讳士琦，号杏城，安徽泗州人，曾祖果亭官松江参将，曾祖姚氏洪氏高。高祖殿邦，累官至漕运总督，嫡祖氏蒋，生祖姚氏张。考鸿弼，姚氏刘、氏陈，三代皆封光禄大夫、一品夫人。

公生有异禀，两颧插鬓，进止闲逸，十三岁而孤，居贫力学，攻举业外，杂治古文辞，皆合矩度。十六岁入州庠，年二十一壬午乡试获隽。先为李勤勇公掌书记，即又客漕督卢公所，益明习当世之务，屡试礼部不售。李勤恪公督两广，辟至幕府。公天才敏练，遇事持大体，章奏文棱不尚夸诞，务切事情。勤恪故老于事者，知公敏慎，可任机要，文字悉以属公，盖桓之珣超不啻也。居四载，以举人历保道员。许文叔公督津榆路政，檄公为总办。公以文人董工商业实始于此时，年未四十也。庚子拳乱，联军攻津沽，公在路局，于枪烟弹雨中为书数千言，上荣文忠，请召李文忠入都议和。公故李氏客，文忠既至，立召公入幕计事。明年，项城代文忠督直，即以公长幕僚，事无大小，悉以咨之。初俄兵据关外铁路，和议成，犹靳不返。公往复抗辩，卒归于我。项城于是益才公，屡荐于朝，得旨以四品京堂官用。

光绪癸卯诏设商部，以公为右参议。事属创建，无故辙可循，公规划详密，分曹治事，凡所咨白，一取决于公。一岁之内，历三阶而至侍郎。是时欧风东渐，识时之杰争言富强，公独以为富者强之本，非实业无以致富，则商战为亟。既管招商、电报两局，继盛宣怀为监督，乃益扩张南洋公学，生数百人，分科授业。前之主者，持之稍急，则激其怒；取悦于众则长其骄。公则为约束坚明，而诚意恳到，煦煦然若父兄之教子弟，于是咸奋于学，而商界之人才辈出矣。邮部未设以前，以商部管路政，京张铁路，公实副项城董其役。经居庸关至八达岭，蜿蜒千余里，凿山通轨，造端宏大，所用工师皆中国学堂造就者也。路既成，西人罔不叹服。商部既设之四年，公以右侍郎奉命赴南洋考察华侨商务，此则公之宿志。至是而用，当其材也。

南洋群岛，闽广之人以工商致富者无虑数百万人，流寓久者或数百年，拥厚资者或数千万。中国海禁素严，出洋者视同奸宄，以致英、法、美、和诸国分略诸主岛，戍设官，而美、和之待华侨尤形苛虐。公早悉其情，亟思拯救。一旦持节渡海，遍历商场，侨寄之氓欢声动地，所至张乐设饮，遮道留行。公乃叙述祖国之恩，坚其忠孝之志，视唐蒙之使滇，司马相如之喻巴蜀，其远近难易不侔矣。又复申朝廷添设领事，与美官、和官约蠲除苛法，于是化作倾心祖国，得收外洋之利以补漏厄,皆公此行之成绩也。其审查南洋劝业会也,综二十二行省之物品,不下十余万件,公延聘六十余人,历数十昼夜,品第高下,屡析条分,其奏牍略谓"物品虽称简略,学术已具萌芽,务使富于才智者以发明实业艺术为荣,雄于资者以成立局厂公司为重"云云,此可见公之用心矣。

辛亥秋,武昌事起,四方相继响应,朝廷不欲重苦吾民,乃使下逊位诏,而命公南下议和。公具述朝廷公天下意,首以优待皇室相要约。及共和既成,伏处沪滨,无复出山意,然在前朝,骤跻显要,项城推毂为多,既为总统,以左相起公,势不得不为知己用,且国属民主,无事二姓之嫌,遂与今东海公同就职。迨筹安会既立,东海公与公相继引退,而项城由此告终,民国之民无宁日矣。

公平生冲襟乐善,爱才若渴,居政地,日退食,自公座客常满,一一使尽其意,徐使一二语酬之,皆帖然心服以去。秉质素弱,而善自摄卫,起居饮食皆有常度。性耽风雅,虽案牍填委,手不释卷。诗格宗仰义山,而闲参白陆,至于核事之文,则与宣公兖公为近。学宗黄老,服膺道家之言,声色服玩,一无所嗜。晚居沪上,棋弈彩选外,则效闽人改诗而已。

公以同治壬戌正月初四日生,共和戊午九月二十五日卒,享年五十有七,嗣子二:毓莹、毓瓒;女一:毓珣。公家于淮城,毓莹等舆机归葬,以十二月二十日启元配吴夫人之墓合窆焉,为之铭曰:胜朝用公晚而未竟其才,共和强公起而只其悲。使前得行其志,或无彼黍之哀;使后得遂其谋,何有元二灾?今元首既更,和气始胎,中外引领,傒公北来,而公已谢,金碎而庾玉埋矣。呜呼,岂非天哉?社愚弟南郡樊增祥撰文,年愚弟南丰赵世骏书丹,年愚弟合肥李经畬篆盖。"①

4. 马其昶《杨公神道碑》

国家严海禁,闽粤间民,往往潜附番舶至南洋群岛,起徒手,致巨资,疆吏守成法,斥为荒外,置不问。于是英吉利、法兰西、美利坚、和兰诸国,各以兵分略诸岛地,侨民困苛法,系生业,不得归,即归,又苦豪猾鱼肉,如是者殆百余年。光绪甲辰,始诏设商部。又四年,特命侍郎杨公节宣慰南洋华侨,侨民自分与中国绝,一旦睹天使至,则欢呼歌舞迎导,公辄陈说朝廷德意。其虐厉尤不便者,约外人稍蠲除之。南洋立商会,置领事官,由此始。

公讳士琦,字杏城,安徽泗州人也。祖漕运总督,讳殿邦。父讳鸿弼,婴末疾不仕。生子八人,其五皆登甲、乙科,而公与兄文敬公最贵。三代皆赠封一品。公生十三岁而孤,十六为诸生,后五年,中式光绪壬午科江南乡试,试礼部不第,出参幕

---

① 国家图书馆:《中华历史人物别传集》第 77 册,线装书局,2003 年 10 月,第 527—529 页。

府。初为诸生,李勤勇公辟掌书记。勤勇,儒将也,师友皆当世贤士。公虽甚少,固已与闻植身行己之要。继客漕督卢公所。及李勤恪公督两粤,尤倚任之,洊保至道员。公为人有智略,洞悉世情伪,尤喜读《老子》,御物而善藏其锷。许文肃公督京榆路,檄公为总办。庚子拳祸作,联军攻津沽急,公从危城中立草数千言,上大学士荣禄,请以李公鸿章主和议,因其客张翼以达。荣禄公得书意动,遽入言之上。会总督刘公坤一、张公之洞,巡抚袁公世凯奏至,所请同,上意遂决。李公既授全权大臣,总督直隶,立召公与计事。明年,袁公代为总督,乃以公长幕僚。款成,俄兵据关外铁道,无还意,公抗争之,得还。袁公屡疏荐其才,诏以四品卿用。

当是时,朝议颇惩前败,锐欲兴西学,蕲富强,而所尝经营工商业成效著者,惟轮舟电报,因益欲整齐恢张之,特命公驻上海筦轮电事,兼监督南洋公学,董招商局,先后却劳金十余万,不私有。商部既立,授右参议。时邮传未设官,事亦隶部,成就公取决,天子以为能。一岁历三阶,至侍郎矣。辛亥,权邮传部大臣。未几而有武昌之变,公奉命南下,与和议,定优待皇室条约。民国建立三年,大总统袁公强起公为政事堂左丞。竟一岁罢去。又三年,卒于上海,年五十有七。遗命以常服殓,赴告毋书官。

呜呼!公于袁公之谊深矣。国体更而禅天下,公天下也。民国之称,古未之有也。臣于人者不二主,为古今之通义,乃所谓民国云者,则自上逮下,胥为役于民,而不私一姓焉。古今世运之隆替迁变,虽有大力,莫之能遏,虽辩才,亦未敢持一端之说裁之也。然而君子卒不以举世所竞驰者,夺吾一心之所独喻。士不受知,斯已耳,不幸出撄世患,杀身以报知己且不惜,而敢为名高乎,此公之所以垂卒而自明也,悲夫!悲夫!

公娶吴氏,无子,抚弟子毓瓒襁褓中。已而毓瓒兼祧本生,加嗣兄子毓莹。以某月日,葬公某所,既有铭矣,毓瓒更致袁君思亮所为状,来乞文,则谨铭之曰:

畴工畴贾,猗文儒也。施无不遂,世所须也。沈沈以肃,逴清矑也。黄老是耽,异众趋也。事郁心悼,颓莫扶也。铭告万祀,礼厥墟也。"[1]

5. 夏敬观《〈新语林〉序》

杨泗州既殁二年,黎川陈君藻青以所著《新语林》相示。余与藻青同乡里,族望相若,又世通婚姻,客于吴越者十数寒暑,始相见于泗州坐上,前未之识也。泗州为人神气冲融,言语简澹,有魏晋人风,诸奔走利禄谒人莫得开说,世以是辄议其城府深峻。余往在京师,非文字之会罕入府中。既退,乃会于沪,辄日与游宴,或

---

① 卞孝萱、唐文权编著:《辛亥人物碑传集》,凤凰出版社,2011 年 9 月,第 337—338 页。

博纂行彩选,藻青尤吹笛度曲,间及古今中外变乱之故,相与奋髯抵几,肝胆披露,无有纤翳。过从益密者,惟湘潭袁子伯夔与余两人。藻青独居嘉兴,时复一至而已。泗州雅好刘义庆《世说新语》,尝叹古今人才性不相若,藻青方择近世人语为《新语林》,每以并世朝士大夫为问,盖得于泗州者为多。夫挽近数十年世变日益亟,贤不肖于言行见之者十之八九矣,东晋、六朝、五代复见于今,而人物则远不逮古,危殆亦益甚,卑卑无足齿数者。缺之则不见一代颠覆之由,存之则为作者雅言之累。《语林》之体虽小说卮言,得失纷糅,刘知几自郐无讥或所不免。藻青书既成,惜泗州不及见之,然藻青著书之意成于泗州一夕之谈,从容誓约之言,良复可念。墓草已青,杀青方竟。览藻青之书,有不能已于歔嘘太息者矣。新建夏敬观序。[1]

6. 陈灏一《杨公杏城尚书家传》

公讳士琦,字杏城,安徽泗县人。祖殿邦公,起翰林,累官至漕运总督,既退,遂家于淮安。考鸿弼公,以微疾未仕。妣陈太夫人,太夫人生有八子,公居五,颀然伟长,两颧插鬓,年十三而孤,诸昆季共治举业,复肆力诗、古文辞,闳览博物。十六入庠,壬午与兄士晟同举于乡,甫冠也。兄士燮、士骧及士晟先后成进士,入翰林。弟士铨亦登贤书,兄士普、弟士钧、士聪或为附生、或太学生,应试荐,不售,遂有高阳才子之目。李勤勇公提督畿辅,辟公掌书记,称得人。已而客漕督卢公所,益洞察当世之务。粤督李勤恪公耳其贤,礼延入幕。公天才敏练,不苟为虚语大言,奏疏之拟悉以属公,不翅晋公之于昌黎也。居数载,积资至道员。当其时,朝廷厉行新政,枢府疆吏交章荐诸朝,许文肃公尤器之,得总办京榆铁路,以文人而理工商业,实自此始。庚子之乱,列国联军攻京沽,通保亦告急。公在路局,日处枪烟弹雨中,屹然无动,为书数千言,上枢相文忠公荣禄,乞召李合肥入京主持和议;复致缄鲁抚袁相城,以痛剿拳匪为请,谓舍是,祸将蔓衍不可歇,有系于国家亡存者重且大。合肥既至,立召公计事,靡不中节。逾岁,项城擢直督,遂以公领袖幕僚,事罔洪纤,尽以咨商。初,联军入京师,俄兵据关外铁路,和议既定,犹靳不返。公往复抗争,卒如约归还。政府稽勋,得旨以四品京堂用。光绪癸卯,商部创建,无故辙可循,公以右参议独任其难,规画详密,分曹治事,凡所咨白恒取决于公,一岁历二阶而全侍郎。时铁路归商部管辖,京张全线亦公所主政,经居庸关越八达岭,蜿蜒千余里,凿山通轨,工至艰巨。总工师之职故事选外籍者,公独立绳詹天佑之材,谓必若诸已成之路之倚赖西人,期期以为不可也。路既成,中外皆惊服。岁丁未,商部之立已

---

① 陈灏一编:《新语林》,上海书店出版社,1997年1月第1版,第158—159页。

四年矣，诏命公赴南洋考察商务、抚慰侨民，斯固公之素志。至是而用，当其才者也。南洋群岛为侨民商务所萃之地，久为英美荷诸国所分略，置戍设官，而美荷之苛待吾侨民愈甚。公宿知其情，亟思拯救，一旦持节渡海，遍历岛屿，尽倾肝胆肺腑之言，允为增置领事官，就美荷外史约，蠲除苛法，所至环而听者毋少长老弱都数万人，欢声震屋瓦，张乐设馔，遮道留行。既入报，如其言以请侨民之倾心祖国，获收协助之利，以补漏卮，是诚公此行之力。视唐蒙之使南越，司马相如之谕巴蜀，其遒尔难易，迥不侔矣。先是，公兼篆电报、招商两局，招商例得劳资且廿余万，公谢不受而返诸公家，储为工人奖励金，不欲自表襮复。监督南洋公学，生徒众多，分科授业，公心远意城，恂恂然，若父兄之教子弟，于是无不奋于学。其后如徐恩元、徐新六、罗鸿年、吴庠、潘善闻诸君子，皆有声于时，其明效也。其奉使南洋勤业会也，廿二省之物品如山积，公延揽通才，品第优劣，缕晰条分，累月始事竣，疏称"物品虽简略，学术已萌芽，使富于材智者以发明实业、艺术为荣，雄于资财者以成立局厂公司为重"等语，公自手拟也。宣统辛亥，擢邮传大臣，大臣，尚书之易称也。甫受事衔命，偕唐绍仪南下议和，既抵沪而逊位诏下，公首以优待皇室相要约。迨民主为治，伏处江海，无复出仕意，而项城必欲得公辅政，谓国为民主，无事二姓之嫌。废国务院，易政事堂，强起公与徐东海同入枢府。迨洪宪僭号，公已隐退矣。公风度端凝，语言简澹，如魏晋间人。体质素弱，凡起居饮食皆有常度，绝不与酬酢。每公退，手不释卷，座客常满，都一时名彦，相与上下。其议论夤缘干谒者大抵以纵横之说进，公徐出一二语折之，闻者悚然退，又未尝不帖然心服也。为文与宣公为近，诗雅好玉谿，而出入香山、放翁之间。治学宗黄老声，色服玩一无所嗜，入其室，萧然如儒素。晚居海上，尝集新建夏学使敬观、湘潭袁郎中思亮，子姪辈博弈，或行彩选偶，效闽人改诗为娱憙，瀛一亦恒侍座，如斯而已。所遗奏稿如干卷，诗如干首，未刊行，以戊午九月廿七日薨于沪寓，年五十有七。配吴夫人无出，以兄士燮之子毓莹为嗣，复使弟士铨之子毓瓒兼为次子。女一，毓琯。毓莹、毓瓒，俱京师大学毕业生，毓莹历官纽约总领事、婆罗州总领事。毓瓒历官国务院印铸局局长，京兆、江苏烟酒事务局局长。

赞曰：瀛一自少从公游，公以笺启属之于论世知人之道，读书穷理之言，深得公训诲之益。即之久，故公之政事文章与动止语默，莫不审悉。公既跻公卿之位，扬历内外，累三十余年。于新政，如电报、航务、工商业诸端，咸有关大计，皆身亲筹措，殚思竭智，底于成功，是乃天下之人共闻见者。独于公文章重视如燕许，因思宋代某从庐陵问学，庐陵辄语以政事曰："文章润身，政事可以及物。"夫以欧阳公之贤而人但重其文，公一生为政之清明勤慎，功绩炳然，亦为文所掩，以视欧公尚复奚辞? 顾公初不欲以文自见,而世之识公者固未尝不知政事之足举也。惜公方被大用时已不可挽,卒未竟所施。项城强公起亦未能尽用其谋,徒增其蕴结悲伤。傥使向日其志得行,或无铜驼荆棘之哀。今世变日亟,公之墓木已拱,得毋似欧公不及睹靖康之难,讵非天意存焉哉?

7. 柴小梵《杨士琦传》

杨士琦,字杏城,安徽泗州人。生十三岁而孤,从诸兄读,刻苦自励,十六为诸生。后五岁光绪八年壬午举于乡,而两岁前已佐李勤勇公掌书记。至是客漕督卢公所,益究心当世之务。屡试礼部,不售。

李勤恪公督两粤,辟参幕府,咨诹谋度,靡洪靡纤,凡杏城之云,有匙无忤。居四岁,积劳累保至道员。许文肃公督津榆路政,檄杏城为总办。杏城以文人董工商业事实始此。庚子拳乱作,联军攻津沽急,弹簌簌从屋上过,洞垣牖,著器物立碎,居人呼号走匿,杏城独从容据几案为书数千言,上相国荣禄,反覆陈说利害,请以李文忠公当和议。因荣禄客张翼以达。荣方贵宠任事,得书,遽请于行在。已而总督刘坤一、张之洞巡抚、袁世凯等所请,亦咸如杏城言。当是时,数公者隐然负中外重望,其实杏城画策危城中,回当道意,识略亦不后数公,顾事秘不可闻,故罕有能道之者。文忠既被命为全权大臣直隶总督,立召杏城与计事。

明年,项城代文忠督直,遂以杏城长幕僚,文移章奏,半出其手,政充事剧,不扰而办。初联军会京师,俄兵据关外铁路,和议定,犹靳不返。杏城往复抗辩,卒归于我。项城因益才之,屡疏荐于朝。得旨,以四品京堂用。时朝议以连创于外,思稍稍变易贵儒贱工本农末商之旨,以蕲富强。而吾国自海通垂数十年,号商业者,仅招商轮船电报两局差有效,欲益整齐恢张之,特以督会办命杏城驻上海。南洋公学者,创始于尚书盛宣怀,规模闳伟,生徒常数百人,岁费取给轮电路矿之赢利。杏城既管轮电事,因继盛为监督。时初兴学,主者驭生徒多不以道,或操之急,激众怒,懦者又曲循其意,益骄,用细故,辄群哗。杏城开布诚意,明约束,熙熙若家人父子,自是咸奋于学,名高材异等者辈出矣。

甲辰,设商部,就补右参议。杏城建议创商务总会于上海,手订规约,日进诸商于庭,考得失利弊,疏壅遏,众大感奋。旁郡县名城巨镇相仿效立者踵继,至今为便。朝廷方大向用,由参议未尽一岁历三阶而至侍郎。部务新创,无故事,诸曹司有所关白,悉取决之。邮传未设官,路政亦隶部。自京师达张家口铁路,经居庸关,逾八达岭,蜿蜒千馀里,隧山通轨,工极艰,杏城尝副项城董其役,所用工师皆国人。路成,西人多叹服,谓中国未曾有也。

国家初严海禁,粤闽间民往往潜附番舶至南洋群岛,辟草莱,治田畴山林,冶矿。久之,长子孙,成都聚。执政及疆吏墨守成法,无复为国家拓土地,抚人民,意转以为奸宄,一切不问。于是英吉利、法兰西、美利坚、荷兰诸国各乘间以兵分略诸岛地,尽收入图籍,屯戍置官。而美利坚、荷兰更为苛法重税;困侨民。侨民系生业不得归,归即又苦豪猾鱼肉,如是者殆百有馀年。商部既立之四岁,始以杏城为钦差宣慰南洋华侨大臣,持节以行。华侨沦荒外久,自分与故国绝,一旦有朝廷大臣将天子命拊循而噢咻之,则惊喜感激。所至无男女少长具灯彩鼓吹旗纛持羊酒夹道呼万岁,争望见使者颜色。杏城辄宣布朝廷德意,询所疾苦,所以劳赉之者甚至。与美官荷官约蠲苛例之太甚者,置领事官,设商会,侨情大悦。既反命,力陈侨民忠爱状,并条上所以维护招徕之道,皆报闻。

宣统二年庚戌,两江总督奏设南洋劝业会于江宁,请特简重臣莅其事。朝廷以杏城为不辱使命,乃以之任审查长,所评骘无不中程。明年辛亥,擢权邮传部大臣。未几而武昌首义,各行省相继响应,朝廷下逊位诏,而命之南下与和议,杏城首以优待皇室相要约。自辛亥后三岁,项城当国,以故旧故,强起之为政事堂左丞,所言或用或不用,尽一岁罢去。又三岁戊午秋,以疾卒于上海。

杏城少贫,及贵,俸给外,不苟取毫发。董招商局前后几十年,例得劳金且十馀万,杏城谢不受。而返诸籍,体弱貌癯,额隆起,目炯炯有光,与人接,初类渊默不可测,即之久,豁然温如也。性冲融恺悌,不为矫激特异,而神识爽朗,人不可欺。

方在位时,宾客雍门,多张目论议天下事,大抵挟权谋党援功利之说,冀耸听干进,杏城徐出一二语折之,率废然去。用此为纵横游客所不喜,然实阴敬惮之。盖其生平多读书,冥契于庄、老为多,故志气澹定,不为外物回惑。又历世早,更事富,故能洞情伪,言简而要,智周而不穷。久历膴仕,而被服萧然如儒生。

家居时,时衣短襦,负手行室中,哦唐宋人诗,出则常从文士游。尤好接后进,有一艺,称道不去口,士以此乐归之。其卒也,相与悼惜,会哭于寝门,久之而不忘其哀。为诗宗香山、放翁,出入于玉溪,为文宗陆宣公,顾不自掇拾,随手散佚,可惜也。[①]

8. 挽杨士琦联

杨杏城先生士琦起家翰苑,学宗程朱,旁及词章,尤爱宋人语录,及中晚唐各家诗。内行惇笃淡荣利,初为津榆铁路督办。庚子之役,联军环攻津沽,弹丸如雨,几案都碎,先生神色自如,伏案属书,备言利害,献之当道。洎事平,入直督袁项城幕,补商部右参议。上海之有商会,实由先生发之。历左丞,擢商部右侍郎。改革以

---

① 柴小梵著:《梵天庐丛录》(一),《民国笔记小说大观》(第四辑),山西古籍出版社,第288页。

后,戢影沪渎,旋充政事堂左丞。方帝制议起,先生力维大局,不求人知,未几南下,一意整顿航业,主上海招商轮船局事。有别墅在圣湖之滨,时一往游。戊午八月,没于沪上。

东海总统与先生为同年,挽以两联。其一云:贻书垂死伤多难,结契诸昆忆少年,其二云:宫阶突过王摩诘,经术长怀井大春。额云"黄垆感旧"。

又,李廷瑛联:横流赖君子,高步超常伦。

又,邵章联:泗水鼎长沦,此后横流谁砥柱,黄池盘不厎,奈何老死弃神州。

又,陈庆佑联:微尚亦高华,仙骨长源真抱得,神来侥吟唱,花身商隐定能知。

又,汪声玲联:前度沧桑怀旧泪,故家乔木哭公诗。

又,欧阳溥存、汪长禄合挽联:风流江左思安石,梦幻人间悟漆园。

又,罗惇曧联:追思便坐深谈,太息时闻忧国语;每想退闲高致,伤心忍读泛湖涛。

又,鹿学良联:谢太傅再起东山,胡为天不假年,海宇苍生空属望;萧比部久司庶狱,况是感深知己,郎曹白首益伤心。

又,郑沅联:画壁唱黄河,酒后屡惊传妙句;扁舟返丹旐,江干何处赋招魂。

又,吴炳湘联:以我公生平大略,自有千秋,湖海何心,乱里抽身成避世;数吾乡耆旧诸贤,又弱一个,风流顿尽,天涯剪纸为招魂。

又,陈宧联:海水群飞,遽闻黄浦哀音,泽洞稽天倾砥柱;江湖离索回,溯白宫旧梦,从容暇日话旃帷。

又,邱润民联:范希文为秀才时,便以此身任天下;顾亭林当鼎革后,未尝一日忘先朝。

又,张祖廉联:事业济艰难,南友补老、北友菊老;英雄叹衰歇,昨哭海州、今哭泗州。

又,三台萧方骏联:天意太苍茫,竟使铁崖终海上;人心犹属望,尚疑弘景在山中。

又,易顺鼎联:风格在韦左司、王右丞之间,当代惜斯人,第五声名,公齐骠骑;诗才以李供奉、杜拾遗相许,平生感知己,三千宾客,我愧侯嬴。

又,外甥徐鼎康联:天胡竟丧斯文?冠盖满京华,争欲招魂到南国;人言酷似其舅,泥涂岂珠玉,不堪雪涕过西州。

又,史藩、张汝翘、阮福田公挽联:曹相不务奇谋,黄老清宁成治要;羊公何与人事,孤寒涕泪满天涯。

又,庄蕴宽联:机智迈群流,较量王后卢前,皆其余事;行藏关运会,澈悟生劳死逸,舍彼浮荣。

又,汪盘汪榘公挽联:昆季多才,与先子论交最笃;和同人世,有老氏知止之风。

又,许济萊联:三竺策孤筇,放眼潮来惊月落;一身关大局,伤心国瘁际人亡。

又,高寿恒联:闻诸它士,公之相兴,真有甚于骨肉;生而并世,我未得见,每自悔其文章。

又,刘子达、林振先公挽联:晚与水云居,明圣湖西留别墅;旧襄帷幄事,集灵囿里借前筹。

又,曹元森、许维锜、马振理公挽联:不动声色,措天下于磐石之安,群奴血指汗颜,巧匠旁观惟缩手;素昧生平,仰风采在光宣以后,举世焦头烂额,知公垂死未轩眉。

又,王式通联:万缕伤心春柳咏,一生低首玉溪诗。原跋:乙卯冬,以所作春柳诗相示,首联云:"只知春好不知秋,万缕千条拂画楼。"风人之旨,其意伤矣!

又,毕桂芳联:当代世家,惟祖孙父子兄弟;生平佳传,合名臣文苑儒林。

又,吕均联:群飞刺天,来日大难哭元老;爱才若命,当代如公有几人。

又,黄懋廉、方兆鳌合挽联:一时门第乌衣盛,三载江湖白发新。

又,江翰联:左辖官清才未竟,西昆诗好世空传。

又,吕调元集句联:高卧想仪形,三顾频烦天下计;斯人独憔悴,此身不见九州同。

又,王达联:万方多难,千里招魂,冠盖京华同洒泪;直笔承明,抽簪神武,江山文藻总哀时。

又,袁励准联:怀想耿难忘,一卧沧江疏问讯;起居知善摄,初闻涕泪转然疑。

又,刘冠雄联:真才原不在科名,达官学有家传,亦见累朝文献盛;大事岂容重破坏,贱子心劳军务,备知新国老成谋。

又,周自齐联:京国忆深猷,治术早师黄老意;江湖看晚卧,籨诗应补白苏遗。

又,傅岳萊联:汉廷急召谁先入,东阁无因再得窥。

又,吴煦联:残泪吊英魂,黑白棋枰今未定;散材收爨尾,凄凉门馆我何堪。

某君联:学宗程朱,复旁及辞章,公论不泯;位跻公卿,而遭时颠沛,安身实难。

又,卓孝复联:燕市重来,忆旧雨相逢,方慰清颜犹健者;西湖小住,奈秋风多厉,偶婴微疾误庸医。

又,陈三立联:兴托孟韩,联句城南存想像;道兼夷惠,移情海上见生平。

又,刘学询联:军书代达项城,记千里微行,洪水为除今日劫;泉壤若逢勤恪,说廿年前事,白云已改旧时山。

又，孙宝琦联：忝并魏公名，十年前官制同商；记联居朗润东园，梦老宫槐，历历旧痕消宿露；屡逢黄歇浦，一月余挽歌遽赋，忍重过集灵西囿，神伤苑柳，垂垂清泪照斜阳。

又，应德闳联：救时姚文献、居隐陶通明，问群公驰誉宣威，湖山养望同心几；百口保韩滉、一言识嶭蒇，数平生感恩知己，江海湮流双泪垂。

又，李纯联：宏奖嗣前修，北海如闻知涿郡；立朝扶大体，南塘终竟感江陵。

又，孙多森联：江海感同舟，济时才愧计然术；湖山留旧约，赌墅秋悲谢傅棋。

又，叶景葵联：清谭屑玉，好句联珠，望之如鲁殿灵光，每遇良辰思謦欬；槐国仍酣，桑田又变，到处是新亭涕泪，载瞻遗像独欷歔。

又，陈士廉集杜句联：吾生亦有涯，似闻昨者赤松子；四海犹多难，不见高人王右丞。

又，陈方恪联：有声当彻天，有泪当彻泉，长恸难忘后山语；甚知丈人真，甚愧丈人厚，只今空上左丞诗。

又，项镇藩联：追维淮泗千秋业，愁听钱塘八月潮。

又，方燕庚联：公今厌世上仙，听歇浦秋潮，呜咽如闻忧国语；我昔分曹作吏，怅春明尊酒，从容无复侍言时。

又，陈士銮联：直而不激，廉而不矜，若论文章尤健者；时无可为，天无可问，纵臻解脱亦凄然。

又，张祥麟联：立身在夷惠之间，嘉言懿行，足风流俗；治国以黄老为本，知白守黑，我思古人。

又，郁浚生联：时局如棋，竟使东山老安石；感恩似我，每依北斗望京华。

又，刘传福联：博望通才，争向日边迎使节；香山幻梦，竟从海上筑仙龛。

又，麦信坚联：海水正群飞，共处漏舟谁作楫；沧江才一卧，惨闻中道遽骑箕。

又，陈云鹏联：实业以济治术之穷，正江海横流，宰相山中呼不起；父执而感通家之旧，奈星霜迭换，贞元年辈已无多。

又，朱路谭启绪联：天半朱霞，云中白鹤；晋公绿野，谢氏青山。

又，湖南财政厅长刘淇联：澹泊为怀，作隆中梁父高吟，早筹全局安危所系，共天下苍生痛哭，不起东山。

又，姚震联：冀东山再起，挽国步艰难，追思歇浦遂初，勋望允称乡祭酒；溯曩日推恩，触先兄遗痛，回首谢池断梦，凄凉又堕老人星。

又，周树模联：凡事不为人先，平生所得龙学此；才止于中寿，起死曾无扁鹊方。

又，同年内侄婿姚文楠联：软红尘里卅年前，文战共诸昆，偏与白眉同觥觥；汗青简中千载下,长才嗟早世,犹闻黄阁待訏谟。

又,施肇曾联:佐合肥相公,拱卫神畿,三十年调阴燮阳,绸缪心事,壮志犹存;故府数元僚,几名士、几英雄,成败茫茫俱宿草;继武进尚书,经营伟业,五万里梯山航海,俯仰规模,深衷共喻;同舟怀旧谊,半交游、半姻娅,死生落落向秋风。

又,盛重颐联:先谊等侨婴,椿晖乍逝,樾荫今颓,令我书空徒咄咄;同舟成楚越,抗议方殷,遗言绝痛,知公垂死尚惓惓。

又,徐珂率子门下佺婿新六联:京雒数交游,念吾儿蓬直麻中,独邀巨眼施萝荍;死生终契阔,怅客子萍浮海上,乍听哀声废蓼莪。原跋:曩官京师,曾识公,及侨海上,亦尝再相见。公为艾青亲家相攸,谬谓小儿新六,淹贯中西,由是申以婚姻。幸其差能自立,尚无负公知人之明耳。

又,佺婿徐新六联:沧海忆归人,刮目论姻,正似昌黎知李汉;江关惊岁晚,伤心望祭,差同子美念祁公。

又,三兄士晟挽云:生当我后、死在吾先,近来家运迭遭,五树荆花都委地;诞值春初、病愁秋老,剩有古姿偃塞,十年松柏枉参天。

又联:若固有之,若终身焉,孟氏所谓穷居不损,大行不加,真君子人也;可仕则仕,可止则止,周易尝言承天时行,遁世无闷,惟吾弟有焉。

又联:念予季尘劳已久,避人暂就清闲,曾徜徉几日林泉,刚从湖上归来,病榻秋凉望平善;况吾家慈惠相承,贤母更勤施与,才培植一楼花萼,岂意吟巢萧索,连床春梦半浮沉。跋曰:杏弟再鉴,此次同游,才十五日,当日共处,五十余年,由今思昔,而不禁言之长也。

又联:昔冲二千里风霜,喜还生聚;今数二旬余晨夕,哭已吞声。方期夙夜必偕,盼予弟犹来,悠悠我思瞻日月。五龄时识一杀字,切戒兵刑;五秩外勿再服官,懔遵庭训。际此召征屡下,奈斯人不起,殷殷民望隔云霓。原跋:弟何往乎?近思旧事,远溯生平,固历历在吾眼前、存吾心上、入吾梦寐,而未片刻忘也。

又联:谢庭之草色先凋,独陪群季咏歌,明年重遇阳春,空对芳园泣桃李;屈子以菊英充膳,尝尽九秋辛苦,此后每逢佳节,怎从高处插茱萸。原跋:弟往矣!且长往矣!春秋佳日,永无相见之期矣!岂长言永叹之所能尽意也耶?

又联:以弟较兄未盈六秩,常抱千忧,欧赋感秋声,但闻四壁吟虫,叹息生年难满百,嗟我同父存仅数人,又弱一个。泷阰思往事,剩有几行断雁,那堪对影忽成三。原跋:弟之念兄,犹兄之念弟也。吾念吾弟,而上念吾亲,并念诸昆,而不禁念念之相续也。凉秋九月,夜不能寐,忧从中来,不可断绝弟其念哉!

又联:可有前知,早向阿咸言后事;不堪回首,犹牵娇女说婚期。原跋:弟平素诸语,念之恸心;临危数语,念之尤恸心。

又联:对戚友存心尤笃,为招眠鹤,广布松阴。即今大厦倾颓,湖上楼台空幻影;于伉俪用情最长,自赋离鸾,益亲萝茑。岂意环滁萧瑟,西南林壑感苍颜。原跋:弟善推此心,又长于情,所厚益加厚焉。

又联:依斗望京华,沉吟杜老新诗,念长安纷若弈棋,樵斧何心,忍居局外;看云忆淮水,记取枚皋旧宅,赋山阳而闻邻笛,书灯有味,怎似儿时。原跋:弟退休时不忍忘情于世,进行时未尝自负所学。[校]弈,原为奕,径改。①

汪长禄著有《诸子大要》,另与徐元诰、欧阳溥存主编有《中华大字典》。晚清商部右侍郎杨士琦去世时,他与欧阳溥存合撰有挽联:"风流江左思安石,梦幻人间悟漆园。"②

夏仁虎《枝巢编年诗稿》有《挽杨杏城左丞》诗,内云:"旧雨商曹接席时,闰春同制款春词。"

袁思亮《挽杨泗州》:"一瞑人间世,亲朋涕泪多。神明独天厚,忧患奈人磨。下寿犹无及,平生竟若何? 西州门外路,举目有山河。父执兼师友,殊乡晚作邻。俚歌时见答,密座不嫌频。羹胾香仍在,枭炉迹已陈。凭棺尽今日,历历总伤神。华屋山邱恨,湖波日夜流。可怜前度月,犹照旧时楼。稀揖悲长掩,膺舟怆昔游。酒痕襟上在,忍更说杭州。凄恻魂归日,孤明曙后星。衔哀过故宅,流涕对新亭。芳草暗无色,秋虫不可听。茫茫泉路尽,双眼更谁青?"

9.《杨母冯太夫人墓志铭》, 湘潭袁思亮撰,通州何维朴书并篆盖,1921 年 4 月。

父执左丞杨公官侍郎时,余数数往来其家,因得尽识其群从子弟之在京师者,然独心奇瑟君。瑟君年未冠,眉目疏朗,珊然玉立,意度温雅,问其学,则已能为诗,兼通英吉利语言文字及算数、冶金诸学。试于有司,被甄录,比乙科矣。左丞公顾谓余曰:"是吾弟之子,幼孤而育于吾,吾执勤于外,妻复早死,是子者又羸善病,辛苦鞠畜,督教之以至于成人者,则其母贤也。"国变后,余再至京师,瑟君已仕至印铸局参事,有禄养矣,始奉母太夫人别居。余又数数往来两家如曩时,拜太夫人于堂,其色壮以愉,其词温以和,退而益有以知太夫人之贤,而杨氏宗族、戚里故旧,下逮于臧获仆御,诵太夫人之仁慈恭俭者又相闻也。余归南中数年,瑟君闻誉益起。已而居左丞公丧,左丞公无子,命瑟君兼为己后,瑟君与遗产无所争,独迎两姬之无出

---

① 胡君复编:《古今联语汇选三集·哀挽上九》,西苑出版社,2002 年 3 月。
② 王振良:《稗谈书影录》,上海远东出版社,2011 年 8 月,第 169 页。

者养于家，以此愈益有名。余闻而太息曰："有是夫夫，非太夫人之淑德懿训，曷克相与有成欤？则又益有以信太夫人之贤不可及也。太夫人姓冯，江苏崇明县人，在室事父母以孝闻，年二十五归于杨，是为剑潭先生讳士铨之妻。逾二年，先生试春明，归道卒，太夫人抱一岁儿归依母家，居四年，从兄公转徙南北者十馀年，最后从子持门户者十年。光宣之间，兄公多贵显者，太夫人痛其夫早逝，辟静室奉佛，布衣疏食几三十年，不以子贵易也。辛酉春，瑟君被命榷新堤关，未上任而新妇高以喉疫病殁。后四日，太夫人亦以染疫卒京邸。时二月十五日也，年五十又七。子即瑟君，名毓璜；孙宪复，将以四月二十四日葬淮安东门外年登乡市河南岸旧茔之原。瑟君书来乞铭，余与杨氏交两世矣，谊不可以辞，且太夫人行应铭法，乃为之铭曰：妇行不出施于家，义莫大焉为承夫。惸惸卅载甘茹荼，卒成其孤有令誉。士夫归高女则模，年不配德心力痛。其后将大理不诬，铭造奕世其母吁。淮安章治平镤。

10. 杨士琦轶事集锦

孰为龙　孰为猪

南皮张文襄在京，尝言泗州杨莲府制府、杏城侍郎兄弟非一母所产。易实甫在侧曰："同母兄弟也，公胡以决其不然？"文襄笑曰："一龙一猪也。"或问侍郎曰："子孰为龙、为猪？"侍郎曰："以南皮目光断之，人果成进士，虽杀人，亦可以减罪。吾兄词林中人，定为龙，余定为猪。"文襄又言："番禺梁彦孙太史与杏城侍郎必感同气而生。"疑其相似之甚。时尚为诗钟，一日，拈得"奇态"二字五唱，黄绍第叔庸得句云："弟兄岑氏奇皆好，姊妹杨家态并浓。"南皮大称赏，称为钟王。其于侍郎，无往而不加贬辞，诸如此类。洎慈圣上宾，项城斥去，醇王摄政，颇倚任南皮为重。（刘体智《异辞录》）

孝子

杨杏城之母陈太夫人病笃，杏城朝夕侍汤药，目罕交睫，衣不解带。以刃割股肉和药煎汤，进一服而瘳，杏城喜曰："吾母病起而吾微伤，人子之事亲固应如是也。"（陈灏一《新语林》卷一）

不贪财

杨杏城久历臕仕，俸给外不苟取毫发。董招商局前后几十年，例得劳金十余万，杨谢不受而蠲之公家。或问曰："是奚为不受？杨曰："取之固足富，舍之不患贫，有用之金钱宜作有益之事业。"（《新语林》卷一）

终有报应

杨杏城好奖人才，为农工商部侍郎时，属官中东海沈雨人、湘潭袁伯夔、南丰赵仲宣、如皋冒鹤亭、常熟邵厚甫,不惜齿牙为揄扬。戊午九月,杨卒于沪邸,伯夔亲视含殓,感恩知己,潸然涕下。(《新语林》卷一)

体恤侨民

杨杏城持节渡南洋,稔知侨民久困于外人苛法重税,立与美官和官约蠲苛例,置领事官,设商会,侨情大悦。既返命,力陈侨民忠爱状,并条陈所以维持招徕之道,上嘉纳。(陈灏一《新语林》卷二)

一字一珠

杨杏城管津榆铁路,庚子联军环攻津沽,弹丸如雨,几案都碎,杨神色自若,伏案属书,备言利害,献之李文忠。文忠以视袁项城,曰:"杏城此书一字一珠。"(《新语林》卷三)

不说废话

于晦若谓杨杏城能言不多言,言必有中;严范孙能言言之不息,言亦多中,而其言初不以不中而止。"(《新语林》卷四)

被"大头"看好

袁项城引武侯语以评杨杏城曰:"淡泊以明志,宁静以致远"(《新语林》卷四)

佳作共赏

杨朗川于其兄星川肖像题七律诗二章,其叔杏城视之曰:"此诗俊逸清新,几无一字无来历。"(《新语林》卷四)

体貌

杨杏城两颧插鬓,双瞳炯炯,瞻视非常,见者悚然。(《新语林》卷五)

夸侄婿

吴佩伯才华英发,为杨杏城侄婿,年未四十而卒,杨哀之曰:"佩伯于社会为名士,于政局为良吏,于吴氏为令子,于杨家为贤婿,竟不幸如颜渊短命,惜哉!"(《新语林》卷六)

专宠屠某

屠新之谒杨左丞于私邸,是日客满座,泰半达官,杨过目不平视,独长揖屠曰:"数年不见,君白髯盈尺,余发亦苍苍矣。"倾谈良久,客纷纷散去,屠出,杨送诸门外,既登车,犹拱手者再。(《新语林》卷七)

不敢滥竽充数

冯河间代位白宫,以揆席属意杨泗州,屡征之不起,遣使仍不绝,泗州不获已,电告北上期。既抵京,诣公府,河间出迎于门,延之上座,曰:"国家多难,为政端赖老成内阁枢要,匪异人任。余才不及项城,德不逮黄陂,若得公臂助,或可冀天安如磐石。"泗州曰："元首之命义无可辞,顾衰病难胜艰巨,方今四郊多垒,群盗如毛,虽名义称为枢府而号令不出国门,何敢滥竽高位自误误国?"河间知不可强,遂更语他事。泗州退,河间送于大门,都人争传以为得未曾有。(《新语林》卷七)

汪颉荀必败

汪颉荀被命为江西省长,以有人排挤未克之官,越半稔而时局变易,无复及之者,乃得之任。频行,杨泗州对汪曰："李秀山以全力驱逐赣军,势不可悔,君此去宜和衷共济,非然者,旦夕且败矣。"汪唯唯。既受事,出入大陈兵卫,宠信金壬,群起而攻之,遂褫职。泗州偶对其犹子士元曰："乃叔不信吾言,今果败矣。"士元唯唯。(《新语林》卷五)

未借吉言

陈逸庵年逾弱冠,颖悟非常。诣杨泗州,泗州与语大赏之,曰："吾外家今虽衰落,子当能承先人之绪,望努力自爱。"陈未达而丧。(《新语林》卷七)

剖析斗蟋蟀

杨杏城喜斗蟋蟀,室中虫声唧唧,顾而乐之,客问何意沉酣秋虫中,杨微哂曰："蟋蟀斗于盆,其始鸣,其羽趐趐然,既而胜负分,胜者昂其首如唱凯旋歌,负者低其头如败军之将,虫之智亦犹人之智。"客颔首。(《新语林》卷八)

论用人

杨泗州为政事堂左丞时,或叩以用人问题,杨曰："余主张新旧人材兼收并容,盖旧人所长在有经验,处事镇静,若能持大体而遇事敢为,负有朝气,亦须让新人材一步。但纯用新人材不免偏于急进,致纷更过度,不适国情,反之,纯用旧人材,亦必由停滞而入于腐败。"(《新语林》卷三)

今日不谈政事

杨泗州为政事堂左丞,集朝官为文酒之会,客有求荐为肃政史者,杨正色曰："今夕只可谈风月,岂应及官事?"客惭退。(《新语林》卷三)

陈英士求见杨泗州

陈英士、黄秀伯为莫逆交,秀伯尝过杨泗州所,盛称英士之才,谓："其人虽革命派,然通时务、识俊彦,任侠可风。宿慕公道高德修,愿事以师礼,敢一言为介,公许之否?"杨笑曰："老朽不解事,共和元勋奚取焉?"固辞不获,始允一见而不承为师。越日,英士戎装入谒,执礼甚恭,互相倾谈,尽欢而散。(《新语林》卷六)

徐世昌痛失杨泗州

杨泗州与徐东海交深而志同,徐既任元首,决意以杨任揆席,连词劝贺,有"舍君其谁"语。时杨方卧病,犹强起复电云:"病痊当北上。"未旬日而逝,讣至京,东海长恸曰:"江左失夷吾,吾道益孤矣。"(《新语林》卷六)

杨泗州为会长

王子展尝参与招商局事,局设董事会,众推杨泗州为会长、盛杏孙副之,泗州居京日多留沪日少,例以杏孙兼其职。杏孙予全权于子展,宠信逾恒,泗州视之亦言听计从。盖子展饶智虑,工心计,知两姑之间难为妇,对泗州则扬杏孙之恶而自张己之善,对杏孙则谮泗州之短而自诩己之长。(《新语林》卷八)

集大成者

杨杏城先生(士琦)居恒言笑不苟,竟日端坐阅书,无情容。不事交流,朋侪酒食游戏相征逐,不与也。工诗古文词,尤喜作诗钟。于《世说新语》爱不忍释手,居官与居家均乐此不疲(陈灨一《睇向斋谈往》)

妙联佳句

公为联语,嘉者笔不胜纪,余所记忆者,有挽孙文正公(家鼐)云:"事上也敬,行己也恭,杖于朝,杖于乡,允矣君子;和而不同,群而不党,能为师,能为长,所谓大臣。"又挽袁海观制军(树勋)云:"故国涕洟多,回思天宝年中,沧海横流今剩我,旧交零落尽,叹息贞元朝士,此江不渡更何人?"(陈灨一《睇向斋谈往》)

第五章

浙江巡警道杨士燮

杨士燮(1855—1913),字赞元,号味春、味莼、渭春,安徽泗州梁集(今属江苏盱眙县)人,出生于淮安城,戊子(1888)顺天乡试举人,甲午(1894)进士,曾公派赴日本考察学务,历任工部主事、员外郎及郎中、会典馆协修官、江西道监察御史、巡视西城御史兼督理街道、兵科给事中、横浜总领事、户部掌印给事中、山西乡试副主考、山西平阳知府、浙江嘉兴知府、署杭州知府、浙江巡警道兼浙江高等警官学校监督。

第一节　得益于孙家鼐的提携

杨士燮出生时,担任漕运总督的祖父杨殿邦因放弃瓜州,扬州文武官员临阵逃离,将扬州城拱手让给太平军,被革职发配新疆,后在各方面的帮助下,散尽家财,才得以免除流放,戴罪在军中效力,1859 年秋天去世。父亲杨鸿弼,虽然文采出众,十次乡试皆败北,只捞个终身没有兑现的候补江苏知府,去世时,杨士燮才 19 岁,尚未有功名官职,还有七个未成年的弟弟、四个妹妹。杨士燮娶吴棠次女吴述仙为妻,另娶一妾,共生八子:毓璋、毓瑊、毓珂、毓璆、毓琇、毓莹、毓瑗、毓璪。四川总督吴棠没能帮上忙就离开人世,但关系仍在,对杨士燮及其家庭影响很大。

光绪三年,杨士燮 22 岁成为增贡生,捐资买了个工部候补主事职位,在家等待空缺,就业遥遥无期。28 岁时,弟弟杨士晟、杨士琦同时中举;31 岁时,弟弟杨士骧中举,次年成进士。直到 34 岁,杨士燮才考中举人,才得到一个实职——会典馆协修官。会典馆是清朝纂修《钦定大清会典》的机构,清水衙门。

李鸿章家与杨氏是世交,又是吴棠的好友。杨士燮托两广总督李瀚章给哥哥李鸿章去信,想谋个官位,李鸿章婉拒了:"⋯⋯,杨士燮恐难位置,署内长幼均适。敬叩暑祺,弟仪斋谨上。①"作为晚辈的世家子弟杨士燮,曾当面讥讽权倾朝野的李鸿章:

> 合肥在翰苑,未得衡文一差。一日在贤良寺与幕友聚谈,同年杨味蓴自夸其闱作。合肥嗤之曰:"中进士不得翰林,可羞哉。"味蓴曰:"翰林一生不得衡文差,亦可羞哉。"合肥将以杖叩之,味蓴乃遁。②

"合肥"代称李鸿章。杨士燮在李鸿章面前显罢自己考进士时文章写得好,李鸿章说他没能点翰林当感到羞耻,杨士燮反唇相讥,说李鸿章虽然点了翰林,但没能充当乡试、会试主考官是个耻辱,气得李鸿章举起拐杖要揍他。当然,因为是世交,李鸿章是不会计较这件小事的。杨士燮在会典馆编书,俸禄微薄,生活困难,被迫向座师孙家鼐告贷:

> 杨渭春观察为工部主事时,贫至不能举火,乃上书假贷于孙文正,其壬午乡榜座主也。文正出书,其家人诧曰:"门生而乞助于师耶?"文正曰:"唯,然必与之,彼非情急而肯作此请乎?"及文正由总宪授工部尚书,观察正其属下,因以第一优差琉璃窑予之,知其匮也。于此,可见前辈师生之谊重。③

孙家鼐,安徽寿州(今寿县)人,咸丰九年状元,与翁同龢同为光绪帝师,曾任吏部尚书、协办大学士、文渊阁大学士、学务大臣等职,卒谥"文正",为朝廷重臣。孙家鼐十分理解杨士燮的难处,不仅慷慨解囊,还给杨士燮安排了第一等肥差管理"琉璃窑"的官职,真可谓知己老师。

光绪二十年,杨士燮考中进士,奉旨仍以工部员外郎遇缺即补。同科除张謇状元外,后成为著名人物的还有梁士诒、熊希龄、沈云沛等。张謇曾作《记梦》,回忆会试往事,称连续多次失败后,本不愿再应试,因杨士燮告诉他说做了一个梦,说梦见他考中而且是第一人;海州沈云沛也告诉他一个吉利的梦。于是,张謇决定再试一次,竟中了状元。两年后,杨士燮补授工部员外郎。

关键时刻,孙家鼐又助杨士燮一臂之力,光绪二十四年五月,推荐杨士燮为京师大学堂提调,八月带领杨士燮等人赴日本考察教育,将日本大学、中学、小学一切规制、课程并考试之法,逐条详查,汇为日记,缮写成书,以供参考。正因这一次日本之行,杨士燮于次年六月谋得驻日本横滨总领事的职位,三年期满,荣升江西道

---

① 顾廷龙、戴逸主编:《李鸿章全集》34《信函六》,安徽教育出版社,2008年1月,第559页。
② 张仲礼编著:《中国绅士研究》,上海人民出版社,2008年,第160页。
③ 《广东省志 海关志》,广东人民出版社2002年8月,第311页。

监察御史、吏科给事中等要职，还风风光光地当了一次山西乡试副主考。事情背后，都有孙家鼐在发挥作用。

第二节　平阳知府，百姓建立长生禄位

光绪三十一年，杨士燮外放山西平阳知府。平阳府位于太原西南，自古为山西重镇，下辖一州十县。杨士燮在平阳府任期内最大的政绩是妥善处理了"通利渠事件"。

"通利渠"位于临汾境内汾河西侧，基本呈南北走向，全长 100 余里，始修于金代兴定二年（1218），引导汾河水浇灌土地。清朝末年，通利渠浇灌当时的赵城、洪洞、临汾 3 县 18 村农田，总计达 26000 多亩。为方便管理，由 3 县 18 村有名望的绅耆担任委员，组成"合渠绅耆会议"，协调各方关系，解决矛盾纠纷。日常管理机构，由渠长、副渠长、沟首、甲首等组成。但在实际操作过程中，各方面都为自己利益着想，有些地区公然拦坝截水，以至下游无水可灌，庄稼干枯，争水斗殴事件时常发生，长期不能得到解决。

杨士燮上任后，召集当地绅耆商议解决办法。经过一番细致调查研究，发现主要原因是式好、两济二渠拦河扎坝截水，以致"水不足用"，虽历经各渠长控案禀究，始终悬而未决。杨士燮多方筹集到一笔巨资，决定另修水利工程，以彻底解决争端："另筑人字形坝，彼此分水浇灌"，"札委临汾、洪洞、赵城三县官员定期前往，会勘明确，并勒令赵城县令督促和配合，一面先行出示晓谕，俾众周知。倘有地痞人等从中阻挠，立即从严惩办，以儆效尤。""人字形坝"分流水利工程成功建造后，真的解决了三个县长期以来纷争不息的矛盾冲突。

当地百姓十分感激杨知府，在渠神庙里为他建立一个长生禄位，即感恩祝福纪念牌位。当地文人许杰撰写了《杨味春太守长生禄位记》，文章收录在地方志中。文中引用杨味春说过的话："水利者，所以资灌溉，救荒旱也。地方无水利，犹当访询耆老，相视地派，鸠工筑渠，因势利导，方为不负厥职。况平郡自裁水利同知以来，治水乃郡守专责。而历任诸公漠不关心，非但不能创开新渠，即旧有之渠，亦且听其废坠，渠道之湮塞弗浚也，豪强之把持弗问也，田亩之荒旱弗恤也。[1]"由此可以了解到，杨士燮认为"通利渠事件"长期不解决的根本原因有二：一是历任官员漠

---

① 《杨味春太守长生禄位记》，陈振先《洪洞县水利志》，山西人民出版社，2008 年 11 月，312 页。

不关心，二是地方豪强把持着无人敢过问。时过百年，"通利渠"还在造福三县百姓，杨知府当年主持修建的水利工程还在发挥作用，事迹载入当今地方《水利志》，还在被人们传诵着。

杨士燮机智敏锐，在平阳知府任上审理了许多案件，以"善断"闻名四方。一位富商从塞北带回许多珍品，其妻悄悄取走数件送给了女儿，谎称家中被盗。当地县令接报后，抓获几个犯罪嫌疑人，以重刑伺候，嫌疑人屈打成招。上报后，杨士燮阅罢卷宗，一眼看出是件冤案：

> 有巨贾自塞北满载而归，其妻启箧，取珍品数事以与女而以被盗给贾。贾莫信，侦探多日不能得，遂以被盗控诸县。令不察，传嫌疑者数人至，严刑拷问，卒证服，问赃物，姑对曰已售去矣。谳定，以文达府，杨震怒，斥令昏愦，委员详查得其实，传贾及其妻女亲讯之，一鞫而服，郡人以为神。或问之，杨曰："此无他，惟审情度理耳。"[1]（《新语林》卷二）

杨士燮从案卷中发现破绽，断定其为冤案，派人把商人妻女抓来亲自审问，果然是家贼自盗。由此可以看出，杨士燮有着丰富的社会经验和超人的逻辑推理能力。

第三节　嘉兴知府，勤政爱民

光绪三十二年六月，杨士燮调任浙江嘉兴知府，还曾署理杭州知府，曾重新修葺府衙，作《重修嘉兴府治碑记》，今存。在嘉兴知府任上，他为百姓做了不少善事，留下许多佳话。

嘉兴并非通商口岸，日本商人却违约在嘉兴开设药房，美、法等国商人也在此开设公司分店，或勾结内地华商托名经理，严重侵害了本地商人的利益。杨士燮对此事极为重视，认为在激烈的商业竞争中不应当随便放弃利权，立即上禀巡抚，指出如果对洋商设栈置之不理，暂时图省事，"则将漫无限制，洋商行店势必陆续增多，上侵国权，下碍华商生计，且我国尚未收回治外法权，内地任令华洋杂居，交接烦琐，动起衅端，恐欲求省事，反而多事，宜未雨绸缪，预防后患。他建议仿照常州的做法：一面由浙抚札饬洋务局照会各国领事，饬令各国洋商所开公司经理店、药房等立即照约关闭，或迁往拱宸桥通商场；一面由洋务局饬令嘉兴府传讯房主及介绍人，责令退租，并规定嗣后遇有洋人租屋或华人代洋人租屋者，必须先禀明警局

---

① 陈灏一：《新语林》卷二，上海书店出版社，1997年1月，第30页。

转呈地方官查核,与约章有无关碍,不得擅自出租,否则对房主及勾串之人均予以治罪①。"浙江巡抚采纳了这一建议,各地外商违规开店的事情得到及时处理,嘉兴商民额手称庆,对杨士燮充满感激之情。

绍兴人冯三和,年逾七十,旅居嘉善,以务农为生,克勤克俭,家境小康。光绪三十四年正月,他送孙子到上海学堂读书,归途中误触缉私网络,士兵喝令停船。夜晚昏黑,看不清楚,冯三和误以为遇到匪徒,鼓棹逃走。士兵拦阻,冯三和不听,于是开枪射击,顷刻之间二人毙命。士兵登船将冯三和剥去衣服,白刃加颈捆绑,押赴队部,打算立即处决。冯三和喊冤,无人理睬,又提出以万金求见家人一面,不许。许多商人出面担保,嘉善县令请求将他押解到县衙审讯,受斥不准。嘉兴府知府杨士燮亲自出面为冯三和辩冤,再三说明情况,缉私队才允许暂时加以羁押,稍缓正法。后经杨士燮多方努力,冯三和才免于一死。

嘉防营管带董耀庭蒙冤入狱,多次申诉,无人理睬。杨士燮了解案情后,向浙江巡抚呈报,要求平反,巡抚不理。杨士燮又把案件呈报给闽浙总督,总督令浙江巡抚查明复审,终于使董耀庭走出监狱,官复原职。董耀庭到嘉兴府求见,杨士燮不见;董耀庭再三求见,才让他进去。董耀庭叩头拜谢:"不是明公,小人早已成为冤鬼了,再生之德如何报答得了?"杨士燮亲自把他扶起说:"我做官,依据法律,拯救无辜之人,是职责应该做的事,不需要感谢报答。"董耀庭是安徽人,当兵出身,后来荣升嘉防营统领,民国后任游击队统领,在召州剿匪时战死,追赠陆军少将。

有个穷亲戚杜星生,年过四十,妻死无子,欲纳个小妾,又无钱财。杨士燮得知情况后十分同情,就把他找来对他说:"我给你一笔钱,找给美女如何?"杜叩头持钱而去,买了一个姑娘,系平陵狄氏奴婢,不到三年竟然连续生了两个男孩。杜星生对杨士燮感激涕零,杨士燮从不与任何人提及此事。

因政绩突出,杨士燮受到朝廷嘉奖。谕内阁:"增韫奏,甄别属员,分别奖惩一折。浙江杭州府知府卓孝复、嘉兴府知府杨士燮……,既据该抚胪陈政绩,均著传旨嘉奖。"②

第四节　浙江近代警察事业的开拓者

宣统元年二月,浙江设立巡警道,后来改称警察厅、公安厅,管理全省警察事

---

① 曹英著:《近代中外贸易冲突及中国应对举措研究》,湖南师范大学出版社,2013 年 9,第 73—74 页。

② 《宣统政纪》卷五,光绪三十四年十二月辛巳。

务,杨士燮调任此职,为浙江警察事业向近代化转型作出了重要的贡献。

在警政方面,杨士燮令各州县巡警局一律改为警务公所,制定了浙江历史上第一部《警规》《警法》,建立了培养法律、政治、警察人才的法政学堂、警察高等学堂。至 1911 年,浙江省 76 个厅、州、县中,有 73 个厅、州、县设立了警务公所(局),下设分所(局)145 处。在警务方面,杨士燮主持制订了管理城市街道、卫生、建筑、消防、剧场、旅馆等的章程,强化对城市的治安、交通、卫生等方面的管理工作。这些都是前所未有的工作,开创了浙江警察事业的新纪元。

如杨士燮制定颁布了许多规章制度,如《管理道路规则》考虑很细致,曾规定:"制作凉篷不得突出道路之外,布制凉篷垂下须在三尺以内。"[1]再如《省城消防拆屋摊贴章程》,其中明确规定:"遇有火势狂猛不能仓猝扑灭,凡巡警长官及消防队长、队官可临时斟酌火势,指定应拆房屋时,立时拆断,以防延烧。被拆房屋应分楼房、平房两等,由其左右邻居及其对面临灾之住户房主各半赔贴","凡公摊之款,限三日内缴呈巡警总局,以便转给,不得逾限。凡被拆屋之受灾户不得直接向左邻右舍索取,以免发生纠葛[2]"。为加强人口管理,杨士燮向发布调查户口的命令:

> 浙江巡警道杨观察于上月杪致宁波府电云,调查户数必须分别正户、附户,前已两次电府转饬属遵章办理,并限本月二十日内将正户若干附户若干先行明白电复在案,迄今尚未报齐,殊属玩延,部限已逼,万难再延。希即飞饬所属速照齐电,分别正户若干附户若干,限五日内一律报齐,其已报各县有未分正户附户者,仍须依限补报,毋得仅以总数含混塞责,违即详参。[3]

当时电影由上海传到浙江,因为规章制度还没有制定出来,杨士燮认为有必要加以监管,严格控制,以防有人借此宣扬不良思想。"浙江省垣警察局总办因屡有人禀开影戏,便以'电影有涉危险,未便轻视',出示禁止上演。规定'后有禀请开演电影。俟本总局订有专章,再行照准'。""浙江巡警道对商人骆文卿等向上海万国电戏公司租来机器开演电影一事,因'查万国电戏公司系用洋商牌号',违背《取缔规则》中'不得租借外国人机器影片'之规定,未予准许。"[4]即便是今天,对外国影视剧也是严格审查后才确定是否准许上映。

一天,有个警察学堂毕业的学生前来拜访,杨士燮看了半天,似曾相识。此人提醒说:"从前我父亲犯法应遭杖罚,我以身代替,您可怜我,就免除了处罚。大恩

---

① 杭州市地方志编纂委员会编　任振泰主编:《杭州市志》(第四卷),中华书局,1999 年 9 月,第 370 页。
② 孟正夫:《中国消防简史》,群众出版社,1984 年 8 月,第 180 页。
③ 宁波市档案馆编,《申报》宁波史料集四,宁波出版社,2013 年 11 月,第 1877 页。
④ 费静波主编:《浙江电影纪事 1908—1990》,浙江古籍出版,1993 年 12 月,第 1 页。

未报,现在厚着脸皮来求职,内心很愧疚啊。"杨士燮长叹一声,说道:"君是个纯真的孝子,长久闲置不用,我难辞其咎。"于是提笔委任其为警官。

除警务外,杨士燮对社会公益事业也是全力支持。宣统元年十二月二十一日,杨士燮出席筹还国债大会,并发表讲话。"众商集议国民捐办法,发起筹还国债大会,假府学明伦堂开会。午后巡警道杨、调查局章、财政局张、洋务局王、仁钱两县均到会,来宾约五千人,几无隙口。振铃入座,由傅君禹臣报告开会宗旨,……,杨味春观察演说:诸君发起是会,至为钦仰,官界尚未成立,良以为愧。诸君既是如此热肠,必能有进无退,始终如一,以偿还国债为目的,庶无负今日之会。黄君虞笙报告国债历史,贵君翰香演说国债与国民捐之分别。杨观察又登台谓:今日之会,究竟是国债,抑为国民捐,请诸君说明:有劳动界代表何星普言:吾辈但知国民捐,如系国债,自有政府担任。褚博甫君亦言:国债名称不妥,似应仿照嘉兴办法,名为公积。"杨士燮讲毕,全体鼓掌称赞。

光绪二年秋天,一个美国观光团要到浙江游览,浙江高层讨论接待办法。"交涉使王某主张备马若干,让美国人骑马去江边。杨味春反对说:'洋人擅骑术,他们自会乐意。但是无知国民,看见众多西洋男女乘马同行,必将蜂拥而至,而顽童抛砖丢瓦,更属常事。为免滋生事端,还是准备肩舆为妥。'中丞等诸多官员纷纷赞成,而王某仍坚持己见,喋喋不休。杨公正色道:'君又想升官了吗?①'"

杨士燮曾在西湖畔筑别墅"杨庄",在西泠桥东,与孤山隔湖相望,极享湖山之胜,后归严姓所有,改称"严庄",回廊曲院,布局精巧,后为浙江通志馆办公用房,又改为宾馆,1984年并入镜湖厅景区。杨士燮曾题《西湖来鹤亭联》:"放鹤故应笑坡老;观花何必问逋仙",今存。

光绪三年八月十九日(公历10月10日),武昌起义爆发,波及浙江,人心惶惶。杨士燮闻讯带着印绶到巡抚衙门辞职,不获准。又再三请求辞职。一向与杨士燮有矛盾的沈钧儒,向巡抚增韫建议撤销杨士燮的职务,增韫没有接受,九月九日同意把杨与温处道郭则沄对调了一下。杨士燮接到任命,不等郭来交接,当日办好交卸手续,九月十一日把职务交由护理巡警道、杭州知府英霖,九月十二日毅然离开杭州,前往上海隐居。临行时,前来送行的官员达百余人,他在车上对众人说:"明天晚上,杭州将有大火。"果真如此,革命军攻进杭州城,纵火焚毁了巡抚衙门,巡抚增韫及以下大小官员皆被捕捉,关进大牢。

不久,杨士燮离开上海,到天津依附长子杨毓璋生活。他经常到北京与老友吟

---

① 李异鸣编:《非常人 1840—2000 中国人的另类脸谱》,北方文艺出版社,2006 年 12 月。

诗为乐，积极参加寒山诗社活动。"寒山社有一次出题《瓦·云》一唱，杨味春与易顺鼎用典雷同。杨味春作品'瓦冷鸳鸯唐帝怨，云成龙虎汉皇兴'，易顺鼎作品'云如龙虎惊高帝，瓦冷鸳鸯忆太真'，两作都用了《长恨歌》'鸳鸯瓦冷霜华重'诗句。其另一典出于《史记》，说有人看见汉高祖所居处有云气如龙虎的异征。评论中，罗惇融认为易作不如杨作。《寒山社诗钟集》出版时根本不收易作，杨作位居首位"[1]。

晚年，杨士燮借酒浇愁，不节制。"杨渭叟豪放好饮酒，尝曰：酒不可一日不饮，更不可一刻不醉。[2]"这只是晚年情况，做官时期并不如此。台湾作家高拜石据杨士燮晚年情况，写作《"三壶"太守——"酒糊涂"杨味春》，肆意贬低杨士燮。即便是暮年，杨士燮也不是一个糊涂人，"杨味春襟怀潇洒，气度雍容，与人交语肝胆毕露。"[3]袁世凯有意请他出任参政院参政，给予丰厚俸禄，他坚持不就。或许因为纵酒过度，杨士燮患上"便血"症，1913 年春天在天津去世，享年 59 岁。

附　录：

光绪二十四年五月二十九日，光绪皇帝下旨，将《校邠庐抗议》印刷一千部交军机处。六月十四日，书印好后发给各部院卿堂司各官签注意见和加以评论。其中有工部员外郎杨士燮的《校邠庐抗议签注》，《光绪朝朱批奏折　第 32 辑　内政·赈济》中有录存：

《公黜陟议》：原议以明会推之法，广而用之，又以今保举之法，反而用之。明会推，本不尽公，未可为法。若以庶僚岁举其中，植党营私，尤所不免。至京外绅董岁举恐启挟制官长风气，此议不可行。

《汰冗员议》：漕督、河督久当裁汰，归督抚兼理。督抚同城，当裁抚留督，如直隶、四川、福建等省，总督兼管巡抚事。詹事府为翰林升途，亦可置之不议。御史本有回原衙门之例，亦不必减额之半。编检本无定额，告假，销假，无足重轻。都察院实缺较少，非有候补人员不敷办事。边省海疆琥武职万不可裁。

《免回避议》：原议施之中材，诚较远官为宜。然州县以下，多系捐纳吏员，熟悉情形，尤易舞弊。

《厚养廉议》：自爱之官，廉薄亦能自安；贪墨之吏，廉厚恐仍不足。况经费正绌，不宜多此一举。

---

① 王鹤龄著：《风雅的诗钟》，北京：台海出版社，2003 年 9 月版，第 74—75 页。
② 陈灨一：《新语林》卷五，上海书店出版社，1997 年 7 月，第 87 页。
③ 陈灨一：《新语林》卷五，上海书店出版社，1997 年 7 月，第 90 页。

《许自陈议》：内外用系引见奉旨，若自内自外不胜其烦，除实缺京外五品以下官或可自陈酌改，亦须由吏部详核安议。

《复乡职议》：此举用之汉唐尚有流弊，用之今日恐刁绅劣董流弊无穷。

《省则例议》：丁忧服阙一议近理可行，则例已奉旨归简，亦是正办。

《易吏胥议》：易吏胥极是救时患弊，但须先由部胥更起，略仿军机章京之制，然后由内而外，逐渐通行，方能无阻，否则由下而上，种种窒碍，不得不防。

《拆南漕议》：拆漕自是善策，但招商一层影射流弊太多，宜俟干支铁路告成后再筹办法。

《利淮鹾议》：淮鹾自曾国藩改章后，情形与原议不同，淮输运一法较为简捷。

《改土贡议》：咸同以后，土贡无多，无庸置疑。

《罢征议》：近今除粤海关监督，尚有常税巨款，此外各项监督为数无几，即粤海一关中饱巨款太多，似应另筹办法，或由就近地方官切实经理，他关亦可仿办，以节糜费。

《节经费议》：国朝最重亲戚，为历代罕见。限制殊无善策，外任或罢官。外任有戚族可依者，不必以未克回旗为罪，亦善置孳生之法。旗兵选练自是循名责实之道。

《筹国用议》：农矿等政近今言者甚详。此议较今尚略。银币一议当与磅价参酌办法。

《杜亏空议》：兵燹以后，各直省亏空无多，处分亦极严密，此议与近今情形称别。

《复陈诗议》：官报局即可陈诗，无庸另议复法。

《变科举议》：变科举仍指从前积习，近已奉旨变法，似可不必另议。

《改会试议》：改会试原议仍指从前积习，近已奉旨变法，似可不必另议。

《广取士议》：广取士原议仍指从前积习，近已奉旨变法，似可不必另议。

《停武试议》：停武试原议仍指从前积习，近已奉旨变法，似可不必另议。

《减兵额议》：此议应俟改武科一二科后，储有人才再等办法。

《严盗课议》：严盗课当由刑部再定，初二三参之条，自无讳盗流弊。

《制洋器议》：此议行之已久，亦可不必再议。

《善驭夷议》：此议行之已久，亦可不必再议。

《采西学议》：此议行之已久，亦可不必再议。

《重专对议》：此议行之已久，亦可不必再议。

《变捐例议》：近今捐款已成弩末，岁入不过二百万，大损小益，以停为善。

《绘地图议》:西法绘图近今已盛。

《兴水利议》:近今水害未除,遑言水利,害去则利自生。

《均赋税议》:东南多熟田,西北多荒地,自古为然。一律均平,即丈量亦无办法。

《稽旱潦议》:水旱偏灾,非州县尽心不能责,实稽灾曷若稽官也。

《改河道议》:西人刷沙之法,前山东抚臣已行之,未见收效。

《重酒酤议》:酒禁在今日为极细之政,重酤恐涉滋授。

《收贫民议》:请求制造,以工代赈,贫民自寡。

《劝树桑议》:十年来进树桑之策者甚多,夥然绝少成效,地性然也,广西即是确证。

《一权量议》:权量一议,能除官家库吏之弊,不一而一。

《稽户口议》:除用西法人税之法,别无善稽之策,然行之中国易生觖望。

《崇节俭议》:仅于服御,求节俭仍嫌逐末。

《复宗法议》:宗法与井田封建相辅而行方有办法,此论非近今可行。

《重儒官议》:学堂盛行,书院誓章多有不合。

《裁屯田议》:漕运衙门宜裁并请统裁卫弁,酌复卫籍田亩归入民田,查卫田系养艘丁,故不准擅卖并无国课。今既一律删裁其卫田归民,应将田价照时价酌减,半归卫丁,半归公家,并卫弁养廉衙属等,项岁出入可得千万。

《寓兵于工议》:寓兵于工,即隐用抽丁之法,恐涉滋扰,通道大江运务,倥偬之时,今昔情形迥别。

《垦荒议》:咸同兵燹以后熟少荒多,垦荒自是要策,当俟西法农政,学有成效方能次第举行。

《上海设立同文馆议》:各直省创建学堂视此议为精。

《用钱不发银议》:钱法一议,近今非多铸银元不克周转,余无善策。

《以工巧为币议》:此即银元之变法,曷若银元可以取信于民耶?

重修嘉兴府治碑记

嘉兴府治自五代晋天福以来,即建于此。历宋元明,迄无更徙。周围旧有子墙、头门,甃博数仞,如城垣式,建为谯楼。由头门而北为仪门,为甬道,为露台,为忠爱堂。忠爱堂者,大堂也。东西两廊,则六科及承发、供招、批值各房咸在焉。规模秩然,均可考见。咸丰十年,赭寇之乱,民物、庐舍荡为焦土,而府治官廨亦为所据。于戏，此亦东南之奇变矣。光绪二十九年四月，忠爱堂以内偶罹于火，番守长白惠公格葺而新之。自忠爱堂以至头门，则倾陊如故。余来嘉兴两年于兹，睹堂宇之圮落，愤规模之僭越，举旧制所无者并铲除之。东西长廊，一律修整。仪门虽仍旧制，以敬避御名，遂改为二门。并添具左右两翼门、甬道、露台。间按旧传图记，应有戒石亭，今既不暇为露台，则高建一坊，而以戒石之铭，恭书坊端。其头门之谯楼，则又补筑三楹。门之南有石柱四，昔尝建木坊于兹，颜曰："首藩名郡"。今并葺治，易其额曰："秀州古治"。于是郡治廨舍稍稍规复旧观矣。经始于今年九月之朔，落成于腊月之望，共糜制钱六千五百九十馀千文。工既成，爰志颠末如右。其支应而督修者，则嘉兴县胡令为和、秀水县秦令国均、嘉善县徐令宝荣、海盐县徐令宝青、平湖县苏令锦霞、石门县高令庄凯、桐乡县高令嘉仁。监修则候补知县朱令震勋也。光绪三十四年冬十二月　知嘉兴府事泗州杨士燮记，余杭鲁宝清撰，古润赵宗典书，石门胡镮镌。[①]

杨味春官御史，巡视西城，贝勒某方裸溺于涂，杨叱曰："何物狂奴，敢如是恶作剧耶？"呼从弁笞之，弁素识贝勒，逡巡未敢下手，遂以实陈，杨佯曰："天潢贵胄，宁不知此有干法纪耶？必冒名避祸者，当倍挞之。"弁乃置贝勒于地，笞而后释焉。（陈灜一《新语林》卷三）

（杨士燮）守山西平阳，有巨贾自塞北满载而归，其妻启箧，取珍品数事以与女而以被盗绐贾。贾莫信，侦探多日不能得，遂以被盗控诸县。令不察，传嫌疑者数人至，严刑拷问，卒诬服，问赃物，姑对曰已售去矣。谳定，以文达府，杨震怒，斥令昏愦，委员详查得其实，传贾及其妻女亲讯之，一鞫而服，郡人以为神。或问之，杨曰："此无他，惟审情度理耳。"（《新语林》卷二）

杨味春生平笃于风义，其戚杜星生年逾四十，妻死无子，欲纳妾，又无资，杨恻然悯之，曰："我与若干金，物色——佳丽如何？"杜稽首纳其金，买一女置篷室。女固平陵狄氏婢也，未三稔连举二雄，杜氏嗣续赖以不斩。（《新语林》卷一）

杨味春为浙江巡警道，有警察学生某诣谒，杨熟视半晌曰："似曾相识者。"某对曰："襄日家君犯罪应仗，不肖愿以身代，公怜而宥之。殊恩未报，赧颜干求，负疚益深矣。"公太息曰："君纯孝人也，久置闲散，予咎胡辞？"援笔委为警官。（《新语林》卷一）

杨渭叟为嘉兴府知府，有管带董耀庭者，以非罪陷狱，判处有日矣。杨深悉其

① 嘉兴市文化广电新闻出版局编：《嘉兴历代碑刻集》，群言出版社，2007年1月，第506—507页。

冤,为文力争于抚院,抚不报,更以情达督部,督据以咨抚,令查明复审,遂出董于狱。一日,阍者入刺,视之,董也,辞不见,固请乃延之入,董叩首呜咽曰:"某久陷冤狱,微公已入鬼录矣,再生之德何以报之?"杨曰:"予为官,据法出无辜,职责应尔也。"董名道胜,安徽人。起家行伍,以营官晋管带,隶嘉防营统领攫帮统,再攫统领。人民国,为游击队统领,击匪死于召州战地,追赠陆军少将。"(《新语林》卷二)

增子固自直藩攫浙抚,既受事,嘉兴府知府杨味春循例诣谒。递手版,增却还,启中门奏鼓乐出迎于大堂之外,坐定,杨曰:"辱承隆礼,愧不敢当。今且拜而受之,嗣后应在官言官,毋令知府五内不安也。"增曰:"令弟莲帅,吾师也,师之兄理应尊敬。公必执官场仪节相绳,又何敢重违雅意? 以往自应免去缛节繁文。"(《新语林》卷七)

鲁澄伯、丁佩苍同客杨渭叟幕,并有贤声,鲁、丁固文士,杨曰:"澄伯、佩苍诗词笺启皆古雅可诵,佩苍之联语尤佳。"(《新语林》卷四)

杨渭叟善相术,鉴别无一爽者。其西席胡改庵年少积学,风度凝重,杨对之曰:"君年逾三十必可跻监司。"胡固一白丁,转瞬间何从骤得达官? 殊以为戏言,未尝介怀。岁辛亥,大局鼎沸,杨告胡曰:"鄂当道方延揽人才,君鄂人,盍去自投? 时机不可失!"胡唯唯,溯江如武昌向招贤馆报名自荐,黎黄陂传见之,胡慷慨纵论天下事,颇中肯綮,黄陂奇其才,遂延入幕,荐授湖北外交司长。胡喜曰:"渭老之言,神验如此。"杨见前。胡名朝宗,湖北黄陂人。初肄业南京格致书院,旋留学日本庆应大学,归国后郁郁不得志。民国成立,任湖北都督府秘书,授湖北外交司长,改任外交都特派湖北交涉员。(《新语林》卷五)

辛壬之交,名流聚京国,组织寒山社,为诗钟雅集,碎金片玉,咳唾皆馨,若郭春榆小麓父子、杨味春杏城兄弟、陈弢庵、梁节庵、沈爱苍、袁珏生、秦有横、赵芝山、易实甫、郭桐伯、梁任公、冒鹤亭、赵剑秋等八十余人。易实甫曰:"十步之内,香草弥多;一山之中,馨桂愈烈。蒲牢送响,何止一百八下之声;莲社题襟,多至六十余次夕堡。"(《新语林》)

杨味春先生(士燮)昔守禾郡,威惠并著,地方爱戴。上闻公贤,攫巡警道。卸任日,人民金口:"安得此贤二千石久于其位!"继之者满人英霖,昧于政事,专事掊克,待属吏尤刻薄。某戏拟一联云:"杨大人多福多寿,英小鬼绝子绝孙。"恩怨之于人甚已哉!(陈灏一《睇向斋谈往》)

"贵林林贵都不贵,富文文富乌有文。"杨士燮见以贵林、林贵人名征对,瀚一则以富文、文富两人名应之。贵林,前杭州佐领,字翰香,以贪婪出名,林贵,杨士燮署中一差弁。富文,奉天某城守尉,著名坤角青衣富竹友之叔富,湖南道员。均目不

识丁。(陈灏一《睇向斋随笔》)

祥符冯中丞(汝骙),公同年友也。丁未抵浙抚任,道经秀州,公宴于府署,酒数巡,公顾冯曰:"后来者居上矣。"冯曰:"公资深才裕,宁能久屈!"相视而笑。末几,公迭呈辞职,俱邀温语慰留,而去志弥坚。复自携印信迈省,以交于抚院,力请具疏奏于朝,准予开缺归田,以遂初服。冯长揖曰:"禾为浙江咽喉,地方夙称难治。公为守数载,百废俱兴,舆论翕然。吾为国家求才,浙民请命,望公勉为其难。"公不获已,遂反任。冯乃专折奏保公才堪大用,有"识量宏毅,遇事不阿,足为远大之器"语,旨交军机处存记。初,公为兹事面中丞也,武林官场骇异,人人无不为危。及其结果,始悉中丞于公感情素厚,而服膺其才识固非一日也。(陈灏一《睇向斋谈往》)

杨公士燮,天姿刚劲清坦,襟怀泊然,有大节,负奇气,于富贵贫贱、毁誉欢戚,靡一动于衷。慷慨志欲澄清天下,不以利害为取舍,每有所为,必尽其力所及,曰:"大丈夫固当如是。"当其时,群季泰半膺膴仕,居要津,声光甚茂。即论公之儿女姻娅,大抵显贵为多。以公德望,骎骎将大用,公自行其志,不肯随它人俯仰。尝曰:"人之智慧不足恃,唯德能悠久。"恒赒人之急,视财物如沙砾,不以思其意。凡亲故无所托而依以生者,累至数十百人,于是士争趋之。居官日,手不释卷,于史喜《通鉴》,于诗喜少陵、香山、半山、简斋,为文粹美浩荡,似王局,随手弃去,不留稿。梁君启超,招集耆宿名流于燕郊万牲园修禊,公犹扶杖与会赋诗。及秋,以疾卒,年六十有一。遗命以道装殓,讣告勿书官。呜呼,君子可知公之志矣!配吴夫人,清四川总督吴勤惠公棠之女,前卒。侧室,王孺人。生子八,女四,孙十一人,孙女二十二人。(陈灏一《杨公士燮家传》)

第六章

外务部苏州交涉员杨士晟

杨士晟(1858—1932),字曙新,号蔚霞,亦号藉船,安徽泗州梁集(今属江苏盱眙县)人,壬辰(1892年)科进士,历任南汇、崇明、无锡等地知县,津浦铁路南段总办、芜湖米厘总办,芜湖海关、瓯海关、苏州海关等关监督,外务部苏州交涉员等职。

第一节　惠民贤吏，流芳后世

杨士晟两岁时,曾任漕运总督的祖父杨殿邦死于军营中,毕生积蓄的钱财已经耗尽。杨士晟17岁时,一生未曾入仕的父亲杨鸿弼去世。杨士晟排行第三,兄弟八人,还有姐妹四人,一大家二十余口,生活困难。杨氏兄弟八人皆贫而好学,向上向善,有五人考中举人、进士。其中,杨士晟、杨士燮、杨士骧皆为进士,创造了令人羡慕的"五子登科"奇迹。

光绪八年,25岁的杨士晟与弟弟杨士琦同时考中举人。在十年后的壬辰科会试中,杨士晟再传捷报,中了进士。是科进士中,后来出大名的有蔡元培、张元济、朱家宝等人。杨士晟为三甲最后一名,由内阁中书截取知县,次年任江苏南汇知县。光绪三十年八月,任江苏崇明知县,留下许多佳话。

杨士晟在任期间,兴修水利,造福于民。光绪三十一年,一场百年不遇的海啸袭卷崇明外沙东北部,方圆二十余里的村庄一夜之间全部变成水乡泽国,退潮后尸横遍地。杨士晟采用以工代赈修筑大堤,耗银8000两,历时8个月,筑成一条底宽17米、面宽3.4米、高3.4米的杨惠大堤,西起汇城角,迤东至节字圩,转南至无字圩,绕西至四效,直向南至惠安沙272号止,全长达22.6公里。此堤为历史上从未有过的防护工程,起到保一方平安的巨大作用。方志赞道:"堤成后,咸潮不入,沙洲丰腴,民享其利,功亦伟矣!"①

杨士晟曾积极向上争取资金,重修已经严重破损的学务公所,得到上级批复同意。"批崇明县杨士晟文:禀及请折具悉。该县拟创设学务公所,为官绅议学总汇之区,洵属目前急务。所拟章程俱属平妥,仰该县督同该绅等赶紧认真办理,以立县学根基。所需用镌钤记,应禀请苏学务处,须以昭郑重。仍候督抚堂部指示。"②

光绪三十三年六月,杨士晟调任无锡知县,留下不少轶事趣闻。他上任后,无锡地方一些豪绅公然为人说情,干涉公务。杨士晟把来函公开粘贴在县衙门的大门上进行曝光,以示警告、威慑,于是没人再敢托人情走后门。他慈祥爱民,每次审案,对百姓开放,人人皆可以现场观看,一时间前往观看的百姓很多。有一天,仆人端水请他盥洗,洗后把水盆放在座位旁边,一位观众不小心把水盆碰翻,水流满地。此人吓得半死。杨士晟拿起卷宗,起身避开,待水处理干净后又回到座位上继续审案,一点也不生气。还有一则在无锡民间已经流传百年的故事《鼻烟壶破案》,收在当代学者潘君明、高福民主编的《苏州民间故事大全》第九册,讲的是无锡知县杨士晟巧用一把玛瑙鼻烟壶,智破偷窃银两案的真实事情。后来,无锡发生灾荒,农民生活艰难,杨士晟采取措施,开展赈灾救助,并据实上报,与上司发生冲突,被免去无锡知县。离开锡时,数万人自发前来,持香为他送行,街道被堵塞得水泄不通③,杨士晟感动得热泪盈眶。

光绪三十四年六月至宣统三年九月,杨士晟担任津浦铁路南段总办,负责修筑自山东峄县韩庄到南京浦口的铁路,全长 383 公里,共有 30 多个车站。工程量十分浩大。杨士晟日夜奋战在工地上,任劳任怨,十分敬业,经手的钱、财、物数量庞大,但管理得十分精细,没有出现中饱私囊的现象,受到朝野的广泛好评。至宣统三年九月,此段铁路修筑完工,中国从此有了一条便捷的贯通南北的交通大动脉。如今,这段铁路为京沪铁路的一部分,还在发挥着重要的作用。

第二节 "太谷学派"的忠实门徒

"太谷学派",安徽池州石隶人周太谷始创于清朝嘉庆道光年间,传播于扬州、

---

① 民国王清穆修、曹炳麟纂:《崇明县志》卷七《经政志》,民国十九年版。
② 中国社科学院近代史编;虞和平主编;闵杰,段梅副主编《近代史所藏清代名人稿本抄本》第一辑,大象出版社,2011 年 11 月,第 383 页。
③ 无锡程颂嘉先生遗著:《宝砚斋遗稿》,第 29 页,1953 年 8 月印。

泰州至苏州一带,以儒家学说为主,兼及道、佛两家的思想。周太谷有陈一泉、韩仰瑜、汪全泰、张积中、李光炘五大弟子,其中张、李为最得力的传学弟子。杨士晟师从李光炘的弟子蒋文田,除书信来往外,还曾多次赴扬州、泰州,深得蒋文田的教诲。

蒋文田(1843—1909),字子明,泰县(今江苏姜堰)人,家贫,与同里黄葆年交好,常常得到黄的资助。黄葆年进士出身,在山东任知县长达二十余年。蒋文田曾多次前往山东讲学,写下大量诗篇,后在苏州与黄葆年共为"归群草堂"山长,聚徒讲学,著有《龙溪先生诗钞》《龙溪先生文钞》等。蒋文田的文集中保存了多篇写给杨士晟的谈论学术及人生修养的书信,从中可以了解两人的密切交往及杨士晟的一些人生轨迹、思想动态。

杨士晟20岁时,21岁的刘鹗随父定居淮安,两人相识,成为志趣相投的好友。刘鹗后来到扬州行医,与太谷学派黄葆年、蒋文田等人订交,杨士晟受其影响,加入"太谷学派"。杨士晟最早认识的太谷学派的人是达紫成,通过达紫成联系上蒋文田,时间约在光绪八年夏天。蒋文田《与达紫成书》云:"昨接来函,述蔚霞杨君好学之意出于至诚,令人钦佩无已。当今之世,有如杨君之闻风兴感笃信斯道者,实难其人。既有其人,此固予之所急欲亲见而与之把臂入林者也。……虽然,杨君之来也诚,予愧无以答之也。当俟秋凉七、八月间,予可至杨相见。谨当述其所闻,以供有心者之参闻。此则最为两便,愿杨君之姑待而无急也。"①当时蒋文田比较忙,没有及时答应杨士晟的请求,约好两个月后的秋天见面。后来,杨士晟依约赴扬州,两人一见如故,相得甚欢,友谊从此开始建立。

光绪十年,即周太谷死后第52年,蒋文田的弟子鲍德庵临终前捐献两千两银子为周太谷建立周氏家庙。蒋文田命门人顾吉人、江子若、王玉相等人赴扬州海岛巷筹办此事,杨士晟也参与此事,因官府派人阻挠未成。蒋文田《与达紫成书》云:"昨接手函,知尔已由淮到扬,一是平安,甚是欣慰。在扬诸君子以各事牵,风流云散。……海岛一切部署赖听湘先生,当仁不让,煞费苦心。礼义不愆,何恤人言?此后待时而动,唯君子有以左右之而已。《先师年谱暨笾豆记》赖平原先生匠心独运,草创维艰,吾子有与力焉,将来讨论修饰必不可少。予虽欲加以考订而今兹未能,愿俟之异日。且幸有锡朋先生在,无为汲汲从事也。"②听湘,即达听湘,锡朋即黄葆年,平原先生即谢逢源,均为李光弟子。从此信可知,杨士晟到扬州后参预修

①《龙溪先生文钞》卷一,《遗书》二辑四,第65至67页。泰州图书馆藏。
②《龙溪先生文钞》卷一,《遗书》二辑四,第79至85页。泰州图书馆藏。

订周太谷年谱等事宜。

杨士晟对蒋文田执弟子礼甚恭，给他送了不少钱财，这对于贫寒的蒋文田来说是很大的帮助。蒋文田《与杨蔚霞书》云："顷接来函，知去岁安抵芦阳，沿路平适，至为欣慰。前于由扬动身候曾有书来，兼承厚馈，足见盛情。因岁底诸事纷沓，未能裁复，良用歉然。……此次又蒙厚礼远颁，有光泉壤。领谢之余，弥增廑念，千万珍重。勿负初心，事半功倍。惟此时为然，昔人不欺女也。[①]"由此可知，蒋文田对杨士晟的馈赠非常感激。在另一封书信中也提到赠送钱财的事，《与杨蔚霞书》云："……盖心息相依，斯为格物转识成智，即是致知，先圣说法数十年未尝须臾离此。明乎此，则可以移情，可以率性，即可培风而其拈花一笑，也不难矣。南中诸子闻风而起，颇不乏人。或者天牖其衷而吾道之隆尚可俟也。吾子读书愤志，努力自爱，勿负初心，是为至嘱。前承推惠，足见盛情，但吾子清俸无多，予亦尚能自给，此后可无烦推解也。[②]"蒋文田以"心息相依""转识成智"等道、佛理论教育杨士晟，并客气地说你的俸禄也不多，自己能够自给，不要再赠送了。杨士晟回信表示自己财有余力，请蒋文田不必过虑。蒋文田每次给杨士晟去信，都不忘记在信中对杨士晟进行教育。《与杨蔚霞书》云："阅来书知尔信心，具足承当实力，辗转思维，欣慰无已。屡嘱尔无负初心，由今观之，知尔初心之决不负也。……，来书欲乞一言半语，俾得由退求进，自省其私，斯言也，可谓求道之笃矣。……，尔但放心，且尔能好善，则十方如来谁不告尔以善；尔能好学，则五十参皆将诱尔以学。能好学，可希颜子；能好善，可希乐正子，此则能为圣人之徒，决定无疑矣。[③]"在此信中，可以得知，杨士晟去信求道，蒋文田反复告诫杨士晟要秉持初心，要好学好善，就能成为圣人的门徒。

光绪二十八年四月，由在上海任江南制造局总裁的毛庆蕃做东，邀请杨士晟、刘鹗、程恩培等十九位相关人员在"愚园"集会，商议振兴"太谷学派"，融合南北两宗的大事。这次集会被称为"愚园雅集"，还专门请八十岁的老画家诸乃方现场绘制《愚园雅集图》，记录当时群贤毕至、少长咸集的盛况，图后有序、跋，共十一段文字。此图保存完好，今藏南京博物院。

"愚园雅集"后，杨士晟与刘鹗、毛庆蕃、程恩培集资在苏州葑门内的十全街租了一个学舍称为"归群草堂"。"归群草堂"，系苏州彭状元家的老宅，宏伟宽敞，多进结构，有房屋一百余间。前面大厅正面悬挂"归群草堂"横匾，两边挂有对联，上联"立言立功立德"，下联"希贤希圣希天"。"归群草堂"请来黄葆年和蒋文田作为

---

① 《龙溪先生文钞》卷一，《遗书》二辑四，第69至73页。泰州图书馆藏。
② 《龙溪先生文钞》卷一，《遗书》二辑四，第87至89页。泰州图书馆藏。
③ 《龙溪先生文钞》卷一，《遗书》二辑四，第75至78页。泰州图书馆藏。

主讲。蒋文田继承的是张积中的道统,被称"北宗";而黄葆年为李光炘的首席弟子,被称为"南宗"。至此,"太谷学派"南北两派两宗在此汇聚,"大江两岸拜门者日众。……归群草堂成立后,亦为归群弟子。杨蔚霞亦承担了部分的活动经费。"①"教学由黄葆年负责,蒋文田辅助;养学由刘鹗、毛庆蕃为主,程恩培、杨士晟辅之。"②"归群草堂"盛极一时,听众极多,影响广泛,直到解放初期才停止活动。

黄葆年在"归群草堂"讲学期间,与杨士晟接触较多,杨士晟亲聆其教诲。《黄葆田归田草堂语录》记载了专门为杨士晟讲佛学知识的内容:

> 语杨士晟:人以肤受之愬而成业识,以浸润之谮而习气,非有大智慧鲜能照破业识,非有真精神鲜能扫除习气。唯亲师取友庶可默化。不然,则终日以业识为天,以习气为地,立于业识习气之天地中,虽欲呼之出,岂可得乎?以业识为父,以习气为母,人虽欲改之,其能伤其天地父母乎?③

黄葆田所说的"业识"是佛教语,指十二因缘中的行缘识,即人投胎时心动的一念。"习气",也是佛教用语,指烦恼的残余成分。佛教认为一切烦恼皆分现行、种子、习气三者,既伏烦恼之现行,且断烦恼之种子,尚有烦恼之余气,现烦恼相,名为"习气",要大功夫斩断才能了结。由此可见,"归群草堂"的讲学内容很广泛。

杨士晟做官后,遇到十分难以处理的事情,曾给蒋文田信,请其指点迷津,蒋文田《与杨蔚霞书》云:

> 昨见汝家书,知汝近事甚为棘手,有激行之患,无安土之敦。尔过矣,平日所学何事,乃一作吏不能自主耶?君子之于天下,唯行所无事而已。行所无事,自能不失本心;行所无事,自能由仁义行而非行仁义。无为妇人之仁,无为匹夫之勇,无以欲速暴其气,无以要好欺其心。其于官也,无所为系恋,亦无为厌弃也,行其无所事也。不可以徇人,亦不可执己也,行其所无事也。于财也,不贪不吝而已,不必以豪举为能也,行其无所事也。于讼也,能听断而已,不必以访察为明,行其无所事也。夫如是则劳而常逸,应而常寂,终日官,终日不官也;终日事,终日无事也。进退自有余裕,亦何人而不自得哉?否则,劳形案牍之时,便失风浴咏归之意,吾不知所学何事也。尔过矣,尔之以凿为智也,固已久矣。能用吾言,行见抑洪水而天下平也。④

杨士晟到底有什么为难事,已经不清楚,蒋文田指出他"有激行之患",即一时冲动

① 王明发:《王伯沆先生与太谷学派传人》,《南京理工大学学报》(社会科学版),2004 年第 1 期。
② 金文子:《我所知道的太谷学派》,《南京理工大学学报》(社会科学版),2005 年第 5 期。
③ 《黄葆田归田草堂语录》,泰州图书馆抄本,第 2—3 页。
④ 《龙溪先生文钞》卷一,《遗书》二辑四,第 91 至 94 页。泰州图书馆藏。

不顾后果的祸患，批评他无"安土之敦"。"安土之敦"出自《易传·系辞传上》："安土敦乎仁，故能爱。"即要以仁民爱物为己任，关注民生之疾苦，致力社会之和谐安定。蒋文田谆谆告诫杨士晟做官的最高境界是天下无事，不要有妇人之仁，不要逞匹夫之勇，对于钱财要不贪不吝，对于处理案件要能听断，要做到劳逸结合，才能进退有余。信末还批评杨士晟"以凿为智"，此典故出自《孟子·离娄章》："天下之言性也，则故而已矣。故者以利为本。所恶于智者，为其凿也。如智者若禹之行水也，则无恶于智矣。禹之行水也，行其所无事也。"意思是，令人嫌恶的是所谓的智者为它人为地穿凿附会，使它偏离了无为自在的方向。如果智者像大禹疏导水流那样，就不会使先天的智慧受到损害。大禹疏通水流之道，是让它们不违背处下就低、随方就圆的自然流行属性，没有人为的开挖和引导。蒋文田这些话句句在理，对于初涉官场的杨士晟有正确的引导作用。

受蒋文田等"太谷学派"学者的影响，"杨蔚霞淡泊宁静，不事交游征逐，经其户者有寂若无人之叹，揭幕视之则见其端坐看书或伏案绘事。"[①]杨士晟形成宁静收敛的性格，遇事沉着老练，工作之余安静地在家读书，不为名利奔走于权贵之门，因此官位虽不显赫，但长寿幸福。

第三节　为国为民的外务部苏州交涉员

1912 年 4 月，杨士晟由芜湖关监督调署苏州关监督，10 月兼外务部驻苏州交涉员，除收税外，还负责处理涉外事务，如本地居地办理出国护照、外国政商要员来访接待安排，处理本地居民与外国人冲突事务等等。在当时积贫积弱的形势下，外国势力在中国横行霸道，涉外事务繁多，任务艰巨棘手。

民国初年，军阀混战，苏南一带工商界损失惨重。1913 年 11 月初，江苏省发行的第一次短期公债票竟被乱兵哄抢，有人持票到上海外国银行要求办理相关业务，引起纠纷。11 月 21 日，杨士晟发出《苏州关监督为转知省署等声明乱军抢失之债票无效致苏商总会函》："……乱军抢失之票当然无效，设有辗转抵押情事，本公署不任还本付息之责在案。乃近闻上海外国银行有收押此项伪票情事，显受匪徒之朦，相应函请贵特派交涉员转致各国领事团及江宁、镇江各交涉分署一体查照存案，并转饬外国各银行随时注意，切勿受其欺骗，致蹈自误之咎等情。准此，除函

---

① 陈灏一：《新语林》，上海书店出版社，1997 年 1 月，第 10 页。

驻沪领事团转饬各银行外，合行函布，即希查照办理。"①

第一次世界大战在欧洲爆发，为防止有人造谣惑众，到外资银行挤兑货币，影响对外贸易和社会安定，1914 年 8 月 12 日，杨士晟发出《苏州交涉署为请传知绅商各界欧战期间与各国银行照常往来贸易致苏商总会函》，要求通知到所有商店、企业主，一切商务行动正常开展，严防有人借机闹事，"倘有奸诈之徒造谣煽惑，或希图生事者，立即访孥严惩。并加意保护各银行，以维商业，而敦睦谊。"②

当时，苏南一带出国人员越来越多，一些没有技能的下层百姓到国外后当小商小贩，生活艰难，时常惹是生非，因此滋生治安案件。驻外领事馆为遣返这些人回国花费非常大，为此要求限制为此类人员办理护照。1916 年 3 月 20 日，杨士晟发出《苏州关监督为转发请领出洋经商护照新章致苏州总商会函》，对出国人员作出规定："一领照赴欧洲各国者，每人须缴纳保证金四百元。一所收保证金注明照上，并交存中国、交通两银行生息，俟本人回国缴销护照时，即将本息一并发还。一领照出洋经商者，须由商会具呈代领，并须有殷实商号作保。一凡小本营业暨无资本之技人，虽照章缴纳保证金，亦不发护照。一凡商人到外洋以后，如有不能回国，致由驻外使馆出资遣回者，则所有前缴之保证金准抵资遣费用，倘有盈余仍行发还。……其赴南洋各岛暨海参威、日本、朝鲜等处者，不在此例。至出洋工人，如经政府核准招往者，免纳保证金。"③

民国四年，美国美孚洋行私自在苏州觅渡桥东岸建造油库，引起附近工厂及居民强烈抗议。1 月 16 日，杨士晟发出《苏州交涉署指令》："苏州交涉公署指令第四号，令吴县知事孙锡祺呈一件，委员会查美孚洋行购地筑池情形由。查火油池栈订有专章，只可于地方官准设之处所建设，未便由洋商遽行自由择定。据呈美孚洋行在陈公乡第三图桑园地内购买施姓田七亩，业已立契成交，殊与定章程序未合。……"④2 月 27 日，杨士晟又致信美国总领事，告知觅渡桥之东为旧军防营地，"经厅县邀同地方绅商、市乡董事会勘，并征集舆论，实有种种窒碍。又据源盛丝厂函陈危险情形，且近对海关，更有税务关系。不但为慎重地方起见，即为美孚行记，

① 马敏，祖苏主编：《苏州商会档案丛编》第 2 辑　1912 年—1919 年，华中师范大学出版社，2004 年 6 月，第259 页。
② 马敏，祖苏主编：《苏州商会档案丛编》第 2 辑　1912 年—1919 年，华中师范大学出版社，2004 年 6 月，第160 页。
③ 马敏，祖苏主编：《苏州商会档案丛编》第 2 辑　1912 年—1919 年，华中师范大学出版社，2004 年 6 月，第167 页。
④ 马敏，祖苏主编：《苏州商会档案丛编》第 2 辑　1912 年—1919 年，华中师范大学出版社，2004 年 6 月，第223 页。

亦不宜在该地内建筑油池,自取危险。"杨士晟要求领事酌情判断,迅速饬美孚洋行另觅地址,再行察办。此事最终得以妥善解决。

1919年"五四运动"波及苏州,"抵制日货"口号响彻大街小巷,日商感到威胁重重。5月27日,杨士晟连接驻苏日领事大和久吉君来函,称近来因山东问题,各校学生结队游行,讲演排日,报纸鼓煽,请求发函镇、道、厅、县加意照约保护。杨士晟立即持函照知警察厅,请高厅长出面对学生进行引导、劝阻,"抵制日货,纯系爱国热诚,志实可嘉,惟须文鹤劝告。所发传单,言词不应满篇詈骂,非惟惹起国际交涉,且亦贻人口实"(5月27日《申报》)。不久,发生焚烧日货事件。8月2日,杨士晟发出《日货被焚事致苏州总商会函》:"……,兹所焚毁之纸张,系日人原货,抑系华人买入之日货? 如确系日商自运之货,贵会通晓外情,自宜设法防阻;若确系华人购贩之日货,贵会熟悉商情,谅必先有确实证据,此货已否与洋商脱离关系,然后有此举动? 务希查明详细情形,即日妥拟见复,以凭转复日领事查照,幸勿稽迟为盼。"[1]杨士晟要求查明情况,劝阻此类无意义的过激行为。

1919年9月13日,杨士晟调任浙江瓯海关监督。1920年2月16日,杨士晟再任苏州关监督兼洋务交涉员。不久发生"日租界增设茧行一案",在当地商界引起很大震动。江苏省长咨文称,日商在苏州租界开设茧行,破坏丝区一案,请转咨外交部向驻京日本公使严重交涉。4月25日,杨士晟一面向外务报告会,一面发出《苏州交涉署关于日商于租界开设茧行事致苏总商会函》:"……,查租界内禁止开设茧行,仅系根据贵部核定之苏浙丝区成案办理,该案能否施行于租界,有无束缚外商之能力,尚属疑问。况杭州日本租界内既准美、日等商开设茧行,并有中、日商人合股开办。若对于苏州租界内之绪纶、瑞丰两茧行独加阻止,交涉殊属困难。兹据苏州交涉员呈复前情,究应如何办理,相应照录原呈暨附件,函复贵部查核可也。"[2]经过艰难交涉,此事得以妥善处理。

1920年4月20日,发生"胡宗汉事件"。当日,驻军第五团三营九连士兵十余人苏州虎丘游玩后在冷香阁午餐,与上海太田商会职员角间孝二等几个日本人发生冲突,角间孝二当场用猎枪打死新兵胡宗汉,激怒当地群众,游行抗议不断,要求严惩凶手。凶手被当地警察抓获后,自称系争吵时走火误杀胡宗汉,并非故意。日本领事出面干涉,凶手被解交由日本驻苏州领事馆看管。在日本领事馆的庇护下,凶犯没有受到审讯处罚。经过杨士晟多次与日本领事交涉,6月10日,凶犯角间

---

① 苏州市地方志编纂委员会办公室、苏州市档案局编:《苏州史志资料选辑》第一辑《苏州五四、五卅运动资料专辑》,1984年6月,第119页。

② 编纂委员会:《苏州海关志》,苏州大学出版社,2009年5月,第162页。

孝二同意向遇难者家属赔偿抚恤费,日领事也正式出面道歉,风波才平息下去。

自 1913 年 6 月起 1929 年 4 月,杨士晟担任苏州关监督及外务部苏州交涉员,时间跨度达 15 年,从国家和百姓利益出发,妥善处理了许多涉外事件,值得称赞。

附　录:

1. 杨蔚霞淡泊宁静,不事交游征逐,经其户者有寂若无人之叹,揭幕视之则见其端坐看书或伏案绘事。杨名士晟,安徽泗县人,壬辰进士。以知县即用,授江苏无锡县知县并任崇明县知县,累任至道员,充芜湖米厘总办。入民国,授芜湖关监督,移苏州关监督兼交涉员。①

2. 杨蔚霞前辈士晟,为儿子新六之伯外舅,有兄弟八人,少孤露,以大父曾官漕督,侨居淮安。其后兄弟皆出任,遂散居四方。尝为予言其四弟文敬公士骧诫子之言曰:'资用不节,终必受困;临事惜财,亦能误事。'此四语文敬能言之,果见诸实行,则俭而非吝,美德也。②

3. 鸣社钟集,盛极一时,因忆以往有絜园诗钟社,番禺蔡乃煌所主持也。社中人才济济,如汪渊若、陈伯严、王旭庄、吕幼舲、张纪廷、顾劭安、严文山、沈仲克、褚礼堂、周铁山、杨杏城、潘兰史、梁节庵、江霞公、杨蔚霞,每集必勾心斗角以为之。③

---

① 陈灏一编:《新语林》,上海书店出版社,1997 年 1 月,第 10 页。
② 徐珂著:《民国笔记小说大观　康居笔记汇函》一,山西古籍出版社,1997 年 7 月,第 144 页。
③ 郑逸梅著:《郑逸梅选集》第五卷,黑龙江人民出版社,2001 年 1 月,第 126—127 页。

第七章

陆军上将杨毓珣

杨毓珣(1895—1947),字琪山,安徽泗州梁集(今属江苏盱眙县)人,生于江苏淮安,曾在日本陆军士官学校读书,毕业后到法国留学,归国后又在北京陆军大学学习。历任北洋政府陆军上将、国民党陆军中将、汪伪陆军上将。曾任江西警备队统领、北京大总统府侍从武官、张作霖镇威上将军公署副官处处长、北京政府参谋本部次长、军事部次长兼军政署署长、军政部参谋长、东北执法处处长、南京警备司令部司令官、张学良西北"剿匪"副司令长官部驻南京办事处处长等职。抗日战争爆发后,依附汪精卫,任汪伪中央政治会议委员、伪军事委员会委员兼任伪华北绥靖军总司令、伪山东省省长兼驻济南绥靖主任。

第一节　公子驸马,平步青云

光绪二十一年,杨毓珣出生时,泗州杨氏正迈向兴盛期。杨毓珣十一岁时,四伯父杨士骧升任山东巡抚,大伯父杨士燮调任山西平阳知府,五伯父杨士琦任轮船招商局总理,三伯父杨士晟任无锡知县,显赫一时,四方羡慕。

少年杨毓珣,凭借强大的家庭背景获得安徽省督府官费保送日本留学的资格,先进入日本陆军振武学校完成预备学业,继入日本陆军联队步兵大队实习,不久考入日本陆军士官学校,此校为日本三大军事名校之一,蔡锷、徐树铮、杨宇霆、何应钦、汤恩伯等著名将领都毕业于该校。杨毓珣的父亲杨士聪在家排行老八,仅为驸贡生,凭关系出任京奉铁路董事,领取丰厚俸禄,又在山东报捐以道员留江苏试用[①],就是说买了个江苏候补知府。杨毓珣从日本陆军士官学校毕业后,又赴德国留学,广交各路豪杰。回国后,风流倜傥的杨毓珣能说洋文、打洋球、跳洋舞、喝洋酒、开汽车,在上流社会混得风生水起。

宣统三年三月,杨士骢谋得湖南任清理财政正监理官肥缺,正式迈向仕途。民国初年,袁世凯在北京就任临时大总统,杨士骢当选身份显赫的国会议员,跻身上流社会,而杨士琦成为袁世凯的左膀右臂,成为政府头面人物。高大、年轻、帅气、留洋归来的杨毓珣在袁世凯大总统府担任侍从武官,深得袁世凯的喜爱。善于察言观色的杨士琦托其夫人保媒,袁世凯将其与朝鲜五姨太生的三女儿袁淑祯(后来改名袁静雪)许配给杨毓珣。袁世凯当了八十多天洪宪皇帝,杨毓珣成为中国历史上最后的驸马。可惜,袁世凯没能等到女儿袁淑祯结婚就病死了,没能提携驸马爷。

后来,杨毓珣又进入陆军大学正则班深造,毕业后就以少将军衔出任湖南督军公署高级参谋、湖南警备军统领,成为一省军界要员。次年,张勋把杨毓珣介绍给张作霖,张作霖一见面就特别喜欢杨毓珣,带在身边着意培养,从此杨毓珣与奉系结下了不解之缘。1921年,杨毓珣赴沈阳,相继担任东三省陆军整理处上校教官、辎重兵科科长、张作霖镇威上将军公署副官处处长,成为亲信随从,多次代表张作霖出席各种重大典礼活动。

第二次直奉战争爆发后,冯玉祥率部返回北京,包围了总统府,迫使直系控制的北京政府下令停战并解除吴佩孚的职务,囚禁总统曹锟,宣布成立"国民军",推翻直系统治,拥戴段祺瑞成立临时执政府,北洋政府大权落入段祺瑞、张作霖之手。张作霖又派大军南下,打败齐燮元,占领苏、皖,并进入上海,势力达到鼎盛时期。杨毓珣在上海出任东北陆军行营总执法处副处长,并兼整理津浦路执法事宜,所有关内本军宪兵均归该他节制。杨宇霆赴江苏任督办,杨毓珣被任命为苏督署总参议兼军务厅厅长、南京警备司令部司令官。可惜昙花一现,杨宇霆所部被孙传芳军队击溃,杨毓珣与奉军旅长刘翼飞落荒而逃,为躲避追捕,扔下所有装备,抢夺、穿上破烂的农民服装,骑着毛驴,躲入寺庙,充当了一阵子和尚才逃过一劫。

奉直联军于1926年4月15日进入北京,不久张作霖、吴佩孚成为北京的新主人。7月22日,"大总统令:任命杨毓珣为参谋次长"[②],杨毓珣被北京政府陆军部

---

① 秦国经主编:《中国第一历史档案馆藏 清代官员履历档案全编》7,华东师范大学出版社,1997年10月,
第579页。
② 《政府公报》,1926年7月23日,第3692号。

① 秦国经主编:《中国第一历史档案馆藏 清代官员履历档案全编》7,华东师范大学出版社,1997年10月,第579页。
② 《政府公报》,1926年7月23日,第3692号。

授予陆军中将军衔。次年 6 月 18 日,张作霖在北京就任北洋军政府陆海军大元帅,成为国家最高统治者,并组成北洋军阀统治时期第 32 届,也是最后一届内阁,杨宇霆任元帅府总参议。三天后,杨毓珣出任北京军政府军事部(总长何丰林)陆军署次长,后被授予陆军上将军衔。

1927 年 11 月 18 日(阴历十月二十五日),杨士骢夫妇六十寿辰。杨毓珣为父母在名冠京华的那家花园大摆宴席,高官满座,京剧大师云集,轰动北京城。由京剧北派四大须生之一余叔岩亲自担任提调,一天唱了三出戏。"裘桂仙演《御果园》,王长林演《九龙杯》,钱金福演《火判》,梅兰芳演《起解》,程砚秋演《玉堂春》,余叔岩、尚小云演《打渔杀家》,杨小楼演《水帘洞》,尤其是余叔岩演《上天台》,是他极少展示的一出名贵之作,从来没在外面演过。大轴戏顶级阵容,余叔岩、杨小楼、梅兰芳合演《摘缨会》。这场戏的精彩程度可想而知,张伯驹、朱家溍、刘曾复等人全在座看戏,即使几十年之后还津津乐道。"[1]事后,杨家连续一周在《顺天时报》头版刊登致谢辞,弄得天下皆知,出尽了风头。

张作霖对杨毓珣的表现特别满意,决定破格提拔,于 1928 年 4 月 3 日发布命令,任命杨毓珣为军事部次长兼军政署署长[2],杨毓珣的一生事业达到顶峰。可惜不久,北伐军就兵临城下,张作霖无可奈何,弃权逃回东北。6 月 4 日清晨,张作霖专列在沈阳西北皇姑屯车站被日本人炸毁,张作霖身受重伤,不治身亡。杨毓珣幸好中途下车办事,没有遭难。7 月 4 日,张学良成立东三省保安总司令部,并就任总司令,杨毓珣又成为张学良的亲密随从。

第二节 张作霖、张学良的新闻发言人、对外联络官

自 1920 年初,张勋把杨毓珣介绍给张作霖,到 1936 年 12 月"西安事变"爆发,十七年间,杨毓珣服务于张作霖、张学良两代东北王,以多才多艺、能言善辩,成为奉军忠实的发言人、对外联络官,参与、见证了诸如"直奉战争""临城劫车案""江浙战争""东北易帜""杨常事件""西安事变"等许多重大历史事件。

第一次直奉战争,直系获胜后,曹锟就任大总统,直系的实权转由吴佩孚操控。皖系段祺瑞、卢永祥和奉系张作霖及孙中山,联合反对把持北京民国政权的直系曹

---

① 张斯琦:《余叔岩的文人气》,《文汇报》,2020 年 6 月 21 日。
② 郭春修主编:《张作霖书信文电集》下册,万卷出版公司,2013 年 12 月,第 836 页。

锟、吴佩孚,结成三方军事同盟,史称"三角反直同盟",决定兵分三路:孙中山北伐,张作霖入关,段祺瑞与卢永祥协助。8月,孙中山乘永丰舰脱险,避居上海。张作霖派杨毓珣、韩麟春前往上海拜会孙中山,并献上礼金。

1923年5月6日凌晨,自称"山东建国自治军五路联军"的土匪头目孙美瑶、孙美珠,带领队伍在山东临城和沙沟车站之间,伏击一列由南京浦口开往天津的豪华蓝钢皮火车,震惊中外,史称"临城劫车案""民国第一大案"。火车上杨毓珣等69名中外旅客被抓捕,囚禁在抱犊崮山麓巢云观中。消息传到北京,驻北平十六国公使向北洋政府提出严重抗议,并急电报告本国政府请求迅速采取行动。北洋政府大总统黎元洪、内阁总理张绍曾下令将山东督军田中玉、省长熊炳琦分别交陆军、内政两部议处,兖州镇守使及属县地方官一律撤职,同时派大军包围抱犊崮。杨毓珣被土匪捆绑、拉扯时,腿脚受伤、感染、溃烂,行走困难,非常悲观,曾乞求土匪赐子弹以结束痛苦,恰巧听土匪谈到一个熟悉的名字,即在湖南军界任职时期有一面之交的褚思振,此次劫车案的六大头目之一,于是要求见面,褚思振讲交情,特别优待杨毓珣,四天后不仅礼送他下山,还强行赠送他一笔银圆。11日,杨毓珣应邀陪同山东峄县清帮大佬李麟阁、清末翰林崔广沅进山谈判,双方达成协议:官方自抱犊崮撤军,孙部逐批放出中西人质。杨毓珣等人下山后,官方陆续派出多批谈判人员进山,与土匪头目孙美瑶等人进行了长达37天的艰苦谈判,最终救出其余人质。孙关瑶的队伍被收编为山东新编第十一旅,大小头目都当上了军官,孙任旅长;赔偿外国人五十万元。

"江浙战争"爆发前,1924年8月,杨宇霆派杨毓珣前往杭州,了解卢永祥的动向。杨毓珣写信报告说:"昨在杭谒嘉帅谈甚久。综合其结果,不外乎决心坚绝(决)非干不可而已。据云,计划系先由津浦线附近之土匪发动,然后再由皖北之李传业藉剿匪为名,逐马而占蚌埠。此时浙即以全力向苏境压迫耳。"杨宇霆《复杨琪山》,称"……至于军事方面,若攻浙无异攻奉,必须加以援助。惟浙亦应有相当之抵抗,否则,直方主力未稍移动,而浙已不支。我虽欲助浙,亦不可得。"[①]最终卢永祥与江苏督军齐燮元因争夺上海,打得不可开交。由于孙传芳从福建出兵配合齐燮元大举进攻浙江,卢军内部发生兵变,浙沪军大败。9月,第二次直奉战争爆发。张作霖自任总司令,以杨宇霆为总参谋长,乘机率十七万大兵入关,以洗前耻。冯玉祥等人发动北京政变,将曹锟软禁于中南海延庆楼,北京政府的主导权由直系改归奉系。张作霖又派大军南下,打败齐燮元,占领江苏、上海、安徽。12月4日,孙

---

① 辽宁省档案馆:《中华民国史资料丛稿 奉系军阀密信》,中华书局,1985年7月,第149页。

中山乘坐的"北岭丸"到达天津法租界美昌码头,两万多名各界人士前往迎接。杨毓珣作为张作霖的代表,到"北岭丸"上与孙中山亲切握手交谈。

1925年3月14日,张作霖过五十大寿,典礼盛大隆重,段祺瑞派公子奉上厚礼,杨毓珣奉命至段府答谢还礼。"近日,张雨辰寿辰,京中各要人纷祝寿,段执政曾派公子段宏业并送礼多种。张雨亭为表示谢忱起见,特派副官长杨毓珣专程前来答拜段执政,陈述一切。"①当时,新闻界已经传出消息,张作霖拟任命杨毓珣为省长,杨毓珣谦让不愿就任。3月22日,张作霖又派杨毓珣到湖南岳州给吴佩孚"祝寿",向吴做出"和解"姿态,并一再向段政府疏通,请求释放曹锟。5月,上海银行家周作民被绑票,周家人向张作霖求救,张作霖派杨毓珣出面摆平此事,周作民被释放。

张作霖不幸身亡后,东三省保安总司令部成立,张学良并就任总司令。蒋介石拉拢少帅张学良,张学良也有意归顺,事前派杨毓珣到上海、广州等地与国民党各界人士沟通交流。7月8日,"张学良代表杨毓珣二十三日来沪。其任务似在与南方要人协议所谓南北妥协问题。二十五日本埠警备司令钱大钧为杨洗尘,杨连日与本埠各要人交流意见。"②8月底,杨毓珣抵达广州,"奉方代表杨毓珣已于八月底行抵此间,下榻于建谊委员会会所中,连日与粤当局间酬酢极密。""现在汉卿绝对服从三民主义,与蒋总司令根本合作。"③11月26日,下午五时,张惠长驾驶的"广州号"飞机降落在奉天机场,张学良偕夫人、张学良的代表杨毓珣以及东北航空界人士在机场列队欢迎。由于杨毓珣的精心斡旋,蒋介石与张学良已经达成一致意见,12月29日,张学良与张作相、万福麟联名通电,除下五色旗,改挂青天白日满地红,表示接受南京国民政府管辖,史称"东北易帜"。

其时,两位东北高级将领杨宇霆、常荫槐与张学良在许多事务上意见不一,常有矛盾冲突,张学良又听信蒋介石的谗言,于是在1929年1月10日晚上痛下杀手,设计将杨宇霆、常荫槐杀掉,震惊全国。"杨常事件"发生后,因各方面不明内幕,张学良派杨毓珣先到天津向各方面报告杨常事件真相,同时代表他欢迎国民政府军事委员会中将委员方本仁赴奉参观,然后又转往南京,向中央报告处置杨常真相。④ 不久,张学良委任杨毓珣充总司令参议。1月24日,杨毓珣到达北平,系奉张学良之命慰问白崇禧之病,并向新闻界宣布,阴历年后,张学良即赴欧美考察政

---

① 《顺天时报》,中华民国十四年三月十四日。
② 《顺天时报》,中华民国十七年七月八日。
③ 《顺天时报》,中华民国十七年九月六日。
④ 《顺天时报》,中华民国十八年一月廿日。

治军事。①

1935年10月,张学良任西北"剿匪"司令长官部副司令长官,代理总司令,率部进攻陕甘红军根据地,损失惨重。张学良对土匪出身的大老粗西北军首领杨虎城十分轻蔑,居高临下发布发命令,而久经沙场考验的杨虎城根本不吃这一套,两人关系紧张。张学良认识到,不与杨虎城搞好关系,根本无法开展工作,于是派杨毓珣以西北"督剿"专员身份与杨虎城联络斡旋。杨毓珣擅长攻关,与杨虎城套近乎,叙家常,两人竟认了同宗同族。由于杨毓珣口才极佳,善于沟通,杨虎城转变了观念,开始向张学良表达善意,于是张杨二人很快在许多重大问题上达成一致意见,成了越来越亲密的朋友。完成联络任务后,张学良派杨毓珣到南京任驻宁办事处处长,全权负责张学良与国民政府暨蒋介石的联络事宜。

1936年1月23日,杨毓珣被国民政府军事委员会铨叙厅颁令叙任陆军中将。12月12日,张学良与杨虎城经过事先部署,趁蒋介石到西安视察,发动兵谏,扣留蒋介石,发动了震惊世界的"西安事变"。事后,张学良不听规劝,亲自护送蒋介石回南京,结果受到高等军事法庭的审判,法庭宣布由军事委员会对他实施十年"严加管束",实际上被囚禁终身。杨虎城被囚禁十二年,解放前夕在重庆被杀害。杨毓珣与奉系军阀的十七年交往,至此画上句号。

第三节　伪山东省长

随着张学良被关押,东北军逐渐解体,杨毓珣的驻南京办事处处长任期自动结束。杨毓珣曾想投靠蒋介石,陈诚从中阻挠、诋毁,没有成功,于是离开南京到北平闲居。

抗日战争爆发后,王克敏出任日军扶植的傀儡政权伪中华民国临时政府行政委员会委员长。王克敏年轻时从日本留学回来,到山东谋职,曾得到杨毓珣的四伯父、山东巡抚杨士骧的青睐、培养,后来又成为袁世凯的部下。王克敏知恩图报,动员杨毓珣当北平市长,杨毓珣拒绝了,保持了民族气节。北平沦陷时期,杨毓珣妻子袁叔祯滞留华北,曾为掩护与营救爱国志士不遗余力,忠贞侠义名闻遐迩,受到多方赞扬。

1939年,汪伪军事筹备委员会成立,汪精卫担任主席。杨毓珣在法国留学时

---

① 《顺天时报》,中华民国十八年一月廿四日。

与汪精卫结识,多年来关系一直很好,邀请杨毓珣出任委员,杨毓珣禁不住名利诱惑答应了。汪精卫在上海哥伦比亚路(现番禺路)开设了一个招待所,供高层聚会使用,委托杨毓珣管理。一度传出杨毓珣要出任上海市长,但最终还是没当成。次年3月30日,汪精卫将北平、南京傀儡政权合于一体,在南京成立伪国民政府,自任"代理主席"兼"行政院院长",杨毓珣出任汪伪"中央政治会议"议员,只是挂名而已,长期在北京家中闲居。

伪山东省长唐仰杜,于1945年2月16日调任伪"华北政务委员会"常委兼工务总署督办,山东省长位置空缺,许多人不知死活地争抢。闲置近十年的杨毓珣,看不清发展形势,也想过把省长瘾。许宝骙、张东荪、刘承烈等人得知后极力撮合,杨毓珣当上了伪山东省长兼驻济南绥靖主任。其实,这是一个计谋,杨毓珣并不知道,许宝骙、张东荪、刘承烈等人是想利用杨毓珣:"当时有个朋友,杨毓殉字琪山(国家社会党,即后来的民主社会党的成员),不甘寂寞,跃跃欲试,想当山东省伪省长。张东荪和我商量,决定促成大事,并与他约定,在济南抓紧练兵,掌握实力,等待时机一到,率部起义投归八路军。杨和那时华北伪政权的头子王克敏是老朋友,我就顺水推舟,向王举荐,杨果然当上了山东省伪省长。我们对那时的局势有一个设想的蓝图:日寇败局已定,投降为期不远:八路军以近水楼台先得月之势,不能一举奄有华北;而郝在徐州、杨在济南同时起义连成一片,足以协助我大军阻挡蒋军北上。我们那时只希望形成南北分立的大割据的局面。当时参与这一筹划的还有刘承烈(字绍襄)老同志,大家都感到光明在望,期待情切。后来局势发展的进程完全不为我们所想,我们的计划尽成泡影。杨琪山本来也不争气,练了小小一支队伍,却投向蒋军。"[①]杨毓珣没有政治眼光,如果投靠八路军则命运完全不同,关键时刻一错再错,最终前程尽毁。

杨毓珣担任伪山东省长只有区区的半年时间,抗日战争接近尾声,大局已定,很难有什么作为,当然也没干什么特别坏的事情。他上任后,对省公署及地方政府人事作了部分调整,一面配合日军加强沿海防务,防备美军登陆作战,一面暗中与远在安徽的国民党山东省主席何思源接洽,准备接受国民党招安。杨毓珣以"先遣军司令"的头衔亲临德州进行"日蒋交防",国民党军中将王继祥坐镇德州,任军事指挥。9月1日,日伪派铁路装甲车至龙山接何思源及随行100余人入济;杨毓珣亲至济南车站迎接。国民党山东省政府工作人员远在安徽阜阳,何思源入济后并没有马上接收伪政权,杨毓珣等人继续守着伪省政府机关。直至9月22日,随着

---

① 许宝骙《中国民主政团同盟的军事活动》,《粤海风》杂志,二〇〇六年第五期。

阜阳人员陆续来济,杨毓珣办完交接手续后才离开省政府,但没有离开济南,傻等安排。12 月 29 日凌晨 1 时许,国民党济南军警出动逮捕汉奸,杨毓珣、李汝朴、马良、朱经古等 130 余人全被抓捕,杨毓珣被送到南京,关押在南京老虎桥监狱。

为解救杨毓珣,妻子袁叔祯奔波两年多,调动各方面关系,请蒋介石开恩,才把杨毓珣从狱中保释出来。可惜,在一次庆祝宴会上因饮酒过度,兴奋过度,杨毓珣突发脑溢血,不治身亡。[1]

附　录：杨毓珣《我被劫释前后》

余于 5 号下午,在浦口上车,晚餐后即睡。夜半车轮大震,余从梦中惊醒,以为出轨而未受伤可无碍。嗣闻人声雷动,以为兵变掀车帷,一望月光中可见窗外头有无数人,知遇匪。此时扣门声厉,余启扃。即有土匪持灯即拉被单箱笼呼曰:“出来!”余此时意谓,不过劫物。即赤足门际,乃一挈箱笼者呼曰:“出来!”余应曰:“请许着鞋”。匪不许,以枪拟余额,于是随即下车。二匪挟余至道旁稻田中,此时但见人声嘈杂,少顷匪发口令,全数编成连队,二匪即挟同余步行。事后知此时实 6 号上午 3 时也。

于是赤足奔走,沮洳砂砾遍地,呻吟呵骂者,不能复记,夜中不知南北,行至天明后上午约八、九时之间。余此时已辨其为东北向。行至一大山口,匪等摔余于地,耳际隐隐闻枪声近,即下令将外人推作前列,余等稍落后尔。时外人呼号惶急之状不忍目睹,皆挣脱上衣向空摇拽,示以勿追之意。稍停见追者不前进矣。停战后,匪众又发口令,再挟余等前行。此一开拔上下跋涉山岭又不知东南西北。

直至次日上午 9 时许,至一大山下有一村落,匪等方推曳余等入一人家中于地上。余足血肉狼藉已不堪卧地上,见同屋者有三四个西人,一华人姓冯。余此时脑筋稍定,强起睨匪等来往甚忙,而其中有一状似匪渠魁者,其面儿乃奇稔,心知必是陆军中人,然亦不知其姓名,乃就身旁匪指而询之曰:“这位大哥我认得他,但是姓什么忘了”。匪人答云:“他姓褚”。余唯唯久之,则有一匪在余侧。余又试问之曰:“这位褚大哥,他名字我忘记叫什么。”匪答云:“他叫褚思振,你认识他吗?”余云:“认识之至,但是在何处见过,一时想不起来。”匪曰:“我们在湖南当过差”。余此时猛忆起,余前随张勋臣时,张曾招抚土匪甚多,编成第 2、第 3 两团。余时在湖南督军署为副官,知之甚详。因又问曰:“第 3 团”。匪应声曰:“第 3 团,当时屯在师范

① 陈予欢编著:《中国留学日本陆军士官学校将帅录》,广州出版社,2013 年 12 月,第 259 页。

学堂的"。余心中甚喜,仍唯唯。俄褚过余侧,余因大呼:"褚思振大哥,你认识我吗?"褚闻声大愕,奔前致讯。余曰:"我张大帅时,杨副官也。当时你在第3团,驻师范学堂,你忘了吗?"褚于是大惊云:"实在对不住,如果知道,该派人请你来"等语。此时有人给一荞麦饼,大如坚盘,水一碗,盖近30钟点不进饮食矣。褚乃云:"副官放心,有我在此,决不难为你。"因力与周旋,问今日还走不走,答曰:"少顷即走"。余曰:"然则请赏我一枪弹,以我两脚实在不能走也。"褚大笑谓:"咱们兄弟何必说这些话? 你走不了我叫人抬你走。"言毕匆匆而去。俄顷即有一板凳4人舁之,余从此遂堂皇坐4人肩舆,膺异数矣。

6时启行,天黑仍不辨方向,半夜忽见一道探照灯光,匪发令行者尽匍伏,良久云无碍,是矿局中防匪电光,虽不惧但亦不必使见之,余始知在临城山中。自是又行,至次日下午1时又抵一村落,匪等令余下舆卧屋内。余时已受优待,略休息后,有数匪奔入大呼曰:"褚大哥请杨副官"。余应后,不能起行,乃有一匪负余去到一房内,褚方卧吸鸦片,见余意极殷勤,烧烟延余同吸。余本不吸,至是勉酬其意,俄复杀鸡具膳,褚等并为余介绍数头目。余叩以今日还走不走,如果有风来(言与官兵打仗)事殊危险。我等决不杀害你,恐怕官兵不知道,倒要伤害你们云云。其后有一匪送一双鞋,又持有一束稻草铺地上,以一席覆之,是则余8号夜间酣睡之地也。

9号上午,褚等又来慰问余,知彼决无伤人意,乃以足肿烂哀之,请其想法觅一医生或送我到医院。褚云:"放心,咱们老兄弟,决不为难你,一定放你下山,但是我们大家须商量一下。"余恐商量时又有变更,褚云:"决无问题。"余至是,始知彼等为委员制,其委员即头目,共有6人,孙美瑶、孙美松、褚思振等皆也。是夕彼等开会,议决释余下山,并以银元百元馈余。余坚不收,彼云:"此物我们甚多,若不受是不讲朋友交情。"余不得已纳之。次日(10号)匪仍以4人舁余。余云送至窑上,窑者,矿局也。匪舁余,由一地名青口者下山,至附近村中觅4人代之舁,以银元。既抵矿局遂得下山。次日官军强请复入山,余坚辞不获。乃同绅士李君等往,譬以大义,当即日下山,此为11号之事。余以向导责任已了,即夕北归,不再与闻此事矣。[1]

---

① 枣庄市政协文史委员会:《枣庄文史资料》第21辑《临城劫车案》,1996年5月,第132—134页。

图书在版编目(CIP)数据

译坛泰斗杨宪益及其家族名人研究/王泽强著.—
上海:上海三联书店,2023.4
ISBN 978-7-5426-8056-3

Ⅰ.①译… Ⅱ.①王… Ⅲ.①杨宪益(1915-2009)
－家族－人物研究 Ⅳ.①K820.9

中国国家版本馆 CIP 数据核字(2023)第 067277 号

译坛泰斗杨宪益及其家族名人研究

著　　者 / 王泽强

责任编辑 / 郑秀艳
装帧设计 / 一本好书
监　制 / 姚　军
责任校对 / 王凌霄

出版发行 / 上海三联书店
　　　　(200030)中国上海市漕溪北路 331 号 A 座 6 楼
邮　　箱 / sdxsanlian@sina.com
邮购电话 / 021-22895540
印　　刷 / 上海惠敦印务科技有限公司

版　　次 / 2023 年 4 月第 1 版
印　　次 / 2023 年 4 月第 1 次印刷
开　　本 / 710mm×1000mm 1/16
字　　数 / 570 千字
印　　张 / 31.5
书　　号 / ISBN 978-7-5426-8056-3/K・716
定　　价 / 118.00 元

敬启读者,如发现本书有印装质量问题,请与印刷厂联系 021-63779028